行政法理論과 判例評釋

행정법이론과 판례평석

김용섭

박영사

머 리 말

이 책은 저자가 변호사로 활동하던 시절인 2003년 한국사법행정학회에서 발간한「행정판례평석」에 이어 출간하는 전문연구서 형태의 단독 저서이다. 2020년 풍요와 지혜 그리고 상서로움을 상징하는 백서(白鼠)해인 경자(庚子)년을 맞이하였다. 저자는 지금으로부터 약 36년 전인 1984년 갑자(甲子)년에 제26회 사법시험에 합격함과 동시에 서울대 대학원 법학과에서 지도교수인 南河 서원우 교수님의 지도하에 행정법 분야 석사학위논문을 작성하였고, 그 다음해에 법학석사학위를 받은 후 법조인의 길에 본격적으로 들어서게 되었다. 그 후 12년 후인 1996년 병자(丙子)년에는 법제처에서 서기관으로 승진하여 행정심판담당관을 맡았었고, 그해 가을 모교(母校)인 경희대학교 교수로 발령을 받아 연구자의 길에 들어서게 되었다. 그런 의미에서 저자는 또다시 도래한 쥐띠 해인 경자년 새해 벽두에 이 책을 발간하면서 어떤 행운이 도래할까 자못 기대하게 된다.

저자는 실무가 출신임에도 대학에 비교적 일찍 발을 들여놓은 학문세대에 속한다. 법제처에 발령받은 1990년에 서울대 대학원 박사과정에 진학하게 되어 1989년에 창립된 행정법이론실무학회에 참석하여 지속적으로 활동을 해왔고, 아울러 1990년대 초반부터 한국행정판례연구회에 열심히 참석하면서 행정법과 행정판례를 연구해 왔다. 이번에 출간하게 된「행정법이론과 판례평석」은 그동안의 연구성과를 집약하여 화갑(華甲)을 자축하는 의미에서 그리고 1년여의 기간 동안 림프종 암투병을 이겨낸 기념으로 더 늦기 전에 책을 발간해야겠다는 생각을 실천에 옮긴 것이다.

약 17년 전에 출간한 적이 있는「행정판례평석」이 저자의 학문인생의 전반기 연구성과의 일부를 반영한 것이라면 이번에 출간하는「행정법이론과 판례평석」은 그 이후 변호사로 활동하는 시기와 전북대 교수로 재직하는 기간 동안 한국행정판례연구회, 한국행정법학회, 대법원 특별소송실무연구회 등에서 발표한 후 행정판례연구, 행정법연구, 인권과 정의 등에 게재한 논문을 모아 일부 수정한 것으로 저자의 학문인생의 왕성한 활동기 연구성과의 일부이다. 이 책의 제목을 종전과 동일하게「행정판례평석」이라고 하려 했으나, 출판사가 다르고, 논문의 주제는 일부 겹치지만 글의 내용이 전혀 다른 내용이며, 판례평석의 차원을 넘는 이론적 내용의 논문이 있어 이 책의 제목을 「행정법이론과 판례평석」으로 새롭게 정하게 되었다.

이 책은 제1편 행정법일반이론, 제2편 행정쟁송법으로 구분하여 각각 8편의 논문을 실어 모두 16편의 논문으로 구성하였다. 행정법이론이 가미된 행정판례평석으로는 "재결의 기속력의 주관적 범위를 둘러싼 논의", "행정조사 및 행정절차의 법적 문제" 등 11편이고, 행정판례를 가미한 이론적 고찰은 모두 5편으로 "법적인 근거가 없음에도 공행정을 정당화하는 행정판례에 대한 비판적 검토", "텔레비전 방송수신료에 관한 행정법적 논의", "위법한 부관에 대한 행정소송", "행정법상 일부취소", "환경행정소송의 원고적격에 관한 논의"를 들 수 있다. 특히 연구윤리의 관점에서 16개 논문 전체의 제목에 각주를 붙여 저자의 논문의 출처를 분명히 하였다.

그동안 한국사회에 새로운 법조양성시스템인 로스쿨이 도입되어 10여 년이 경과하여 정착단계에 이르렀다. 사법시험과의 병행시기를 거쳐 사법시험이 부활되거나 예비시험 등이 도입되지 않는 한 이제는 로스쿨이 유일한 법조양성의 등용문이 되고 있다. 로스쿨제도가 갖는 명(明)과 암(暗)을 여기서 논할 계제는 못된다. 다만, 로스쿨 교육에 있어서 판례에 대한 비중이 높아진 것은 사실이다. 판례란 법률실무의 결과물이다. 판례는 살아있는 법으로서 법률가에게 있어 분쟁의 장래예측을 위해 그 내용을 아는 것은 매우 중요하다. 로스쿨에서는 단순한 이론의 이해에 그치는 것이 아니라 유사한 분쟁사례에 어떻게 적용될 것인지 판례의 법리를 탐구할 필요가 있다. 따라서 판례의 결론만 아는 것으로는 부족하고 어떤 사실관계에서 어떤 법리를 적용하여 그와 같은 결론이 도출되었는지를 체득할 필요가 있다.

이와 더불어 판례를 무비판적으로 암기할 것이 아니라 이를 비판적으로 탐구하는 것은 향후 탁월한 역량을 갖춘 법률가로 나아가기 위한 기본 전제조건이라고 할 것이다. 더구나 행정법에 있어서는 법치행정의 원칙이 적용되는데다가 법령이 자주 변경되기 때문에 판례의 법리도 이에 따라 변경될 수 있는 점이 특징이다. 따라서 판례의 태도를 기계적으로 암기할 것이 아니라 법령의 변화에 따른 응용이 매우 중요하다고 할 것이다. 따라서 법원의 판결에 대한 평석이나 이론과 판례가 적절히 배합된 실무지향적 논문을 참고하면서 판례를 분석하는 힘을

길러나가는 것이 로스쿨 판례 교육의 요체이다. 행정법에 있어서 판례학습을 통하여 재판과정에서 분쟁 당사자가 어떠한 권리구제를 강구하는지를 알게 되고, 추상적 법이론이 개별적인 분쟁해결과정에서 어떻게 구체화되는지를 이해하게 됨으로써 판례가 없는 새로운 사례에 직면하여 창조적 문제해결능력을 강구할 수 있게 된다.

저자는 최근 행정법 영역에 대한 관심이 크고 점차 행정사건의 영역이 확대되고 전문화되면서 공익적 사건의 갈등과 이해대립을 법적으로 해결하는 사례가 늘어가고 있음에 주목하고 있다. 그동안 깊이 있는 판례연구보다는 기존의 판례를 추수하는 수준의 논문이 적지 않은 실정에서 저자는 새로운 논리의 개발과 기존의 행정판례를 비판적 분석하는 새로운 지평을 여는 책의 출간 필요성을 느꼈다. 이 책은 이러한 필요성에 부응하려는 노력의 일단(一端)이라고 볼 수 있으나, 어느 정도 성공하고 있는지는 독자의 판단에 맡기고자 한다.

이 책의 서문을 쓰면서 지금은 고인이 된 저자의 학문적 스승이자 박사논문 지도교수인 독일의 게어드 로엘레케(Prof. Dr. Gerd Roellecke) 교수님과 생전에 가끔 수담(手談)을 나누었던 인생의 스승으로 제자를 아껴준 청담(晴潭) 최송화 교수님을 비롯하여 여러 은사님들이 주마등처럼 스쳐 지나간다. 자식을 위하여 사랑과 헌신으로 보살펴 준 부모님 그리고 죽음에 직면한 병마에서 일어날 수 있는 힘과 에너지를 넣어준 사랑하는 아내 최교선과 큰딸 세희(世熹) 부부, 아들 세중(世中), 막내딸 세림(世林)에게 고마움을 전하고 싶다. 아울러 지나온 삶의 여러 과정에서 인연을 맺은 소중한 분들의 관심과 격려 및 성원에 깊이 감사드린다. 특히 교정작업에 수고를 해 준 전북대 제자 김혜린 박사에게 고마움을 전한다. 무엇보다 출판사정의 어려움에도 흔쾌히 출판을 승낙한 박영사 안상준 대표님, 이영조 팀장님과 심성보 편집위원님께도 감사의 말씀을 전하고 싶다.

끝으로 이 책은 로스쿨에서의 판례교육을 위한 심화된 교재로서뿐만 아니라 로스쿨의 전문박사과정의 교재로 활용되기를 기대한다. 앞으로 이 책이 행정법을 전문영역으로 특화하려고 하는 실무 법조인의 판례논리 개발에 활용될 수 있다면 저자로서는 더할 나위없는 기쁨이라고 할 것이다. 이 책의 내용에 대한 독자의 비판과 질정(叱正)이 있으면 이를 겸허히 수용하고자 한다.

2020년 1월

북한산 자락의 우거(寓居)에서 김용섭(金容燮)

차 례

4. 원격평생교육시설 신고 및 그 수리거부

5. 택지개발업무처리지침 위반과 영업소 폐쇄명령의 적법성
― 행정규칙의 대외적 구속력을 중심으로 ―

6. 독립유공자 서훈취소의 법적 쟁점

[사실관계와 판결요지]

[판례연구]

7. 보조금교부결정취소를 둘러싼 법적 문제

8. 검사의 불기소사건기록에 대한 정보공개를 둘러싼 법적 쟁점

[사실관계와 판결요지]

[판례연구]

제2편 행정쟁송법 ─────────────────

3. 위법한 부관에 대한 행정소송

4. 독립유공자법적용배제결정처분취소소송에 있어 선행처분의 위법성 승계

[사실관계와 판결요지]

[판례연구]

5. 행정조사 및 행정절차의 법적 문제

6. 행정법상 일부취소

7. 거부처분취소판결의 기속력

[사실관계와 판결요지]

[판례연구]

8. 환경행정소송의 원고적격에 관한 논의

제 1 편

행정법일반이론

1. 법적인 근거가 없음에도 공행정을 정당화하는 행정판례에 대한 비판적 검토[*]
― 행정행위의 부관과 수익적 행정행위의 철회에 관한 논의를 중심으로 ―

Ⅰ. 문제의 제기

우리의 행정실제에서 법적인 수권근거 없이 행정활동이 이루어지는 경우가 적지 않으며, 그러한 공행정 활동을 정당화하는 행정판례는 과연 법치행정의 원리의 관점에서 타당한 것인지 검토할 필요성이 있다.

법치행정의 원리 내지 행정의 법률적합성의 원칙은 법치국가의 핵심적 내용으로서 공행정의 발현원리이다. 법치행정원리에 따라 공행정은 법적인 근거와 한계를 준수하면서 활동하게 된다. 공행정이 법적인 근거가 없이 발해져 위법한 경우에는 법원의 재판을 통하여 위법이 시정되곤 한다. 만약 이러한 위법한 행정에 대한 법원의 통제장치가 제대로 작동되지 않는다면, 법치행정의 원리가 제대로 실현되고 있다고 말할 수 없다.[1]

다소 논란이 있을 수 있으나, 법적인 수권근거가 없음에도 불구하고 공행정

---

* 이 논문은 2011. 12. 9. 개최된 한국행정법학회 제1회 행정법분야 연합학술대회에서 주제발표를 한 후 2012년 6월에 발간된 행정판례연구 제17권 제1호에 수록한 필자의 논문 일부를 수정·보완한 것입니다.
1) 김용섭, "한국의 법치행정의 재조명", 대한민국 건국 50주년 기념 제1회 한국법학자대회논문집, 한국법학 50년 ― 과거·현재·미래(Ⅰ), 1998. 12, 259-307면.

을 정당화하는 행정판례의 예로서는 법적 근거 없이 행정행위에 붙인 부관의 효력과 허용성에 관한 판례, 관계법령의 규정이 없음에도 중대한 공익상의 이유로 허가의 거부를 정당화하는 판례,[2] 법령상의 규정이 없음에도 지위승계에 수반하여 제재처분의 효과가 승계된 것으로 보는 판례,[3] 수익적 행정행위에 대한 철회에 있어 법적 수권근거가 없음에도 허용되는 것으로 보는 판례 등을 들 수 있다.

여기서는 논의를 한정하여 행정행위의 부관과 수익적 행정행위의 철회를 중심으로 고찰하려고 한다. 행정행위의 부관과 수익적 행정행위의 철회에 관하여는 독일의 경우 연방행정절차법에서 상세하게 규율하고 있으나, 우리의 경우 이에 관한 일반통칙적인 규정이 없어 이론과 판례를 통하여 문제를 해결해 오고 있다.

본고에서는 특정한 판결을 소재로 하여 판례평석을 하는 방식이 아니고, 행정행위의 부관과 수익적 행정행위의 철회에 관한 행정판례를 중심으로 법치행정

2) 이와 관련하여 여러 판례가 있으나, 대법원 2009. 9. 24. 선고 2009두8946 판결에서 "건축허가권자는 건축허가신청이 건축법 등 관계 법규에서 정하는 어떠한 제한에 배치되지 않는 이상 당연히 같은 법조에서 정하는 건축허가를 하여야 하고, 중대한 공익상의 필요가 없는데도 관계 법령에서 정하는 제한사유 이외의 사유를 들어 요건을 갖춘 자에 대한 허가를 거부할 수는 없다."고 판시하고 있다. 일반적으로 허가의 거부에 있어서는 관할 행정청의 거부재량이 인정될 것인가의 문제라고 할 것이다. 허가의 요건을 갖춘 경우에는 기속행위 내지 기속재량행위에 해당하므로, 기본적으로 건축허가권자가 관계 법령에서 정하는 제한사유 이외의 사유를 들어 건축허가를 거부할 수는 없으나, 건축허가 신청을 반려할 중대한 공익상의 필요가 있는 경우에는 관계 법령에서 정하는 제한사유에 해당하지 않더라도 허가거부가 허용된다고 판례는 보고 있으나, 법치행정의 원리의 관점에서 보다 깊이 있는 검토가 필요하다.

3) 이와 관련하여 대법원 2010. 4. 8. 선고 2009두17018 판결에서 "구 여객자동차 운수사업법(2007. 7. 13. 법률 제8511호로 개정되기 전의 것, 이하 '법'이라고 한다) 제15조 제4항에 의하면 개인택시 운송사업을 양수한 사람은 양도인의 운송사업자로서의 지위를 승계하는 것이므로, 관할관청은 개인택시 운송사업의 양도·양수에 대한 인가를 한 후에도 그 양도·양수 이전에 있었던 양도인에 대한 운송사업면허 취소사유를 들어 양수인의 사업면허를 취소할 수 있는 것이고(대법원 1998. 6. 26. 선고 96누18960 판결 참조),"라고 판시하고 있다. 일반적으로 사업양도에 있어 지위승계에 수반한 제재처분의 승계여부는 사업허가의 법적 성질 및 제재처분이 대인적 처분인지 아니면 대물적 처분인지 나아가 양수인이 악의인지 등 제반 요건을 고려하여 판단하여야 할 것이다. 그러나 개인택시운송사업 면허취소가 대물적 처분이라기보다는 혼합적 처분의 성격을 띠고 있으며, 아울러 위와 같은 제재처분이 있기도 전에는 양수인이 위반사실을 알지 못하는 경우가 발생할 수 있으므로 양도인에 대한 사후의 제재처분의 승계를 법률에 규정이 없음에도 양수인에게 인정하는 것은 정당화하기 어렵다고 보여진다. 따라서 여객자동차운수사업법에 규정된 사업의 양도·양수 등 영업자 지위승계 규정만으로 제재처분의 승계를 광범위하게 허용하는 것은 법치행정의 원칙에 비추어 바람직하지 않으며, 비록 공익목적 달성이라는 측면을 강조하더라도 양수인에 대한 법익보호의 관점에서 검토여지가 있는 판례의 태도라고 할 것이다.

의 원리의 관점에서 비판적으로 고찰하고 입법정책적 대응방안을 모색하는 그야 말로 복안적 시각에서 접근하려고 한다.

이러한 접근방식의 논의는 사회적 변화와 시대적 변용에 따라 행정판례가 나아가야 할 바람직한 방향을 모색하고, 나아가 우리의 법치행정과 행정법제의 수준을 한 단계 고양시켜, 국민의 권익구제와 권리보호의 신장을 도모하려는 것이다.

II. 법치행정의 원리: 법률유보, 의회유보, 행정행위의 수권근거

1. 법률유보(Vorbehalt des Gesetzes)

법률유보는 법치행정의 원리의 적극적 요소로서 행정활동을 위해서는 법률의 근거가 있어야 하는지의 문제, 다시 말하여 행정활동의 근거 내지 수권을 필요로 하는가의 문제이다. 이에 반하여 법률우위는 행정이 법률에 위반되어서는 안 되는 행정활동의 한계문제라고 할 것이다.

법률유보에 관하여 우리의 전통적인 통설은 침해유보설의 입장을 취하고 있다. 침해유보설에 의하면 행정권의 행사에 있어 법률의 근거를 요하는 작용은 침해작용, 권리를 제한하거나 의무를 부과하는 기본권 제한적인 작용을 말한다. 대법원[4]은 "지방자치법 제15조[5]는 원칙적으로 헌법 제117조 제1항의 규정과 같이 지방자치단체의 자치입법권을 보장하면서, 그 단서에서 국민의 권리제한·의무부과에 관한 사항을 규정하는 조례의 중대성에 비추어 입법정책적 고려에서 법률의 위임을 요한다고 규정하고 있는바, 이는 기본권제한에 대하여 법률유보원칙을 선언한 헌법 제37조 제2항의 취지에 부합하므로 조례제정에 있어서 위와 같은 경우에 법률의 위임근거를 요구하는 것이 위헌성이 있다고 할 수 없다."고 판시한 바 있다. 생각건대 위와 같은 침익적 사항에 관하여는 자치단체의 고유한 전속적 규율이라기보다는 공동체의 이해관계와 관련되므로 법률의 위임에 따라 정하여질 사항이라고 본다. 위와 같은 지방자치법의 규정은 침해유보설의 관점에 서서 입법화한 것이라고 볼 수 있다.

법률유보와 관련하여 종래는 침익적 처분에 대하여 법률의 근거가 있으면

---

4) 대법원 1995. 5. 12. 선고 94추28 판결; 대법원 1997. 4. 25. 선고 96추251 판결.
5) 지방자치법 제15조 단서는 현행 지방자치법 제22조 단서로 위치가 변경되었다.

되었으나, 오늘날에는 행정행위를 통하여 달성하고자 하는 규율내용이 국민의 자유와 권리의 침해이며, 행위형식으로는 행정행위의 형식이 타당한 것인지 행정청의 권한의 관철의 종류와 방식에 대하여도 확장되어 법률적 근거가 요구된다. 따라서 침익적 행정행위를 행정의 행위형식으로 발하기 위하여는 행정행위의 발동의 권한(VA-Befugnis)인 수권의 근거가 법률에 있어야 함을 요하게 된다.6)

침해행정과는 달리 시민에게 보다 많은 가능성을 부여하는 급부행정의 영역에 있어서 법률유보가 적용될 것인지에 대하여 논란이 있다.7) 이 문제에 대하여는 급부행정을 어떻게 이해하는가에 따라 답이 달라질 수 있다. 사회적 법치국가에 있어 법률은 행정부에 대하여 계획과제와 형성과제를 위한 정책형성과 실현의 수단으로 기능하는바, 단지 규범의 해석과 적용을 통하여 개별적으로 집행되는 수권근거의 문제와는 다른 차원의 문제라고 할 것이다. 그 이유는 급부행정에 있어서 의회의 법률이 특히 의미를 갖는 것은 활동의 근거로서의 측면보다는 청구권의 근거이기 때문이다. 이 점이 법률유보와 관련하여 급부행정이 침해행정과 차이가 나는 부분이다. 여기에서 행위근거(Handlungsgrundlage)와 청구권근거(Anspruchs-grundlage)로 구분하는 문제가 남는다. 예컨대 급부행정에서 신청에 관한 근거조항이 있느냐의 문제에 있어 법률의 규정은 행정청의 활동의 근거로서 기능하기보다 상대방의 청구권의 근거로서 기능한다.8)

여기서 기속행위에 부관을 붙이는 것이 허용되는가의 문제와 관련하여, 만약에 기속행위라고 하면 당사자에게 청구권이 부여된 경우를 의미한다. 따라서 수익적 결정에 대하여 부관의 부가를 하여 청구권의 발생을 약화시키는 것은 권익침해에 해당하므로 법률의 근거가 필요하다.9)

2. 의회유보(Parlamentsvorbehalt)

법률유보는 광의의 개념으로는 의회유보를 포함한다. 좁은 의미의 법률유보는 법률의 형식만이 문제되고 법률의 내용은 문제 삼지 않는다. 이에 반하여 일

---

6) Friedrich Schoch, Die behördliche Befugnis zum Handeln durch Verwaltungsakt, JURA 9/2010, S. 672-673.
7) 자세한 것은 김용섭, "급부행정의 법률유보에 관한 연구", 법제연구, 제9호, 1995, 220면 이하.
8) 김용섭, "법치행정의 원리에 관한 재검토", 경희법학, 제33권 제1호, 219면.
9) 기속재량의 경우에는 비정형적인 상황에서 행정청이 요건이 충족되더라도 당사자가 원하는 결정대로 내리지 않을 수 있기 때문에 기속행위와 동일시하는 것은 문제가 될 수 있다.

정한 규율밀도를 요구하는 의회유보는 중요성설 내지 본질성설과 결부되어 논의되는바, 법률유보의 한 부분10)으로 볼 수 있다. 의회유보는 2가지 관점을 제시하여 준다. 규율기관이 의회라고 하는 것과 법률에서 규율밀도를 유지하여야 한다는 것이다. 즉 특정사안에 있어서는 반드시 의회를 통하여 입법이 이루어져야 한다는 것이다. 법률유보와 의회유보는 매우 많은 접촉점을 갖는다. 법률유보는 법률적 근거의 필요성의 문제와 관련되며, 의회유보는 위임금지가 반영된 법률유보라고 할 수 있다.11)

　　법률유보에 관한 본질성설 내지 중요성설과 결부된 의회유보이론은 독일의 연방헌법재판소12)의 입장이기도 하며, 우리나라도 독일의 영향을 받아 헌법재판소 1999. 5. 27. 선고 98헌바70 결정에서 "오늘날 법률유보원칙은 단순히 행정작용이 법률에 근거를 두기만 하면 충분한 것이 아니라, 국가공동체와 그 구성원에게 기본적이고도 중요한 의미를 갖는 영역, 특히 국민의 기본권실현과 관련된 영역에 있어서는 국민의 대표자인 입법자가 그 본질적 사항에 대해서 스스로 결정하여야 한다는 요구까지 내포하고 있다."고 판시하여 법률유보에 관한 중요성설 내지 의회유보설을 채택한 바 있다. 이처럼 헌법재판소에서 채택하고 있는 본질성설 내지 중요성설에 의할 경우에 법률유보의 문제는 의회유보의 문제로 확장된다.13) 즉, 기본권 실현과 관련되는 사항 등 본질적인 사항에 관하여 국회 스스로 규정해야 하고 이를 행정입법에 위임해서는 안 된다는 의미로 법률유보를 파악하게 되며, 이는 의회와 행정부의 권한 배분의 문제로 귀착된다. 의회유보의 원칙은

---

10) Vgl. Michael Kloepfer, "Der Vorbehalt des Gesetzes im Wandel", JZ 1984, 685ff: Peter Becker, Parlamentsvorbehalt im Prüfungsrecht, NJW 1990, 273ff.
11) 법률유보가 법치국가적 요청과 긴밀한 관련성이 있는 반면에 의회유보는 의회의 민주적 정당성과 밀접하게 관련된다. 그러나 의회유보가 반드시 논리적으로 법률유보의 선행을 요구하는 것은 아니다. 오히려 의회유보는 입법자와 법규명령자 상호간의 기능상 협력을 내용으로 한다. 이로부터 의회의 부담경감의 가능성을 가져온다. 왜냐하면 의회는 의미 있고 근본적인 결정에 한정하고 중요하지 않은 결정을 배제할 수 있기 때문이다.
12) 가령 BVerfGE 101, 1(34) 판결의 요지에 의하면 법치국가원칙과 민주주의에 뿌리를 두고 있는 의회유보는 기본적으로 규범적인 영역에 있어서 심지어 기본권 행사의 영역에 있어서 이러한 국가적인 규율이 허용하는 한, 모든 본질적인 결정은 의회에 맡겨져 있다는 것을 요청한다. 여기에서 규범의 의무는 특정의 대상이 도대체 법률적으로 규정되어야만 하는지의 문제가 아니라 어느 정도로 이러한 규정을 개별적으로 해야 하는지에 관한 문제이다.
13) 김용섭, "텔레비전 방송수신료에 관한 행정법적 논의", 인권과 정의, 2006. 11, 363면 이하; 우리 헌법재판소는 1999. 5. 27. 선고 98헌바70 결정에서 최초로 명시적으로 의회유보를 인정하였다.

종래의 좁은 의미의 법률유보가 법률의 형식만이 문제가 되고, 기본적으로 법률의 내용은 크게 문제 삼지 않았던 반면에 법률의 내용에 있어 일정한 규율밀도를 요구하고 있으므로 법률유보의 진전된 형태로 이해되고 있다.14)

아울러 대법원 2007. 10. 12. 선고 2006두14476 판결에서 "법률이 공법적 단체 등의 정관에 자치법적 사항을 위임한 경우에는 헌법 제75조가 정하는 포괄적인 위임입법의 금지는 원칙적으로 적용되지 않는다고 봄이 상당하고, 그렇다 하더라도 그 사항이 국민의 권리·의무에 관련되는 것일 경우에는 적어도 국민의 권리·의무에 관한 기본적이고 본질적인 사항은 국회가 정하여야 한다."고 전제하면서, "조합의 사업시행인가 신청 시의 토지 등 소유자의 동의요건이 비록 토지 등 소유자의 재산상 권리·의무에 영향을 미치는 사업시행계획에 관한 것이라고 하더라도, 그 동의요건은 사업시행인가 신청에 대한 토지 등 소유자의 사전 통제를 위한 절차적 요건에 불과하고 토지 등 소유자의 재산상 권리·의무에 관한 기본적이고 본질적인 사항이라고 볼 수 없으므로 법률유보 내지 의회유보의 원칙이 반드시 지켜져야 하는 영역이라고 할 수 없고, 따라서 개정된 도시 및 주거환경정비법 제28조 제4항 본문이 법률유보 내지 의회유보의 원칙에 위배된다고 할 수 없다."고 판시하고 있다. 이와 같은 대법원의 판시태도는 법률이 공법적 단체 등의 정관에 자치법적 사항을 위임한 경우 헌법상의 포괄위임입법금지 원칙이 적용되지 않는다는 것을 명백히 함과 아울러, 특히 국민의 권리·의무에 관한 기본적이고 본질적인 사항에 대하여는 정관에 위임할 수 없다고 보아 법률유보에 관하여 중요성설 내지 본질성설의 입장에 입각하여 내린 의미 있는 판결이라고 할 것이다.

이처럼 법률유보나 의회유보는 어떠한 조치의 기본권관련성이 법규범적 근거를 요구할 때, 다시 말하여 어떠한 행정조치나 행정행위가 국민의 기본권과 밀접히 관련되어 이를 규율함에 있어 법률의 형태나 법규명령의 형태를 요구할 때에는 법률유보의 문제이고, 기본권침해의 정도가 입법자가 법률로 스스로 규율해야만 할 사항인 경우에는 의회유보의 문제가 됨을 의미한다.

의회유보는 의회민주주의 국가에 있어서 국가의 최고기관으로서 입법기관이 스스로 권리를 포기하거나 의무를 회피하여서는 안 된다는 것을 의미한다. 의회

---

14) 법률유보의 보완원리로 설명하는 견해도 있다. 이명웅, "입법원칙으로서의 법률유보, 의회유보, 비례원칙", 법제, 2004. 11.

유보는 의회는 국민의 대표기관으로 국가적 공동체의 중요한 사항과 기본권 실현과 관련된 사항에 있어서 대화와 토론을 통한 공개성 원칙과 국민의사의 통합기능적 관점에서 의회를 통한 의사 결정이 보다 합리적이라는 관점에서 의회주의의 원리에 기반을 두고 있다.[15] 의회에서 결정함이 마땅한 고도의 정치적 사안에 대하여 행정부에서 결정하는 것은 의회주의에 역행하게 된다. 의회주의의 현실에서 법률유보의 개념과 더불어 "입법부의 임무영역에 속하는 특정사안을 의회는 스스로 규율하여야 하고, 이를 행정부에 위임해서는 안 된다." 이와 같은 의회유보원칙을 우리 헌법재판소와 대법원에서 판시하고 있는 내용에 비추어 볼 때, 행정처분의 근거가 법규명령에 의할 경우라면 법률유보에 반하지 않지만, 중요한 사항을 법률에 규정해야 하는 경우라면 법규명령이나 조례에 근거하여 내려진 행정처분도 위법할 수 있다는 점에서 의회유보는 법률유보의 확장의 의미를 지닌다. 아울러 의회유보를 염두에 둔다면, 행정처분이 수권근거를 갖추었는가의 문제를 고찰함에 있어서는 3단계의 고찰이 요구된다. 즉, 1단계는 행정처분에 법적인 수권근거가 있는가, 이것이 허용되면, 2단계로 그 수권근거가 법규명령이나 조례 등에 근거한 경우에는 그것이 적법한가, 3단계는 의회유보설이 확립됨에 따라 처분의 근거가 되는 규정을 위임한 법률이 의회유보의 관점에서 헌법에 위반되는 것인지를 심사하는 3단계의 과정으로 검토하게 된다.

3. 행정행위의 수권근거(VA-Befugnis)

행정처분에 있어서 법적 수권이 필요한가의 문제는 법률유보원칙과 밀접한 관련이 있다. 구속적인 규율과 관련되는 행정행위의 발령을 위하여 행정청은 법률유보의 원칙에 따라 명시적으로 행정행위의 행위형식에 관련되어지는 법률적 근거를 필요로 한다.[16]

그동안 우리의 행정판례는 행정처분의 위법성을 심사함에 있어 침익적 작용에 있어 법률유보의 원칙상 법률의 근거가 있는지 여부를 중심으로 심사하기보다는 재량권 일탈 남용론을 중심으로 고찰되어 온 측면이 없지 않다. 판례를 통하

---

15) 우리 헌법 제40조 등의 규정에서 입법권을 국회에 부여한 것은 국회가 모든 사항을 입법하라는 의미는 아니지만, 중요한 사항은 의회입법을 하라는 의미를 도출해 낼 수 있다고 본다.

16) Friedrich Schoch, "Die behördliche Befugnis zum Handeln durch Verwaltungsakt", JURA 9/2010, S. 670ff.

여 법률유보에 있어 의회유보원칙이 확립됨에 따라 위법성의 심사에 있어 법률의 위헌여부가 심사될 필요가 있으며, 아울러 행정작용에 법률상 근거가 필요한가라는 관점에서 나아가 행정행위라는 형식을 발령함에 있어서 행위선택과 관련하여 원칙적으로 법적인 수권이 있어야 한다.[17]

그동안 우리 행정법학계의 일반적 논의는 행정행위의 위법성의 논증에 있어서 행정행위의 성립요건을 중심으로 주체, 내용, 절차, 형식의 관점에서 적법한가 여부를 중심으로 파악하여 왔다. 그러나 이러한 논의를 실체적 위법과 형식적 위법으로 나누어 고찰하기에 앞서 수권근거가 있는 것인지 여부를 먼저 검토할 필요가 있으며,[18] 이 부분은 법률유보 내지 의회유보의 관점을 감안하여 법적인 수권근거가 필요한 것인지에 관한 문제라 할 것이다.

먼저 법률유보의 내용적 관점에서 행정작용에 법적 수권근거가 필요한 것인지를 결정함에 있어, 첫째로 침익적 작용일 것, 둘째로 침익적 작용이 아니더라도 기본권실현에 있어 중요하고 본질적인 사항일 것을 요한다. 아울러 행정행위라고 하는 행위형식을 선택할 수 있는지 여부와 관련하여 법률에 수권근거가 필요하며, 그 규범의 테두리 내에서 행정청은 행정행위의 형식으로 활동하여야 한다(가령 급부결정을 발할 수 있는 권한).[19] 이는 보조금 관리에 관한 법률 제33조의2(보조금수령자에 대한 보조금의 환수 등) 제1항[20]에서 규정하고 있는 바와 같이 행

---

17) 독일에서의 논의이지만, 행정행위에 대하여 명시적인 수권근거가 없어도 되는 경우로서 실체법의 해석을 통하여 행정행위의 수권근거를 도출하는 경우와 아울러 특정한 급부결정의 발령을 위해서 언제나 법률적 근거를 필요로 하는 것은 아니고, 행정행위를 통하여 보장되는 급부는 그 후 위법하게 된 경우 별도의 특별한 법적인 수권 없이 당초의 행정행위를 통하여 반환되어진다(이른바 Kehrseiten-theorie). 나아가 행정청이 행정행위를 통하여 ─공무원 및 군인관계에 있어서 고권의 주체가 고권적 상하 위계질서의 관계에 있어서─ 청구할 수 있을 때 급부결정의 발령은 법적인 수권근거가 없더라도 허용된다. 이 경우 상하위계질서는 바로 행정행위를 통하여 규율하는 청구권과 관련되어져야만 한다.

18) 독일의 경우에는 취소소송의 본안심사에 있어서 제일 먼저 행정조치의 수권근거(Ermächti-gungsgrundlage)를 심사하며, 행정소송의 사례의 해결에서 행정처분의 적법성심사의 구조를 보면, Ⅰ. 행정처분의 수권근거- 수권근거의 필요성과 적법성 Ⅱ. 수권근거의 하자 없는 적용 1. 행정행위의 권한(VA-Befugnis), 2. 절차적 적법성(관할, 절차, 형식), 3. 실체적 적법성(구성요건, 침해요건, 법적 효과, 무하자재량행사).

19) Roland Kintz, Öffentliches Recht im Assessorexamen, 7. Aufl., 2010, S. 108.

20) ① 보조사업자 또는 간접보조사업자는 해당 보조금수령자가 다음 각 호의 어느 하나에 해당하는 경우에는 기한을 정하여 지급한 보조금의 전부 또는 일부의 반환을 명하여야 한다.
   1. 거짓 신청이나 그 밖의 부정한 방법으로 보조금을 지급받은 경우
   2. 보조금의 지급 목적과 다른 용도에 사용한 경우

정행위를 위한 수권근거가 될 수 있다. 이와 같은 규정이 바로 보조금 수령자에 대한 보조금 환수를 위한 법적 수권근거라고 할 것이다. 만약 국민에게 지급된 금전의 환수를 명하는 행정처분에 관한 수권규정이 없다면 행정청에서 금전환수를 행정행위의 형식으로 발할 수 없다고 보아야 한다.[21]

Ⅲ. 행정행위의 부관과 법치행정의 원리

1. 논의의 출발

부관을 둘러싸고 법치행정의 원리와의 관계에서 논의할 수 있는 것은 우선 부관을 붙일 수 있는가와 관련하여 법률의 규정에 의하여 정해지지 아니한 경우에도 행정청은 당연히 부관을 붙일 수 있는가의 문제이다. 여기서는 법률유보의 원칙에 비추어 일정한 기준과 원칙을 도출할 수 있다. 즉, 부담과 같이 본래의 행정행위에 의한 효과 이상의 의무를 상대방에게 부과하는 것은 법률의 명시적인 근거가 없는 한 허용되지 않는다. 또한 철회권의 유보와 관련하여, 수익적 행정행위의 철회가 법률의 수권 근거 없이 사정변경이나 공익상의 이유만으로 허용된다면, 부관의 일종인 철회권유보를 붙이는 실익이 그다지 크지 않을 것이다.[22]

부관은 통상적인 경우 재량행위에 있어서는 법률에 근거하지 아니하고도 붙일 수 있는바, 재량권행사의 일환으로 탄력적인 행정을 통한 공익실현의 과제를 수행한다는 명목으로 상대방에게 부관을 붙임으로써 불이익을 초래하는 현상이 나타나기도 한다.[23]

2. 기속행위 또는 기속재량에 붙여진 부관은 무효인가?

가. 판례의 기본입장
▪ 대법원 1995. 6. 13. 선고 94다56883 판결
"일반적으로 기속행위나 기속적 재량행위에는 부관을 붙일 수 없고 가사 부관을 붙였다 하더라도 무효이다."

---

3. 보조금을 지급받기 위한 요건을 갖추지 못한 경우
21) 다만, 경찰작용에 있어서 개별법률상의 수권규범이 없더라도 보충적으로 경찰관직무집행법상의 개괄적 수권조항에 근거하여 보충적으로 발해질 여지가 있다.
22) 藤田宙靖 行政法Ⅰ(總論), 靑林書院, 2005, 204-205面.
23) 김용섭, "행정행위의 부관에 관한 법리", 행정법연구, 제2호, 1998년 상반기, 183면 이하.

"건축허가를 하면서 일정 토지를 기부채납 하도록 하는 내용의 허가조건은 부관을 붙일 수 없는 기속행위 내지 기속적 재량행위인 건축허가에 붙인 부담이거나 또는 법령상 근거가 없는 부관이어서 무효이다."

▪ 대법원 1997.6.13. 선고 96누12269 판결

"주무관청이 광업권자의 채광계획을 불인가하는 경우에는 정당한 사유가 제시되어야 하고 자의적으로 불인가를 하여서는 아니 될 것이므로 채광계획인가는 기속재량행위에 속하는 것으로 보아야 하며, 일반적으로 기속재량행위에는 부관을 붙일 수 없고 가사 부관을 붙였다 하더라도 이는 무효이므로, 주무관청이 채광계획의 인가를 함에 있어 '규사광물 이외의 채취금지 및 규사의 목적 외 사용금지'를 조건으로 붙인 것은 광업법 등에 의하여 보호되는 광업권자의 광업권을 침해하는 내용으로서 무효이다."

나. 원칙적 불허

본체인 행정행위가 기속행위인 경우는 수익적 행정행위에 있어서 청구권이 인정되는 경우를 말한다. 이와 같은 기속행위에 있어 상대방에게 청구권이 발생하는 경우에 부관이 허용된다고 입론하면 법상 허용되는 청구권이 부관에 의하여 제한받게 되는 결과가 되어 불합리하며, 입법자가 바라는 바가 아니다. 따라서 기속행위에 있어서는 원칙적으로 부관이 허용되지 않는다고 보아야 한다.

통설적 견해는 기속행위에 있어서는 그 행정행위의 발령이 법규에 엄격히 기속되므로 그 효과를 제한하는 의미의 부관을 붙일 수 없다고 설명한다.[24] 위에서 보는 바와 같이 대법원판례는 기속행위나 기속적 재량행위에는 법령상 특별한 근거가 없는 한 부관을 붙일 수 없고 가사 부관을 붙였다 하더라도 이는 무효라고 판시하고 있다.[25] 이 점에서 대법원판례는 통설과 마찬가지로 원칙적으로 재량행위에만 부관을 붙일 수 있다고 보고 있다.

우리는 독일의 행정절차법 제36조[26]에서 규정하고 있는 바와 같이 기속행위

---

24) 김동희, 행정법 Ⅰ, 2008, 300-301면.
25) 대법원 1993. 7. 27. 선고 92누13998 판결: 이에 관하여는 김남진 교수의 법률신문 1994. 2. 7.자 판례평석을 참조할 것.
26) § 36 Nebenbestimmungen zum Verwaltungsakt.
　　(1) Ein Verwaltungsakt, auf den ein Anspruch besteht, darf mit einer Nebenbestimmung

나 기속재량행위에 부관을 붙일 수 없다는 법령상의 제한이 없음에도 부관을 붙인 경우, 이를 무효로 보는 것이 합당한 것인지 의문이다. 특히 기속재량행위[27]의 경우에는 기속행위와 동일시하기 어려운 측면이 있고, 기속행위에 법률의 근거가 필요하다고 한다면, 법률의 근거가 없어 법률유보의 원칙에 어긋나는 부관은 이를 일반적으로 단순 위법으로 보아야 하는지, 아울러 당사자가 이를 동의한 경우에도 부가할 수 없는 것인지 논란이 야기될 수 있다.

이와 관련하여 대법원 2000. 2. 11. 선고 98누7527 판결은 "구 건축법(1999. 2. 8. 법률 제5895호로 개정되기 전의 것) 제72조, 같은 법 시행령(1999. 4. 30. 대통령령 제16284호로 개정되기 전의 것) 제118조 등 관련 규정에 의하면 건축주가 2m 이상의 담장을 설치하고자 하는 경우에는 이를 신고하여야 한다고 규정하고 있을 뿐 건축 관계 법령은 건축물 건축 시 반드시 담장을 설치하여야 한다는 취지의 규정은 두지 아니하고 있으므로, 행정청이 건축변경허가를 함에 있어 건축주에게 새 담장을 설치하라는 부관을 붙인 것은 법령상 근거 없는 부담을 부가한 것으로 위법하다."고 판시하여 당연무효로 보고 있지 않고 단순위법으로 파악하고 있는 점은 시사하는 바가 크다.

다. 예외적 허용과 한계

종래의 통설과 판례는 어떠한 경우에 예외가 인정되는지에 대하여 아무런

---

nur versehen werden, wenn sie durch Rechtsvorschrift zugelassen ist oder wenn sie sicherstellen soll, dass die gesetzlichen Voraussetzungen des Verwaltungsaktes erfüllt werden.

(2) Unbeschadet des Absatzes 1 darf ein Verwaltungsakt nach pflichtgemäßem Ermessen erlassen werden mit.

1. einer Bestimmung, nach der eine Vergünstigung oder Belastung zu einem bestimmten Zeitpunkt beginnt, endet oder für einen bestimmten Zeitraum gilt (Befristung);
2. einer Bestimmung, nach der der Eintritt oder der Wegfall einer Vergünstigung oder einer Belastung von dem ungewissen Eintritt eines zukünftigen Ereignisses abhängt (Bedingung);
3. einem Vorbehalt des Widerrufs oder verbunden werden mit;
4. einer Bestimmung, durch die dem Begünstigten ein Tun, Dulden oder Unterlassen vorgeschrieben wird (Auflage);
5. einem Vorbehalt der nachträglichen Aufnahme, Änderung oder Ergänzung einer Auflage.

(3) Eine Nebenbestimmung darf dem Zweck des Verwaltungsaktes nicht zuwiderlaufen.

27) 기속재량에 관하여는 김용섭, "기속행위, 재량행위, 기속재량", 행정판례평석, 한국행정사법학회, 2003, 117면 이하.

기준을 제시하고 있지 않다. 그러나 법령에서 기속행위임에도 이를 허용하거나 부관을 통하여 행정행위의 법률적인 조건을 충족하는 경우에는 본체인 행정행위가 기속행위일지라도 허용된다고 해석하는 것이 부관의 기능에 비추어 적절하다고 판단된다. 다만, 중요한 허가의 요건―예컨대 의료법 제8조의 규정에서 정하고 있는 의사면허 등 의료인 결격사유―이 충족되지 않았음에도 그 요건의 충족을 내용으로 하는 부관을 부가할 수 없다. 왜냐하면 결격사유에 해당하는 자에 대하여는 일률적으로 전면적인 거부를 하는 것이 법이 요구하는 바라고 보여지기 때문이다.[28]

3. 재량행위의 경우 법적인 근거 없이 부관의 부가가 허용되는가?

가. 판례의 기본입장

- 대법원 1997. 3. 14. 선고 96누16698 판결

"주택건설촉진법 제33조에 의한 주택건설사업계획의 승인은 상대방에게 권리나 이익을 부여하는 효과를 수반하는 이른바 수익적 행정처분으로서, 법령에 행정처분의 요건에 관하여 일의적으로 규정되어 있지 아니한 이상 행정청의 재량행위에 속한다."

"재량행위에 있어서는 법령상의 근거가 없다고 하더라도 부관을 붙일 수 있는데, 그 부관의 내용은 적법하고 이행가능하여야 하며 비례의 원칙 및 평등의 원칙에 적합하고 행정처분의 본질적 효력을 해하지 아니하는 한도의 것이어야 한다."

- 대법원 1997. 3. 11. 선고 96다49650 판결

"수익적 행정행위에 있어서는 법령에 특별한 근거규정이 없다고 하더라도 그 부관으로서 부담을 붙일 수 있으나, 그러한 부담은 비례의 원칙, 부당결부금지의 원칙에 위반되지 않아야만 적법하다."

- 대법원 2007. 7. 12. 선고 2007두6663 판결

"주택재건축사업시행인가는 상대방에게 권리나 이익을 부여하는 효과를 가진 이른바 수익적 행정처분으로서 법령에 행정처분의 요건에 관하여 일의적으로 규정되어 있지 아니한 이상 행정청의 재량행위에 속하므로, 처분청으로서는 법령

---

28) 菊井康郎, 行政行爲의 存在構造, 信山社, 1995, 222面.

상의 제한에 근거한 것이 아니라 하더라도 공익상 필요 등에 의하여 필요한 범위 내에서 여러 조건(부담)을 부과할 수 있다."

나. 행정행위의 수권근거의 필요성 여부

그동안 부관에 있어서 법치행정의 적용의 문제가 크게 부각되지 않았다. 그 이유는 기속행위의 경우에는 법률의 근거를 필요로 하지만, 판례는 재량행위에 있어서는 부관의 부가에 법률의 근거가 없어도 무방한 것으로 판시해왔기 때문이다. 그러나 이를 당연시해도 좋은 것인지 의문이다. 아울러 판례는 행정청은 재량행위의 발령 시에 재량권의 한계만 준수하면 별도의 법적 수권이 없어도 부관의 부가를 허용하는바, 이러한 판례의 태도가 타당한지 의문이다.

대법원 판례에서 보는 바와 같이, 수익적 처분에 해당하면 법률에 근거가 없어도 부관을 붙일 수 있다는 논리는 적절한 판시라고 보여지지 않는다. 대법원은 수익적 행정행위로서 재량행위인 경우에는 법률의 근거가 없이도 부관을 붙일 수 있다고 보고 있으나, 문제는 수익적 행정작용이라고 해서 언제나 재량행위가 되는 것은 아니므로 부관을 자유롭게 붙일 수 있는 것은 아니고, 수익적 행정작용으로 그 법적 성질이 재량행위라고 할지라도 부관으로 인하여 수익보다 더 큰 자유침해를 초래하는 경우에는 법률의 근거를 요한다고 할 것이다.[29]

그런데 재량행위에 있어서 법률의 근거 없이 부관을 붙일 수 있다는 논리가 법률유보의 원칙에 비추어 정당화될 수 있는지 여부가 문제된다. 조건, 기한, 철회권의 유보와 같은 비독립적 성격의 부관에 있어서는 상대방에게 추가적인 침익을 안겨주지 않으면서, 행정행위에서 규율하는 수익을 제한하기 때문에, 이 경우에는 수익을 보장하는 규범 속에 수익을 유보할 수 있는 권한이 내포되어 있다고 해석될 여지가 있다. 그러나 수익적 행정결정에 부담 등의 부관을 붙임으로써 비수익적인 결정으로 전환될 수 있으며, 재량행위의 경우 부관을 자유롭게 붙일 수 있다고 할 것 같으면 행정에 무제한의 수권을 부여하는 결과가 된다.[30] 더구나, 부담에 있어서는 어떠한 마이너스 효과를 가져오지도 아니하는 무제한의 수익일 수는 없으며, 특별한 의무의 강제적인 관철의 가능성이 발생하기 마

29) 김용섭, "급부행정의 법률유보에 관한 연구", 법제연구, 제9호, 1995, 238면.
30) Gerd Roellecke, "Gesetzmäßigkeitsprinzip und verwaltungsrechtliche Auflagen und Bedingungen", DOV, 1968, S. 333.

련이다.31) 따라서 부담의 부가가 상대방의 권익을 침해하거나 기본권과 관련되는 경우에는 법률의 근거를 요구한다고 보아야 할 것이다.32)

그동안 대법원은 재량행위의 경우에는 법령상 근거가 없다고 하더라도 부관을 붙일 수 있다고 판시해 왔으나,33) 이를 재량행위의 경우 어느 경우에나 법적 근거 없이 부관을 붙일 수 있다는 의미로 확대해석하면 곤란하다. 왜냐하면 부담은 기본적으로 침해적 성질을 갖기 때문이다.34) 그렇다고 하여 재량행위에 있어 부담을 붙일 경우 전부 법적 수권이 필요하다고 보는 것도 지나치다. 왜냐하면 당사자는 일정한 수익을 받고 있기 때문이다. 요컨대 법률유보의 원칙상 부관이 관계자의 권리를 침해하거나 기본권과 관련되는 경우에는 예외적으로 법률적 수권을 필요로 한다고 볼 것이다.35) 이처럼 행정행위를 발령하는 수권규정은 행정행위의 발령여부만 규정되어 있는 것이고, 어느 범위로 할 것인지에 대하여서까지 수권한 것으로 볼 수 없기 때문에 기본적으로 부관에 대하여는 법률에 근거규정을 마련하는 것이 필요하다.

4. 상대방과 협약을 체결하거나 동의가 있는 경우

가. 부담의 부가를 협약을 체결한 후 부가하는 경우

▪ 대법원 2009. 2.12. 선고 2005다65500 판결36)

"수익적 행정처분에 있어서는 법령에 특별한 근거규정이 없다고 하더라도 그 부관으로서 부담을 붙일 수 있고, 그와 같은 부담은 행정청이 행정처분을 하면서 일방적으로 부가할 수도 있지만 부담을 부가하기 이전에 상대방과 협의하여 부담의 내용을 협약의 형식으로 미리 정한 다음 행정처분을 하면서 이를 부가할 수도 있다."

---

31) Erichsen(Hrsg.), Allgemeines Verwaltungsrecht, 1994, S. 278.
32) 그러나, 한편으로는 부담과 정지조건 중에 당사자에게 정지조건보다는 부담이 더 이익이 된다고 보고 있으므로 부담이 아닌 정지조건 등 부관의 부가에 있어서도 법률의 수권이 필요하다고 할 것이다.
33) 대법원 1997. 3. 14. 선고 96누16698 판결.
34) 예컨대 Bleckmann, Subventionsrecht, 1978. S. 100.
35) Gerd Roellecke, a.a.O., S. 333ff.
36) 이 판결에 대한 평석으로는 김용섭, "부당결부금지의 원칙과 부관", 행정판례연구 XV-2, 2010, 271-313면.

■ 대법원 2009. 12. 10. 선고 2007다63966 판결

"공무원이 인·허가 등 수익적 행정처분을 하면서 상대방에게 그 처분과 관련하여 이른바 부관으로서 부담을 붙일 수 있다 하더라도, 그러한 부담은 법치주의와 사유재산 존중, 조세법률주의 등 헌법의 기본원리에 비추어 비례의 원칙이나 부당결부금지원칙에 위반되지 않아야만 적법한 것인바, 행정처분과 부관 사이에 실제적 관련성이 있다고 볼 수 없는 경우 공무원이 위와 같은 공법상의 제한을 회피할 목적으로 행정처분의 상대방과의 사이에 사법상 계약을 체결하는 형식을 취하였다면 이는 법치행정의 원리에 반하는 것으로서 위법하다."

앞의 판결과 관련하여 부관의 일종인 부담은 원칙적으로 행정청이 행정행위를 발하면서 수익자에게 작위, 수인 또는 부작위를 명하는 독립적 규율로서 일방적으로 부가하는 것이 일반적이지만, 행정청과 국민 간의 협약을 사전에 체결하는 방식으로 행정행위에 부담을 붙일 수 있는지가 문제될 수 있다.

위 판결 사안은 원고와 피고 간 송유관 매설에 관한 협약의 성격을 허가에 붙일 부관에 대한 협약으로 보면서 부담의 내용을 협약의 형식으로 미리 정한 다음 행정처분을 하면서 이를 부가한 것으로 보고 있다. 이처럼 부관으로서의 부담은 행정청이 수익적 행정행위를 발하면서 일방적으로 부가할 수도 있지만, 부담을 부가하기 이전에 상대방과 협의하여 부담의 내용을 협약의 형식으로 미리 정한 다음 수익적 행정행위를 발하면서 이를 부가할 수 있다고 하여 계약형식의 부담을 긍정한 바 있다.[37]

이러한 판례의 태도에 대하여 교섭에 의한 행정행위로서 일반적으로 행정청이 일방적으로 부가하는 "부관부 행정행위"가 행정실제에 있어서 상대방과의 교섭과 합의를 통하여 행하여지는 경우가 많다고 설명하면서 협약을 체결하여 교섭을 한 후 부관을 붙이는 방식을 긍정적인 시각에서 파악하는 입장[38]이 있는 반면에 이 사건과 유사한 판결에서 협약을 체결하고 부관을 부가하는 방식은 특별한 법률상의 근거 없이 행정행위와 관련된 협약을 부관의 형태로 체결하는 관행을

---

37) 이 사건에서는 도로점용허가 및 접도구역내 공작물설치허가를 하면서 도로확장 시 매설물에 대한 이설비용을 상대방이 부담하도록 하는 등 미리 상대방이 준수하여야 할 사항 등을 행정청과 상대방 사이에 협약형식으로 정한 다음에 행정청이 주된 행정행위인 도로점용허가 등을 하면서 상대방으로 하여금 그 협약을 준수할 것과 이를 준수하지 않을 경우 허가를 취소할 수 있다는 내용의 부담을 붙인 것이다.

38) 김남진, "교섭·합의에 의한 부관의 효력", 행정판례연구, 제2권, 1995, 121-122면.

편법으로 보는 부정적인 시각도 있다.[39]

행정청이 행정행위를 함에 있어 법률의 근거 없이 일방적으로 부담을 붙이는 경우보다, 사전에 분쟁을 회피하기 위하여 협약의 방식이 행정실제에서 자주 활용되고 있다. 이러한 협약방식은 재량행위의 부관의 부가에 있어 법률의 근거가 없어 문제가 되는 부분을 합의 방식에 의하여 정당성을 확보하려고 하는 점에서 긍정적으로 평가될 수 있다. 가령, 행정청이 부관을 붙이는 경우에 부관을 붙일 수 있다는 명시적인 근거규정이 없음에도 일방적으로 부가하는 것보다 교섭의 결과로서 협약을 체결하는 방식으로 부담을 부가하는 것이 정당성의 확보 측면에서는 장점이 있다. 다만, 이러한 방식은 때로는 과도한 규제와 간섭의 위험이 상존하는 것도 사실이다.[40]

한편 두 번째 판결은 지방자치단체가 골프장사업계획승인과 관련하여 사업자로부터 기부금을 지급받기로 한 증여계약을 민법 제103조에 의해 무효라고 보았다. 기본적으로 공행정의 사법으로의 도피를 막고 법치행정의 원칙 내지 부당결부금지의 원칙을 적용한 사례로 바람직한 판시태도라고 할 것이나 법률의 근거 없이 사법상 계약의 형식을 통하여 부관을 붙일 수 있다는 전제에 서 있다고 할 것이다.

수익적 행정결정을 발하는 것을 이유로 정당성의 근거 없이 사법상의 계약방식으로 부관의 부가를 허용하는 경우 사적자치의 원칙이 적용되지 않는 공법영역에서 행정청이 우월적 지위를 이용하여 국민에게 불리한 부담 기타 부관을 부과하여 권익이 침해할 가능성이 존재하지만, 행정행위의 효율성과 탄력성을 높이기 위한 부관의 취지에 비추어 행정청의 일방적인 부과보다는 협약에 의한 부과가 협력적 행정의 관점에서 바람직하다. 또한 다른 한편으로 부관을 일방적으로 부가하는 경우에 비하여 분쟁을 사전에 회피할 수 있는 장점이 있을 뿐만 아니라 국가와 시민 간의 협력에 기초한 합의에 의한 행정이 가능하게 되는 장점이 있다고 할 것이다.[41]

한편, 사후부관에 관한 판례[42]가 인정하는 바와 같이, 행정처분이 발해진 후

---

39) 오준근, "부동산개발사업 허가의 부관과 개발협약에 관한 한국과 미국의 비교법적 고찰", 토지공법연구, 제40집, 2008. 5, 104-107면. 오 교수는 법률에 근거를 둔 개발협약제도의 도입필요성을 강조하고 있다.
40) 김철용, 행정법Ⅰ, 박영사, 2010, 239면.
41) 김용섭, "부당결부금지의 원칙과 부관", 행정판례연구 XV-2, 2010, 284면.

에 새로운 부담을 부가하거나 이미 부가되어 있는 부담의 범위 또는 내용 등을 변경하는 이른바 사후부담이 법률에 명문의 규정이 있거나, 그것이 미리 유보되어 있는 경우 또는 상대방의 동의가 있는 경우에 허용되는 것이 원칙이므로, 이러한 관점에서 사전에 교섭을 통하거나 협약을 체결하는 등의 비공식적 행정행위의 방식을 통하여 부관을 붙이는 것은 허용된다고 할 것이다. 또한 협약을 사전에 체결하고 부담을 붙인다고 할지라도 비례의 원칙이나 부당결부금지의 원칙에 의한 제한을 받기 때문에 상대방의 보호의 관점에서 그 남용가능성을 상당부분 제한할 수 있을 것이다.[43]

나. 사후부관의 허용성과 한계

(1) 판례의 기본 입장

▪ 대법원 1997. 5. 30. 선고 97누2627 판결

"행정처분에 이미 부담이 부가되어 있는 상태에서 그 의무의 범위 또는 내용 등을 변경하는 부관의 사후변경은, 법률에 명문의 규정이 있거나 그 변경이 미리 유보되어 있는 경우 또는 상대방의 동의가 있는 경우에 한하여 허용되는 것이 원칙이지만, 사정변경으로 인하여 당초에 부담을 부가한 목적을 달성할 수 없게 된 경우에도 그 목적달성에 필요한 범위 내에서 예외적으로 허용된다."

▪ 대법원 2009. 11. 12. 선고 2008다98006 판결

"행정처분이 발하여진 후 새로운 부담을 부가하거나 이미 부가되어 있는 부담의 범위 또는 내용 등을 변경하는 이른바 사후부담은, 법률에 명문의 규정이 있거나 그것이 미리 유보되어 있는 경우 또는 상대방의 동의가 있는 경우에 허용되는 것이 원칙이다(대법원 1997. 5. 30. 선고 97누2627 판결; 대법원 2006. 9. 22. 선고 2004두13325 판결; 대법원 2007. 12. 28. 선고 2005다72300 판결 등 참조)."

(2) 견해의 대립

사후부관의 문제는 본체인 행정행위를 발한 후에 다시 부관을 붙일 수 있는

---

42) 대법원 2007. 12. 28. 선고 2005다72300 판결; 대법원 1997. 5. 30. 선고 97누2627 판결; 대법원 2006. 9. 22. 선고 2004두3325 판결.

43) 상대방 측에서 협약을 체결하면서 우선적으로 수익적 결정을 받고 나서, 뒤늦게 부관이 잘못 부과되었다고 다투는 악용 사례도 있고, 비공식적 행위를 함에 있어 특정인이나 특정 기업에 일방적으로 유리하게 결정하는 내용의 협약이 체결될 수도 있으므로 공정하고 투명한 절차를 통하여 협약을 체결하는 것이 요망된다.

가의 문제이다. 이에 대하여는 학설이 대립하고 있는바, 부관은 본체인 행정행위에 부수된 종된 것이므로 그의 독자적인 존재를 인정할 수 없고, 따라서 법령에 특별한 규정이 없는 한 사후에 부관만을 따로 붙일 수 없다는 부정설과 법령이 명시적으로 허용하고 있는 경우, 사후부관을 미리 유보한 경우, 철회권이 유보되어 있는 경우, 상대방의 동의가 있는 경우에 한정하여 긍정하는 제한적 긍정설로 구분된다.[44]

(3) 검토의견

앞에서 고찰한 부관의 사후변경이 허용되는 범위와 관련하여 제한적 긍정설이 다수설이며, 이 견해에 의하면 사정변경의 경우에 허용하지 않는 것이 특징이다. 대법원 1997. 5. 30. 선고 97누2627 판결에서는 사정변경으로 인하여 당초에 부담을 부가한 목적을 달성할 수 없게 된 경우에도 그 목적달성에 필요한 범위 내에서 예외적으로 허용된다."고 판시하고 있다. 다만, 대법원 2009. 11. 12. 선고 2008다98006 판결은 판시내용만 보면, 사정변경을 이유로 새로운 부담을 부가하거나 이미 부가되어 있는 부담의 범위 또는 내용 등을 변경하는 사후부담은 붙일 수 없는 것처럼 보이나, 원칙적인 경우를 밝히고 있으면서 종전의 대법원 1997. 5. 30. 선고 97누2627 판결을 인용하고 있으므로 종전의 입장에서 진일보하였다고 볼 수 없다.

한편 부관 중에 독립적 성격의 부관인 부담의 경우에는 일정한 요건하에 사후부관이 허용될 여지가 있으나, 비독립적인 부관의 경우에는 기본행위의 변경이므로 사후부관이 허용되지 않는다고 할 것이다.

부담의 유보라 함은 행정행위에 부가된 부담을 사후적으로 추가, 변경 또는 보충하는 권리를 유보하는 독립적 성격의 부관을 말한다. 이에 관하여는 독일연방행정절차법 제36조 제2항 제5호에 명문으로 인정하고 있다. 부담은 상대방에 대한 불이익한 처분이므로 수익적 행정행위에 부가하여 발하여 진다. 부담을 사후에 추가할 경우에는 상대방에 대한 예측가능성 측면에서 법률의 근거를 요하거나 상대방의 동의를 요한다고 본다. 법률유보원칙의 뿌리는 "동의는 불법을 조각한다(volenti non fit iniuria)."는 사고에 기초하고 있기 때문에 상대방의 자발적인 동의가 있을 때에는 법적 근거가 있는 것으로 볼 수 있는 것이다. 수익적 행정행

---

44) 이에 관하여는 김철용, 행정법, 박영사, 2011, 237면; 석호철, "행정행위의 부관", 재판자료, 제68집, 1995, 247면.

위의 철회에 있어서 법률의 근거를 요하는 것이 필요하다고 본다면, 수익적 행정행위의 철회보다 당사자에게 덜 불이익한 결과를 가져온다고 할지라도 예외의 허용은 최소한도로 받아들이는 것이 바람직하다. 이처럼 부담유보가 상대방인 시민에게 불이익한 결과를 가져올 위험성이 있으므로 이는 부담에 한하고, 다른 부관에 대한 사후 부가나 변경은 허용하지 않는 것이 타당하다.

그런데 사후부관에 관하여 법률에 명문의 규정이 있거나 그 변경이 미리 유보되어 있는 경우에는 큰 문제가 없으나, 상대방의 동의가 있는 경우와 사정변경이 있는 경우에는 검토가 요망된다. 먼저 상대방의 동의가 있는 경우에는 이는 자발적인 동의일 것으로 요하며 사후적으로 행정청의 일방적인 요청이나 주민의 압박에 의하여 동의한 경우에까지 정당화하는 것은 허용될 수 없다고 본다. 아울러 사정변경을 이유로 부관을 허용한다는 것은 광범위하게 사후부관을 허용하는 결과가 되어 당사자의 법적 지위를 불안정하게 할 수 있다.[45]

Ⅳ. 수익적 행정행위의 철회와 법치행정의 원리

1. 문제의 소재

먼저 행정행위의 철회와 직권취소의 상위개념으로서의 취소(Aufhebung)를 들 수 있다.[46] 이와 같은 취소는 행정행위의 효력을 상실하게 하는 새로운 행정행위의 성질을 갖는다. 종전에 행정행위의 철회와 직권취소가 행정목적실현을 위한 행정개입수단으로 비슷한 성질을 가지기 때문에 이를 구별하는 데 큰 의미가 반감되고 있다고 보는 견해[47]도 있으나, 행정행위의 직권취소는 흠의 시정에, 철회는 변화된 사정에의 적합을 지향한다는 점[48]뿐만 아니라 행정의 법률적합성에 기초하고 있는 행정행위의 취소와 행정의 공익실현이라는 목표를 지향하는 행정행위의 철회는 법적 효과를 달리하므로 개념상 명확히 구별할 필요가 있다는 견해로 나뉘어져 있다.[49]

---

45) 같은 맥락에서 수익적 행정행위에 대하여 보상을 전제로 하지 아니하기 때문에 사정변경을 이유로 철회를 허용하지 않는 것이 바람직하다.
46) 독일어의 Aufhebung을 폐지라고 번역하기도 하지만 이를 폐지라고 하면 그 의미전달이 쉽지 않다. 취소라고 번역하는 것이 더 적절하다.
47) 서원우, 현대행정법론(상), 1993, 485면; 박윤흔, 최신행정법강의(상) 1996, 428면.
48) 김남진, 행정법 Ⅰ, 1992, 339면.

그러므로 양자의 개념을 구별하는 것이 타당한 것인지, 아울러 구분 실익은 어디에 있는지 검토할 필요가 있다.

나아가 수익적 행정행위를 철회함에 있어 다음의 2가지 방법이 있을 수 있다. 법률의 수권, 즉 법률에서 철회를 인정하는 규정이 없는 경우에는 철회는 인정될 수 없다는 입장이 하나이고, 다른 하나는 철회를 행할 공익상의 필요성이 크다면 철회를 할 수 있다는 입장으로 대별된다. 행정절차법에 철회에 관한 별도의 규정을 두고 있지 아니한 우리나라와 일본은 후자의 입장이 다수 견해이지만, 독일의 경우에는 전자의 입장이 다수설적인 입장이라고 할 수 있다. 이에 관하여 개별법률에 명문의 규정을 두거나 이에 관한 철회의 근거 규정이 명시적으로 있지 아니한 경우에는 허용되지 않는다는 관점에서 논의를 진행하고자 한다.

2. 행정행위의 철회와 직권취소와의 관계

가. 판례의 기본입장

▪ 대법원 1984. 11. 13. 선고 84누269 판결

"행정행위의 부관으로 취소권이 유보되어 있는 경우, 당해 행정행위를 한 행정청은 그 취소사유가 법령에 규정되어 있는 경우뿐만 아니라 의무위반이 있는 경우, 사정변경이 있는 경우, 좁은 의미의 취소권이 유보된 경우, 또는 중대한 공익상의 필요가 발생한 경우 등에도 그 행정처분을 취소할 수 있는 것이다."

▪ 대법원 2003. 5. 30. 선고 2003다6422 판결[50]

"행정행위의 취소는 일단 유효하게 성립한 행정행위를 그 행위에 위법 또는 부당한 하자가 있음을 이유로 소급하여 그 효력을 소멸시키는 별도의 행정처분이고, 행정행위의 철회는 적법요건을 구비하여 완전히 효력을 발휘하고 있는 행정행위를 사후적으로 그 행위의 효력의 전부 또는 일부를 장래에 향해 소멸시키는 행정처분이므로, 행정행위의 취소사유는 행정행위의 성립당시에 존재하였던 하자를 말하고, 철회사유는 행정행위가 성립된 이후에 새로이 발생한 것으로서 행정행위의 효력을 존속시킬 수 없는 사유를 말한다."

---

49) 김용섭, 행정판례평석, 2003, 339면.
50) 동지판결: 대법원 2006. 5. 11. 선고 2003다37969 판결.

나. 양자의 개념상 구분

광의의 취소(Aufhebung)는 2가지 의미를 내포하고 있는바, 적법한 수익적 행정행위의 직권취소(Rücknahme)와 적법한 수익적 행정행위의 철회(Widerruf)가 포함된다. 실정법에도 취소라는 표현을 사용하여 좁은 의미의 취소와 철회를 포함하기도 한다. 그런데 엄밀히 하려면 광의의 취소는 직권취소와 철회를 구분하는 것이 필요하다. 행정행위 성립당시의 적법성과 위법성이 좁은 의미의 취소인 직권취소와 철회의 개념구분의 징표라고 할 수 있다. 그 법적 효과가 과거에 소급하는가 장래를 향하여 효력을 미치는가는 양 개념의 구별에 있어 본질적인 징표는 아니라고 할 것이다.

양자의 구분기준에 대하여 행정행위의 취소와 철회의 상대화를 주장하는 견해가 있다.[51] 논의의 출발점을 "행정행위의 취소가 상대방의 신뢰보호 등을 이유로 그 행사가 제한되는 경우에 그 취소가 불허된다면 때에 따라서는 당해 처분의 철회는 허용되지 않느냐"는 문제의식으로부터 비롯되고 있다. 그러나 직권취소와 철회의 개념구분의 상대성이 개별 법률에서 명확하게 규율하지 않아 생기는 측면은 있으나, 이를 개념상으로 명확하게 구분할 수 있다.

직권취소와 철회의 구분이 애매한 경계영역에 있는 문제로, 행정행위의 성립당시에는 적법하지만, 후발적으로 위법하게 된 경우를 들 수 있다. 이 경우에는 행정행위의 성립당시인 행정행위의 발급 시를 중심으로 하면 적법하기 때문에 철회의 사유가 된다고 보는 행정행위의 발급시설과 이에 반하여 행정행위의 적법여부는 그 후의 사정을 감안하여 종래의 행정행위를 유지하는 것이 위법하게 된 경우에는 새로운 폐지처분을 하는 시점을 중심으로 파악하는 폐지시설이 대립한다.[52] 과연 직권취소하여야 하는가 아니면 철회하여야 하는가 논란이 제기될 수 있다 원칙적으로 위법성의 판단시점은 원래의 행정행위를 발하는 시점을 중심으로 판단하여야 한다. 그러나 처음에는 적법하였는데, 사후적으로 위법하게 된 경우에 어느 시점을 위법성 판단기준 시점으로 하는가에 따라 직권취소나 철회의 여부가 달라진다고 볼 것이다. 가령 성립당시를 중심으로 한다면 철회할 수밖에 없고, 후발적인 상황을 고려하여 위법하게 되었다는 시점을 기준으로 본다면 취

---

51) 김병기, "수익적 행정행위의 철회의 법적 성질과 철회사유", 행정판례연구 VIII, 2004. 6.
52) 이에 관하여는 이현수, "행정행위의 직권취소와 철회", 중범 김동희 교수 정년기념논문집, 행정작용법, 2005, 459-460면.

소할 수밖에 없게 된다. 문제는 행정행위의 성립당시에 적법하기만 하면 철회가 가능한 것이 아니라 성립당시에 적법하였지만 그대로 유지하는 것이 위법하게 되었다면 그 위법하게 된 시점 이후에는 법치행정의 원리에 따라 취소를 할 수 있다고 보아야 하고, 그 취소의 효과는 원래 행정행위를 발한 시점으로 돌아가는 것이 아니라 위법하게 된 시점으로 돌아가는 데 그친다고 해석하는 것이 적절하다고 할 것이다.53) 그렇기 때문에 이러한 경우에 비록 취소라고 보더라도 이를 처음으로 소급하는 것이 아니라는 점에서 원래의 취소와 다른 것이고, 이 경우를 철회로 본다면 기본적으로 철회의 효력은 장래를 향하여 효력이 있으므로 새로이 철회를 한 시점부터 종전의 행정행위의 효력이 없게 되는 결과가 된다. 이러한 문제를 해결하기 위하여 일률적으로 철회, 취소의 위법성 판단시점을 폐지결정시로 하면서 이를 위법한 행정행위의 철회로 보는 관점은 문제를 더욱 복잡하게 할 가능성이 있다고 본다.54)

　　이 문제에 대하여 독일에서는 이론적으로 그 해결이 된 것이 아니고, 독일의 판례55)와 문헌56)상으로 사후적으로 위법하게 된 행정행위를 행정절차법 제48조 직권취소의 규정을 적용하여 해결하고 있다.

다. 직권취소에 있어서 법률의 근거유무

　　행정행위의 철회에 관하여는 후술하기로 하고, 수익적 행정행위의 직권취소의 경우에 법적인 근거가 필요한지 여부와 관련하여 소수설 중에는 침해유보설적인 관점에서 법률의 명문의 근거를 요한다는 견해도 있으나, 다수설과 판례는 별도의 법률의 근거를 요하지 않는 것으로 이해하고 있다. 수익적 행정행위의 직권취소의 경우에 법률의 근거를 요하지 않는 이유와 관련하여 대법원 1986. 2. 25. 선고 85누664 판결에서는 행정행위를 한 처분청은 그 행위에 하자가 있는 경우에는 별도의 법적 근거가 없더라도 스스로 이를 취소할 수 있다고 판시하고 있을

---

53) 김용섭, "보조금교부결정취소를 둘러싼 법적 문제", Jurist 2004. 6, 47-48면.
54) 김병기, 앞의 논문 참조.
55) Vgl BVerwGE 82, 98, 99; 84, 114, 113ff.
56) Schenke, DVBl, 1989, 433ff.

뿐, 그 이유를 설명하지 않고 있다. 그러나 대법원 2002. 5. 28. 선고 2001두9653 판결은 수익적 행정행위에 있어서 일반적 처분권에 근거하여 별도의 법률의 근거 없이 직권취소를 할 수 있다고 보고 있다. 한편 대법원 2008. 11. 13. 선고 2008두8628 판결에서는 "행정행위를 한 처분청은 그 행위에 하자가 있는 경우에는 별도의 법적 근거가 없더라도 스스로 이를 취소할 수 있고, 다만 수익적 행정처분을 취소할 때에는 이를 취소하여야 할 공익상의 필요와 그 취소로 인하여 당사자가 입게 될 기득권과 신뢰보호 및 법률생활 안정의 침해 등 불이익을 비교·교량한 후 공익상의 필요가 당사자가 입을 불이익을 정당화할 만큼 강한 경우에 한하여 취소할 수 있다. 그런데 수익적 행정처분의 하자가 당사자의 사실은폐나 기타 사위의 방법에 의한 신청행위에 기인한 것이라면, 당사자는 처분에 의한 이익을 위법하게 취득하였음을 알아 취소가능성도 예상하고 있었을 것이므로, 그 자신이 처분에 관한 신뢰이익을 원용할 수 없음은 물론, 행정청이 이를 고려하지 않았다 하여도 재량권의 남용이 되지 않고, 이 경우 당사자의 사실은폐나 기타 사위의 방법에 의한 신청행위가 제3자를 통하여 소극적으로 이루어졌다고 하여 달리 볼 것이 아니다."라고 판시하고 있는바, 이 판결은 기본적으로 법률의 근거 없이 수익적 행정행위의 직권취소가 가능하지만, 신뢰보호의 원칙의 적용에 있어서 귀책사유를 이유로 이를 인정하지 않는다는 점을 밝힌 판례의 입장이라고 할 것이다.

이와 같이 수익적 행정행위에 있어서 직권취소의 경우 행정의 법률적합성의 원칙상 별도의 법률의 근거는 필요로 하지 않는다고 할지라도, 신뢰보호원칙과 비례원칙 등 재량통제의 법리에 따라 취소권이 제한된다고 이해할 수 있다.[57] 다만, 위 판결에서 적절히 판시하고 있는 바와 같이 하자의 원인이 사실은폐나 사위의 방법에 의한 신청에 기인한 것이라는 당사자의 귀책사유에 의한 경우에는 신뢰보호원칙이 적용되지 아니하므로 취소권이 제한되지 않는다는 점을 명백히 하였다. 다시 말해, 수익적 행정행위에 대해 처분청은 법률의 근거 없이 취소할 수 있고, 이를 취소하는 경우라고 할지라도 이익형량을 거쳐 공익상 필요가 큰 경우에 한하여 취소할 수 있는데, 수익적 행정처분의 하자가 사실은폐나 기타 사위의 방법에 의한 신청행위에 기인한 것이라면 당사자는 처분에 의한 이익을 위법하게 취득하였음을 알아 신뢰이익을 원용할 수 없어 처분청의 수익적

---

57) 김태호, "하자있는 수익적 행정처분의 직권취소", 행정판례연구 XVI-1, 박영사, 2010, 88면 이하.

행정행위에 대한 직권취소가 재량권의 남용이 되지 않는다고 본 것이다.

3. 수익적 행정행위의 철회에 있어 법률에 수권근거 필요 여부

가. 판례의 기본입장

▪ 대법원 1986. 11. 25. 선고 84누147 판결[58]

"구 유기장업법(1984. 4. 10. 법률 제3729호로 개정되기 전의 것) 제3조, 동법시행령 제3조, 제4조 규정들을 모아 보면 유기장영업허가는 물건의 내용, 상태 등 객관적 요소를 대상으로 하는 대물허가로서 그 영업장의 소재지 및 시설규모 등은 영업허가의 대상을 이루는 요소라 할 것이므로, 당초 허가된 영업장소에 설치되었던 영업시설이 새로운 영업장소로 모두 이전되어 당초의 영업장소에서는 더 이상 허가된 영업상의 기능을 수행할 수 없게 된 경우에는 이미 당초의 영업허가는 그 목적을 달성할 수 없게 되어 허가대상이 멸실된 경우와 같이 그 허가는 당연히 효력을 잃고 따라서 허가청은 이를 철회하는 의미에서 그 허가를 취소할 수 있다."

▪ 대법원 1992. 1. 17. 선고 91누3130 판결

"행정행위를 한 처분청은 그 처분당시에 그 행정처분에 별다른 하자가 없었고 또 그 처분 후에 이를 취소할 별도의 법적 근거가 없다 하더라도 원래의 처분을 그대로 존속시킬 필요가 없게 된 사정변경이 생겼거나 또는 중대한 공익상의 필요가 발생한 경우에는 별개의 행정행위로 이를 철회하거나 변경할 수 있다고 보아야할 것인바(당원 1986. 11. 25. 선고 84누147 판결; 1987. 5. 26. 선고 86누250 판결; 1988. 12. 7. 선고 87누1068 판결; 1989. 4. 11. 선고 88누4782 판결 각 참조)"

▪ 대법원 2002. 11. 26. 선고 2001두2874 판결

"학교법인의 이사 취임을 승인한 관할청은 학교법인의 이사가 사립학교법 제20조의2 제1항 각 호에 해당하는 행위를 하였을 때 그 조항에 따라 취임승인을 취소할 수 있을 뿐만 아니라, 비록 그 취임 승인처분 자체에 별다른 흠이 없고 또 그 처분을 취소할 수 있는 별도의 법적 근거가 없다고 하더라도 원래의 처분을 유지할 필요가 없게 된 사정변경이 생겼다거나 중대한 공익상의 필요가 생긴 경우에는 그 처분의 효력을 상실하게 하는 별도의 행정행위로 이를 취소할 수 있다."

---

58) 별도의 명문의 법적 근거 없이도 영업허가의 목적을 달성할 수 없으면 별도의 법령상의 근거 없이도 철회할 수 있다고 본 최초의 판례의 입장이라고 할 것이다.

▪ 대법원 2005. 4. 29. 선고 2004두11954 판결

"한편, 이른바 수익적 행정행위의 철회는 그 처분 당시 별다른 하자가 없었음에도 불구하고 사후적으로 그 효력을 상실케 하는 행정행위이므로, 법령에 명시적인 규정이 있거나 행정행위의 부관으로 그 철회권이 유보되어 있는 등의 경우가 아니라면, 원래의 행정행위를 존속시킬 필요가 없게 된 사정변경이 생겼거나 또는 중대한 공익상의 필요가 발생한 경우 등의 예외적인 경우에만 허용된다고 할 것이다."

나. 독일의 입법례와 학설

독일 연방행정절차법 제49조 제2항과 제3항에서 적법한 수익적 행정행위의 철회에 관한 규정을 두고 있다. 위 규정에 따라 행정청은 재량으로 적법한 수익적 행정행위를 철회할 수 있다. 물론 49조 제2항 제1호에서 한정적으로 열거하고 있는 5가지 철회의 근거가 있거나 연방행정절차법 제49조 제3항을 충족하는 경우에만 수익적 행정행위의 철회가 허용된다.

이를 살펴보면 첫째, 연방행정절차법 제49조 제2항 제1호에서 정하고 있는 바와 같이 특별한 법규에서 허용하는 경우를 말한다. 여기에는 법규명령과 조례도 포함된다. 아울러 연방행정절차법 제36조 제2항 제3호의 규정에 의하여 행정행위 그 자체에 유보되어 있는 경우에도 여기에 해당한다. 둘째, 연방행정절차법 제49조 제2항 제2호의 경우인데 행정행위에 포함된 부담이 제때에 이행되지 아니한 경우를 말한다. 셋째, 연방행정절차법 제49조 제2항 제3호의 경우인데, 행정행위의 발령 후의 사실관계의 변경이 있는 경우를 말하고, 판례가 변경된 경우에는 여기에 해당하지 않는다.[59] 넷째, 연방행정절차법 제49조 제2항 제4호의 경우인데, 법규의 변경이 있는 경우이고, 판례의 변경은 역시 이 경우에도 해당하지 않는다. 그 이유는 법원은 현행법을 적용할 수 있을 뿐이며 어떠한 새로운 법을 창조할 수 없기 때문이다. 다섯째, 연방행정절차법 제49조 제2항 제35의 경우인데, 공공복리를 위한 중대한 손해의 방지와 제거를 위한 경우를 들고 있다. 이러한 사유는 위에서 말하는 4가지 사유에 해당하지 않는 경우에 그 적용이 있는 긴급규정(Notstandsklausel)으로 아주 좁게 해석되어야 하며, 단지 극단적인 사례에서만

---

59) Steffen Detterbeck, Öffentliches Recht, 8 Aufl. Vahlen Verlag, 2011, S. 339.

적용이 있다.[60]

이상의 철회의 효과는 연방행정절차법 제49조 제2항에 따라 단지 장래를 위하여서만 효력이 있다는 점을 주의할 필요가 있다. 그런데 철회가 연방행정절차법 제49조 제2항 제3호 내지 제5호의 경우에 해당하는 경우에는 연방행정절차법 제49조 제1항은 관계자에게 손실보상청구권을 인정하고 있다. 이러한 손실보상은 물론 관계자의 행정행위의 존속에 대한 신뢰가 보호가치가 있는 범위 내에서 보장된다. 따라서 연방행정절차법 제49조 제2항 제1호 및 제2호를 사유로 하는 철회의 경우에는 손실보상은 허용되지 않는데, 그 이유는 이 경우에는 미리 관계자의 보호가치 있는 신뢰가 없기 때문이다.

연방행정절차법 제49조 제3항에서는 보조금 결정과 관련되는 철회의 근거를 규정하고 있다. 제1호에서는 보조금이 목적에 일치되게 사용되지 아니한 경우에, 제2호에서는 행정행위의 부가된 부담을 이행하지 아니한 경우에 철회할 수 있다고 규정되어 있다. 중요한 것은 연방행정절차법 제49조 제3항은 철회의 경우에도 소급효를 인정하고 있다는 것이다. 이러한 새로운 연방행정절차법 제49조 제3항은 일회적 또는 계속적인 금전급부 또는 가분적 급부를 허용하거나 이를 위해 특정한 요건의 존재에 있어서 연방행정절차법 제49조 제2항과는 대조적으로 과거를 위해서도 적용되도록 하였기 때문에 금전급부나 물적 급부도 소급적으로 반환될 수 있도록 하였다.

주로 여기서 논의되는 문제는 연방행정절차법 제49조 제2항의 규정에 의한 행정청의 재량에 속하는 적법한 수익적 행정행위의 철회에 있어 연방행정절차법 제49조 제2항 제1문 제1호 내지 제5호에서 말하는 철회근거가 필요하다는 것이다.

독일의 경우에 수익적 행정행위의 철회에 관하여 연방행정절차법에서 상세한 규정을 마련하고 있으나, 그럼에도 불구하고, 특별법에 철회의 근거규정이 없는 경우에 관습법에서 찾는 견해, 행정절차법의 유추에서 찾는 견해가 있고, 처분에 철회가 내장되어 있다는 견해(Kehrseite-theorie)가 있으나, 이러한 견해는 기본적으로 보조금의 철회의 경우에 타당한 것으로 받아들여지고 있다.

---

60) Steffen Detterbeck, a.a.O., S. 340.

다. 우리나라와 일본에서의 논의

우리나라의 다수견해는 적법한 수익적 행정행위의 철회의 경우 명시적인 법령상의 근거가 필요 없다는 입장이며, 그 논거로는 철회의 경우 법률에 근거가 없는 경우가 많으며, 행정은 공익을 실현하고, 정세변화에 적응하여야 하기 때문에 이를 보장하기 위하여 철회권을 법적 근거 없음에도 인정할 필요가 있다는 데에서 찾거나, 행정행위의 수권규정을 철회의 근거규정으로 볼 수 있다는 관점을 들고 있다. 다만, 법적 근거불요설에 의하더라도 철회의 사유로 철회권의 유보, 부담의 불이행, 사실관계의 변화, 법적 상황의 변화, 공익상 중대한 침해 등 제한적 사유를 들고 있다.

이에 반하여 적법한 수익적 행정행위의 철회는 그 자체가 공익목적을 실현하기 위한 것으로 하나의 새로운 행정행위이므로 법률유보의 원칙상 공익목적만으로 정당화될 수 없고 인허가 등이 사후적으로 소멸한 경우 이외에 법률의 명문의 근거가 필요하다는 견해,[61] 행정청은 그 독자적 공익판단으로 행정행위를 철회할 권한을 당연히 갖고 있다고 할 수 없다는 견해 등이 주장되고 있다.[62]

이러한 주장에 대한 논거의 하나로 적법한 수익적 행위의 철회의 경우는 신뢰보호원칙의 적용에 있어 위법한 수익적 행위의 직권취소의 경우보다 더 강하게 보호되어야 하고, 따라서 법률에 근거가 있어야 허용된다고 보는 것이 타당하다.

일본의 전통적인 행정행위이론에 의하면 하자 없이 성립한 행정행위라고 할지라도 그 효력을 유지하는 것이 공익상 부적당한 경우 처분청은 공익의 관리자로서 자유롭게 이것을 철회할 수 있다고 본다. 이것을 철회자유의 원칙이라고 한다. 철회는 처분하는 권한 중에 당연히 포함되어 있다고 이해하기도 한다. 그러나 국민의 신뢰의 보호가 중시되어지고 철회자유의 원칙이 침해적 행정행위와는 다르게 이의 없이 적용되어지더라도 수익적 행정행위에 있어서는 상대방인 국민에게 부정 기타 귀책사유가 있는 경우도 있지만 철회를 필요로 하는 공익상의 요청이 국민의 기득권익의 보호의 요청을 상회할 때가 아니라면 적용될 수 없을 것이다. 이것을 철회부자유의 원칙이라고 한다. 일부에서는 수익적 행정행위의 철회는 그 자체가 침해적 행정행위가 되기 때문에 명시의 법률의 근거가 없다면 철회

---

61) 김철용, 행정법, 박영사, 2011, 293면.
62) 김남진·김연태, 행정법 Ⅰ, 2007, 305면.

할 수 없다는 견해가 있다.[63]

일본에서는 행정행위의 철회에 있어 법률의 근거를 필요로 하는가의 문제와 관련하여 학설이 전통적인 법률근거불요설 이외에 기속행위와 재량행위구별론, 원처분규정수권설, 법률근거필요설, 절충설로 구분되어 있다.[64]

일본의 최고재판소의 판결[65]은 통설적 입장과 마찬가지로 공익상 필요가 있는 경우에는 법률의 명시적 근거규정이 없더라도 철회할 수 있다고 보고 있다.

일본의 경우에도 현행법상의 수익적 처분의 철회에 관하여 근거규정을 설정하여 그 요건을 한정적으로 열거하는 경우가 많다. 이러한 경우에는 수익적 처분의 철회는 법률에서 정한 범위에 한정하여 이루어지고 법정사유가 없다면 공익상의 필요가 있어도 허용되지 않는다고 해석된다. 수익적 행정행위의 철회의 경우에는 불이익한 처분이므로 행정절차법상의 사전통지 및 청문절차 등을 거칠 필요가 있다. 아울러 공물의 점용허가와 같이 수익적 행정처분이 점용기간에도 공익상의 이유로 철회될 수 있다면 상대방은 적지 않는 손실이 입게 된다. 공공의 이익을 위한 우연한 특별한 희생에 대하여는 당해 사인의 부담으로 방치하는 것은 공평에 반하고 공공의 부담하에 그 손실을 전보하는 것이 바람직하다. 법률 중 국유재산법에서 보는 바와 같이 공익상의 이유로 행정행위의 철회가 행하여진 경우 손실에 대하여 보상하도록 하는 명문의 규정이 없다면 해석론만으로 보상을 허용하기가 어렵다. 따라서 철회의 근거에 관한 법률에서 보상에 관한 규정을 둘 필요가 있다.

라. 검토의견

수익적 행정행위의 철회의 경우에는 일반적으로 법률의 근거를 필요로 하

---

63) 原田尙彦, 行政法要論, 學陽書房, 2004, 184-185面.

64) 이에 관하여는 乙部哲郎, 行政行爲の 取消と撤回, 晃洋書房, 2007, 430-440面.

65) 일본 최고재판소 1988(소화 63)년 6월 17일 판결: "피상고인 의사회가 소화 51년 11월 1일에 발한 지정의사의 지정을 한 것 중에 상고인(지정이 철회된 의사)이 법질서준수 등의 면에 있어서 지정의사로서의 적격성을 결여한 것이 명백하게 되고, 상고인(의사)에 대한 지정을 존속시키는 것이 공익에 적합하지 않은 상태가 야기될 수 있고, 실자(實子)로 알선행위를 하고 … 법적 문제점, 지정의사의 지정의 성질 등에 비추어 본다면 지정의사의 지정의 철회에 따른 상고인(의사)이 입은 불이익을 고려하여도, 즉 그것을 철회할 공익상의 필요성이 높다고 인정되기 때문에 법령상 그 철회에 관하여 직접 명문의 규정이 없어도 지정의사의 지정의 권한을 부여하고 있는 피상고인 의사회는 그 권한에 있어서 상고인(의사)에 대한 위 지정을 철회할 수 있다고 할 것이다."

나, 철회권이 유보된 경우나,[66] 사전협의 등 사적 법률관계를 형성하는 경우 등의 일정한 경우에는 법률의 근거가 없어도 가능한 것이므로 이를 개별적으로 검토할 필요가 있다. 우리의 경우에 특히 공익상 중대한 침해라는 요건은 매우 광범위한 만큼 이를 적용함에 있어 엄격하게 해석·적용되어야 할 것이다. 아울러 공익상의 이유로 철회가 허용된다고 할 경우라면 이에 대하여 보상이 허용되어야 하는데, 철회권이 제한되는 법리로서 해결하고 있는바, 철회가 법적 근거가 없더라도 철회할 수 있는가의 문제와 철회가 허용된다고 할지라도 그 한계가 어떻게 되는가의 문제는 별개의 문제라고 할 것이다. 따라서 수익적 행정행위의 철회의 경우에 법적 근거가 있어야 가능하다고 보아야 할 것이며 행정판례에서 법적 근거가 없음에도 공행정의 정당성을 허용하는 논거로서 중대한 공익상의 이유를 들거나 사정변경을 그 사유로 제시하는 것만으로는 부족하다고 할 것이다.

결국 수익적 행정행위의 철회는 부담적 행정행위의 철회와는 달리 법률에서 명확히 철회의 근거가 제시된 경우에만 가능하다고 보아야 한다.[67] 수익적 행정행위가 성립당시의 위법성을 이유로 하는 경우에도 취소권이 제한되는 데 반해, 적법한 행정행위를 사후적으로 철회함에는 법률유보의 관점에서 법적 근거가 필요하고, 명시적인 법적 근거 없이 수익적 행정행위를 철회한 경우에는 그 철회는 독립된 처분으로서 위법한 처분이 된다고 보아야 하겠다.

---

66) 대법원 1984. 11. 13. 선고 84누269 판결 [1] 행정행위의 부관으로 취소권이 유보되어 있는 경우, 당해 행정행위를 한 행정청은 그 취소사유가 법령에 규정되어 있는 경우뿐만 아니라 의무위반이 있는 경우, 사정변경이 있는 경우, 좁은 의미의 취소권이 유보된 경우, 또는 중대한 공익상의 필요가 발생한 경우 등에도 그 행정처분을 취소할 수 있는 것이다. [2] 국세청 훈령 제766호 주세사무처리규정은 주세의 세수증대를 목적으로 하여 주세업무처리에 관한 일반지침과 준거기준을 정한 내부규정이라 할 것인바, 국세청은 법령에 위반하지 않는 한 주세업무 전반에 관하여 그 처리지침과 기준을 정할 수 있다고 할 것인즉 주세법 제18조에 정하여진 사항이 아니라고 하더라도 유보된 취소권에 의하여 면허를 취소할 수 있는 사유나 또는 면허정지의 사유 및 그 기간을 정하였다고 하여 위법이라고 할 수 없고, 상위법인 주세법 제18조를 위반하였다고도 할 수 없다.

67) 김용섭, "운전면허취소·정지처분의 법적 성질 및 그 한계", 행정판례연구 Ⅳ, 서울대학교 출판부, 1999, 69면. 수익적 행정행위와 불이익적 행정행위로 나누어 검토할 필요가 있으며, 불이익적 행정행위의 경우라고 이에 대한 철회가 언제나 정당화되는 것은 아니고, 불가변력이 발생하지 아니하여야 한다.

V. 행정행위의 부관과 수익적 행정행위의 철회에 관한 법제화

1. 문제의 제기

행정사건을 둘러싼 분쟁의 결과물인 판결을 통하여 형성된 행정판례는 전원합의체 판결에 의하여 변경되기 전까지는 향후 동종 또는 유사한 사건에 적용될 수 있다. 행정판례가 장래예측적 기능을 수행하기 때문에 문제가 되는 판례에 대하여는 적절히 비판하고 시정을 촉구할 필요가 있다.

행정판례가 법리적 관점에서 국민의 권익보호의 관점에서 문제가 있을 경우에는 법률의 제정이나 개정을 통하여 판례의 근본적인 변경을 모색할 수 있다.

우리의 경우에는 독일에서와는 달리 행정절차법에 부관이나 수익적 행정행위의 철회에 관한 일반 통칙적 규정을 두고 있지 아니하므로, 결국 행정판례는 법치행정의 원리를 강조하는 방향으로 수권의 근거를 명확히 하도록 촉구하는 방향전환이 필요하다.

이하에서는 행정행위의 부관과 수익적 행정행위의 철회를 둘러싸고 법률의 제정과 개정을 통하여 문제를 해결할 이른바 법제화의 과제에 대하여 살펴보기로 한다.

2. 행정행위의 부관에 관한 법제화 과제

앞에서 고찰한 바와 같이 식품위생법 등 개별법률에 부관에 관한 근거규정을 두는 경우가 적지 않은데, 이러한 경우에도 '필요한 조건'을 붙일 수 있다는 식으로 규정할 것이 아니라 다른 부관을 예시하거나 조건 대신 필요한 부관을 붙일 수 있다고 규정하는 것이 법적 근거를 확보한다는 점에서 법치행정의 원리에 맞는다고 보여진다.

따라서 부관의 종류나 법적 효과를 행정법이론에만 맡길 것이 아니라, 독일에서 행정절차법에 규율하고 있는 바와 같이 우리나라에서도 행정절차법에 규정하여 대처하는 것이 바람직하다. 같은 맥락에서 본체인 행정행위가 기속행위라고 할지라도 독일의 경우처럼 법령상의 요건충족적인 부관과 법령에 규정이 있는 경우에는 기속행위에 관하여도 부관을 붙일 수 있도록 하고, 예외적으로 부관이 허용되는 경우를 명문화하고, 기속행위에 붙인 부관의 효력을 일률적으로 무효로 볼 것이 아니라 취소할 수 있는 것으로 보는 등 법적인 효과에 관하여도 명확히 규율하는 것이 바람직하다.

이와 같이 본체인 행정행위가 기속행위인 경우에도 부관을 붙일 수 있는 경우를 명확히 할 필요가 있다. 식품위생법 제 37조 제2항에서 "식품의약품안전청장 또는 특별자치도지사·시장·군수·구청장은 제1항에 따른 영업허가를 하는 때에는 필요한 조건을 붙일 수 있다."고 규정하고 있는바, 식품영업허가는 강학상 기속재량 내지 기속행위로 분류되고 있지만, 법률에 명시적인 수권이 있기 때문에 '필요한 조건'인 부관을 붙일 수 있게 된다.[68] 이처럼 행정청이 기속적인 행정행위의 사례에 있어 부관을 붙이려고 할 때 법률유보의 원칙에 따라 법률적인 수권을 필요로 한다.

다음으로 법률요건을 충족하기 위한 경우에는 기속행위라고 할지라도 부관의 부과가 허용된다는 내용의 법제화가 필요하다. 허가는 통상 기속행위 내지 기속재량으로 파악하고 있는데, 허가요건을 갖추지 못한 채, 허가신청을 한 경우에는 특별한 법률적 수권 없이도 부관을 붙여 허용하는 것이 행정의 효율성과 절차적 경제에 기여하기 때문이다. 특히 판례상 인정되는 사후부관의 경우에도 이에 관하여 명문의 규정을 두어 일정한 기준을 정하여 허용될 수 있도록 규율할 필요가 있다.

3. 수익적 행정행위의 철회에 관한 법제화 과제

우리의 경우 수익적 행정행위의 철회에 관하여 독일 연방행정절차법에서 규율하고 있는 것과 같은 통칙적 규정을 두고 있지 않다. 아울러 실정법에서 행정행위의 취소를 규정하면서 적법한 수익적 행정행위의 철회와 직권취소를 함께 규율하고 있으나, 이에 대하여는 양자를 분리하여 입법적으로 규율하는 것이 바람직하다.[69] 아울러, 수익적 행정행위의 철회에 소급효를 인정하기 위해서 행정절

---

[68] 그러나 이와 같은 조건에 한정하는 규정방식은 해석여하에 따라 넓게 부관으로 파악하고 있지만 좁게 해석될 여지가 있으므로 '필요한 부관을 붙일 수 있다.'는 식으로 조건에 한정하지 않는 규율방식으로의 개선이 요망된다.

[69] 또한 수익적 행정행위의 철회사유를 법률에서 열거하고 있는 경우에는 한정적 열거로 보아 그러한 사유 이외에는 수익적 행정행위의 철회가 허용되지 않는다고 보아야 할 것이다. 그러나 철회에 관하여 법률의 근거가 필요 없다는 견해에 의하면 이와 같은 철회사유는 예시적으로 보게 된다.

차법이나 보조금관리에 관한 법률에서 명문화할 필요가 있다.

보조금 관리에 관한 법률 제30조[70)에서는 철회와 직권취소의 구분 없이 법령위반 등에 따른 교부결정의 취소에 관하여 규정하고 있으나, 보조금을 다른 용도에 사용한 경우 등 제1호 및 제2호에 해당하는 경우에는 철회, 거짓 신청이나 그 밖의 부정한 방법으로 보조금을 교부받은 경우에는 직권취소에 해당한다고 할 것이다.

이와 같이 적지 않은 법률에서 직권취소와 철회를 구분하지 않고 취소라는 용어로 사용하기도 하지만, 국유재산법 제36조(사용허가의 취소와 철회)에서 취소와 철회를 구분하여 규율하고 있는 것은 바람직한 입법례이다.[71) 제2항에서 이미 사용 허가한 행정재산을 국가나 지방자치단체가 직접 공용이나 공공용으로 사용하기 위하여 필요하게 된 경우에 그 허가를 철회할 수 있다고 규정하고 있고, 제3항에서 "제2항의 경우에 그 철회로 인하여 해당 사용허가를 받은 자에게 손실이 발생하면 그 재산을 사용할 기관은 대통령령으로 정하는 바에 따라 보상한다."고 보상에 관한 규정을 둔 것은 당사자의 권리보호 차원에서 바람직하다고 할 것이다.

아울러 국유재산법 제37조에서는 청문에 관한 규정까지 마련하고 있는바, "중앙관서의 장은 제36조에 따라 행정재산의 사용허가를 취소하거나 철회하려는 경우에는 청문을 하여야 한다."고 규정하고 있어 사용허가를 철회할 경우에는 불이익한 처분으로서 별도의 청문절차를 거쳐야 한다.

그럼에도 우리의 학설 중에는 법령상 직접적 근거 없이도 철회할 수 있다고

---

70) 제30조(법령 위반 등에 따른 교부 결정의 취소) ① 중앙관서의 장은 보조사업자가 다음 각 호의 어느 하나에 해당하는 경우에는 보조금 교부 결정의 전부 또는 일부를 취소할 수 있다.
   1. 보조금을 다른 용도에 사용한 경우
   2. 법령, 보조금 교부 결정의 내용 또는 법령에 따른 중앙관서의 장의 처분을 위반한 경우
   3. 거짓 신청이나 그 밖의 부정한 방법으로 보조금을 교부받은 경우
71) ① 중앙관서의 장은 행정재산의 사용허가를 받은 자가 다음 각 호의 어느 하나에 해당하면 그 허가를 취소하거나 철회할 수 있다(개정 2011. 3. 30).
   1. 거짓 진술을 하거나 부실한 증명서류를 제시하거나 그 밖에 부정한 방법으로 사용허가를 받은 경우
   2. 사용허가 받은 재산을 제30조 제2항을 위반하여 다른 사람에게 사용·수익하게 한 경우
   3. 해당 재산의 보존을 게을리 하였거나 그 사용목적을 위배한 경우
   4. 납부기한까지 사용료를 납부하지 아니하거나 제32조 제2항 후단에 따른 보증금 예치나 이행보증조치를 하지 아니한 경우
   5. 중앙관서의 장의 승인 없이 사용허가를 받은 재산의 원래 상태를 변경한 경우

보면서 이러한 경우 철회로 인하여 당사자가 입게 되는 손해는 상대방에게 귀책사유가 없는 한 보상해 주어야 한다는 견해도 있으나, 법령에 규정이 없는데 법원에서 보상해 주기는 곤란할 것이다.[72] 따라서 철회에 따르는 보상을 위해서도 법률에 철회의 근거와 보상을 명문화할 필요가 있다.

Ⅵ. 맺 음 말

이상에서 고찰한 바와 같이 법적 근거가 없음에도 공행정을 정당화하는 행정행위의 부관과 수익적 행정행위의 철회에 관한 행정판례의 문제점을 검토해 보았다. 우리의 학설과 판례는 독일과 일본의 영향을 적지 않게 받았다. 우리의 행정판례는 건축허가 등 기속행위의 경우에는 부관을 붙일 수 없고, 붙였다 하더라도 무효가 된다고 보는 것은 통상적으로 법률의 수권이 없이 행정처분이 내려진 경우에 단순 위법인 효과와 대비하여 볼 때, 부관에 관하여 그와 같은 법적인 효과를 무효로 보는 것은 비판의 여지가 있다고 할 것이다. 더구나 법원은 기속행위나 기속재량에 붙이는 부관을 무효로 보는 이유를 밝히고 있지 않고 있으며, 그와 같은 도그마틱이 타당한 것인지, 아울러 취소할 수 있는 위법으로 볼 수는 없는 것인지 이에 대하여 명확히 근거를 제시할 필요가 있다.

한편, 수익적 행정행위의 철회는 위법한 수익적 행정행위의 취소에 비하여 당사자의 법적 지위를 약화시키고 보상규정이 마련되어 있지 아니할 경우에는 실제로 보상받기가 어렵기 때문에 사정변경 등을 이유로 철회가 허용된다고 볼 것이 아닌바, 대법원은 법적인 근거 없이 수익적 행정행위의 철회를 정당화할 것이 아니라 법률의 근거를 마련하고 아울러 보상규정을 둘 수 있도록 전향적인 관점에서 판례의 변경이 필요하다.

행정행위의 부관과 수익적 행정행위의 철회의 경우에 독일이론의 영향을 많이 받고 있으나, 독일은 연방행정절차법에서 부관(제36조)과 수익적 행정행위의 철회(제49조 등)에 관하여 일반적 규율을 하고 있다. 우리의 경우에는 개별 법률에 부관과 철회에 관한 규정을 두고는 있으나, 별도의 일반통칙적인 규율을 두고 있

---

72) 류지태·박종수, 행정법신론, 박영사, 2011, 249면: 이 책에서 당사자의 귀책사유 없이 철회되는 경우에는 손실보상이 요구된다, 그러나 이 경우에도 법적 근거를 필요로 한다고 밝히고 있다.

지 않아 법적 근거가 없음에도 종래에 대법원에서는 이를 정당화 해주는 판결이 지속되고 있다. 이와 같은 행정판례의 입장은 법치행정의 원리의 관점에서 문제가 있다. 한번 형성된 대법원판례의 변경은 용이하지 않기 때문에 행정행위의 부관과 수익적 행정행위의 철회에 관하여 법제화를 통하여 국민의 권리구제와 권익보호를 신장하는 방향으로 나아갈 필요가 있다는 지적을 하면서 결론에 갈음하고자 한다.

[참고문헌]

김남진 · 김연태, 행정법 I , 2007.

김남진, "교섭 · 합의에 의한 부관의 효력", 행정판례연구, 제2권, 1995.

김병기, "수익적 행정행위의 철회의 법적 성질과 철회사유", 행정판례연구 Ⅷ, 2004.

김용섭, 행정판례평석, 한국사법행정학회, 2003.

김용섭, "한국의 법치행정의 재조명", 대한민국 건국 50주년 기념 제1회 한국법학자
        대회논문집, 한국법학 50년 — 과거 · 현재 · 미래(I), 1998.

김용섭, "텔레비전 방송수신료에 관한 행정법적 논의", 인권과 정의, 2006.

김용섭, "급부행정의 법률유보에 관한 연구", 법제연구, 제9호, 1995.

김용섭, "부당결부금지의 원칙과 부관", 행정판례연구 ⅩⅤ-2, 박영사, 2010.

김용섭, "운전면허취소, 정지처분의 법적성질 및 그 한계", 행정판례연구 Ⅳ, 1999.

김용섭, "행정행위의 부관에 관한 법리", 행정법연구, 제2호, 1998.

김용섭, "기속행위, 재량행위, 기속재량", 행정판례평석, 한국사법행정학회, 2003.

김용섭, "보조금교부결정취소를 둘러싼 법적문제", Jurist, 2004.

김철용, 행정법, 박영사, 2011.

김태호, "하자있는 수익적 행정처분의 직권취소", 행정판례연구 ⅩⅤ-1, 박영사, 2010.

류지태 · 박종수, 행정법신론, 박영사, 2011.

서원우, 현대행정법론(상), 박영사, 1993.

석호철, "행정행위의 부관", 재판자료, 제68집, 1995.

오준근, "부동산개발사업 허가의 부관과 개발협약에 관한 한국과 미국의 비교법적
        고찰", 토지공법연구, 제40집, 2008.

이명웅, "입법원칙으로서의 법률유보, 의회유보, 비례원칙", 법제, 2004.

이현수, "행정행위의 직권취소와 철회", 중범 김동희 교수 정년기념논문집, 행정작
        용법, 2005.

Friedrich Schoch, "Die behördliche Befugnis zum Handeln durch Verwaltungsakt", JURA 9/2010.

Gerd Roellecke, "Gesetzmäßigkeitsprinzip und verwaltungsrechtliche Auflagen und Bedingungen", DOV, 1968.

Michael Kloepfer, "Der Vorbehalt des Gesetzes im Wandel", JZ 1984.

Peter Becker, Parlamentsvorbehalt im Prüfungsrecht, NJW 1990.

Steffen Detterbeck, Öffentliches Recht, 8 Aufl. Vahlen Verlag, 2011.

Roland Kintz, Öffentliches Recht im Assessorexamen, 7. Aufl., 2010.

菊井康郎, 行政行爲의 存在構造, 信山社, 1995.

原田尙彦, 行政法要論, 學陽書房, 2004.

乙部哲郎, 行政行爲の 取消と撤回, 晃洋書房, 2007.

藤田宙靖 行政法 I (總論), 靑林書院, 2005.

2. 텔레비전 방송수신료에 관한 행정법적 논의*

Ⅰ. 머 리 말

(1) 헌법재판소는 1999. 5. 27. 텔레비전 방송수신료와 관련된 구 한국방송공사법 제36조에 대하여 헌법불합치 결정[1]을 내렸다. 이 결정은 특히 법률유보원칙

---

* 이 논문은 2006. 9. 15. 개최된 한국행정판례연구회 제210차 월례발표회에서 주제발표를 한 후 2006년 11월에 발간된 인권과 정의 제363호에 수록한 필자의 논문 일부를 수정·보완한 것입니다.
1) 헌법재판소 1999. 5. 27. 선고 98헌바70 결정의 요지: (1) 오늘날 법률유보원칙은 단순히 행정작용이 법률에 근거를 두기만 하면 충분한 것이 아니라, 국가공동체와 그 구성원에게 기본적이고도 중요한 의미를 갖는 영역, 특히 국민의 기본권 실현과 관련된 영역에 있어서는 국민의 대표자인 입법자가 그 본질적 사항에 대해서 스스로 결정하여야 한다는 요구까지 내포하고 있다(의회유보원칙). 그런데 텔레비전 방송 수신료는 대다수 국민의 재산권 보장의 측면이나 한국방송공사에게 보장된 방송자유의 측면에서 국민의 기본권 실현에 관련된 영역에 속하고, 수신료 금액의 결정은 납부의무자의 범위, 수신료의 징수절차 등과 함께 수신료에 관한 본질적인 중요한 사항이므로 국회가 스스로 행하여야 하는 사항에 속하는 것임에도 불구하고 한국방송공사법 제36조 제1항에서 국회의 결정이나 관여를 배제한 채 한국방송공사로 하여금 수신료 금액을 결정해서 문화관광부장관의 승인을 얻도록 한 것은 법률유보원칙에 위반된다.
(2) 한편, 한국방송공사의 회계는 기업회계원칙에 의하여 계리하며, 회계처리의 기준과 절차 등에 관하여는 기업예산회계법을 준용하고(한국방송공사법 제23조), 이익금은 적립하도록 하는 등(동법 제31조) 독립채산방식을 택하고 있다. [중략] 한국방송공사는 비록 행정기관이 아니라 할지라도 그 설립목적·조직·업무 등에 비추어 독자적 행정 주체의 하나에 해당하며, [중략]
(3) 수신료는 공영방송이라는 특정한 공익사업의 경비조달에 충당하기 위하여 수상기를 소지한 특정집단에 대하여 부과되는 특별 부담금에 해당한다고 할 것이다. 이러한 특별 부담금은, 부담금의 부과를 통하여 수행하고자 하는 특정한 사회적·경제적 과제에 대하여 조세외적 부담을 지울 만큼 특별하고 긴밀한 관계가 있는 특정집단에 국한하여 부과되어

과 관련하여 매우 의미있는 결정으로 평가된다. 종래에도 중학교 의무교육의 단계적 실시와 관련하여 대통령령인 교육법 시행령에 위임한 교육법 제8조의2의 위헌성 여부와 관련하여 헌법재판소에서 "중학교 의무교육의 실시 여부 자체라든가 그 연한은 교육제도의 수립에 있어 본질적 내용으로서 국회 입법에 유보되어 있어서 반드시 형식적인 의미의 법률로 규정되어야 할 기본적인 사항이라 하겠으나, 그 실시의 시기, 범위 등 구체적인 실시에 필요한 세부사항에 관하여는 반드시 그런 것은 아니다."고 설시하여 법률유보에 관하여 본질성론[2])에 입각한 판단기준을 제시한 바 있으나, 이 사건에 대한 헌법재판소 결정은 의회유보원칙을 명시적으로 언급하고, 이를 적극적으로 적용한 최초의 결정으로 독일에서 정설화된 의회유보이론이 한국에도 정착하는 계기를 마련하였다. 그렇지만 이 결정은 우리 공법학에 법적인 해결을 기다리는 논의거리를 제공한다. 먼저 헌법적으로 법률유보와 의회유보의 문제, 방송의 자유와 재산권 보장의 문제, 한국방송공사의 기본권 주체성[3])의 인정 여부, 포괄위임금지의 원칙의 적용 여부 나아가 변형결정의 정당성 등의 문제가 제기된다. 한편, 헌법과 행정법 양 학문 분야에 함께 관련되는 공통적인 문제로 법률유보[4])와 의회유보를 들 수 있다. 행정법적인 문제에 속

야 하고, 이와 같이 부과·징수된 부담금은 그 특정 과제의 수행을 위하여 별도로 관리·지출되어야 하며 국가의 일반적 재정수입에 포함시켜 일반적 국가과제를 수행하는 데 사용되어서는 아니 된다(헌재 1998. 12. 24. 선고 98헌가1 결정, 판례집 10-2, 819, 830-831).
(4) 수신료 수입이 끊어지면 한국방송공사의 방송사업은 당장 존폐의 위기에 처하게 될 것이고 이는 우리 사회에 엄청난 파장을 미치게 됨은 물론 방송의 자유와 국민의 알권리에 심각한 훼손을 입히게 되는 반면, 수신료 부과 자체는 위헌성이 있는 것이 아니어서 위 조항의 잠정 적용으로 인한 기본권 침해의 정도는 상대로 크지 않다고 할 것이므로 단순위헌결정을 하여 바로 그 효력을 상실시키는 대신 빠른 시일 내에 헌법위반 상태의 제거를 위한 입법촉구를 하되 그 때까지는 위 조항의 효력이 지속되도록 한다.

2) 헌재 1991. 2. 11. 선고 90헌가27 결정.

3) 공법인인 한국방송공사에 대하여 기본권 주체성이 인정될 것인가의 문제인데, 이 사건 판결에서는 "수신료는 국민의 재산권보장의 측면에서나 공사에게 보장된 방송자유의 측면에서나 국민의 기본권 실현에 관련된 영역에 속하는 것이고"라고 하여 기본권 경합의 문제로 보면서도 간접적인 형태이긴 하지만 한국방송공사가 방송의 자유에 있어서 기본권 주체성을 인정하였다고 볼 수 있다. 이러한 관점에서 헌법재판소를 서울대학교 입시요강 사건에 있어서 국립대학교를 공권력을 행사하는 자의 지위와 기본권의 주체라고 하는 이중적인 지위를 인정한 것과 같은 차원의 문제라고 할 것이다.

4) 법률유보는 공법의 핵심문제이므로 이 문제에 대한 명확한 이해는 헌법 및 행정법의 이해를 위하여 기본적인 의미를 갖는다. 법률유보의 개념에 대하여는 공법학 내부에서 약간의 논란이 있다. 대부분의 헌법학자는 기본권의 한계 내지 제한의 문제로 다루거나 기본권 제한적 법률유보, 기본권 형성적 법률유보, 기본권 구체화 법률유보로 나누어서 다루고

하는 것으로는 법률유보와 의회유보, 한국방송공사의 법적 지위와 텔레비전 방송
수신료의 법적 성질, 한국전력공사가 징수하는 수신료가 부당결부금지원칙에 반
하는지 나아가 징수권을 한국전력공사에 위탁하는 것이 법적으로 허용되는지의
문제도 텔레비전 수신료와 관련하여 논의될 수 있는 행정법적 문제에 속한다. 그
러나 여기에서는 위 헌법재판소 결정을 논의의 기초로 하여, 중요한 행정법적인
쟁점을 중심으로 하여 논의를 진행하기로 한다.

(2) 먼저, 방송수신료 관련 헌법재판소 결정요지에서 나타난 바와 같이 법률
유보를 어떻게 이해할 것인가, 의회유보원칙과의 관계를 어떻게 정립할 것인가의
문제를 우선적으로 규명할 필요가 있으며, 이 문제를 규명함에 있어서 독일에서
발전한 의회유보설과 중요성설의 내용과 적용범위에 대하여 고찰하기로 한다. 아
울러 종래의 헌법재판소에서 중요성의 기준을 무엇으로 보았으며, 이 사건에 있
어서는 무엇을 중요성의 척도로 삼았는지 알아보고, 그 타당성 여부를 검토하기
로 한다. 무엇보다 의회유보를 어떤 의미로 파악할 것인지를 규명할 필요가 있다.
의회유보는 의회가 입법을 함에 있어 공동체와 국민에게 중요한 사항에 대하여는
법률에서 규율하여야 하며, 그 규율의 정도는 명확성의 원칙에 따라 구체적으로
규율밀도(Regelungsdicht)를 높여야 하는 것으로 이해되었고, 이는 주로 포괄위임금
지와 연관되어 논의되었다. 그러나 이 사건에 있어서는 한국방송공사법 제36조는
포괄위임금지와 직접적 관련성이 없는 문제라고 할 수 있으므로 포괄위임금지와
는 무관하게 의회의 사전적 구성적 동의의 형태라든가 의회관여의 형태로 규율하
는 것도 의회유보의 이름하에 허용될 것인가의 문제가 제기된다. 다시 말하여 현
행 방송법에서는 수신료의 금액에 대하여 구체적으로 명확히 규정하는 규율방식

있다. 이에 반하여 대다수의 행정법학자는 법률유보의 개념을 특정의 사례에 있어서 그것
이 법률의 규정을 통한 수권 근거가 있을 때에만 활동할 수 있다는 의미로 파악한다. 기본
적으로 법률유보는 일반적 법률유보와 기본권적 법률유보로 구분할 수 있다. 일반적 법률
유보는 도그마적 성질을 지닌 반면에 기본권적 법률유보는 실정헌법에 규정된 특별한 법
률유보로 볼 수 있다. 기본권적 법률유보이든 일반적 법률유보이든 국가적 침해 내지 급
부의 정당화 차원의 문제로 볼 수 있는 한 양자는 공통점을 갖고 있다. 따라서 법률유보
(Gestzesvorbehalt)는 법률의 유보(Vorbehalt des Gesetzes)와 개념상 구분할 필요가 없고
오히려 양자를 포괄하여 다루는 것이 적절하다고 본다. 물론 용어사용법적으로 법률유보
를 기본권적 법률유보로 파악하는 반면 법률의 유보를 일반적 법률유보로 파악하기도 하
나 법률유보의 개념을 통일적으로 이해하여 양자의 개념을 포함하는 상위개념으로 파악한
다면 조직법상의 법률유보도 이에 포함시킬 수 있는 장점이 있다(김용섭, "법치행정의 원
리에 관한 재검토", 경희법학, 제33권 제1호, 1998, 212-213면 참조).

을 취하지 아니하고, 수신료의 금액은 공사의 이사회의 결의를 거쳐 정하고 방송위원회를 거쳐 국회의 승인을 받도록 하는 내용으로 입법화한 것이 헌법재판소에서 말하는 의회유보의 원칙을 지킨 것으로 볼 수 있는지에 대하여도 논의하기로 한다.5)

(3) 다음으로, 한국방송공사의 법적 지위를 어떻게 파악할 것인가의 문제가 핵심쟁점의 하나이다. 방송수신료 관련 사건에서 헌법재판소는 "공사는 비록 행정기관은 아니라 할지라도 그 설립목적, 조직, 업무 등에 비추어 독자적 행정 주체의 하나에 해당하며"라고 판시하고 있어, 한국방송공사를 독자적 행정 주체라고 보고 있으나 그 지위에 관하여는 명확하게 언급하고 있지 아니하여, 특수법인 형태의 공기업으로 파악하는 입장과 영조물 법인으로 보는 입장으로 나누어질 수 있다. 양자의 관계는 어떻게 되고, 한국방송공사는 어느 범주에 속하는 것으로 보아야 할 것인지 검토해 보기로 한다.

(4) 또한, 텔레비전 방송 수신료의 법적 성격과 관련하여 조세인지, 부담금인지, 수수료인지, 특별부담금인지 논란이 야기되고 있다. 여기서 각종 공과금의 법적 성질을 조세로 볼 것인지, 수수료로 볼 것인지, 부담금으로 볼 것인지, 특별부담금으로 볼 것인지는 법률상 명칭에만 의존할 것이 아니라 개별적 공과금의 본질적 특성에 기초하여 법적 성질이 논해져야 하리라고 본다.6) 인적 공용부담을 원인자, 수익자, 손상자 부담금으로 구분한다고 할 경우 수신료를 넓게 파악한다면, 비록 수익이 구체적으로 현실화되어 있지 않고 잠재적이지만, 수익자 부담금이라고 할 수 있다고 본다. 만약 이를 특별부담금이나 조세로 보려면 반대급부가 없어야 하는데, 수상기를 소지한 자는 잠재적으로 공영방송을 비롯하여 다른 민영방송을 수신할 수 있는 지위에 있으므로 법률적 근거하에 강제적인 성질의 수익자 부담금을 징수할 수 있다고 할 것이다.

뒤에서 살펴보는 바와 같이 수신료는 특별부담금의 정당화 요건 내지 허용

---

5) 헌법재판소는 결정문에서 "국회가 수신료금액을 법률로써 직접 규정하는 것에 어려움이 있다면 적어도 그 상한선만이라도 정하고서 공사에 위임할 수도 있고, 공사의 예산을 국회에서 승인토록 하는 절차규정을 둘 수도 있을 것이며, 또 수신료금액의 1차적인 결정권한을 전문성과 중립성을 갖춘 독립된 위원회에 부여하고서 국회가 이를 확정하는 방안도 있을 수 있다."고 입법의 방향을 제시해 주고 있는바, 입법 형성의 자유 내지 입법 재량을 침해할 소지가 있다는 반대 견해도 있다.
6) Amdt, Grundzuge des Allgemeinen Steuerrechts, 1988, S. 5.

요건을 충족하지 못하였다고 보여지는바, 이와 관련하여 독일법적인 개념인 특별부담금이 우리 헌법질서 속에서 어떤 근거하에 허용될 것인지에 대하여도 논의할 필요가 있다. 특히 부담금관리기본법이 제정됨으로 인하여 특별부담금에 관한 논의는 새로운 국면에 접어들었다고 볼 수 있다. 뒤에서 논의하겠지만, 가령 부담금관리기본법이 제정되었다고 하더라도 특별부담금이라는 공과금의 유형의 인정을 방해할 계제는 아니라고 본다. 부담금관리기본법은 각종 성질이 다른 여러 종류의 부담금을 통합관리할 필요성에 기초한 것이고, 부담금이라는 명칭을 사용하고 있다고 할지라도 일률적으로 같은 성질의 개념유형으로 볼 수 없다.[7] 특정한 행정목적달성을 위해서는 목적세인 조세만으로는 한계가 있으므로 특수한 형태의 부담금인 특별부담금은 엄격한 요건하에 우리 헌법의 해석하에서도 용인된다고 할 것이다.

(5) 나아가, 방송수신료 관련 헌법재판소 결정과 직접 관련되는 부분은 아니지만, 현행 방송법상 수신료 부과·징수의 위탁업무를 한국전력공사에 부여하고 있는바, 이와 같은 위탁이 법령에 근거하여 적법한 것으로 볼 수 있는지, 또한 한국전력공사에서의 전기료와 수신료의 통합고지방식이 적정한 것인지, 수신료를 미납하여 한국전력공사의 전기공급약관을 근거로 단전조치를 내릴 경우 부당결부금지원칙에 위반되는 것은 아닌지 등의 문제를 살펴보기로 하고, 끝으로 방송수신료 관련 헌법재판소의 결정의 의미와 한계, 바람직한 입법정책적 방향을 모색하는 순서로 논의를 진행하고자 한다.

Ⅱ. 법률유보와 의회유보

1. 법률유보의 의미

역사적으로 법치행정의 원리는 독일에 있어서 19세기의 시민적 자유적 법치국가로부터 비롯되었다. 당시 대의적 기관으로서의 의회는 시민의 이익을 대변하고, 시민의 기본권을 확실히 하려고 노력하였다. 의회에 대한 신뢰는 하나의기본적 전제였다. 국가와 시민과의 관계를 분리관계로 본다면 법치행정의 원리의 주된 기능은 국가권력으로부터 시민을 보호하기 위한 장치로서 기능한다.

법치행정원리의 중핵적 내용으로 중심적 고찰대상이 되었던 것이 바로 법률

---

7) 참고적으로 방송법상의 수신료는 부담금관리기본법의 별표의 적용을 받지 않고 있다.

유보의 원칙이다. 법률유보는 나라와 시대에 따라 학설의 대립이 달리 전개되었으며 지금까지 그 논의가 계속 진행되고 있는 '꺼지지 않는 장작'이면서 영원한 공법문제라고 할 것이다. 종래의 통설인 침해유보설은 전통적 이론인 오토 마이어의 이론에 기초하고 있는바, 그에 의하면 행정권의 행사에 있어 법률의 근거를 요하는 작용은 침해작용, 즉 자유와 재산에 대한 침해에 한하고, 급부행정이라든가 행정내부작용에는 법률의 근거 없이 자유롭게 활동할 수 있다고 보았다. 이와 같은 오토 마이어의 법률유보론이 일본을 매개로 하여 한국에서 상당 기간 통설적 지위를 점하여 왔다.

　　독일에 있어서는 중요성설의 등장과 더불어 침해개념이 퇴색되었다고 파악하고 있으나, 우리의 행정실무에 있어 침해유보설이 아직까지도 우세라고 볼 것이다. 가령, 지방자치법 제15조 단서에서 "다만, 주민의 권리제한 또는 의무부과에 관한 사항이나 벌칙을 정할 때에는 법률의 위임이 있어야 한다."고 규정되어 있는 점과, 행정규제기본법 제2조 제1항 제1호에서 "행정규제라 함은 국가 또는 지방자치단체가 특정한 행정목적을 실현하기 위하여 국민의 권리를 제한하거나 의무를 부과하는 것으로서 법령 등 또는 조례·규칙에 규정되는 사항을 말한다."고 규정하고 있고, 나아가 동법 제4조 제1항 내지 제3항에서 "규제는 법률에 근거하여야 하며, 그 내용은 알기 쉬운 용어로 구체적이고 명확하게 규정되어야 하고, 규제는 법률에 직접 규정하되, 규제의 세부적인 내용은 법률 또는 상위법령이 구체적으로 범위를 정하여 위임한 바에 따라 대통령령·총리령·부령 또는 조례·규칙으로 정할 수 있으며, 행정기관은 법률에 근거하지 아니한 규제로 국민의 권리를 제한하거나 의무를 부과할 수 없다."고 규정하고 있음에 비추어 볼 때 국민의 권리를 제한하거나 의무를 부과하는 침해영역에 관한 한 적어도 법률의 근거를 필요로 하며, 설사 침해가 중요하지 않더라 하더라도 법률의 근거를 필요로 한다는 점에 있어서 본질성설 내지 중요성설의 등장에도 불구하고 침해유보설의 이론적 효용성은 부정될 수 없다. 즉, 침해적 행정작용이 법률의 근거를 필요로 한다는 점에서는 다툼이 없을 것이며, 침해를 넘어서는 영역에 있어서는 어떻게 파악할 것인가는 침해유보설이 갖는 한계가 있다. 필자는 급부행정과 관련하여 분별화된 정당성유보설을 주장한 바 있다.8) 이는 차별적 고찰에 따라 정당화의 근거

---

8) 김용섭, "급부행정의 법률유보에 관한 연구", 법제, 제9호, 1995. 필자의 견해는 확장된 침해유보설을 기본 내용으로 하는 분별화된 정당성유보설로서 기본적으로 법률유보의 문제

를 달리할 필요가 있다는 것이고, 유형적으로 고찰할 필요가 있음을 말하는 것이다. 다시 말하여 침해를 넘어서는 영역에 있어서 어떠한 기준으로 법률의 근거를 필요로 한다고 할 것인가의 문제인데, 침해의 확장이라고 볼 수 있을 때 엄격한 법률의 근거를 필요로 하고, 국가적 재정에 의존하는 보조금 영역에서는 원칙적으로 엄격한 법률의 근거를 필요로 하지 않으며, 의회의 결정, 예산 등으로 족하기 때문에 법률의 근거가 완화된다고 보게 된다. 이와 같은 차별적 기준을 고려하면서도 법률유보가 적용되지 않는 영역이라고 할지라도 행정은 국민으로 수탁받은 공권력으로서 개별적 행정작용에 있어 완화된 형태의 정당성의 근거를 제시하여야 한다.[9]

2. 본질성설(중요성설)과 이에 대한 비판[10]

우리의 통설과 판례는 침해유보설의 입장을 취하고 있다. 그러나 법률유보에 관한 학설 중 독일 연방헌법재판소에서 정립한 본질성설이 내용없는 공식이라는 비판에도 불구하고 우리의 학설과 판례에 있어 유력한 견해로 자리잡고 있다. 여기에서 본질성설이 어떤 배경하에 등장하였으며 어떠한 문제점을 갖고 있는지를 살펴보기로 한다.

주지하는 바와 같이 본질성설은 1970년대 초 독일에서 학교법 영역과 수형자 판결 등 특별권력 관계 영역에서 종래와는 다른 차원에서 내려진 여러 판례를 통하여 형성되었다. 그 내용은 본질적 사항에 관한 한 의회가 직접 법률로 규율하여야 하며, 이를 행정부에 위임하여서는 안 된다는 원칙이다. 여기에서 본질적이라는 것은 기본권 실현을 위하여 본질적인 사항을 의미한다. 독일에서는 본질

는 정당성유보의 문제로 파악하여야 한다는 것이다. 침해행정에서 법률의 근거를 요하는 이유는 법률이 곧바로 정당성의 근거이기 때문이며, 침해행정을 넘는 영역에 있어서도 침해의 확장이라고 보는 한, 의회를 통과한 법률과 법률에 근거한 법규명령의 근거를 요한다고 하여야 할 것이다. 즉, 침해와 침해의 확장에 있어서는 법률의 근거를 요하고, 그 밖의 급부행정 영역이라고 할지라도 행정이 국민으로부터 권력을 수탁받은 이상 자의적으로 활동할 수는 없고 의회의 의결, 조직규범, 예산, 행정규칙 등 행정활동을 정당화할 수 있는 완화된 정당성의 근거는 필요하다고 본다. 필자의 견해와 궤를 같이하여 정당성론을 주장하는 입장으로는 이광윤, 김민호, 행정법강의 I, 제2판, 42면.

9) 그러나 기본적으로 급부행정역에 속하는 보조감이나 자금지원에 있어서는 법률의 근거를 엄격히 요구하지 않지만, 예외적으로 언론보조금 등 기본권 관련성이 있거나 부담이 붙은 경우 등 침해와 급부가 결부된 경우에는 법률에 명확한 수권이 있어야 한다.

10) 김용섭, "한국법치행정의 재조명", 제1회 한국법학자대회논문집, 1988, 270면 이하.

성설과 관련하여 2단계설로 설명한다. 즉, 1단계는 법률유보의 타당의 문제인 법률유보를 필요로 하는 사안인가(ob), 둘째는 위임입법금지로서 어느 범위에서 이를 행정부에 위임할 수 있는가(wie)의 문제이다.

　본질성설은 미국의 위임금지원칙의 영향을 받기는 하였으나, 독일의 시대적 배경 속에 독특하게 형성된 것이다. 첫째로 법률유보의 타당성 문제만 놓고 보면 당시 1960년대에 들어와 의회 민주주의적 요청과 사회국가 원리적 요청에서 전부유보설이 풍미하였고 이로 인하여 급부행정 내지 사회행정의 영역에서 법화(Ver-rechtlichung)가 가속화된 것도 사실이다. 그러나 전부유보설이 갖는 결정적 약점인 의회에 의한 규범홍수현상과 행정부의 기능장애로 인하여 행정부의 독자적인 활동의 여지를 마련해 줄 필요성이 있었으며, 다른 한편 헌법재판실무에서 중요성설 내지 본질성설을 취함으로써 급부행정, 특별권력관계 등에 있어서 법률유보의 확장 필요성에 부응할 수 있었다. 뿐만 아니라 기본법 제80조와 관련되어 위임의 내용, 목적 및 범위를 좀더 신축적으로 운용할 수 있는 기준을 잡을 수 있었다. 그것은 한편으로는 기본법 제80조의 엄격한 적용을 토대로 한 명확성의 원칙과 다른 한편 이성적이며 적절한 기본법 제80조의 요건완화라는 두 가지의 합리적 조화점에 위치하고 있다.

　본질성설에 대한 가장 흔한 비판에 해당하는 본질적인 것과 비본질적인 것과의 구분이 명확하지 않다는 것도 문제이기는 하나, 본질적인지를 누가 판단하느냐의 문제 또한 간단히 답할 사항이 아니라고 본다. 의회이냐 아니면 헌법재판소이냐 아니면 행정부이냐? 민주적 정당성 확보 측면에서는 의회가 이를 판단하여야 할 것 같다. 그러나 법치국가적 관점에서는 법률의 위헌 여부를 판단하는 헌법재판소에서 판단해야 될 것 같다.[11] 그러나 행정현실에서 중요한 결정을 행정부에서 내리는 점을 비추어 보거나 사회국가적 요청에 비추어 볼 때 이를 행정부에서 판단하여야 할 것 같기도 하다. 독일의 경우는 본질적인 사항인지를 연방헌법재판소의 판례를 통하여 발전시킨 것이므로 헌법재판소가 이를 결정한다고 보면 된다. 하지만 입법자가 중요한 사항인데도 법률에 규정하지 않았을 때 행정부는 헌법재판소의 위헌결정이 내려지기까지는 적기에 행정활동이 이루어지지 않을 수 있어 불합리한 경우도 있게 된다. 또한 법률유보의 타당성만 놓고 보면

---

11) 이러한 관점에서 중요성설은 연방헌법재판소의 권위의 부수적 소견이라는 Gerd Roellecke 교수의 지적이 있다.

본질성설은 종래의 침해유보설에 대체하는 것이 아니라 이를 보충하는 것이라고
할 수 있다.

3. 법률유보(Gesetzesvorbehalt)에서 의회유보(Parlamentsvorbehalt)로 발전

법률유보란 법치행정의 원리의 적극적 요건으로서 행정권의 행사를 위해서
는 법률에 그 근거를 마련해야 한다는 법원칙이다. 위임입법과 관련하여 위임이
금지되는 의미의 법률유보의 문제는 독일의 연방헌법재판소[12]와 우리나라의 헌
법재판소에서 채택하고 있는 본질성설 내지 중요성설에 의할 경우에 의회유보의
문제로 전환된다. 즉, 기본권 실현과 관련되는 사항 등 본질적인 사항에 관하여
국회 스스로 규정해야 하고 행정입법에 위임해서는 안 된다는 의미로 법률유보를
파악하게 되며, 이는 의회와 행정부의 권한 배분의 문제로 귀착된다. 의회유보의
원칙은 종래의 좁은 의미의 법률유보가 법률의 형식만이 문제가 되고, 기본적으
로 법률의 내용은 크게 문제삼지 않았던 반면에 의회유보에서는 법률의 내용에
있어 일정한 규율밀도를 요구하고 있으므로 법률유보의 진전된 형태로 이해되고
있다.[13] 독일에 있어서는 의회유보를 주로 위임금지와 관련하여 논의되는 법률유
보의 특수한 문제로 인식하고 있는 듯하다.[14]

의회유보에 있어서는 두 가지 관점에서 특별한 요건을 설정한다. 첫째로, 이
는 특정한 규율기관을 요구한다. 즉 입법기관인 국회가 바로 그것이다. 둘째로,
위에서 말한 법률유보와 밀접하게 결부된 특정한 규율밀도를 전제로 한다. 의회
유보는 구속적으로 의회의 법률을 지시하기 때문에 의회유보는 의회적 입법자의
규율의무를 특징으로 한다. 이것은 입법자가 의회유보의 타당영역에서 규율해야
만 한다. 의회유보는 입법자의 필요한 활동을 한정한다. 규율대상을 의회법률에

---

12) 가령 BVerfGE 101, 1(34) 판결의 요지에 의하면 법치국가원칙과 민주주의에 뿌리를 두고
   있는 의회유보는 기본적으로 규범적인 영역에 있어서 심지어 기본권 행사의 영역에 있어
   서 이러한 국가적인 규율이 허용하는 한, 모든 본질적인 결정은 의회에 맡겨져 있다는 것
   을 요청한다. 여기에서 규범의 의무는 특정의 대상이 도대체 법률적으로 규정되어야만
   하는지의 문제가 아니라 어느 정도로 이러한 규정을 개별적으로 해야 하는지에 관한 문
   제이다.
13) 법률유보의 보완원리로 설명하는 견해도 있다. 이명웅, "입법원칙으로서의 법률유보, 의회
   유보, 비례원칙", 법제 2004. 11.
14) 다만, 독일에 있어서는 형식적인 의회법률에 기초하는 법률유보와 구별하여, 단순한 의회
   유보(einfache Parlamentsvorbejalt)를 정치적 논란사안에 대하여 사전적 구성적 동의의 문
   제로 파악하기도 한다(Vgl. H. P. Bull, Allgemeines Verwaltungsrecht, 2000, S. 130-131).

의해 정하는 형식적인 규율만으로는 부족하고, 이와 함께 구체화를 필요로 하는 내용적 밀도 및 명확성을 갖는 실질적 규율을 요구한다. 규율의 밀도에 관해서도 기본권의 침해정도가 클수록, 어떤 사안이 일반 공중 사이에서 정치적 논란이 클수록, 법률의 규율은 더욱 정확하고 상세하게 규율하여야 하기 때문에 명확성의 원칙으로 연결된다.[15] 다만, 여기에서의 명확성의 원칙도 슬라이딩 내지 상대화되고 있다고 할 수 있다.[16]

따라서 법률유보나 의회유보는 어떠한 조치의 기본권 관련성이 법규를 요구할 때, 다시 말하여 법률의 형태나 법규명령의 형태를 요구할 때에는 법률유보의 문제이고, 기본권침해의 정도가 입법자가 법률로 스스로 규율해야만 할 사항인 경우에는 의회유보의 문제가 된다. 법률유보와 의회유보는 상호 연관성이 있으며, 서로 관련되어 많은 접촉점을 갖고 있는바, 법률유보는 법률적 근거의 필요성의 문제와 관련되며, 의회유보는 위임금지가 농축된 법률유보와 관련된다. 의회유보는 입법자와 법규명령 제정자와의 상호간에 기능상 협력 가능성을 도모하게 되고, 의회의 부담경감의 가능성도 가져올 수 있다. 즉, 의회는 의미 있고 근본적인 결정에 한정하고 중요하지 않은 결정을 위임할 수 있게 된다. 다만, 법률유보의 경우에 있어서 중요하지 않은 침해작용이라 할지라도 법률의 근거를 필요로하는 관점에서 의회유보는 침해작용을 넘어서는 이른바 특별권력관계나 조직, 급부행정작용에 있어서 의미 있는 이론이라고 할 것이다.

의회유보는 의회민주주의 국가에 있어서 국가의 최고기관으로서 입법기관이 스스로 권리를 포기하거나 의무를 회피하여서는 안 된다는 것을 의미한다. 의회유보는 의회는 국민의 대표기관으로 국가적 공동체의 중요한 사항과 기본권 실현과 관련된 사항에 있어서 대화와 토론을 통한 공개성 원칙과 통합기능적 관점에서 의회를 통한 의사 결정이 더욱 합리적이라는 관점에서 의회주의의 원리에 기반을 두고 있다.[17] 의회에서 결정함이 마땅한 고도의 정치적 사안에 대하여 행정

---

15) 홍준형, 행정법총론 4판, 2001, 68면.

16) 서원우, "법률유보이론의 새로운 동향", 전환기의 행정법이론, 1997, 139면. 이 글에서 서원우 교수는 슬라이딩의 문제는 위임금지의 문제나 명확성의 문제는 양적인 차원의 문제로서 의회의 다단계적인 의회의 관여의 문제로 귀착된다고 파악하고 있다.

17) 우리 헌법 제40조 등의 규정에서 입법권을 국회에 부여한 것은 국회가 모든 사항을 입법하라는 의미는 아니지만, 중요한 사항은 의회입법을 하라는 의미를 도출해 낼 수 있다고 본다.

부에서 결정하는 것은 의회주의에 역행하게 된다. 의회주의의 현실에서 법률유보의 개념과 더불어 "입법부의 임무영역에 속하는 특정사안을 의회는 스스로 규율하여야 하고, 이를 행정부에 내맡겨서는 안된다."는 의미의 이른바 의회유보가 우리 헌법재판소에서 정착되어 나가는 것은 의회주의의 관점에서 매우 고무적이라고 할 것이다.[18]

4. 의회유보와 결부된 중요성설의 기능

종래의 독일 연방헌법재판소에서 중요성의기준을 무엇으로 보았는지를 간단히 살펴보면, 구체적인 사례에 있어서 자유권과 평등권에 해당되는가와는 독립하여 '기본권의 행사에 있어서 본질적(wesentlich)인 경우'와 기본권의 배분참가권과 보호의무의 상세한 규율도 이에 해당하며, 뿐만 아니라 기본권 침해와 동일한 가치를 가진 기본권 관련적 행위도 중요한 것으로 보았으며, 그 의미가 국민에게 있어 중요성을 지니기 때문에 의회에 의하여 결정되어져야 하는 것도 이에 포함되는 것으로 보았다. 여기에 더 나아가 언론기관에 대한 보조금 등도 이에 포함시켰다.

방송수신료 관련 사건에 있어서 헌법재판소는 과연 무엇을 중요성의 척도로 삼았는지, 그 타당성 여부에 대하여 살펴보기로 한다. 헌법재판소의 결정이유에서 "수신료는 특별부담금으로서 국민에게 금전납부의무를 부과하는 것이므로, 공사가 수신료를 부과·징수하는 것은 국민의 재산권에 대한 제한을 가하는 행정작용임이 분명하고, 그중 수신료의 금액은 수신료 납부의무자의 범위, 수신료의 징수절차와 함께 수신료 부과징수에 있어서 본질적인 요소이다. 따라서 수신료의 금액은 입법자가 스스로 결정해야 할 사항이다."고 판시하였던바, 넓은 의미의 법률유보의 카테고리 속에 의회유보를 위치설정하고 있다고 보인다. 수신료의 금액이 대다수국민과 관련되기 때문에 중요한 사항이라고 볼 수 있다고 할지라도, 공영방송의 재원의 소요상태를 파악하여 적정한 절차에 의하여 수신료 금액을 확정하는 것이 규율밀도를 높이는 것이고, 정책적으로 볼 때에도 수신료납부자인 시청자의 이익을 고려할 때 한국방송공사에 의하여 1차적으로 결정하는 것보다는 방송위원회나 다른 중립적 기관에서 소요재원의 전체적 규모를 감안하여 법률에서 더욱

---

18) 김용섭, "행정입법에 대한 의회통제의 문제점 및 개선방안", 행정법연구, 12호, 2004, 24-26면.

세밀하게 규정하고 세부적인 사항은 위임할 수 있는 것이 아닌가 생각된다.

위 헌법재판소 결정에서 알 수 있듯이 본질적인 것과 그렇지 않은 것의 구별의 어려움과 그 판단 주체가 되는 헌법재판소의 자의적 판단에 따라 법률유보의 범위가 설정될 위험성이 있으며, 의회와 헌법재판소에서의 중요성 판단이 다를 경우에 그 사이에 낀 행정부의 역할의 한계 등 누가 어떤 기준으로 평가할 것인가 등의 여러 가지 약점에도 불구하고, 중요성설은 법률유보에 관하여 관철할 수 있는 이론이면서 의회결정의 가치를 강조하여 민주주의의 가능성을 증진한다는 점에서 의회민주주의의 실현 내지 행정의 민주화에 기여하는 이론으로 높게 평가될 수 있다. 의회유보에 기초한 중요성설이 공허한 형식(Leerformel)이라는 비판을 벗어나기 위해서는 헌법재판소와 법원이 인내심 있고 조심스럽게 분별화된 개별 사례별 접근방식(Kasuistik)을 통해 중요성의 기준을 설정할 때, 의회와 행정부 간의 역할과 권한을 적절히 배분하는 유용한 유동식 공식(Gleitformel)이 될 수 있다고 본다.

Ⅲ. 한국방송공사의 법적 지위

1. 문제의 제기

한국방송공사의 법적 지위와 관련하여서는 여러 가지 견해가 있을 수 있으나, 공기업의 일종으로 파악하는 견해와 영조물법인으로 파악하는 견해가 있을 수 있다. 양 견해를 살펴보기로 한다.

우선 공기업과 영조물은 기본적으로 동일한 개념이나, 정적인가 동적인가의 특성에 따라 나누는 견해가 전통적 견해라고 할 수 있다. 이 견해에 의하면 공기업과 영조물과의 관계를 급부주체가 직접 국민에 대한 생활배려를 위하여 인적, 물적 종합시설을 갖추어 경영하는 비권력사업이라고 보아 양자가 실질적으로 동일한 것이고, 다만, 동적인 개념으로서 행정 주체에 의하여 행정목적 수행을 위하여 경영되는 기업 그 자체를 지칭하는 개념으로 공기업을 이해하고, 영조물은 정적인 개념으로 행정 주체에 의하여 일정한 행정목적의 계속적 수행을 위한 인적, 물적 시설의 종합체를 지칭하는 개념으로 이해하여 왔다.[19]

---

19) 김도창, 일반행정법론(하), 1993, 379면.

그러나 오늘날은 행정의 효율성과 수익성이 중시됨에 따라 공기업은 국가 또는 공공단체가 직접 사회적 공공복리를 위하여 경영하는 비권력적인 사업 중에서 수익성을 갖는 기업을 말하는 데 반해서, 영조물의 경우에도 국가 또는 공공단체가 사회적 공공복리를 위하여 제공한 인적, 물적 시설의 종합체 중에서 수익성이 없는 정신적, 문화적 목적에 계속적으로 제공되는 것을 의미하는 것으로 파악하는 견해가 유력시 되었다.[20]

생각건대, 특수법인 형태의 공기업은 사기업과의 대비 속에서 공적 목적을 달성하면서도 수익성이라는 관점이 고려되는 동적이면서 수익성을 고려하는 활동조직인 데 반하여, 그 법적인 근거가 설치의 근거가 되는 특별법이나 공공기관의 운영에 관한 법률 등에 기초하여 활동이 이루어지는 특수법인 형태의 기업을 말하고, 영조물은 정적인 관점에서 파악되는 기본적으로 비수익성에 기반을 두는 조직의 일종으로 국립 또는 공립대학교와 같이 국가 또는 지방자치단체에 소속되어 독자적인 권리능력을 갖지 못한 경우도 있다.

2. 공기업설

공기업이란 사기업과 대비되는 강학상의 용어로서 국가 또는 지방자치단체, 특수법인기업이 직접 사회공공의 이익(공익성)을 목적으로 수익성을 추구하며 경영하는 기업(수익성)을 의미한다.

공기업은 크게 정부부처나 지방자치단체가 직접운영하는 형태의 공기업과 특별법에 기초하여 공사형태의 독립된 법인을 만들어 운영하는 공기업, 그리고 주식회사 형태의 공기업으로 구분이 가능하다. 그리고 공공기관의 운영에 관한 법률 제4조 및 제5조의 규정에 의한 공기업이 있다. 한국방송공사는 1987년 11월 한국방송공사법과 정부투자기관관리기본법의 개정에 따라 그동안 정부투자기관으로 분류되던 것을 정부투자기관에서 제외하였다. 이는 방송사업의 특성상 경영실적 평가를 하는 것이 바람직하지 않다는 고려에서 그와 같이 제도변경이 이루어진 것으로 볼 것이므로 KBS의 공기업으로서의 성격은 크게 탈색되었다고 할 수 있다. 다만, 기업회계원칙이 적용되고, 이익금이 적립되고, 독립채산제를 취하고 있는 점에 비추어 한국방송공사를 공기업의 일종으로 파악하는 견해가 있을

---

20) 김철용, 행정법 Ⅱ, 325면; 박윤흔, 최신행정법강의(하), 2001, 402면.

수 있다. 그러나 수익성은 공영방송의 존립의 기반이라고 할 수 있으므로 이를 전적으로 무시할 수는 없지만, 이는 어디까지나 공영방송의 목적달성을 위한 부수적인 수단으로 보아야 할 것이다.

따라서 종래에는 한국방송공사가 정부투자기관관리기본법의 적용을 받았으나, 현재 공공기관의 운영에 관한 법률의 적용이 배제되고 있기는 하지만, 다른 공기업과 동일한 범주로서 특수법인 형태의 공기업으로 보는 것은 방송의 독립성, 중립성의 보장취지에 비추어 다소 무리한 해석이라고 보이며, 설사 공기업의 범주에 속한다고 할지라도 독립성이 인정되는 특수법인 형태의 공기업으로 보아야 한다.21) 만약에 한국방송공사를 다른 공사와 마찬가지로 일반적인 특수법인 형태의 공기업으로 이해할 경우에 현재 KBS는 집행기관의 장인 사장 등 임원의 임면에 있어 주무장관의 제청에 의하여 대통령에 의하여 임명되는 데 반하여, 공사 사장 등 집행기관이 임면절차를 종전의 한국방송공사법 제15조에서와 마찬가지로 방송법 제50조 제2항에서 공사의 최고의결기관인 이사회의 제청으로 대통령이 임면하도록 규정하여 조직 구성적 측면에서 독립성을 고려하였다. 다만, 실제 사장의 임명과정에서 정파적 이해관계가 크게 작용하게 될 경우에는 공영방송의 독립성과 중립성이 위협받기도 한다. 만약에 공영방송인 KBS를 수익성에 주안점을 두는 공기업으로 파악한다면, 방송 주체는 시장에서의 상품공급자로 전락하고, 방송 그 자체가 상품으로서 용역과 서비스에 대한 대가를 받아야 할 것이다. 따라서 한국방송공사를 공기업으로 본다면, 급기야 시청률 경쟁을 위해 방송법 제44조에서 규정하고 있는 한국방송공사의 공적 책임을 다하지 못하게 될 수도 있으므로 한국방송공사를 공기업으로 보는 것은 여러모로 한계가 있다.

3. 영조물법인설

영조물법인은 독립된 행정주체(Verwaltungstrager)의 하나로서, 공법상 사단과의 차이점은 구성원을 두는 것이 아니라 이용자를 중심으로 조직이 이루어진다. 앞서 살펴본 바와 같이 영조물에는 독립적으로 권리능력이 있는 법인격이 인정되는 경우와 그렇지 않고 국가 또는 지방자치단체에 소속된 영조물도 있다.22) 독일

---

21) 이러한 관점에 비추어 볼 때 문화방송(MBC)이나 서울방송(SBS)의 경우에는 공익사업의 특허에 해당한다고 할 것이다.

22) 일부의 경우에만 권리능력이 인정되는 부분적 권리능력이 인정되는 경우도 있는 것으로

의 경우에는 공영방송기관을 영조물법인으로 보고 있는바, 독일의 방송법은 독립성의 정도가 매우 높아 원칙적으로 영조물법인은 공적 과제를 수행하기 때문에 기본권 주체성이 없지만, 예외적으로 기본권인 방송의 자유가 침해되는 상황에서는 기본권의 주체성이 긍정된다. 이러한 관점에서 한국방송공사의 경우에도 한편으로는 공권력의 행사자의 지위와 방송의 자유가 침해받는 상황에서 예외적으로 기본권 주체로서의 이중적 지위를 갖게 된다. 한편, 헌법재판소 서울대학교 입시요강안 헌법소원사건23)과 유사성이 있음에도, 결론 도출에 있어서는 서로 다른 논리구조로 접근하고 있다고 할 것이다. 방송체제가 민영방송과 공영방송으로 이원적으로 운영되는 방송 시스템하에서는 공영방송은 민영방송과 동일하게 방송 프로그램을 편성할 것이 아니라 다원적인 방송 프로그램 편성과 내부적인 통제기구를 마련하여 운영할 필요가 있다. 국가는 방송에 대하여 보충적으로 법적인 감독만 가능하며, 영조물의 이용은 법령에서 강제되는 경우를 제외하고는 기본적으로 자유롭다. 공법상 단체인 영조물법인에 강제가입의 문제는 구성원이 없고 이용자만 있기 때문에 논의되지 않는다. 다만, 강제적인 참가가 이에 비견된다. 이와 더불어 강제적인 부담금이 법률에 따라 부과될 수 있는데, 부담금의 부과와 관련하여 비례의 원칙과 평등의 원칙이 특히 중요한 원칙이 된다. 국립대학교의 경우와 같이 그 자체로서 권리능력이 없는 영조물에 불과한 경우에는 국가를 상대로 손해배상책임을 물을 수 있는 반면에 한국방송공사와 같이 영조물법인인 경우에는 그 자체가 행정의 주체이면서 기관이기 때문에 손해배상책임을 직접 영조물법인을 상대로 물을 수 있을 뿐이다.

영조물에 있어서는 우선 영조물의 설치목적이 중요하다. 영조물은 주로 급부행정의 조직형태로 알려지고 있으며, 문화행정의 영역, 보험행정, 연구소나 각종 사회부조 기구에 있어서 영조물의 형태가 운영되는 경우가 적지 않다.

종래는 영조물 이용관계를 특별권력관계의 일종으로 파악하였으나, 오늘날에 있어서는 특별권력관계론은 시대적 변화에 따라 그 이론이 상당 부분 수정되

보고 있다.

23) 헌재 1992. 10. 1. 선고 92헌마68, 76(병합) 위 결정에서 "고등학교에서 일본어를 선택하여 공부한 학생이 다른 제2외국어를 선택한 학생에 비하여 입시경쟁에서 불리한 입장에 놓이는 것은 사실이나, 이러한 불이익은 서울대학교가 헌법 제22조 제1항 소정의 학문의 자유와 헌법 제31조 제4항 소정의 대학의 자율권이라고 하는 기본권의 주체로서 자신의 주체적인 학문적 가치판단에 따른 법률이 허용하는 범위 내에서의 적법한 자율권 행사의 결과 초래된 반사적 불이익이어서 부득이 하다."고 판시하였다.

었으며, 법률의 근거없이 개인의 기본권을 침해할 수 있는 영조물 권력은 더 이상 없다고 할 수 있다.

이와 같은 공영조물법인으로 이해하는 견해가 독일법적인 방송조직 모델에 가깝다. 한국방송공사는 전액 정부출자되어 설립되지만 이를 국영방송[24]으로 볼 수 없고, 민간방송도 아니며, 공영방송으로 보아야 할 것이며, 이와 같은 공영방송을 공법상 영조물법인 형태로 파악하는 것은 그 과제가 공행정의 하나이기도 하거니와, 이러한 공영방송조직은 국가로부터 독립된 인격을 갖는 자치조직의 형태로 인식하는 것이 바람직하기 때문이다. 특히 공영방송에 있어서는 국가권력으로부터의 독립성과 정치적 중립성이 요청되며, 자기책임성이 강조되며, 수익성의 관점에서 민영방송과의 다른 접근이 필요하다.

4. 검토의견

조직 형태적 의미에서 공기업은 영조물법인이 될 수도 있고, 주식회사 형태도 있을 수 있고, 국가 또는 지방자치단체에 소속되어 운영될 수도 있다. 기본적으로 공기업은 공공기관의 운영에 관한 법률의 적용을 받는 공사 등이 이에 해당하는데, 적어도 한국방송공사는 수익성이 요구되지만, 이를 공기업으로 보기보다는 영조물 법인으로 보는 것이 적절하다고 사료된다. 왜냐하면 현재 한국방송공사가 전액 정부출자이면서도 공공기관의 운영에 관한 법률의 적용이 배제되고 있고, 비록 기업회계원칙에 따라 독립채산제로 운영되기는 하지만, 수익성을 갖는 경제활동으로서 일정한 대가를 받고 역무나 재화를 제공하는 형태라기보다는 다원적인 방송 프로그램을 편성하는 공영방송으로서 이용료가 아닌 수신료에 의존하고 있으며, 비록 일부 광고방송을 허용하여 재정에 충당하지만, 이러한 이유만으로 특수법인 형태의 공기업으로 보는 것은 한계가 있다고 생각한다. 독일에서 논의되어 온 영조물의 성격에 비추어 보더라도 한국방송공사는 공법상의 영조물법인으로 보는 것이 적절하다고 할 것이다.[25]

---

24) 국영방송이란 방송 주체가 국가행정기관의 하나로 조직·운영되는 형태로서, 자유민주적 가치질서하에서는 국가는 공동체 구성원에게 어떠한 가치관을 갖고 살아갈 것인지 가치중립적이기 때문에 방송의 자유가 보장되는 우리 헌법구조하에서 국영방송은 허용되지 않는다고 할 것이다.

25) 동지 박선영, "TV수신료의 법적성격과 공영방송재원조달에 관한 연구", 서울대 법학 제43권 제1호, 415면.

독일 연방헌법재판소[26]는 "방송 영조물이 공행정의 일부이기는 하지만 그에게 주어진 국가적인 임무를 수행하는 범위 내에서 인정되는 국가로부터의 일정한 독립성과 자치적 영역을 갖는다는 점에서 방송의 자유를 누릴 수 있다."고 판시한 바 있다.

아울러 공영방송은 국가권력으로부터의 독립과 소수 자본가 세력의 상업적 이해관계로부터 자유로운 여론 형성과 의견형성의 다양성을 보장하기 위하여 지나치게 광고수입 등에 재원을 의존하지 않도록, 공영방송 시스템의 안정적 재원 조달을 위하여 수신료를 부과·징수할 수 있는 권한을 부여하고 있는 것이다. 이와 같은 공영방송에게만 인정되는 수신료 부과 징수권한은 민영방송과는 달리 다원적인 입장에서 방송프로그램을 편성하고, 수익성만을 목적으로 하지 않도록 하는 의미이므로, 비록 독립채산체로 운영되도록 되어 있다고 할지라도 한국방송공사를 공기업으로 파악하는 것은 한계가 있다고 할 것이다. 이러한 관점에서 한국방송공사의 법적 지위를 공기업 모델보다는 영조물 모델로 파악하는 것이 정치권력 내지 집권세력으로부터의 관여를 배제함으로써 공기업 모델보다 한층 독립성 및 정치적 중립성을 보장할 수 있다고 본다.[27]

Ⅳ. 텔레비전 수신료의 법적 성질

1. 공영방송의 재원조달수단의 일종으로서의 수신료

최근의 방송과 통신의 기술적 융합이 활발히 논의되고 있으나 규범적 차원에서는 기본적으로 방송법을 기축으로 하고 있는 방송과 전기통신사업법을 근거법으로 하고 있는 통신의 이원적 규제 체제의 틀이 아직도 계속 유지되고 있다. 여기서 텔레비전 방송의 수신료의 법적 성질을 논함에 있어 고려 요소 중의 하나는 이동통신수신기(DMB)나 컴퓨터 등을 활용하여 텔레비전 수신기를 소지하고 있지 않더라도 인터넷 등에 접속하여 손쉽게 방송을 수신할 수 있는 상황이 되는 데다가 케이블 또는 위성 TV 등을 통하여 이용료를 내면서 공영방송의 시청이 가능하게 되어, 별도로 수신료를 납부하는 것이 이중부담의 논란을 야기하고 있으며, 객관적 시청불능 사유에 해당하는 난시청 지역에 거주하는 사람이나 공영방송을 시청하

---

26) BVerfGE, 31, 314, 322.
27) 고민수, "한국방송공사(KBS)의 법적 지위에 관한 고찰", 방송문화연구, 18권, 2006, 168면.

지 않으려는 시청자에게도 일률적으로 수신료를 부과하게 되는 문제와 한편 수신료의 면제범위가 방송법 시행령 제44조에서 국가유공자 등의 경우에는 면제해 주고, 영업을 목적으로 설치한 수상기 중 1월 이상의 휴업으로 시청하지 아니하는 수상기, 난시청 지역(건물 신축 등 인위적인 원인에 의하여 시청이 불가능한 경우는 제외)에 거주하는 자가 소지하고 있는 수상기, 심지어 기타 방송위원회가 지정하는 수상기 등에 대하여도 면제해 주는 등 면제범위가 폭넓게 인정되고, 재원조달의 수단도 방송법 제56조에서 "공사의 경비는 제64조의 규정에 의한 텔레비전 방송수신료로 충당하되, 목적업무의 적정한 수행을 위하여 필요한 경우에는 방송광고수입 등 대통령령이 정하는 수입으로 충당할 수 있다."고 규정하고 있고, 이에 터잡아 방송법 시행령 제36조에서 대통령령이 정하는 수입이란 "방송광고수입, 방송프로그램 판매수익, 정부보조금, 협찬 수입, 위성방송 등 새로운 매체를 통한 수입, 송신업무의 수탁에 따른 수입, 사채 또는 차입금, 전년도 이월금, 기타 방송사업에 부수되는 수입"으로 규율하고 있어 다양한 재원조달 방법이 마련되어 있다. 그런가 하면 한국방송공사가 공영방송으로서의 역할을 제대로 수행하지 못하고, 다원화된 프로그램이 아닌 편향적인 성향의 보도태도에 반감을 갖고 있는 시청자들이 있고, 이들 중에서 수신료 납부에 대한 거부와 저항이 있는 것도 사실이다.[28]

더구나 한국방송공사의 경우 소요 재원 중 광고수입도 적지 않은 데다가 재원확보 방안이 다원화되어 있어 영업이익이 적지 않기 때문에 수신료의 법적 성격을 논구함에 있어 이러한 점들이 고려요소로 기능한다고 할 것이다. 다만, 공영방송은 유료방송이 아니므로 프로그램이라고 하는 서비스에 대한 대가로서 수신료를 지불하는 것은 아니라고 할 것이다.

그러나 헌법재판소는 방송수신료 사건에서 다음과 같이 적절히 판시하고 있다. "오늘날 방송은 민주적 여론형성, 생활정보의 제공, 국민문화의 향상 등 공공적 역할을 수행하고 있으며, 국민의 생활에 직접적인 영향을 미치고 있다. 이러한 취지에서 대부분의 국가에서는 방송의 이러한 공공성을 고려하여 공영방송 제도를 두고 공영방송사에 대해 국가차원에서 직·간접적인 지원을 하고 있다." 종래 한국방송공사법에서는 한국방송공사를 설립하여 공영방송사업을 하도록 규율하

---

28) 시청자들은 방송 채널 선택권이 보장되고 있는데, 전혀 공영방송을 보지 않는데도 불구하고 수신료를 납부하여야 하며, 아울러 인위적 원인에 의하여 난시청이 된 사람들에게 조차 수신료를 부과하도록 하고 있는 것은 여러 가지 문제점을 낳고 있다.

고 있다. 이러한 공영방송사업에는 막대한 재원이 소요되므로, 원칙적으로 그 재원을 수신료의 징수를 통해 충당할 수 있도록 하고 있다.

공영방송사가 방송 프로그램 편성의 자유를 향유하고 국가나 정치적 영향력, 사회적 세력으로부터 자유롭고 독립적으로 활동하기 위해서는 재정을 확보하는 것이 중요한바, 단순한 재원조달수단이 되느냐의 문제보다는 모두 국민의 세금에 의하여 지원된다면 방송이 국가로부터 독립하는 데 지장을 초래할 수 있다. 그러나, 방송법 제56조에서 공영방송사의 재원은 텔레비전 수신료로 충당하되, 목적업무의 적정한 수행을 위하여 필요한 경우 방송광고수입 등 대통령령이 정하는 수입으로 충당할 수 있게 되어 있어 공영방송에 있어 수신료는 주요한 재원조달수단이 되고 있다.[29)

2. 텔레비전 방송수신료의 특별부담금 해당 여부

가. 문제의 제기

우리 헌법재판소는 한국방송공사법에 의해 부과·징수되는 수신료는 조세도 아니고 서비스의 대가로 지불하는 수수료도 아니며, "수신료는 공영방송사업이라는 특정한 공익사업의 소요경비를 충당하기 위한 것으로서 일반 재정수입을 목적으로 하는 조세와 다르다고 본다. 텔레비전 방송을 수신하기 위하여 수상기를 소지한 자에게만 부과되어 공영방송의 시청가능성이 있는 이해관계인에게만 부과된다는 점에서도 일반 국민, 주민을 대상으로 하는 조세와 차이가 있다. 그리고 '공사의 텔레비전 방송을 수신하는 자'가 아니라 '텔레비전 방송을 수신하기 위하여 수상기를 소지한 자'가 부과대상이므로 실제 방송시청 여부와 관계없이 부과된다는 점, 그 금액이 공사의 텔레비전 방송의 수신 정도와 관계없이 정액으로 정해져 있는 점 등을 감안할 때 이를 공사의 서비스에 대한 대가나 수익자부담금

---

29) 독일 연방헌법재판소(BVerfGE 87, 181)는 공영방송의 방영내용에 관한 것은 공영방송영조물이 스스로 하지만, 그에 대한 재정적 지원에 관한 결정은 입법자가 하여야 하는 것이며, 방송질서의 형성을 함에 있어 입법자는 광범위한 자유를 향유하고, 개인적 의견과 공적의견의 자유로운 형성을 위하여 방송사업의 전부 또는 일부를 공법상의 영조물에 맡기는 경우에는 입법자는 그 영조물에 부과된 사명을 수행하기 위하여 필요한 자금을 자유롭게 조달하도록 할 의무가 있으므로 설사공영방송이라고 할지라도 상업적인 수입을 금지하는 것은 아니고, 복수의 수입원을 보장하는 것이 결국에 가서는 방송국의 프로그램 제작에 있어 자유를 강화하는 데 기여한다는 관점에서 공영방송에 대한 상업적 활동이 금지되지 않는다는 취지의 판시를 한 바 있다.

으로 보기도 어렵다."고 판시하여 텔레비전 방송 수신료는 특별부담금으로 보았 는바, 이와 같은 헌법재판소의 결정에도 불구하고, 수신료가 조세인지, 수수료 또 는 사용료인지, 인적공용부담의 일종으로 수익자 부담금으로 볼 것인지, 아니면 특별부담금으로 보는 것이 적절한지 계속 논의를 진행할 필요가 있다.

공과금의 개념은 매우 다양하다. 공과금을 국가 또는 공공단체가 공법에 기 초하여 자금조달을 위하여 강제적으로 부과하는 금전을 통칭한다. 공과금에는 크 게 조세, 수수료 내지 사용료, 부담금, 특별부담금으로 구분이 가능하다. 문제는 텔레비전 방송 수신료가 공과금의 여러 가지 형태 중 어디에 속하는가 판별하기 위해서는 그 개념과 실질적 내용과 그 허용요건에 따라 구분하여 고찰될 필요가 있다. 따라서 개별적인 공과금의 본질적 특징을 파악하는 것이 중요하다.30)

나. 학설(판례포함)의 대립
(1) 조세설 등

수신료에 관하여는 KBS가 제공하는 서비스에 대한 대가라고 보는 수수료 설,31) 사용료설,32) 조세설, 특별부담금설 등 여러 가지 학설이 주장될 수 있으나, 헌법재판소는 독일에서 발전된 이론인 특별부담금의 일종으로 보는 견해를 취하 고 있다. 그러나 조세설에 입각하여 바라보는 견해도 있다.33)

---

30) Vgl. Andt, Grundzuge des Allgemeinen Steuerrechts, 1988, S. 5.
31) 전기, 가스, 수도 등의 공공요금과 같이 방송수신의 양에 따라 결정되는 것이 아니라 일정 금액으로 책정되는데다가 KBS만 지급되고, 다른 민영방송사에는 지급되지 않기 때문에 수수료로 보기 어렵다(박선영, "TV수신료의 법적 성격과 공영방송재원조달에 관한 연구", 서울대학교 법학, 제43권 제1호, 394면).
32) 최근 한국방송공사는 수신료의 부과에 관한 소송에서 수신료가 특별부담금이 아니라 방송 용역에 대한 대가로서의 사용료의 성질이 있다는 전제에서 조정의견을 제시한 바 있다고 한다.
33) 박선영, "TV수신료의 법적 성격과 공영방송재원조달에 관한 연구, 서울대학교법학 제43권 제1호", 394면 이하.
박 교수는 특별부담금으로 볼 수 없는 이유 중에 KBS가 국가나 지방자치단체 등의 행정주 체가 아닐 뿐 아니라 방송은 행정목적이 될 수 없다는 이유에서 수신료를 특별부담금이라 보기에 무리가 있다고 주장하고 있으나, 한국방송공사가 공법상 영조물법인 내지 특수법 인으로 독립된 행정 주체이므로, 오히려 박 교수가 주장하는 바와 같이 조세설이 다소 무 리라고 보여진다. 조세의 경우에 국가 또는 지방자치단체에 한하여 이를 부과할 수 있을 뿐인데 영조물법인이 이를 부과한다는 점에 비추어 볼 때에도 조세로 보기 어려운 점이 있다.

대표적인 조세설을 취하고 있는 박선영 교수는 수신료는 재정수입이 목적이 아닌 유도적·조정적 성격의 조세로 목적세의 성격을 지니는 준조세에 해당한다고 주장하고 있다. 아울러 텔레비전 수상기가 널리 보급되었다는 전제에서 특정 집단이 아니라 일반 국민에게 부과되는 것이라는 논리를 전개하면서, 수신료를 연체한 자에 대하여 공사가 추징금과 가산금을 징수하며, 이를 체납한 자에 대하여는 국세체납처분의 예에 따라 징수할 수 있도록 한국방송공사법과 방송법에서 규정하고 있는 것은 입법자가 수신료의 성격을 엄격한 의미에서의 조세가 아니라 실질적 의미의 조세라고 보고 있다는 추론이 가능하다고 주장하고 있다.

여기에서 부담금의 경우에는 장래에 받을 가능성이 있는 추상적 이익의 가능성만으로도 부과가 가능한 반면에 사용료와 수수료는 추상적인 이익가능성만으로 부과할 수 없으며, 사실로서 제공된 급부에 대한 반대급부나 부담금은 특별한 공적 급부에 대한 반대급부라는 점에서 양자의 본질적 차이점이 있다.[34]

헌법재판소 역시 독일의 이론의 영향을 받아 특별부담금으로 보는 경우에도 두 가지로 나누어 다른 법적 정당화 요건을 설정하고 있는바, 유도적·조정적 성격의 부담금과 재정목적을 가진 부담금으로 나누어 설명하고 있다. 헌법재판소의 분류법에 따르면 텔레비전 방송수신료는 재정목적을 가진 부담금에 속한다고 보게 된다.

(2) 특별부담금설

헌법재판소는 방송수신료 결정에서 밝힌 바와 같이 텔레비전 방송수신료가 특별부담금에 속한다고 보았으며, 대법원도 같은 기본적으로 수신료를 특별부담금으로 보는 입장을 견지하고 있다.[35] 대법원 2000. 2. 25 선고 98다47184 판결은 수신료를 방송 서비스에 대한 대가로서 지불하는 수수료로 볼 수는 없고, 공영방송사업이라는 특정한 공익사업의 경비조달에 충당하기 위하여 수상기를 소지한 특정 집단에 대하여 부과되는 특별부담금에 해당한다고 판시하고 있다.[36]

34) 임현, "지방자치단체의 공공시설 이용의 제공과 주민의 사용료 납부의무", 지방자치법 연구, 제2권 제1호, 2002, 161면.
35) 서울행정법원 2006. 9. 5. 선고 2005구합27390 판결에서도 "수신료는 공영방송사업이라는 특정한 공익사업의 경비조달에 충당하기 위하여 수상기를 소지한 특정집단에 대하여 부과되는 특별부담금에 해당한다고 할 것이다."고 판시하고 있다.
36) 대법원 2000. 2. 25. 선고 98다47184 판결.
수신료는 텔레비전 방송의 수신을 목적으로 텔레비전 수상기를 소지한 자에 대하여 징수하며[구 한국방송공사법(1990. 8. 1. 법률 제4264호로 개정된 것) 제35조], 수신료의 금액은 특별부담금이 인정되려면 우선 KBS가 수행하는 방송사업과 수신료 납부의 무자인 텔레비전 수상기 소지자와의 특별하고 긴밀한 관계가 형성되어야 하는바, 오늘날 TV의 전국적 보급의 확산에 따라 거의 전 국민이 텔레비전을 시청할 수 있게 되었고, 설사 텔레비전 수상기를 소지 않더라도 얼마든지 KBS를 시청할 수 있기 때문에 수신료를 단지 텔레비전 수상기 소지자에 대하여만 부과하는 것이 정당한 것인지 의문이고, 수상기 소지자를 다른 수상기를 소지하지 않는 자와 구별하여 특별한 집단이라고 할 수 있는지도 의문시된다. 난시청 지역에 사는 사람(객관적 시청불능사유)뿐만 아니라 선호도에 따라 KBS 방송을 시청하기를 원하지 않는 사람(주관적 시청불능사유)에 대하여 텔레비전 수상기를 소지하였다는 이유만으로 매달 정액의 수신료를 부과하는 것은 수신료의 법적 성질이 특별부담금이라는 이유로 정당화되기 어렵다.

(3) 검토의견

따라서 여기서는 부담금을 특별부담금에 속한다고 하기 전에 다른 종류의 공과금에 속하는지를 먼저 고려할 필요가 있다고 본다. 먼저 조세인지가 문제인데, 조세의 경우에는 조세법률주의가 적용되고 있으며, 국가 또는 지방자치단체가 일반적으로 국가재정수입을 위하여 반대급부 없이 징수하는 금전이므로 특정 공익사업인 공영방송사업에 충당하는 재원으로 사용하기 때문에 수신료를 조세로 보는 것은 다소 무리라고 보인다. 체납처분이라든가 가산금제도가 있다고 해

한국방송공사의 이사회가 심의·결정하고, 한국방송공사가 공보처장관(현행 문화관광부장관)의 승인을 얻어 부과·징수하며(같은 법 제35조), 텔레비전의 등록을 하지 아니하거나 수신료를 연체한 자에 대해서는 한국방송공사가 추징금 또는 가산금을 징수하며, 이를 체납한 자에 대해서는 국세체납처분의 예에 따라 징수할 수 있다(같은 법 제37조)고 규정되어 있는바, 위 각 규정에 비추어 보면 수신료는 공영방송사업이라는 특정한 공익사업의 경비조달에 충당하기 위하여 수상기를 소지한 특정 집단에 대하여 부과되는 특별부담금에 해당한다고 할 것이므로, 이를 한국방송공사의 서비스에 대한 대가로서 지불하는 수수료로 볼 수는 없고, 따라서 한국방송공사가 제공하는 방송 중 수신료 수입에만 의하여 이루어지는 방송은 광고방송과 관련성이 인정되는 등 대가관계를 인정할 수 있는 다른 특별한 사정이 없는 이상 일반 시청자에 대한 관계에서 무상용역의 공급에 해당한다고 볼 것이므로 이는 구 부가가치세법(1995. 12. 29. 법률 제5032호로 개정되기 전의 것) 제7조 제3항의 부가가치세 비과세대상이라 할 것이고, 이를 사업상 영위하는 방송업 또한 부가가치세 과세사업에 해당한다고 볼 수 없는 반면, 같은 법 제12조 제1항 제7호가 방송은 부가가치세 면세대상으로 규정하면서도 광고는 여기서 제외하고 있으므로 광고료 수입에 의하여 이루어지는 광고방송은 부가가치세 과세대상에 해당하고, 이를 사업상 영위하는 광고업 또한 부가가치세 과세사업에 해당한다.

서 조세로 파악할 것은 아니다. 만약에 이를 조세로 본다면 이를 감면하는 경우를 현행처럼 방송법 시행령 제44조에서 규정할 것이 아니라 마땅히 법률에서 정하여야 할 중요한 사항인 것이다. 수신료가 준조세로서 조세와 유사한 성격이 있다고 점을 부인할 수 없으나, 그렇다고 하여 수신료를 조세에 해당한다거나 실질적 조세라고 보아 조세법률주의가 적용된다는 것은 논리비약이라고 할 것이다.

한편, 텔레비전 방송수신료가 수수료인가의 문제인데, 행정수수료와 이용수수료의 어느 경우에도 해당하지 않는다고 보인다. 실제 케이블 텔레비전의 경우처럼 텔레비전 이용료를 낼 경우라면 수수료라고 볼 수 있지만, 단지 텔레비전 수상기를 소지한 자에게 수신료가 부과되므로 수수료나 사용료의 성격이 부인된다고 할 것이다. 다만, 인적 공용부담의 경우에는 수익자, 원인자, 손상자 부담금으로 구분하고 있으나, 이는 위와 같은 세 가지 경우에만 한정되는 것이 아니고, 공영방송의 재원확보를 위해 인정되는 영조물법인의 텔레비전의 정보이용에 수반된 기본요금적 성격의 부담금으로 보인다. 독일 연방헌법재판소는 방송수신료를 공영방송 프로그램을 수신하는지에 관계없이 공영방송을 발전시키기 위한 모든 방송시청자의 의무부담금(Pflichtbeitrag) 성격을 지니는 독특한 성격의 부담금이라고 보고 있는 점도 참조할 필요가 있다. 우리의 경우에도 인적 공용부담 중에 수익자 부담금(잠재적 사용료인 기본요금과 부담금이 결합된 형태)으로 볼 여지가 있으며, 이러한 관점을 견지한다면, KBS를 시청하지 않거나, 난시청지역에 있는 경우에는 잠재적 이용가능성만 있을 뿐 수익이 없게 되지만 다른 방송 수신 가능성이 있으므로 수상기를 소지하고 실제로 수신하였는지 불문하고, 수신료를 납부하여야 하는 것으로 이론을 구성하는 것이 더욱 바람직한 측면이 있다고 할 것이다. 따라서 수신료를 특별부담금이나 조세의 일종으로 보는 것은 적절하지 않다고 본다. 한편, 참고적으로 일본의 NHK의 수신료는 공공사업체의 운영을 위하여 지불하는 특수한 부담금이라고 보면서 서비스의 대가도 세금도 아니라고 보고 있다.[37]

결국 수신료의 법적 성질을 국가 또는 지방자치단체가 아닌 방송의 공적 특성에 입각해 영조물 법인인 한국방송공사가 부담금관리기본법의 적용을 받지 않는 독자적 영역에서 부과하는 인적 공용부담의 일종인 수익자 부담금이라고 보는

---

37) 長谷部恭男, 公共放送と受信料, 法學教室, 2005, No 303, 25面.

것이 특별부담금으로 무리하게 논증하는 것보다 더 나은 결과를 가져올 수 있다고 본다. 특별부담금으로 볼 경우에는 수상기의 소지자임에도 방송법 시행령 제44조에서 규율하고 있는 바와 같이 지나치게 많은 대상에게 감면혜택을 주는 것이 이례적이고, 적어도 조세와 유사한 측면이 있기 때문에 대통령령에 위임하여 정할 것이 아니라 법률에서 감면범위에 관한 사항을 규율해야 할 것이다.

V. 방송법상 수신료 통합 징수를 둘러싼 법적 문제

1. 위탁의 정당성 문제

방송법 제67조 제1항에서 "공사는 제66조의 규정에 의한 수신료의 징수업무를 시·도지사에게 위탁할 수 있다"고 규정하고 있으며, 동조 제2항에서 "공사는 수상기의 생산자·판매인·수입판매인 또는 공사가 지정하는 자에게 수상기의 등록업무 및 수신료의 징수업무를 위탁할 수 있다"고 되어 있으며, 동조 제3항에서 "공사가 제1항 및 제2항의 규정에 의하여 수신료 징수업무를 위탁한 경우에는 대통령령이 정하는 바에 따라 수수료를 지급하여야 한다"고 규정하고 있다. 그 위탁에 관하여는 대통령령에 분명히 제시되어야 하는데, 방송법 시행령에서는 제38조 제3항에서 "공사 또는 법 제67조 제2항의 규정에 의하여 공사가 지정하는 자로서 등록업무 및 징수업무를 위탁받은 자(이하 '지정받은 자'라 한다)는 제1항의 규정에 의한 등록을 하지 아니한 수상기 소지자에 대하여 등록을 권고할 수 있다."고 되어 있고, 동법 시행령 제43조 제2항에서 지정받은 자가 수신료를 징수하는 때에는 지정받은 자의 고유업무와 관련된 고지행위와 결합하여 이를 행할 수 있다고 규정하고 있어, 방송법 시행령이나 행정권한의 위임 및 위탁에 관한규정에 명확히 근거조항이 명시되지 않아, 과연 법적으로 수탁자인 한국전력공사가 수상기 등록 및 수신료징수업무를 행하는 권한이 있는지에 대한 의문이 제기된다.[38]

---

38) 최근의 서울행정법원 2006. 9. 5. 선고 2005구합27390 판결에서 방송법 시행령 제43조 제2항이 모법의 위임이 없거나 위임의 한계를 일탈해 무효임을 전제로 TV수신료 부과처분이 위법하다는 원고 측의 주장이 이유없다고 판시하면서, 다음과 같은 이유를 제시하고 있다. 방송법 제67조 제2항은 지정을 받은 수탁자의 수신료징수권한과 수탁자가 자신의 재량에 의하여 수신료를 징수하는 방법까지 함께 위임한 취지로 못 볼 바 아니라고 판시하면서, 설사 방송법 제67조 제2항이 방송법 시행령 제43조 제2항의 위임근거로 볼 수 없다고 할지라도 지정을 받은 수탁자가 수신료를 징수할 권한을 적법하게 위탁받은 이상 수탁자가 수신료를 징수하는 방법으로 비용절감과 업무처리의 효율성 제고를 위해 고유업무와 관련

한편, 한국전력공사가 수신료 징수사업을 할 수 있는가와 관련하여 한국전력공사법 제13조 제8호에서 '그 밖에 정부로부터 위탁받은 사업'을 할 수 있도록 되어 있으나, 한국방송공사는 정부로 볼 수 없으므로 한국전력공사가 등록업무와 징수업무를 영조물법인인 한국방송공사로부터 수탁받아 처리하는 것은 한국전력공사법 규정취지에 비추어 다소 법적으로 문제가 있다고 할 것이므로 좀더 조속히 관계 법령을 정비할 필요가 있다. 방송법 제43조 제2항에 비추어 수신료를 징수할 때 한국전력공사를 통하여 한꺼번에 병기 고지되고 있는 현행 통합징수방식이 수탁자인 한국전력공사의 징수방법상의 재량[39]이라고 볼 여지도 있으나, 앞서도 지적한 바와 같이 위임의 근거조항이 상위법률인 방송법 제67조의 규정으로 족한 것인지에 대하여는 다소 의문이 제기될 수 있다. 실제 징수방법에 있어 전기료와 수신료를 분리하지 않고 심지어 아파트의 경우에는 아파트 관리비에 포함되어 통합고지되므로 수신료만 분리하여 납부하지 않으려고 해도 용이하지 않고(전기료와 수신료의 분리납부신청을 한 후 이를 거부한 경우에 거부처분의 위법을 다툴 여지는 있으나 번거롭다) 이를 납부하지 않았다는 이유로 단전조치가 내려지는 등 제도운영상에 문제점이 있는 것으로 지적되고 있다. 아울러 한국전력공사에 지불하는 징수에 따른 수수료도 6.15퍼센트에 달하는 등 수수료로 지불하는 금액도 적지 않기 때문에 문제가 있는 것으로 평가되고 있다.

2. 부당결부금지원칙 위반 여부

방송법 제64조에서는 "텔레비전 방송을 수신하기 위하여 텔레비전 수상기를 소지하고 있는 자는 대통령령이 정하는 바에 따라 한국방송공사에 그 수상기를 등록하고 텔레비전 방송수신료를 납부하여야 한다. 다만, 대통령령이 정하는 수상기에 대하여는 그 등록을 면제하거나 수신료의 전부 또는 일부를 감면할 수 있

된 고지행위와 결합하여 행할 것인지 아니면 이를 분리하여 행할 것인지는 수탁자의 재량에 의하여 선택할 수 있는 사항이라고 할 것이므로 방송법 시행령 제43조 제2항은 당연한 사항을 규정한 것에 불과하다고 할 것이어서 모법의 위임 없이 시행령에서 정하였다고 하여 그 자체로서 바로 모법위반이라고 할 수 없다고 판시하였는바, 행정권한과 책임소재를 명확히 하기 위해 위임과 위탁의 법리에 비추어 모법의 명시적인 근거가 있어야 할 것으로 사료되고, 적법하게 위탁을 받은 범위 내에서 재량이 부여되는 것은 몰라도, 재량이 부여되기 때문에 위임의 근거가 없어도 무방하다는 판시는 좀 더 깊은 검토가 필요하다.

39) 위 사건에서 서울행정법원은 TV수신료와 전기요금을 고지서 한 장에 부과한 것이 잘못이 아니라는 취지의 판결을 하였다. 리걸타임즈 2006. 9. 14.자 기사 참조.

다."고 규정하고 있고, 동법 제67조 제2항에서는 "한국방송공사는 수상기의 생산
자 판매인 수입판매인 또는 한국방송공사가 지정하는 자에게 수상기의등록업무
및 수신료의 징수업무를 위탁할 수 있다."고 규정하고 있다. 이에 기초하여 한국
전력공사는 한국방송공사와의 계약을 통하여 수신료 징수업무를 위탁받고, 방송
법 시행령 제43조 제2항에서 "지정을 받은 자가 수신료를 징수하는 때에는 지정
받은 자의 고유업무와 관련된 고지행위와 결합하여 이를 행할 수 있다."는 규정
과, 한국전력공사의 전기공급약관 제82조에서 "수신료를 전기요금에 병기고지할
수 있다."는 규정을 근거로 하여, 텔레비전 수상기[40]를 소지하고 있는 자에게 전
기요금과 함께 매월 2,500원의 수신료를 징수하고 있다.

한편, 한국전력공사의 전기공급약관 제15조, 제45조 등에서는, 고객이 수신
료 등 전기요금 이외에 피고에 납부해야 할 금액을 지정한 날까지 납부하지 않을
경우에는 공급정지 7일 전까지 미리 알린 후 고객에 대한 전기공급을 즉시 정지
하고, 정지일로부터 10일 이내에 그 사유를 해소하지 않을 경우에는 전기사용계
약을 해지할 수 있도록 규정하고 있으므로, 이와 같은 규정이 부당결부금지의 원
칙에 위반되는지가 문제된다.

먼저 한국전력공사의 전기수수료 징수와 수신료 부과를 동시에 하는 것이
부당결부금지의 원칙에 위반되는지 문제될 수 있는데, 부당결부금지원칙은 행정
기관이 행정권을 행사함에 있어서 그것과 실체적 관련이 없는 반대급부를 결부시
켜서는 안 된다는 행정법의 법의 일반원칙으로 주로 행정행위의 반대급부로서 요
구하는 것이 실질적 관련성이 없는 경우에 적용된다. 따라서 한국전력공사의 전
기수수료 징수는 행정처분이 아닌데, 성질이 다른 행정처분의 부과를 동시에 하
는 것이 되고, 아울러 실체적인 차원에서 관련성이 있는 것이 아니라 집행절차상
의 결부이므로 부당결부금지의 원칙에 위반된다고 보기 어려운 측면이 있다.

다만, 수신료의 미납을 이유로 하여 전기공급을 중단하는 것은 단전조치가
권력적 사실행위에 해당한다고 볼 때 실체적 관련성이 없는 사항을 결부한 것이
므로 부당결부금지의 원칙에 위반된다고 볼 것이다.

---

40) 텔레비전 수상기의 용도별로 주택 등에 설치된 가정용 수상기, 사무실, 영업장소 등에 설
치한 일반용 수상기로 구분하여 한국전력공사가 징수하고, 아파트의 경우에는 주택법 시
행령 제55조, 제58조 제2항에 의하여 아파트 관리사무소가 징수대행을 하고 있어 아파트
관리비에 수신료가 통합하여 고지되고 있다.

부당결부금지의 원칙은 수신료의 미납과 전기공급의 중단이라고 하는 점에서 이는 실질적 관련성이 없는 것을 결부한 것으로 그 원칙에 위반될 수 있다고 보인다.[41] 적어도 부당결부금지의 원칙이 헌법적 효력을 갖는 법원칙이 아니고 법률적 효력을 갖는 법원칙[42]이라면 방송법에서 이를 규율하여야 정당화된다고 할 것이다. 다만, 종전에 부당결부금지의 원칙에 위반된다고 지적되어 왔던, 건축법위반을 이유로 전기, 전화, 수도, 도시가스 등의 공급중단요청에 관한 건축법 제69조 제2항의 규정에 대하여 계속 위헌 시비가 있던 차에 2005. 11. 8. 건축법을 개정하면서 삭제한 점을 참고할 필요가 있다.

VI. 맺음말

앞서 살펴본 바와 같이 한국방송공사 수신료관련 헌법재판소 결정은 많은 미해결의 논의거리를 공법학에 던지고 있다. 의회유보의 관점에 초점을 맞추어 헌법재판소의 방송수신료 결정의 의미를 반추해 보면, 헌법재판소는 수신료의 금액이나 납부대상자가 무엇보다 본질적인 중요한 사항이라고 하였을 뿐만 아니라 수신료의 징수절차 역시 본질적인 중요한 사항에 해당한다고 판시한 바 있다. 그런데 부담금관리기본법 제4조에서는 "부담금부과의 근거가 되는 법률에는 부담금의 부과 및 징수주체, 설치목적, 부과요건, 산정기준, 산정방법, 부과요율 등(이하 "부과요건등"이라 한다)이 구체적이고 명확하게 규정되어야 한다. 다만, 부과요건등의 세부적인 내용은 해당 법률에서 구체적으로 범위를 정하여 위임한 바에 따라 대통령령·총리령·부령 또는 조례·규칙으로 정할 수 있다."고 규정하고 있는 점에 비추어 볼 때 징수주체나 징수절차에 관한 사항은 반드시 의회가 법률로 정해야 하는 위임이 금지되는 본질적인 사항에 속한다고 볼 수도 있고, 위임이 가능한 사항이라고 할 수도 있다. 만약에 징수에 관한사항이 본질적인 사항이 아니어서 행정부에 위임하여 정할 수 있는 사항이라고 할 경우에는 과연 법령상으로 징수권의 위탁에 있어 법령상의 근거가 충족되었는가, 또한 부과의 요건을 충족되었다고 할지라도 이를 통합 고지하는 것이 적절한지 계속해서 검토

---

41) 박선영, 앞의 논문, 423면. 박 교수는 만약에 수신료 미납을 이유로 전기공급을 중단하면 한국전력공사를 상대로 채무불이행에 기한 손해배상책임을 물을 수 있다고 주장한다.
42) 박균성, 행정법강의, 2006, 49면.

를 요한다.

한편으로는 의회유보를 중요하고 본질적인 사항은 의회에서 법률로 반드시 정하라는 것은 현재 우리나라의 의회의 역량과 전문성에 비추어 다소 한계가 있다고 볼 수 있다. 따라서 이 부분도 신축적으로 적용하여 본질적인 사항 일체를 위임하는 것이 금지된다고 하기보다는 의회에서 다루어야 할 정도로 공동체의 이해관계가 밀접한 매우 본질적인 것과 위임이 가능한 비교적 덜 본질적인 것으로 나눌 수 있다고 파악할 수 있고, 규율형식에 있어서도, 공동체에 중요한 사항이라고 할지라도 기본권 실현과 관련되는 중요한 사항은 의회의 법률로 정해야 하지만, 정치적 논쟁이 큰 사항은 의회의 단순한 의결에 의해서도 의회유보가 충족하는 것으로 이해할 필요가 있다. 독일의 경우에 의회유보를 위임금지가 농축된 것으로 보는 견해를 넘어서서 연방군대의 해외파병과 관련한 독일 연방헌법재판소 결정[43](AWACS사건)에는 의회의 법률이 아니라 사전적 구성적 동의를 필요로 하는 문제를 의회유보의 하나의 범주로 설정하였다는 점을 주목할 필요가 있다.

우리의 경우에도 의회유보는 본질성설과 밀접하게 연결되어 있으나, 법규명령의 제정을 둘러싸고 포괄적 위임금지와 관련하여 의회와 행정부 간의 기능상의 한계를 설정해 주는 장점이 있으며, 국정의 중심이 의회에서 이루어지는 의회민주주의를 충족하는 장점이 있다.

그러나 이 사건 결정의 경우에는 위임금지와 관련된 영역이 아니라 헌법해석을 통하여 입법자가 수신료의 금액을 법률에서 명확하게 직접 규율하여야 할 영역으로 본 사안인데, 전통적인 하위법령으로의 위임금지를 내용으로 하는 의회유보원칙이 적용되는 사안과는 다르고, 아울러 방송법에서도 수신료의 금액을 직접 정하지 아니하고 국회의 승인이라고 하는 관여방식으로 한 경우이므로 과연 현행 방송법이 의회유보의 원칙을 충족한 것으로 볼 것인지 논란이 야기되므로 좀 더 깊은 논의가 필요하다고 할 것이다. 끝으로 수신료 징수업무를 지정받은 자인 한국전력공사가 자신의 업무인 전기요금과 통합하여 부과하는 것은 바람직하지 못하고, 더구나 수신료의 6.15퍼센트나 되는 적지 않은 비용이 수신료에서 한국전력공사에 징수에 대한 대가로서 수수료 명목으로 나가고 있어, 시청자가 직접 한국방송공사에 납부하는 경우에는 할인혜택을 주는 분리 납부정책을 펼쳐

---

43) BVerfGE 90, 286.

나가는 것이 텔레비전방송 수신료 부과·징수를 둘러싼 각종 위법성시비를 불식시킬 수 있고 자발적인 협조체제를 마련한다는 점에서 바람직한 입법정책적 방향이라고 할 것이다.

[참고문헌]

고민수, "한국방송공사(KBS)의 법적 지위에 관한 고찰", 방송문화연구, 18권, 2006,

김도창, 일반행정법론(하) 1993.

김용섭, "법치행정의 원리에 관한 재검토", 경희법학, 제33권 제1호, 1998.

김용섭, "급부행정의 법률유보에 관한 연구", 법제, 제9호, 1995.

김용섭, "한국법치행정의 재조명", 제1회 한국법학자대회논문집, 1988.

김용섭, "행정입법에 대한 의회통제의 문제점 및 개선방안", 행정법연구, 12호, 2004.

김철용, 행정법 Ⅱ.

박균성, 행정법강의, 2006.

박선영, "TV수신료의 법적 성격과 공영방송재원조달에 관한 연구", 서울대학교 법학, 제43권 제1호.

박윤흔, 최신행정법강의(하), 2001.

서원우, 법률유보이론의 새로운 동향, 전환기의 행정법이론, 1997.

이광윤, 김민호, 행정법강의 Ⅰ, 제2판.

이명웅, 입법원칙으로서의 법률유보, 의회유보, 비례원칙, 법제, 2004. 11.

임 현, "지방자치단체의 공공시설 이용의 제공과 주민의 사용료 납부의무, 지방자치법 연구", 제2권 제1호, 2002.

홍준형, 행정법총론, 4판, 2001.

長谷部恭男, 公共放送と受信料, 法學敎室, 2005, No 303, 25面.

Amdt, Grundzuge des Allgemeinen Steuerrechts, 1988.

Andt, Grundzuge des Allgemeinen Steuerrechts, 1988.

H. P. Bull, Allgemeines Verwaltungsrecht, 2000.

3. 부당결부금지의 원칙과 부관[*]

― 대상판결: 대법원 2009. 2. 12. 선고 2005다65500 판결 ―

[사실관계와 판결요지]

Ⅰ. 사실관계

1. 당사자의 지위

원고는 한국도로공사이고, 피고는 주식회사 대한송유관공사로, 원고는 고속국도와 그 접도구역의 관리 및 유지를 담당하는 관리청이며, 피고는 송유관의 건설, 유지보수, 관리 등을 주요 목적으로 하는 주식회사이다.

2. 협약의 내용

원고는 송유관매설허가를 하기에 앞서, 1991. 10. 8. 피고와의 사이에 협약을 체결하였다. 협약상의 중요내용인 송유관 시설의 이설 및 비용부담에 관하여는 "고속국도의 유지관리 및 도로확장 등의 사유로 도로부지 및 접도구역에 매설한 송유시설의 전부 또는 일부의 이설이 불가피할 경우에는 원고는 피고에게 송유관 시설의 이전을 요구할 수 있고 그로 인하여 발생하는 이설비용은 피고가 부담한

---

[*] 이 논문은 2010. 11. 12. 개최된 한국행정판례연구회 제256차 월례발표회에서 주제발표를 한 후 2010년 12월에 발간된 행정판례연구 제15권 제2호에 수록한 필자의 논문 일부를 수정·보완한 것입니다.

다."로 되어 있다. 원고는 피고와의 사전약정을 한 후에 부관의 일종인 부담을 붙이면서 1992. 5. 18. 원고는 피고에게 도로점용 및 접도구역내 공작물설치 허가를 하였다. 그리고 허가조건 중의 하나로 "피고가 이 사건 협약을 위반하였을 때에는 원고가 임의로 허가를 취소할 수 있다."는 조항을 부가하였다.

3. 피고의 송유관 매설과 도로법시행규칙의 개정

이에 피고는 송유관 매설에 착공하여 1995. 3. 31. 매설을 완료하였으며, 매설완료 전인 1994. 2. 1. 접도구역에는 관리청의 허가 없이 송유관을 매설할 수 있도록 하는 내용의 도로법시행규칙이 개정되었다.

4. 송유관 이설의 불가피성과 비용부담의 주체를 놓고 갈등

1997년 초순경 원고는 경부고속도로의 일부구간의 확장공사를 하게 되어 피고가 설치한 그 구간 내 도로 및 접도구역에 매설되어 있던 송유관의 이설이 불가피하게 되었으며, 원고와 피고의 실무자들은 1997. 6. 18. 송유관 이설비용 부담주체 문제를 논의하기 위한 회의를 갖고 위 도로확장 구간 중 도로부지 및 접도구역 내의 송유관 이설비용은 피고가 부담한다는 원칙을 재확인하였다.

5. 피고의 협약변경 요구 및 법원의 결정에 따르기로 잠정합의

2000. 2. 24. 피고는 건설교통부의 접도구역관리지침에서 보상비청구포기서 징구에 관한 부분이 삭제되었다는 것을 이유로 하여 원고에게 "위 지침이 개정되어 이 사건 협약 중 접도구역 내 송유관 이설비용을 피고가 부담키로 한 조항의 근거규정이 소멸되었으므로 이 사건 협약도 변경되어야 한다"는 뜻을 통보하였다. 이에 대한 협의가 결렬되자 원고는 도로 확장공사의 일정 때문에 일단 자기비용으로 송유관 이설 공사를 시행하기로 하였고, 송유관 이설비용에 관한 법원 등의 제3자의 판단이 나올 때까지 우선 원고가 부담하는 것을 내용으로 하는 송유관 이설공사에 관한 협약을 체결하여, 원고가 이설 공사비 전액을 피고에게 납입한 후 피고가 이설공사를 시행하기로 약정하였다.

6. 공사비 지급내역

이에 따라 피고는 이 사건 공사구간의 접도구역에 매설되어 있던 송유관을 이설하는 공사를 시행하여 2001. 12. 28. 공사를 완료하였으며, 원고는 피고에게 위 공사에 따른 비용으로 2001. 8. 16. 333,440,000원, 2002. 2. 22. 188,938,000원 등 합계 522,378,000(= 333,440,000 + 188,938,000)원을 지급하였다.

Ⅱ. 소송진행 경과와 원심의 판단

1. 원고가 피고를 상대로 민사소송을 제기하여 송유관이설 공사에 대해 지급한 522,378,000원 및 지연손해금의 지급을 구한 데 대하여, 1심 법원은 "도로법 시행규칙의 개정으로 인하여 접도구역에 송유관을 설치하는 행위가 관리청의 허가를 요하는 행위에서 허가를 요하지 않는 행위로 변경되었다고 하더라도, 이는 접도구역 내에 송유관 설치시 관리청의 허가를 요하는지 여부에 관한 규정이 개정된 것뿐이고, 이 사건과 같은 송유관 이설공사의 비용부담에 관한 문제는 위와 같은 허가의 요부와는 무관한 별개의 문제라 할 것이며, 또 피고와 같은 사업자의 경우 도로 및 접도구역에 송유관을 매설할 수 있다는 것 자체가 큰 이익이어서 도로 확장 등 국가 계획에 의하여 필요한 경우에는 자신의 부담으로 지체 없이 송유관을 이설한다는 조건 아래에서도 접도구역 내에 송유관 매설을 희망하는 경우가 많을 것이라는 점에 비추어 볼 때, 위 규칙 및 지침의 개정은 이 사건 협약의 효력에 아무런 영향을 주지 않는다 할 것이라고 하여 피고는 원고에게 이 사건 협약에 따라 이 사건 송유관 이설비용을 지급할 의무가 있다"고 판시하였다.

2. 한편 원심은 "이 사건 협약은 그 성질상 허가에 붙일 부관안(附款案)에 대한 협약이라 보아야 할 것이고, 이 사건 허가는 도로부지에 관한 부분과 접도구역에 관한 부분으로 나뉘어서 효력을 달리 할 수 있는 허가가 아니라 그 전체가 효력을 같이 하는 일체불가분의 허가라고 봄이 타당하므로 이와 같은 이 사건 송유관 매설사업의 특성상 이 사건 허가 및 그에 부가된 이 사건 협약의 전부 또는 일부의 효력이 상실되었다고는 볼 수 없을 것이어서, 이 사건 협약은 위 시행규칙 개정 이후에도 그 효력을 유지하게 되었다고 보아 이설비용은 피고가 부담하여야 한다."고 판시하였다. 나아가, "피고가 다소 불리한 지위에 있음은 부정할 수 없으나, 이 사건 협약이 체결되고 이 협약이 이 사건 허가의 조건으로 편입될 당시에는 접도구역에 송유관을 매설하는 행위가 원고의 허가를 받아야 하는 행위에 속하였는데 그 후의 사정변경으로 인하여 허가를 요하지 않는 행위로 되었을 뿐

이어서, 이 사건 협약 자체를 부당결부금지의 원칙에 반한다고 볼 수 없는 것"으로 보았다.

Ⅲ. 대법원판결의 요지

1. 수익적 행정처분에 있어서는 법령에 특별한 근거규정이 없다고 하더라도 그 부관으로서 부담을 붙일 수 있고, 그와 같은 부담은 행정청이 행정처분을 하면서 일방적으로 부가할 수도 있지만 부담을 부가하기 이전에 상대방과 협의하여 부담의 내용을 협약의 형식으로 미리 정한 다음 행정처분을 하면서 이를 부가할 수도 있다.

2. 행정청이 수익적 행정처분을 하면서 부가한 부담의 위법 여부는 처분 당시 법령을 기준으로 판단하여야 하고, 부담이 처분 당시 법령을 기준으로 적법하다면 처분 후 부담의 전제가 된 주된 행정처분의 근거 법령이 개정됨으로써 행정청이 더 이상 부관을 붙일 수 없게 되었다 하더라도 곧바로 위법하게 되거나 그 효력이 소멸하게 되는 것은 아니다. 따라서 행정처분의 상대방이 수익적 행정처분을 얻기 위하여 행정청과 사이에 행정처분에 부가할 부담에 관한 협약을 체결하고 행정청이 수익적 행정처분을 하면서 협약상의 의무를 부담으로 부가하였으나 부담의 전제가 된 주된 행정처분의 근거 법령이 개정됨으로써 행정청이 더 이상 부관을 붙일 수 없게 된 경우에도 곧바로 협약의 효력이 소멸하는 것은 아니다.

3. 부당결부금지의 원칙이란 행정주체가 행정작용을 함에 있어서 상대방에게 이와 실질적인 관련이 없는 의무를 부과하거나 그 이행을 강제하여서는 아니 된다는 원칙을 말한다.

4. 고속국도 관리청이 고속도로 부지와 접도구역에 송유관 매설을 허가하면서 상대방과 체결한 협약에 따라 송유관 시설을 이전하게 될 경우, 그 비용을 상대방에게 부담하도록 하였고, 그 후 도로법 시행규칙이 개정되어 접도구역에는 관리청의 허가 없이도 송유관을 매설할 수 있게 된 사안에서, 위 협약이 효력을 상실하지 않을 뿐만 아니라 위 협약에 포함된 부관이 부당결부금지의 원칙에도 반하지 않는다.

Ⅳ. 관련판례

1. 대법원 1997. 3. 11. 선고 96다49650 판결[소유권이전등기말소]

(1) 민법 제104조가 규정하는 현저히 공정을 잃은 법률행위라 함은 자기의 급부에 비하여 현저하게 균형을 잃은 반대급부를 하게 하여 부당한 재산적 이익을 얻는 행위를 의미하는 것이므로, 기부행위와 같이 아무런 대가관계 없이 당사자 일방이 상대방에게 일방적인 급부를 하는 법률행위는 그 공정성 여부를 논의할 수 있는 성질의 법률행위가 아니다.

(2) 수익적 행정행위에 있어서는 법령에 특별한 근거규정이 없다고 하더라도 그 부관으로서 부담을 붙일 수 있으나, 그러한 부담은 비례의 원칙, 부당결부금지의 원칙에 위반되지 않아야만 적법하다.

(3) 지방자치단체장이 사업자에게 주택사업계획승인을 하면서 그 주택사업과는 아무런 관련이 없는 토지를 기부채납하도록 하는 부관을 주택사업계획승인에 붙인 경우, 그 부관은 부당결부금지의 원칙에 위반되어 위법하지만, 지방자치단체장이 승인한 사업자의 주택사업계획은 상당히 큰 규모의 사업임에 반하여, 사업자가 기부채납한 토지 가액은 그 100분의 1 상당의 금액에 불과한데다가, 사업자가 그동안 그 부관에 대하여 아무런 이의를 제기하지 아니하다가 지방자치단체장이 업무착오로 기부채납한 토지에 대하여 보상협조요청서를 보내자 그 때서야 비로소 부관의 하자를 들고 나온 사정에 비추어 볼 때 부관의 하자가 중대하고 명백하여 당연무효라고는 볼 수 없다.

2. 대법원 2009. 12. 10. 선고 2007다63966 판결[약정금]

(1) 구 기부금품모집금지법(1995. 12. 30. 법률 제5126호 기부금품모집규제법으로 전부 개정되기 전의 것) 제4조는 공무원은 여하한 명목의 기부금도 모집할 수 없다고 규정하고 있고, 1995. 12. 30. 전부 개정된 구 기부금품모집규제법(2006. 3. 24. 법률 제7908호 기부금품의 모집 및 사용에 관한 법률로 개정되기 전의 것) 제5조도 국가 또는 지방자치단체 및 그 소속기관과 공무원은 기부금품의 모집을 할 수 없고, 비록 자발적으로 기탁하는 금품이라도 원칙적으로 이를 접수할 수 없다고 규정하고 있는데, 이러한 규정들은 기부행위가 공무원의 직무와 사이에 외관상 대가관

계가 없는 것으로 보이더라도 사실상 공권력의 영향력에 의한 것이거나 또는 그러한 의심을 자아내는 경우가 있음을 경계하여 직무 관련 여부를 묻지 아니하고 이를 금지함으로써 공무의 순수성과 염결성이 훼손되지 않도록 함에 그 취지가 있는바, 하물며 직무와 사이에 대가관계가 인정되는 기부행위라면 이는 결코 허용되어서는 아니 된다.

(2) 공무원이 인·허가 등 수익적 행정처분을 하면서 상대방에게 그 처분과 관련하여 이른바 부관으로서 부담을 붙일 수 있다 하더라도, 그러한 부담은 법치주의와 사유재산 존중, 조세법률주의 등 헌법의 기본원리에 비추어 비례의 원칙이나 부당결부의 원칙에 위반되지 않아야만 적법한 것인바, 행정처분과 부관 사이에 실제적 관련성이 있다고 볼 수 없는 경우 공무원이 위와 같은 공법상의 제한을 회피할 목적으로 행정처분의 상대방과 사이에 사법상 계약을 체결하는 형식을 취하였다면 이는 법치행정의 원리에 반하는 것으로서 위법하다.

(3) 지방자치단체가 골프장사업계획승인과 관련하여 사업자로부터 기부금을 지급받기로 한 증여계약은 공무수행과 결부된 금전적 대가로서 그 조건이나 동기가 사회질서에 반하므로 민법 제103조에 의해 무효라고 본다.

3. 대법원 2007. 12. 28. 선고 2005다72300 판결[부당이득금반환]

원심이 확정한 사실관계에 의하면, 용인시장은 1999. 12. 30. 구 주택건설촉진법(2002. 2. 4. 법률 제6655호로 개정되기 전의 것) 제33조에 따라 원고에게 주택건설사업계획의 승인을 하면서 "경전철 분담금 부과시 이를 사용검사 전까지 납부할 것"이라는 승인조건(이하 '이 사건 승인조건'이라 한다)을 부가하였고, 이후 이 승인조건에 근거하여 이 사건 분담금을 부과하였다는 것인바, 위 법규정에 의한 주택건설사업계획의 승인은 행정청의 재량행위에 속하므로 법령상의 근거 없이도 부관을 붙일 수 있는 것이고(대법원 1997. 3. 14. 선고 96누16698 판결; 대법원 2006. 9. 22. 선고 2004두13325 판결 등 참조), 또 피고의 경전철 사업은 피고 시내에서 시행되는 주택건설사업 등으로 교통수요가 급증함에 따라 이에 효과적으로 대처하고 장기적으로 쾌적한 도시교통체계를 구축하기 위해 피고가 1995.경부터 추진해오던 사업으로서, 피고 시에서 이 사건 주택건설사업을 시행하는 원고로서는 위와 같은 경전철 사업에 대한 원인자에 해당한다 할 것이므로, 이 사건 승인조건이 원고의 주택건설사업과 무관하여 부당결부금지원칙에 위배되는 것이라고 볼 수는 없다.

원심이 이와 같은 취지에서, 이 사건 승인조건에 근거하여 부과된 이 사건 분담금 중 경전철 분담금의 부과가 적법하다고 판단한 것은 옳고, 그와 같은 판단에는 이 사건 승인조건 역시 적법하다는 판단도 포함되어 있다고 못 볼 바 아니므로, 원심판결에 상고이유로 주장하는 바와 같은 심리미진이나 판단유탈 혹은 판결 이유를 명시하지 않은 위법 등이 있다고 할 수 없다.

[판례연구]

I. 논의의 출발점

행정행위의 부관은 주된 행정행위에 그 성립과 효력이 의존되는 부수적인 규율로서, 탄력적인 행정을 통한 공익실현의 과제를 수행하는 반면에 상대방에게 권리나 이익을 부여하는 수익적 결정을 기화로 상대방에게 부관을 붙임으로써 불이익을 초래하는 현상이 나타나기도 한다.[1] 이처럼 부관은 행정청이 전면적인 거부를 할 것을 부관을 붙여 제한적으로 허용한다는 점에서 신축성 있는 행정을 가능케 하며, 공익 또는 제3자의 보호에도 긍정적인 기능을 수행한다.[2] 반면에 부관이 반대급부 획득수단으로 부담을 붙여 행정청의 편의에 흐르게 되어 상대방의 불이익을 초래하게 되는 것을 부관의 단점으로 지적하기도 한다.[3]

종래 개발행위와 관련하여 주택건설사업계획승인 등 행정행위에 덧붙여 기부채납 등의 의무를 부담하는 부관이 붙여져 왔으나, 최근에는 개발행위를 함에 있어 행정청과 사인 간에 사전 교섭을 통하여 협약의 형태로 미리 정하고 이에 기초하여 개발행위의 허가를 발하면서 협약을 부관의 내용으로 붙이는 사례들이 늘어나고 있는 추세이다. 기본적으로 이와 같은 현상을 긍정적으로 볼 것인지 문

---

1) 김용섭, "행정행위의 부관에 관한 법리", 행정법연구 제2호, 1998년 상반기, 183면 이하.
2) 김철용, 행정법 I, 박영사, 2010, 239면.
3) 박윤흔, 최신 행정법강의(상), 박영사, 1996, 359면.

제가 제기되는바, 대상판결[4]에서 보는 바와 같이 협약을 사전에 맺고 부관을 붙이는 것이 허용되는 것인지 논란이 있다.

다음으로, 대상판결과 같이 허가를 전제로 하여 협약을 체결하는 방식으로 협약을 준수할 것을 조건으로 허가를 함으로써 협약에서 정한 내용대로 송유시설 이설비용을 지급할 의무를 진다는 내용의 부담을 부가하는 경우에 부담과 협약을 어떻게 법적으로 구성할 것인가를 둘러싸고 논의가 분분하다. 가령, 사전에 협약을 체결하고 부관을 붙인 경우에 이를 부담에 흡수된다고 볼 것인지 혹은 부관의 형식에도 불구하고 이를 부관을 대체하는 공법상 계약으로 보아 법적용을 할 것인지 아니면 부관과 계약이 별개로 공존하고 있는 것으로 이론을 구성하는 것이 적절한 것인지 검토를 요한다.

나아가, 대상판결은 부당결부금지원칙의 개념을 명확히 하고 있는바,[5] 부당결부금지의 원칙의 적용과 관련하여 수익적 행정결정을 발하면서 협약을 체결하고 나서 부담을 붙이는 경우에 법령의 개정이 있을 경우에 부당결부금지원칙의 적용이 있다고 볼 것인지 문제된다. 아울러 협약을 부담과 독립적으로 이해할 것인지, 아니면 부담을 대체하는 것으로 파악할 것인지, 또 그 협약의 성질을 공법상 계약으로 볼 것인지 아니면 사법상 계약으로 볼 것인지에 따라 부당결부금지원칙의 적용이 달라지게 되므로, 부담과 협약의 관계설정이 부당결부금지원칙의 적용을 위해서도 중요하다고 할 것이다.[6]

일반적으로, 부당결부금지의 원칙이 부관의 경우뿐만 아니라 공법상 계약에도 공통적으로 적용되지만, 그것을 부담으로 볼 것인지 아니면 공법상 계약으로

---

4) 이에 관한 평석으로는, 김남진, "대법원의 애매한 행정행위의 附款觀(대법원 2009. 2. 12. 선고 2005다65500 판결)", 법률신문 2010. 7. 13.자 다만, 위 글에서 이 판결에 대하여 기속행위와 재량행위라는 기준을 가지고 부관을 논하는 부분에 대하여는 비판적인 입장이다. 아울러 이광윤, "[2009분야별 주요 판례평석] (8) 행정", 법률신문 2010. 4. 22.자; 김경란, "행정청이 수익적 행정처분을 하면서 사전에 상대방과 체결한 협약상 의무를 부담으로 부가하였는데 부담의 전제가 된 주된 행정처분의 근거법령이 개정되어 부관을 붙일 수 없게된 경우, 위 협약의 효력", 대법원판례해설 제79호, 2009. 12. 695면 이하; 김대인, "계약의 형식으로 된 부관의 법률관계 — 대법원 2009. 2. 12. 선고 2005다65500 판결에 대한 판례평석", 행정법연구, 제26호, 2010, 4; 임성훈, "행정계약에 관한 소송형식", 행정법이론실무학회 제197차 정기학술발표회자료집, 2010. 5. 15.

5) 김용섭, "2009년 행정법 중요판례", 인권과 정의, 통권 403호, 2010. 3, 65-66면.

6) 공법상 계약의 경우에는 부당결부금지의 원칙에 위반된 경우라면 무효가 되는 반면에 부담의 경우에는 부당결부금지의 원칙에 반할 경우에 단순 위법에 그쳐 취소할 수 있는 하자가 있는 경우가 일반적이며, 사법상 계약에서는 부당결부금지원칙의 적용이 없게 된다.

볼 것인지에 따라 근거 법령의 개정에 따른 그 효력 여부가 달리 평가될 수 있기 때문에 부당결부금지원칙이 공법상 계약과 부관의 적용에 있어 차이가 있는데, 이 부분이 부각되고 있지 않고 있어 독일에서의 논의를 중심으로 우리나라의 부당결부금지원칙의 바람직한 방향을 모색하기로 한다.

대상판결과 관련하여 여러 가지 행정법적인 쟁점이 논의될 수 있으나, 여기서는 앞에서 논의한 3가지 사항에 포커스를 맞추어 논의를 전개하기로 한다. 우선 부관을 일방적으로 부가하지 않고 협약을 체결하는 방식의 부관의 부가가 적절한지 여부(Ⅱ)를 고찰하고, 다음으로 이 사건 부담과 협약의 법적 성질(Ⅲ)을 살펴보며, 나아가 부당결부금지원칙의 적용 여부(Ⅳ)와 맺음말(Ⅴ)의 순으로 살펴보기로 한다.

Ⅱ. 부관을 일방적으로 부가하지 않고 협약을 체결하여 부가하는 방식의 당부

1. 문제의 제기

부관의 일종인 부담은 원칙적으로 행정청이 행정행위를 발하면서 수익자에게 작위, 수인 또는 부작위를 명하는 독립적 규율로서 일방적으로 부가하는 것이 일반적이지만, 행정청과 국민 간의 협약을 사전에 체결하는 방식으로 행정행위에 부담을 붙일 수 있는지가 문제될 수 있다.

2. 견해의 대립

대상판결은 원고와 피고 간 송유관 매설에 관한 협약의 성격을 허가에 붙일 부관에 대한 협약으로 보면서 부담의 내용을 협약의 형식으로 미리 정한 다음 행정처분을 하면서 이를 부가한 것으로 보고 있다. 이처럼 대상판결은 부관으로서의 부담은 행정청이 수익적 행정행위를 발하면서 일방적으로 부가할 수도 있지만, 부담을 부가하기 이전에 상대방과 협의하여 부담의 내용을 협약의 형식으로 미리 정한 다음 수익적 행정행위를 발하면서 이를 부가할 수 있다고 하여 계약형식의 부담을 긍정한 바 있다.[7]

---

7) 이 사건에서는 도로점용허가 및 접도구역내 공작물설치허가를 하면서 도로확장시 매설물

이러한 판례의 태도에 대하여 교섭에 의한 행정행위로서 일반적으로 행정청이 일방적으로 부가하는 "부관부 행정행위"가 행정실제에 있어서 상대방과의 교섭과 합의를 통하여 행하여지는 경우가 많다고 설명하면서 협약을 체결하여 교섭을 한 후 부관을 붙이는 방식을 긍정적인 시각에서 파악하는 입장8)이 있는 반면에 관련판례 3과 관련하여 이와 같은 방식의 부관의 부가를 특별한 법률상의 근거 없이 행정행위와 관련된 협약을 부관의 형태로 체결하는 관행을 편법으로 보아 부정적인 시각도 있다.9)

3. 검토의견

행정청이 부관을 붙이는 경우에 부담을 일방적으로 부가하는 것이 일반적이지만 교섭의 결과로서 협약을 체결하는 방식의 부담을 부가하는 것이 때로는 과도한 규제와 간섭의 위험이 상존하는 것도 사실이다.10) 법률의 근거 없이 수익적 행정결정을 발하는 것을 이유로 이를 허용하는 경우 사적자치의 원칙이 적용되지 않는 공법영역에서 행정청이 우월적 지위를 이용하여 국민에게 불리한 부담 기타 부관을 부과할 남용의 가능성이 존재하지만, 행정행위의 효율성과 탄력성을 높이기 위한 부관의 취지에 비추어 행정청의 일방적인 부과보다는 협약에 의한 부과가 협력적 행정의 관점에서 더 낫다고 볼 수도 있을 것이다. 또한 다른 한편으로 부관을 일방적으로 부가하는 경우에 비하여 분쟁을 사전에 회피할 수 있는 장점이 있을 뿐만 아니라 국가와 시민간의 협력에 기초한 합의에 의한 행정이 가능하게 되어 장점이 있다고 할 것이다.

한편, 다수의 대법원판례11)도 인정하고 있듯이 행정처분이 발해진 후에 새로운 부담을 부가하거나 이미 부가되어 있는 부담의 범위 또는 내용 등을 변경하

에 대한 이설비용을 상대방이 부담하도록 하는 등 미리 상대방이 준수하여야 할 사항 등을 행정청과 상대방 사이에 협약형식으로 정한 다음에 행정청이 주된 행정행위인 도로점용허가 등을 하면서 상대방으로 하여금 그 협약을 준수할 것과 이를 준수하지 않을 경우 허가를 취소할 수 있다는 내용의 부담을 붙인 것이다.

8) 김남진, 교섭·합의에 의한 부관의 효력, 행정판례연구, 제2권, 1995, 121-122면.
9) 오준근, 부동산개발사업 허가의 부관과 개발협약에 관한 한국과 미국의 비교법적 고찰, 토지공법연구 제40집, 2008. 5, 104-107면. 오 교수는 법률에 근거를 둔 개발협약제도의 도입 필요성을 강조하고 있다.
10) 김철용, 행정법 I, 박영사, 2010, 239면.
11) 대법원 2007. 12. 28. 선고 2005다72300 판결; 대법원 1997. 5. 30. 선고 97누2627 판결; 대법원 2006. 9. 22. 선고 2004두13325 판결.

는 이른바 사후부담이 법률에 명문의 규정이 있거나, 그것이 미리 유보되어 있는 경우 또는 상대방의 동의가 있는 경우에 허용되는 것이 원칙이므로, 이러한 관점에서 사전에 교섭을 통하거나 협약을 체결하는 등의 비공식적 행정행위의 방식을 통하여 부관을 붙이는 것은 허용된다고 할 것이다.

또한 협약을 사전에 체결하고 부담을 붙인다고 할지라도 비례의 원칙이나 부당결부금지의 원칙에 의한 제한을 받기 때문에 상대방의 보호의 관점에서 그 남용가능성을 상당부분 제한할 수 있을 것이다.[12]

Ⅲ. 이 사건 부담과 협약의 법적 성질

1. 3가지 개념에 관한 기본적 고찰

가. 부관의 일종으로서의 부담

종래의 견해에 의하면, 부관이란 행정행위의 효과를 제한하기 위하여 주된 의사표시에 부가된 종된 의사표시라고 정의하고 있다. 그러나 새로운 견해는 이러한 부관 개념을 더 확장시켜서 행정행위의 효과를 제한하거나 요건을 보충하거나 특별한 의무를 부과하기 위해, 주된 행정행위에 부가된 종된 규율이라고 정의하고 있다. 이 견해에 의하면 부관의 기능을 효과 제한뿐만 아니라 요건보충 또는 의무부과에 이르기까지 넓게 이해하게 된다.[13]

그러나 독일의 행정절차법에서도 부관에 관한 개념규정을 따로 두고 있지 않으며, 부관의 종류가 다양하기 때문에 부관의 전체를 포괄하는 개념정의는 어렵고, 단지 부종성을 특징으로 하기 때문에 부관이란 행정청에 의하여 주된 행위에 부가된 종된 규율을 의미하는 것으로 그 유형으로는 비독립적 성격의 부관인 조건, 기한, 철회권의 유보와 독립적 성격의 부관인 부담 및 부담유보를 들 수 있다. 일부 견해에 의하면 법률효과의 일부배제를 부관의 일종으로 분류하기도 하지만, 엄밀히 말하여 이는 부관과는 다른 범주에 속한다. 부담은 행정행위의 구성요소인 다른 부관과는 달리 행정행위의 상대방에 대하여 작위, 부작위, 급부, 또

---

12) 상대방측에서 협약을 체결하면서 우선적으로 수익적 결정을 받고 나서, 뒤늦게 부관이 잘못 부과되었다고 다투는 악용 사례도 있고, 비공식적 행위를 함에 있어 특정인이나 특정 기업에 일방적으로 유리하게 결정하는 내용의 협약이 체결될 수도 있으므로 공정하고 투명한 절차를 통하여 협약을 체결하는 것이 요망된다.

13) 김동희, "행정행위의 부관에 관한 고찰", 서울대학교 법학, 제36권 제1호, 1995, 59면 이하.

는 수인을 명하는 부관을 말한다.[14]

나. 사법상 계약과 구별되는 공법상 계약

(1) 공법상 계약의 개념

공법상 계약이란 공법적 효과의 발생을 목적으로 하는 반대방향의 복수의 당사자 간의 의사표시의 합치로 성립되는 공법행위로 개념정의하거나[15] 독일 행정절차법상의 개념을 원용하여, 행정법상의 권리와 의무의 형성, 변경 또는 폐지를 내용으로 하는 행정법관계를 대상으로 하는 계약을 의미하는 것으로 설명하기도 한다.[16] 공법상 계약과 사법상 계약을 포괄하는 의미로 행정계약이 논의되기도 하지만, 여기서는 행정계약이라고 할지라도 공법상 계약에 한정하여 이해하고자 한다.

(2) 공법상 계약과 사법상 계약의 구분

이러한 관점에서 공법상 계약 내지 행정계약은 그 특수성을 논함에 있어 행정행위와의 구별도 중요하지만, 그보다는 사법상 계약과의 구별이 더 어려운 문제라고 할 것이다.

공법상 계약과 사법상 계약의 구별은 계약의 대상이 공법적인가 아니면 사법적인가를 기준으로 판단한다.[17] 문제는 행정이 공법적 활동과 아울러 사법적 활동을 한다는 점이다. 따라서 공법적으로 판단되는 법률관계인지 다시 말해, 계약에 의하여 떠맡는 의무나 계약적 집행에 따른 처분이 공법적 성질을 갖는가 아니면 사법적 성질을 갖는가에 따라 구분된다. 이러한 관점에서 계약이 공법적 법규범의 집행에 기여하는 경우라거나, 계약이 행정행위의 발령의 의무나 그 밖의 고권적인 직무행위를 포함하는 경우, 또는 계약이 국민의 공법적인 권한이나 의무와 관련되는 경우에는 행정계약에 해당한다고 할 것이다.

---

14) 김용섭, "행정행위의 부관에 관한 법리", 행정법연구, 제2권, 1998, 185면 이하.

15) 김철용, 앞의 책, 319면.

16) 정하중, 법치행정의 원리와 공법상 계약―독일 행정절차법의 내용을 중심으로, 서강법학 제11권 제1호, 174면.

17) 독일의 통설적 입장이다. 그러나 일부에서는 주체설적인 입장도 주장되고 있다. 즉 계약당사자의 법적 지위도 중요한 기준이 되는바, 계약의 주체가 행정청인가 사인인가 하는 것도 결정적인 기준은 아니지만 중요한 기준이 된다. 우월적 주체와 국민 사이에 체결하는 계약은 일반적으로 종속계약의 성질을 지니게 되므로 공법상 계약이 될 가능성이 높다. 그러나, 사인 간에도 공법상의 계약이 체결될 수 있으므로 주체설에는 한계가 있다.

양자의 구별실익은 어느 계약법을 적용할 것인가의 문제인데, 공법상 계약의 경우에는 국가를 당사자로 하는 계약에 관한 법률의 적용이 고려되는 데 반하여, 사법상 계약의 경우에는 민법의 계약법이 적용된다. 또 사법상 계약에 관한 분쟁은 민사소송으로 해결하는 반면에 공법상 계약에 관한 분쟁은 공법상 당사자소송을 통하여 권리구제를 강구할 수 있게 된다.

(3) 혼합계약의 경우

문제는 공법적 성질과 사법적 성질이 혼재된 혼합계약의 경우가 어려운바, 가령 행정청이 행정행위를 발하면서 사인에게 금전상의 약정금을 지급하도록 하는 경우에 급부의무의 목적과 계약의 전체적 성격을 종합하여 판단하여야 한다. 행정청의 직무행위를 얻기 위하여 국민이 금전급부의무를 지는 경우에는 행정계약이 있는 것으로 보고, 직무상의 행위가 계약 자체에서 언급되거나 집행될 뿐만 아니라 비록 명시적으로 언급되지는 않을지라도 계약의 법률적 기초를 형성하는 경우에는 행정계약이라고 볼 수 있다. 국민이 금전급부의무가 아니라 부동산의 이전의무를 지는 경우에도 상응한 결과가 초래된다.

독일의 경우에는 통설은 공법상 계약과 사법상 계약이 혼재되어 있는 혼합계약(Mischverträge)의 경우에는 이를 분리하여 법적으로 차별적인 취급을 하지 않고 공법상 계약 내지 행정계약의 적용영역은 계약적 합의가 공법적 합의를 담고 있거나 그러한 관련이 있는 경우까지로 넓혀 파악하고 있다.

다. 사전협약과 비공식적 행정작용

비공식적 행정작용이란 독일법에서 발전된 개념으로 법정형식과 결부된 법효과를 회피하기 위하여 의도적으로 법정형식에 의하지 아니하고 사실상의 구속력에 의하여 행정목적을 달성하려는 행위형식을 총칭하는 개념이라고 할 수 있다. 비공식행정작용은 행정지도와 유사한 개념이지만, 역사적 형성배경이나 이론적 도입기반이 다른 특징이 있으며, 행정지도와 더불어 행정상 사실행위의 하위 개념으로 설명하는 것이 행정법교과서의 일반적인 설명태도이다.[18]

비공식적 행정작용은 법적 비구속성, 행정청과 사인 간의 사전교섭성, 일방적 행정행위와 대체가능성 등을 특징으로 한다.[19] 이와 같은 비공식적 행정작용

---

18) 김철용, 앞의 책, 335면.
19) 김창규, 비정형적 행정작용의 개념과 유형, 법제, 1998, 8월호.

은 크게 행정청과 국민 간의 협력에 의한 비공식적 행정작용, 경고나 추천과 같은 일방적인 비공식적 행정작용으로 구분할 수 있다.

전자는 다시금 규범대체형 비공식적 행정작용과 규범집행형 비공식적 행정작용으로 구분할 수 있다. 규범집행형 비공식적 행정작용은 다시금 사전절충과 처분안 및 부관의 사전제시(Vorabzuleiten)와 개선협상 등을 들고 있는바, 대상판결에서 부관을 붙이기 전의 협약을 체결한 것은 사전절충의 측면을 지님과 더불어 부관의 사전제시와 이에 대한 상대방의 동의 내지 협약(Absprachen)의 결과를 비공식적 협약서의 형태로 작성한 것으로 볼 수 있다.[20]

2. 이 사건 협약의 법적 성격

가. 부담설

대상판결은 "이 사건 협약은 원고가 고속국도의 관리청으로서 피고에 대하여 향후 고속도로 부지와 접도구역에 송유관을 매설함에 대하여 허가를 할 것을 전제로 주로 피고가 이행하여야 할 의무를 규정한 것으로서 성질상 허가에 붙일 부관안에 대한 협약이라고 보는 것이 타당하다"고 하면서, "수익적 행정처분에 있어서는 법령에 특별한 근거규정이 없다고 하더라도 그 부관으로서 부담을 붙일 수 있고 그와 같은 부담은 행정청이 행정처분을 하면서 일방적으로 부가할 수도 있지만 부담을 부가하기 이전에 상대방과 협의하여 부담의 내용을 협약의 형식으로 미리 정한 다음 행정처분을 하면서 이를 부가할 수도 있다"라고 판시함으로써, 이 사건 협약의 법적 성질을 이 사건 허가에 부가된 부담으로 보고 있다.

이러한 대법원 판결을 긍정하는 전제하에, 비록 원고와 피고가 공법상 대등한 당사자이기는 하나 이 사건 협약은 허가를 전제로 한 것으로서 이 사건 협약상의 원고의 허가의무와 피고의 소유권이전비용부담의무는 대가관계에 있다고 볼 수 없다고 보는 점[21] 등에 비추어 볼 때 이 사건 협약은 허가에 붙일 부관안에 대한 협약이고, 그 내용에 있어서는 피고에게 송유관 이설비용의무를 명하는 점에서 부담에 해당한다고 보고 있다.

같은 맥락에서 대상판결은 이를 성질상 '허가에 붙일 부관안에 대한 협약'이

20) 김창규, 앞의 논문; 임성훈, 행정계약의 소송형식, 행정법이론실무학회 제197차 정기학술 발표회 자료집, 2010. 5. 15, 33면.
21) 김경란, 앞의 논문, 695면 이하.

라고 보면서 상대방이 준수할 내용에 대하여 일방적으로 부관을 붙이지 아니하고 사전에 행정청과 상대방이 협의하여 협약의 형식으로 정한 것으로, 허가조건과 그 내용에 해당하는 협약이 합쳐져 전체로서 하나의 부관을 형성한다고 볼 수 있다는 견해도 여기에 해당한다.[22]

나. 공법상 계약설

사안의 문제되는 부담 부분을 공법상 계약으로 보아야 한다는 견해가 있다. 이광윤 교수는 "상대방과 협의하여 부담의 내용을 협약의 형식으로 미리 정하였다면 이러한 부담은 행정처분이 아니라 공법상 계약이 아닌지 의심되며, 부담이 독립하여 행정소송의 대상이 되는 행정처분이 된다면 이것은 부관이 아니라 원처분에 밀접히 관련된 처분으로 보는 것이 타당하다. 부담을 계속해서 부관으로 보면서도 독립된 행정처분으로 보는 것은 상호 논리가 상충되며, 협약의 형식으로 정하여진 것은 공법상 계약으로 보는 것이 보다 사실에 부합하는 법 형식으로 볼 수 있다"고 설명하고 있다.[23]

동일한 맥락에서 일부 견해는 원심판결에 대한 평석[24]에서, "허가 이전엔 당해 협약을 '부관안에 대한 협약'으로 보고, 허가 이후엔 부관 그 자체로 보는 것은 나름의 설득력을 갖는다고 설명하면서, 시간적 흐름과 사안의 경과에 비추어, 여기서의 협약이 부관 가운데 부담에 해당하는지는 의문스럽다고 본다. 왜냐하면 비록 허가에 협약위반에 따른 허가취소를 규정하고 있긴 하나, 이는 일종의 철회권 유보 또는 철회사유의 확인일 뿐이고, 당해 협약은 실질적으로 당해 허가발급의 기초(전제조건)가 되었기 때문이다. 본체인 행정행위의 효과를 보충·보조하는 부담의 본래적 기능을 여기선 발견하기 어렵다고 보면서 독일에서의 행정계약의 일종인 '불완전 교환계약'이자 '종속적 계약'으로서의 행정계약에 해당한다"고 주장하고 있다.[25]

---

22) 노경필, 최근행정판례의 주요동향, 법제도 선진화를 위한 공법적 과제, 2010 한국공법학자대회자료집, 2010. 6. 25, 531면.

23) 이광윤, [2009분야별 주요 판례평석] (8) 행정, 법률신문 2010. 4. 22.자.

24) 김중권, 송유관이설협약의 법적 성질에 관한 소고, 법률신문 2007. 12. 24.자.

25) 독일처럼 명문의 규정 없이도 이런 불완전 계약을 법률유보원칙이 적용되지 않는 부분인 자유로운 재산권의 발현으로서 인정할 수는 있을 것이다. 그러나 고권적 처분에 의한 효과가 크게 작용한 본 사안과 같은 협약의 체결에 있어 함부로 적용하여서는 안 될 것이다.

한편, 협약은 당사자의 의사합치와 법적구속력이 존재하므로, 계약으로서의 성격을 인정하고 이 사건 협약은 일방적인 행정행위 형식의 부담을 대체하는 성격의 계약이라 공법적 성질을 갖는 것으로 보는 설명도 있다.[26] 이러한 관점에서는 약정금 소송을 민사소송이 아닌 공법상 계약의 이행에 관한 소송으로서 공법상 당사자소송을 제기하여야 한다고 주장한다.

다. 검토의견

대상판결은 원고와 피고가 1991. 10. 8. "원고는 불가피할 경우 피고에게 송유관시설의 이전을 요구할 수 있고 그로 인하여 발생되는 이설비용은 피고가 부담하는 것"을 내용으로 하는 이 사건 협약을 체결한 점에 비추어, 이러한 협약을 주된 행정행위인 이 사건 허가에 부가하여 그 상대방인 피고에게 이 사건 허가와는 독립된 작위의무를 부과하는 '부담'으로 파악하고 있는 것으로 보인다. 그렇기 때문에 사전에 협약을 체결하고 부관을 붙인 경우이든지 또는 부관을 붙이면서 동시에 기부채납방식을 한 경우이든지 간에 부관을 붙이는 것으로 협약을 체결한 경우라면, 이는 부관에 흡수됨과 동시에 부관의 법리가 적용된다고 볼 여지가 있다. 그러나 이 사건 협약을 곧바로 부담으로 보는 것은 적절한지 의문이다. 그 이유는 협약은 그 내용에 따라 다양한 형태의 부관이 결합된 것으로 이해할 수 있는바, 여기서는 송유관 이설시 비용부담을 진다는 부분이 부담으로 이해되고, 허가에 협약위반에 따른 허가취소를 규정하고 있는 부분은 일종의 철회권 유보라고 할 수 있기 때문이다. 이러한 관점에서 이 사건 협약은 한편으로는 부관이며, 부관의 내용이 되는 협약이 결합된 형태로 보는 것이 적절하다고 판단된다.

그러나 이 사건 협약이 실질적으로 이 사건 허가발급의 전제조건으로 보아 부담이 아닌 공법상 계약으로 파악하여 협약의 독자성을 강조하고 있는 반대 견해[27]도 있다. 공법상 계약설은 사안의 구제책으로 사정변경의 원칙을 내세우고

---

26) 김대인, 앞의 논문, 425면, 김 교수 역시 수익적 행정행위와 관련하여 부관의 내용을 정하는 협약이 공법적 성질을 지니는 것으로 독일법상의 종속계약 내지 불완전 교환계약에 해당하여 공법계약 내지 행정계약에 해당다고 보고 있다.

27) 이에 관하여는 김중권, 송유관이설협약의 법적 성질에 관한 소고, 법률신문 2007. 12. 24.자; 김대인, 앞의 논문, 이러한 입장은 협약을 공법상 계약으로 보아 불완전 교환계약(hinkende Verwaltungsvertrag)으로 파악하는 입장은 독일법상의 개념을 그대로 적용하기 어려운 측면이 있을 뿐만 아니라 부관의 형식으로 협약이 붙여진 것으로, 송유관 이설의 경우에 비용부담 약정은 송유관 매설허가와 대가관계에 있는지도 의문이다. 해석 여하에 따라

있는데, 우리나라의 판례와 다수설은 사정변경의 원칙에 대하여 매우 엄격한 해석을 하고 있고 실제 계속적 근보증 등 일부 사안 이외에는 인정하는 사례가 드물다. 오히려 이와 같은 논거를 제시하기보다, 국민권리의 구제 측면에서 부당결부금지원칙이 공법상 계약에도 적용되어 그 효력을 무효로 만들기 때문에 부담과 별개의 공법상 계약이 결합된 형태로 논리구성하는 것이 적절하다고 할 것이다.

한편, 부담의 형식으로 협약이 부가되었음에도 이를 무시하고 허가를 받기 전의 협약을 곧바로 공법상 계약으로 파악하는 것은 행정청과 당사자 간의 비공식적 행정작용을 곧바로 구속력이 있는 공법상 계약으로 보는 문제가 있다. 그뿐만 아니라 계약형식은 법적 근거 없이 체결될 수 있어 협약이 비록 부관의 내용이 되더라도 원래의 성질에 따라 부관은 그대로 존속하고 있는 것이며 공법상 계약이 부담을 대체한다고 보는 것은 다소 무리한 이론 구성이다. 오히려 이를 부담으로 보아 부담의 한계 법리를 적용하는 것이 당사자에게 유리하다고 할 것이다.

그 이유는 부담이 효력이 없다고 할지라도 부담의 내용이 되고 있는 계약의 효력은 별개로 따져 볼 수 있기 때문이다. 반대급부 제공방식의 기부채납에 관하여 대법원은 사법상의 증여계약으로 보고 있어 기부채납과 관련된 재산의 회수 등에 관하여는 민사소송으로 해결하고 있으며, 수익적 행정행위와 관련하여 별도의 반대급부를 제공하는 계약을 부관으로 붙였는데 이를 이행하지 않았을 경우에는 행정주체가 사인에 대해 민사소송을 제기함으로써 권리구제를 강구하는 것이 일반적이다.

그러나 협약의 내용이 송유관시설의 이설 및 비용부담에 관한 것이고 만약에 협약을 위반하였을 경우에는 원고가 임의로 허가를 취소할 수 있는 것일 때, 이러한 내용의 협약을 사법상 계약이 아닌 공법상 계약으로 본다면 부당결부금지원칙 위반이 인정된다면 곧바로 계약을 무효로 만들 수 있다. 반면에 이를 사법상 계약으로 본다면, 부당결부금지원칙은 적용되지 않고, 민법 제103조(반사회질서의 법률행위)[28]와 민법 제104조(불공정한 법률행위)[29]의 규정을 적용하여 효력을

서는 금전약정이라서 공법적 효과의 발생을 목적으로 한다기보다는 사법계약에 해당한다고 볼 여지도 있어 부담을 대체하는 공법상 계약으로 파악하는 입장에 의문이 든다.

28) 민법 제103조(반사회질서의 법률행위) 선량한 풍속 기타 사회질서에 위반한 사항을 내용으로 하는 법률행위는 무효로 한다.

29) 민법 제104조(불공정한 법률행위) 당사자의 궁박, 경솔 또는 무경험으로 인하여 현저하게 공정을 잃은 법률행위는 무효로 한다.

부인할 수는 있다.

그런데 행정처분에 붙은 부담과 그 이행으로서의 사법상의 법률행위는 별개의 법률행위로서, 기부채납부담이 부당결부금지의 원칙에 저촉되거나 취소할 수 있는 하자가 있더라도 그러한 사정만으로 기부채납행위가 무효로 되는 것은 아니고 단지 법률행위의 중요부분에 대한 착오로서 취소사유가 되는 점에 비추어 협약을 공법상 계약으로 파악하는 것이 나름대로 의미가 있다고 할 것이다.

결론적으로 부담과 협약과의 관계를 살펴볼 때, 이 사건의 경우에는 기본적으로 부담과 협약의 결합형식이라고 볼 여지가 있으며,30) 협약의 형식으로 정하여진 것은 이를 부담으로 보아 행정행위로 보는 것도 적절하지 않고, 이를 부담적 형식은 무시한 채 공법상의 계약으로 보는 것도 적절하지 않다고 할 것이다.

따라서 사전에 협약을 체결한 것은 비공식적 행정작용으로 파악하고, 부담으로 붙인 계약형식은 기본적으로 부관성을 유지하고 있으며, 이설이 불가피한 경우에 이설비용을 상대방의 부담으로 하는 약정은 부관에 결합된 공법상의 계약으로 파악할 수 있다고 본다.31)

Ⅳ. 부당결부금지원칙의 적용 여부

1. 논의의 출발점

이 사건 협약의 경우 대법원은 "고속국도의 유지관리 및 도로확장 등의 사유로 접도구역에 매설한 송유시설의 이설이 불가피할 경우 그 이설비용을 피고가 부담하도록 협약을 체결한 것은 원고가 접도구역의 송유관 매설에 대한 허가를 할 것을 전제로 한 것으로, 피고는 송유관이설이라는 부대공사와 관련하여 공작물설치자로서 특별한 관계가 있다고 볼 수 있고, 피고로서는 접도구역 부지 소유자와 사이에 별도로 이용계약을 체결하고 그 부지점용에 따른 사용료를 지급하게 되나, 관리청인 원고로부터 접도구역의 송유관 매설에 관한 허가를 얻게 됨으로

---

30) 백승주, 행정법상 계약의 하자 및 그 유지에 관한 고찰, 토지공법연구 제33집, 2006, 226-229면. 위 글에서 독일의 경우에는 결합된 경우에 행정법상 계약과 행정행위가 결합한 형태로 파악하여 하자 여부도 제1행위형식에 따라 처리할 수도 있다는 점을 시사하고 있다.

31) 이는 2단계설적인 접근이 가능하다고 할 것이며, 이러할 경우에는 부관으로 기부채납이라고 하는 사법적 계약을 붙이는 것과 동일하게 협약을 통하여 시설비용부담 약정을 한 것으로 보아 이론구성할 수도 있다.

써, 접도구역이 아닌 사유지를 이용하여 매설하는 경우에 비하여는 공사절차 등의 면에서 이익을 얻는다고 할 수 있으며, 피고의 사업이 공익성을 갖는다고 하더라도 비영리사업이라고 볼 수는 없고, 피고로서는 처음부터 이러한 경제적 이해관계를 고려하여 이 사건 협약을 체결한 것"이라고 하며 부당결부금지의 원칙에 위반한 것이 아니라고 판시하고 있다.

그런데 이와 같은 대법원의 판시태도에 대하여 부당결부금지원칙의 위반 여부는 본체인 행정행위가 체결된 시점만을 기준으로 판단하는 것이 타당한지 의문이라고 보면서, 사정변경이 발생한 시점인 1999. 2. 8. 개정된 도로법 시행규칙의 시행으로 접도구역 내 송유관시설이 접도구역 내 매설허가 없이 가능한 행위가 된 시점을 기준으로 이 사건 협약의 위법성을 판단해야 한다는 비판적 견해가 있다.[32] 이하에서는 부당결부금지원칙에 대하여 살펴보고 이에 관하여 검토하기로 한다.

2. 부당결부금지원칙의 의의와 도출근거

가. 부당결부금지원칙의 의의

부당결부금지원칙(Koppellungsverbot)이란 공권력 행사를 함에 있어 실질적인 관련성이 없는 상대방의 반대급부와 결부시켜서는 안 된다는 원칙을 말한다. 다시말해 이 원칙은 행정작용과 사인이 부담하는 반대급부는 부당한 내적인 관련을 가져서는 안 되고, 또한 부당하게 상호 결부되어서도 안 되며, 행정주체가 행정작용을 함에 있어서 상대방에게 이와 실질적인 관련이 없는 의무를 부과하거나 그 이행을 강제하여서는 안 된다는 원칙을 의미한다.

특히 수익적 행정행위의 경우 행정청이 그러한 권한을 이용하여 상대방이 다른 이유에서 부담하고 있는 특정의무의 이행을 부관으로 강제하려는 경우 부당결부금지원칙을 적용하여 이를 방지하는 기능을 수행한다.

나. 도출근거

행정청이 행정활동을 행함에 있어서 그 행정활동과 실질적 관련성이 없는 상대방의 급부를 부당하게 결부시켜서는 안 된다는 부당결부금지원칙의 도출근

---

32) 김대인, 앞의 논문, 427-428면.

거에 관하여는 2가지 대립되는 관점이 있다. 먼저 부당결부금지원칙은 권한법정주의와 권한남용금지의 원칙이라는 법률적 효력을 가지는 법원칙이라고 보는 견해[33]와 이와는 달리 법치국가원리와 자의금지의 원칙에서 나온다고 보아 헌법적 효력과 지위를 갖는다고 보는 견해가 대립하고 있다. 후자가 다수견해이나, 필자는 이와 같은 부당결부금지원칙의 실정법적 근거로는 민법 제104조의 불공정한 법률행위[34]와 헌법 제37조 제2항의 과잉금지원칙 등에서 도출할 수 있으며, 이는 헌법적 효력을 갖는 일반법원칙이라고 본다.

이와 같은 견해의 대립은 구 건축법 제69조 제2항에서와 같이 위법건축물을 시정하도록 하기 위하여 수도나 전기의 공급을 거부하거나 이미 행해지고 있는 수도나 전기의 공급을 중단하는 내용의 법률의 규정이 효력이 있는지와 밀접한 관련이 있다. 만약에 부당결부금지의 원칙이 법률적 효력에 그친다면 위 규정은 위헌성의 시비로부터 벗어나 굳이 삭제할 필요가 없었을 것이다. 반면에 헌법적 효력이 있다면 위 규정은 위헌적인 규정으로 정비의 필요성이 있을 것인데, 위 조항은 그동안 위헌성 논란이 있어 삭제에 이르렀다. 그렇다면 부당결부금지의 원칙을 법치국가의 원칙에 파생되는 원칙으로 비례원칙 및 평등원칙과 더불어 헌법상의 원칙으로 보는 것도 큰 무리가 없다고 할 것이다.

3. 부당결부금지원칙의 내용과 적용영역

가. 부당결부금지원칙의 내용

행정주체의 행정작용과 실제적 관련성이 있어야 하는바, 실제적 관련성 여부를 판단하는 것이 용이하지 않다. 관련판례2에서 보는 바와 같이, 부당결부금지원칙의 적용과 관련하여, 부당결부금지원칙의 적용을 벗어나기 위하여 수익적 행

---

33) 서울고등법원 2003. 7. 1. 선고 2002누13101 판결 "석유판매업허가를 경매를 통하여 인수받은 사람은 지위가 승계되지만, 일신전속적인 과거위반행위까지 이전된다고 보아 새로이 인수받은 사람에게 과징금 부과처분을 내린 사안에서 과징금부과처분은 과거의 위반행위자에 대하여 행사하여야 할 권한을 부당하게 원고에게 결부하여 과징금을 부과하고 있는 것으로 부당결부금지의 원칙에 반한다"고 판시하고 있다. 이와 같은 판례의 태도는 권한의 부당하게 결부한 처분을 위법하다고 판시한 것으로 상대방에 대하여 부당하게 권한을 결부하여 내린 행정행위에 대하여 부당결부금지원칙을 적용한 사례이다.

34) 대법원판례에 의하면 민법 제104조의 불공정한 법률행위가 성립하기 위해서는 법률행위의 당사자 일방이 궁박, 경솔 또는 무경험의 상태에 있고, 상대방이 이러한 사정을 알고서 이를 이용하려는 의사가 있어야 하며, 나아가 급부와 반대급부 사이에 현저한 불균형이 있을 것을 요한다(대법원 1993. 10. 12. 선고 93다19924 판결).

정결정을 함과 동시에 사법상 계약형식으로 우회하여 협약을 체결하는 방식, 가령 골프장의 허가를 내주면서 기부금을 납부하도록 하는 사법상의 증여계약을 체결하는 방식은 행정처분과 부관 사이에 실제적 관련성이 없다고 보아 위법한 것으로 판단하고 있다.

독일에서 논의되고 있는 바와 같이 여기서 말하는 실제적 관련성은 원인적 관련성과 목적적 관련성을 포함하여 어느 것이라도 관련성을 결여하면 부당결부금지원칙에 반하는 것으로 파악하고 있다.

먼저 원인적 관련성은 수익적 행정행위와 손해와의 상당인과관계가 있는 경우를 말한다.[35] 이와 같은 원인적 관련성은 수익적 내용인 주된 행정행위와 불이익한 의무를 부과하는 부관 사이에 직접적인 인과관계가 있을 것을 요한다. 수익적 내용의 행정행위를 발령하기 때문에 이와 관련하여 상대방에게 부관을 부가하는 것이 가능할 뿐만 아니라 수익적 행정행위를 발령하기 때문에 특정 부관의 부가가 필요하게 되는 관계일 것을 요한다. 이는 수익적 행정행위를 발령하는 권한을 이용하여 상대방이 다른 이유에서 부담하고 있는 특정의무이행을 강제하려는 것을 방지하는 기능을 수행하게 된다.[36]

다음으로 목적적 관련성은 행정청이 부관을 붙임에 있어 주된 행정행위의 목적과의 내적인 관련성을 갖는 경우를 말한다. 부관에 의하여 법률에 없는 목적을 적극적으로 확장하는 것은 허용되지 않는 것으로 파악하며, 수익적 행정행위의 발령에 대한 고권적인 조치의 부가가 법적으로 허용되는 요건과 관련되면 목적적 관련성이 있는 것으로 파악하고 있다.[37] 이러한 관점에서 행정기관이 행정작용을 함에 있어서는 근거법률 및 당해 행정분야의 과업내용에 따라 허용되어지는 특정목적만을 수행하여야 한다는 것을 의미한다. 따라서 부관을 붙임에 있어서 행정청에게 수익적 행정작용의 발령권한이 있어야 할 뿐만 아니라 이 외에도 특정의무를 내용으로 하는 부관의 발령을 위한 권한도 동시에 갖추고 있어야 하는 것으로 파악하고 있다. 그렇기 때문에 당해 부관을 부과할 수 있는 행정기관의 권한유무가 우선적인 기준으로 작용하게 된다.[38]

---

35) 박종국, "부당결부금지원칙에 관한 연구", 공법연구, 제25집 제4호, 256면.
36) 김학세, "부당결부금지원칙", 판례연구, 제15집, 1997. 3, 34면.
37) 박종국, 앞의 논문, 258면.
38) 김학세, 앞의 논문, 34-35면.

나. 적용영역

우리나라는 실정법상 부당결부금지원칙을 직접적으로 명문화하고 있지 않기 때문에 학설과 판례를 통해 구체화해 나아갈 수밖에 없다. 일반적으로 적용영역으로 논의되는 부분은 공법상 계약과 부관인데, 우리의 경우는 그 밖에도 행정의 실효성확보수단과 관련하여 그 적용을 논하고 있는 점이 특징이다. 이를 살펴보면 다음과 같다.

첫째, 공법상 계약을 체결하면서 행정청이 계약 당사자에게 반대급부의 의무를 지우는 경우에는 그 반대급부는 행정청의 계약상의 급부와 실질적 관련성을 갖고 있어야 한다. 둘째, 행정청이 행정행위를 행하면서 상대방에게 불이익한 의무를 과하는 부관을 붙이는 경우에는 근거법령 및 당해 행정행위의 목적 실현과 실질적 관련성이 있어야 한다. 셋째, 행정법상의 의무자가 의무를 이행하지 않음으로써 행정청이 그 의무이행을 확보하기 위하여 제재적·강제적 수단을 사용하는 경우에는 행정법상의 의무와 제재적·강제적 수단 간에 사물적 관련성이 있어야 한다. 이러한 사례로는 공급거부[39]와 관허사업의 제한에 있어서 적용이 있다.

4. 독일 행정절차법상의 부당결부금지원칙

가. 개관

부당결부금지의 원칙(Koppelungsverbot)은 독일행정절차법 제56조 제1항 등에 규정하고 있는바, 공법상 계약에 있어서 계약당사자의 반대급부는 행정청의 급부와 관련되어져야만 한다는 원칙이다. 독일의 경우에는 부당결부금지의 원칙이 논의되는 분야는 부관의 한계와 공법상 계약의 두 분야에서 논의되고 있다.

독일행정절차법 제36조 제3항은 "부관은 행정행위의 목적에 위반되게 붙일 수 없다"고 규정하고 있고, 동법 제56조 제1항은 "제54조 제2문에서 말하는 공법상 계약은 반대급부가 계약에 있어서의 일정한 목적에 합치되고 행정청의 공법상의 임무수행에 기여하는 경우에 이를 체결할 수 있다. 반대급부는 전체적 상황에서 보아 적절한 것이어야 하고 또한 행정청의 계약상의 급부와 실질적인 관련이 있어야 한다"고 규정하고 있다.

---

39) 공급거부와 관련하여 부당결부금지원칙 위반 여부로 논란이 있었던 구건축법 제69조 제2항이 2005년 건축법개정으로 삭제되었다.

나. 공법상 계약 체결시 반대급부 결부

이는 계약 체결시 계약당사자가 행정청에게 반대급부의 의무를 부담함을 내용으로 하는 계약을 말하는데 이때 반대급부의 내용은 첫째, 계약에 있어 특정한 목적에 합치되어야 하고, 둘째, 행정청이 공적인 과제의 충족을 위하여 기여하여야 하며, 셋째, 제반사정에 비추어 볼 때 적절하여야 하며, 넷째, 행정청의 계약적인 급부와 실질적으로 관련성을 가질 것을 요구한다. 여기서 가장 중요한 것은 마지막 네 번째 요건이다. 행정청의 계약적 급부와 반대급부 간의 실제적 관련성(sachliche Zusammenhang der Gegenleistung)이 비로소 교환을 정당화하게 된다. 다시 말해 반대급부는 행정청의 어떤 공법적 과제의 충족에 이바지하지 못하여서는 안 되며, 일반적인 국가 또는 지방자치단체의 예산을 사용하여 해결할 것이 아니라, 목표에 적합하게 사용되어야 한다는 것이다.[40]

공법상 계약에 있어서는 사법상의 계약과는 달리 대칭적인 반대급부가 있어야만 하는 것이 아니라 불완전한 형태의 교환계약(hinkender Austauschvertrag)에 있어서도 당사자가 묵시적으로 반대급부를 계약의 전제조건으로서 파악한 경우에는 일방적인 상대방의 급부만으로도 교환계약이 가능한 것으로 보고 있다.

다. 부관에 의한 반대급부와 결부

독일 행정절차법 제36조 제3항은 부관을 통하여 행정행위의 목적에 반하는 목표를 추구하는 것을 막는 데 그 입법취지가 있다. 그러한 범위 내에서 행정행위를 위한 재량권의 한계가 부관을 부가하는 데 있어서도 적용된다. 특히 행정청으로 하여금 부담을 붙임으로써 상대방에게 행정행위의 목표설정과 아무런 실제적 관련성이 없는 급부를 막는다. 부관에 있어서 부당결부금지원칙의 적용은 행정청의 활동을 위하여 특정한 작위, 부작위의 의무를 지우는 것을 통하여 불합리한 방법으로 목표를 달성되지 못하도록 하는 의의가 있다. 만약에 상응하는 내용을 갖는 부관이 허용되지 않는다면 동일한 목표를 갖는 사전적인 시민의 의사표시는 구속력을 갖지 않게 된다.[41]

---

40) Hans Peter Bull, Allgemeines Verwaltungsrecht, 2000, S. 297.
41) Peter Weides, Verwaltungsverfahren und Wiederspruchsverfahren, 3 Aufl. 1993, S. 188.

5. 부당결부금지원칙 위반의 효과

부당결부금지원칙을 헌법적 효력을 갖는 법원칙으로 본다면 그 위반은 위헌 또는 위법의 효과를 갖는다고 할 것이다. 그러나 법률적 효력을 갖는 법원칙으로 본다면 부당결부금지원칙 위반의 효과는 행정법의 일반원칙의 위반효과와 마찬 가지로 일반적으로 위법의 효과를 갖지만, 무효인지 또는 취소할 수 있는 행위인 지 검토가 필요하다.

일부 학자의 견해에 의하면 실제적 관련성이 없는 경우에는 단순한 위법으 로 취소할 수 있는 하자로 보는 반면, 행정권 행사와 아무런 관련이 없는 급부를 명하는 경우에는 무효로 보아야 한다는 견해가 있다.[42]

그러나 일반적으로 공법상 계약의 경우, 부당결부금지원칙의 위반은 무효로 보고, 부관의 경우, 부당결부금지원칙의 위반은 취소할 수 있는 행위로 보는 것이 적절하다고 할 것이다.[43]

6. 대상판결과 부당결부금지의 원칙의 적용

가. 이 사건 부담과 협약이 부당결부금지의 원칙에 위반되는지 여부

협약이 부당결부금지원칙에 위반되는지 여부를 논의하기 위해서, 그 전제로 서 이 사건 협약이 사법상 계약이 아니라 공법상 계약의 성질을 지니지 않으면 안 된다. 이 사건 협약이 이 사건 허가조건에 편입됨에 따라 피고가 이 사건 허가 에 기하여 매설한 송유관을 이설하게 되는 경우에 피고가 그 이설비용을 모두 부 담하여야 하는 불이익을 입은 것은 사실이지만, 피고는 원고로부터 이 사건 허가 를 받음으로써 우리나라를 남북 방향으로 관통하는 송유관을 매설함에 있어 도로 부지나 접도구역이 아닌 사유지를 이용하여 매설하는 경우 겪게 되는 여러 가지 법률적, 사실적인 어려움을 상당 부분 해소하게 되는 이익도 동시에 얻은 것으로 볼 수 있다. 이러한 이유를 들어 이 사건판결은 부당결부금지의 원칙에 위반한 것이 아니라고 보았는데, 그렇다면 이 사건협약이 공법상 계약이라는 것을 전제

---

42) 박균성, 행정법강의, 박영사, 2010, 53면.
43) 이러한 관점에서 관련판례 1(대법원 1997. 3. 11. 선고 96다49650 판결)에서도 주택사업계 획승인에 붙여진 그 주택사업과는 아무런 관련이 없는 토지를 기부채납하도록 하는 부관 은 위법하지만 당연무효라고 볼 수 없다고 판시하고 있다.

로 하여야 함에도 민사사건으로 다루었다. 이는 사법상계약을 전제로 판단하고 있어 논리적으로 문제가 있으며, 법령의 개정으로 행정청의 처분에 철회사유가 있음에도 불구하고, 행정청이 철회하지 않는 경우에 처분당시의 적법성만을 주장하면서 다른 이익도 얻었으므로 상대방으로 하여금 감수하라고 하는 것은 국민의 권리 및 이익을 침해하는 결과가 되므로 부당결부금지의 원칙에 반할 여지가 있다.[44] 관계 법령이 개정되었음에도 불구하고 이 사건 협약이 계속 하여 유효하다고 할 경우에는 피고로서는 부당한 의무를 부담하게 되고, 앞서도 고찰한 바와 같이 실체적 관련성의 목적적 관련성에 비추어 볼 때 법률의 근거가 없어진 경우에도 부관을 붙이는 것이 부당결부에 해당한다고 볼 여지가 있기 때문이다.

나. 부담과 협약의 효력관계

먼저 부담에 있어서의 부당결부금지원칙에 위반하여 하자가 있다고 할 경우에 부담에 덧붙여 체결된 협약의 효력에 어떠한 영향을 미칠 것인지가 문제가 된다. 이 문제는 부담과 기부채납의 효력관계가 기본적으로 동일하다는 전제하에 논의를 전개할 수 있다고 본다. 이와 관련하여 종래의 대법원판례의 태도를 살펴보면, 부담을 붙이면서 사법상 증여계약의 일종인 기부채납을 부담의 내용으로 하는 경우인데, 이 경우에는 부담에 하자가 있더라도 그 하자가 기부채납의 조건을 당연무효로 할 만한 사유에 해당한다고 볼 수 없고 기부채납의 조건 및 그 이행으로 경료된 토지소유권이전등기가 당연무효 또는 취소될 사유는 아니라고 보고 있다.

이에 반해 유력설은 부담으로 기부채납의 약정을 붙인 사안과 관련된 판결에서, 기부채납을 사법상의 계약으로 보고, 기부채납에 의한 소유권의 이전의 법률상 원인은 증여계약이라는 채권행위이고 기부채납을 명하는 부담은 그 채권행위의 동기가 될 뿐이라고 본다. 기부채납을 명하는 부관은 기부채납의 동기나 연유에 불과하므로 부관에 하자가 있는지 여부에 따라 부관의 이행으로 한 기부채납의 효력에 직접 영향을 받는 것은 아니고 단지 부관에 하자가 있다면 기부채납

---

44) 물론 이 사건 판결에서는 피고가 불이익을 입은 것이 사실이지만 사실적인 이익도 동시에 얻고 있고, 또한 송유관 이설이라는 부대공사와 관련하여 공작물설치자로서 피고는 특별한 관계가 있다고 볼 수 있으므로 결국 피고는 이러한 영리 사업의 특성상 경제적 이해관계를 고려하여 이 사건 협약을 체결한 것이라고 할 수 있다는 전제하에 부당결부금지원칙에 위반된 것으로 볼 수 없다는 견해도 충분히 이해할 만하다.

의 동기에 착오가 있는 것으로 되고, 나아가 착오의 일반이론에 의하여 기부채납의 효력이 취소될 수 있는지 여부를 결정할 수 있다고 설명하고 있다.[45]

　여기에서 미리 부관을 붙이면서 기부채납을 하기로 약정한 경우와 협약을 체결하는 방식으로 부관을 붙이는 것은 기본구조가 동일하다고 할 것이다. 미리 사전에 기부채납을 붙이기로 한 경우와 사전에 협약을 체결하기로 한 경우는 동일하기 때문이다. 그렇기 때문에 협약을 붙이는 내용의 부관이 협약의 동기 내지 연유로 볼 경우에, 부관의 하자가 무효인 경우에는 사법적 법률행위의 내용의 중요부분의 착오로 보고, 취소할 수 있는 경우에는 공정력에 의하여 이를 취소하지 않는 한 사법적인 법률행위에 영향을 미치지 않는다고 볼 것이다.

　최근의 대법원 2009. 6. 25. 선고 2006다18174 판결에서 "행정처분에 부담인 부관을 붙인 경우 그 부관의 무효화에 의하여 본체인 행정처분 자체의 효력에도 영향이 있게 될 수는 있지만, 그 처분을 받은 사람이 그 부담의 이행으로서 사법상 매매 등의 법률행위를 한 경우에는 그 부관은 특별한 사정이 없는 한 그 법률행위를 하게 된 동기 내지 연유로 작용하였을 뿐이므로 이는 그 법률행위의 취소사유가 될 수 있음은 별론으로 하고 그 법률행위 자체를 당연히 무효화하는 것은 아니며(대법원 1995. 6. 13. 선고 94다56883 판결; 대법원 1998. 12. 22. 선고 98다51305 판결 참조), 행정처분에 붙은 부담인 부관이 제소기간의 도과로 확정되어 이미 불가쟁력이 생겼다면 그 하자가 중대하고 명백하여 당연무효로 보아야 할 경우 이외에는 누구나 그 효력을 부인할 수 없을 것이지만, 그 부담의 이행으로서 하게 된 사법상 매매 등의 법률행위는 그 부담을 붙인 행정처분과는 어디까지나 별개의 법률행위이므로 그 부담의 불가쟁력의 문제와는 별도로 그 법률행위가 사회질서 위반이나 강행규정에 위반되는지 여부 등을 따져보아 그 법률행위의 유효 여부를 판단하여야 한다"고 판시함으로써 부관인 부담과 협약과는 별개의 법률행위로서 다루고 있다고 할 것이다.[46]

---

45) 송영천, "기부채납과 토지형질변경행위허가", 인권과 정의, 통권 259호 1998. 3, 86면.

46) 대법원 1996. 1. 23. 선고 95다 3541 판결에서는 주택건설사업계획 승인에 붙여진 기부채납의 조건은 행정행위의 부관 중 '부담'에 해당하는 것으로서, 그 조건에 하자가 있다고 하더라도 그 하자가 기부채납의 조건을 당연무효로 할 만한 사유에 해당한다고 볼 수는 없고, 또 그와 같은 행정처분의 부관에 근거한 기부채납 행위가 당연무효이거나 취소될 사유는 못 된다고 판시한 바 있다. 아울러 대법원 1999. 5. 25. 선고 98다53134 판결에서는 "토지소유자가 토지형질변경행위허가에 붙은 기부채납의 부관에 따라 토지를 국가나 지방자치단체에 기부채납(증여)한 경우, 기부채납의 부관이 당연무효이거나 취소되지 아니

Ⅴ. 맺 음 말

앞에서 고찰한 바와 같이, 대상판결은 송유관의 매설을 허가하는 행위는 수익적 행정처분이므로 원고는 이 사건에서와 같이 미리 협약을 체결하고 접도구역에 매설을 허가할 수 있고, 또한 일방적으로 부관을 붙여 이 사건 협약에서와 같은 내용을 삽입하고 허가할 수 있다고 보고 있다. 이는 기본적으로 법적 효과에는 차이가 없고 부관을 붙이기 전에 협약을 체결하여 부관을 붙이는 방식으로 내린 최초의 판결이라고 할 것이다. 한편, 이 사건 판결에서는 부당결부금지원칙의 개념을 명확히 하였다. 이 사건 판결에서는 부당결부금지원칙을 "행정주체가 행정작용을 함에 있어서 상대방에게 이와 실질적인 관련이 없는 의무를 부과하거나 그 이행을 강제하여서는 아니된다"고 파악하였다. 당해 사안에서는 부당결부에 해당되지 않는다고 판시하였으나, 법령개정이 이루어진 경우에는 목적적 관련성이 없게 되어 이를 공법상 계약으로 보게 된다면, 그 적용가능성이 있다고 할 것이다.

대상판결은 송유관매설사업을 허가하면서 사전에 상대방과 체결한 협약상 의무를 부담으로 부가한 경우, 부담의 전제가 된 주된 행정처분의 근거 법령이 개정되어 부관을 붙일 수 없게 되더라도 곧바로 협약의 효력이 소멸하는 것은 아니라고 판시하고 있다. 이러한 판례의 태도는 협약을 부담으로 보는 부관적 접근이라고 할 것이다. 이에 대하여 그 대안으로 당해 협약을 공법상 계약으로 보는

한 이상 토지소유자는 위 부관으로 인하여 증여계약의 중요부분에 착오가 있음을 이유로 증여계약을 취소할 수 없다"고 판시한 바 있으며, 같은 맥락에서 대법원 1995. 6. 13. 선고 94다56883 판결에서도 "건축허가를 하면서 일정 토지를 기부채납하도록 하는 내용의 허가조건은 부관을 붙일 수 없는 기속행위 내지 기속적 재량행위인 건축허가에 붙인 부담이거나 또는 법령상 아무런 근거가 없는 부관이어서 무효이다"라고 전제한 다음, "다"항의 허가조건이 무효라고 하더라도 그 부관 및 본체인 건축허가 자체의 효력이 문제됨은 별론으로 하고, 허가신청대행자가 그 소유인 토지를 허가관청에게 기부채납함에 있어 위 허가조건은 증여의사표시를 하게 된 하나의 동기 내지 연유에 불과한 것이고, 위 허가신청대행자가 건축허가를 받은 토지의 일부를 반드시 허가관청에 기부채납하여야 한다는 법령상의 근거규정이 없음에도 불구하고 위 허가조건의 내용에 따라 위 토지를 기부채납하여야만 허가신청인들이 시공한 건축물의 준공검사가 나오는 것으로 믿고 증여계약을 체결하여 허가관청인 시 앞으로 위 토지에 관하여 소유권이전등기를 경료하여 주었다면 이는 일종의 동기의 착오로서 그 허가조건상의 하자가 허가신청대행자의 증여의사표시 자체에 직접 영향을 미치는 것은 아니므로, 이를 이유로 하여 위 시 명의의 소유권이전등기의 말소를 청구할 수는 없다고 한 판시한 바 있다.

행정계약적 접근이 제시되고 있다. 행정계약적 접근은 사정변경의 원칙을 통해 협약의 변경 문제를 다루고 있다. 이러한 견해는 행정계약에 대한 우리의 행정절차법상의 입법공백을 메우고 행정계약의 법리를 형성한다는 측면에서 그 의의가 있으나, 부담과 행정계약과의 관계 설명이 다소 미흡하다고 할 것이다.

이와 더불어 대상판결은 수익적 처분에 해당하면 법률에 근거가 없어도 부관을 붙일 수 있다는 논리는 적절한 것인지 의문이다. 대법원 2007. 7. 12. 선고 2007두6663 판결에서 "주택재건축사업시행인가는 상대방에게 권리나 이익을 부여하는 효과를 가진 이른바 수익적 행정처분으로서 법령에 행정처분의 요건에 관하여 일의적으로 규정되어 있지 아니한 이상 행정청의 재량행위에 속하므로, 처분청으로서는 법령상의 제한에 근거한 것이 아니라 하더라도 공익상 필요 등에 의하여 필요한 범위 내에서 여러 조건(부담)을 부과할 수 있다"고 판시하고 있어 비교적 자세히 판결이유에 설시한 것으로 대상판결과 대비된다.

문제는 수익적 행정작용에 있어서도 언제나 부관을 자유롭게 붙일 수 있는 것은 아니고, 기속행위나 기속재량의 경우는 허용되지 않을 뿐만 아니라 재량행위라고 할지라도 부관으로 인하여 수익보다 더 큰 자유침해를 초래하는 경우에는 법률의 근거를 요한다고 할 것이다.[47]

끝으로, 앞에서 다루지는 않았지만, 법령의 개정으로 부담이 행정행위의 철회의 사유에 해당하는데 행정청에서 이를 철회하지 않는 경우 상대방의 권리구제를 위하여 어떤 법리를 개발하여 대응할 것인지 등 대상판결을 둘러싸고 행정법적으로 다양한 논의거리를 제공하고 있어 향후 이에 관한 보다 체계적이며 깊이 있는 분석과 검토가 요망된다.

---

47) 김용섭, "급부행정의 법률유보에 관한 연구", 법제연구, 제9호, 1995, 238면.

[참고문헌]

김경란, 행정청이 수익적 행정처분을 하면서 사전에 상대방과 체결한 협약상 의무를 부담으로 부가하였는데 부담의 전제가 된 주된 행정처분의 근거법령이 개정되어 부관을 붙일 수 없게 된 경우, 위 협약의 효력, 대법원판례해설, 제79호, 2009. 12.

김남진, "교섭·합의에 의한 부관의 효력", 행정판례연구, 제2권, 1995.

김남진, 대법원의 애매한 행정행위의 부관관 대법원 2009. 2. 12. 선고 2005다65500 판결, 법률신문 2010. 7. 13.자.

김동희, "행정행위의 부관에 관한 고찰", 서울대 법학, 제36권 제1호, 1995.

김대인, 행정계약법의 이해, 경인문화사, 2007.

김대인, "계약의 형식으로 된 부관의 법률관계 — 대법원 2009. 2. 12. 선고 2005다 65500 판결에 대한 판례평석", 행정법연구, 제26호, 2010, 4.

김용섭·신봉기·김광수·이희정, 법학전문대학원 판례교재 행정법, 법문사, 2009.

김용섭, "2009년 행정법 중요판례", 인권과 정의, 2010. 3월호.

김용섭, "행정행위의 부관에 관한 법리", 행정법연구, 2권, 1998 상반기.

김철용, 행정법 Ⅰ, 박영사, 2010.

김학세, "부당결부금지의 원칙, 판례연구 제15집", 서울지방변호사회, 2001.

김중권, '송유관이설협약'의 법적 성질에 관한 소고, 법률신문, 2007. 12. 24.자.

박균성, 행정법강의, 박영사, 2010.

박윤흔, 최신 행정법강의(상), 박영사, 1996.

박정훈, "기부채납부담과 의사표시의 착오", 행정법연구 제3호, 1998년 하반기.

박종국, "부당결부금지의 원칙에 관한 연구", 공법연구, 제25집 제4호.

백승주, "행정법상 계약의 하자 및 그 유지에 관한 고찰", 토지공법연구, 제33집, 2006.

송영천, "기부채납과 토지형질변경행위허가", 인권과 정의, 통권 259호, 1998. 3.

오준근, "부동산 개발사업 허가의 부관과 개발협약에 관한 한국과 미국의 비교법적 고찰", 토지공법연구, 제40집, 2008. 5.

이광윤, 2009분야별 주요 판례평석, 법률신문, 2010. 4. 22.자.

이영무, "건축허가에 부수해서 부가된 기부채납 부관의 허용성과 그 효력, 민사법연구", 대한민사법학회, 2001.

임성훈, 행정계약에 관한 소송형식, 행정법이론실무학회 제187차 정기학술발표회자료집, 2010. 5.

정하중, "법치행정의 원리와 공법상 계약 — 독일 행정절차법의 내용을 중심으로", 서강법학, 제11권 제1호.

Hans-Josef Schneider, Nebenbestimmungen und Verwaltungsprozess, Schrift zum Öffentlichen Recht Bd. 393, 1981.

Knack, Verwaltungsverfahrensgesetz Kommentar. 8 Aufl., 2004.

Friedhelm hufen und Christian Bickenbach, Der Rechtsschutz gegen Nebenbestimmungen zum Verwaltungsakt Jus 10/2004.

Jost Pietzcker, Rechtsschutz gegen Nebenstimmungen-unlösbar ?, NVwZ 1995.

Reiner Störmer, Rechtsschutz gegen Inhalts-und Nebenstimmungen, DVBl 1996.

4. 원격평생교육시설 신고 및 그 수리거부*

― 대상판결: 대법원 2011. 7. 28. 선고 2005두11784 판결 ―

[사실관계와 판결요지]

Ⅰ. 사실관계

원고가 이사장으로 있는 정통침뜸연구소는 전통 민간요법인 침·뜸을 온라인을 통해 교육할 목적으로 서울 동대문구 청량리2동 486 소재 구당빌딩 2층에 인터넷 침뜸학습센터(이하 '이 사건 교육시설'이라 한다)를 설립하였다.

그런데 원고는 2003. 9. 8. 구 평생교육법(2007. 10. 17. 법률 제8640호로 개정되기 전의 것) 제22조 제2항, 구 평생교육법 시행령(2004. 1. 29. 대통령령 제18242호로 개정되기 전의 것) 제26조, 제27조의 각 규정에 따라 관할 행정청인 서울특별시 동부교육청 교육장 (피고)에게 이 사건 교육시설을 원격교육형태의 평생교육시설로 신고하였다.

그러나 피고는 2003. 9. 20. 교습과정 부적합을 이유로 원고의 평생교육시설의 신고를 반려하는 행위를 하였고, 그 당시 피고가 반려사유로 적시한 내용은 다음과 같다.

---

* 이 논문은 2012. 11. 16. 개최된 한국행정판례연구회 제278차 월례발표회에서 주제발표를 한 후 2012년 12월에 발간된 행정판례연구 제17권 제2호에 수록한 필자의 논문 일부를 수정·보완한 것입니다.

(1) 구 평생교육법 시행령 제26조에 의하면 원격교육형태 평생교육시설의 신고대상은 지식·기술·기능 및 예능에 관하여 교육을 실시하는 시설이다.

(2) 침구시술은 고도의 전문지식과 경험을 필요로 하고, 사람의 신체와 생명에 중대한 영향을 미치는 의료행위이다.

(3) 의학관련 과목인 침구법 등을 교육과목으로 한다면 고등교육법 제32조 및 고등교육법 시행령 제28조에 의거하여야 할 것이며, 또한 의료인과 혼동될 수 있는 유사의료인양성은 무면허의료행위를 조장할 수 있다.

Ⅱ. 원심판결의 요지

원심법원은 이 사건의 신고의 성격과 관련하여 제1심 서울행정법원의 판단을 그대로 원용하면서 판단하였다. 원심법원은 "신고란 사인이 행정청에 대하여 일정한 사항(사실 또는 관념)을 통지함으로써 공법적 효과가 발생하는 행위로서, 강학상 신고는 원칙적으로 사인의 통지가 행정청에 도달한 때에 관계법이 정하는 법적 효과가 발생하는 것이고 행정청의 수리행위가 필요한 것은 아니지만, 실정법상의 신고에는 위와 같이 수리를 요하지 아니하는 신고와는 별도로 행정청에 의하여 그 신고를 수리하는 절차가 이행되어야만 신고절차가 완료되는 신고가 있고, 이와 같이 수리를 요하는 신고의 경우에는 관계법상 행정청에 신고요건을 심사하여 수리 여부를 결정할 수 있는 권한이 부여되어 있다."라고 전제하고, "구 평생교육법 시행령 제26조가 원격교육형태의 평생교육시설의 신고대상을 학습비를 받고 10명 이상의 불특정 학습자에게 30시간 이상의 교습과정에 따라 화상강의 또는 인터넷강의 등을 통하여 지식·기술·기능 및 예능에 관한 교육을 실시하는 시설로 규정하고 있고, 구 평생교육법 시행령 제27조 제2항이 신고서에 첨부하여야 하는 운영규칙에 교육과정·정원을 기재하도록 하고 있으며, 제3항은 교육인적자원부장관은 신고서를 검토하여 요건에 맞는 경우에는 교육인적자원부령이 정하는 신고증을 교부하여야 한다고 규정하고 있는, 위 각 규정내용을 종합하여 보면, 이 사건 신고는 행정청의 수리를 요하는 신고이고 피고는 이 사건 신고의 요건을 심사하여 수리 여부를 결정할 수 있는 권한이 있다 할 것이다."라고 판시하였다. 아울러, 원심은 "불특정 다수인을 대상으로 학습비를 받고 침·뜸 관련 과목으로 구성된 이 사건 교육시설의 교육과정에 따른 교육을 실시한 후에 각 단계별 교육과정마다 수강생들에게 수료증을 발급하는 이 사건 교육시설을 원격교육형태의 평생교육시설로 신고하는 이 사건 신고에 대하여, 피고로서는 신고서에 첨부된 운영규칙에 기재된 교육과정의 내용이 의료법에 저촉되는지 여부, 신고에 따른 교육이 실제 이루어짐으로써 발생할 것으로 예상되는 부작용을 고려하여 이 사건 신고를 반려할 수 있다고 할 것이다.”라는 이유를 제시하여 원고의 청구를 기각하였다.

Ⅲ. 대법원판결의 요지

[1] 구 평생교육법(2007. 10. 17. 법률 제8640호로 개정되기 전의 것, 이하 ‘법’이라 한다) 제22조 제1항, 제2항, 제3항, 구 평생교육법 시행령(2004. 1. 29. 대통령령 제18245호로 개정되기 전의 것) 제27조 제1항, 제2항, 제3항에 의하면, 정보통신매체를 이용하여 학습비를 받지 아니하고 원격평생교육을 실시하고자 하는 경우에는 누구든지 아무런 신고 없이 자유롭게 이를 할 수 있고, 다만 위와 같은 교육을 불특정 다수인에게 학습비를 받고 실시하는 경우에는 이를 신고하여야 하나, 법 제22조가 신고를 요하는 제2항과 신고를 요하지 않는 제1항에서 ‘학습비’ 수수 외에 교육 대상이나 방법 등 다른 요건을 달리 규정하고 있지 않을 뿐 아니라 제2항에서도 학습비 금액이나 수령 등에 관하여 아무런 제한을 하고 있지 않은 점에 비추어 볼 때, 행정청으로서는 신고서 기재사항에 흠결이 없고 정해진 서류가 구비된 때에는 이를 수리하여야 하고, 이러한 형식적 요건을 모두 갖추었음에도 신고 대상이 된 교육이나 학습이 공익적 기준에 적합하지 않는다는 등 실체적 사유를 들어 신고 수리를 거부할 수는 없다.

[2] 전통 민간요법인 침·뜸행위를 온라인을 통해 교육할 목적으로 인터넷 침·뜸 학습센터를 설립한 갑이 구 평생교육법(2007. 10. 17. 법률 제8640호로 개정되기 전의 것) 제22조 제2항 등에 따라 평생교육시설로 신고하였으나 관할 행정청이 교육 내용이 의료법에 저촉될 우려가 있다는 등의 사유로 이를 반려하는 처분을 한 사안에서, 관할 행정청은 신고서 기재사항에 흠결이 없고 정해진 서류가 구비된 이상 신고를 수리하여야 하고 형식적 요건이 아닌 신고 내용이 공익적 기준에 적합하지 않다는 등 실체적 사유를 들어 이를 거부할 수 없고, 또한 행정청이 단지 교육과정에서 무면허 의료행위 등 금지된 행위가 있을지 모른다는 막연

한 우려만으로 침·뜸에 대한 교육과 학습의 기회제공을 일률적·전면적으로 차단하는 것은 후견주의적 공권력의 과도한 행사일 뿐 아니라 그렇게 해야 할 공익상 필요가 있다고 볼 수 없으므로, 형식적 심사 범위에 속하지 않는 사항을 수리거부사유로 삼았을 뿐만 아니라 처분사유도 인정되지 않는다는 이유로, 위 처분은 위법하다고 한 사례

[판례연구]

Ⅰ. 문제의 제기

행정법상의 신고와 수리를 둘러싼 법적 논의는 매우 활발하며 복잡한 양상으로 전개되고 있다.[1] 최근 행정법상 신고에 관한 3건의 대법원 전원합의체 판결[2]이 선고된 후에 있어서도 이론구성과 법적 논의의 전개에 있어 근본적인 변화가 있는 것은 아니다. 그 이유는 학자 간에 신고의 개념과 유형에 관한 이론적 설명의 층위가 다르고, 신고를 규정하고 있는 실정법령이 통일되어 있지 않으며, 판례의 입장이 전체적으로 볼 때 통일되어 있지 못하기 때문이라고 말할 수 있다.

각종 실정법령에서 신고에 관한 사항을 규율하고 있고, 행정절차법 제40조에서 자기완결적 신고에 관하여 규율하고 있지만, 신고는 사인주도의 자기완결적 성질을 지니는 전형적인 신고와는 다른 행정청의 소극적인 개입형태인 수리를 요하는 신고의 범주를 인정할 수밖에 없다. 한편 여기서의 근본적인 문제인식은 자기완결적 신고와 수리를 요하는 신고가 대칭개념인 것인지 아니면 양자의 중간에 양자의 성질을 겸유하는 하이브리드형의 신고는 없는 것인지 검토하

---

1) 비교적 최근의 문헌으로는 홍준형, "사인의 공법행위로서 신고에 대한 고찰—자기완결적 신고와 수리를 요하는 신고에 관한 대법원판례를 중심으로—," 공법연구, 제40집 제4호, 2012. 6; 조만형, 행정법상 신고의 유형과 해석기준에 관한 소고, 공법연구, 제39집 제2호, 2010, 611면 등을 들 수 있다,

2) 대법원 2009. 6. 18. 선고 2008두10997 전원합의체 판결; 대법원 2010. 11. 18. 선고 2008두167 전원합의체 판결; 대법원 2011. 1. 20. 선고 2010두14954 전원합의체 판결을 말한다.

고자 한다.

그동안 이론과 판례를 통해 정립된 수리를 요하는 신고인 변형적 신고에 대하여 이를 독자적 신고의 형식으로 인정할 것인가에 대하여 다양한 견해가 제시되고 있다. 즉, 수리를 요하는 신고를 금지해제적인 신고로 파악하는 것이 바람직하다고 보는 견해,[3] 수리를 요하는 신고를 등록과 동일시 하는 견해,[4] "수리행위가 있는 신고"로 그 명칭을 변경하여야 한다는 견해[5] 등 다양한 견해가 제시되고 있다.

주지하는 바와 같이 1981. 4. 13. 법률 제3441호로 인허가 등의 정비를 위한 행정서사법 등의 일부개정법률을 제정하여,[6] 규제폐지와 완화, 국민부담 경감을 목적으로 허가제를 신고제로 하거나 등록제를 신고제로 하고, 나아가 신고제를 폐지하는 등의 조치를 취한 바 있다. 이와 더불어 국가는 지속적으로 규제완화 차원에서 허가제나 등록제를 신고제로 개정하면서 완화된 규제방식으로 규율하고 있는 점을 염두에 둘 필요가 있다. 그렇다면 전형적인 신고인 자기완결적 신고와 구분되는 신고의 범주를 인정하지 않을 수 없으며, 판례에서 독자적으로 발전된 수리를 요하는 신고의 법리를 자기완결적 신고와 구분하여 독자적인 법리를 형성하고 발전시켜 나갈 필요가 있다. 다만, 2분법적인 구분이 갖는 한계를 어떻게 극복할 것인가의 문제가 신고의 법리형성에 있어 하나의 새로운 과제라고 할 것이다.

본고에서 다루려고 하는 평석 대상판결은 신고의 법적 성질을 어느 유형으로 파악할 것인지 그리고 그에 따라 수리거부의 심사범위를 어디까지 허용할 것인지에 대하여 규명해야 할 논점에 대하여 적절한 소재를 제공하고 있다.

이 사건 평석대상 판결은 판결문 자체만 놓고 보면 이 사건 평생교육시설의 신고를 자기완결적 신고의 유형으로 파악하고 있는 것인지 수리를 요하는 신고의

---

3) 김중권, "이른바 '수리를 요하는 신고'의 문제점에 관한 소고", 행정판례연구 VIII, 2003.
4) 수리를 요하는 신고를 등록과 동일시 하고 있으나, 이는 전형적인 등록제도가 의미하는 이념형에 비추어 볼 때 맞지도 않고, 규제방식과 관련하여 볼 때도 등록제와는 규제의 정도를 달리하며, 이와는 달리 행정청의 수리가 있어야 일정한 법률관계가 창설되거나 수리에 의하여 금지된 영업행위가 허용되는 신고로서, 이는 수리를 요하는 신고라고 할 것이다.
5) 박균성, "납골당설치신고 수리거부의 법적 성질 및 적법성판단", 행정판례연구 XVI -1, 2011, 107면 이하.
6) 1개의 개정법률로 기존의 27개 법률 가운데 인·허가와 관련되는 규정을 발췌하여 신고제를 규제완화적 차원에서 접근하고 있다.

범주로 보고 있는 것인지 명확하지 않다. 평생교육시설의 신고의 법적 성질을 자기완결적 신고로 볼 것인지 수리를 요하는 신고로 볼 것인지를 논하기 위한 전제는 신고의 개념을 어떻게 이해할 것인지에 달려 있다. 수리를 요하는 신고를 형식적 심사에 한정되는 등록의 의미로 이해하는 일부 견해[7]에 의하면 이를 수리를 요하는 신고에 속한다고 파악할 여지가 있다. 그러나 수리를 요하는 신고에 있어서 수리거부의 사유로 당해 법령이나 관계법령의 규정상의 요건이 아닌 중대한 공익 등 실체적 이유를 들어 수리거부를 정당화하는 대법원 2010. 9. 9. 선고 2008두22631 판결[8]의 입장과 견주어 볼 때 대상판결에서는 심사의 범위를 평생교육법령에 한정하고 있고 법령에서 정한 다른 중대한 공익을 이유로 거부할 수 없다고 판시하고 있어 매우 진일보한 결론을 낸 것으로 이해할 수 있다. 이 사건 평석대상판결은 원심에서 수리를 요하는 신고로 본 것임에도 불구하고 이를 받아들이지 않았다는 점만 놓고 보면 대법원은 자기완결적 신고로 보는 전제에 서 있다고 보여진다. 그러나, 대법원이 자기완결적 신고로 보고 있음에도 수리거부의 처분성을 논증하지 않고 당연히 전제하고 있는 점은 적절한 판시태도인지 검토를 요한다고 할 것이다.

　　이 사건 판결은 행정법상의 신고의 유형과 수리거부와 관련하여 여러 가지 논의거리를 제공한다. 논의를 한정하기 위하여 이 사건 판결의 부수적 논점인 의료법 저촉 가능성여부의 문제[9]와 형평성 원칙의 문제[10]는 여기서 고찰하지 않기

---

　7) 대표적인 학자로는 홍정선 교수를 들 수 있다.

　8) 이에 관한 평석으로는 박균성, 앞의 논문, 107-147면.

　9) 관할 행정청은 침·뜸 교육이 원격평생교육시설에서 교습할 수 있는 교습과정에 포함되지 않는다는 이유로 이 사건 신고의 수리를 거부하였는바, 이에 대하여 제1심 및 원심은 이 사건 신고가 '수리를 요하는 신고'에 해당한다는 전제 아래 피고가 내세운 처분사유가 피고의 심사범위 내에 포함될 뿐 아니라 내용 또한 적법하다고 보아 이 사건 처분의 취소를 구하는 원고의 청구를 배척하였다. 자신에 대한 행위 또는 업으로 하지 않는 행위와 같이 사회상규에 벗어나는 정도에 이르지 못한 행위는 의료를 목적으로 하는 행위라고 하더라도 의료법에서 금지하는 의료행위로는 볼 수 없으므로, 침구사 자격이 있는 원고가 하는 침·뜸 교육이 의료법상 형사처벌의 대상이 된다고 할 수는 없다. 설령 교습과정에서 행하여지는 침·뜸행위도 의료행위에 해당하여 한의사, 침구사와 같은 자격이 있는 자만이 행할 수 있다고 하더라도, 교습과정에서 발생한 무면허 의료행위를 처벌하면 족하지, 그러한 자격을 가진 자만이 교육자가 되거나 학습자가 될 수 있다고까지 하는 것은 의료법 제25조를 확대 해석하여 교육권과 학습권을 침해하는 것이고, 나아가 무면허 의료행위를 조장할 가능성이 있다고 보는 것은 가정적 추론에 불과하다.

　10) 대학교 부설의 사회교육원, 평생교육원이나 자치단체의 평생학습원에서 침·뜸 교육과정

로 한다.

　따라서 이하에서는 먼저 행정법상 신고의 의의와 유형(Ⅱ)을 고찰하기로 한다. 이와 관련하여 신고의 개념과 기능 그리고 신고의 유형을 살펴보며, 자기완결적 신고와 수리를 요하는 신고의 2분적 구분이 갖는 한계를 다루기로 한다. 다음으로, 신고수리와 수리거부(Ⅲ)를 살펴보되, 신고수리의 개념과 기능, 신고수리와 거부의 법적 성질, 신고수리와 거부에 있어서 행정청의 심사범위의 문제를 살펴보기로 한다. 나아가, 원격평생교육시설의 신고와 수리에 대한 검토(Ⅳ)를 하면서, 평생교육 관련 법령의 규정에 따른 원격평생교육시설에 관하여 살펴 보고, 이 사건 신고가 전형적인 신고인 자기완결적 신고인지 아니면 변형적 신고인 수리를 요하는 신고에 해당하는지 여부와 행정청이 수리를 거부하는 경우 형식적 요건 이외에 실체적 요건에 대한 심사를 어느 범위에서 허용하는지 고찰하기로 한다. 나아가 침·뜸에 있어서 안전성 여부를 이유로 평생교육시설의 신고를 거부하는 것이 허용될 것인지 검토하는 순으로 논의를 진행하기로 한다.

Ⅱ. 신고의 의의와 유형

1. 신고의 개념 및 기능

가. 개념상 혼란

　신고의 개념과 유형을 어떻게 파악할 것인지를 둘러싸고 개념상의 혼란이 있다. 자기완결적 신고의 법위설정에 있어 주된 문제는 통보나 임의적 신고와 같은 사실적 행위에 대한 신고를 자기완결적 신고의 범주에 넣을 것인지의 문제이다. 자기완결적 신고에 있어서는 행정청의 수리가 없더라도 의무가 이행된 것으로 보게 되므로, 신고를 한 후에 금지된 행정행위를 할 수 있다고 할 것이다. 다만, 금지해제적인 자기완결적 신고에 있어서는 행정청이 신고를 반려하는 행위에 대하여는 당사자의 지위를 불안하게 할 우려가 있으므로, 이와 같은 반려행위에 대하여 처분성을 인정할 수 있다.

　한편, 수리를 요하는 신고에 속하는 영업규제의 일종으로서의 신고제를 허가제 및 등록제와 비교하여 어떤 제도상의 차이를 인정할 것인가 문제된다. 다른

이 합법적으로 운영되고 있으므로, 원고의 이 사건 신고를 거부하는 것은 형평의 원칙에 반하는지 여부가 문제되지만 여기서는 따로 이 부분에 관하여 고찰하지 않기로 한다.

한편 행정법상의 신고의 개념이 혼란스러운데, 이와 같은 개념상의 혼란의 원인으로는 실정법에 수많은 신고에 관한 규정을 두고 있는데, 이러한 신고가 강학상의 전형적인 신고에 한정되지 않고 다양한 형태의 완화된 허가로서 기능하는 데 기인한다. 아울러 행정법상의 법률관계와 관련하여 사인의 공법행위의 일종으로서 신고와 신청을 들고 자체완성적 사인의 공법행위와 행위요건적 사인의 공법행위로 구분하는 방식에 신고를 대입하다 보니, 가령 영업규제의 다양한 규제방식인 인가, 특허, 허가, 등록, 신고 등을 행정행위의 이념형의 틀 속에 맞추어 논의하는 과정에서 복잡성이 더해졌다고 볼 수 있다. 일부 학자에 의하여 행정법상 신고로 분류되는 사후적인 통보나 정보제공적 신고는 엄밀한 의미에서 이는 사실행위로서, 공법적 효과의 발생을 목적으로 하는 사인의 공법행위의 일종인 신고에 해당하지 않게 된다. 사인의 공법행위라는 범주를 좁게 이해하는 한, 사인이 행하는 사실행위는 배제되겠지만, 행정이 사적 경제활동에 개입하는 방식의 하나인 신고제는 사전적, 사후적인가, 나아가 사실행위인가 행정처분인가와는 관계없이 다양한 모습을 지니게 된다. 이러한 점을 염두에 둔다면, 행정법상 신고에 관한 개념을 정립을 하기 위해서는 행정절차법에서 규율하고 있는 신고에 관한 규정이 행정법상의 신고의 전부를 의미하는 것은 아니며 현행 실정법에서 사용하는 신고를 모두 고찰 대상으로 삼아 연구를 진행할 때 전체적인 모습이 그려지게 될 것이다.

나. 신고제와 허가제 및 등록제

신고제는 다른 영업규제제도와의 비교 속에서 그 위치를 설정할 수 있다. 우선 신고제와 인·허가제의 차이점은 인·허가제는 행정청에 의한 전면적인 행정주도적 개입인 데 반하여 신고제에 있어서는 해악발생의 방지방법이 신고자측의 이니셔티브에 맡겨지고 행정개입이 보완적으로 이루어지는 형태로서 행정청의 개입방법상의 차이가 있다. 행정청은 단지 수리라는 방식으로 대응하는바, 이 경우 수동적인 행정청의 개입이 완화된 허가제적 성격을 지니게 된다. 많은 경우에 허가증과 마찬가지로 신고필증을 교부하도록 규정하고 있으나, 신고필증의 구비여부는 신고의 효력발생에 있어 결정적이지 않고 행정청에서 신고되었다는 것을 확인하는 의미가 있을 뿐이다.

허가제는 법률에서 금지된 사항에 관해 일정한 요건을 충족한 자에 대하여 이 금지를 해제하거나(명령적 내용의 허가), 일정한 법적 지위를 부여하는(형성적 내용의 허가) 제도로서 만약 행정청의 허가를 받지 아니한 상태에서 시민이 일정한 행위를 한 경우에 그 법적 효과는 유효하지만 위법하게 되어 처벌의 대상이 된다. 즉 허가는 적법요건이다. 이에 대하여 인가는 사인 상호간의 법률행위의 효과를 완성시키는 보충적인 행위로서 인가를 받지 아니한 행위는 법적 효력이 발생하지 않는다. 즉 인가는 유효요건이 된다.

등록제는 일정한 요건을 충족한 자에 대한 등록을 조건으로 영업활동 등을 인정하는 제도이지만 등록의 가부에 관해서는 행정청에 일정한 재량이 인정되기 때문에 허가제와 신고제의 중간에 위치한다. 신고제의 경우 신고를 하지 아니하고 행한 행위는 적법하고 유효하며 신고를 게을리하였다는 점에 관해서 질서벌로서 과태료를 부과하는 전형적인 신고도 있지만 징역이나 벌금 등을 부과하는 완화된 허가제로서의 신고도 있다. 신고제 영업에 있어서는 신고의 요건이 주로 물적 요건에 한정되고 신고를 필하지 않고 영업행위를 한 경우에는 비교적 허가보다는 경미한 처벌을 받으며, 법령에 위반하여 신고영업을 한 경우에 행정처분은 영업정지나 영업폐쇄가 내려지는 등 인·허가제, 등록제보다는 완화된 규제수단으로 경제에 대한 국가적 관여수단이라 할 수 있다.

등록제의 경우에는 결격사유를 규정하는 경우가 있으며, 등록에 있어서는 등록취소라는 처분이 내려질 수 있는 반면에 신고의 경우에는 영업폐쇄를 할 수 있으며, 등록제의 경우에는 신청이라는 용어로 사용되는데 반하여 신고에 있어서는 수동적인 형태의 수리라는 개입수단이 등장하게 된다.

일설에 의하면 수리를 요하는 신고는 허가 또는 등록의 신청으로 해석하여야 할 것이므로, 실정법에서 신고라는 용어를 같이 쓴다고 하여, 그 법적 성질이 다른 자기완결적 신고에 관한 규정을 준용할 것은 아니고, 신청에 관한 규정을 적용함이 타당하다는 견해도 제시되고 있다. 그러나, 신고제로 규정하고 있는 데도 허가제로 회귀하는 내용의 해석이나, 신고제를 허가제와 유사하게 다루는 판례의 태도는 입법자의 규제완화의 정책적 의지를 반영하지 않은 것이므로 바람직하지 않다고 할 것이다.[11]

---

11) 다양한 영업규제를 마련할 필요성에 비추어 허가와 신고의 2가지 종류에 한정할 것은 아니고, 허가의 경우에도 예외적 승인과 허가, 재량행위로서의 허가와 기속행위 내지 기속재량으로서의 허가로 나누어지듯이, 동일한 신고라고 할지라도 다양한 형태를 입법자가 정

다. 신고의 개념정립의 방향

신고는 기본적으로 행정절차법에서 규율하고 있는 전형적인 신고인 자기완결적 신고를 기축으로 설명하면서, 변형적인 신고인 수리를 요하는 신고를 다각적으로 분석하는 것이 필요하다. 자기완결적 신고와 수리를 요하는 신고라는 분석적 도구개념이 정교하지는 않지만 행정법상 신고의 큰 틀을 이해하는 데 도움이 되며, 정보제공적 신고와 금지해제적 신고의 구분방식은 보충적으로 활용될 수 있다고 할 것이다. 다만, 전자의 경우에는 사실행위로서 공법적 행위에 해당하는 신고에 해당하지 않으며, 후자의 경우에는 실질적으로 허가로 보는 관점에서 비판하기도 한다.

실정법상의 다양한 신고를 염두에 둔다면, 신고는 사실행위로서의 신고도 포함시키고 사후적인 통보도 신고의 일종으로 분류할 수 있겠으나, 신고가 사인의 공법행위인 점을 감안할 때, 사실행위로서의 신고는 법적 효과를 내용으로 하는 신고와는 구분되고, 당사자에게 의무적인 신고로서 법령의 근거가 있는 신고와는 달리 임의적 신고는 강학상 신고로 보기 어려워 행정법상의 신고의 법리의 적용이 없다고 보는 것이 타당하다. 아울러 여기서는 자기완결적 신고와 수리를 요하는 신고의 구분 틀을 유지하면서 양자의 개념의 어느 하나의 카테고리로 묶기 어려운 중간영역의 신고가 있다는 전제에서 행정법상 신고를 파악하고자 한다. 이러한 관점에서 이해할 때, 신고⇨접수로서 신고의무이행의 효과가 발생하고, 형식적 요건에 대한 형식적 심사에 그치는 자기완결적 신고와 중간 유형으로서 신고⇨접수⇨처리(반려 또는 수리) 형태의 신고로서 형식적 요건뿐만 아니라 실체적 요건에 대한 형식적 심사에 그치는 중간 유형의 신고, 다음으로 신고⇨접수⇨검토·확인⇨수리 형태의 신고로서 형식적 및 실체적 요건에 대한 실질적 심사를 행하는 수리를 요하는 신고로 분류할 수 있다. 첫째 유형은 사인주도의 신고로 수리를 인정하지 않는 자기완결적 신고, 둘째 유형은 행정청의 소극적 관여 형태로 접수 또는 반려를 처분으로 보는 하이브리드형 신고, 셋째 유형은 행정청의 개입이 필요하고 수리가 있어야 행위가 허용되는 것으로 이는 수리를 요하는 신고로, 허가나 등록과는 구별되는 것으로 이해할 필요가 있다. 그러나, 사인의 공

하는 것은 입법정책적 판단에 속한다. 다만, 규제가 필요한 영역을 자기완결적 신고로 하거나, 공익적 관점에서 규제가 그다지 필요 없음에도 수리를 요하는 신고로 보아 완화된 허가제를 유지하는 것은 비례원칙에 반할 수 있는 것은 물론이다.

법행위의 일종으로 신고를 이해한다면 수리와 연계성이 어느 정도인지, 그리고 개별법에서 정하는 법적 효과와 밀접한 관련이 있는지를 중심으로 고찰할 필요가 있다.

결국 신고를 법령에서 사용하고 있는 것을 중심으로 고찰하되, 법령에서 신고라는 명칭을 사용하지 않더라도 신고의 법리에 근접하여 사용할 수 있으며, 법령에서 신고라는 명칭을 사용하더라도 신고의 법리의 적용이 없는 경우가 있을 수 있으나, 여기서는 실정법령에서 사용하고 있는 신고를 중심으로 고찰하고자 한다.

일반적으로 강학상 신고란 사인이 행정청에 대하여 일정한 의사표시를 하거나 일정한 관념 또는 사실을 통지하는 행위를 의미한다. 이러한 신고의 범주속에는 임의적 신고라고 할 수 있는 사표의 제출이나, 범죄신고 등이 있을 수 있다. 그러나 기본적으로 행정절차법 제40조의 적용을 받는 행정법상 신고는 의무적 신고라고 할 것이다. 다만, 행정법상 신고 중에 사인의 공법행위로서의 법적 성격을 법령에서 접수 처리가 수반되지 않고 일정한 사실이나 관념을 일방적으로 행정청에 사후적으로 통보하는 것은 사실파악형 신고나 정보제공형 신고로 분류하여 3분설적인 관점에서 설명하기도 하지만,[12] 이러한 범주는 사실행위에 불과하거나 공법적 효과의 발생과 무관하므로 행정법상의 신고로 범주에서 제외하는 것이 타당하다고 여겨진다. 따라서 전형적 신고는 사인이 행정청에 대하여 일정한 신고를 하면 행정청은 법령상의 형식적 요건의 해당여부만 심사하여 이를 접수처리하는 신고로서 행정청에 대한 신고의 접수·도달에 의하여 법적인 의무가 충족되는 형태의 신고의 경우에는 행정청의 개입행위라고 할 수 있는 수리가 없더라도 적법한 신고가 있으면 그 의무를 다한 것으로 보게 된다.

다만, 혼인신고 등 사법상의 법률효과를 발생하는 가족법상의 신고는 엄밀한 의미에서 행정법상의 신고의 범주에서 벗어나지만 법률관계를 창설하는 측면이 있기 때문에 행정법상의 신고의 법리가 상당부분 적용될 수 있다.[13] 또한 실정법

---

12) 이에 관하여는 조만형, 앞의 논문, 607-608면.

13) 혼인신고의 경우에도 행정법상의 신고의 법리를 원용할 수 있지만, 민법과 가족관계의 등록등에 관한 법률에서 논의하는 차원과 공법적 논의 차원은 다소 다를 수가 있다. 즉 혼인의 신고는 가족관계의 등록 등에 관한 법률에서 정하는 바에 따라 신고함으로써 그 효력이 생긴다(민법 제812조 제1항)고 규정되어 있으나, 민법 제814조에서 혼인의 신고는 그 혼인이 제807조 내지 811조 및 동조 제2항의 규정 기타 법령에 위반이 없는 때에는 이를

에서 신고라는 명칭을 사용하지 않은 경우에도 법령의 해석상 신고로 파악하기도 한다. 가령 신고라는 명칭을 사용하지 않더라도 대법원 2009. 2. 26. 선고 2006두 16243 판결에서 보는 바와 같이, 체육시설의 회원을 모집하고자 하는 자의 시·도 지사 등에 대한 회원모집계획서 제출은 수리를 요하는 신고에서의 신고에 해당하 며, 시·도지사 등의 검토결과 통보는 수리행위로서 행정처분에 해당한다고 보았 는바, 이와 같이 실제적으로 법령에서 신고라는 표현이나 수리라는 표현이 명기 되어 있지 아니하더라도 그 법적 성질을 신고와 수리로 파악하고 있다고 할 것이 다.14) 결국, 행정법상 신고는 뒤에서 살펴보는 바와 같이 다양한 형태의 수리를 요하는 변형적인 신고가 있다.

라. 신고의 기능

첫째로 사인이 일정한 행위를 하기 전에 신고하도록 하여 이를 통하여 행정 청은 정보를 획득할 수 있으며, 이와 같은 행정청의 정보획득의 주된 원천은 신 고라는 수동적인 형태와 행정조사라는 적극적인 수단을 통하여 확보하게 되며, 이로써 행정활동의 준비행위로서 기능하고, 사고 발생의 경우에 유사한 시설 등 에 대하여 경고나 행정지도 등을 하여 신속히 대응할 수 있는 측면이 있다.

둘째로 건축신고나 집회 및 시위에 관한 법률상의 신고 등 신고유보부 금지행위에 있어 적법한 신고를 하여 금지로부터 벗어날 수 있다.

셋째로 신고영업 등 영업규제와 관련하여 사전감독 내지 진입규제장치로서 의 기능을 수행하는바, 이 경우에는 수리를 통하여 완화된 진입규제로서의 기능 을 함으로써 사적 활동에 국가가 개입하게 된다.

수리하여야 한다고 되어 있어, 수리에 의하여 법률관계가 창설되기 때문에, 수리가 유효요 건이 되지만, 행정법상 수리를 요하는 신고와는 달리 당사자의 의사에 따라야 하기 때문 에 이 경우에는 실질 심사를 하지 않고 형식심사에 그치는 것으로 이해한다. 그러면서도 수리에 대하여는 취소소송을 제기하여 다툴 수 있다. 다만, 이를 자기완결적 신고로 보는 견해와 수리를 요하는 신고로 보는 견해가 상반되나, 양자의 요소를 함께 갖는 뒤에서 살 펴보는 바와 같이 중간유형인 하이브리드형 신고에 속한다고 할 수 있다.

14) 김용섭, "2009년 행정법 중요판례", 인권과 정의, 통권 403호, 2010, 3, 60-61면. 한편, 대법 원 2015. 11. 19. 선고 2015두295 전원합의체 판결에서 유통산업발전법상 대규모점포 개설 등록을 이른바 '수리를 요하는 신고'로 보았으나, 등록신청이 수리를 요하는 신고이고, 개 설등록은 수리를 요하는 신고에서 수리에 해당된다고 보아야 할 것이다.

2. 신고의 유형

가. 논의의 출발점

신고와 관련하여 자기완결적 신고와 수리를 요하는 신고로 나누는 것이 일반적이다. 자기완결적 신고의 경우 형식적 요건을 갖추지 아니한 경우에는 신고로서의 효력이 발생하지 않는다. 따라서 행정청은 접수를 거부할 수 있고, 신고를 반려할 수 있다. 그러나 행정절차법의 규정에 따라 바로 반려할 것이 아니라 상당한 기간을 정하여 보정을 명하고 그 기간 내에 보정이 이루어지지 아니한 경우에는 이유를 명시하여 반려하여야 한다. 그렇게 하는 것이 상대방의 시간과 비용을 절약할 수 있다. 보정을 하지 않고 행한 반려처분은 행정절차법 제40조의 규정에 위반한 절차위반의 하자가 있게 된다.

수리를 요하는 신고에 있어서는 부적법한 신고가 있을 경우에는 행정청은 수리를 거부할 수 있고, 만약 수리가 되지 아니한 채 행하여진 행위는 무신고영업행위가 된다. 만약 적법요건을 갖추지 못하였음에도 불구하고 행정청에서 이를 수리한 경우에는 신고로서의 효과가 발생한다고 할 것이다.

나. 신고유형 일반론

신고의 유형과 관련하여 학계에서 다양한 분류법이 제시된 바 있으나, 이는 실정법령을 전체적으로 분석한 후에 내린 결론이라기보다는 판례에서의 분석틀에 대한 비판적 관점이나, 새로운 유형의 분류법을 제시한 것으로 볼 수 있다. 판례에서 발전된 자기완결적 신고와 수리를 요하는 신고의 구분 방식은 장점과 단점을 아울러 갖고 있는바, 단점은 보완하고 장점은 발전시켜 나갈 필요가 있다.

이와 관련하여 신고를 사전적 신고와 사후적 신고로 나누기도 하고, 사실적 신고와 처분적 신고, 임의적 신고와 의무적 신고 등으로 나누기도 하지만 가장 중요한 구분방식인 자기완결적 신고와 수리를 요하는 신고로 나누어 살펴보기로 한다.

다. 자기완결적 신고와 수리를 요하는 신고

수리를 요하는 신고는 행정청이 실질적 요건을 심사할 수 있는 권한을 갖는 경우의 신고라고 보아, 이는 강학상의 신고에 해당하지 아니하고 실제로 허가에 해당하는 신고라는 견해15)도 있으며, 수리를 요하는 신고를 형식적 요건에 대한 심사에 한정하는 등록으로 보는 견해도 있다.16)

자기완결적 신고와 수리를 요하는 신고의 구분에 관한 기준에 대하여 학계에서 종래 깊이 있는 연구가 있지 않았다. 양자의 구별기준은 먼저 관계법령의 규정내용과 신고행위의 성질을 고려하여 정하는 것이 바람직하고, 이 두 가지 요소를 고려하여도 불분명할 때에는 국민의 권익구제적 측면에서 자기완결적 신고로 보는 것이 적절하다고 할 것이다.17)

즉, 관계법령에서 명문으로 수리규정을 둔 경우에는 특별한 사정이 없는 한 수리를 요하는 신고이다. 나아가, 관계법령에서 행정청의 실체적요건에 대한 실질적 심사권을 인정하고 있으면 수리를 요하는 신고이고, 형식적 요건에 대한 형식적 심사에 그치는 경우에는 자기완결적 신고라고 할 것이다. 한편 신고를 규정하고 있는 법령에서 신고불이행이 행정질서벌의 일종인 과태료에 그치는 것이 아니라 징역형이나 벌금형 등 행정형벌을 부과한다거나 의무위반자에 대한 행정처분제도를 인정하는 경우에는 수리를 요하는 신고에 해당될 여지가 많다.

3. 자기완결적 신고와 수리를 요하는 신고의 구별기준과 실익

가. 양자의 구별 기준

각종 법령상의 신고중에 자기완결적 신고는 기본적으로 일정한 법률사실 또는 법률관계에 관하여 행정청에 일방적으로 통고를 하는 것을 의미하므로 법령에 별도의 규정이 있거나 특별한 사정이 없는 한 행정청에 대해 알리는 것에 그치는 것이고, 이에 상응하여 행정청의 반사적 결정을 기다릴 필요가 없는 것이다. 대법원 1993. 7. 6.자 93마635 결정에서 "행정청에 대한 신고는 일정한 법률사실 또는 법률관계에 관하여 관계행정청에 일방적으로 통고를 하는 것을 뜻하는 것으로서 법에 별도의 규정이 있거나 다른 특별한 사정이 없는 한 행정청에 대한 통고로서 그치는 것이고 그에 대한 행정청의 반사적 결정을 기다릴 필요가 없는 것이므로, 체육시설의 설치·이용에 관한 법률 제18조에 의한 변

---

15) 박균성, "행정법상 신고", 고시연구, 1999. 11, 43면.
16) 홍정선, "주민등록법상 주민등록신고 등 각종 신고의 성질", 지방자치법 연구, 통권 제28호, 2010, 229면.
17) 김용섭, "행정법상 신고와 수리", 판례월보, 통권 352호, 2000. 1, 30면.

경신고서는 그 신고 자체가 위법하거나 그 신고에 무효사유가 없는 한 이것이 도지사에게 제출하여 접수된 때에 신고가 있었다고 볼 것이고, 도지사의 수리 행위가 있어야만 신고가 있었다고 볼 것은 아니다. 따라서 신고자체가 적법하 다면 신고가 관할 행정청에 제출되어 접수된 때에 신고가 있었다고 볼 것이고, 접수처리나 수리행위가 있어야만 신고가 있었다고 볼 것은 아니다."[18]라고 판시 하고 있다. 이 결정은 신고체육시설업의 신고와는 달리 체육시설의 요금변경신고 에 관한 것으로 이를 전형적인 자기완결적인 신고의 예로 보는데 무리가 없다.

　이러한 자기완결적 신고와는 달리 수리를 요하는 신고의 해당하는 예로서는 지위승계신고를 들 수 있다. 대법원 1993. 6. 8. 선고 91누11544 판결에서, "액화 석유가스의 안전 및 사업관리법 제7조 제2항에 의한 사업양수에 의한 지위승계신 고를 수리하는 허가관청의 행위는 단순히 양도, 양수자 사이에 발생한 사법상의 사업양도의 법률효과에 의하여 양수자가 사업을 승계하였다는 사실의 신고를 접 수하는 행위에 그치는 것이 아니라 실질에 있어서 양도자의 허가를 취소함과 아 울러 양수자에게 적법히 사업을 할 수 있는 법규상 권리를 설정하여 주는 행위로 서 사업허가자의 변경이라는 법률효과를 발생시키는 행위이므로 허가관청이 같은 법 제27조 제2항에 의한 사업양수에 의한 지위승계신고를 수리하는 행위는 행정 처분에 해당한다"고 판시하였다. 대법원[19]은 식품위생법에서 정하고 있는 영업양 도에 따른 지위승계신고의 수리행위에 대하여도 같은 취지의 판결을 하고 있다.

　한편, 판례상 행정법상 신고의 구분에 있어 양자의 판별 기준은 먼저 관계법 령의 규정내용과 신고행위의 성질을 고려하여 정하고, 이 두 가지 요소를 고려하여 도 불분명한 때에는 국민의 권익구제적인 측면에서 자기완결적 신고라고 보는 것 이 적절하다고 할 것이다. 같은 맥락에서 대법원 2011. 1. 20. 선고 2010두14954 전 원합의체 판결의 다수의견에 대한 보충의견에서 "신고가 자기완결적 신고와 수리 를 요하는 신고 중 어느 것에 해당하는지는 관련 법령의 목적과 취지, 관련 법 규 정에 관한 합리적이고도 유기적인 해석, 당해 신고행위의 성질 등을 고려하여 판단 하여야 한다."고 판시하고 있다. 이와 같은 판시태도에 대하여는 기본적으로 찬동 하면서도 종합적으로 법원에서 정하고 있는 해석 지침에 불과하여 보다 명확한 개 별구체적인 기준을 설정해 나가는 것이 향후 학계와 법원의 과제라고 할 것이다.

---

18) 대법원 1993. 7. 6.자 93마635 결정.
19) 대법원 1995. 2. 24. 선고 94누9146 판결.

　신고의 구별은 우선 관계법령에서 신고 그 자체로서 종국적으로 행위의 효력이 발생하도록 규정되어있는지 아니면 행정청의 관여수단인 수리가 있어야 법적 효과가 발생하는지 여부에 따라 판정할 필요가 있다. 관계법령에서 명문으로 수리규정을 둔 경우에는 특별한 사정이 없는 한 수리를 요하는 신고라고 할 것이다. 또한 관계법령에서 행정청의 실체적 심사권을 인정하고 있으면 수리를 요하는 신고로 보아야 할 것이며, 단지 형식적 심사에 그치는 경우에는 자기완결적 신고라고 할 것이다. 또한 신고불이행이 단지 행정질서벌의 일종인 과태료에 그치는 것이 아니라 징역이나 벌금 등 행정형벌을 부과한다거나 의무위반자에 대한 행정처분제도를 인정하는 경우에는 수리를 요하는 신고에 해당한다고 볼 것이다. 신고영업행위의 경우에는 일정한 법적 지위를 부여하는 것이므로 당사자의 신고만으로 영업행위가 허용된다고 보기는 어렵다. 그러나 일정한 법적 지위를 설정하는 형성적 내용이 아닌, 명령적 내용의 금지·해제적인 경우에는 신고에 의하여 자유회복이 되고 새로운 법률관계가 형성되는 것은 아니므로 행정청의 별도의 수리처분을 필요로 하는 것은 아니다.

　자기완결적 신고와 수리를 요하는 신고의 구분과 관련하여 대법원의 입장이 비교적 명료하게 표시된 것으로는 대법원 2011. 1. 20. 선고 2010두14954 전원합의체 판결 중 다수의견에 대한 보충의견이라고 할 것이다. 보충의견의 입장에 의하면, "자기완결적 신고는 ① 법령이 신고의무만 규정할 뿐 실체적 요건에 관하여는 아무런 규정을 두지 아니하고 있는 경우, ② 법령에서 신고를 하게 한 취지가 국민이 일정한 행위를 하기 전에 행정청에게 이를 알리도록 함으로써 행정청으로 하여금 행정상 정보를 파악하여 관리하는 정도의 최소한의 규제를 가하기 위한 경우, ③ 사회질서나 공공복리에 미치는 영향이 작거나 직접적으로 행정목적을 침해하지 아니하는 행위인 경우 등이고, 한편 수리를 요하는 신고는 ① 법령에서 신고와 관련하여 일정한 실체적(인적·물적) 요건을 정하거나 행정청의 실질적 심사를 허용하고 있다고 볼만한 규정을 두고 있는 경우, ② 그 신고사항이 사회질서나 공공복리에 미치는 영향이 크거나 직접적으로 행정목적을 침해하는 행위인 경우 등으로서 그 실체적 요건에 관한 행정청의 심사를 예정하고 있다고 볼 수밖에 없는 경우 등을 들고 있다.[20] 이는 그동안의 대법원의 축적된 판례의

---

20) 대법원 2011. 1. 20. 선고 2010두14954 전원합의체 판결 중 다수의견에 대한 대법관 양승태, 대법관 김지형의 보충의견.

입장과 학설의 주류적 입장을 적절히 정리한 것이라고 할 수 있다.

나. 양자의 구별 실익

양자의 구별실익은 먼저 수리개념을 인정할 것인가와 관련된다. 자기완결적 신고에 대한 접수처리(수리)의 경우에는 접수적 의미를 지니므로 처분으로서의 신고수리가 되는 것은 아니다. 또한 신고의 접수를 거부하거나 반려하였다고 할지라도 처분성이 인정되지 아니하여 취소소송의 대상이 되지 않는다고 보는 것이 통설의 입장이다. 한편, 건축신고와 관련하여 종래의 판례는 건축신고는 자기완결적 신고라고 보아 기본적으로 행정청이 수리거부 내지 반려행위를 한 경우에도 이러한 거부 또는 반려행위를 항고소송의 대상이 되는 처분으로 보지 않았으나, 위의 대법원 2010. 11. 18. 선고 2008두167 전원합의체 판결은 국민의 권익구제의 관점에서 그 입장을 변경하여 건축신고의 불허행위 내지 반려행위에 대하여도 항고소송의 대상이 되는 처분이 되는 것으로 보고 있다. 다만, 위 대법원 전원합의체 판결은 건축신고가 자기완결적 신고인지 수리를 요하는 신고인지에 대하여는 명확히 개념을 설정하지 않고, 건축신고에 대한 반려행위가 당사자의 법적 지위를 불안정하게 하고 당사자의 권익침해가 발생하는 경우가 있을 수 있다고 보아 처분성을 인정하여 항고소송의 대상을 인정한 것이라고 보고 있다. 앞으로는 비록 자기완결적 신고의 경우에도 이를 반려하는 행위는 당사자의 법적 지위를 불안정하게 하고, 당사자의 권익침해가 발생하는 경우가 있을 수 있기 때문에 처분으로 보아 행정소송을 통하여 다툴 수 있도록 하는 것이 바람직하다고 할 것이다.[21] 이처럼 위 전원합의체 판결이 나오게 됨에 따라 자기완결적 신고에서 반려행위가 처분이 되는가의 문제는 본질적인 것이 아니게 되었다. 이에 반하여 수리를 요하는 신고에 있어서는 신고수리는 처분성이 인정되어 제3자가 이를 다툴 수 있으며, 따라서 신고수리거부도 처분성을 인정하는 데 어려움이 없다.

또한 행정청의 심사권이 어느 범위까지 미치는가도 양자의 구별실익이 된다. 변형적 신고의 경우에는 관련규정의 내용상 그 수리 여부에 관하여, 행정청에 실체적 심사를 할 수 있는 권한이 인정되는 데 반하여 자기완결적 신고에 있어서는

---

21) 김용섭, 앞의 논문, 28면.

형식적 요건에 대한 심사에 한정되게 된다. 즉, 자기완결적 신고의 경우에는 행정청에 형식적 심사권이 부여되는 데 그치는 반면, 수리를 요하는 신고에 있어서는 형식적 심사권뿐만 아니라 실체적 심사권이 허용된다.

4. 구분의 상대화와 중간영역의 하이브리드(hybrid)형 신고

가. 2분법과 그 한계

통설과 판례의 기본입장은 자기완결적 신고와 수리를 요하는 신고를 구분하고 있다. 자기완결적 신고와 수리를 요하는 신고의 개념적 구별은 아직도 유효하다고 보여지며, 기본적으로 자기완결적 신고의 경우에는 특별한 사정이 없는 한, 형식적 요건만 갖추면 행정청의 수리의무가 발생하며, 행정형벌적 제재도 받지 않게 되는 데 반하여, 수리를 요하는 신고의 경우에는 실체적 요건을 심사하여 반려할 수 있는 것으로 보게 된다.[22] 이와는 달리 통설과 판례가 명확한 기준을 제시하지 못한다고 비판하면서, 정보제공적 신고와 금지해제적 신고로 구분하는 것이 적절하다는 견해[23]가 제시되기도 하였다.

그러나 이러한 구분법에 따를 경우 매우 혼란스러워진다. 정보제공적 신고는 기본적으로 사실적 정보제공에 그치기 때문에 사인의 공법행위의 일종인 신고의 카테고리에 넣는 데 어려움이 있다. 더구나, 영업자 지위승계의 신고는 법률관계를 명확히 하고 수리를 통하여 창설적 효력을 발생하게 되므로 수리를 요하는 신고로 보아야 함에도 이를 정보제공적 신고로 의미를 축소하는 문제가 있다. 아울러 금지해제의 관점은 허가제에 있어서 일반적 금지를 하고, 일정한 예외적 경우에 그 금지를 해제하여 자연적 자유를 회복하는 것을 특징으로 하는데, 신고유보부 금지를 허가유보부 금지와 동일한 맥락에서 이해하는 문제가 있다.

따라서 그와 같은 2분법 역시 종래의 구분방법을 대체하는 데 한계가 있고, 종래의 확고한 위치를 점하고 있는 자기완결적 신고와 수리를 요하는 신고의 구분방법을 보다 정밀하게 체계화하고 세분화하는 것이 향후 과제라고 할 것이다.

자기완결적 신고중 인·허가 의제효과를 갖지 아니하는 건축신고의 반려처분의 처분성을 인정한 대법원 전원합의체 판결의 경우처럼 자기완결적 신고의 반려

---

22) 김용섭, "2010년 행정법 중요판례", 인권과 정의, 통권 415호, 2011, 68-70면.

23) 김중권, "건축법 제14조상의 건축신고가 과연 수리를 요하는 신고인가?", 특별법연구, 제9권, 288면 등 김 교수의 다수 논문.

행위에 처분성을 인정하는 판례로 인하여 자기완결적 신고와 수리를 요하는 신고의 구분이 상대화 되는 경향으로 파악할 수 있다. 그러나 신고에 있어 처분성 여부가 자기완결적 신고와 수리를 요하는 신고의 본질적 구분이 된다고 보기는 어렵고 신고의 법적 성질의 문제와 반려행위의 처분성을 인정하는 문제는 별개의 문제로 보아야 할 것이다.[24]

나. 중간영역의 하이브리드(hybrid)형 신고

한편, 자기완결적 신고와 수리를 요하는 신고가 양자의 요소를 부분적으로 갖고 있는 영역이 늘어 나고 있다. 이러한 문제점은 자기완결적 신고이면서 신고에 대한 반려행위의 처분성을 인정하는 대법원 2010. 11. 18. 선고 2008두167 전원합의체 판결의 등장에 의하여 태동되었다고 볼 수 있다. 종래 대법원은 건축신고를 자기완결적 신고로 보아 건축신고에 대하여 반려하는 경우에도 항고소송의 대상인 처분으로 보지 않았으나, 대법원 2010. 11. 18. 선고 2008두167 전원합의체 판결은 건축신고의 경우 처분성을 인정하였다. 이 경우 자기완결적 신고로서의 성격은 유지한 것으로 볼 것인지 아니면 수리를 요하는 신고의 성격도 일부 겸유하고 있는 것인지 논란의 여지가 있다. 인허가가 의제되지 아니하는 건축신고의 경우에는 대법원 2011. 1. 20. 선고 전원합의체 판결의 등장으로 수리를 요하는 신고는 아니지만, 순수한 자기완결적 신고로 분류될 수 있는가에 대하여는 논란의 여지가 있다. 필자는 제3의 중간영역의 신고인 하이브리드(hybrid)형 신고에 해당한다고 보여진다. 따라서 이와 같은 중간영역의 신고는 종래 양자의 신고의 요소가 중첩적으로 되어 있어 법적 효과를 어느 하나의 유형에 따라 일방적으로 결정짓기보다는 종합적 고려하에 수리거부의 처분성과 심사범위를 상호 교차하여 달리 정할 수 있다고 보여진다.

이뿐만 아니라, 혼인신고의 경우에는 엄밀한 의미에서 공법상 효과의 발생을 목적으로 하는 신고가 아니라서 특수한 신고의 범주에 속하기도 하지만, 이를 통상적으로 자기완결적 신고의 범주로 설명하는 견해가 주류적인 입장이라고 보여진다. 그러나 혼인신고의 경우에는 형식적 요건의 구비 여부 심사에 그치는 것이 아니라 수리를 하게 되어 법률관계가 명확히 되는 반면에 수리여부를 함에 있어

---

24) 고규정, "건축신고의 법적 성격 및 그 반려행위가 항고소송의 대상이 되는지 여부", 판례연구 제23집, 2012, 758면.

호적 공무원에게 혼인의사의 합치여부 등 실질적 심사를 하지 못하도록 하고 있
다. 즉, 형식적 심사에 그친다는 점에서는 자기완결적 신고이지만, 수리에 의하여
법률관계가 비로소 창설된다는 점에서는 수리를 요하는 신고로서의 성질을 지니
고 있다.

아울러 대법원 1998. 4. 24. 선고 97도3121 판결에서 "체육시설의 설치·이용
에 관한 법률 제10조, 제11조, 제22조, 법시행규칙 제8조 및 제25조의 각 규정에
의하면, 체육시설업은 등록체육시설업과 신고체육시설업으로 나누어지고, 당구장
업과 같은 신고체육시설업을 하고자 하는 자는 체육시설업의 종류별로 법시행규
칙이 정하는 해당시설을 갖추어 소정의 양식에 따라 신고서를 제출하는 방식으로
시·도지사에 신고하도록 규정하고 있으므로, 소정의 시설을 갖추지 못한 체육시
설업의 신고는 부적법한 것으로 그 수리가 거부될 수밖에 없고 그러한 상태에서
신고체육시설업의 영업행위를 계속하는 것은 무신고 영업행위에 해당할 것이
만, 이에 반하여 적법한 요건을 갖춘 신고의 경우에는 행정청의 수리처분 등 별
단의 조치를 기다릴 필요없이 그 접수시에 신고로서의 효력이 발생하는 것이므로
그 수리가 거부되었다고 하여 무신고 영업이 되는 것은 아니다(당원 1993. 7. 6.자
93마635 결정; 1992. 9. 22. 선고 92도1839 판결 참조)."라고 판시하였다.

위 판결이 체육시설의 설치이용에 관한 법률에서 등록체육시설업과 신고체
육시설업을 규정하고 있어 등록체육시설업을 수리를 요하는 신고로 보고, 신고체
육시설업은 자기완결적 신고의 유형에 속한다는 견해도 있으나, 등록체육시설업
은 사업계획승인을 전제로 하는 점에서 특허 내지 허가의 성격을 지니고, 신고체
육시설업이 수리를 요하는 신고로 볼 여지가 있다고 할 것이다.

위 판결은 기본적으로 자기완결적 신고의 성격과 수리를 요하는 신고의 성
격을 겸유하고 있다고 할 것이며, 위 판결은 형사판결에 있어서의 선결문제에 관
한 것으로 적법한 신고가 있을 경우 수리가 없다고 할지라도 처벌되지 않는다는
점을 밝힌 것이라고 볼 것이다.25) 이처럼 체육시설업의 신고에 있어 적법한 신고
를 하면 수리를 거치지 않아도 효력이 발생한다는 점에서는 자기완결적 신고의
측면이 있으나, 체육시설의 설치·이용에 관한 법률 및 동법 시행령 및 시행규칙
의 해당조항에 따르면 체육시설업 중 신고체육시설업을 하고자 하는 자는 시행규

---

25) 양삼승, "실체적인 이유로 수리를 거부당한 신고의 효력", 대법원 판례해설 제10호, 1988.
557면 이하.

칙이 정한 해당시설을 갖추어 시·도지사에 신고하도록 규정하고 있으므로, 해당
시설을 갖추었는가의 여부에 관한 실체적 심사권이 관할 행정청에 있다고 할 것
이고, 그 소정시설을 갖추지 못한 채 한 신고는 요건을 갖추지 못한 신고로서 수
리가 거부될 수밖에 없다는 점에서 수리를 요하는 신고의 성격을 아울러 갖고 있
다고 할 것이다.

Ⅲ. 신고의 수리와 수리거부

1. 신고 수리의 개념 및 기능

가. 수리의 개념

실정법상의 수리의 법적 성질은 다양한 형태로 나타난다. 우선 행정실무상
접수처리의 의미로서 수리라는 용어를 사용하는 경우가 많은데, 이는 단순한 사
실행위인 접수행위이며 행정행위인 수리행위는 아니다. 또한 행정기관의 내부에
있어서 사무처리상의 기록이나 접수증의 교부 등은 수리행위의 요소가 아니다.

아울러 수리는 확인적 행정행위 또는 형성적 행정행위로서의 성격을 지니며,
이처럼 실정법상 수리라는 동일한 용어를 사용하더라도 법령의 텍스트 속에서 그
법적 성질은 다를 수 있다. 행정절차법 제40조 제2항에 의하여 신고는 형식상의
요건이 충족되어 있는 한 그 신고서가 행정청에 도달한 때에 사인에 부과되어 있
는 신고의무는 이행된 것으로 된다. 따라서 이러한 신고에 있어 수리관념이 개입
할 여지는 없는 것이다.

즉, 자기완결적 신고의 경우에는 형식에 적합한 신고를 하여 행정청에 도달
한 경우에 행정청의 수리여부와는 관계없이 신고의무가 이행된 것으로 보게 된
다. 자기완결적 신고에 있어서는 행정청의 수리행위는 불필요하고, 단지 접수라
는 사실행위가 있게 된다. 따라서 행정청이 신고서를 접수하지 않고 반려하여도
신고의무는 이행된 것으로 본다. 자기완결적 신고의 일종인 세법상의 신고에 있
어서는 신고의 효력이 발생한 때에 조세채무관계가 확정된다. 신고유보부 금지의
경우에는 신고로서 금지되는 행위가 해제된다. 또한 단순히 의무가 완결되는 신
고의 경우에는 과태료 등의 부과처분을 받지 않게 된다.

이에 반하여, 변형된 신고의 경우에는 행정청이 형식에 적합한 신고인지 여
부와 실체적 심사를 마친 후 신고의 수리가 있어야 개별법상의 특수한 법률효과

가 발생하게 된다. 즉, 신고의 수리로 인해 공법적 효과가 발생한다.

신고의 수리는 일반적으로 타인의 행위를 유효한 행위로 판단하고 법령에 의하여 처리할 의사로서 이를 수령하는 수동적 행위로서 준법률행위적 행정행위로 파악하고 있다. 그러나 법률행위적 행정행위와 준법률행위적 행정행위의 구분은 민법이론의 차용으로 독일과 일본의 경우처럼 시급히 청산되어야 할 구분 개념이다. 따라서 결국은 수리가 처분에 해당하는가 아닌가의 문제가 남는다.

경우를 나누어 볼 필요가 있다. 자기완결적 신고에 있어서는 수리는 단지 사실행위로서의 접수에 불과하고, 변형된 신고에 있어서는 행정청의 수동적 판단의 사가 개입되어 타인의 행위를 적법 유효한 것으로 보아 일정한 지위를 부여하는 처분적 성질을 지니게 된다. 다만, 허가를 하기 전 단계의 중간행위로서 수리는 처분성이 없다고 해야 할 것이다. 즉, 이 경우에는 수리가 처분이 되는 것이 아니라 수리한 후에 허가를 하는 것이 처분이 되며, 불수리나 수리거부는 불허가적 성격을 지니므로 허가거부가 처분이 된다고 할 것이다.

신고수리의 기능은 부적법한 신고를 한 경우에도 이를 수리한 경우에는 사인의 행위가 적법 유효하다고 전제하고 절차가 진행되므로 사인의 행위의 법적 안정성을 기하는 측면이 있으며, 수리를 요하는 신고에 있어서는 수리를 거부할 경우에 처분성을 인정하여 취소소송의 대상으로 삼을 수 있게 된다.

나. 수리의 기능

통상의 신고의 경우 적법한 신고에 대하여만 법적 효과가 부여된다. 따라서 당사자가 적법요건을 갖추었다고 판단하더라도 행정청의 관점에서 이를 검토확인함으로써 사전 결정과 동일한 효과를 지니므로 일단 신고하여 접수처리함으로써 법률관계를 명확히하고 안정시킬 수 있다.[26] 이와 같은 수리의 순기능이 있으나, 자기완결적 신고임에도 수리를 하지 않아 당사자에게 불편과 리스크를 안기는 사례가 있어 이러한 경우에는 행위로 나아가고 추가적인 조치를 취할 경우에 다툴 수 있다. 다만, 수리를 요하는 신고에 있어서는 신고가 관계법상의 실체적 요건을 갖추지 못한 것이거나 기타 사유로 위법한 것으로 판단되는 경우에 그 접수만으로 신고가 행해진 것으로 보지 않게 되며, 그것은 결국 위법한 행위를 방

---

26) 박원영, "수리개념의 해체론", 동아법학, 제17호, 1994, 15면.

치하는 결과가 되므로 이 때, 행정청이 이를 수리하지 아니한 경우에는 이를 다툰 다음에 사인이 당해 행위나 영업을 하는 것이 안전할 것이다. 결국 수리라는 제도적 장치를 통하여, 당사자의 입장에서는 행정청의 명확한 의사를 확인하고 금지된 행위임에도 우선 행위를 할 것인지 여부를 결정하거나, 행정청에서 반려나 수리거부로 인해 자신의 법적 지위에 영향을 미치게 된다면 이를 항고소송으로 다투어 법적 불안을 해소하고 법률생활의 안정을 추구할 수 있는 장점이 있다.

2. 신고수리와 그 거부의 법적 성질

일반적으로 수리를 준법률행위적 행정행위의 일종으로 공증, 확인, 통지와 더불어 설명하고 있는바, 이러한 수리개념에 대하여 그 개념을 인정하지 아니하는 학자는 거의 없다. 그러나 수리개념을 인정할 것인가를 놓고 법률행위적 행정행위와 준법률행위적 행정행위의 구분이 전근대적이고, 독일과 일본에서도 극복되어 가고 있는 점을 들어 비판적인 입장이 있다. 신고의 수리 관념을 인정하지 아니하는 입장에서는 수리는 사실행위에 불과한 점으로 볼 수 있다.

일부 견해[27]에 의하면 수리거부의 본질을 거부처분이 아닌 금지하명으로 파악하기도 하지만, 집회 및 시위에 관한 법률 제8조 제1항에서는 별도의 금지통고 제도를 마련하고 있으며,[28] 판례[29]에 의하면 납골당설치신고에 따른 이행통지를 수리로 파악하고 있다.

신고수리거부의 처분성 인정과 관련하여 수리를 요하는 신고의 경우에는 처분성을 인정하는데 큰 어려움이 없다. 행정절차법 제40조의 규정이 제정됨에 따라 행정청은 이유를 부기하여 반려하거나 수리거부를 하여야 한다. 자기완결적인 신고의 경우에는 통설은 처분성을 부인하고 있지만, 적법한 신고를 하였음에도 행정청에서 의도적으로 접수를 거부하거나 반려하는 경우가 있을 수 있어 당사자의 권익 구제차원에서 일정한 경우에 자기완결적 신고에 있어서도 수리(접수)거부의 처분성을 인정하는 것이 필요하다고 본다. 왜냐하면 신고접수 거부에 의하여 당사자의 법적 지위를 불안정하게 하고 당사자의 권익침해가 발생하는 경우가

---

27) 김중권, "Quo vadis — 신고제?", 법률신문 2011. 3. 7.자.
28) 이에 관하여는 김종필, "옥회집회등 금지통고에 대한 잠정적 구제절차의 특수성", 민사재판의 제문제, 19권, 한국사법행정학회, 2010, 741-742면.
29) 대법원 2011. 9. 8. 선고 2009두6766 판결.

있을 수 있기 때문이다.

사인이 행정청에 신고서를 제출하게 되는 경우에는 3가지 유형에 따른 행정청의 대응이 고려될 수 있다. 첫째는 신고서의 접수 또는 반려, 둘째는 신고서의 접수와 처리 또는 그 거부, 셋째는 신고의 수리 또는 수리거부행위 등이다. 여기서 어느 행위가 행정소송의 대상이 되는지 여부는 신고수리에 대한 이론에 따르게 될 것이다. 즉, 수리를 요하는 신고서의 반려·수리거부행위 등은 행정처분이 되어 행정소송의 대상이 될 것이다. 그러나, 신고서의 접수반려는 사실행위로서 처분성을 인정하기 어렵다. 다만, 신고서의 접수 및 처리거부의 경우에는 이로 인하여 일정한 행위가 금지되는 것은 아니고 당사자가 일정한 행위로 나아갈 수 있으나, 법적 불안을 해소할 필요성이 있다는 관점에서 처분성이 인정될 수 있다. 다만, 건축신고 반려행위의 처분성을 인정한 대법원 전원합의체 판결이 나온 이래 신고의 법적 성질의 문제와 반려행위의 처분성 내지 수리의 거부에 대한 행정소송 대상성의 문제는 별개의 문제로 파악할 필요가 있다.

3. 신고수리와 거부에 있어서 행정청의 심사범위

가. 용어상의 문제

심사와 관련하여 형식적 심사와 실질적 심사로 구분하여 설명하기도 하는 바, 그 의미에 관하여 형식적 요건에 대한 심사를 형식적 심사, 실질적 요건에 대한 심사를 실질적 심사로 이해하는 견해가 있다.[30] 그러나, 형식적 심사와 실질적 심사의 문제는 심사방식의 문제이고 요건의 형식과 실질은 요건의 내용의 문제라고 할 것이다.[31] 가령 혼인신고의 경우에는 실질적 심사가 허용되지 않는다. 여기서 말하는 실질적 심사는 혼인의사가 있는지 여부를 당사자의 참여 속에 확인하는 절차 등을 말한다.

아울러 심사와 관련하여 형식적 요건에 관한 심사와 실체적 요건에 대한 심사로 나누어질 수 있으며, 여기서 말하는 형식적 요건이란 신고의 요건과 구비서류 등을 말하며 실체적 요건이란 인적 조건이나 물적 조건 등이 이에 해당한다. 절차적 요건과 실체적 요건의 문제는 적법요건에 관한 문제로 행정법상의 신고가

---

30) 박해식, "주민등록 전입신고 수리여부에 대한 심사범위와 대상", 행정판례연구 XV-2, 2010, 249면.
31) 박균성, 행정법강의, 박영사, 2012, 126면.

법령에서 요구하는 적법요건을 갖춘 신고인지 여부의 문제이다. 이와 더불어 신고수리의 거부사유로 실체적 이유를 들 수 있는가의 문제는 당해 법령이나 관계 법령에서 요구하는 사항 이외의 중대한 공익상의 이유로 신고를 거부할 수 있는가의 문제라고 할 것이다.

나. 형식적 심사나 형식적 요건에 한정하는 견해

먼저, 수리를 요하는 신고를 등록으로 파악하는 견해에 의하면 비록 수리를 요하는 신고라고 할지라도 신고의 수리와 거부에 있어서 행정청은 형식적 심사에 국한된다고 이해한다. 이러한 관점은 헌법재판소 1997. 8. 21. 93헌바51 결정에 의하면 "정기간행물의 등록 등에 관한 법률 제7조 제1항은 국가가 정기간행물의 실태에 관한 정보를 관리하고, 이를 바탕으로 언론·출판의 건전한 발전을 도모하기 위한 장·단기 계획을 수립하고 시행하는데 필요한 참고자료를 획득할 수 있도록 한다는 목적을 가지는바, 그 입법목적의 정당성이 인정되고, 등록사항이 정기간행물의 외형에 관한 객관적 정보에 한정되어 있고, 등록제를 규정하여 정기간행물의 발행요건에 관하여 실질적 심사가 아니라 단지 형식적 심사에 그치도록 하고 있으므로, 입법목적의 달성을 위하여 필요최소한 범위에서 언론·출판의 자유를 제한하는 것으로서 헌법 제37조 제2항의 과잉금지원칙에 위반된다고 볼 수 없다."고 판시하고 있는 점에 착안하고 있다고 보여진다.

그러나 등록제는 다양한 모습으로 하고 있으며, 공증의 일종인 등록도 있을 뿐만 아니라, 실제에 있어서 등록제를 규정하고 있는 법률은 등록의 요건을 구비하도록 규정하고 있는 형태를 취하고 있어 형식적 요건의 구비에 한정되기도 하지만, 규모가 큰 등록체육시설업의 등록의 경우처럼 인·허가적 성격을 띠는 등록도 있다. 수리를 요하는 신고를 등록으로 보는 견해는 형식적 요건에 대한 심사에 한정하려는 것으로 심사범위를 축소한다는 점에서 타당한 측면이 없지 않으나, 허가제에서 신고제로 규제를 완화하기도 하고 등록제에서 신고제로 규제를 완화하기도 한 점에 비추어 이러한 견해는 입법자의 의사를 무시한 것으로 보여진다.

다음으로 대법원 1988. 9. 20. 선고 87도449 판결 "구 건축법(1982. 12.31. 법률 제3644호로 개정되기 전의 것) 제5조 제2항에 규정한 신고가 동법 시행령 소정의 형식적 요건을 갖추어 적법하게 제출된 이상 군수는 이를 수리하여야 할 것이고 실체적인 이유로 그 수리를 거부할 수는 없으므로 형식적 요건에 흠결이 없는 신고에 대하여 실체적인 사유를 들어 신고서를 반려하였다 하더라도 그 신고의 효력이 없다고 할 수 없다."고 판시하고 있는바, 이 사건 판결은 자기완결적 신고를 전제로 형식적 요건의 흠결이 없다면 실체적 사유를 들어 신고서를 반려할 수 없고, 설사 반려하더라도 신고의 효력은 이미 발생한 것이라는 관점에 서 있다고 할 것이다.

다. 실질적 요건에 대한 심사와 다른 법령상의 요건을 고려하여야 하는지

대법원 1999. 4. 27. 선고 97누6780 판결은 "주택건설촉진법 제38조 제2항 단서, 공동주택관리령 제6조 제1항 및 제2항, 공동주택관리규칙 제4조 및 제4조의2의 각 규정들에 의하면, 공동주택 및 부대시설·복리시설의 소유자·입주자·사용자 및 관리주체가 건설부령이 정하는 경미한 사항으로서 신고대상인 건축물의 건축행위를 하고자 할 경우에는 그 관계 법령에 정해진 적법한 요건을 갖춘 신고만을 하면 그와 같은 건축행위를 할 수 있고, 행정청의 수리처분 등 별단의 조치를 기다릴 필요가 없다고 할 것이며, 또한 이와 같은 신고를 받은 행정청으로서는 그 신고가 같은 법 및 그 시행령 등 관계 법령에 신고만으로 건축할 수 있는 경우에 해당하는 여부 및 그 구비서류 등이 갖추어져 있는지 여부 등을 심사하여 그것이 법규정에 부합하는 이상 이를 수리하여야 하고, 같은 법 규정에 정하지 아니한 사유를 심사하여 이를 이유로 신고수리를 거부할 수는 없다"고 판시하였다.[32]

여기서 검토할 것은 행정청의 실질적 요건의 심사범위로서 신고에 관한 심사는 해당법령에 정한 요건만에 한정되느냐 하는 문제이다. 신고에 관한 당해 법령만이 아니라 관계되는 다른 법령의 해당조항에서 요구하는 실질적 요건에 부합되어야 하고, 이를 충족시키지 못하면 그 신고는 수리할 수 없는 것으로 해석된다. 즉, 다른 법인 학교보건법 제6조의 요건을 체육시설의 설치·이용에 관한 법률에 의한 당구장업의 신고요건으로 보고 있다.

이와 관련하여, 종전의 대법원 2002. 7. 9. 선고 2002두1748 판결은 주민등록의 대상이 되는 실질적 의미에서의 거주지인지 여부를 심사하기 위하여

---

32) 안기환, "공동주택관리규칙 제4조의 2 소정의 신고대상인 건축행위를 하고자 할 경우 적법한 요건을 갖춘 신고외에 행정청의 수리처분을 요하는지 여부", 대법원 판례해설 1999년 상반기(통권 제32호), 486면.

주민등록법의 입법목적과 주민등록의 법률상 효과 이외에 지방자치법 및 지방자치의 이념까지도 고려하여야 한다고 판시하였다. 그러나, 위 대법원 2009. 6. 18. 선고 2008두10997 전원합의체 판결에서 "주민들의 거주지 이동에 따른 주민등록전입신고에 대하여 행정청이 이를 심사하여 그 수리를 거부할 수는 있다고 하더라도, 그러한 행위는 자칫 헌법상 보장된 국민의 거주·이전의 자유를 침해하는 결과를 가져올 수도 있으므로, 시장·군수 또는 구청장의 주민등록전입신고 수리 여부에 대한 심사는 주민등록법의 입법 목적의 범위 내에서 제한적으로 이루어져야 한다."고 판시하면서, "주민등록법의 입법 목적에 관한 제1조 및 주민등록 대상자에 관한 제6조의 규정을 고려해 보면, 전입신고를 받은 시장·군수 또는 구청장의 심사 대상은 전입신고자가 30일 이상 생활의 근거로 거주할 목적으로 거주지를 옮기는지 여부만으로 제한된다."고 보아, 시장·군수 또는 구청장의 주민등록전입신고 수리 여부에 관한 심사의 범위와 대상을 명확히 하였다. 즉, 이 판결은 무허가 건축물을 실제 생활의 근거지로 삼아 10년 이상 거주해 온 사람의 주민등록전입신고를 거부한 사안에서, 투기나 이주대책 요구 등을 방지할 목적으로 주민등록전입신고를 거부하는 것은 주민등록법의 입법 목적과 취지 등에 비추어 허용될 수 없다고 판시하였다.[33]

대법원 2011. 1. 20. 선고 전원합의체 판결과 같이 인·허가 의제의 효과가 수반되는 건축신고의 경우에도 협의를 거쳐야 하며, 다른 법률의 요건을 충족하여야 하는 것으로 보았다. 인·허가가 의제되는 건축신고는 자기완결적 신고인 단순한 건축신고와는 달리 수리를 요하는 신고로서 실체적 요건에 관한 심리를 한 후에 수리를 하여야 하는 것으로 파악하는 것이 적절하다고 할 것이다. 인·허가가 의제되는 건축신고는 약한 규제로 강한 규제를 의제하는 것이 되어 입법적으로 적절하지 않기 때문에 법개정의 필요성이 있다.[34] 해석론으로서도 "인·허가의제사항 관련 법률에 규정된 요건 중 상당수는 공익에 관한 것으로서 행정청의 전문적이고 종합적인 심사가 요구된다. 만약 건축신고만으로 인·허가의제사항에 관한 일체의 요건 심사가 배제된다고 한다면, 중대한 공익상의 침해나 이해관계인

---

33) 대법원 2002. 7. 9. 선고 2002두1748 판결은 전원합의체판결의 견해에 배치되는 범위 내에서 변경되었다.
34) 이에 관하여는 최계영, "건축신고와 인·허가의제", 행정법연구, 제25호, 166면.

의 피해를 야기하고 관련 법률에서 인·허가 제도를 통하여 사인의 행위를 사전에 감독하고자 하는 규율체계 전반을 무너뜨릴 우려가 있기"때문에 당사자의 형식적 요건에 대한 심사만으로 인·허가의제를 인정하는 것은 공익적 관점에서 바람직하지 않아 실체적 요건에 대한 심사가 허용되는 수리를 요하는 신고로 보아 국가적 개입의 필요성이 있다고 할 것이다. 이번 전원합의체 판결은 건축법 제14조 제2항에 의한 인·허가의제 효과를 수반하는 건축신고를, 행정청이 그 실체적 요건에 관한 심사를 한 후 수리하여야 하는 이른바 '수리를 요하는 신고'로 파악하여 단순 건축신고와는 다른 것으로 보았다는 점에 의미가 있다.

4. 법령상의 요건이 아닌 실체적 이유를 들어 수리거부가 가능한지

수리를 요하는지 신고인지 여부는 입법정책의 문제로서 법령의 규정에 의하여야 하고, 법령에 명시적인 규정이 없는 경우에는 허가제와 별도로 신고제를 두고 있음에 비추어 원칙적으로 형식적·절차적 요건을 갖춘 신고서가 행정청에 도달하면 신고로서의 효과가 발생하는 수리를 요하지 아니하는 신고라고 보아야 할 것이다. 그러나 예외적으로 법의 목적과 취지, 법령의 제반 규정 등에 비추어 형식은 신고이지만 허가제와 같이 운용하려고 할 경우에는 이를 수리를 요하는 신고로 볼 경우라면 비록 중대한 공익상의 이유가 있다고 할지라도 법령상의 요건에 해당하지 않는 한 실질적 사유를 들어 수리를 거부할 수 없다고 판시하거나, 이를 규제를 유지할 필요가 있다면 보다 정면으로 허가에 해당한다고 해석하는 것이 바람직하다.

이와 관련하여 대법원 2010. 9. 9. 선고 2008두22631 판결에서 "구 '장사 등에 관한 법률'(2007. 5. 25. 법률 제8489호로 전부 개정되기 전의 것)의 관계 규정들에 비추어 보면, 같은 법 제14조 제1항에 의한 사설납골시설의 설치신고는 같은 법 제15조 각 호에 정한 사설납골시설설치 금지지역에 해당하지 않고 같은 법 제14조 제3항 및 같은 법 시행령(2008. 5. 26. 대통령령 제20791호로 전부 개정되기 전의 것) 제13조 제1항의 [별표 3]에 정한 설치기준에 부합하는 한 수리하여야 하나, 보건위생상의 위해를 방지하거나 국토의 효율적 이용 및 공공복리의 증진 등 중대한 공익상 필요가 있는 경우에는 그 수리를 거부할 수 있다고 보는 것이 타당하다."고 판시하면서, "종교단체의 사설납골당 설치신고에 대하여 파주시장이 신고수리 불가 처분을 한 사안에서, 납골당의 규모와 진입로 및 주위 교통여건 등을 비교하여 교통량 증가로 교통체증이 심화되어 마을 주민들의 통행에 현저한 지장을 가져오는지 여부, 납골당 설치로 인해 보건위생상 또는 환경상의 문제가 발생할 우려가 있는지 여부, 파주시 장사시설의 현황과 장사시설에 관한 중장기계획의 내용 등에 비추어 위 사설납골당이 국토의 효율적 이용 및 공공복리 증진을 해칠 우려가 있는지 여부 등을 살펴 납골당 설치신고의 수리를 거부할 중대한 공익상 필요가 있는지를 판단하였어야 함에도, 파주시가 장사시설 중장기계획을 수립하여 놓았다는 사정만으로 납골당 설치신고의 수리를 거부할 중대한 공익상 필요가 있다고 보기 어렵다고 보아 위 처분을 취소한 원심판결에, 중대한 공익상의 필요에 관한 법리를 오해하고 심리를 다하지 않은 위법이 있다."고 파악하였다.

이 사건 판결에서 특기할 만한 사항은 관할 행정청이 종교단체 납골당설치신고를 한 교회에, 장사 등에 관한 법률에 따라 필요한 시설을 설치하고 유골을 안전하게 보관할 수 있는 설비를 갖추어야 하며 관계 법령에 따른 허가 및 준수사항을 이행하여야 한다는 취지의 납골당설치 신고사항 이행통지를 하였는바, 신고사항 이행통지를 별도의 처분으로 보지 아니하고 관할 행정청이 교회에 이행통지를 함으로써 납골당설치 신고수리를 한 것으로 보았다.

이처럼 납골당 설치신고의 수리에 있어 수리를 요하는 신고라고 보면서도 허가제와 동일하게 운영한 잘못이 있다. 이러한 경우에는 수리를 요하는 신고가 아니라 허가로 보아 기속재량행위로 파악할 필요가 있다.35)

5. 소 결

기본적으로 '적법한 요건을 갖춘 신고'의 의미에 관하여는 소정의 형식적 요건을 갖추어 적법하게 신고가 제출된 이상 행정청은 이를 수리하여야 할 것이고, 행정청이 건축허가신고를 실체적인 이유를 들어 신고를 반려하였다고 하더라도 그 신고의 효력에는 아무런 영향이 없다는 입장이 주류적이고 형식적 요건과 실체적 요건을 모두 갖춘 경우에만 적법한 신고로 수리처분이나 반려처분과는 관계 없이 신고만으로 바로 신고의 효력이 생기는 것이고 이러한 요건을 갖추지 못한

---

35) 이에 관하여는 김용섭, "기속행위, 재량행위, 기속재량", 판례연구, 제15집, 서울지방변호사회, 2001, 18-47면. 박균성 교수는 수리를 요하는 신고 대신에 '수리행위가 있는 신고'라는 표현을 사용하는 것이 바람직하다고 하지만, 수리행위가 있다는 것만으로 이를 정당화하기보다는 이 판결은 신고의 심사범위를 벗어나서 허가제와 마찬가지로 심사범위를 지나치게 확장한 문제가 있는 판례라고 할 것이다.

신고는 비록 수리처분이 있었다고 하더라도 위법한 신고로 신고의 효과가 생기는 것이 아니라는 소수의 견해가 있는 것으로 정리된다.

　　우선 수리를 요하는 신고의 심사범위와 관련한 대법원 2010. 9. 9. 선고 2008 두22631 판결에서 사설납골시설의 설치신고는 수리를 요하는 신고로 보았으며, 이와 같은 수리를 요하는 신고의 경우에는 법령상의 요건을 갖춘 경우에는 수리 하여야 하지만, "보건위생상의 위해를 방지하거나 국토의 효율적 이용 및 공공복 리의 증진 등 중대한 공익상 필요가 있는 경우에는 그 수리를 거부할 수 있다고 보는 것이 타당하다."고 판시하면서, "다만, 행정청에서 장사시설 중장기계획을 수립하여 놓았다는 사정만으로 납골당 설치신고의 수리를 거부할 중대한 공익상 필요가 있다고 보기 어렵다고 보아 위 처분을 취소한 원심판결에, 중대한 공익상 의 필요에 관한 법리를 오해하고 심리를 다하지 않은 위법이 있다."고 판시하였다. 이와 같이 수리를 요하는 신고라고 할지라도 중대한 공익상의 필요가 있는 경우 에 수리를 거부하는 것이 정당화되고 있으며, 중대한 공익상 필요가 없음에도 수 리를 거부하는 것은 타당하지 않다는 취지의 판시태도는 매우 이례적이며, 허가제 에서나 가능한 거부의 사유라고 볼 것이므로, 신고수리거부의 정당화 사유로 들고 있는 이러한 대법원의 판결은 조속히 폐기하는 것이 바람직하다 할 것이다.

IV. 원격평생교육시설의 신고와 수리에 대한 검토

1. 평생교육법 및 동법 시행령의 법적 규율

　　여기서는 이 사건 신고와 관련이 있는 구 평생교육법(2007. 10. 17. 법률 제 8640호로 개정되기 전의 것, 이하 같다)과 구 평생교육법 시행령(2004. 1. 29. 대통령령 제18245호로 개정되기 전의 것, 이하 같다)의 규정을 중심으로 살펴보기로 한다. 평생 교육법 제1조에서 "이 법은 평생교육에 관한 사항을 정함을 목적으로 한다."고 규 정하고 있다. 제2조 제1호에서 "평생교육이라 함은 학교교육을 제외한 모든 형태 의 조직적인 교육활동을 말한다."고 규정하고 있고, 동조 제3호에서 "평생교육시 설이라 함은 이 법에 의하여 인가·등록·신고된 시설과 학원 등 다른 법령에 의 한 시설로서 평생교육을 주된 목적으로 하는 시설을 말한다."고 규정하고 있다.

　　이 사건 신고와 수리처분의 근거법령은 평생교육법 제22조로서 제1항에서 "누구든지 정보통신매체를 이용하여 특정 또는 불특정 다수인에게 원격교육을 실

4. 원격평생교육시설 신고 및 그 수리거부 127

시하거나 다양한 정보를 제공하는 등의 평생교육을 실시할 수 있다."고 규정하고 있고, 제2항에서 "제1항의 경우 불특정 다수인을 대상으로 학습비를 받고 이를 실시하고자 하는 경우에는 대통령령이 정하는 바에 따라 교육인적자원부장관에게 신고하여야 한다. 이를 폐쇄하고자 하는 경우에는 그 사실을 교육인적자원부장관에게 통보하여야 한다."고 규정하고 있다. 위 법률규정의 위임에 따라 동법시행령 제26조에서 "법 제22조 제2항 전단의 규정에 의하여 교육인적자원부장관에게 신고하여야 하는 원격교육형태의 평생교육시설(이하 '원격평생교육시설'이라 한다)은 학습비를 받고 10명 이상의 불특정 학습자에게 30시간 이상의 교습과정에 따라 화상강의 또는 인터넷강의 등을 통하여 지식·기술·기능 및 예능에 관한 교육을 실시하는 시설로 한다."고 규정하고 있으며, 동법 시행령 제27조에서 신고절차 등에 관하여 규정하고 있다. 제1항에서는 "법 제22조 제2항 전단의 규정에 의하여 원격교육 등 평생교육을 실시하고자 하는 자는 다음 각호(1. 명칭 2. 목적 3. 설치자 4. 위치 5. 시설·설비 6. 개설예정일) 사항을 기재한 신고서에 운영규칙 및 교육인적자원부령이 정하는 서류를 첨부하여 교육인적자원부장관에게 제출하여야 한다."고 규정하고 있고, 제2항에서 "제1항의 운영규칙에는 다음 각 호(1. 명칭·목적 및 위치 2. 교육과정·정원 3. 입학·퇴학 및 수료와 상벌 4. 교육기간·휴강 5. 학습비 6. 기타 시설의 운영에 관하여 필요한 사항)사항을 기재하여야 한다."고 규정하고 있다. 한편 제3항에서는 "교육인적자원부장관은 제1항의 규정에 의한 신고가 있는 때에는 이를 검토하여 요건에 맞는 경우에는 교육인적자원부령이 정하는 신고증을 교부하여야 한다."고 규정하고 있다.

2. 원격평생교육시설 신고의 법적 성질

가. 문제의 제기

원심법원에서는 이 사건 원격평생교육시설의 수리를 요하는 신고로 보고 있으나, 원고의 상고이유에서는 "위 구 평생교육법은 제22조 제1항에서 누구든지 정보통신매체를 이용하여 원격교육을 실시할 수 있다고 규정하고 있고, 제2항에서는 학습비를 받고 실시하는 경우 대통령령이 정하는 바에 따라 교육인적자원부장관에게 신고하여야 한다고 규정하고 있으므로, 학습비를 받는지 여부에 따라 신고여부가 결정될 뿐, 이 사건 신고는 행정청이 실질적 심사권한을 갖는 '수리를 요하는 신고'가 아니다. 또한 위 구 평생교육법에서 학교형태의 평생교육시설은 교육감에게 등록을, 사내대학형태의 평생교육시설과 학력, 학위가 인정되는 원격교육시설은 교육인적자원부장관의 인가를 받아야 하도록 규정하고 있는 것에 비하여, 학력, 학위와 무관하게 단순 원격교육을 실시하는 평생교육시설은 교육인적자원부장관에게 신고만 하도록 규정되어 있는바, 평생교육이라는 입법목적에 비추어 이 사건 신고는 형식적 신고만으로 신고의 효력이 발생한다고 보아야 한다. 따라서 원격평생교육시설의 신고를 위한 이 사건 신고는 수리를 요하는 신고라고 할 수 없고, 원고가 위 구 평생교육법 시행령 제27조 제1항, 제2항에서 요구하는 신고서에 기재할 사항과 신고절차를 마친 이상 피고는 원고의 신고를 수리하여야 한다."고 되어 있어, 과연 신고의 유형 중 종전의 구분방식을 감안하여 어느 유형에 속하는 것인지를 명확히 할 필요가 있다.

나. 자기완결적 신고라는 견해

이 사건 원격평생교육시설의 신고는 인·허가가 의제되지 아니하는 건축법상의 건축신고라든가 집회 및 시위에 관한 법률의 신고, 체육시설의 이용료 신고와 같이 신고유보부 금지의 경우에 해당되며, 그 신고의 의사표시가 행정기관에 도달한 때 관계 법령이 정하는 법적 효과가 발생하는 자기완결적 신고로서 관할 행정청은 실체적 사유를 들어 신고의 수리를 거부할 수 없고, 형식적 요건에 대한 심사에 그치게 된다. 신고인에 대하여 교부하는 신고필증은 신고인의 통지행위를 확인하는 의미에 불과하며 미신고행위로 인한 과태료 등의 제재를 받는 것이 일반적이다. 자기완결적 신고에 대한 거부행위는 신고인의 법률상 지위에 아무런 변동을 일으키지 않으므로, 항고소송의 대상이 되는 행정처분에 해당하지 않는다는 것이 종래의 통설이며 판례의 입장이었으나, 앞에서 언급한 대법원 2010. 11. 18. 선고 2008두167 전원합의체 판결의 등장에 따라 처분성이 인정된다고 하여 수리를 요하는 신고가 되는 것은 아니다.

다. 수리를 요하는 신고라는 견해

원격평생교육시설의 신고를 수리를 요하는 신고로 보는 견해에서는 이 사건 신고의 근거 법령인 평생교육법은 제22조 제2항에서 정보통신매체를 이용하여 불특정 다수인을 대상으로 학습비를 받고 원격교육을 실시하거나 다양한 정보를 제공하는 등의 평생교육을 실시하고자 하는 경우에는 대통령령이 정하는 바에 따라 교육인적자원부장관에게 신고하여야 한다고 되어 있고, 동법 제23조 제1항 제2호에서 위 법조항에 의한 신고를 태만히 한 자에 대하여 과태료를 부과할 수 있다고 규정하고 있는 점, 평생교육법 시행령은 제27조 제1항에서 평생교육을 실시하고자 하는 자가 제출하여야 하는 신고서에 기재할 사항으로 "1. 명칭, 2. 목적, 3. 설치자, 4. 위치, 5. 시설·설비, 6. 개설예정일"을 규정하고 있으며, 제3항에서 "교육인적자원부장관은 제1항의 규정에 의한 신고가 있는 때에는 이를 검토하여 요건에 맞는 경우에는 교육인적자원부령이 정하는 신고증을 교부하여야 한다"고 규정하고 있는 점에 비추어 행정청의 접수행위외에 별도의 검토를 하도록 규정하고 있는 점을 근거로 들 수 있다.

이 사건 판결문에서는 이 사건 신고가 수리를 요하는 신고인지 여부에 관하여 명시적으로 밝히고 있지는 않지만, 위와 같은 평생교육법령의 규정에 의할 때, 행정청은 신고의 요건이 맞는지 여부를 검토하여 맞는 경우에만 신고(필)증을 교부하도록 되어 있는 점, 평생교육법 제32조 제1항 제2호의 규정에 의한 과태료 부과 대상은 행정청으로부터 신고(필)증을 교부받기 전에 원격평생교육을 실시한 자라고 해석해야 할 것인 점 등에 비추어 이 사건 신고는 수리를 요하는 신고라고 보아야 할 것이라는 견해[36]가 제시된 바 있다.

라. 검토

원격평생교육시설의 신고의 법적 성질에 관하여는 대상판결문에서 명시적으로 언명하고 있지는 않지만, 신고의 법적 성질에 관하여 이를 원심에서는 수리를 요하는 신고로 보았으나, 대법원은 원심을 지지하지 않았기 때문에 이는 자기완결적 신고로 볼 여지가 많다. 그러나 만약에 원격평생교육시설에 대하여 수리를 요하는 신고로 보게 되면 앞서 언급한 납골당설치신고와 관련하여 거부처분시 중대한 공익상 필요만으로 수리를 거부하는 심사방식과는 다르기 때문에 매우 의미있는 진전이 있는 판시태도라고 할 수 있게 된다. 그 이유는 수리를 요하는 신고임에도 관계법령에서 요구하지 않는 실체적 이유를 들어 거부하는 것은 허용되지 않는다는 결론이 되어, 종전의 판례와는 다른 결론이 나게 되기 때문이다.

이와 관련하여 앞서도 언급하였지만, 신고의 수리거부를 허가제와 동일하게

36) 김학준, "평생교육 신고 수리거부처분시의 심사범위", 특별법연구, 제10권, 2012, 553면 이하.

법령에서 요구하지 않는 중대한 공익상의 필요를 내세워서 거부하는 판시태도는 바람직하지 않다. 물론 허가의 경우에는 중대한 공익상의 이유를 들어 허가를 거부할 수 있겠지만, 수리를 요하는 신고의 경우에는 관계법령에서 요구하지 않는 이유를 들어 수리를 거부하는 것은 허용되지 않는다고 볼 것이므로, 신고의 수리는 기속재량이 아니라 기속행위로 이해하고 허가는 기속재량으로 이해는 것이 타당하며, 이를 통하여 신고제가 허가제와의 차별성을 기할 수 있다고 할 것이다.

3. 원격평생교육시설 신고의 수리거부

가. 수리거부의 처분성

수리를 요하는 신고의 경우 그 수리거부가 행정소송의 대상이 되는 행정처분이 되는 것은 말할 것도 없지만, 자기완결적 신고의 경우에도 그 반려행위가 항고소송의 대상이 되는 행정처분이라고 할 필요성과 실익이 있다. 자기완결적 신고에 있어서 반려행위인 수리거부가 처분이 되는지 여부는 대법원판례에서 정하고 있는 처분성 여부를 판정하는 기준에 비추어 결정하여야 할 것이다. 즉, 대법원[37]은 "행정청의 어떤 행위를 행정처분으로 볼 것이냐의 문제는 추상적·일반적으로 결정할 수 없고, 구체적인 경우 행정처분은 행정청이 공권력의 주체로서 행하는 구체적 사실에 관한 법집행으로서 국민의 권리의무에 직접 영향을 미치는 행위라는 점을 고려하고 행정처분이 그 주체, 내용, 절차, 형식에 있어서 어느 정도 성립 내지 효력요건을 충족하느냐에 따라 개별적으로 결정하여야 할 것이며, 행정청의 어떤 행위가 법적 근거도 없이 객관적으로 국민에게 불이익을 주는 행정처분과 같은 외형을 갖추고 있고, 그 행위의 상대방이 이를 행정처분으로 인식할 정도라면 그로 인하여 파생되는 국민의 불이익 내지 불안감을 제거시켜 주기 위한 구제수단이 필요한 점에 비추어 볼 때 행정청의 행위로 인하여 그 상대방이 입는 불이익 내지 불안이 있는지 여부도 그 당시에 있어서의 법치행정의 정도와 국민의 권리의식수준 등은 물론 행위에 관련한 당해 행정청의 태도 등도 고려하여 판단하여야 할 것이다."고 판시한 바 있다.

이와 같은 대법원의 판시태도는 행정청의 행위가 객관적으로 국민에게 불이익을 주는 행정처분과 같은 외형을 갖추고 있고, 상대방이 이를 행정처분으로 인

---

37) 대법원 1993. 12. 10. 선고 93누12619 판결; 대법원 2007. 6. 14. 선고 2005두4397 판결 등.

식할 정도에 있는지, 상대방에게 불이익 내지 불안이 있어 구제수단이 필요한지 여부에 중점을 두고 있다고 보여진다.

이처럼 자기완결적 신고를 반려하는 경우에 일반적으로 반려행위에 처분성을 인정할 것인가에 대하여는 아직 논란이 있으나, 자기완결적 신고의 경우에도 이를 반려하는 행위나 수리거부행위는 당사자의 법적지위를 불안정하게 하고, 당사자의 권익침해가 발생하는 경우가 있을 수 있기 때문에 처분으로 보아 행정소송을 통하여 다툴 수 있도록 하는 것이 바람직하므로, 이를 수리거부처분으로 보아 처분성을 인정한 것으로 볼 것이다. 따라서, 정보통신매체를 이용하여 학습비를 받고 불특정 다수인에게 원격평생교육을 실시하기 위해 구 평생교육법 제22조 등에서 정한 형식적 요건을 모두 갖추어 신고한 경우, 이는 자기완결적 신고이기 때문에 행정청이 실체적 사유를 들어 신고 수리를 거부할 수 없다고 보아야 한다. 이와 같은 자기완결적 신고의 경우라면 관할 행정청에서 교육 내용이 의료법에 저촉될 우려가 있다는 등의 사유로 이를 반려하는 경우라면, 관할 행정청은 형식적 심사범위에 속하지 않는 사항을 수리거부사유로 삼았을 뿐만 아니라 처분사유도 인정되지 않으므로, 위 처분은 위법하게 된다고 보지 않을 수 없다.

또한, 이 사건 원격평생교육시설에 대한 신고가 자기완결적 신고라면 다음으로 신고의 접수의 거부 내지 반려가 처분에 해당하는지 여부가 문제시 될 수 있다. 원심법원과 대법원에서는 이 부분에 대하여는 판시하고 있지 않고 있으나, 신고를 하지 않고 영업을 하더라도 동법 제29조의 행정처분의 대상에 포함되지 않고, 단지 동법 제32조 제1항 제2호의 규정에 의하여 신고를 태만히 한 자의 경우 500만원 이하의 과태료에 처한다고 되어 있고, 이러한 규정만으로 건축법상의 신고 불이행의 경우에 이행강제금과 벌칙 등이 부과되는 것과 비교할 때 법적 지위의 불안이 있어 수리거부의 처분성을 인정하기에 적절한 사안인지 의문이다. 이를 수리를 요하는 신고라고 한다면, 처분성을 인정하는 데 어려움이 없을 것이다. 설사 원고가 수리가 거부되었음에도 적법한 요건을 갖추었다고 주장하면서 영업을 하였다면 과태료의 제재를 받아 이를 다투는 단계에서 수리거부의 효력을 다툴 수 있다.

나. 수리거부에 있어서 심사범위

평생교육시설의 신고를 자기완결적 신고로 보게 될 경우라면 행정청의 심사는 형식적 요건에 대한 심사에 그치게 된다. 그렇기 때문에 실체적 심사를 할 수 있다고 볼 것은 아니다. 여기서 말하는 실체적 심사란 법에 정한 신고 사항 이외의 특별한 사유를 들어 거부하는 것을 말한다. 수리를 요하는 신고에 있어서는 실체적 요건에 대한 심사권이 허용된다고 할지라도 단지 신고사항의 내용이 사실과 합치하는지 여부를 심사하는데 그쳐야 하고, 법령에서 요구하지 않는 공익상의 이유로 거부하는 것은 바람직하지 않다고 할 것이다.

이 사건으로 돌아와 평생교육법에 교습과정을 제한하는 조항이 없을뿐더러 의료법상의 막연한 형사처벌의 가능성만으로 침·뜸 교육을 금지할 수는 없으므로, 이 사건 처분이 적법한지 여부의 심사범위는 이 사건 신고의 대상이 되는 침·뜸 교육행위가 의료인의 양성 또는 의료행위에 관한 관계법령에 의하여 허용되지 않는 것인지에 달려 있다.

따라서 평생교육법에 따른 행정청의 심사범위에 관하여 고찰해 보면, 평생교육법은 제22조 제2항에서 불특정 다수인을 대상으로 학습비를 받고 원격교육형태의 평생교육을 실시하고자 하는 경우에는 교육인적자원부장관에게 신고하도록 하면서 그 구체적인 신고절차는 대통령령에 위임하고 있다. 법률의 위임에 따른 평생교육법 시행령은 제27조 제1항에서 명칭, 목적, 설치자, 위치, 시설·설비, 개설예정일을 기재한 신고서에 운영규칙 및 교육인적자원부령이 정하는 서류를 첨부하여 교육인적자원부장관에게 제출하도록 규정하고 있다.

또한, 평생교육법 제22조 제1항은 "누구든지 정보통신매체를 이용하여 특정 또는 불특정 다수인의 원격교육을 실시하거나 다양한 정보를 제공하는 등의 평생교육을 실시할 수 있다."고 규정하여 위 법조항에 따라 신고를 요하지 않는 경우와 제2항의 신고를 요하는 경우는 학습비의 수수 외에는 그 교육의 대상이나 방법 등에 관하여 별다른 차이가 없는 점과 단지 신고를 태만히 한 행위에 대하여 과태료 제재에 그치고 있는 점을 고려하면, 위 법령에서 요구하는 형식적 요건 외에 다른 실질적인 요건은 요구하고 있지 않다고 보인다.

따라서 원고가 이 사건 신고를 하면서 위 법령에서 요구되는 형식적 요건을 갖추었다면 피고는 그 신고의 대상이 된 행위가 다른 법령에 의하여 허용되지 않는 경우가 아닌 한, 당해 법령이나 관계법령에서 정하지 않은 공익상의 이유를 들어 신고의 수리를 거부할 수 없다고 보아야 한다.

다. 수리거부시 안전성의 요청을 감안할 수 있는지 여부

이 사건 원격평생교육시설의 교습과정은 침·뜸이 교육이며, 침·뜸의 시술은 원칙적으로 면허 또는 자격 있는 의료인에 의해 행하여져야 할 의료법상 한방의료행위에 해당한다. 그런데 의학적 전문지식은 '인간의 신체에 대한 건강훼손의 위험성'이 항시 내재되어 있는데다가, 침·뜸 교육이 무면허 의료행위를 조장할 수 있다는 점에서 한방의료행위인 침·뜸에 대한 교육행위가 의료법에 의하여 허용되지 않는다고 볼 여지도 있다. 더구나, 원고는 침사 자격을 보유하고 있는 반면 '뜸'에 관한 구사 자격은 없으므로, 타인의 신체에 뜸을 시술하는 행위는 무면허 의료행위로서 의료법 위반죄 또는 보건범죄 단속에 관한 특별조치법 위반죄에 해당할 수 있다. 그러나, 그와 같은 행위는 침·뜸의 교육과정에 필수적으로 요구되는 것이 아니고 단순히 행하여질 가능성이 있는 것에 불과하다.[38]

이처럼 침·뜸교육에 있어서 안전성의 요청을 고려하게 된다면, 이는 신고의 법리를 벗어나서 법령에서 요구되는 중대한 공익을 이유로 수리를 거부하는 것을 정당화하게 되어 허가제에서 통상 인정되는 것과 같은 동일한 결과를 초래하리라고 본다. 일부 견해[39]에 의하면 이 사건 평석대상 판결에서 "침·뜸에 대한 교육과 학습의 기회제공을 일률적·전면적으로 차단하는 것은 후견주의적 공권력의 과도한 행사로 보지만, 생명·신체의 안전에 관한 중요성이 더할 나위 없이 고조된 오늘날에는 안전법상의 일반원칙인 국가의 사전배려 원칙을 염두에 두었어야 한다."고 주장하고 있는바, 이 견해는 안전성의 요청을 고려하여 수리를 거부할 수 있다는 취지로 보여진다. 그러나 안전성과 자유의 문제는 적절한 밸런스가 필요하며, 평석대상 판결 사안은 평생교육의 문제이고 직접적으로 국민의 안전과 직결되는 사안은 아니라고 보여지며, 규범을 보다 명확하게 정하고 아울러 규제의 실효성도 감안해야 할 것이다.[40]

그런데, 기본적으로 헌재 2010. 7. 29, 2008헌가19, 2008헌바108, 2009헌마269·736, 2010헌바38, 2010헌마275(병합) 결정문에 의하면, "침구술은 환자의 경혈에 대하여 침, 구(뜸) 시술을 하는 것을 말하는데, 그 시술이 잘못될 경우 환자의 생명, 신체 또는 보건위생상의 위해를 가져올 우려가 있다"고 보는 반면에, 위 사건의

---

38) 김학준, "평생교육 신고 수리거부처분시의 심사범위", 특별법연구, 제10권, 2012, 564-565면
39) 김중권, "이른바 자기완결적 신고가 과연 존재하는가?", 법률신문 2011. 11. 17.자 제3984호.
40) 大石 眞, "安全おめぐる憲法理論上の諸問題", 公法硏究 弟69号, 2007, 21-68面.

헌법재판소 재판관 조대현, 재판관 이동흡, 재판관 목영준, 재판관 송두환의 반대의견중에 "침(鍼)은 경혈에 침을 사용하여 전기적 자극을 주는 것이고, 구(灸)는 쑥을 이용하여 경혈부위에 열을 가하는 것이 불과하므로, 생명·신체에 대한 위험성이나 부작용에 있어서 통상의 의료행위와 비교될 수 없을 만큼 낮다."고 판시하고 있고, 재판관 김종대 역시 일부 침, 뜸, 자석요법 등과 같이 부작용의 위험성이 크지 않다고 보고 있어 실제로 헌법재판소 재판관 5인이 침구시술 그 자체가 생명과 신체에 대한 위험성이나 부작용이 통상의 의료행위와 비교될 수 없을 만큼 낮다고 평가하고 있다.

　아울러 규제를 하기 위해서는 해당 법률이 명확성의 원칙에 입각하여 규정되어야 하며, 침·뜸행위가 아닌 침뜸 교육에 있어서는 안전성이 크게 문제가 되지 않고 교육과정에서 시술을 하게 되어 무면허 의료행위에 해당하게 된다면 이는 의료법의 적용을 통하여 대처해 나가면 될 것이다. 더구나, 의료법은 면허를 받지 아니한 자가 치료 등을 목적으로 의료행위를 하는 것을 금지하려는 것이지, 의료에 대한 교육행위 자체를 규율대상으로 삼고 있는 것은 아니다. 여기에 건강의 유지·증진에 관한 일반 국민의 관심과 지식 욕구가 높아진 결과 단순한 건강의 유지·증진뿐 아니라 질병의 원인과 증상, 치료와 예방에 이르기까지의 전문적 의학지식의 일부가 널리 일반 대중의 지식과 정보 습득의 대상이 되고 있는 점, 의학지식과 정보를 전문가들 사이에서만 독점하도록 제한하고 일반인들에게는 그에 대한 접근이나 학습조차 금지하는 것은 헌법상 행복 추구와 인간다운 생활을 위한 국민의 기본적 권리를 침해하는 것일 뿐 아니라 특별한 법령상의 근거도 없는 점, 종래 침·뜸이 민간에서 널리 전수되어 시행되어 온 점, 이사건 신고 단계에서부터 이미 무면허 의료행위 등의 위법행위가 확정적으로 예정되어 있다고 단정할 수는 없는 점까지 감안하여 보면, 의료법이 침·뜸의 교육행위 자체를 금지하고 있다고 볼 수는 없다. 아울러 그러한 행위는 침·뜸의 교습과정에 필수적으로 요구되는 행위가 아니라 막연히 행하여질 가능성이 있다는 주장에 불과하고 만약에 그러한 의료법 위반행위가 이루어지면 이를 처벌하여 제재하면 족하고, 애당초 원천적으로 의료교육 자체를 하지 못하도록 하는 것이 수리를 거부할 근거가 될 수 없다고 할 것이다.41)

---

41) 같은 취지 김학준, 앞의 논문, 565면.

V. 맺 음 말

여러 실정 법률에 신고에 관한 규정을 마련하고 있다. 이것은 규제완화 차원에서 마련된 것이기도 하지만, 다양한 형태의 신고유형으로 규정되어 있으므로 전 법령을 검토하여 이를 유형화할 필요성이 있다. 이 경우 대부분의 신고에 관한 법률의 규정은 간략이 규정되어 있고, 세부적인 신고에 관한 접수, 검토, 처리에 관한 사항이나 수리 등에 관하여는 하위법령에서 상세히 규정하고 있기 때문에 법령을 종합적으로 검토하여 신고의 법적 성질을 논할 수밖에 없다. 그런데 법률에서는 자기완결적 신고처럼 규정하였더라도 대통령령이나 부령의 별지서식에서 신고서의 양식에 검토하여 처리하도록 규정하고 있는 사례가 적지 않아 입법자의 의사를 왜곡하는 문제를 정밀하게 파악할 필요가 있다.

여기서의 평생교육시설의 신고는 적법한 신고가 있으면 영업이 가능하고, 신고가 있어야만 비로서 영업이 가능한 금지해제적 신고도 아니라고 보여진다. 더구나 정보제공적 신고는 더욱 아닐 것이다. 그 이유는 평생교육법 제22조 제2항에서 신고와 더불어 평생교육시설을 폐쇄하고자 하는 경우에는 그 사실을 교육인적자원부 장관에게 통보하도록 규정하고 있어, 이와 같은 통보가 정보제공적 신고에는 해당할지 몰라도 원격평생교육시설의 신고는 접수 후 검토한 후 신고필증을 발부하는 구조로 되어 있고 신고의무를 해태한 자에게 과태료에 부과되기도 하므로, 과태료의 부과처분의 대상이 아닌 통보와는 구분하는 것이 필요하다.

행정절차법은 제40조에서 신고에 관한 규정을 두고 있는바, 이러한 신고는 전형적인 자기완결적인 의미의 신고 형태에 관한 사항이라는 것이 통설적 입장이다. 즉, 행정절차법은 신고가 ① 신고서의 기재사항에 하자가 없고, ② 필요한 구비 서류가 첨부되어 있으며, ③ 기타 법령 등에 규정된 형식상의 요건에 적합한 때에는 신고서가 제출기관에 도달한 때에 신고를 하여야 할 의무가 이행된 것으로 본다고 규정함으로써(동법 제40조 제2항) 동 규정상의 규율 대상이 되는 신고는 "법령 등에서 행정청에 대하여 일정한 사항을 통지함으로써 의무가 끝나는 신고"에 한정한다. 생각건대, 이는 기본적으로 자기완결적 신고를 염두에 두고 제정한 것이라고 볼 것이다. 그러나 이보다 규제가 더 필요한 수리를 요하는 신고에 있어서는 개별 법률에 그 절차를 맡길 것이 아니라 행정절차법에서 보다 강화된 절차에 관한 규율을 마련할 필요가 있다. 지속적으로 행정규제완화의 일환으로 행정청이 허가를 등록이나 신고로, 종전의 등록을 신고로 규제를 완화하여 규정하거나 신고제와 등록제를 병행하여 규정하는 경우[42]가 적지 않은바, 허가제에서 신고제로 명칭 변경에도 불구하고, 행정청에서 종전과 마찬가지로 허가제도와 마찬가지로 운영될 수 없도록 신고의 법리를 확립하여 통제해 나갈 필요가 있다.

이 사건 평석대상 판결문에 설시하고 있는 바와 같이, 전통 민간요법인 침·뜸행위를 온라인을 통해 교육할 목적으로 인터넷 침·뜸 학습센터를 만들어 의학적 전문지식의 전달과 학습의 기회를 제공한 행위에 대하여, 행정청이 단지 교육과정에서 무면허의료행위등 금지된 행위가 있을지 모른다는 막연한 우려만으로 침·뜸에 대한 교육과 학습의 기회 제공을 일률적·전면적으로 차단하는 것은 후견주의적 공권력의 과도한 행사일 뿐 아니라 그렇게 해야 할 공익상 필요가 있다고 볼 수 없다. 따라서, 이 사건 평석대상판결에서 보는 바와 같이 대법원이 피고가 이 사건 신고의 수리를 거부한 것은 위법하고 합당한 처분사유도 인정되지 않는다고 판시한 것은 적절한 판시태도라고 할 것이다.

이 판결은 기본적으로 자기완결적 신고에 속한다고 볼 수 있으나, 다른 한편 수리를 요하는 신고에서 자주 활용되는 방식인 접수 후 검토 후에 신고필증을 발부하도록 하고 있는 점[43]이나 그 수리거부에 처분성을 인정하고 있는 점에 비추어 자기완결적 신고와 수리를 요하는 신고의 성격이 함께 들어 있는 중간영역의 신고에 해당한다고 보여진다. 만약에 이를 수리를 요하는 신고로 보게 된다면, 법령의 근거 없이 이 사건 신고의 수리를 거부한 것이 위법하다고 판단함으로써, 수리를 요하는 신고에 있어서는 허가제와는 달리 그 수리 여부에 관한 행정청의 재량을 제한하고 기속행위에 한정하도록 한 점을 높이 평가할 수 있을 것이다.

그동안 신고에 관한 학설과 판례의 주류적인 입장은 행정법상의 신고를 전

---

42) 등록과 신고를 병렬적으로 규율하고 있는 입법으로는 체육시설의 설치·운영에 관한 법률, 음악산업진흥에 관한 법률 등을 들 수 있고, 허가와 신고를 병렬적으로 규율하는 입법으로는 건축법, 수산업법 등을 들 수 있다.

43) 현행 평생교육법 제42조에서는 과태료와는 별개로 거짓이나 그 밖의 부정한 방법으로 인가를 받거나 등록 또는 신고한 경우, 부정한 방법으로 관리·운영한 경우, 결격사유에 해당하는 경우에 평생교육과정을 폐쇄할 수 있도록 규정하고 있고, 평생교육시설 신고서의 처리기간이 10일로 되어 있고, 처리절차를 신고서작성, 접수 및 검토, 결재, 신고증작성, 대장기재, 교부 등의 순서로 되어 있어 수리를 요하는 신고로서의 성격도 일부 내포하고 있다고 보여진다.

형적 신고인 자기완결적 신고와 변형적 신고인 수리를 요하는 신고로 구분하고, 전자에 관하여는 형식적 요건을 충족하는 적법한 신고가 있으면 별도의 수리행위가 필요한 것은 아니고, 만약에 제출된 신고를 반려한다고 하더라도 신고의무를 충족한 것이 된다고 보았다. 다만, 그동안 자기완결적 신고에 있어서 반려행위에 대하여는 처분성이 부정되었고 형식적 요건에 대한 심사만 가능한 것으로 보고 있다. 그러나, 건축신고에 대하여 대법원 전원합의체 판결이 나온 이래 자기완결적 신고에 해당하는 경우에도 신고반려행위의 처분성을 인정하게 되어 처분성의 관점만 놓고 보면 수리를 요하는 신고와 근접하게 되었다. 그러나, 앞에서도 언급한 바와 같이 행정법상 신고의 법적 성질의 문제와 처분성의 인정여부는 별개로 보게 된다면 평생교육시설의 신고의 수리거부의 처분성을 인정하였다고 하여 자기완결적 신고의 범주를 부인하는 것은 아니라고 할 것이다.

[참고문헌]

강상욱, "주민등록전입신고의 요건", 대법원 판례해설 제80호, 2009.

강현호, "행위개시통제수단으로서의 건축신고에 대한 고찰", 행정판례연구회(제277차)발표자료, 2012. 10. 19.

고규정, "건축신고의 법적 성격 및 그 반려행위가 항고소송의 대상이 되는지 여부", 판례연구 제23집, 2012.

김명길, "신고의 유형에 관한 논고", 법학연구, 제47집 제1호, 2006.

김명길, "신고의 법리", 공법학연구, 제7권 제1호, 2006.

김세규, "행정법상 신고에 관한 재론", 동아법학, 제33호, 2003.

김용섭, "행정법상 신고와 수리", 판례월보, 2000. 1.

김용섭, "2010년 행정법 중요판례", 인권과 정의, 통권 415호, 2011. 3.

김용섭, "기속행위, 재량행위, 기속재량", 판례연구 15집, 서울지방변호사회, 2001.

긴종필, "옥외집회등 금지통고에 대한 잠정적 구제절차의 특수성", 민사재판의 제문제19권, 한국사법행정학회, 2010.

김중권, "행정법상의 신고의 법도그마적 위상에 관한 소고", 고시연구, 2002. 2.

김중권, "행정법상 신고와 통보", 행정소송(1), 한국사법행정학회, 2009.

김중권, "주민등록전입신고거부의 법적 문제점에 관한 소고", 저스티스, 36권 제4호, 2003.

김중권, "건축법상의 건축신고의 문제점에 관한 소고", 저스티스, 제34권 제4호, 2001.

김중권, "수리를 요하는 신고의 문제점", 행정판례연구 XIII, 2009.

김중권, "행정법상 신고와 관련한 판례의 문제점에 관한 소고", 인권과 정의, 통권 307호, 2002. 3.

김중권, "이른바 '수리를 요하는 신고'의 문제점에 관한 소고 — "受理"를 요하는 신고인가", 행정판례연구 VIII, 2003

김중권, "건축법 제14조상의 건축신고가 과연 수리를 요하는 신고인가?", 특별법연구, 제9권, 2011.

김중권, "이른바 자기완결적 신고가 과연 존재하는가?", 법률신문 2011. 11. 17.자.

김중권, "Quo vadis — 신고제?", 법률신문 2011. 3. 7.자.

김재협, 공법상 신고에 관한 고찰, 특별법연구, 제6권, 2001.

김학세, "행정법상 신고제도", 변호사, 서울지방변호사회, 제32집, 2002.

김학준, "평생교육 신고 수리거부처분시의 심사범위 — 대법원 2011. 7. 28 선고 2005두 11748 판결 —", 특별법연구, 제10권, 2012.

김향기, "집중효를 수반하는 건축신고가 수리를 요하는 신고인지의 여부", 고시계, 2011. 7.

박균성, "행정법상 신고", 고시연구, 1999. 11.

박균성, "납골당설치신고 수리거부의 법적 성질 및 적법성 판단", 행정판례연구 XVI-1, 2011.

박승호, "집회 및 시위에 관한 법률상 사전신고제의 위헌성", 법학논고, 제38집, 2012. 2.

박원영, "수리개념의 해체론", 동아법학, 제17호, 1994.

박재옥, "등록제도에 관한 현행법 검토", 월간 법제, 1999. 4.

박해식, "주민등록 전입신고 수리여부에 대한 심사범위와 대상", 행정판례연구 XV-2, 2010.

양삼승, "실체적인 이유로 수리를 거부당한 신고의 효력", 대법원 판례해설 제10호, 1988.

윤장근, "인·허가 법제의 입안심사 요령", 월간 법제, 2011. 2.

이상덕, "한국지역난방공사 공급규정 변경신고를 산업자원부장관이 수리한 행위의 법적 성질", 행정법연구, 제15호, 2006.

이상천, "요건으로서의 신고·신청에 따른 효과로서의 수리·등록·허가의 개념적 구분 재론", 공법학연구, 제11권 제3호, 2010.

정남철, "건축신고와 인인보호 — 독일 건축법제와의 비교법적 고찰을 겸하여", 법조, 2010. 6.

정주수, "호적신고 수리불가신고에 관한 고찰", 사법행정, 2005. 7.

조만형, "행정법상 신고의 유형과 해석기준에 관한 소고", 공법연구, 제39집 제2호, 2010.

최계영, "건축신고와 인·허가의제", 행정법연구, 제25호, 2009.

최병률, "납골당 설치신고사항 이행통지의 법적 성격 및 취소소송의 원고적격", 대법원판례해설 제89호, 2011.

최승필, "규제완화에 대한 법적고찰―인·허가 및 신고·등록제도와 네거티브 규제를 중심으로―", 공법학연구, 제12권 제1호, 2011.

홍정선, "사인의 공법행위로서 신고의 법리 재검토", 행정의 작용형식론, 중범 김동희 정년기념논문집, 2005.

홍정선, "주민등록법상 주민등록신고등 각종 신고의 성질―수리를 요하지 않는 신고의 다양한 형태를 파악하기 위한 소고―", 지방자치법연구, 통권 28호, 2010.

홍정선, "체육시설업의 신고는 수리를 요하는 신고가 아니다", 법률신문 1996. 2. 27.자.

홍준형, "사인의 공법행위로서 신고에 대한 고찰―자기완결적 신고와 수리를 요하는 신고에 관한 대법원판례를 중심으로―," 공법연구, 제40집 제4호, 2012. 6.

大石 眞, 安全おめぐる憲法理論上の諸問題, 公法研究 弟69号, 2007.

5. 택지개발업무처리지침 위반과 영업소 폐쇄명령의 적법성*

― 행정규칙의 대외적 구속력을 중심으로 ―
― 대상판결: 대법원 2008. 3. 27. 선고 2006두3742, 3759 판결 ―

[사실관계와 판결요지]

Ⅰ. 사실관계

1. 원고는 2004. 9. 2. 피고 서울특별시 강남구청장에게 판매시설용도로 되어 있는 이 사건 건물에서 판매시설인 슈퍼마켓 대신 제1종 근린생활시설인 일반 목욕장영업을 위한 영업신고서를 제출하였다.

2. 이에 대하여, 피고는 2004. 9. 15. 이 사건 건물부지인 서울 강남구 개포동 소재 토지(이하 '이 사건 토지'라 한다)는 1989. 3. 21. 택지개발촉진법에 따라 건설교통부고시 제123호로 대치택지개발예정지구로 지정된 후 구 도시계획법(2000. 1. 28. 법률 제6243호로 전문개정되기 전의 것) 제20조의3의 규정에 의하여 상세계획구역으로 지정된 곳인데, 위 상세계획에 의하면 이 사건 토지는 상업용지로 지정되

---

* 이 논문은 2009. 5. 15. 개최된 한국행정판례연구회 제240차 월례발표회에서 주제발표를 한 후 2009년 6월에 발간된 행정판례연구 제14권 제1호에 수록한 필자의 논문 일부를 수정·보완한 것입니다.

어 있어 택지개발촉진법 시행령 제2조 제2호 소정의 "판매시설·업무시설·의료시설 등 거주자의 생활복리를 위하여 필요한 시설"만이 설치될 수 있으므로 이 사건 건물에서는 목욕장영업을 영위할 수 없다는 이유로 원고의 위 신청을 거부하는 처분을 하였다.

3. 이에 앞서, 피고는 2004. 9. 13. 원고가 신고 없이 건물에서 목욕장을 운영한다는 이유로 영업소 폐쇄명령을 하였다.

4. 이에 원고는 피고를 상대로 2004. 9. 15.자 이 사건 건물에 관한 목욕장영업신고서처리불가처분 및 2004. 9. 13.자 영업소폐쇄명령처분의 취소를 구하는 행정소송을 제기하였는데, 제1심 행정법원에서 원고의 청구를 받아들이지 않아 패소하여 서울고등법원에 항소하였으나 원심법원에서도 원고의 항소를 기각하였다. 원고는 원심법원인 서울고등법원의 판결에 불복하여 상고하였으나 대법원은 다음의 판결요지와 같은 이유로 원고의 상고를 기각하였다.

II. 원심법원의 인정사실 및 판단

1. 원심법원의 인정사실

(1) 이 사건 토지를 포함한 서울 강남구 개포동, 대치동 일대의 지역은 1989. 3. 21. 건설교통부 고시 제123호로 구 택지개발촉진법(2005. 5. 26. 법률 제 7517호로 개정되기 전의 것, 이하 '택지개발촉진법'이라 한다)에 의하여 대치택지개발예정지구로 지정되어 1989. 10. 23. 개발계획승인을 받고, 1989. 12. 16. 서울특별시 고시 제534호로 실시계획승인이 고시된 후 수차례의 변경승인을 거쳐 1996. 3. 26. 그 내용이 최종적으로 확정되어 1996. 6. 27. 택지개발공사가 완료되었고, 1997. 5. 21. 이 사건 건물이 포함된 건물 전부에 대하여 사용승인이 내려졌는데, 이 사건 건물의 용도는 판매시설인 슈퍼마켓으로 사용승인이 되었다.

(2) 한편, 위 1996. 3. 26.경 확정된 개발계획내용에는 도시계획법 제20조의2 규정에 따른 상세계획이 포함되었는데, 그 상세계획 중 토지이용에 관한 계획은 주택건설용지(공동주택용지), 상업용지, 근린생활시설, 공공시설용지(공원 및 녹지, 학교, 도로, 사회복지시설, 공용의 청사, 주차장, 도시철도)로 구분하여 각 위치를 특정하였고, 이 사건 토지는 이 사건 상세계획상의 상업용지에 위치한다.

(3) 이 사건 상세계획은 구 도시계획법(2002 2. 4. 법률 제6655호로 폐지되기 전의 것) 부칙 제7조 제1항, 구 국토의 계획 및 이용에 관한 법률(2007. 1. 19. 법률 제8250호로 개정되기 전의 것, 이하 '국토계획법'이라 한다) 부칙(제6655호) 제12조 제1항에 의하여 도시계획법 제42조, 제43조의 규정에 의하여 수립된 지구단위계획으로 보게 되었다가 최종적으로 국토계획법에 의한 제1종 지구단위계획이 결정된 것으로 보게 되었으며, 이 사건 토지는 국토계획법 제36조, 국토계획법 시행령(2005. 9. 8. 대통령령 제19036호로 개정되기 전의 것) 제30조에 의하여 도시지역으로서 일반상업지역으로 용도지역이 지정되어 있다.

2. 원심법원의 판단

(1) 택지개발지구 내의 토지 및 건축물은 택지개발사업계획 단계에서뿐만 아니라 사업의 준공 이후에도 택지개발지구 내의 토지의 이용 및 그 지상 건축물의 용도에 관하여 택지개발계획의 승인권자가 최종 승인한 상세계획에 따라 이용 및 관리되어야 할 것이고, 이와 같이 승인된 상세계획을 변경 승인하는 절차를 거치지 아니하는 이상 임의로 상세계획에 반하는 토지 및 건물의 용도를 변경할 수 없다 할 것이다.

(2) 이 사건 상세계획상의 '상업용지'가 위 지침에는 명시되어 있지만 다른 택지개발촉진법령상에 명시되어 있지 아니하므로 그것이 위 법령상의 어떠한 용지에 해당하는지가 문제되는바, 이 사건 상세계획에서 말하는 상업용지는 택지개발촉진법 시행령 제2조 제2호의 판매시설·업무시설·의료시설 등 거주자의 생활복리를 위하여 필요한 시설을 설치할 수 있도록 결정된 토지를 말한다고 할 것이다. 따라서 상업용지인 이 사건 토지상의 건축물의 용도도 택지개발촉진법시행령 제2조 제2호의 시설에 한정되어야 할 것이다.

(3) 원고는 위 지침이 고시되지 아니하였고 행정조직 내부에서만 효력을 가지므로 위 지침을 이유로 이 사건 토지 및 지상건물의 용도를 제한할 수 없다고 주장하나, 이 사건 토지 및 그 지상건물의 용도 제한은 이 사건 상세계획에 의하여 택지개발촉진법 시행령 제2조 제2호의 시설에 한정되는 것이지 위 지침에 의해 제한되는 것은 아니므로, 위 지침의 고시 여부나 법규성 유무에 관하여 더 나아가 살펴볼 필요 없이 원고의 위 주장은 이유 없다.

Ⅲ. 대법원판결의 요지

1. 상급행정기관이 하급행정기관에 대하여 업무처리지침이나 법령의 해석적용에 관한 기준을 정하여 발하는 이른바 행정규칙은 일반적으로 행정조직 내부에서만 효력을 가질 뿐 대외적인 구속력을 갖지 않지만, 법령의 규정이 특정 행정기관에게 그 법령 내용의 구체적 사항을 정할 수 있는 권한을 부여하면서 그 권한 행사의 절차나 방법을 특정하고 있지 않아 수임행정기관이 행정규칙의 형식으로 그 법령의 내용이 될 사항을 구체적으로 정하고 있다면, 그와 같은 행정규칙은 위에서 본 행정규칙이 갖는 일반적 효력으로서가 아니라 행정기관에 법령의 구체적 내용을 보충할 권한을 부여한 법령 규정의 효력에 의하여 그 내용을 보충하는 기능을 갖게 되고, 따라서 이와 같은 행정규칙은 당해 법령의 위임 한계를 벗어나지 않는 한 그것들과 결합하여 대외적인 구속력이 있는 법규명령으로서의 효력을 가진다.

2. 관계 법령의 내용, 형식 및 취지 등을 종합하여 볼 때, 구 택지개발촉진법 (2007. 4. 20. 법률 제8384호로 개정되기 전의 것) 제3조 제4항, 제31조, 같은 법 시행령 제7조 제1항 및 제5항에 따라 건설교통부장관이 정한 '택지개발업무처리지침' (택지 58540-647, 1995. 8. 10. 제정) 제11조가 비록 건설교통부장관의 지침 형식으로 되어 있다 하더라도, 이에 의한 토지이용에 관한 계획은 택지개발촉진법령의 위임에 따라 그 규정의 내용을 보충하면서 그와 결합하여 대외적인 구속력이 있는 법규명령으로서의 효력을 가진다.

3. 이미 고시된 실시계획에 포함된 상세계획으로 관리되는 토지 위의 건물의 용도를 상세계획 승인권자의 변경승인 없이 임의로 판매시설에서 상세계획에 반하는 일반목욕장으로 변경한 사안에서, 그 영업신고를 수리하지 않고 영업소를 폐쇄한 처분은 적법하다고 한 사례.

Ⅳ. 관련판례

1. 대법원 2008. 4. 10. 선고 2007두4841 판결[건축불허가처분취소]

(1) 법령의 규정이 특정 행정기관에 그 법령 내용의 구체적 사항을 정할 수

있는 권한을 부여하면서 그 권한 행사의 절차나 방법을 특정하고 있지 않아 수임 행정기관이 행정규칙인 고시의 형식으로 그 법령의 내용이 될 사항을 구체적으로 정하고 있는 경우, 그 고시가 당해 법령의 위임 한계를 벗어나지 않는 한, 그와 결합하여 대외적으로 구속력이 있는 법규명령으로서 효력을 가진다.

(2) 산지관리법 제18조 제1항, 제4항, 같은 법 시행령 제20조 제4항에 따라 산림청장이 정한 '산지전용허가기준의 세부검토기준에 관한 규정'(2003. 11. 20. 산림청 고시 제2003-71호) 제2조 [별표 3] (바)목 가.의 규정은 법령의 내용이 될 사항을 구체적으로 정한 것으로서 당해 법령의 위임 한계를 벗어나지 않으므로, 그와 결합하여 대외적으로 구속력이 있는 법규명령으로서 효력을 가진다고 한 사례.

(3) 법령상의 어떤 용어가 별도의 법률상의 의미를 가지지 않으면서 일반적으로 통용되는 의미를 가지고 있다면, 상위규범에 그 용어의 의미에 관한 별도의 정의규정을 두고 있지 않고 권한을 위임받은 하위규범에서 그 용어의 사용기준을 정하고 있다 하더라도 하위규범이 상위규범에서 위임한 한계를 벗어났다고 볼 수 없으며, 행정규칙에서 사용하는 개념이 달리 해석할 여지가 있다 하더라도 행정청이 수권의 범위 내에서 법령이 위임한 취지 및 형평과 비례의 원칙에 기초하여 합목적적으로 기준을 설정하여 그 개념을 해석·적용하고 있다면, 개념이 달리 해석할 여지가 있다는 것만으로 이를 사용한 행정규칙이 법령의 위임 한계를 벗어났다고는 할 수 없다.

2. 대법원 1987. 9. 29. 선고 86누484 판결[양도소득세부과처분취소]

(1) 상급행정기관이 하급행정기관에 대하여 업무처리지침이나 법령의 해석적용에 관한 기준을 정하여서 발하는 이른바 행정규칙은 일반적으로 행정조직 내부에서만 효력을 가질 뿐 대외적인 구속력을 갖는 것은 아니지만, 법령의 규정이 특정행정기관에게 그 법령내용의 구체적 사항을 정할 수 있는 권한을 부여하면서 그 권한행사의 절차나 방법을 특정하고 있지 아니한 관계로 수임행정기관이 행정규칙의 형식으로 그 법령의 내용이 될 사항을 구체적으로 정하고 있다면 그와 같은 행정규칙, 규정은 행정규칙이 갖는 일반적 효력으로서가 아니라, 행정기관에 법령의 구체적 내용을 보충할 권한을 부여한 법령규정의 효력에 의하여 그 내용을 보충하는 기능을 갖게 된다 할 것이므로 이와 같은 행정규칙, 규정은 당해 법

령의 위임한계를 벗어나지 아니하는 한 그것들과 결합하여 대외적인 구속력이 있는 법규명령으로서의 효력을 갖게 된다.

(2) 소득세법(1982. 12. 21. 법률 제3576호로 개정된 것) 제23조 제4항, 제45조 제1항 제1호에서 양도소득세의 양도차익을 계산함에 있어 실지거래가액이 적용될 경우를 대통령령에 위임함으로써 동법 시행령(1982. 12. 31. 대통령령 제10977호로 개정된 것) 제170조 제4항 제2호가 위 위임규정에 따라 양도소득세의 실지거래가액이 적용될 경우의 하나로서 국세청장으로 하여금 양도소득세의 실지거래가액이 적용될 부동산투기억제를 위하여 필요하다고 인정되는 거래를 지정하게 하면서 그 지정의 절차나 방법에 관하여 아무런 제한을 두고 있지 아니하고 있어 이에 따라 국세청장이 재산제세사무처리규정 제72조 제3항에서 양도소득세의 실지거래가액이 적용될 부동산투기억제를 위하여 필요하다고 인정되는 거래의 유형을 열거하고 있으므로, 이는 비록 위 재산제세사무처리규정이 국세청장의 훈령형식으로 되어 있다 하더라도 이에 의한 거래지정은 소득세법 시행령의 위임에 따라 그 규정의 내용을 보충하는 기능을 가지면서 그와 결합하여 대외적 효력을 발생하게 된다 할 것이므로 그 보충규정의 내용이 위 법령의 위임한계를 벗어났다는 등 특별한 사정이 없는 한 양도소득세의 실지거래가액에 의한 과세의 법령상의 근거가 된다.

3. 대법원 1996. 4. 12. 선고 95누7727 판결[노령수당지급대상자선정제외처분취소]

(1) 보건사회부장관이 정한 1994년도 노인복지사업지침은 노령수당의 지급대상자의 선정기준 및 지급수준 등에 관한 권한을 부여한 노인복지법 제13조 제2항, 같은 법 시행령 제17조, 제20조 제1항에 따라 보건사회부장관이 발한 것으로서 실질적으로 법령의 규정내용을 보충하는 기능을 지니면서 그것과 결합하여 대외적으로 구속력이 있는 법규명령의 성질을 가지는 것으로 보인다.

(2) 법령보충적인 행정규칙, 규정은 당해 법령의 위임한계를 벗어나지 아니하는 범위 내에서만 그것들과 결합하여 법규적 효력을 가지고, 노인복지법 제13조 제2항의 규정에 따른 노인복지법 시행령 제17조, 제20조 제1항은 노령수당의 지급대상자의 연령범위에 관하여 위 법 조항과 동일하게 '65세 이상의 자'로 반복하여 규정한 다음 소득수준 등을 참작한 일정소득 이하의 자라고 하는 지급대상자

의 선정기준과 그 지급대상자에 대한 구체적인 지급수준(지급액) 등의 결정을 보건사회부장관에게 위임하고 있으므로, 보건사회부장관이 노령수당의 지급대상자에 관하여 정할 수 있는 것은 65세 이상의 노령자 중에서 그 선정기준이 될 소득수준 등을 참작한 일정소득 이하의 자인 지급대상자의 범위와 그 지급대상자에 대하여 매년 예산확보상황 등을 고려한 구체적인 지급수준과 지급시기, 지급방법 등일 뿐이지, 나아가 지급대상자의 최저연령을 법령상의 규정보다 높게 정하는 등 노령수당의 지급대상자의 범위를 법령의 규정보다 축소·조정하여 정할 수는 없다고 할 것임에도, 보건사회부장관이 정한 1994년도 노인복지사업지침은 노령수당의 지급대상자를 '70세 이상'의 생활보호대상자로 규정함으로써 당초 법령이 예정한 노령수당의 지급대상자를 부당하게 축소·조정하였고, 따라서 위 지침 가운데 노령수당의 지급대상자를 '70세 이상'으로 규정한 부분은 법령의 위임한계를 벗어난 것이어서 그 효력이 없다.

4. 대법원 1990. 5. 22. 선고 90누639 판결[양도소득세등부과처분취소]

(1) 구 소득세법 시행령(1989. 8. 1. 대통령령 제12767호로 개정되기 전의 것) 제170조 제4항 제2호에 의하여 국세청장이 지정하는 거래(이하 투기거래라고 한다)를 규정한 재산제세조사사무처리규정(국세청훈령 제980호) 제72조 제3항은 그 형식은 행정규칙으로 되어 있으나, 위 소득세법 시행령의 규정을 보충하는 기능을 가지면서 그와 결합하여 법규명령과 같은 효력(대외적 효력)을 가지는 것으로서 법령의 위임한계를 벗어났다는 등 특별한 사정이 없는 한 양도소득세의 실지거래가액에 의한 과세의 법령상의 근거가 되는 것이나, 이와 같은 국세청장의 투기거래의 지정은 법령 그 자체는 아닌 것이므로 이를 국세청장으로 하여금 지정하게 하였다고 하여도 이것만 가지고 위 소득세법 시행령의 규정이 헌법에 위배된다고 할 수 없고, 재산제세조사사무처리규정 제72조 제3항 제5호는 "부동산을 취득하여 1년 이내에 양도한 때"라고 되어 있어 그 규정내용이 명확하므로 조세법률주의에 어긋나는 무효의 규정이라고 할 수도 없다.

(2) 전항의 국세청훈령은 국세청장이 구 소득세법 시행령 제170조 제4항 제2호에 해당할 거래를 행정규칙의 형식으로 지정한 것에 지나지 아니하므로 적당한 방법으로 이를 표시, 또는 통보하면 되는 것이지, 공포하거나 고시하지 아니하였다는 이유만으로 그 효력을 부인할 수 없다.

5. 헌재 2004. 10. 28. 선고 99헌바91(전원재판부) 결정[금융산업의 구조개선에 관한 법률 제2조 제3호 가목 등 위헌소원]

(1) 오늘날 의회의 입법독점주의에서 입법중심주의로 전환하여 일정한 범위 내에서 행정입법을 허용하게 된 동기가 사회적 변화에 대응한 입법수요의 급증과 종래의 형식적 권력분립주의로는 현대사회에 대응할 수 없다는 기능적 권력분립론에 있다는 점 등을 감안하여 헌법 제40조와 헌법 제75조, 제95조의 의미를 살펴보면, 국회입법에 의한 수권이 입법기관이 아닌 행정기관에게 법률 등으로 구체적인 범위를 정하여 위임한 사항에 관하여는 당해 행정기관에게 법정립의 권한을 갖게 되고, 입법자가 규율의 형식도 선택할 수도 있다 할 것이므로, 헌법이 인정하고 있는 위임입법의 형식은 예시적인 것으로 보아야 할 것이고, 그것은 법률이 행정규칙에 위임하더라도 그 행정규칙은 위임된 사항만을 규율할 수 있으므로, 국회입법의 원칙과 상치되지도 않는다. 다만, 형식의 선택에 있어서 규율의 밀도와 규율영역의 특성이 개별적으로 고찰되어야 할 것이고, 그에 따라 입법자에게 상세한 규율이 불가능한 것으로 보이는 영역이라면 행정부에게 필요한 보충을 할 책임이 인정되고 극히 전문적인 식견에 좌우되는 영역에서는 행정기관에 의한 구체화의 우위가 불가피하게 있을 수 있다. 그러한 영역에서 행정규칙에 대한 위임입법이 제한적으로 인정될 수 있다.

(2) 행정규칙은 법규명령과 같은 엄격한 제정 및 개정절차를 요하지 아니하므로, 재산권 등과 같은 기본권을 제한하는 작용을 하는 법률이 입법위임을 할 때에는 "대통령령," "총리령," "부령" 등 법규명령에 위임함이 바람직하고, 금융감독위원회의 고시와 같은 형식으로 입법위임을 할 때에는 적어도 행정규제기본법 제4조 제2항 단서에서 정한 바와 같이 법령이 전문적·기술적 사항이나 경미한 사항으로서 업무의 성질상 위임이 불가피한 사항에 한정된다 할 것이고, 그러한 사항이라 하더라도 포괄위임금지의 원칙상 법률의 위임은 반드시 구체적·개별적으로 한정된 사항에 대하여 행하여져야 한다.

(3) 금융산업의 구조개선에 관한 법률 제2조 제3호 가목은 부실금융기관을 결정할 때 '부채와 자산의 평가 및 산정'의 기준에 관하여, 위 법률 제10조 제1항·제2항은 적기시정조치의 기준과 내용에 관하여 금융감독위원회의 고시에 위임하고 있는바, 위와 같이 입법위임된 사항은 전문적·기술적인 것으로 업무

의 성질상 금융감독위원회의 고시로 위임함이 불가피한 사항일 뿐만 아니고, 위 각 법률규정 자체에서 금융감독위원회의 고시로 규제될 내용 및 범위의 기본사항이 구체적으로 규정되어 있어 누구라도 위 규정으로부터 금융감독위원회의 고시에 규정될 내용의 대강을 예측할 수 있다 할 것이어서, 포괄위임입법금지를 선언한 헌법 제75조에 위반되지 아니한다.

　(4) 원칙적으로 행정규칙은 그 성격상 대외적 효력을 갖는 것은 아니나, 특별히 예외적인 경우에 대외적으로 효력을 가질 수 있는데, 그 예외적인 경우는 우리 재판소가 이미 선례에서 밝힌 바와 같이 재량권 행사의 준칙인 규칙이 그 정한 바에 따라 되풀이 시행되어 행정관행이 이룩되게 되면 평등의 원칙이나 신뢰보호의 원칙에 따라 행정기관은 그 상대방에 대한 관계에서 그 규칙에 따라야 할 자기구속을 당하게 되는 경우(헌재 1990. 9. 3. 선고 90헌마13 결정, 판례집 2, 298, 303), 또는 법령의 직접적 위임에 따라 수임행정기관이 그 법령을 시행하는 데 필요한 구체적 사항을 정하였을 때, 그 제정형식은 비록 법규명령이 아닌 고시·훈령·예규 등과 같은 행정규칙이더라도 그것이 상위법령의 위임한계를 벗어나지 않는 경우(헌재 1992. 6. 26. 선고 91헌마25 결정, 판례집 4, 444, 449)이다. 그러나, 위와 같은 행정규칙, 특히 후자와 같은 이른바 법령보충적 행정규칙이라도 그 자체로서 직접적으로 대외적인 구속력을 갖는 것은 아니다. 즉, 상위법령과 결합하여 일체가 되는 한도 내에서 상위법령의 일부가 됨으로써 대외적 구속력이 발생되는 것일 뿐 그 행정규칙 자체는 대외적 구속력을 갖는 것은 아니라 할 것이다[필자 결정문 발췌].

　　[재판관 권 성, 재판관 주선회, 재판관 이상경의 반대의견]
　우리 헌법은 제40조에서 국회입법의 원칙을 천명하면서 예외적으로 법규명령으로 대통령령, 총리령과 부령, 대법원규칙, 헌법재판소규칙, 중앙선거관리위원회규칙을 한정적으로 열거하고 있는 한편 우리 헌법은 그것에 저촉되는 법률을 포함한 일체의 국가의사가 유효하게 존립될 수 없는 경성헌법이므로, 법률 또는 그 이하의 입법형식으로써 헌법상 원칙에 대한 예외를 인정하여 고시와 같은 행정규칙에 입법사항을 위임할 수는 없다. 우리 헌법을 이렇게 해석한다면 위임에 따른 행정규칙은 법률의 위임 없이도 제정될 수 있는 집행명령(헌법 제75조 후단)에 의하여 규정할 수 있는 사항 또는 법률의 의미를 구체화하는 내용만을 규정할 수 있다고 보아야 하는 것이고 새로운 입법사항을 규정하거나 국민의 새로운 권리·의무를 규정할 수는 없다. 그렇다면 금융산업의 구조개선에 관한 법률 제2조 제3호 가목은 '부채와 자산의 평가 및 산정'을 '금융감독위원회가 미리 정하는 기준'에, 이 사건 법률 제10조 제1항 제2호, 제2항은 '적기시정조치의 기준과 내용'을 '금융감독위원회의 고시'에 각 위임하고 있는바, 이는 법규적 사항을 헌법에서 한정적으로 열거한 위임입법의 형식을 따르지 아니하고 법률에서 임의로 위임입법의 형식을 창조한 것으로 헌법에 위반된다고 하지 않을 수 없다.

6. 헌재 2008. 11. 27. 선고 2005헌마161·189(병합)(전원재판부) 결정[게임제공업소의 경품취급기준고시 위헌확인]

(1) 이 사건 고시는 게임제공업을 영위하는 자가 게임이용자에게 제공할 수 있는 경품의 종류와 지급방법 등에 관한 기준을 정하고 있는데, 이는 특정인에 대한 개별적·구체적인 처분의 성격을 지닌 것이라기보다는 게임제공업소의 경품제공 일반에 관한 일반적·추상적인 규정의 성격을 지닌 것이라 봄이 상당하고, 나아가 이 사건 고시는 이 사건 모법조항의 위임에 의하여 제정된 것으로서 국민의 기본권을 제한하는 내용을 담고 있어 상위법령과 결합하여 대외적 구속력을 갖는 법규명령으로 기능하고 있는 것이라 볼 수 있으므로 헌법소원의 대상이 된다.

(2) 이 사건 심판대상규정은 별도의 집행행위의 필요 없이 게임제공업자인 청구인들로 하여금 사행성 간주 게임물에 해당하는 경우 경품제공을 금지하고, 경품제공방법을 제한하는 등의 의무를 부과하고 있는바, 이러한 의무부과는 청구인들의 직업수행의 자유 등을 현재 직접 제한하고 있는 것이라 할 수 있고, 법령 자체에 의한 직접적인 기본권 침해가 문제될 때에는 그 법령 자체의 효력을 직접 다투는 것을 소송물로 하여 일반법원에 소송을 제기하는 길이 없어 구제절차가 있는 경우가 아니므로 보충성의 예외로서 다른 구제절차를 거칠 것 없이 바로 헌법소원심판을 청구할 수 있다.

(3) 이 사건 모법조항은 사행성 조장이나 청소년에게 해로운 영향을 미치는 경품제공행위를 막기 위하여 게임제공업자가 게임이용자에게 제공하는 경품의 종류와 경품제공방식을 규율하려는 것으로, 사행성 조장이나 청소년 유해성의 판단근거가 되는 '경품의 종류 및 경품제공방식'이라는 사항은 어느 정도 전문적·

기술적인 것으로 그 규율영역의 특성상 소관부처인 문화관광부의 고시로 위임함이 요구되는 사항이라고 볼 수 있다.

(4) 이 사건 모법조항은 법률에서 구체적으로 범위를 정하여 게임제공업소의 경품취급기준의 내용을 문화관광부고시에 위임하고 있는 것이므로 포괄위임입법금지원칙이나 죄형법정주의 명확성원칙에 위배된다고 볼 수 없으므로, 이 사건 모법조항에 근거한 이 사건 심판대상규정이 헌법에 위반된다고 볼 수 없다.

(5) 이 사건 모법조항은 게임제공업자에 대하여 문화관광부고시에서 정한 경품의 종류와 경품제공방법을 위반하여 사행성을 조장하거나 청소년에게 해로운 영향을 미칠 수 있는 경품제공행위의 금지를 규정하고 있는데, 이 사건 모법조항의 해석상 문화관광부장관은 개개의 게임물마다 사행성 조장 등을 평가하여 경품제공방식을 정할 수도 있고, 사행성 조장 등에 관한 일정한 기준을 정립하여 그 범주에 드는 게임물에 대하여는 경품의 제공을 금지하고 그렇지 않은 게임물에 대하여는 경품의 제공을 허용하는 경품제공방식을 정할 수도 있다고 할 것인바, 이 사건 심판대상규정은 이 사건 모법조항의 해석상 선택 가능한 위 경품제공방식 중 후자의 방식을 취한 것으로 이 사건 모법조항의 위임범위 내에 속한다.

[재판관 조대현, 재판관 김종대, 재판관 목영준의 반대의견]

우리 헌법상 법률이 행정규칙 등에 위임할 수 있는 사항은 헌법 제75조 후단이 명시한 바와 같이 집행명령에 의하여 규정할 수 있는 사항 또는 법률의 의미를 구체화하는 사항에 한정되어야 하고, 새로운 입법사항이나 국민의 새로운 권리·의무에 관한 사항은 행정규칙 등에 위임할 수 없다고 할 것이다. 따라서 이 사건 모법조항은 행정적 제재의 요건이나 범죄구성요건, 즉 권리·의무에 관한 법규적 사항을 헌법상 열거된 법규명령이 아닌 '문화관광부장관의 고시'에 직접 위임한 것으로서 헌법에 위반된다고 하지 않을 수 없으므로, 위헌인 법률에 근거하여 제정된 이 사건 심판대상규정을 포함한 이 사건 고시 역시 그 내용이 청구인들의 기본권을 침해하였는지 여부를 판단할 필요 없이 헌법에 위반된다.

[판례연구]

I. 문제의 제기

행정규칙은 행정기관 내부에서 제정되는 일반·추상적 규율로서 기본적으로는 내부적 효력을 갖지만 특정한 요건하에 대외적인 구속력이 인정되기도 한다.[1] 이 사건 판결에서 건설교통부장관(현 국토해양부장관)이 정한 택지개발업무처리지침은 행정규칙의 형식이지만, 토지이용에 관한 계획은 택지개발촉진법령의 위임에 따라 그 규정의 내용을 보충하면서 그와 결합하여 대외적인 구속력이 있는 법규명령으로서 효력을 가진다고 보고 있다. 이 사건 판결은 그동안의 법령보충적 행정규칙에 관한 확립된 판례를 그대로 확인한 것이다.

이와 같은 이른바 법령보충적 행정규칙은 법규명령의 형식을 취하지 않으면서 행정규칙의 형식에 국민의 권리의무에 관한 사항을 규정하여 상위법령과 결합하여 법규명령의 효력을 갖는다고 하고 있어 형식은 행정규칙으로 있으면서 실질에 있어서는 대외적 구속력이 있는 법규명령의 기능을 갖는 것으로 보고 있다. 이는 법규명령과 행정규칙의 형식과 실질의 불일치현상에 다름 아니다. 그러나 판례상의 법령보충적 행정규칙의 법리는 상위법령의 수권만 있으면 지침 등 행정규칙의 형식을 불문하고 광범위하게 대외적 구속력을 허용하는 것이 문제이며, 아울러 기본적으로 모든 법규범 성립의 본질적 요건이라고 할 수 있는 공표의 요건을 엄격히 요구하지 않는 점도 법치국가의 관점에서 문제라고 할 수 있다.[2][3]

---

1) 대법원 1999. 11. 26. 선고 97누13474 판결에 대한 평석으로는, 김용섭, 행정규칙의 대외적 구속력, 법조, 2001. 3, 150-167면. 한편 이 사건 판결에 대한 판례해설은 윤인성, 가. 법령의 규정이 특정 행정기관에 그 법령 내용의 구체적 사항을 정할 수 있는 권한을 부여하면서 권한 행사의 절차나 방법을 특정하고 있지 않아 수임행정기관이 행정규칙의 형식으로 법령의 내용이 될 사항을 구체적으로 정한 경우 그 효력, 나. 구 택지 개발촉진법 제3조 제4항, 제31조, 같은 법 시행령 제7조 제1항 및 제5항에 따라 건설교통부장관이 정한 '택지개발업무처리지침' 제11조가 법규명령으로서의 효력을 갖는지 여부(적극), 대법원판례 해설, 제76호, 2008, 71-89면.

2) Thomas Sauerland, Die Verwaltungsvorschrift im system der Rechtsquellen, Duncker & Humblot·Berlin, 2005, S. 338-350. 위 논문에서 행정규칙에 대한 공표의 헌법적 의무의 근거가 법치국가원리, 민주주의원리 및 평등원칙에서 찾고 있다.

3) 원심법원에서는 당사자가 건설교통부장관의 지침인 택지개발업무처리지침이 고시되지 않

　　오늘날 행정규칙에 관한 논의의 핵심은 기본적으로 비법규범적 성질 내지 내부적 효력을 갖는 전형적인 행정규칙에서 나아가 어느 범위에서 대외적 구속력이 인정되는 법규(범)성을 인정할 것인가의 문제라고 할 것이다.[4] 따라서, 여기서는 행정규칙의 의의 및 대외적 구속력(Ⅱ)에 관하여 고찰하고, 다음으로 법령보충적 행정규칙에 있어서의 수권의 문제(Ⅲ)와 법령보충적 행정규칙에 있어서의 공표의 문제(Ⅳ)를 고찰하며, 결론에 갈음하여 이 사건 판결의 의의(Ⅴ)를 고찰하는 순으로 논의를 진행하고자 한다.

Ⅱ. 행정규칙의 의의 및 대외적 구속력

1. 논의의 출발점

　　행정규칙이란 행정내부에서 제정되는 일반·추상적 규정으로, 고시, 훈령, 예규, 지침 등 그 명칭을 묻지 않는다. 통상적으로 각부장관 등이 제정하며, 행정규칙과 법규명령에 대한 학자들의 이해는 혼란스럽기 때문에 양자의 구별을 명확히 하고 논의를 진행할 필요가 있다. 이러한 혼란의 원인은 일부 교과서에서 법규명령과 행정규칙을 설명함에 있어 '행정규칙형식의 법규명령' 내지 '법규적 내용의 행정규칙'이라는 용어를 사용해온 문제와 관련된다. 특히 '행정규칙형식의 법규명령'이라는 용어사용법은 행정규칙은 형식으로 이해하고 법규명령은 실질로 이해함으로 인해 형식과 실질을 혼동하는 문제점이 지적될 수 있으므로 행정규칙의

　　았다고 주장하였음에도 불구하고 이 부분에 대한 판단을 하지 않고 상세계획의 문제로 우회하고 있다.

4) 행정규칙 중에서 외부효를 인정할 것인가를 둘러싸고 준법규설, 법규설, 비법규설 등의 학설대립이 있으나, 행정규칙에 대외적 효력이 인정되어 법원의 재판규범이 되어 국민을 구속하는지는 일률적으로 말할 수 없고, 개별적으로 행정규칙의 유형에 상응하는 고찰이 요망된다. 행정규칙의 다양성에 비추어 볼 때 간접적으로 대외적 구속력이 인정되는 재량준칙과 같은 준법규도 있고, 직접적으로 대외적 효력이 인정되는 규범구체화 행정규칙도 있으나, 일반적으로는 행정규칙이 비법규(범)적인 것이 대부분이라고 본다. 다만, 헌법재판소는 1997. 5. 29. 선고 94헌마33 결정에서 생활보호법의 위임을 받아 보건복지부장관이 보호의 종류별로 정하여 고시한 1994년 생계보호기준을 직접적 대외적 효력을 갖는 행정규칙으로 보았는바, 즉 보호대상으로 지정되면 그 구분에 따라 생계보호를 받을 수 있다는 점에서 그 지급대상인 청구인들에 대하여 직접적 효력을 갖는 규정이라고 보았다. 위 헌법재판소 결정은 종래의 대법원의 입장보다 한 걸음 나아간 것이다. 즉 상위법령을 보충하는 기능으로부터 대외적 효력을 인정하는 것이 아닌 급부행정 분야에 있어서 직접적 대외적 효력을 인정한 점이 특색이라고 할 것이다.

법규(범)성 내지 행정규칙의 대외적 구속력의 문제로 환치할 수 있다

2. 행정규칙의 개념논의

행정규칙이란 행정기관을 수범자로 하여 일반적으로 외부적 효력이 인정되지 아니하는, 행정부 내부에서만 효력이 있는 일반적·추상적 규정을 말한다. 행정규칙의 개념정립과 관련하여 다양한 견해가 표출되고 있다.[5]

먼저, 행정규칙의 개념을 실질적으로 정립하려는 입장에서 비법규성 여부를 행정규칙개념의 징표로 보는 견해가 있다. 김철용 교수는 이러한 입장이 통설과 판례의 입장이라고 하면서 "행정규칙이란 행정기관이 법조의 형식으로 정립하는 일반적·추상적 규범으로서 내부효과만을 가질 뿐 대외적으로 구속력을 가지는 법규범으로서의 성질을 가지지 아니하는 행정입법을 말한다"고 설명하고 있다.[6] 그러나 행정규칙의 형식적 측면을 고려한다면 행정규칙의 형식중에서도 법규범적 성질이 논의될 수 있게 된다. 이러한 입장은 행정규칙의 형식적, 실질적 양측면을 모두 고려에 넣지 못하는 불합리가 있다.

한편 이와는 달리 행정규칙의 개념을 정의하면서 법규(범)성 여부에 관한 언급없이 개념정의하는 견해로는 김동희 교수가 대표적인 학자이다. 김동희 교수는 "행정규칙을 행정조직 내부에서 상급행정기관이 하급행정기관에 대하여 그 조직이나 업무처리의 절차·기준 등에 관하여 발하는 일반·추상적인 규정"이라고 정의한다.[7] 이 견해는 비교적 큰 무리 없이 받아들여질 수 있으나,

---

5) 위임 여부를 행정규칙과 법규명령의 결정적 징표로 보는 견해가 있다. 대표적인 학자는 김남진 교수로서 행정규칙을 협의로 행정기관이 하급행정기관에 대하여 법률의 수권없이 그의 권한 범위내에서 발하는 일반적·추상적 규율이라고 설명한다. 이와 같은 견지에서 모법의 근거가 없는 사무관리규정이나 사법시험령 등은 위임이 없기 때문에 행정규칙으로 보고 있다. 그러나 수권이 기본권 제한적인 경우에는 위임이 중요한 기준이 되는 것은 부인할 수 없지만 그보다 위임된 내용이 국민의 권리의무에 관한 사항인지가 보다 중요하다. 국민의 권리와 의무에 관한 사항으로서 법령의 수권이 없으면 위법한 법규명령이 되는 것이지 행정규칙으로 그 형식이 변경되는 것은 아닐 것이다. 다만, 특정한 경우에 법규명령이 행정규칙으로 전환(Umdeutung)될 수 있다.

6) 김철용, 행정법 Ⅰ, 2009, 170면. 같은 취지로는 김동건, 대법원 판례에 비추어 본 법규명령과 행정규칙, 고시계, 1998. 11, 42면 한편 최승원 교수도 "보통 법규명령은 법령상의 수권에 근거하여 행정권이 정립하는 규범으로서 국민과의 관계에서 일반구속적인 규범으로, 행정규칙은 행정조직 내부에서 그 조직과 활동을 규율하는 일반추상적인 명령으로서 법규의 성질을 갖지 않는 것으로 정의된다"고 보고 있다(최승원, 제재적 행정처분기준의 법적 성질, 행정법연구, 제17호, 2007, 377면 이하).

상급행정기관이 하급행정기관에게 발하는 경우만에 한정하고 상급공무원이 하급공무원에 대하여 발하는 일반·추상적 규율을 배제하고 있는 경우와 상하 감독관계를 상정하지 아니하고 행정내부의 사무처리의 기준을 정하는 경우를 배제한다는 문제점과 아울러 기본적으로 종래의 법규명령과 행정규칙의 2분설에 입각하고 있다는 문제점을 지적할 수 있다.

3. 행정규칙의 개념정립을 위한 새로운 접근방법

행정규칙의 개념을 보다 정확히 파악하기 위해서는 그 대칭개념인 법규명령과의 구분8)을 명확히 할 필요가 있다. 양자의 구별은 단계적의 과정을 거쳐야 올바른 개념구분이 가능하다고 본다.9) 먼저 1단계로서는 명칭 등 입법형식을 토대로, 대통령령, 총리령, 부령은 법규명령으로, 훈령, 예규, 고시 등의 경우에는 행정규칙으로 구분한다. 이와 같은 구분에 학자들 간에 대하여 견해가 일치한다. 그러나 이와 같은 형식적인 구분으로 그친다면 법규명령의 형식 중에서 대외적 구속력이 인정되지 않는 것과 행정규칙의 형식 중에서도 법규적 내용을 갖는 것을 적절히 설명하지 못하는 문제가 남는다.

이와 같이 행정규칙과 법규명령의 구별에 있어서는 기본적으로 형식을 가지고 일차적으로 구분하는 것이 개념상의 혼란을 줄일 수 있다. 문제는 형식과 실질이 불일치하는 경우에 그 법적 성질과 효력을 파악하기 위하여 양자의 구분이 필요하다. 법규명령에 비법규적인 사항이 규정되거나, 행정규칙에 법규적인 내용이 포함되는 경우인데, 이 경우에는 형식적 측면과 실질적 측면을 종합적으로 고려하여 대외적 구속력 여부를 판단하는 것이 필요하다. 먼저 형식적 측면으로 수권근거, 제정절차, 공표 등의 형식적인 측면이 고려되기도 한다. 그러나 수권근거가 중요하고 제정절차와 공표가 중요하긴 하지만 이와 같은 형식적인 징표만으로 대외적 구속력의 인정여부가 판정되는 것은 아니다. 다음으로 실질적 측면인 실체적 규율내용, 수범자, 의도된 구속력이라는 판단기준을 고려할 필요가 있다. 여기서 실체적 규율내용은 행정규칙의 형식에도 규율될 수 있기 때문에 이것은 기준으로서 약화된다. 수범자와 의도된 구속력이 중요하다. 행정규칙은 비록 제한

---

7) 김동희, 행정법 Ⅰ, 2008, 152면.
8) 구분실익에 관하여는 김학세, 법규명령과 행정규칙, 판례연구, 제13집, 2000, 7면 이하.
9) 이에 관한 상세한 것은 김용섭, 법규명령 형식의 제재적 처분기준, 판례월보, 1999. 1, 33면.

적이기는 하지만 국가와 국민 사이에서 외부적 효력을 갖게 되는 경우가 인정되기 때문에 배타적 내부효를 갖는 행정규칙과 외부효를 갖는 행정규칙간의 구분문제가 중요하기 때문이다. 우선 외부적 효력이 인정되는 규칙이 되려면 규범제정자의 목표지향을 통해 이루어져야 한다. 즉 행정규칙의 제정이 국민의 권리 또는 의무의 설정 또는 변경을 지향할 때에만 외부법으로 대외적 구속력을 지니게 된다. 이러한 외부지향성의 특징을 위해 수범자라는 징표가 매우 중요하다. 따라서 수범자를 국민으로 보고 의도된 법적 효력이 있는 경우에는 법규(범)로 보고, 수범자를 국민이 아닌 행정청으로 보고 의도된 법적 효력이 부인되는 경우에는 법규(범)성이 부인되는 것으로 이해한다.[10] 이러한 실질적 측면의 기준을 고려할 때 법규명령의 형식중에도 원칙적으로 대외적 구속력이 있는 법규(범)적인 명령이 있고, 다만 법규명령의 형식 중에서도 예외적으로 행정내부에 효력이 있는 행정명령[11]이 인정될 여지가 있게 되는 바와 같이, 행정규칙은 원칙적으로 행정내부에 효력이 있는 데 반해, 예외적이나마 행정규칙 중에서도 법령의 내용을 구체화하거나 보충하는 경우에는 법규적 내용을 갖게 되는 이른바 법규규칙(Rechtsvorschrift)이 있을 수 있게 된다.[12]

결론적으로 행정규칙은 형식적으로는 고시·훈령·예규 등 행정조직 내부에서 행정의 통일성을 기하기 위하여 지시권과 감독권에 기하여 상급행정기관이나 상급공무원이 하급행정기관이나 하급공무원에 대하여 그 조직이나 업무처리의 절차·기준 등에 관하여 발하는 일반적·추상적인 규정(2분설: 법규명령과의 형식적 구별)을 말하고, 실질적으로는 그중에서 직접적 대외적 구속력이 인정되지 않는 법형식을 말한다. 따라서 형식적으로 법규명령에 속하는 부령 이상의 규범에서는 대외적 구속력이 인정되지 않는다고 하여 이를 형식적 의미의 행정규칙이라고 하는 것은 적절하지 않고, 행정규칙의 형식이라고 할지라도 실질적으로 대외적 구속력을 갖는 경우에는 이를 법규명령이라고 지칭할 것이 아니라, 전형적인 행정

---

10) H. Maurer, Allgemeines Verwaltungsrecht, 17. Aufl., 2009, S. 639-640.

11) 이에 관하여는 김용섭, 법규명령형식의 제재적 처분기준, 판례월보 1999. 1, 30면 이하.

12) 김용섭, 행정규칙의 법적문제, 서울지방변호사회 변호사 31집, 2001. 이러한 관점에서 법규명령과 행정규칙의 2분설적 입장에서 나아가 법규명령과 구별되는 제3의 유형인 행정명령(Verwaltungsverordnung)의 개념과 행정규칙과 대비되는 대외적 구속력이 인정되는 법규적 행정규칙이라는 개념범주를 인정하여 이를 법적 사각지대에 위치할 것이 아니라 인정요건을 강화하고, 이에 대하여 적절한 법적 통제를 강화하는 것이 바람직하다고 본다.

규칙의 범주에서 벗어나서 대외적 구속력이 미치는 점에서 법규명령에서와 마찬가지의 법적 취급이 필요하다고 할 것이다.

4. 재량준칙과 간접적 대외적 구속력

헌법재판소의 판례[13] 중에는 독일의 학설과 우리의 학설의 영향을 받아 자기구속의 법리에 기초한 행정규칙의 간접적 대외적 구속력을 인정하기도 하지만, 이와 같은 행정규칙 중 간접적 대외적 구속력을 인정한 대법원판례는 아직 없다. 법이론적으로 행정규칙의 자기구속의 법리를 매개로 한 간접적 외부적 구속력을 인정할 것인가의 문제가 제기되는데, 자기구속이론에 따르면 행정은 비정형적인 사례에 있어 자신이 만든 행정실제로부터 벗어날 수 있는 반면, 법률은 스스로 예외를 설정하지 않는 한, 예외 없이 준수하여야 한다. 행정규칙으로부터 벗어난 것이 평등원칙의 침해를 가져오는 것은 아니다. 자기구속이론에 의하면 행정실제 만이 표준이 된다. 비록 행정규칙이 직접적 대외적 구속력을 갖고 있지 않더라도 이른바 평등원칙을 근거로 대외적 구속력을 갖게 된다. 만약 행정규칙이 간접적 이나마 대외적 구속력이 있다고 한다면 시민의 법적 지위가 현저히 고양되는 결과가 된다.

5. 법령보충적 행정규칙과 대외적 구속력

가. 법령보충적 행정규칙

(1) 의의

법령보충적 행정규칙[14]이라 함은 형식적으로는 고시나 훈령 등 행정규칙 형식으로 제정되었으나, 내용적으로 법령의 위임에 의하여 법령의 보완적인 사항을 정하는 것을 말한다.[15] 판례에 의할 경우 법령보충적 행정규칙이 성립하기 위해서는 기본적으로 첫째로, 법령의 규정이 특정 행정기관에게 그 법령 내용의 구체적 사항을 정할 수 있는 권한을 부여하면서 그 권한 행사의 절차나 방법을 특정하고 있지 않을 것, 둘째로, 수임행정기관이 행정규칙의 형식으로 그 법령의 내용

---

13) 헌법재판소 2004. 10. 28. 선고 99헌바91 결정; 헌재 1992. 6. 26. 선고 91헌마25 결정.
14) 행정규칙의 유형중에는 조직규칙과 행위유도규칙으로 구분이 가능하고, 행위유도규칙은 재량준칙, 규범구체화 규칙, 규범해석규칙, 규범보충규칙 등으로 구분이 가능한바, 여기서 법령보충적 행정규칙은 규범보충규칙의 범주에 속한다고 할 것이다.
15) 김동희, 행정법 I, 2008, 165면.

이 될 사항을 구체적으로 정하고 있을 것을 요하고 그 형식은 고시, 훈령, 지침 등 이를 불문한다. 그와 같은 행정규칙은 위에서 본 행정규칙이 갖는 일반적 효력으로서가 아니라 행정기관에 법령의 구체적 내용을 보충할 권한을 부여한 법령규정의 효력에 의하여 그 내용을 보충하는 기능을 갖게 되고, 따라서 이와 같은 행정규칙은 당해 법령의 위임 한계를 벗어나지 않는 한 그것들과 결합하여 대외적인 구속력이 있는 법규명령으로서의 효력을 가진다.

법령보충적 행정규칙은 판례를 통하여 형성된 법리로서, 법령의 위임에 의해 법령을 보충하는 법규사항을 정하는 행정규칙을 말하는 것으로서, 법령보충적 행정규칙도 행정규칙으로 보며 법령보충적 행정규칙은 그 자체로서 직접적 대외적 구속력을 갖는 것이 아니라 상위법령과 결합하여 상위법령의 일부가 됨으로써 대외적 구속력을 가질 뿐이라고 보는 것이 일반적이다.16) 그러나 법령보충적 행정규칙은 대외적 구속력이 인정되는 행정규칙이라고 할 수 있는바, 여기에서 대외적 구속력을 인정한 근거가 상위법령의 위임, 구체적 내용을 보충하는 권한인데, 적어도 근거법령이 구체적인 범위를 정하여 위임하여야 할 것이다. 아울러 위임이 인정되는 경우는 적어도 행정규칙의 독자성이 인정되는 영역이나, 원칙적으로 법률유보의 적용이 배제되는 영역에 한정하여야 할 것이다. 다만 행정규제기본법 제4조 제2항 단서의 경우는 예외로 한다.

(2) 필요성

법령보충적 행정규칙이란, 고시 훈령, 예규, 지침 등 행정규칙의 형식으로 되어 있으나, 상위법령의 위임을 받아 법령의 내용을 보충하는 기능을 하는 행정규칙을 말한다. 이에 관한 이론적 기초로서 법령의 위임을 받아 상위법령을 보충하는 사항을 정하는 것이므로 국회입법의 원칙에 반하는 것은 아니라는 점, 전문적이거나 기술적인 사항 또는 빈번하게 개정되어야 하는 구체적인 사항에 대하여는 법규명령보다 탄력성이 있는 행정규칙의 형식으로 제정할 현실적인 필요가 큰 점, 법규명령제정권이 없는 외청장 등 행정기관의 장에게 제한적인 범위 내이지만 그 업무에 관하여 법규를 제정할 권한을 부여할 필요성 등을 들 수 있다.17)

---

16) 헌법재판소 1990. 9. 3. 선고 90헌마13 결정.
17) 그러나 고영훈 교수(동인, "행정상 고시의 법적 문제점과 개선방안에 관한 연구", 공법연구, 제29집 제1호, 298면)는 고시등의 제정권자가 행정각부에 한정되어 있고 외청 등에 규범의 제정권자를 확대할 수 있고 사실상 제정권자가 아무런 절차적 통제도 받지 않고 제정되는 문제점을 지적한다.

　"오늘날 헌법적인 상황에서는 국회뿐만 아니라 행정부 역시 민주적인 정당성을 가지고 있으므로, 행정의 기능유지를 위하여 필요한 범위 내에서는 행정이 입법적인 활동을 하는 것이 금지되어 있지 않을 뿐만 아니라 오히려 요청된다고 보아야 한다. 변화의 속도가 빠른 현실 속에서 개인의 권리의무와 관련된 모든 생활관계에 대하여 국회입법을 요청하는 것은 현실적이지 못할 뿐만 아니라 국회의 과중한 부담이 된다. 또한 국회는 민주적 정당성이 있기는 하지만 적어도 제도적으로 보면 전문성을 가지고 있는 집단이 아니라는 점, 국회입법은 여전히 법적 대응을 요청하는 주변 환경의 변화에 탄력적이지 못하며 경직되어 있다는 점 등에서 기능적합적이지도 못하다. 따라서 기술 및 학문적 발전을 입법에 반영하는데 국회입법이 아닌 보다 탄력적인 규율형식을 통하여 보충될 필요가 있다."[18]

나. 행정규칙의 대외적 구속력

　행정규칙은 기본적으로는 행정내부에서만 효력이 미치는 행정입법의 일종이다. 행정규칙이 행정내부에서 담당공무원에게 효력이 미치는 내부적 구속력을 넘어서서 일반국민에게 구속력이 미치게 되고, 그리하여 법원을 구속하는 대외적 구속력을 인정할 것인가에 관하여 문제가 제기되며, 여기서 더 나아가 국민에게 구속력이 있다는 의미와 법원을 구속하는 의미 사이에 어떤 차이가 있는 것인지 논의하기로 한다. 행정규칙이 대외적 구속력이 없고 내부적 효력에 그치는 일반적인 경우에는 비록 행정규칙에 위반된 처분이라고 할지라도 무조건 위법하게 되는 것은 아니고, 반대로 행정규칙에 따른 처분이라고 하여 언제나 적법하게 되는 것은 아니게 되며, 처분의 적법 여부는 행정규칙에 따른 것인지가 아니라 법령에 적합한지 여부에 따라 판단하여야 한다. 그러나 대외적인 구속력을 가지지 않는 재량준칙의 경우에는 그 행정규칙이 재량행위의 기준이 될 경우에는 그 기준이 객관적으로 합리적이 아니라거나 타당하지 않다고 볼만한 다른 특별한 사정이 없는 한, 행정청의 의사는 가급적 존중되어야 한다는 것이 대법원판례의 입장이므로 행정규칙에 따른 재량행위는 특별한 사정이 없는 한 재량권의 일탈·남용이 없는 적법한 처분이 될 것이다.[19] 다시 말하여 행정규칙이 국민과 법원을 구속한

---

18) 헌재 2004. 10. 28. 선고 99헌바91 결정.
19) 김동건, 대법원판례에 비추어본 법규명령과 행정규칙, 고시계, 43권 11호, 42면. 비록 부령형식이지만 제재적 처분기준과 관련된 대법원 2007. 9. 20. 선고 2007두6946 판결[과징금

다는 의미는 일단 행정규칙이 국민을 구속하고, 법원에서 행정규칙이 재판의 준거가 되는 것을 말한다. 국민을 구속하고 법원의 준거가 되는 것만으로는 설명이 부족하다.

결국 법원에 대한 구속의 의미와 국민에 대한 구속의 의미를 분리해서 따져볼 필요가 있다. 국민에 대한 대외적 구속력의 문제는 권리와 의무가 행정규칙으로부터 비롯되는가의 문제이다. 따라서 권리를 제한하는 경우에는 법규명령의 형식이 아닌 행정규칙에 기초하여서도 가능한 것인지, 어떤 경우에 가능한 것인지가 문제된다. 다른 한편 보조금지급규칙과 같이 급부행정영역에 있어서는 공무원이 행정규칙에 위반하여 보조금교부결정을 하지 않는 경우에는 법원이 행정규칙을 처분의 근거로 삼을 수 있는지 여부가 문제된다. 즉, 행정규칙이 국민에 대한 구속력을 미친다는 의미는 수익적 행정작용에 있어 청구권의 근거로 삼을 수 있는가의 문제이다. 한편 이 사건에서 보는 바와 같이 택지개발업무처리지침의 경우는 기본권제한의 경우에는 국민의 권익을 침익하는 행정행위의 법적 근거로 행정규칙을 근거로 삼을 수 있는가의 문제라고 할 수 있다.

이와 같이 법원에 대한 구속력을 갖는다는 의미는 법원에서 행정규칙을 처분의 적법한 근거법령으로 본다는 것을 의미한다. 따라서 행정규칙이 대외적 구속력을 갖지 않을 경우에는 행정규칙은 실체법적 내용을 갖고 있을지라도 원칙적으로는 사법심사 내지 재판적 통제의 대상[20]이 되는 수가 있어도 사법심사의 척도가 되는 법령이 되지 않아 이를 근거로 재판할 수 없게 된다. 아울러 법원에 대한 구속력과 관련하여서는 행정규칙을 통하여 실현하고자 하는 규율이 판단여지

부과처분취소]에서 "제재적 행정처분의 기준이 부령의 형식으로 규정되어 있더라도 그것은 행정청 내부의 사무처리준칙을 정한 것에 지나지 아니하여 대외적으로 국민이나 법원을 기속하는 효력이 없고, 당해 처분의 적법 여부는 위 처분기준만이 아니라 관계 법령의 규정내용과 취지에 따라 판단되어야 하므로, 위 처분기준에 적합하다 하여 곧바로 당해 처분이 적법한 것이라고 할 수는 없지만, 위 처분기준이 그 자체로 헌법 또는 법률에 합치되지 아니하거나 위 처분기준에 따른 제재적 행정처분이 그 처분사유가 된 위반행위의 내용 및 관계 법령의 규정 내용과 취지에 비추어 현저히 부당하다고 인정할 만한 합리적인 이유가 없는 한 섣불리 그 처분이 재량권의 범위를 일탈하였거나 재량권을 남용한 것이라고 판단해서는 안 된다"고 판시하고 있다.

20) 대법원 2002. 7. 26. 선고 2001두3532 판결에서 "어떠한 처분의 근거나 법적인 효과가 행정규칙에 규정되어 있다고 하더라도, 그 처분이 행정규칙의 내부적 구속력에 의하여 상대방에게 권리의 설정 또는 의무의 부담을 명하거나 기타 법적인 효과를 발생하게 하는 등으로 그 상대방의 권리의무에 직접 영향을 미치는 행위라면, 이 경우에도 항고소송의 대상이 되는 행정처분에 해당한다"고 판시한 바 있다.

가 인정되는 영역의 경우처럼 행정부의 종국적 결정인가 아니면 법원의 심사범위에 속하는가 아닌가의 문제가 중요하며 재량규범에 있어서의 심사는 기속규범에서의 심사와는 달리 재량권의 일탈 남용이 있는지 여부에 한정되는 등 제한적 사법심사가 이루어질 수밖에 없다.[21]

법원에서 법규명령과 행정규칙의 위법판단은 다르다. 대외적 구속력이 인정되는 법규명령의 경우에는 대외적 구속력이 인정되므로 모법의 위임근거가 없거나 형식적으로 위임근거는 있지만 위임한계를 벗어난 경우나 모법의 규정들에 위반하는 경우에는 위법무효로 되는 데 반하여 행정규칙은 일반적으로 대외적 구속력을 갖지 않기 때문에 법원은 이에 구속되지 않고 행정규칙의 적용과 관계된 행정처분의 위법 여부만을 판단하게 되지만, 대외적 구속력이 있는 법령보충적인 행정규칙의 경우에는 그것이 모법에 위반되는 등으로 위법하여 그 적용을 배제하려면 반드시 그 효력을 부인하여야 하는 것으로 보고 있으나, 그 규범의 형식이 여전히 행정규칙이므로 대법원이 무효를 선언함에 있어서는 전원합의체가 아닌 부에서 할 수 있는 것으로 보고 있다.[22]

그러나 법령보충적 행정규칙도 법원을 구속하는 규범이기 때문에, 당해 규칙의 적용을 인정하기 위해서는 법규명령과 마찬가지로 대법관전원의 3분의 2 이상으로 구성되는 전원합의체에서 이루어질 필요가 있다고 할 것이다. 이와 더불어 법원조직법 제7조에 4호를 "행정규칙이 대외적 구속력이 인정되어 처분의 근거로 인정하는 경우"를 신설할 필요가 있다.[23]

---

21) Babara Remmert,, Rechtsprobleme von Verwaltungsvorschriften, JURA 2004. S.733.

22) 이에 관하여는 김동건, "대법원판례에 비추어 본 법규명령과 행정규칙", 고시계, 43권 11호, 45-46면.

23) 법원조직법 제7조(심판권의 행사) ① 대법원의 심판권은 대법관전원의 3분의 2 이상의 합의체에서 이를 행하며 대법원장이 재판장이 된다. 다만, 대법관 3인 이상으로 구성된 부에서 먼저 사건을 심리하여 의견이 일치한 때에 한하여 다음의 경우를 제외하고 그 부에서 재판할 수 있다.
1. 명령 또는 규칙이 헌법에 위반함을 인정하는 경우
2. 명령 또는 규칙이 법률에 위반함을 인정하는 경우
3. 종전에 대법원에서 판시한 헌법·법률·명령 또는 규칙의 해석적용에 관한 의견을 변경할 필요가 있음을 인정하는 경우
4. 삭제〈1988. 8. 5〉
5. 부에서 재판함이 적당하지 아니함을 인정하는 경우

Ⅲ. 법령보충적 행정규칙에 있어서의 수권의 문제

1. 문 제 점

법령보충적 행정규칙은 판례법상 인정되는 것으로 형식은 행정규칙이면서 기능적인 측면에서는 상위법령과의 결합을 이유로 법규명령으로서의 효력이 인정되는 경우를 말한다. 이것은 직접적으로 대외적 구속력을 인정한 것이 아니라 행정규칙의 형식을 그대로 유지하면서 문제가 되는 규정이 상위법령과 결합하여 법규명령의 효력을 지닌다고 보게 되어, 형식은 행정규칙이지만 실질은 법규명령과 동일한 효력을 지니게 되어 법적 취급에 있어 사각지대에 위치하는 문제가 있다. 원칙적으로 국민의 권리의무에 관한 사항은 행정규칙의 형식으로 정할 수 없다고 보아야 하며, 이것이 현실적으로 어렵다면 수권을 함에 있어서 명확성의 원칙에 비추어 상위법령에 위임의 대강을 알 수 있을 정도의 구체성을 띠고 수권할 필요가 있다.

나아가, 상위법령에 수권만 있다고 하여 제한 없이 법적효력을 인정하게 되면 법치국가의 원칙에 반하는바, 제정에 법률의 수권이 있어야하고 정당하여야 하며 법령의 위임의 범위를 벗어난 경우 법규명령으로서의 대외적 구속력이 인정되지 않는다고 보아야 하기 때문이다.

2. 행정규칙에 수권할 수 있는지 여부

이러한 법령보충적 행정규칙의 인정 여부에 대하여 부정설도 있으나, 대부분의 학자는 긍정설을 취하고 있으며 대법원판례 역시 긍정설을 취하고 있다. 아울러 행정규제기본법 제4조 제2항 단서에서 "법령이 전문적·기술적 사항이나 경미한 사항으로서 업무의 성질상 위임이 불가피한 사항에 관하여 구체적으로 범위를 정하여 위임한 경우에는 고시 등으로 정할 수 있다"고 하여 법령보충규정의 제정 가능성을 일반적으로 인정하고 있다.[24]

고시, 훈령 등의 법형식에 국민의 권리의무에 관한 사항을 위임하는 것이 헌법상 허용되는지 여부의 문제가 제기될 수 있는바, 이에 대하여는 학설상 견해가

---

24) 김동희, 앞의 책, 177면.

갈리고 있다.

가. 긍정설

이에 대하여 적극설은 법령의 위임을 받아 법령을 보충하는 구체적인 사항을 정하는 것이므로 국회입법의 원칙에 반하는 것으로 볼 것은 아니라고 하면서 헌법이 정하고 있는 법규명령의 형식은 예시적인 것으로서, 법률의 위임이 있는 한, 고시 등의 형식에 의한 법규명령의 제정도 가능하다고 보고 있다.[25] 한편 헌법재판소의 다수의견은 다음과 같은 관점에서 긍정설의 입장에 서 있다.

"오늘날 의회의 입법독점주의에서 입법중심주의로 전환하여 일정한 범위 내에서 행정입법을 허용하게 된 동기가 사회적 변화에 대응한 입법수요의 급증과 종래의 형식적 권력분립주의로는 현대사회에 대응할 수 없다는 기능적 권력분립론에 있다는 점 등을 감안하여 헌법 제40조와 헌법 제75조, 제95조의 의미를 살펴보면, 국회입법에 의한 수권이 입법기관이 아닌 행정기관에게 법률 등으로 구체적인 범위를 정하여 위임한 사항에 관하여는 당해 행정기관에게 법정립의 권한을 갖게 되고, 입법자가 규율의 형식도 선택할 수도 있다 할 것이므로, 헌법이 인정하고 있는 그러한 영역에서 행정규칙에 대한 위임입법이 제한적으로 인정될 수 있다."[26]

나. 부정설 내지 소극설(위헌무효설)

소극설은 경성헌법 아래에서 국회입법의 예외가 되는 입법형식은 헌법 자체에서 명시되어야 한다고 보아서, 헌법 자체가 규정하고 있는 법규명령 형식 이외의 형식에 의한 법규명령의 제정은 허용되지 아니한다고 본다.[27] 김도창 박사는

---

25) 다른 학자를 대표하여 김동희, 법규명령과 행정규칙, 법제, 493호, 1999.

26) 헌재 2004. 10. 28. 선고 99헌바91 결정[금융산업의 구조개선에 관한 법률 제2조 제3호 가목 등 위헌소원] 위임입법의 형식은 예시적인 것으로 보아야 할 것이고, 그것은 법률이 행정규칙에 위임하더라도 그 행정규칙은 위임된 사항만을 규율할 수 있으므로, 국회입법의 원칙과 상치되지도 않는다. 다만, 형식의 선택에 있어서 규율의 밀도와 규율영역의 특성이 개별적으로 고찰되어야 할 것이고, 그에 따라 입법자에게 상세한 규율이 불가능한 것으로 보이는 영역이라면 행정부에게 필요한 보충을 할 책임이 인정되고 극히 전문적인 식견에 좌우되는 영역에서는 행정기관에 의한 구체화의 우위가 불가피하게 있을 수 있다.

27) 김도창, 행정법(상), 청운사, 1993, 325면.

국회입법원칙에 대하여 예외를 인정하는 것은 엄격해석에 따라야 하는바, 즉 헌법 자신이 명문으로 인정한 국법형식에 따라야지 법률 기타 하위 법단계의 규범이 정한 형식은 허용되지 않고 헌법이 한정적으로 열거한 대통령령, 총리령, 부령, 중앙선거관리위원회규칙, 자치법규에 한하여 법규적인 사항을 정할 수 있고 위임을 행정규칙형식으로 한 경우에는 무효라고 주장하고 있다.[28] 한편 헌법재판소 반대의견에서도 이와 같은 입장을 지지하고 있다.

"우리 헌법은 제40조에서 국회입법의 원칙을 천명하면서, 다만 헌법 제75조, 제95조, 제108조, 제113조 제2항, 제114조 제6항에서 법률의 위임을 받아 발할 수 있는 법규명령으로 대통령령, 총리령과 부령, 대법원규칙, 헌법재판소규칙, 중앙선거관리위원회규칙 등을 한정적으로 열거하고 있다. 그런데 우리 헌법은 그것에 저촉되는 법률을 포함한 일체의 국가의사가 유효하게 존립될 수 없는 경성헌법이므로 헌법에 규정된 원칙에 대하여는 헌법 자신이 인정하는 경우에 한하여 예외가 허용될 뿐 법률 또는 그 이하의 입법형식으로써 그 예외를 인정할 수는 없다. 즉, 우리 헌법과 같이 법규명령의 형식이 헌법상 확정되어 있고 구체적으로 법규명령의 종류·발령주체·위임범위·요건 등에 관한 명시적 규정이 있는 이상, 법률로써 그와 다른 종류의 법규명령을 창설할 수 없고 더구나 그러한 법규사항을 행정규칙 기타 비법규명령에 위임하여서는 아니 된다. 결국 법률이 행정규칙 등에 위임할 수 있는 사항은 집행명령(헌법 제75조 후단)에 의하여 규정할 수 있는 사항 또는 법률의 의미를 구체화하는 사항에 한정되어야 하는 것이고, 새로운 입법사항이나 국민의 새로운 권리·의무에 관한 사항이 되어서는 아니 된다는 것이다."[29]

다. 절충설

이 견해는 법률에서 직접 행정규칙의 형식으로 위임하는 경우에는 허용되지만 시행령이나 시행규칙 등 대통령령이나 부령 등에서 위임하는 경우에는 허용되지 않는다는 견해를 말한다. 그런데, 법률에서의 위임과 대통령이나 총리령 또는 부령에서의 위임에 따라 법적 효과를 달리하여야 하는가의 문제는 의문이다. 이에 대하여 문상덕 교수는 수권의 규범이 법률인가 대통령령인가

---

28) 김도창, "훈령(행정규칙)과 부령의 효력", 행정판례연구 Ⅱ, 1996, 80-81면.
29) 헌재 2008. 11. 27. 선고 2005헌마161·189(병합) 결정[반대의견].

를 구분하여 법률의 경우에는 부령하위의 새로운 입법형식을 창설하는 것이 허용된다고 보고, 대통령령 등 법규명령의 수권에 의한 경우에는 고시 등 새로운 형식의 행정규칙에 위임하는 것은 허용되지 않는다고 설명한다.[30)]

라. 검토의견

현행 행정규제기본법 제4조에서는 규제는 법률에 근거하여야 한다고 하여 규제법정주의를 명문화하고 있는바, 이는 전통적 침해유보설이나 최근의 중요성설의 관점에서 설명이 가능하다. 문제는 동법 제4조 제2항 단서에서 "법령이 전문적·기술적 사항이나 경미한 사항으로서 업무의 성질상 위임이 불가피한 사항에 관하여 구체적으로 범위를 정하여 위임한 경우에는 고시 등으로 정할 수 있다"라고 규정함으로써 법령이 전문적·기술적 사항이나 경미한 사항으로 업무의 성질상 위임이 불가피한 사항에 관하여 구체적으로 범위를 정하여 위임할 것을 전제로 고시 등에 위임할 수 있는 가능성을 열어 놓았다. 이러한 고시 등에 의한 규율은 법률유보원칙이 적용되지 않는 경우에도 정당화될 위험성이 남아 있다. 만약에 중요한 사항을 고시에 정할 수 있다는 것까지 허용된다면 법률유보 내지 의회유보의 원칙에 반하게 된다. 규제는 법률에 직접 규정하되, 규제의 세부적인 내용은 법률 또는 상위법령이 구체적으로 범위를 정하여 위임한 바에 따라 대통령령·총리령·부령 또는 조례·규칙으로 정할 수 있다. 다만, 법령이 전문적·기술적 사항이나 경미한 사항으로서 업무의 성질상 위임이 불가피한 사항에 관하여 구체적으로 범위를 정하여 위임한 경우에는 고시 등으로 정할 수 있다.

아울러 국민의 기본권을 제한하는 경우에는 원칙적으로 그 하한선이 부령이라고 할 것이나, 행정규칙에 정하는 경우라고 할지라도 부령 이상의 법령에 대강이 정해지고 상세하고 구체적인 위임이 있으며, 고시등 관보에 게재하는 등 공표를 충족하는 한도에서 예외적으로 이를 인정하는 것이 바람직하다고 할 것이다.

법률에서만 허용되고 법률하위의 규범에서는 법령보충적 행정규칙이 허용되지 않는다는 입장은 행정규제기본법 제4조 제2항 단서의 규정에 비추어 볼 때 타

---

30) 문상덕, "법령의 수권에 의한 행정규칙(고시)의 법적 성격과 그 통제", 행정법연구 창간호, 1997, 152면 이하. 고영훈 교수(동인, 행정법상 고시의 법적 문제점과 개선방안에 관한 연구, 공법연구, 제29집 제1호, 287면)의 견해에 의하면 법률에서 행정규칙의 형식에 직접 위임한 경우에는 대외적 구속력이 인정될 여지가 있으나, 시행령과 시행규칙에서 위임하는 경우에는 대외적 구속력을 인정하는 것이 적절하지 않다는 주장을 하고 있다.

당한지 검토가 필요하다. 아울러 입법기술적으로 단계적 위임이 필요한 측면도 있다.[31] 왜냐하면 입법자인 국회에서 헌법에서 예정하지 않는 고시 등의 입법형식으로 위임하는 경우에 한하며 법률적인 규정을 보충하는 경우에만 대외적 구속력을 미친다고 보는 것이 바람직하기 때문이다. 그러나 헌법재판소 반대의견과 같이 단계적 위임이 가능하고 법률에서 직접 행정규칙의 형식으로 위임하는 것이 허용되지 않는다는 입장은 입법기술적 측면에서는 바람직 할지 몰라도, 행정부 내부에서 자율적으로 정하는 것은 그것이 법률유보와 관련없는 행정의 기능영역에 있는 경우라면 모르되, 권리의무에 관한 사항과 관련되는 경우에는 법률이나 법률의 위임을 받은 대통령령이나 부령 등에서 다시금 고시 등의 입법형식을 택하여 구체적인 사항에 관하여 위임을 한 경우에는 대외적 구속력이 인정되지만 그렇지 않은 경우에는 대외적 구속력의 인정을 허용하지 않는 것이 행정규칙으로의 도피현상을 막을 수 있다.[32]

3. 수권의 범위를 벗어난 경우

대법원 판례과 헌법재판소 판례는 행정규칙이 상위법령의 수권하에 제정된

---

31) 이와 관련하여 헌재 2008. 11. 27. 선고 2005헌마161·189(병합) 결정의 [반대의견]에 의하면, 단계적 위임이론을 제시하고 있어 주목을 끌고 있다. 위 헌법재판소 결정의 반대의견에서는 단계적 위임 가능성과 관련하여, "선례와 다수의견은 법령의 내용이 전문적·기술적 사항이나 경미한 사항으로서 업무의 성질상 위임이 불가피한 경우에는 행정규칙으로의 직접적 위임이 허용되어야 한다고 주장한다(헌재 2004. 10. 28. 선고 99헌바91 결정 참조). 그러나 행정적 제재의 요건이나 범죄의 구성요건을 이루는 사항을 경미한 사항이라고 할 수 없을 뿐 아니라, 만일 복잡하고 전문화된 규율대상에 대하여 행정부처가 탄력적이고 기능적합적으로 대응하여야 할 필요성이 있다면, 이는 이른바 단계적 위임에 의하여 충분히 해결할 수 있다. 즉, 법률이 헌법에 정하여진 법규명령에 대하여 위임을 하고, 다시 법규명령이 구체적 범위를 정하여 행정규칙 등에 위임하는 형식을 갖춤으로써 헌법적 결단에 합치하면서도 국가의 적극적 기능을 확보할 수 있는 것이다. 그렇다면 위 법 제32조 제3호는 권리·의무에 관한 법규적 사항을 헌법상 열거된 법규명령이 아닌 '문화관광부장관의 고시'에 직접 위임한 것으로서 헌법에 위반된다고 하지 않을 수 없고, 따라서 위헌인 법률에 근거하여 제정된 이 사건 고시(이 사건 심판대상규정 포함) 역시 그 내용이 청구인들의 기본권을 침해하였는지 여부를 판단할 필요없이 헌법에 위반된다고 할 것이다"라고 판시하고 있다.

32) 한편, 동일한 행정주체 내부에서 적용되는 권리주체내부의 행정규칙의 형태인 경우에는 대통령령이나 부령에서 위임이 가능하지만, 택지개발처리지침과 같이 지방자치단체나 시행자 등에게도 적용되는 권리주체 간의 행정규칙 형태의 경우에는 법률의 직접적인 근거가 필요하다고 볼 여지가 있다.

경우라도 위임의 범위를 벗어난 경우에는 법규명령으로서의 효력이 부인된다는 것이 확립된 판례의 입장이다. 아울러 행정규칙에 대외적 구속력을 인정하기 위해서는 헌법 제75조, 제95조의 취지 및 행정규제기본법 제4조 제2항 단서의 위임입법 제한의 법리를 준수할 필요가 있다. 만약에 이와 같은 위임의 한계를 벗어난 경우에는 대외적 구속력이 인정될 수 없다고 보아야 할 것이다.[33] 우선 법령보충적 행정규칙의 요건으로는 상위법령의 위임이 필요하고, 위임의 한계 내에서 제정되어야 한다.[34]

법규명령의 형식으로 제정되지 않고 행정규칙으로 제정될 현실적인 필요성이 있어야 한다. 즉, 매우 전문적이고 기술적인 사항 등에 한하여 인정하여야 한다. 이 경우에도 법령의 수권에 근거하여야 하고, 그 수권은 구체적·개별적으로 한정된 사항에 대하여 행하여져야 한다.

만약에 행정규칙의 형식으로 상위법령의 위임의 범위를 넘어 제정된 경우에는 행정규칙으로서 유지될 수 있는지 문제가 된다. 행정규칙의 형식적 요건을 충족하고 내용과 법적 효과에 따른 규율이 행정규칙으로 행하여지는 경우에는 법규명령에서 행정규칙으로의 전환을 인정할 수 있을 것이다.[35] 그런데 우리 대법원 판례[36] 중에는 상위법령의 수권이 없는 경우로서 이 경우에 법령보충적 행정규

---

33) 홍정선, 행정법특강, 박영사, 2009, 159면.
34) 대법원 1999. 11. 26. 선고 97누13474 판결에서 고시가 법규명령으로서 구속력을 갖기 위한 요건과 한계에 관한 판시를 하고 있다. "고시라 하더라도 그것이 특히 법령의 규정에서 특정 행정기관에게 법령 내용의 구체적 사항을 정할 수 있는 권한을 부여함으로써 그 법령 내용을 보충하는 기능을 가진 경우에는 그 형식과 관계없이 근거 법령 규정과 결합하여 대외적 구속력이 있는 법규명령으로서의 효력을 가지는 것이나 … 특정 고시가 비록 법령에 근거를 둔 것이라고 하더라도 그 규정 내용이 법령의 위임 범위를 벗어난 것일 경우에는 위와 같은 법규명령으로서의 대외적 구속력을 인정할 여지는 없다. 위와 같은 판시태도에 의하면 훈령이나 고시 등 행정규칙의 형식을 묻지 않으며, 훈령이나 고시 등이 대외적 구속력이 인정되는 법규규칙이 되기 위해서는 먼저 법규명령의 형식(법령에서)에서 법령내용을 보충할 수 있도록 수권하여야 하며, 그 권한행사의 절차나 방법을 정한 경우에는 그 한도 내에서 그렇지 아니한 경우에는 수임행정기관이 그 수권의 범위 내에서 법령규정을 보충할 때에 가능하다는 점을 밝히고 있다.
35) H. Maurer, Allgemeines Verwaltungsrecht, 17 Aufl., 2009, S. 640-641,
36) 대법원 1995. 5. 23. 선고 94도2502 판결[학원의 설립운영에 관한 법률위반] 학원의 설립·운영에 관한 법률 시행령 제18조에서 수강료의 기준에 관하여 조례 등에 위임한 바 없으므로, 제주도학원의 설립·운영에 관한 조례나 그에 근거한 제주도학원업무처리지침의 관계 규정이 법령의 위임에 따라 법령의 구체적인 내용을 보충하는 기능을 가진 것이라고 보기 어려우므로 법규명령이라고는 볼 수 없고, 행정기관 내부의 업무처리지침에 불과하

칙을 인정하지 않고 행정내부의 업무처리지침에 불과하다고 보아 행정규칙으로서의 내부적 효력을 인정한 예가 있다.

4. 법령보충적 행정규칙에 있어서의 수권에 관한 비판적 검토

대법원판례는 법령보충적 행정규칙을 행정규칙이지만 법규명령과 같은 효력을 갖는 것으로 보기도 하고, 법규명령의 성질을 갖는 것으로 보기도 한다. 헌법재판소는 법령보충적 행정규칙도 행정규칙으로 보며 법령보충적 행정규칙은 그 자체로서 직접적 대외적 구속력을 갖는 것이 아니라 상위법령과 결합하여 상위법령의 일부가 됨으로써 대외적 구속력을 가질 뿐이라고 본다. 그러나 일반적으로 상위법령의 수권만 있으면 행정규칙의 종류를 불문하고 대외적 구속력을 인정하는 것은 바람직하지 않다고 할 것이다. 행정규칙의 대외적 구속력과 관련하여서는 행정규칙의 종류에 따른 차별적인 접근이 필요하다. 가령 관할과 절차규칙과 같은 경우에는 입법자가 행정에게 "의식적으로 불완전한 법률"을 보충하도록 넘겨둔 경우에는 행정조직권을 통하여 법률보충적 관할과 절차규율을 하게 될 때 비로소 대외적 구속력을 갖게 된다.[37]

그러한 관점에서 규율의 구체적 내용은 물론 권한 행사의 절차나 방법 나아가 규율방법 등에 대하여도 상위법령에서 명확히 규정하고 난 후에 고시 등 행정규칙 형식에 위임하여야 할 것이다. 대법원 2000. 10. 19. 선고 98두6265 전원합의체 판결에서 보는 바와 같이, "헌법 제75조의 규정상 대통령령으로 정할 사항에 관한 법률의 위임은 구체적으로 범위를 정하여 이루어져야 하고, 이 때 구체적으로 범위를 정한다고 함은 위임의 목적·내용·범위와 그 위임에 따른 행정입법에서 준수하여야 할 목표·기준 등의 요소가 미리 규정되어 있는 것을 가리키고, 이러한 위임이 있는지 여부를 판단함에 있어서는 직접적인 위임 규정의 형식과 내용 외에 당해 법률의 전반적인 체계와 취지·목적 등도 아울러 고려하여야 하고, 규율 대상의 종류와 성격에 따라서는 요구되는 구체성의 정도 또한 달라질 수 있으나, 국민의 기본권을 제한하거나 침해할 소지가 있는 사항에 관한 위임에 있어서는 위와 같은 구체성 내지 명확성이 보다 엄격하게 요구된다"고 판시하고 있는 점을 참작할 필요가 있다.

다고 한 사례.

37) H.-U. Erichsen/C. Klüsche, Verwaltungsvorschrift, Jura 2000, S. 543.

다만, 대법원은 행정규칙의 일반적 효력으로서가 아니라 법령 규정과 결합하여 법규명령으로서의 대외적 구속력을 갖는다고 판시하고 있으나, 형식상 행정규칙에 해당하는 고시 등이 형식상 법규명령이 된다는 의미가 아니라고 이해한다면, 이와 같은 행정규칙은 법규적인 내용의 행정규칙이 된다는 의미에서 이른바 법규규칙이라는 개념으로 포섭 가능하다고 볼 것이다.

학자[38]에 따라서는 위와 같은 경우를 규범구체화행정규칙의 예로서 설명하기도 하나, 위에서 판시한 사항이 독일에서 논의되어지는 규범구체화행정규칙과는 엄밀히 구분된다. 왜냐하면 규범구체화행정규칙은 환경법 내지 기술 법 분야의 불확정개념의 해석과 관련되므로 수권여부와는 관계없이 직접적 대외적 구속력이 인정된다. 이와 같은 규범구체화행정규칙이 우리 행정법에 수용된다면 이역시 법규규칙에 해당되게 될 것이다. 그러나 재량준칙의 경우에는 일반적으로 대외적 구속력이 미치지 아니하고 간접적으로 변형을 통하여 법규성이 인정되므로 이러한 경우에는 재량준칙이 법규규칙이 되는 것은 아니다.[39]

Ⅳ. 법령보충적 행정규칙에 있어서의 공표의 문제

1. 문제의 제기

법령보충적 행정규칙의 적법요건 내지 효력발생요건으로서 공포를 들 수 있는가의 문제가 제기된다. 현행 법령상으로는 행정규칙형식의 경우에는 공포되어야 하는 것으로 보고 있지 않으나, 고시와 대통령훈령 및 국무총리훈령의 경우에만 관보에 게재하고 있는 실정이다. 이 밖에 훈령이나 예규, 지침 등의 경우에는 반드시 관보에 게재하지 않아도 되고 어떤 형태로든 수명자에게 도달한 때에 효력이 발생하는 것으로 보는 견해가 있다.[40]

법령보충적 행정규칙에 대한 공포필요성이 인정되지만, 현행 법령등 공포에 관한 법률에서는 법령등의 공포절차에 관하여 규정하는데, 여기서의 법령에는 헌법개정, 법률, 조약, 대통령령, 총리령, 부령의 공포에 한정한다. 고시는 관보에 게재하지만 법령 등 공포에 관한 법률에 따르는 공포절차를 밟아서 하

---

38) 가령 김남진, 행정법 Ⅰ, 2000, 194면.
39) 김용섭, "행정규칙의 대외적 구속력", 법조, 2001. 3, 167면.
40) 최정일, 행정법의 정석[행정법 Ⅰ], 2009, 155면.

는 것은 아니다. 따라서 행정규칙의 경우에 공포를 필요로 하는가 문제가 제기
된다. 이에 관하여는 행정규칙은 일반적으로 수명기관에게 어떤 방법으로든
표시하거나 통지하는 등 알리면 되는 것이지 고지되어야 하는 것은 아니다.

2. 대법원판례의 태도

우선 대법원 1990. 5. 22. 선고 90누639 판결에서 "국세청훈령은 국세청장이
구 소득세법 시행령 제170조 제4항 제2호에 해당할 거래를 행정규칙의 형식으로
지정한 것에 지나지 아니하므로 적당한 방법으로 이를 표시, 또는 통보하면 되는
것이지, 공포하거나 고시하지 아니하였다는 이유만으로 그 효력을 부인할 수 없
다"고 판시하고 있다. 이와 더불어 대법원 1989. 10. 24. 선고 89누3328 판결에서
는 "국세청훈령은 국세청장이 소득세법 시행령 제170조 제4항 제2호에 해당할 거
래를 행정규칙의 형식으로 지정한 것으로서 이것 자체가 법령은 아니므로 이를
법령등 공포에 관한 법률이 정하는 바에 따라서 공포(관보게재)하지 아니하였다고
하여 그 효력이 없다고 할 수는 없다"고 판시하고 있다.

한편 헌재 2004. 10. 28. 선고 99헌바91(전원재판부)의 결정이유에서 "행정절차
법은 국민의 권리·의무 또는 일상생활과 밀접한 관련이 있는 법령 등을 제정·개
정 또는 폐지하고자 할 때에는 당해 입법안을 마련한 행정청은 이를 예고하여야
하고(제41조), 누구든지 예고된 입법안에 대하여는 의견을 제출할 수 있으며(제44
조), 행정청은 입법안에 관하여 공청회를 개최할 수 있도록(제45조) 규정하고 있으
나, 고시나 훈령 등 행정규칙을 제정·개정·폐지함에 관하여는 아무런 규정을 두
고 있지 아니한다. 법규명령과 행정규칙의 이러한 행정절차상의 차이점 외에도 법
규명령은 법제처의 심사를 거치고(대통령령은 국무회의에 상정되어 심의된다) 반드
시 공포하여야 효력이 발생되는 데 반하여, 행정규칙은 법제처의 심사를 거칠 필
요도 없고 공포 없이도 효력을 발생하게 된다는 점에서 차이가 있다"고 판시하고
있어 행정규칙의 효력발생요건으로 공포를 그 요건으로 하고 있지 않다.

대법원 1997. 1. 21. 선고 95누12941 판결에서 "서울특별시가 정한 개인택시
운송사업면허지침은 재량권 행사의 기준으로 설정된 행정청 내부의 사무처리준
칙에 불과하여 대외적으로 국민을 기속하는 법규명령의 경우와는 달리 외부에 고
지되어야만 효력이 발생한다고 볼 수 없으므로, 위 면허지침의 내용이 공고되지
않았으므로 이를 적용할 수 없다는 논지는 이유 없다"고 판시하고 있다. 그런데

법규명령의 경우에는 관보에 게재함으로써 공포하게 되며, 법령의 부칙에서 시행일에 별도의 규정이 없는 한 공포한 날로부터 20일이 경과함으로써 효력을 발생하게 된다.[41]

3. 법이론적 검토

여기서 더 나아가 법규명령을 실질적으로 이해하는 관점에서 법령보충적 행정규칙의 경우에도 고시·훈령 등을 공포하도록 하여야 한다고 하는 입장이 있다.[42] 법령보충적 행정규칙은 법규명령의 효력을 가지므로 예측가능성을 보장하기 위하여 최소한 공표되어야 하는 것으로 보고 있으며 어떠한 방법으로 공표되지 않은 법령보충적 행정규칙은 효력이 발생하지 않는 것으로 보아야 한다는 견해[43]가 있다. 여기서 주목할 것은 공표되지 않은 경우 법령보충적 행정규칙의 대외적 구속력을 부인하고 있는 판례가 있다.[44] 법령보충적 행정규칙의 경우에는 어떤 방법으로 공표되면 족하다고 할 것이 아니라 법령 등 공포에 관한 법률에서 명문의 규정을 두어 강화된 공포요건을 충족할 경우에 기본권의 제한 내지 침해영역에서 비로소 대외적 구속력이 미치는 것으로 할 필요가 있다.

---

41) 김철용, 행정법 Ⅰ, 박영사, 2009, 162면.
42) 김철용, 앞의 책, 178면.
43) 박균성, 행정법론(상), 2009, 232면.
44) 이와 관련하여 공표되지 않는 법령보충적 행정규칙의 효력을 부인하고 있는 판례가 있다. 즉, 대법원 1993. 11. 23. 선고 93도662 판결[관세법위반]은 "골프채를 수입선다변화품목으로 공고한 1991. 5. 13.자 상공부 고시 제91-21호는 외관상 행정규칙의 모습을 가지고 있으나, 실질적으로 법의 내용을 보충함으로써 개인에게 직접 영향을 미치는 법규명령으로서 적법하게 국민에게 공표되어 국민이 그 내용을 알 수 있어야 비로소 그 효력을 가지는 것이고, 대외무역법의 입법목적·수출입공고의 필요성·별도공고에 의한 수입선다변화품목 지정의 취지·위 고시의 법규명령성에 비추어 보면, 위 고시 부칙 제2조가 '이 고시의 시행일 현재 수입승인이 유효기간 중에 있더라도 이 고시에 의하여 신규로 수입이 제한되는 물품에 대하여는 이 고시의 시행일 이전에 물품의 수입, 신용장 개설 또는 수입대금의 지급을 하지 아니한 경우에는 대외무역법 시행령 제36조 제2항의 규정에 의하여 이 고시의 시행일에 수입승인의 유효기간이 만료된 것으로 본다'고 규정한 취지는 그 고시가 발효되기 전에 수입신용장이 개설되어야 이미 얻은 수입승인의 효력이 유효하게 존속한다고 해석됨을 전제로 위 상공부 고시는 대외무역관리규정에 따라 관보게재에 갈음하여 사단법인 무역협회가 발행하는 1991. 5. 13.자 '일간무역' 석간지에 전문이 게재되었고, 그 신문이 각 무역회사 등에 도달되어 일반국민이 그 내용을 알 수 있는 상태에 놓인 1991. 5. 13. 16:30부터 효력을 발생한 반면, 수입신용장은 같은 날 18:00 내지 18:30에 개설되었으므로 1991. 5. 11.자 수입승인의 효력은 위 고시 발효 전까지 수입신용장을 개설하지 못하여 위 수입신용장 개설 당시 이미 종료되었다 할 것이다."고 판시하고 있다.

생각하건대, 법규명령은 그것이 공포되면 효력이 발생한다. 관보에 게재되는 등 그것이 직무적으로 하나의 사전의 공포기간에 의하여 공개된 때에만 효력이 발생한다. 우리의 경우에 있어서도 독일의 경우와 마찬가지로 행정규칙에 있어서의 공표는 법치국가원리, 민주주의 원리 및 평등원칙의 헌법적 근거로부터 도출될 수 있다.[45] 그러나 행정규칙에 있어서의 공표는 효력발생요건이 아니라 단지 대외적인 효력을 근거지우는 결과의무라고 할 것이다.[46] 법령보충적 행정규칙은 법규명령의 효력을 가진다고 보는 것이 다수의 견해이며 대법원 판례와 헌법재판소의 입장이므로 국민들의 예측가능성을 보장하기 위하여 최소한 공표되어야 할 것인바, 공표되지 않은 법령보충적 행정규칙은 법규명령의 효력을 발생하지 않는 것으로 보아야 한다.

이와 관련하여 독일의 연방행정법원 판례 중에는 제3자에 대하여 직접적 효력을 갖는 행정규칙은 통지(Bekanntgabe)되어야 한다고 판시하였다. 아울러 여기서의 통지는 행정규칙의 내용을 선별하고 설명한 형태로 재구성하는 것으로 충분하다고 보고 있다.[47] 동 판결문에서 제3자를 위한 직접적 대외적 구속력을 갖는 행정규칙의 공표의무는 기본법상의 법치국가원리(독일기본법 제20조 제3항, 제28조 제1항 제1문 및 실효적인 권리보장을 규정하고 있는 기본법 제19조 제4항)에 근거하고 있다고 보고 있다. 관계자에게 직접적 대외적 구속력을 갖는 행정규칙의 공표의무는 어찌되었건 행정기관이 법규범의 공표를 위하여 마련된 공보매체를 통하면 알리면 그 통지의무를 충족한 것으로 보게 된다. 제3자에게 대외적 구속력을 갖게 되는 행정규칙에 있어서 법치국가적 내지 효율적인 권리보호를 위해 요청되는 통지가 결여되면 그 행정규칙은 효력을 발생하지 않는다고 판시하고 있다.[48]

법령보충적 행정규칙에 관하여 대법원은 또한 이들 규범은 법규명령으로서의 성질을 가지는 것이기는 하나, 고시·훈령 또는 지침 등 행정규칙의 형식으로

---

45) Thomas Sauerland, Die Verwaltungsvorschrift im system der Rechtsquellen, Duncker & Humblot·Berlin, 2005. S. 338-350.

46) H. Maurer, Allgemeines Verwealtungsrecht, 17 Aufl., 2009, S. 638.

47) BVerwG, Urteil v. 25. 11. 2004.

48) JZ 2005, S. 894ff. 이 판결에 관한 평석을 쓴 Maurer 교수는 시민의 권리와 의무가 대상이 되는 국가 및 지방자치단체의 규율은 공표되어져야 한다고 보았으며 그 논거를 법치국가원리와 권리보장에서 찾았다

발하여진 것이라는 점에서, 그 효력발생에는 공포를 요하지 아니한다고 보고 있다.[49] 그러나 고시나 훈령 또는 지침 등이 법규명령으로서의 효력을 갖는 경우에는 형식적인 법규명령과 같이 대외적 구속력을 갖게 되기 때문에 법치국가원리의 관점에서 예측가능성을 보장하기 위하여 국민으로 하여금 마땅히 사전에 이를 알릴 수 있어야 한다. 따라서 형식논리적으로 행정규칙의 형식을 취하고 있다는 점에서, 공포절차나 그 밖의 공표절차가 없어도 대외적 구속력을 미치는 것은 허용될 수 없다고 할 것이다.

4. 행정절차법상의 처분기준의 공표제도와의 관계

행정절차법 제20조[50]에서는 처분기준을 설정·공표하도록 의무를 지우고 있는바, 이 규정의 입법취지는 행정의 투명성과 예측가능성을 확보함과 아울러 처분에 대한 불복을 용이하게 하고 궁극적으로 행정의 공정타당성과 법적 안정을 확보하려는 것이다. 일반적인 행정규칙의 공표와 직접적인 관련성이 없지만 행정규칙의 형식으로 처분기준을 설정하는 경우에는 공표할 의무가 있다는 것을 밝히고 있는 점에서 행정규칙에 대한 공표제도와 일정부분 맥락을 같이한다고 할 것이다.[51] 여기서 공표는 행정절차법 시행령 제12조(처분기준의 공표)에서 "행정청은 법 제20조 제1항의 규정에 의한 처분기준을 당사자등이 알기 쉽도록 편람을 만들어 비치하거나 게시판·관보·공보·일간신문 또는 소관 행정청의 인터넷 홈페이지 등에 공고하여야 한다"고 규정하고 있는바, 위와 같은 방식으로 행정규칙 형식으로 제정되는 처분기준을 공표하면 족할 것이다. 그러나 이와 같은 기준은 법령보충적 행정규칙에서 요구되는 공표기준이 될 수는 없다고 본다. 이와 같은 처분기준의 설정·공표제도는 법령보충적 행정규칙을 염두에 둔 것은 아니며 상당부분 재량준칙과 밀접한 관련이 있다고 할 것이다.

---

49) 대법원 1990. 2. 9. 선고 89누3731 판결.
50) 제20조(처분기준의 설정·공표) ① 행정청은 필요한 처분기준을 당해 처분의 성질에 비추어 될 수 있는 한 구체적으로 정하여 공표하여야 한다. 처분기준을 변경하는 경우에도 또한 같다.
② 제1항의 규정에 의한 처분기준을 공표하는 것이 당해 처분의 성질상 현저히 곤란하거나 공공의 안전 또는 복리를 현저히 해하는 것으로 인정될 만한 상당한 이유가 있는 경우에는 이를 공표하지 아니할 수 있다.
51) 이에 관하여는 하명호, "처분기준의 설정·공표제도", 행정소송(Ⅱ), 한국사법행정학회, 2008, 62면 이하.

V. 맺음말: 이 사건 판결의 의의

이 사건 판결은 행정규칙의 대외적 구속력과 관련하여서는 건설교통부장관(현 국토교통부 장관)이 정한 택지개발업무처리지침 제11조가 형식상 행정규칙에 해당하지만, 상위법령과 결합하여 대외적 구속력이 있는 법규명령으로서의 효력을 지니는 것으로 보았는바, 종래의 확립된 대법원판례의 경향을 그대로 따른 것이라고 할 것이다.[52]

이와 관련하여, 원심법원에서는 "원고는 위 지침이 고시되지 아니하였고 행정조직 내부에서만 효력을 가지므로 위 지침을 이유로 이 사건 토지 및 지상건물의 용도를 제한할 수 없다고 주장하나, 이 사건 토지 및 그 지상건물의 용도 제한은 이 사건 상세계획에 의하여 택지개발촉진법 시행령 제2조 제2호의 시설에 한정되는 것이지 위 지침에 의해 제한되는 것은 아니므로, 위 지침의 고시 여부나 법규성 유무에 관하여 더 나아가 살펴볼 필요 없이 원고의 위 주장은 이유없다." 고 판시하면서 지침의 대외적 구속력 여부와는 무관하게 결론을 내리고 있으나, 제1심 행정법원의 판결이유에서는 "택지개발업무처리지침에 의하여 1996. 3. 26. 이 사건 대치 택지개발예정지구에 대한 상세계획결정이 최종적으로 이루어지고, 그 결정이 승인되어 서울특별시 고시 제1996-65호로 공고된 사실을 인정할 수 있는바, 사실이 이러하다면 이 사건에 있어서 위 택지개발업무처리지침은 택지개발촉진법과 그 하위법령에 근거하여 적법하게 제정되었고 그 세부내용에 따라 이 사건 대치택지개발예정지구에 관한 상세계획결정이 이루어지고 그 결정내용이 공고까지 되었으니, 이는 대외적으로 국민을 구속하는 효력을 가지는 것으로 봄이 상당하므로 행정청의 내부지침에 불과한 택지개발업무처리지침으로 이 사건 토지의 사용용도를 제한한 것은 위법하다는 취지의 원고의 주장은 이유 없다"고 판시하고 있다. 제1심 행정법원의 판결은 원심법원과는 달리 지침의 대외적 구속력을 인정하는 것과 관련하여 상세계획과 연결하고 상세계획결정이 공고되었으므로 대외적으로 국민을 구속하는 효력이 있는 것으로 본 것이다. 대법원에서는 이 부분에 대한 판단은 하지 않고 있다.

재판 실무가의 입장에서 대상판결은 택지개발촉진법령에 따라 건설교통

---

52) 김용섭, "2008년 행정법판례연구", 인권과 정의, 2009. 3, 108면.

부장관이 정한 '택지개발업무처리지침' 제11조가 법규명령으로서의 효력을 갖는지 여부에 관하여 명시적 판단을 함으로써, 택지개발촉진법에 의해 택지개발사업이 준공된 지구에 해당하여 이미 고시된 실시계획에 포함된 상세계획으로 관리되는 상업용지에서 그 상세계획에 반하는 일반목욕장 등의 영업이 허용되지 않는다는 점을 분명히 하였다는 데에 그 의의가 있다는 평가가 있다.53) 그러나, 상위법의 위임이 구체적이지 않고, 단지 택지개발촉진법 시행령 제7조 제1항 및 제5항이 직접적인 근거규정이 되는데, 동조 제5항에서는 "제1항의 규정에 의한 택지개발계획의 수립기준 기타 필요한 사항은 건설교통부장관이 따로 정한다"고 규정하여 택지계발계획의 수립기준과 기타 필요한 사항만을 위임하였으나, 구체적인 사항에 대하여 포괄적으로 위임하였다고 볼 여지가 없지 않다. 따라서 택지개발업무처리지침을 법령보충적 행정규칙으로 보아 대외적 구속력을 인정한 것은 법리적으로 다소 문제가 있다. 향후 법령보충적 행정규칙에 관한 입법적 통제를 강화함과 아울러, 이에 관한 판례의 법리도 법치국가적 관점에서 더욱 발전시켜 나갈 필요가 있다고 할 것이다.

[참고문헌]

고영훈, "행정법상 고시의 법적 문제점과 개선방안에 관한 연구", 공법연구, 제29집 제1호, 2000.

김남진, "행정규칙의 성질과 효력", 고시계, 1988. 8.

김남진, 행정법 Ⅰ, 법문사, 2000.

김남진, "법규명령과 행정규칙의 구별", 판례월보, 제339호.

김도창, 행정법(상), 청운사, 1993.

김도창, "훈령(행정규칙)과 부령의 효력", 행정판례연구 Ⅱ, 1996.

김동건, "대법원판례에 비추어 본 법규명령과 행정규칙", 고시계 1998. 11.

---

53) 윤인성, 가. 법령의 규정이 특정 행정기관에 그 법령 내용의 구체적 사항을 정할 수 있는 권한을 부여하면서 권한 행사의 절차나 방법을 특정하고 있지 않아 수임행정기관이 행정규칙의 형식으로 법령의 내용이 될 사항을 구체적으로 정한 경우 그 효력, 나. 구 택지개발촉진법 제3조 제4항, 제31조, 같은 법 시행령 제7조 제1항 및 제5항에 따라 건설교통부장관이 정한 '택지개발업무처리지침' 제11조가 법규명령으로서의 효력을 갖는지 여부(적극), 대법원판례해설 제76호, 2008, 89면.

김동희, "법규명령과 행정규칙", 법제 제493호, 1999.

김용섭, "행정규칙의 대외적 구속력", 법조, 2001. 3.

김용섭, "법규명령형식의 제재적 처분기준", 판례월보 1999. 1.

김용섭, "행정규칙의 법적문제", 서울지방변호사회 변호사, 31집, 2001.

김용섭, "2008년 행정법판례연구", 인권과 정의, 2009. 3.

김철용, 행정법 I, 박영사, 2009.

김학세, "법규명령과 행정규칙", 판례연구 제13집, 2000.

문상덕, "법령의 수권에 의한 행정규칙(고시)의 법적 성질과 그 통제", 행정법연구 창간호, 1997.

박균성, 행정법론(상), 박영사, 2009.

유상현, "행정처분기준의 법규성", 공법연구 제31집 제1호, 2002.

윤인성, 가. 법령의 규정이 특정 행정기관에 그 법령 내용의 구체적 사항을 정할 수 있는 권한을 부여하면서 권한 행사의 절차나 방법을 특정하고 있지 않아 수임행정기관이 행정규칙의 형식으로 법령의 내용이 될 사항을 구체적으로 정한 경우 그 효력, 나. 구 택지 개발촉진법 제3조 제4항, 제31조, 같은 법 시행령 제7조 제1항 및 제5항에 따라 건설교통부장관이 정한 '택지개발업무처리지침' 제11조가 법규명령으로서의 효력을 갖는지 여부(적극), 대법원판례해설 제76호, 2008.

임영호, "판례를 중심으로 본 법령보충적 행정규칙의 법적 성질", 행정판례연구, 12집, 2007.

최승원, "제재적 행정처분기준의 법적 성질", 행정법연구, 17호, 2007.

최정일, 행정법의 정석[행정법 I], 박영사, 2009.

하명호, "처분기준의 설정·공표제도", 행정소송(II), 한국사법행정학회, 2008.

홍정선, 행정법특강, 박영사, 2009.

Babara Remmert,, Rechtsprobleme von Verwaltungsvorschriften, JURA 2004.

H.-U. Erichsen/C. Klüsche, Verwaltungsvorschrift, Jura 2000.

H. Maurer, Allgemeines Verwaltungsrecht, 17. Aufl.

Thomas Sauerland, Die Verwaltungsvorschrift im system der Rechtsquellen, Duncker & Humblot·Berlin, 2005.

6. 독립유공자 서훈취소의 법적 쟁점*
─ 대상판결: 대법원 2015. 4. 23. 선고 2012두26920 판결 ─

[사실관계와 판결요지]

Ⅰ. 사안의 개요와 소송의 경과

1. 사안의 개요

원고는 독립유공자 서훈을 받았다가 친일행적이 드러나 서훈이 취소된 이항
발(이명, 이시우, 이하 '망인'이라 한다)의 손자이다.

원고의 조부인 망인은 일제 때인 1919~1931년 독일운동자금 모집과 신간회
중앙집행위원으로 항일운동을 하다가 통산 5년 6개월의 징역형을 받고 옥고를 치
른 공적이 있다. 피고 국가보훈처장은 1990년 독립유공자 서훈공적심사위원회의
심사를 거쳐 총무처장관에게 위 공적에 기초하여 망인에 대한 독립유공자 추천을
하였다. 총무처장관이 구 상훈법 제7조에 따라 국무회의에 위 서훈추천을 의안으
로 제출하자, 대통령은 국무회의 심의를 거친 뒤 망인을 서훈대상자로 최종결정
하였다.

당시 상훈에 관한 사무를 관장하던 총무처장관은 피고 국가보훈처장에게 위

---

* 이 논문은 2016. 9. 23. 개최된 한국행정판례연구회 제320차 월례발표회에서 주제발표를 한
후 2016년 12월에 발간된 행정판례연구 제21권 제2호에 수록한 필자의 논문 일부를 수정·
보완한 것입니다.

서훈결정사실을 통보할 것을 위임하여, 피고 국가보훈처장이 1990. 12. 26. 원고에게 망인이 국무회의의 심의를 거쳐 독립유공자로 서훈결정(건국훈장 애국장)되었다는 사실을 통보하였다.

망인은 16명의 인사와 함께 1936. 2. 11. 일왕에 충성하고 일제의 식민정책에 적극 협력하는 단체인 백악회의 창립총회에 참여하였다. 또한 백악회를 확대·개편한 대동민우회의 발기인의 한 사람으로 정책준비위원을 맡아 대동민우회의 출범을 정책적으로 뒷받침하는 핵심적 역할을 하였다. 대동민우회의 조직은 민우회로 변경하였는바, 망인은 민우회의 이사장 다음의 직책인 검사장으로 활동하면서 민우회 주최 타협위원회의 사회를 맡아 일제에의 충성에 대한 의견차이로 분열될 위기에 처한 친일협력단체를 단합시키는 데 공을 세우는 등 친일 단체에 자발적이고 주도적으로 가담함으로써 일제의 식민정책과 조선인 황민화 정책에 적극 부응하는 등 친일 행적의 사실이 뒤늦게 확인되었다.

피고 국가보훈처장은 독립유공자 서훈취소 제1, 제2심사위원회를 구성하여 심사를 거친 뒤 2010. 11. 19. 망인의 친일행적이 확인되었음을 이유로 그 서훈취소에 관한 의안 제출을 행정안전부장관에게 요청하였다. 그러자 행정안전부장관는 2010. 12. 21. 국무회의에 망인에 대한 서훈취소를 안건으로 상정하였으나, 신중한 검토가 필요하다는 국무총리의 의견에 따라 의결이 보류되었고, 다시 3개월간 국무총리실의 검토를 거친 뒤 이 사건 서훈취소 안건은 2011. 4. 5. 국무회의에서 의결되었다. 피고 대통령은 2011. 4. 6. 망인에 대한 서훈취소 안건의 전자문서에 결재함으로써 서훈취소를 결정하였고, 국무총리 및 행정안전부장관이 부서하였다.

이에 상훈사무를 관장하는 행정안전부장관은 "독립유공자 서훈취소요청 건이 국무회의 의결 및 대통령 재가로 서훈취소 대상자가 붙임과 같이 확정되었음을 알려드리오니, 상훈법 제8조 제1항에 따라 훈장과 이와 관련하여 수여한 물건을 모두 환수조치하여 주시기 바랍니다."라는 취지의 서훈취소결정 통보를 피고 국가보훈처장에게 하였다. 이에 따라 피고 국가보훈처장은 2011. 4. 19. 원고에게 "2011년 4월 5일 국무회의의 서훈취소 의결을 거쳐 4월 6일 이항발 선생의 독립유공자 서훈이 취소결정되었음을 알려드립니다. 아울러 기존에 전수된 건국훈장 애국장 및 훈장증의 반환을 요청하오며, 우리 처 직원이 귀 댁을 방문할 예정이오니 방문 가능한 일시를 알려주시면 감사하겠습니다"라는 등의 내용을 통보하였다.

2. 소송의 경과

원고가 망인에 대한 독립유공자 서훈취소처분에 불복하여 주위적 피고 국가보훈처장, 예비적 피고 대통령으로 하여 서훈취소처분의 취소를 구하는 소를 서울행정법원에 제기하였다. 제1심 서울행정법원[1]은 원고가 피고 국가보훈처장을 상대로 한 서훈취소처분 취소청구의 소 부분에서 원고 청구를 인용하고, 피고 대통령을 상대로 한 소 부분에서는 부적법한 소라고 하여 원고의 청구를 배척하여, 원고 일부승소판결을 선고하였다.

피고 국가보훈처장이 항소하자, 원심법원인 서울고등법원에서 원고의 소가 모두 부적법하다고 보아 각하 판결을 내렸다. 이에 대해 원고만이 상고하자 대법원은 원심판결이유에 문제가 있으나 불이익금지의 원칙상 원고에게 더 불리한 청구기각의 판결을 선고할 수 없다고 보아 상고기각의 판결을 내렸다.

Ⅱ. 원심법원의 판단

원심법원인 서울고등법원[2]은 서울행정법원의 판결이유와는 달리 원고의 주위적 피고 국가보훈처장에 대한 소와 예비적 피고 대통령에 대한 소를 다음과 같은 이유로 모두 각하한다고 판단하였다.

먼저, 2011. 4. 19.자 이 사건 서훈취소통보는 원고의 법률상 지위에 직접적인 법률적 변동을 일으키지 아니하는 행위로 항고소송의 대상이 될 수 없는 사실상의 통지로 보아야 할 것이다.

다음으로, 피고 국가보훈처장이 서훈취소대상자를 스스로 결정할 수 있는 권한을 위임받은 것이 아니라 이해관계인에게 통보하고 실무적인 후속조치를 할 수 있는 권한만을 행정안전부장관으로부터 위임받은 것이므로 피고 국가보훈처장이 원고에 대하여 한 통보는 항고소송의 대상이 되는 처분의 통보가 아니라 항고소송의 대상이 될 수 없는 사실상의 통지에 해당한다.

나아가, 이 사건 서훈취소통보는 피고 국가보훈처장의 권한내의 행위로서 피

---

1) 서울행정법원 2012. 4. 5. 선고 2011구합22518 판결[국가유공자 서훈취소 처분의 취소].
2) 서울고등법원 2012. 11. 6. 선고 2012누12503 판결[독립유공자 서훈취소 처분의 취소].

고 국가보훈처장의 명의로 원고에게 통보되었으므로 피고 대통령이 처분 등을 행한 행정청이라고 할 수 없어, 피고 대통령에 대한 이 사건 소는 피고적격이 없는 자를 상대로 한 것이어서 부적법하다.

끝으로, 피고 대통령의 2011. 4. 6.자 이 사건 서훈취소결정은 서훈의 수여와 마찬가지로 국가에 공로가 있는 자에 해당하는지 여부를 판단하여 서훈대상자에 해당하는지 여부를 결정하는 것으로 대통령의 국가원수로서 행하는 통치행위에 해당하고, 법원의 사법심사의 대상에서 제외하여야 할 영역이다.

Ⅲ. 대법원판결의 요지

1. 구 상훈법(2011. 8. 4. 법률 제10985호로 개정되기 전의 것) 제8조는 서훈취소의 요건을 구체적으로 명시하고 있고 절차에 관하여 상세하게 규정하고 있다. 그리고 서훈취소는 서훈수여의 경우와는 달리 이미 발생된 서훈대상자 등의 권리 등에 영향을 미치는 행위로서 관련 당사자에게 미치는 불이익의 내용과 정도 등을 고려하면 사법심사의 필요성이 크다. 따라서 기본권의 보장 및 법치주의의 이념에 비추어 보면, 비록 서훈취소가 대통령이 국가원수로서 행하는 행위라고 하더라도 법원이 사법심사를 자제하여야 할 고도의 정치성을 띤 행위라고 볼 수는 없다.

2. 대한민국 훈장 및 포장은 서훈의 원칙을 정한 구 상훈법(2011. 8. 4. 법률 제10985호로 개정되기 전의 것, 이하 같다) 제2조에 따라 대한민국 국민이나 우방국 국민으로서 대한민국에 뚜렷한 공적을 세운 사람에게 수여하는 것으로서, 서훈은 단순히 서훈대상자 본인에 대한 수혜적 행위로서의 성격만을 가지는 것이 아니라 국가에 뚜렷한 공적을 세운 사람에게 명예를 부여함으로써 국민 일반에 대하여 국가와 민족에 대한 자긍심을 높이고 국가적 가치를 통합·제시하는 행위의 성격도 가지고 있다. 그리고 서훈의 수여 사유인 '대한민국에 대한 뚜렷한 공적'에 관한 판단은 서훈추천권자가 제출한 공적조서에 기재된 개개의 사실뿐만 아니라 일정한 공적기간 동안 서훈대상자의 행적을 전체적으로 평가하여 이루어진다. 한편구 상훈법 제8조 제1항 제1호는 '서훈공적이 거짓임이 판명된 경우'에는 그 서훈을 취소하도록 정하고 있는데, 이러한 서훈취소 제도는 수여된 서훈을 그대로 유지한다면 서훈의 영예성을 수호할 수 없는 사유가 발생한 경우에 서훈제도의 본

질과 기능을 보호하기 위하여 마련된 것으로 보인다.

이와 같은 서훈의 원칙 및 취소에 관한 규정들과 아울러 그 취지와 입법 목적 등을 종합하여 보면, 구 상훈법 제8조 제1항 제1호에서 정한 서훈취소사유인 '서훈공적이 거짓임이 판명된 경우'에는 서훈 수여 당시 조사된 공적사실 자체가 진실에 반하는 경우뿐만 아니라, 서훈 수여 당시 드러나지 않은 사실이 새로 밝혀졌고 만일 그 사실이 서훈 심사 당시 밝혀졌더라면 당초 조사된 공적사실과 새로 밝혀진 사실을 전체적으로 평가하였을 때 서훈대상자의 행적을 서훈에 관한 공적으로 인정할 수 없음이 객관적으로 뚜렷한 경우도 포함된다.

[판례연구]

I. 머 리 말

1. 헌법과 서훈제도

헌법은 독립유공자 인정에 관하여 명문의 규정을 두고 있지 않다. 그러나 헌법 전문(前文)에서 "3. 1운동으로 건립된 대한민국임시정부의 법통을 계승한다"고 선언하고 있다. 이는 대한민국이 일제에 항거한 독립운동가의 공헌과 희생을 바탕으로 이룩된 것임을 선언한 것이고, 그렇다면 국가는 일제로부터 조국의 자주독립을 위하여 공헌한 독립유공자와 그 유족에 대하여는 응분의 예우를 하여야 할 헌법적인 의무를 지닌다고 보아야 할 것이다. 다만, 그러한 의무는 국가가 독립유공자의 인정절차를 합리적으로 마련하고 독립유공자에 대한 기본적 예우를 해주어야 한다는 것을 뜻할 뿐이며, 당사자가 주장하는 특정인을 반드시 독립유공자로 인정하여야 하는 것을 뜻할 수는 없다.[3]

훈장수여에 관하여 헌법 제80조는 "대통령은 법률이 정하는 바에 의하여 훈장 기타의 영전을 수여한다"고 규정하고 있다. 이에 따라 상훈법 및 그 시행령은

---

3) 헌재 2005. 6. 30. 선고 2004헌마859 결정.

훈장 및 포장의 종류와 서훈의 기준, 절차 등에 관하여 규정하고 있다. 위 규정에 의하면 서훈은 대통령의 권한으로서, 서훈 여부는 대통령이 그 재량에 의하여 독자적으로 결정하는 것이므로, 훈장을 수여하여 줄 것은 요구할 수 있는 법규상 또는 조리상 권리는 없다.[4] 이처럼 수훈자가 권리를 주장하거나 청구할 수 있는 권한을 부여할 수 없지만 사회보장적 측면에서 국가가 능동적으로 혜택을 부여하는 것은 가능하다.[5]

우리 헌법 제11조에 규정된 평등권에 대해 살펴보면, 모든 인간을 모든 경우에 모든 점에서 무차별적으로 균등하게 다루어야 한다는 「절대적·형식적 평등」의 개념이 아니라, 모든 인간을 평등하게 처우하되 정당한 이유가 있거나 합리적 근거가 있는 차별은 허용한다는 「상대적·실질적 평등」의 개념으로 파악하는 것이 일반적이다.[6] 우리 헌법상의 평등의 개념을 실질적으로 이해한다면, 차별의 합리적 기준이 있음에도 불구하고 일률적으로 평등하게 다룬다는 것은 오히려 사회정의나 법의 정신에 위배될 여지가 있다고 할 것이다.

헌법 제11조 제3항에서는 "훈장 등의 영전은 이를 받은 자에게만 효력이 있고, 어떠한 특권도 이에 따르지 아니한다."고 규정하고 있다. 이와 같은 규정은 영전일대(榮典一代)의 원칙을 천명한 것으로서 영전의 세습을 금지함으로써 특수계급의 발생을 원천적으로 차단한 것으로 볼 수 있다. 이처럼 대통령의 영전수여권의 행사에는 '영전일대의 원칙'과 '특권불인정의 원칙'을 존중하도록 되어 있다.[7] 이러한 원칙은 당대의 영전으로 인하여 후대가 특진이나 조세의 감면등 특권을 향유하는 것을 부인하는 것이며, 유족에게 연금지급이나 보훈까지 부인하는 것이 아님은 분명하다 할 것이다.

따라서 차등 있는 보상금의 지급 자체는 그 차등 자체가 합리적 이유에 근거한 차등이냐의 문제로 영전일대의 원칙이나 영전 및 특전의 세습과는 그 차원을 달리한다. 따라서 영전을 받은 자의 자손에게 고급공무원채용에 있어서 우대를 하거나 처벌을 면제하거나 조세를 경감하는 것은 위헌이지만, 훈장에

---

4) 헌재 2006. 4. 11. 선고 2006헌마367 결정.
5) 김중양·김명식, 주해국가공무원법, 1996, 301면.
6) 헌재 1989. 5. 24. 선고 89헌가37 결정.
7) 대통령의 영전수여권의 행사에 있어서도 헌법 제82조에서 "대통령의 국법상 행위는 문서로서 하며, 이 문서에는 국무총리와 관계국무위원이 부서한다. 군사에 관한 것도 또한 같다."고 규정하고 있어 국무총리와 관계국무위원의 부서가 필요하다.

수반되는 연금이나 국가유공자의 자손, 군경유가족에 대한 구호 등은 합헌이라고 할 것이다.8)

2. 상훈제도의 역사

각국을 막론하고 위국충절의 정신을 고양하고 선양하는 것은 국가의 권위와 존립에 매우 중요한 것으로 인식되어 왔다. 대한민국에 공로가 뚜렷한 사람, 즉 대한민국에 뚜렷한 공적을 세운 사람에게 수여하는 서훈은 훈장과 포장을 의미한다.9) 근대적 서훈제도는 영국에서 시작되었다. 우리나라의 조선시대에도 개국이나 정변 또는 반란, 역모, 전란 등을 진압한 공이 있는 사람들에게 공신(功臣)으로 책봉하였다.10) 이는 오늘날 상훈제도의 역사적 뿌리에 속한다.

우리의 서훈제도의 효시는 1890년 4월 17일 칙령 제13호로 훈장조례를 제정 공포한데서부터 비롯된다. 해방후 1949년 4월 건국공로훈장령이 제정되면서 본격적으로 상훈제도가 시작되었으며, 1963년 12월 14일에 상훈법을 제정하여 각종 훈장령을 통합하여 단일 법률체계를 유지하여 왔는바, 현재는 헌법과 상훈법 및 상훈법 시행령 등에 근거하여 서훈제도를 시행하고 있다.11) 훈장이라는 영어단어인 Order는 라틴어 "Ordor"에서 유래하고 있다. 영국의 가터 훈장(The Most Noble Order of the Garter)12)과 프랑스의 레지옹 도뇌르 훈장(LEGION D'HONNEUR)은 최

---

8) 김철수, 헌법학신론, 제18 전정판, 박영사, 2008, 422-423면. 헌재 1997. 6. 26. 선고 94헌마 52 결정.
9) 상훈법 제9조에 따라 현재 훈장은 무궁화대훈장, 건국훈장, 국민훈장, 무공훈장, 근정훈장, 보국훈장, 수교훈장, 산업훈장, 새마을훈장, 문화훈장, 체육훈장, 과학기술훈장 등 12종으로 되어 있고, 무궁화 대훈장을 제외하고 각각 5등급으로 되어있다, 한편 포장은 상훈법 제19조에서 규율하고 있는바, 훈장 다음가는 훈격으로 건국포장, 국민포장, 무공포장, 근정포장, 보국포장, 예비군포장, 수교포장, 산업포장, 새마을포장, 문화포장, 체육포장, 과학기술포장 등 12종으로 되어 있다.
10) 조선 500여 년간 28회 공신이 책봉되었으며, 공신이 되면 그 자체로서 특권이면서 노비, 토지의 수여, 감형의 특권 나아가 자손에게 까지 세습권이 부여되었다. 조선의 공신중에 종묘배향 공신과 문묘배향공신이 특히 가장 영향력이 높은 공신이라고 할 것이다. 이에 관하여는 송종복, "조선의 공신 28회나 책봉했다니", 경남매일 2016. 6. 6.자를 참조.
11) 정재환, "우리나라 서훈제도의 현황과 개선방안", 입법조사처 이슈와 논점, 2016. 4. 11.자. 자료.
12) 가터 훈장은 영국에서 민간인과 군인에게 수여하는 최고훈장으로 1348년 에드워드 3세가 창설하였으며, 훈장을 받으면 기사작위와 경(Sir)이라는 칭호를 사용할 수 있는 권리가 주어진다.

고의 권위가 있는 서훈에 속한다.[13] 이러한 전통과 권위를 상징하는 훈장을 국가로부터 수여받는다는 것은 국가사회를 위한 공적에 대한 칭송의 표시이며, 국민으로부터 칭송과 존경을 아울러 받게 되는 영광스러운 것이 될 것이다.[14] 이와 같이 상훈제도는 인간의 영예심과 허영심에 호소하는 것으로 국가의 권위확보의 수단이자 당근과 채찍으로 대변되는 신상필벌의 요소를 갖는 오래 지속되어온 정치적 수단의 하나라고 할 것이다.

3. 상훈제도의 의미와 한계

만약에 상훈제도가 국민의 신뢰에 어긋날 정도로 남발되거나 공훈이 없는 무자격자에게도 상훈이 수여되거나 상훈제도의 운영에 있어 이념적 잣대에 따라 좌지우지되거나 공정성에 문제가 있게 된다면 상훈의 영예성은 땅에 떨어지고, 훈장을 받는 것 그 자체가 자부심과 경외심을 잃게 된다. 종종 상훈 그 자체를 거부하거나 이미 수여한 훈장을 반납하는 사태는 크게 놀랄 일이 아니다.[15] 따라서 상훈제도는 공정성과 신뢰성을 확보하는 것이 중요하며, 부적격자가 서훈을 받게 되어 상훈의 영예성을 훼손하게 되는 결과가 초래되지 않도록 사전과 사후 관리를 철저히 하는 것이 중요하다.

친일인사에 대한 서훈취소는 역사의 시시비비를 올바로 가려서 민족정기를 바로잡고 후세에 경종을 울리는 엄숙한 작업이라고 할 수 있다.[16] 독립유공자에 대한 국가적 예우의 고양의 문제는 친일잔재의 청산의 문제와 밀접한 상관관계가 있다. 민족정기를 바로 세우기 위해서는 친일행위자 등 일제부역자에 대한 응징

---

13) 붉은 수를 달고 전차를 타면 황급히 좌석을 양보하여 주는 등 그 훈장의 권위가 절대적이어서 세계 최고의 명예를 상징하고 있다.

14) 정무설, "정부상훈제도의 개선방안에 관한 연구", 연세대 행정대학원 석사학위 논문, 1997, 1-2면.

15) 상훈의 거부사례는 국내외적으로 종종 기사화되고 있다. 국내적으로는 김영삼 정부시절 원로작가 황순원 씨가 정부가 주는 은관문화훈장을 거부한 바 있고, 영화배우 소피 마르소가 프랑스 최고훈장인 레지옹 도네르 수상을 거부하였고, 훈장반납사례로는 국내적으로는 화성씨랜드 사건으로 아들을 잃은 김순덕 씨가 필드하키 국가대표선수로 활약하면서 받은 체육훈장 맹호장과 국민훈장 목련장 등 훈장을 반납하고 외국으로 이민을 떠났고, 비틀즈의 존레논이 1965년 영국정부로부터 MBE훈장을 받았으나, 1969년 훈장반납을 한 사례가 있다.

16) 이철호, "친일인사 서훈취소소송에 관한 관견", 국가법학연구, 제9권 제2호, 2013, 145면 이하.

을 강하게 하는 방법과 일제에 희생된 독립유공자에 대한 예우를 보다 강하게 하는 방법이 있다.[17] 서훈과 서훈취소를 둘러싼 우리 사회의 논쟁이 선악이분법적 사고에서 크게 벗어나지 못하고 있으며, 서훈취소를 둘러싼 법적인 문제는 우리 사회에서 지속적인 논쟁적 테마에 속한다.[18]

그러한 관점에서 상훈법에서는 헌법의 규정을 구체화하여 서훈제도와 서훈취소제도를 보다 명확히 할 필요가 있다. 무엇보다 서훈취소는 서훈을 하고 난 후의 사후관리제도로서 권익을 침해하는 피탈제도라는 특성이 있다. 독립유공자 서훈을 하고 난 후, 친일행적이 발견되었다는 이유로 서훈취소를 손쉽게 하고 있는 상훈제도 운영의 현실은 다소 문제이다. 서훈 자체의 수여에도 신중을 기해야 하지만 이미 수여받은 서훈의 취소 여부는 수익적 행정행위의 취소이므로 신뢰보호의 원칙에 비추어 보다 신중을 기할 필요가 있기 때문이다. 서훈을 받을 당시에 인정된 공적 내용과 나중에 밝혀진 친일의 정도를 종합적인 관점에서 비교형량하여 판단할 필요가 있고, 정치적 또는 이념적인 관점에 흔들리지 않고 전문적이고 독립적인 위원회에서 위원들이 객관적으로 판단하여야 할 것이다. 특히 뒤늦게 일부 친일행적이 나타난 경우라 할지라도 친일의 정도가 공적을 압도할 정도인지 전체적인 관점에서 판단하여야 하며, 일부 친일행적이 드러났다고 하여 서훈 수여자의 모든 공적이 거짓이 되는 것이 아니라 종전의 공적에 비하여 새로 나타난 사실을 어떻게 평가할 것인지 문제가 남게 된다. 독립유공자 서훈취소의 문제를 우리 사회의 이념적 대립과 진영논리에 입각하여 좁은 테두리에서 접근할 것은 아니다.

4. 쟁점의 소재

2010년 이명박 정부시절 친일행적이 확인된 장지연 황성신문 주필과 윤치영

---

17) 이호용, "독립유공자 예우에 관한 법정책적 문제점과 개선방안 — 독립유공자 보훈체계의 개선을 중심으로 —", 한양법학 제21권, 2007, 721면.

18) 조선일보 2012. 12. 7. A 10면("친일행위만으로 서훈박탈 안돼, 독립운동 공과 따져야" 첫 판결) 위 보도기사에 의하면 서울고등법원 행정11부(재판장 김의환 부장판사)는 독립유공자 박성행 선생의 유족이 낸 독립유공자 서훈취소처분 취소소송에서 "서훈을 받은 독립유공자의 친일행적이 뒤늦게 발견됐더라도 이를 상훈법상 서훈공적이 거짓으로 판명된 경우로 보고 서훈을 취소할 수는 없다"고 판시하면서 "박성행 선생의 경우 과오보다 공적이 더 많은 것으로 보이는데, 친일행적을 이유로 서훈을 박탈한다면 후손에게 불명예와 불이익을 주게 된다"고 밝혔다.

초대 내무부장관 등 친일인명사전에 등재된 19명의 독립유공자에 대한 서훈취소가 결정되어 훈장이 환수되자 그중 7명의 후손들이 2011년 서울 행정법원에 항고소송을 제기하기에 이르렀고, 서훈취소의 법리를 둘러싸고 하급심은 물론 대법원 판례에서 서훈취소를 둘러싼 행정법적 쟁점이 제대로 부각되지 않은 채 논의가 매우 복잡하게 전개되어 온 것도 사실이다.

본고에서는 먼저 서훈취소가 통치행위에 해당하는지 여부(Ⅱ)가 핵심적 쟁점이다. 대통령의 서훈취소를 사법심사가 배제되는 통치행위로 볼 것인지에 대하여 검토하기에 앞서 통치행위의 개념과 유형, 사법심사 가능성에 관한 학설과 판례를 개괄적으로 고찰하기로 한다.[19] 나아가 헌법상 대통령의 국가원수로서의 지위에서 인정되는 서훈수여와 그 취소를 대통령의 통치행위로 볼 것인지 서훈과 서훈취소를 분리하여 고찰하는 것이 바람직한지에 대하여도 검토하기로 한다.

다음으로 대통령의 서훈취소의 법적 성질(Ⅲ)을 살펴보기로 한다. 헌법과 상훈법에 따라 독립유공자에 대한 서훈과 서훈취소의 권한이 대통령에게 부여되고 있으나, 서훈이 부여된 후에 친일행적이 밝혀지는 등 서훈공적이 거짓으로 판명된 경우에 하는 서훈취소의 처분성을 검토하고, 서훈취소의 효력발생요건으로서의 통지에 대하여 살펴보기로 한다. 아울러 이와 같은 서훈취소가 강학상 직권취소인지 철회에 해당하는지와 판단여지에 해당하는지에 대하여도 검토하기로 한다.

끝으로, 결론(Ⅳ)에서는 이 사건 판결에 대한 종합검토를 하면서 논의를 마무리 하기로 한다.

Ⅱ. 서훈취소의 통치행위 해당 여부

1. 문제의 제기

서훈취소는 서훈을 전제로 하며, 대통령이 서훈의 권한과 더불어 서훈취소 권한을 갖고 있다고 보는 견해가 일반적이다. 이와 같은 대통령의 서훈취소권의 행사는 사법심사가 배제되는 고도의 정치지도적 작용에 해당하는지 여부가 문제된다. 원심법원이나 일부 하급심 판결 중에 서훈과 서훈취소를 사법심사가 배제

19) 이와 관련하여 김용섭, "통치행위의 재검토", 고황법학, 제3권, 2001; 김용섭, "통치행위", 행정소송(1), 한국사법행정학회, 2008 등 필자의 선행연구를 부분적으로 활용하였음을 밝혀 둔다.

되는 통치행위로 보기도 하였으나, 평석대상판결에서는 서훈취소를 통치행위로 보지 않고 항고소송의 대상이 되는 대통령의 처분으로 보고 있다.

전통적 통치행위론에 의하면 통치행위는 사법심사의 대상에서 배제된다는 전제하에 통치행위의 한계를 다루면서 전적으로 면책이 된다거나 무제한의 자유를 의미하지 않으며 헌법 원칙상의 한계를 준수하여야 한다고 설명한다.

그러나 통치행위의 개념이해와 관련하여 일반적인 범위를 정하여 사법심사가 배제되는 선험적 개념으로 이해할 것이 아니라 개별 구체적으로 국민의 기본권보장우선, 국가적 혼란 내지 파급효과 등을 비교형량하여 판단되어야 할 사후적 개념으로 볼 필요가 있다. 이와 관련하여 유력한 견해[20]에 의하면 사법심사의 대상 여부는 통치행위로 이해하고, 판결의 대상 여부인 사후적 개념은 이와는 달리 정치문제로 파악하는 것이 타당하다는 관점이 제시된 바 있다.

여기서는 서훈취소가 통치행위에 해당하는지 여부에 대하여 검토하기에 앞서 통치행위에 관한 개념 및 유형과 이론적 근거를 살펴보고, 이 사건 서훈취소가 통치행위에 해당하는지에 대하여 검토하기로 한다.

2. 통치행위의 개념과 유형

가. 통치행위의 개념과 용어

(1) 개념

일반적으로 통치행위라 함은 단순한 법집행 작용이 아니라 국정의 기본방향을 설정하거나 국가적 이해를 직접 그 대상으로 하는 고도의 정치성을 띤 집행부의 행위로서 사법적 심사의 대상이 되기에 부적합한 성질의 것이고, 비록 그것에 관한 사법부의 재판이 있는 경우에도 그 집행이 곤란한 성질의 것이라고 설명한다.[21]

그러나 이와 같은 사법심사의 배제를 전제로 하는 통치행위의 개념설정은 절차적 개념접근이라고 할 것이다. 국가권력을 입법·사법·행정으로 구분하는 삼권분립의 원칙상 통치행위의 체계적 지위가 문제될 수 있는데, 통치행위의 개념은 사법심사의 배제를 전제로 하지 않고 실체적으로 이해하여 통치행위는 최고통치권자인 대통령의 국가 지도작용으로 일반 행정작용, 입법, 사법과 구별되는 제4

---

20) 이광윤, "통치행위와 정치문제", 고시연구, 제31권 제3호, 2004. 4, 50면.
21) 권영성, "통치행위의 본질과 그 한계", 사법행정(1989. 5), 14면.

의 국가작용이라고 정의할 수 있다. 즉, 일반 행정작용과는 구별되는 통치행위라는 카테고리를 설정하되, 이와 같은 통치행위가 논리 필연적으로 사법심사가 배제되는 것은 아니라는 관점에서 논의를 전개하기로 한다.

(2) 용어의 문제

'통치행위'라는 용어와 관련하여 '통치'라는 개념은 종래 절대 군주에 의해 행하여지는 모든 국가작용을 포괄하는 것으로 사용되었고 이는 민주주의·법치주의에 따른 모든 통제로부터 자유로운 군주의 절대적 권위의 상징이었다. 궁극적으로는 오늘날의 민주적 법치국가체제하에서 시대착오적인 '통치행위'라는 용어를 사용하는 것은 전혀 적절치 않다고 생각되므로, 고도의 정치성 때문에 엄격한 법의 해석 적용이라는 사법적 판단에 친하지 않은 메타법적 영역이라는 점에서 '정치문제'라고 하는 표현을 사용하는 것이 바람직하다는 견해[22]가 제시된 바 있다.

그러나 먼저 통치행위를 사법심사가 배제되는 사전적 개념, 정치문제를 본안에서 판단해야 하는 사후적 개념으로 바라보면 사후적 개념으로 파악한다는 점에서 일리가 있으나, 통치행위가 정치문제와 법률문제가 혼용된 영역에서 사법심사가 배제되는 것이기 때문에 이를 '정치문제'라는 용어를 변경하여 사용하는 것은 적절하다고 보기 어렵다.[23]

나. 통치행위의 유형[24]

(1) 대통령의 행위와 의회의 행위

통치행위에 관하여 주체를 기준으로 대통령에 의한 행위와 의회에 의한 행위로 분류하기도 한다. 그러나 의회에 의한 통치행위는 의회의 자율권 행사차원의 문제로 환원할 수 있기 때문에 통치행위로 보아 사법심사를 배제하기보다는 이라크 파병사건의 경우처럼 이를 통치행위로 접근하기보다 사법적 판단에 의하여 해결할 수 없는 정치문제로 이해하는 것이 적절하다고 본다.

통치행위가 입헌군주정 시대의 유물이라는 점과 민주주와 법치주의에 따라

---

22) 김선택, "통치행위의 법리와 사법적 구제가능성", 고시연구, 2005. 1, 223면.
23) 오히려 통치행위나 정치문제라는 용어 대신에 '국가지도행위' 또는 '정부행위(Regierungsakt)'라는 용어가 적절하다고 사료된다.
24) 김용섭, "통치행위", 행정소송(Ⅰ), 한국사법행정학회, 2008, 535-540면.

통치행위의 범위를 축소하려는 시대적 추세를 감안할 때, 통치행위의 인정영역을 국가원수인 대통령의 고도의 정치적인 국가지도 행위에 한정하는 것이 바람직하다.

(2) 절대적 통치행위와 상대적 통치행위

통치행위를 절대적 통치행위와 상대적 통치행위로 구분하여, 절대적 통치행위는 대통령이 국가안위에 관한 중요정책을 국민투표에 부치는 행위, 법률안에 대한 재의의 요구, 대통령의 일반외교에 관한 행위등과 같이 헌법이나 법률에서 그 내용이나 효력을 규제하는 규정이 없을 뿐만 아니라 기본권보장과도 직접 관련되지 않으므로, 대통령이 재량에 따라 자유롭게 할 수 있고, 그 결과에 대하여는 사법적 통제가 허용되지 아니하는 행위를 말한다.

한편 상대적 통치행위는 선전포고와 강화조약의 체결, 국무총리의 임명, 사면·감형·복권, 긴급명령과 긴급경제처분·명령, 계엄의 선포 등 고도의 정치성을 띤 집행부의 행위일지라도 헌법이 국회의 승인 또는 동의를 얻도록 하고 있거나 헌법 또는 법률에 그 내용과 절차 등 요건이 구체적으로 규정되어 있거나 국민의 기본권 보장에 중대한 영향이 미치는 행위를 말한다.[25] 이러한 구별유형은 상대적 통치행위를 인정함으로써 법원이나 헌법재판소의 통제의 여지를 남겨두려고 하는 점에서 통치행위의 범위를 좁히는 데 나름대로 의의가 있다.

(3) 실체적 통치행위와 절차적 통치행위

실체적 통치행위라 함은 국가의 기본적인 정책결정, 국가 지도작용이나 국가와 민족의 전체적 운명과 관련되는 중요한 사항에 관하여 그것이 사법심사의 대상이 되는지 여부를 묻지 아니하고 파악한 유형이라면, 절차적 통치행위는 그 행위가 법적 측면을 가지며 그에 대한 법적 판단이 가능함에도 불구하고 그 행위가 가지는 고도의 정치성에 착안하여 법원에 의한 사법심사가 배제되는 사전적인 일련의 국가행위를 말한다.[26]

다. 검토

통치행위란 실체적 개념으로 이해하여 국가원수의 행위로서 고도의 정치결단적 국정행위라고 할 수 있다. 절차적 개념을 취하게 되면 통치행위임에도 법원

---

25) 권영성, 헌법학원론(개정판), 법문사, 2008, 844-845면.
26) 가령 서원우, 현대행정법(상), 박영사, 1979, 9면.

과 헌법재판소의 사법적 심사를 받게 되는 것을 설명할 수 없게 되는 논리적 모순에 빠지게 된다. 통치행위에 대한 사법심사 내지 사법적 통제가능성의 문제는 통치행위에 관한 이론적 근거와 밀접한 관계를 갖고 있다. 즉 통치행위의 개념과 관련하여 사법심사의 대상에서 배제되는 통치행위의 개념을 부정하는 통치행위 부정론에 의하면, 국가의 고도의 정치적 지도작용도 법률문제를 내포하고 있다면 사법적 통제를 할 수 있게 된다. 그러나 사법심사의 대상에서 배제되는 절차적 통치행위의 개념을 긍정하는 통치행위긍정설에 의할 때 어떤 국가적 행위가 통치행위에 해당된다고 보면 사법적 심사가 원천적으로 배제되는 문제가 있다.[27)]

3. 통치행위에 대한 사법심사가능성

가. 학설

(1) 통치행위 부정설: 통치행위에 대한 사법심사 적극설

사법심사의 대상에서 배제되는 통치행위의 개념을 부정하는 통치행위 부정설에 의하면, 통치행위에 해당하는 국가작용에 대한 사법적 통제에 대하여 적극적인 입장을 취하게 된다. 그 논거를 우리 헌법이 법치주의와 권력분립주의를 표방하여 권력남용의 억제와 기본권보장을 헌법재판소와 법원에 맡긴 이상 비록 고도의 정치성을 띤 국가행위 또는 국가적 이해를 대상으로 하는 국가행위라 하더라도 그것의 합헌성·합법성에 관한 문제인 한 헌법재판소와 법원에 의한 사법심사의 대상이 되어야 한다는 것이 헌법의 취지에 부합하고[28)] 또한 모든 국민에게는 헌법상의 기본권으로서 재판을 받을 권리가 보장되어 있으며 행정소송에 있어서 개괄주의를 취하고 있으므로 문제된 사안이 법적 문제인 한에 있어서는 어떠한 국가작용도 사법심사의 대상에서 제외될 수 없다는데서 찾는다. 나아가 통치행위가 사법적 통제를 받지 않게 된다면 헌법이 인정하고 있는 명령·처분에 관한 법원의 위헌·위법심사권을 부인하게 되고, 정치의 무법상태를 허용하게 된다는 견해[29)]도 통치행위 부정설의 입장이다.

---

27) 그러나 일정한 통치행위에 대하여 명문으로 사법심사가 배제된다는 규정이 없는 한, 통치행위라고 할지라도 사법심사를 배제하기 위해서는 이를 정당화할 근거가 제시되어야 한다. 왜냐하면 위법한 공권력의 발동에 대하여는 법률에 의한 재판을 통하여 통제한다는 법치주의원칙에 대한 예외를 인정하는 것은 최소한도로 하여야 하기 때문이다.

28) 고문현, "통치행위에 관한 소고", 헌법학연구, 제10권 제3호, 2004. 9, 372면.

29) 김철용, 행정법 I, 박영사, 2001, 7면.

(2) 통치행위 긍정설: 통치행위에 대한 사법심사 소극설

사법심사가 배제되는 통치행위의 개념을 긍정하는 입장에서는 사법심사에 대하여 소극적인 태도를 나타낼 것이다. 사법심사를 배제하는 정당화 논거와 관련하여, 법정책적인 입장에서 출발하는 사법자제설과, 법이론적인 입장에 기초하고 있는 내재적 한계설, 권력분립설, 재량행위설, 통치행위독자성설로 구분된다.30)

사법자제설은 법정책적 입장에 기초한 견해로서, 통치행위도 행정부의 작용으로서 그것이 법률적인 문제인 한에 있어서는 법원에 의한 사법통제를 받을 수밖에 없지만 사법부가 단지 정치문제에 개입함으로써 정치기관화하는 것을 막기 위해서 스스로 자제한다는 견해이다. 이러한 사법부의 자제는 단순한 자의적인 권한의 포기가 아니라 법의 근본정신 및 정치적 합목적성에 입각하여 사법주의 한계성을 인정하려는 태도라고 한다. 이 견해는 막대한 해악을 방지하기 위하여 사소한 위법은 감수할 수밖에 없고, 사법권의 독립을 유지하기 위해서는 법원이 소위 정치문제인 통치행위에는 간섭하지 않는 것이 좋다는 것을 논거로 한다.31)

다음으로 내재적 한계설은 사법권에는 그에 내재하는 일정한 한계가 있다고 보아 사법심사를 부정하는 견해이다. 이 견해는 정치문제는 정치적으로 책임을 지지 않는 법원이 심사할 것이 아니라 그에 대한 최종적인 판단을 행정부나 국회 또는 국민의 여론에 맡기는 것이 적절하므로 정치문제에 대한 불개입이 바로 법원의 내재적 한계라고 한다.

한편, 권력분립설 통치행위가 사법심사에서 배제되는 것은 그것이 권력분립상 행정부의 전속적 권한에 속하는 사항이므로 사법기관의 관여가 허용되지 않는 행위라고 보는 견해이다. 나아가 재량행위설에 의하면 통치행위는 국가기관의 정치적 자유재량행위이므로 위법성의 문제는 발생하지 않으므로 합법성 통제장치인 법원에 의한 사법심사가 배제된다는 견해이다. 끝으로, 통치행위 독자성설에 의하면 통치행위가 고도의 정치성을 가지기 때문에 그 본질상 소송절차에 의한 사법권의 판단이 배제되는 것이라고 보는 견해이다.

---

30) 자세한 학설의 소개와 비판은 김용섭, "통치행위", 행정소송(1), 한국사법행정학회, 2008, 543면 이하.
31) 고문현, 앞의 논문, 374면.

(3) 소결

통치행위는 이론적 일관성을 갖춘 개념이라기보다는 역사적 발전과정이나 시대 상황에 따라 경험적으로 인정되는 개념이라고 할 것이다. 따라서 통치행위의 범위는 국가와 시대에 따라 다양할 뿐만 아니라 학자에 따라서도 그 설명이 다르다. 통치행위는 사법절차에 의한 개인의 권리구제를 부정할 뿐만 아니라 법원의 행정사건에 대한 심사를 부정하는 것이므로 극히 제한적으로 파악하여야 한다.[32]

사법권은 법을 적용하여 분쟁을 해결하는 것을 그 사명으로 하므로 비록 다툼의 대상이 되는 것이 법률문제가 아닌 순수한 정치적, 경제적 문제의 당·부당은 사법심사의 대상이 될 수 없음은 물론이다. 그러나 정치적인 문제와 법적문제가 결부된 통치행위를 사법심사의 대상에서 배제하는 것이 바람직한 것인가는 일률적으로 답할 수 없다. 또한 법률문제인 한 정치적 성격을 띤다고 해서 법률문제의 성격이 변질되는 것은 아니다. 이러한 관점에서 통치행위에 대한 사법심사 적극설의 입장을 지지한다. 통치행위에 대한 사법심사가 배제되는 논거중에 사법부 자제설의 입장은 법논리적인 설명이 아니라, 사법부가 정책적인 판단으로 인정한다는 점에서 바람직한 기준이라고 할 수 없다.[33] 오히려 권력분립의 원리와 이로부터 파생하는 국가지도기관의 정치적 형성의 자유영역(Gestaltungsfreiraum)에서 통치행위의 이론적 근거를 찾는 것이 타당하다고 할 것이다.

나. 판례

(1) 대법원의 주요 판례

1) 남북정상회담 및 대북송금사건

먼저, 남북정상회담과 관련하여, 대한민국 정부의 주도하에 현대상선이 남북경협 사업비 명목으로 북한에 거금을 송금한 사건의 판결[34]에서는 "입헌적 법치주의 국가의 기본원칙은 어떠한 국가의 행위나 국가작용도 헌법과 법률에 근거하여 그 테두리 안에서 합헌적·합법적으로 행하여질 것을 요구하며, 이러한 합헌성과 합법성의 판단은 본질적으로 사법의 권능에 속하는 것이고, 다만 국가행위 중

---

32) 김용섭, "통치행위의 재검토", 고황법학, 제3권, 2001, 102-103면.
33) 김철용, 행정법, 고시계사, 2016, 429면.
34) 대법원 2004. 3. 26. 선고 2003도7878 판결.

에는 고도의 정치성을 띤 것이 있고, 그러한 고도의 정치행위에 대하여 정치적 책임을 지지 않는 법원이 정치의 합목적성이나 정당성을 도외시한 채 합법성의 심사를 감행함으로써 정책결정이 좌우되는 일은 결코 바람직한 일이 아니며, 법원이 정치문제에 개입되어 그중에 대하여는 이른바 통치행위라 하여 법원 스스로 사법심사권의 행사를 억제하여 그 심사대상에서 제외하는 영역이 있으나, 이와 같이 통치행위의 개념을 인정한다 하더라도 과도한 사법심사의 자제가 기본권을 보장하고 법치주의 이념을 구현하여야 할 법원의 책무를 태만히 하거나 포기하는 것이 되지 않도록 그 인정을 지극히 신중하게 하여야 하며, 그 판단은 오로지 사법부만에 의하여 이루어져야 한다"고 하여 통치행위의 적용에 한계를 설정하고 있다.

이 판결에서 대법원은 "남북정상회담의 개최는 고도의 정치적 성격을 지니고 있는 행위라 할 것이므로 특별한 사정이 없는 한 그 당·부를 심판하는 것은 사법권의 내재적·본질적 한계를 넘어서는 것이 되어 적절하지 못하지만, 남북정상회담의 개최과정에서 재정경제부장관에게 신고하지 아니하거나 통일부장관의 협력사업 승인을 얻지 아니한 채 북한 측에 사업권의 대가 명목으로 송금한 행위 자체는 헌법상 법치국가의 원리와 법 앞의 평등원칙 등에 비추어 볼 때 사법심사의 대상이 된다"고 판시하여 과거의 판례보다 더욱 상세하게 통치행위의 개념과 한계에 대하여 밝히고 있다. 여기서 대법원은 통치행위를 인정하면서 인정근거로서 모든 국가기관의 행위는 헌법내의 행위임을 명백히 하고, 그 범위 내에서 고도의 정치적 판단에 대해서는 통치행위가 인정된다고 하며, 통치행위의 인정근거로서 고도의 정치적 판단에 대한 사법권의 기능적 한계와 사법권의 독립 및 그 수호의 필요 등을 들고 있다. 통치행위의 한계로서 과도한 사법자제가 오히려 사법기능의 태만이나 포기가 되지 않도록 신중할 것을 제시하고 있다.[35] 이 판결은 남북정상회담과 대북송금을 구분하여 가분적으로 통치행위를 접근하였다는 점에 의의가 있다.

2) 대통령 긴급조치위반자에 대한 재심사건

다음으로, 대통령의 긴급조치 위반자에 대한 재심사건과 관련하여, 대법원은 사법심사가 배제되는 통치행위의 인정에 있어 신중론적 입장을 취하고 있다. 즉 대법원 판례[36]에 의하면, "입헌적 법치주의국가의 기본원칙은 어떠한 국가행위나

---

35) 김선화, "통치행위의 인정여부와 판단기준 소고", 공법연구, 제33집 제1호, 2004, 254면.
36) 대법원 2010. 12. 16. 선고 2010도5986 전원합의체 판결[대통령긴급조치위반·반공법위반].

국가작용도 헌법과 법률에 근거하여 그 테두리 안에서 합헌적·합법적으로 행하여질 것을 요구하고, 이러한 합헌성과 합법성의 판단은 본질적으로 사법의 권능에 속한다. 다만 고도의 정치성을 띤 국가행위에 대하여는 이른바 통치행위라 하여 법원 스스로 사법심사권의 행사를 억제하여 그 심사대상에서 제외하는 영역이 있을 수 있으나, 이와 같이 통치행위의 개념을 인정하더라도 과도한 사법심사의 자제가 기본권을 보장하고 법치주의 이념을 구현하여야 할 법원의 책무를 태만히 하거나 포기하는 것이 되지 않도록 그 인정을 지극히 신중하게 하여야 한다."고 판시한 바 있다.

3) 서훈취소사건

평석 대상 판결인 대법원 2015. 4. 23. 선고 2012두26920 판결에서 "구 상훈법(2011. 8. 4. 법률 제10985호로 개정되기 전의 것) 제8조는 서훈취소의 요건을 구체적으로 명시하고 있고 절차에 관하여 상세하게 규정하고 있다. 그리고 서훈취소는 서훈수여의 경우와는 달리 이미 발생된 서훈대상자 등의 권리 등에 영향을 미치는 행위로서 관련 당사자에게 미치는 불이익의 내용과 정도 등을 고려하면 사법심사의 필요성이 크다. 따라서 기본권의 보장 및 법치주의의 이념에 비추어 보면, 비록 서훈취소가 대통령이 국가원수로서 행하는 행위라고 하더라도 법원이 사법심사를 자제하여야 할 고도의 정치성을 띤 행위라고 볼 수는 없다."고 판시하고 있다. 기본적으로 이 판결의 입장은 서훈수여와 서훈취소를 암묵적으로 구분하고 있으며, 사법심사의 배제의 논거를 사법자제설적인 입장에서 찾고 있다고 보여진다.

(2) 헌법재판소의 주요 판례

1) 금융실명제 관련 헌법소원사건

헌법재판소는 금융실명제 관련 헌법소원사건에서 통치행위이론에 새로운 획을 긋는 결정을 내린 바 있다. 즉, 헌법재판소[37]는 "이 사건 긴급명령이 통치행위로서 헌법재판소의 심판대상에서 제외되는지에 관하여 살피건대, 고도의 정치적 결단에 의한 행위로서 그 결단을 존중하여야 할 필요성이 있는 행위라는 의미에서 이른바 통치행위의 개념을 인정할 수 있고 〈중략〉 그러나 통치행위를 포함하여 모든 국가작용은 국민의 기본권적 가치를 실현하기 위한 수단이라는 한계를

---

37) 헌재 1996. 2. 29. 선고 93헌마186 결정.

반드시 지켜야 하는 것이고, 헌법재판소는 헌법의 수호와 국민의 기본권 보장을 사명으로 하는 국가기관이므로 비록 고도의 정치적 결단에 의하여 행해지는 국가 작용이라고 할지라도 그것이 국민의 기본권 침해와 직접 관련되는 경우에 당연히 헌법재판소의 심판대상이 될 수 있는 것일 뿐만 아니라, 긴급재정경제명령은 법률의 효력을 갖는 것이므로 마땅히 헌법에 기속되어야 한다"고 판시하여 대통령 긴급재정경제명령이 고도의 정치적 결단에 의한 행위로서 개념상 통치행위임을 인정하면서 헌법소원의 심판대상이 되어 헌법재판소의 통제하에 놓일 수 있다는 것을 분명히 하였다.

　이 판례는 헌법재판소가 통치행위의 개념을 인정하고서도 사법심사의 배제를 직접 부인한 판례로서 상대적 통치행위의 개념 내지 실체법적 통치행위의 개념을 인정한 판례로서 의미를 지닌다.

2) 일반사병 이라크파병 위헌확인사건

　한편, 헌법재판소는 통치행위라는 용어를 사용하지 않고 있으면서 정치문제의 관점에서 결정을 내리고 있는 예로서 일반사병 이라크파병 위헌확인소송을 들 수 있다. 헌법재판소는 2004년 4월, '일반사병 이라크파병 위헌확인소송'[38]에서 "외국에의 국군의 파견결정은 파견군인의 생명과 신체의 안전뿐만 아니라 국제사회에서의 우리나라의 지위와 역할, 동맹국과의 관계, 국가안보문제 등 궁극적으로 국민 내지 국익에 영향을 미치는 복잡하고도 중요한 문제로서 국내 및 국제정치관계 등 제반상황을 고려하여 미래를 예측하고 목표를 설정하는 등 고도의 정치적 결단이 요구되는 사안이다. 따라서 그와 같은 결정은 그 문제에 대해 정치적 책임을 질 수 있는 국민의 대의기관이 관계분야의 전문가들과 광범위하고 심도 있는 논의를 거쳐 신중히 결정하는 것이 바람직하며 우리 헌법도 그 권한을 국민으로부터 직접 선출되고 국민에게 직접 책임을 지는 대통령에게 부여하고 그 권한행사에 신중을 기하도록 하기 위해 국회로 하여금 파병에 대한 동의여부를 결정할 수 있도록 하고 있는바, 현행 헌법이 채택하고 있는 대의민주제 통치구조 하에서 대의기관인 대통령과 국회의 그와 같은 고도의 정치적 결단은 가급적 존중되어야 한다."고 판시하여 대의기관의 결정이 사법심사의 대상이 되지 않는다고 보면서 "이 사건 파병결정은 대통령이 파병의 정당성뿐만 아니라 북한 핵 사태의

---

38) 헌재 2004. 4. 29. 선고 2003헌마814 전원재판부 결정.

원만한 해결을 위한 동맹국과의 관계, 우리나라의 안보문제, 국·내외 정치관계 등 국익과 관련한 여러 가지 사정을 고려하여 파병부대의 성격과 규모, 파병기간을 국가안전보장회의의 자문을 거쳐 결정한 것으로, 그 후 국무회의 심의·의결을 거쳐 국회의 동의를 얻음으로써 헌법과 법률에 따른 절차적 정당성을 확보했음을 알 수 있다. 그렇다면 이 사건 파견결정은 그 성격상 국방 및 외교에 관련된 고도의 정치적 결단을 요하는 문제로서, 헌법과 법률이 정한 절차를 지켜 이루어진 것임이 명백하므로, 대통령과 국회의 판단은 존중되어야 하고 헌법재판소가 사법적 기준만으로 이를 심판하는 것은 자제되어야 한다. 이에 대하여는 설혹 사법적 심사의 회피로 자의적 결정이 방치될 수도 있다는 우려가 있을 수 있으나 그러한 대통령과 국회의 판단은 궁극적으로는 선거를 통해 국민에 의한 평가와 심판을 받게 될 것이다."라고 판시함으로써 이라크 파병과 같은 사안은 정치문제로서 법률적 쟁송이 대상이 되지 않으므로 넓은 의미의 통치행위로 분류할 수 있더라도 — 비록 결정문에는 사법적 기준만으로 이를 심판하는 것이 자제되어야 한다고 되어 있으나, — 엄밀한 의미에서는 법률적 요소가 배제된 정치문제로서 헌법재판소를 비롯하여 사법부의 심사가 배제되는 경우에 해당한다고 보는 것이 적절할 것이다.

(3) 소결

통치행위를 법원에 의한 경우와 헌법재판소에 의한 경우를 구분하여 고찰할 필요가 있다. 정치문제의 경우에 법원의 경우에는 사법심사가 배제되지만 헌법재판소의 경우에는 정치적 사법기관이므로 본안까지 나아가 판단할 여지가 있다.

다만, 사법심사와의 관련을 배제한 실체법상의 통치행위의 개념을 인정하되, 통치행위라는 이유로 법률문제를 사법심사의 대상에서 배제하는 절차적 통치행위 개념을 받아들여 일단 통치행위에 해당하기만 하면 다른 소송요건의 구비 여부를 불문하고 항고소송에서 소각하 판결을 하는 것은 적절하지 않다고 본다. 법원의 판례의 입장은 통치행위에 해당하면 사법심사가 배제되는 것으로 이해하는 한편, 헌법재판소는 통치행위라고 할지라도 사법심사가 되는 경우가 있다고 보고 있다.

그러나 법원과 헌법재판소 간에 통제의 정도를 달리하지만, 기본적으로 헌법재판소에서 파악하고 있는 입장이 진일보하였다고 보여진다. 그 이유는 법원에서 설사 통치행위라고 할지라도 사법심사의 대상이 되지 않는다고 문밖에서 배척할 것이 아니라, 본안심리까지 진행한 다음에 판단하여도 늦지 않고, 다만 정치적 소용돌이에 휘말릴 경우라든가 공익적 요청이 있는 경우에는 사정판결을 활용하면 된다고 본다.39)

대통령 긴급조치위반자에 대한 재심사건에서 대법원40)이 제시하고 있는 사법심사가 배제되는 통치행위에 관하여, 원칙-예외-한계의 한 공식이 적용된다. 즉, ① 원칙: 모든 국가작용에 대해 원칙적 사법심사 가능, ② 예외: 사법심사가 배제되는 고도의 정치성을 띤 국가행위에 대하여 예외적으로 통치행위 인정, ③ 한계: 법원의 심사권의 포기가 되지 않도록 통치행위의 인정에 신중할 것이라는 기준이 바로 그것이다.

헌법재판소는 통치행위의 개념을 인정하면서도 절차적 개념을 포기하고 사법심사가 원천적으로 배제되는 것은 아니라는 관점에 서 있다. 다시 말해 통치행위라는 이유만으로 사법심사의 대상에서 원천적으로 배제하는 통치행위의 절차적 개념은 명확히 실정법적인 근거를 찾기 어려우므로 통치행위의 개념을 실체적으로 이해할 필요가 있다. 또한 종래의 통치행위론이 입헌군주정 시대의 유물이면서 독재국가에서의 불법권력의 유지를 가능하게 하여주는 면책도구로 악용되어왔던 점을 감안할 때 오늘날 민주적 법치국가에 있어서 선험적으로 사법심사의 대상이 되지 아니하는 통치행위는 이론적으로 정당화하기 어렵다. 물론 법정책적인 논거로서 사법자제설이 주장되고 있으나 우리 헌정사를 되돌아 볼 때 법원이 용기 없음을 위장하는 것이고 결국은 초법적 권력의 등장을 정당화시켜준 측면도 간과할 수 없다.41)

4. 서훈과 서훈취소가 통치행위에 해당하는지 여부

가. 문제의 제기

상훈법상의 대통령의 서훈과 서훈취소가 통치행위에 해당하는지 논란이 있다. 헌법상 대통령의 영전수여권이 통치행위로 다루어져 왔기 때문에, 서훈과 서훈취소를 같이 보아 통치행위에 모두 해당하는 것인지 아니면 모두 상훈법에 따른 단

---

39) 김용섭, "통치행위", 행정소송(1), 한국사법행정학회, 2008, 556면.
40) 대법원 2010. 12. 16. 선고 2010도5986 전원합의체 판결.
41) 김용섭, 앞의 논문, 556면.

순한 공행정 작용으로 볼 것인지, 양자를 분리하여 서훈의 경우에만 통치행위로 보고, 서훈취소의 경우에는 일반적인 행정처분으로 볼 것인지 문제가 제기된다. 핵심적 쟁점은 상훈법에 따른 대통령의 서훈과 서훈취소는 국가의 고도의 정치적 작용에 해당하는지 순수한 공행정작용으로 보아 행정처분으로 볼 것인지 여부라고 할 것이며, 양자의 구별실익은 특히 행정절차법의 적용에 있다고 할 것이다.

나. 판례의 입장
(1) 하급심 판결의 혼선

하급심 판결은 서훈취소가 통치행위로서 사법심사가 배제되는지 여부와 관련하여 상반된 입장을 보여주고 있다.

먼저, 서훈취소의 통치행위성을 부정하면서, 사법심사에 적극적인 입장으로는 장지연 사건의 원심법원인 서울고법 2012. 12. 27. 선고 2012누5369 판결을 들 수 있다. 동 판결에서 "서훈취소는 대한민국에 뚜렷한 공적을 세운 사람에게 수여하였던 서훈을 구 상훈법(2011. 8. 4. 법률 제10985호로 개정되기 전의 것) 제8조에 근거하여 일정한 경우에 취소하고 그에 따라 훈장 또는 금전을 회수하는 행위로서 그 취소의 요건이 법률에 규정되어 있을 뿐만 아니라 처분의 내용이 상대방의 법률상 지위를 불이익하게 하는 것이므로, 비록 서훈취소가 대통령이 행하는 행위라 하더라도 기본권을 보장하고 법치주의 이념을 구현하여야 할 법원의 책무를 포기하면서까지 사법심사를 자제하여야 할 고도의 정치성을 띤 행위라고 볼 수는 없다."고 판시한 바 있다.

서훈취소의 통치행위성을 인정하면서 사법심사에 소극적인 입장으로는 평석대상 판결의 원심법원[42]을 들 수 있다. 동 판결에 의하면 "대통령의 서훈대상자를 결정하는 행위는 국가에 공로가 있는 자를 표창할 목적으로 일정한 상훈을 부여하는 행위로, 대통령의 국가원수로 행하는 국가적 차원의 정치적 결단과 정치적 형성을 그 내용으로 하는 통치행위라고 할 것이고, 같은 맥락에서 서훈의 취소 역시 서훈의 수여와 마찬가지로 국가에 공로가 있는 자에 해당하는지 여부를 판단하여 서훈대상자에 해당하는지 여부를 결정하는 것으로 대통령의 국가원수로서 행하는 통치행위에 해당하고, 헌법과 법률에 정한 고유의 절차와 형식에 따

---

42) 서울고등법원 2012누12503 판결[독립유공자 서훈취소 처분의 취소].

라 적법하게 이루어진 이상 대통령이 서훈취소대상자 여부를 결정하는 고도의 정치적 형성에 관한 부분은 법원이 사법심사의 대상에서 제외하여야 할 영역이라고 보아 피고 대통령에 대하여 통치행위인 이 사건 서훈취소결정을 다투는 소는 부적법하다"고 판시하였다. 이 판결에 의하면 서훈뿐만 아니라 서훈취소를 통치행위에 해당한다고 보았다.

(2) 대법원 판결 — 하급심의 입장정리

이 사건 평석대상 판결은 위 하급심의 상반된 입장의 혼선을 정리하였는바, 기본적으로 서훈취소에 대하여 통치행위성을 인정하지 않았다. 즉, "구 상훈법(2011. 8. 4. 법률 제10985호로 개정되기 전의 것) 제8조는 서훈취소의 요건을 구체적으로 명시하고 있고 절차에 관하여 상세하게 규정하고 있다. 그리고 서훈취소는 서훈수여의 경우와는 달리 이미 발생된 서훈대상자 등의 권리 등에 영향을 미치는 행위로서 관련 당사자에게 미치는 불이익의 내용과 정도 등을 고려하면 사법심사의 필요성이 크다. 따라서 기본권의 보장 및 법치주의의 이념에 비추어 보면, 비록 서훈취소가 대통령이 국가원수로서 행하는 행위라고 하더라도 법원이 사법심사를 자제하여야 할 고도의 정치성을 띤 행위라고 볼 수는 없다."고 판시하고 있다. 본 판결의 의미는 그 이론적 근거는 사법자제설적인 입장에서 구하고 있다고 보여지며, 서훈과 서훈취소를 구분하여 서훈과는 다르다는 관점에서 입론하고 있다.

다. 서훈은 통치행위에 해당하는가?

서훈과 서훈취소를 구분하여 서훈의 경우에는 통치행위로 이론구성하고, 서훈취소의 경우에는 행정행위로 이론구성하는 방향도 생각해 볼 수 있으나, 기본적으로 서훈제도는 실질적으로는 상훈법에 따라 서훈과 서훈취소가 이루어지는 점에 비추어 보면 대통령이 행정청으로 처분을 한 것으로 볼 여지가 있어 양자를 모두 통치행위로 보는 것은 타당하지 않다. 서훈의 문제는 대통령의 영전수여권의 일종으로 파악하여야 하므로 좀 더 폭넓은 판단여지가 문제가 될 수 있는 관점에서 통치행위에 해당한다고 시사하고 있는 하급심 판결이 있다. 즉, 서울행정법원 2000. 8. 30. 선고 99구28223 판결에서 "훈장 등의 서훈은 통치권적 차원에서 고도의 상징성을 지닌 자유재량행위로서 그 본질상 공적이 있다고 하여 반드시 국가가 포상을 하여야 할 법률적 의무가 없으며, 국가에 대하여 포상을 청구할 수 있는 법률적 권리도 없는 것이다"라고 판시한 바 있다.

그러나 대통령의 서훈이 과연 이른바 통치행위의 영역에 속하는지 역시 논란이 있다. 일반적으로 통치행위란 단순한 법집행 작용이 아니라 국정의 기본방향을 제시하거나 국가적 중대한 이해를 직접 그 대상으로 하는 고도의 정치성을 띤 국가 최고기관의 행위로서 사법적 심사의 대상으로 하기에 부적합하고 비록 그것에 관한 판결이 있는 경우에도 그 집행이 곤란한 행위를 의미하나, 서훈 그 자체는 전문심사기관을 거쳐 사후적으로 취소도 허용하는 마당에 이를 고도의 국가지도작용이라고 하기도 어렵고, 판결이 있다고 하여 집행이 곤란한 행위로 보기도 어렵다고 할 것이다.

따라서 설사 서훈이 대통령의 영전수여권에서 비롯된다고 하여, 기본권을 보장하고 법치주의 이념을 구현하여야 할 법원의 책무를 포기하면서까지 사법심사를 자제하여야 할 고도의 정치성을 띤 행위라고 볼 수는 없어 서훈취소와 마찬가지로 사법심사의 대상이 되지 않는다고 볼 것은 아니다.

그렇다면 서훈의 경우에도 이를 사법심사의 대상에서 배제하기보다는 대통령의 신상필벌에 기초한 정치적 영역의 문제이기는 하나 법적인 문제와 결부되어 있는 공행정의 작용으로 보아야 하므로 통치행위라는 이름하에 사전적으로 사법심사를 배제하는 것이 바람직하지 않다고 할 것이다.

Ⅲ. 서훈취소의 법적 성질

1. 개 설

독립유공자에 대한 서훈은 대한민국에 공로가 뚜렷한 사람에게 영예를 주는 중요한 행위로서 그 중요성을 고려하여 국무회의 심의를 거치는 등 엄격한 절차를 거쳐 대통령이 수여하도록 규정되어 있는 만큼 그 처분의 성격상 영예감을 본질적 요소로 하는 것이므로, 서훈은 그 대상자에게 일정한 권리 내지 법적 지위를 부여하는 설권행위로서 특허적 성질을 지닌다고 볼 것이다.

대통령의 서훈취소는 영예감의 박탈이라는 불명예가 본질적 요소로 되는 것이며, 서훈대상자 또는 그 유족들의 법률상 지위에 변동을 가져오는 행위로서 불이익한 행정처분에 해당한다. 다시 말해 서훈취소는 이미 부여된 권리 내지 법적 지위의 박탈을 가져오는 권리박탈행위에 해당한다.

이하에서 서훈취소의 법적 성질과 관련하여 처분성을 먼저 검토하고 처분의 효력방생요건을 충족하고 있는지 살펴보며, 아울러 서훈취소가 직권취소에 해당하는지 철회에 해당하는지 나아가 불확정개념과 판단여지에 대하여도 검토하기로 한다.

2. 서훈취소의 처분성

가. 처분성에 관한 판례의 판단

항고소송의 대상이 되는 행정처분이라 함은 행정청의 공법상의 행위로서 특정사항에 대하여 법규에 의한 권리의 설정 또는 의무의 부담을 명하거나 기타 법률상 효과를 발생하게 하는 등 국민의 구체적인 권리의무에 직접적 변동을 초래하는 행위를 말하는 것이고, 행정권 내부에서의 행위나 알선, 권유, 사실상의 통지 등과 같이 상대방 또는 기타 관계자들의 법률상 지위에 직접적인 법률적 변동을 일으키지 아니하는 행위 등은 항고소송의 대상이 될 수 없다(대법원 1995. 11. 21. 선고 95누9099 판결 등 참조).

또한, 행정청의 어떤 행위가 항고소송의 대상이 될 수 있는지의 문제는 추상적·일반적으로 결정할 수 없고, 구체적인 경우에 행정처분은 행정청이 공권력의 주체로서 행하는 구체적 사실에 관한 법집행으로서 국민의 권리의무에 직접적으로 영향을 미치는 행위라는 점을 염두에 두고, 관련 법령의 내용과 취지, 그 행위의 주체·내용·형식·절차, 그 행위와 상대방 등 이해관계인이 입는 불이익과의 실질적 견련성, 그리고 법치행정의 원리와 당해 행위에 관련한 행정청 및 이해관계인의 태도 등을 참작하여 개별적으로 결정하여야 한다(대법원 1992. 1. 17. 선고 91누1714 판결; 대법원 2010. 11. 18. 선고 2008두167 전원합의체 판결 등 참조).

나. 서훈취소의 처분성

독립유공자에게 서훈이 수여되는 경우 서훈대상자에게 훈장과 일정한 금전이 수여되고, 일제의 국권침탈 전후로부터 1945년 8월 14일까지 국내외에서 일제의 국권침탈을 반대하거나 독립운동을 위하여 일제에 항거한 사실이 있는 자로서 그 공로로 건국훈장·건국포장 또는 대통령 표창을 받은 자는, 독립유공자법 제4조에 따른 순국선열과 애국지사에 해당하게 되어 그 자신과 유족 또는 가족이 독립유공자법에 따른 혜택을 받을 수 있을 뿐만 아니라 국립묘지법에 따라 국립서울현충원 등에 안장될 자격이 부여된다.

따라서 이러한 서훈이 취소되는 경우에는, 그 취소 대상자 또는 유족은 기존에 보관하던 훈장과 금전을 반환하여야 하고, 독립유공자법의 적용대상자에서 제외되며, 안장된 조상의 유골을 이장하여야 하는 의무가 발생할 수 있다. 따라서 서훈취소는 그로 인하여 서훈대상자 또는 그 유족들의 법률상 지위에 변동을 초래하는 행위로서 행정처분에 해당한다고 할 것이다.

다. 서훈취소는 상대방이 없는 행정행위인가?

서훈의 일신전속적 성질을 감안하면 유족에 대한 행정행위가 아니게 된다. 서훈은 생존자와 사망자를 대상으로 하게 되는데, 생존자의 경우라면 상대방이 있는 행정행위인 데 반해 사망자라면 상대방이 없는 행정행위로 보아야 한다.

대법원 2014. 9. 26. 선고 2013두2518 판결에서 "서훈취소는 일신전속적인 성질을 지니며 불이익한 처분으로서 반드시 유족을 상대방으로 하는 처분을 아니다"라고 판시하고 있다. 위 판례는 망인과 유족과의 관계에서만 파악하고 있으나, 서훈이 생존하고 있는 사람에게 수여되는 수가 있으므로 이러한 경우에도 상대방이 없는 행정행위로 보는 것은 적절하지 않다고 볼 것이다.

처분은 적어도 상대방 또는 이해관계인의 법적 지위에 영향을 미쳐야 하는바, 상대방이 망인의 경우에는 그의 법적 지위는 문제가 안 되고, 이해관계인인 유족의 입장이 고려되어야 한다. 만약에 서훈의 상대방이 생존자의 경우라면 서훈취소의 상대방은 서훈을 받은 자일 것이다. 그러한 관점에서 서훈취소가 상대방이 없는 행정행위라는 것은 망인의 경우에만 해당하게 될 것이다.

비록 상대방이 없는 행정행위일지라도 제3자인 유족이 사망자에 대한 서훈취소에 대하여 법적 이익이 침해되었음을 이유로 취소소송을 제기할 법률상 이익이 있다.

장지연 사건에서 서울고등법원은 서훈취소만으로 유족의 법률상의 지위가 변동될 수 있으므로 서훈취소를 상대방이 없는 행정행위로 보기 어렵다고 보았다.

라. 대통령, 행정안전부장관 또는 국가보훈처장 중 누가 처분청인가?
(1) 논의의 출발점

행정처분의 중요한 징표 중의 하나는 대외적 구속력이라고 할 수 있다. 행정행위가 행정의 내부영역에서 행정청과 기관 그리고 기관권력자 사이에 행정내부적 규율효력을 형성하고 자연인과 법인의 법적 주체에게 직접적으로 관계하는 것이 아닌 경우인 관청 내부의 조치와는 구별된다.[43]

처분성의 문제와 피고적격의 문제는 동전의 앞뒷면처럼 밀접하게 연결되어 있다. 국가보훈처장이 서훈취소를 통보한 것은 대통령이 전자결재로 서훈취소결정을 한 것을 알리는 것에 불과하다고 볼 것인지, 아니면 문서상으로 명의가 되어 있으므로 처분청으로 보아 피고적격이 인정되는 것으로 보아야 할지 다소 논란이 있다.

(2) 견해의 대립

1) 대통령을 처분청으로 보는 견해의 논거

첫째로, 헌법에 의해 서훈이 대통령의 권한이고, 서훈취소 역시 명문의 규정은 없지만 대통령의 권한으로 보는 것이 타당하다. 대통령은 서훈이나 서훈취소의 경우 국무회의를 거쳐 관계국무위원의 부서를 한 후 전자결재로 처분을 발할 수 있으며, 서훈취소에 관하여 별도로 다른 기관의 권한으로 하지 않는 한 이는 대통령의 권한에 속한다.

둘째로, 대통령도 행정조직법상 행정청에 해당한다. 한국방송공사 사장 해임 사건에서 대통령을 처분청으로 보았다.

셋째로, 대통령은 처분의 상대방에 직접하여야 하는 것은 아니므로 전자결재로 충분하고 통지절차를 거치면 효력이 발생한다.

2) 행정안전부장관을 처분청으로 보는 견해의 논거

행정안전부장관이 상훈법을 관장하고 있어 서훈과 서훈취소의 주관부서가 된다. 상훈법 제5조 제2항에 따라 제1항의 규정에 의한 중앙행정기관의 장이 서훈의 추천을 하지 않는 경우 중앙행정기관의 서훈의 추천권자가 행정안전부장관으로 되어 있다. 상훈법 제8조 제3항에 따라 행정안전부장관이 서훈취소의안을 국무회의에 제출하고, 서훈취소가 되면 훈장 등을 반환하는 것도 행정안전부장관이며, 국가보훈처장에게 서훈취소 통보하도록 조치를 취한 것은 행정안전부장관이다. 또한 서훈추천시에 국가보훈처장은 행정안전부장관과 협의를 거쳐야 하고, 공적조서를 행정안전부장관에게 제출하도록 구 상훈법 시행령 제3조 제1항 및 제2항에서 규정하고 있는 점도 행정안전부장관이 처분청이라고 볼 여지가 있다.

---

43) Mann·Wahrendorf, Verwaltungsprozessrecht, 4 Aufl., 2015, S. 100-101.

한편, 정부조직법 제34조 제1항에서 "행정안전부장관은 국무회의의 서무, 법령 및 조약의 공포, 정부조직과 정원, 상훈, 정부혁신, 행정능률, 전자정부, 개인정보조호, 정부청사의 관리, 지방자치제도, 지방자치단체의 사무지원·재정·세제, 낙후지역 등 지원, 지방자치단체간 분쟁조정 및 선거·국민투표의 지원, 안전 및 재난에 관한 정책의 수립·총괄·조정, 비상대비, 민방위 및 방재에 관한 사무를 관장한다."고 규정하고 있고, 동조 제2항에서 "국가의 행정사무로서 다른 중앙행정기관의 소관에 속하지 아니하는 사무는 행정안전부장관이 이를 처리한다."고 규정하고 있다.

3) 국가보훈처장을 처분청으로 보는 견해의 논거

서훈취소통보를 하면서 국가보훈처장을 대외적으로 처분서에 표시하였다. 서훈취소통보를 어떻게 볼 것인가의 문제이나, 만약 사실상 내부위임이 된 것으로 본다면 대외적으로 대통령을 표시하여야 하는데 그렇지 못해서 무효인 처분이 될 뿐이고 처분청은 국가보훈처장이 될 수 있다.

정부조직법 제22조의2 제1항에서 "국가유공자 및 그 유족에 대한 보훈, 제대군인의 보상·보호 및 보훈선양에 관한 사무를 관장하기 위하여 국무총리 소속으로 국가보훈처를 둔다"고 규정하고 있다. 독립유공자도 국가유공자의 범주에 속하므로 국가보훈처의 관장사항에 속한다.

종전에는 서훈취소심사위원회에서 심사하였으나, 현행법은 상훈법 시행령 제2조에서 서훈 및 서훈취소에 앞서 서훈의 추천권한이 있는 자의 소속으로 공적심사위원회를 두어 서훈추천 대상자의 공적 및 서훈 추천의 적정성, 서훈을 받은 자의 서훈취소사유 해당 여부를 심사하도록 되어 있는 점을 들 수 있다.

(3) 소결

기본적으로 서훈과 서훈의 취소는 대통령의 권한으로 보는 것이 적절하다. 그렇다고 대통령이 서훈의 권한을 직접 행사하기도 하지만 행정안전부장관이나 국가보훈처장을 통하여 서훈의 권한이 위임되기도 한다.

대통령 소속하에 독립유공자서훈공적심사위원회를 두지 않고 국가보훈처장 밑에 공적심사위원회를 두고 있는 것도 대통령이 형식적인 권한뿐만 아니라 실질적 서훈권한을 갖고 있는지에 대하여 다소 의문을 갖게 한다. 또한 행정안전부장관은 대외적으로 직접적으로 통지하지 않기 때문에 처분청으로 보는 데 한계가 있다.

서훈취소나 서훈이 실질적으로는 추천기관인 국가보훈처장에 의하여 이루어지고 있는 점 등에 비추어 보거나 처분서를 통보하면서 그 처분서에 대통령이 아닌 국가보훈처장 명의로 되어 있기 때문에 국가보훈처장이 대통령의 서훈취소결정을 통보한 것으로 볼 것이 아니라, 해석론상 국가보훈처장의 서훈취소결정의 통보가 대외적인 효력이 미치므로 국가보훈처장을 처분청으로 보는 것이 바람직하다. 또한 서훈취소결정의 통보서에 그 명의를 국가보훈처장으로 되어 있다면 피고를 국가보훈처장으로 하였다고 하여 잘못 소를 제기한 것이 아니어서 이 경우 소각하 판결을 할 사안은 아니다. 이러한 경우에는 오히려 본안에서 국가보훈처장에게 정당한 권한이 있는지 여부를 심사하는 본안판단요건으로 보는 것이 타당할 것이다.

만약에 국가보훈처장이 내부위임을 받았음에도 위임청인 대통령을 처분권자로 표시하지 않고 처분을 한 경우 이러한 권한의 범위를 넘어서는 행위, 즉 권한 없는 기관에 의한 행정처분은 그 하자가 중대하고 명백하여 당연무효라고 할 것이다.[44]

3. 처분의 효력발생요건으로서의 통지

행정행위의 통지는 행정청이 처분의 상대방 또는 이해관계인에게 행정행위의 존재 및 그 내용을 인식할 수 있도록 직무상 알리는 행위로서 그 자체는 행정행위가 아니고 행정행위의 효력발생요건이라고 할 것이다. 처분청이 통지하는 것이 원칙이나 반드시 처분청이 직접 통지해야 하는 것은 아니다.[45]이 사건 평석 대상 판결은 망인에 대한 서훈취소는 유족에 대한 것이 아니므로 유족에 대한 통지에 의해서만 성립하여 효력이 발생한다고 볼 수 없고, 그 결정이 처분권자의 의사에 따라 상당한 방법으로 대외적으로 표시됨으로써 행정행위로서 성립하여 효력이 발생한다고 판시하고 있다. 그런데 그와 같은 방식으로 국가보훈처장이 통지한 때에 비로소 효력발생을 하는 것으로 한다면 쟁송의 제기나 법률관계의 효력발생에 있어 불안정한 측면이 있다.

이와 관련하여 대통령의 서훈취소 결정이 행정행위의 외부로의 표시에 명확하지 않은 점이 있지만 서훈취소의 내부적 성립이 적법하게 이루어졌고, 국가보훈처장이 처분주체나 처분명의인이 될 수 없음이 명백한 상황에서 처분서의 기재

44) 대법원 1996. 6. 28. 선고 96누4374 판결; 대법원 2004. 7. 22. 선고 2002두10704 판결.
45) 김용섭, "행정행위의 효력발생요건으로서의 통지", 행정법연구, 제5호, 1999, 231면.

의 전반적인 취지등을 매개로 가급적 행정행위의 효력을 인정하여 처분 등을 둘러
싼 법률관계의 안정과 신속한 확정 및 당사자의 실효적인 권리구제를 꾀한 것으
로 보인다는 긍정적인 평가[46]도 있다. 그러나, 오히려 행정행위의 효력발생을 행
정절차법에 따른 공고의 방법이 아닌 처분의 상대방이 아닌 유족에게 통지한 것
을 효력발생으로 본 것으로 행정행위의 효력발생요건의 일종인 통지(Bekanntgabe)
의 법리에 다소 어긋난다고 보여진다.

　　이 문제는 서훈이나 서훈취소가 일신전속적인 성질의 처분인가 아니면 서훈
이나 서훈의 취소에 따라 유족의 법적 지위에 영향을 미치는지 여부와 관련된다.
대법원 2014. 9. 26. 선고 2013두2518 판결은 서훈의 일신전속적 성격은 서훈취소
의 경우에도 마찬가지라고 할 것이므로 망인에게 수여된 서훈의 취소에서도 유족
은 처분의 상대방이 되는 것은 아니라고 보았다. 그 효력발생요건과 관련하여 망
인에 대한 서훈취소는 유족에 대한 것이 아니므로 유족에 대한 통지에 의하여서
만 성립하여 효력을 발생한다고 볼 수 없고, 그 결정이 처분권자의 의사에 따라
상당한 방법으로 대외적으로 표시됨으로써 행정행위로서 성립하여 효력이 발생
한다고 판시하고 있으나, 서훈취소의 상대방이 망인인 경우에는 행정행위의 효력
발생요건인 통지와 관련하여 유족에게 통지해야 효력이 발생하는 것이 아니라 행
정절차법 제14조 제4항 제2호에 따라 송달이 불가능한 경우로 보고, 상대방이 없
는 행정행위이므로 공고를 하는 것이 바람직하다.

4. '서훈공적이 거짓임이 판명된 때' 하는 서훈취소의 법적 성질

가. 문제의 제기

　　이 사건 평석대상 판결의 이유에서 "구 상훈법 제8조 제1항 제1호는 '서훈공
적이 거짓임이 판명된 경우'에는 그 서훈을 취소하도록 정하고 있는데, 이러한 서
훈취소 제도는 수여된 서훈을 그대로 유지한다면 서훈의 영예성을 수호할 수 없
는 사유가 발생한 경우에 서훈제도의 본질과 기능을 보호하기 위하여 마련된 것
으로 보인다.

　　이와 같은 서훈의 원칙 및 취소에 관한 규정들과 아울러 그 취지와 입법 목적

---

　46) 박동열, "서훈취소를 중심으로 본 행정행위의 성립 내지 효력발생요건과 법률상 이익으로
　　　서의 인격권―대상판결: 대법원 2014. 9. 26. 선고 2013두2518 판결―", 저스티스, 통권
　　　제148호, 2015, 271면 이하.

등을 종합하여 보면, 구 상훈법 제8조 제1항 제1호에서 정한 서훈취소사유인 '서훈 공적이 거짓임이 판명된 경우'에는 서훈 수여 당시 조사된 공적사실 자체가 진실에 반하는 경우뿐만 아니라, 서훈 수여 당시 드러나지 않은 사실이 새로 밝혀졌고 만일 그 사실이 서훈 심사 당시 밝혀졌더라면 당초 조사된 공적사실과 새로 밝혀진 사실을 전체적으로 평가하였을 때 서훈대상자의 행적을 서훈에 관한 공적으로 인정할 수 없음이 객관적으로 뚜렷한 경우도 포함된다고 판시하고 있다.

여기서는 서훈취소가 강학상 철회인지 아니면 직권취소인지의 문제가 제기되고, '서훈공적이 거짓임이 판명된 경우'의 판단에 있어서 불확정개념의 해석·적용의 문제와 판단여지에 해당하는지 여부가 문제된다.

나. 철회인가 직권취소인가, 양자 모두에 해당하는가?

서훈취소는 이미 수여된 서훈을 사후적으로 취소하는 이른바 권리박탈행위로서 그 법적 성질이 강학상 철회인가 직권취소에 해당하는가의 문제가 제기된다.

우리의 통설과 판례에 의하면, 행정행위의 취소는 일단 유효하게 성립한 행정행위를 그 행위에 위법 또는 부당한 하자가 있음을 이유로 소급하여 그 효력을 소멸시키는 별도의 행정처분이고, 행정행위의 철회는 적법요건을 구비하여 완전히 효력을 발하고 있는 행정행위를 사후적으로 그 행위의 효력의 전부 또는 일부를 장래에 향해 소멸시키는 행정처분이다. 그러므로 행정행위의 취소사유는 행정행위의 성립 당시에 존재하였던 하자를 말하고, 철회사유는 행정행위가 성립된 이후에 새로이 발생한 것으로서 행정행위의 효력을 존속시킬 수 없는 사유를 말한다.[47]

구 상훈법 제8조에서 "서훈된 자가 서훈 공적이 거짓임이 판명된 때에는 그 서훈을 취소하고, 훈장과 이와 관련하여 수여한 물건과 금전을 이를 환수하며, 외국 훈장은 그 패용을 금지한다"고 규정하고 있는바, 이를 직권취소로 볼 것인가 아니면 철회로 볼 것인가 여부에 따라 환수의 범위가 달라진다고 할 것이다.[48]

47) 대법원 2003. 5. 30. 선고 2003다6422 판결; 대법원 2006. 5. 11. 선고 2003다37969 판결; 대법원 2014. 10. 27. 선고 2012두11959 판결 참조.
48) 만약에 직권취소에 해당한다면 이미 수혜를 받은 독립유공자 및 유족의 수급권은 소급하여 효력을 잃게 되므로 전부 또는 일부를 반환하여야 하는 문제가 남는다. 그러나 철회에 해당한다면 그 사실이 밝혀져 철회권을 행사하여 효력이 상실되므로 장래를 향하여 효력을 상실하므로 이미 받은 수급액에 대하여 반환을 명하기 어렵다고 보아야 한다.

이 사건 평석대상 판례는 '서훈공적이 거짓으로 판명된 경우'의 의미를 직권취소와 철회의 요소를 모두 갖고 있는 것으로 보고 있으며, 그 사유는 김일성 친척에 대한 서훈의 경우처럼 사후적으로 발생한 것을 이유로 할 수 있고, 판단시점은 서훈공적을 인정하는 시점으로 돌아가서 전체적으로 비교형량을 통하여 판단하여야 할 것인바, 서훈공적이 거짓으로 판명된 것이 어떤 사유인가 여부에 따라 직권취소 또는 철회 모두 가능하므로 위 규정은 그 사유에 따라 철회로도 볼 수 있고, 직권취소로도 해석될 여지가 있다.

다. 판단여지 인정 여부

불확정개념의 해석·적용과 관련하여 판단여지가 인정되는 영역으로, 크게 비대체적인 결정, 구속적 가치평가, 예측결정, 형성적 결정으로 파악하거나 보다 구체적으로 국가시험이나 유사시험영역, 공무원법상의 제 평가, 고도의 전문적이고 기술적 판단을 요하는 사항, 전문가 및 이익대표로 구성된 독립위원회의 평가 종류의 결정, 행정정책적 종류에 관련된 결정 등으로 파악하기도 한다.[49] 독일에서 연방행정법원에 의하여 인정되는 영역으로는 비대체적 결정, 구속적 가치평가, 미래예측결정 등을 들 수 있다.[50]

우리의 다수 견해는 재량과 판단여지를 구분하여, 판단여지는 법률요건면의 불확정개념의 해석·적용 문제와 관련되는 데 반해, 재량행위는 법률효과면에서의 복수행위 간의 선택의 자유의 문제로 파악하고 있다. 그러나 우리 판례[51]는

---

49) 최선웅, "불확정개념과 판단여지", 행정법연구 제28집, 2010, 112면.

50) 표명환, "행정법상 불확정 개념과 판단여지의 기본권적 한계", 헌법학연구, 제9권 제3호 2003, 468-471면.

51) 대법원 2013. 12. 26. 선고 2012두19571 판결에서 "일반적으로 구 국립묘지안장대상심의위원회 운영규정(2010. 12. 29. 국가보훈처 훈령 제956호로 개정되기 전의 것, 이하 '운영규정'이라 한다) 제4조 제4항 제2호 규정에서 정한 것과 같은 병적의 이상이 있는 경우에는 안장이 신청된 망인에게 국립묘지의 영예성을 훼손할 사유가 존재할 가능성이 높고, 나아가 그러한 사유가 있더라도 영예성이 훼손되지 않는다고 볼 수 있는 특별한 사유가 인정되는 경우에는 안장대상에서 제외하지 않도록 규정한 점에 비추어, 위 규정은 구 국립묘지의 설치 및 운영에 관한 법률(2011. 8. 4. 법률 제11027호로 개정되기 전의 것)의 취지에 부합하는 합리적인 것이라고 할 수 있다. 그리고 6·25 전쟁 당시의 사회상 등에 비추어 병적에서 전역사유가 확인되지 않는 경우라면 정상적인 전역이 이루어지지 않았을 가능성이 높고, 정상적인 전역이 이루어졌음에도 병적기록 등이 잘못되어 있다면 망인 측에서 다른 방법으로 이를 증명할 수도 있는 점 등의 사정을 고려해 볼 때, 안장대상에서 일단 제외되는 범위에 전역사유 미확인자를 포함시킨 부분 역시 객관적 합리성을 갖춘 것으로

판단여지를 인정하지 않고 재량으로 통일적으로 설명하고 있다.[52]

먼저 서훈이 수여사유인 '대한민국에 대한 뚜렷한 공적'은 불확정개념에 해당한다고 보여진다. 그런데, 서훈취소의 요건인 구 상훈법 '공적조서가 거짓으로 판명된 경우'가 불확정개념에 해당하는지 여부와 관련하여, 거짓으로 판명되었다는 것이 어떤 의미를 지니는지 애매하고 불명확한 개념이라고 할 것이다. 왜냐하면 서훈을 받을 당시부터 거짓서류를 제출하여 받은 경우뿐만 아니라 서훈을 받을 당시에는 기초조사를 통하여 서훈을 받을 만하였으나 사후적으로 새로운 사실이 밝혀져 서훈의 영예성을 훼손하는 사안도 이에 포함된다고 해석될 여지가 있기 때문에 거짓으로 서훈을 받은 경우에 해당하는지 여부의 포섭에 있어 다소 명확한 개념이라고 보기 어렵다.

서훈취소의 경우 결국 서훈의 영예성을 확보하기 어려운 경우를 말하며, 서훈 당시의 관점에서 파악해야 하는지 아니면 서훈 수여 이후의 사정변경도 고려 요소로 삼아야 하는지 논란이 있다.

서훈취소사유인 '공적조서가 거짓으로 판명된 경우'는 전면적인 사법심사에 해당한다고 볼 것이다. 이 사건 평석 대상판결은 서훈의 수여사유인 '대한민국에 대한 뚜렷한 공적'에 관한 판단은 서훈추천권자가 제출한 공적조서에 기재된 개개의 사실뿐만 아니라 일정한 공적기간동안 서훈대상자의 행적을 전체적으로 포함하여 이루어진다고 판시하고 있다. 서훈의 경우뿐만 아니라 서훈취소의 경우에도 전문가적 가치평가에 속하므로 법원의 사법심사가 제한되는 판단여지의 영역에 해당한다고 볼 수 있다.

구 상훈법 제8조 제1항 제1호에서 정하고 있는 "서훈공적이 거짓으로 밝혀진 경우"라는 의미는 당초부터 서훈공적이 진실에 반하거나 서훈공적이 그대로 있고 사후적인 사유가 등장하여 그 공적이 거짓으로 밝혀진 경우도 포함되는 의미로 해석된다.

서훈공적이 과연 거짓인지 아닌지의 판단은 종합적인 관점에서 법원에서 해

볼 수 있다. 그러므로 위와 같은 운영규정에 따라 이루어진 안장거부처분은 특별한 사정이 없는 한 재량권 범위 내의 것으로 적법하고, 그것이 재량권을 일탈·남용하여 위법한 것이라는 점은 그 처분의 효력을 다투는 당사자가 구체적으로 그 사유를 주장·증명해야 한다."고 판시하고 있다.

52) 재량과 판단여지의 관계에 관하여는 김용섭, "기속행위, 재량행위, 기속재량", 판례연구, 제15집 하, 서울지방변호사회, 2001, 25면 이하.

석을 통하여 규명하여야 법원의 전면적 사법심사에 해당한다고 볼 것이다. 그러나 서훈의 대상자로 인정할 것인가, 아니면 이미 서훈대상자를 사후적으로 평가하여 서훈취소의 대상으로 삼을 것인가의 문제는 현행 상훈법령상 독립유공자 공적심사위원회의 위원의 전문적 평가를 통해서 내려지기 때문에 이를 법원의 심사에 맡기기보다 행정청의 전문적인 판단여지로 보아 재량과는 다른 개념으로 이해하는 것이 통치행위라는 논리를 내세우는 것보다 한층 바람직하다고 할 것이다. 이처럼 판단여지가 인정된다고 할지라도 그 한계가 있는바, 판단여지에 대한 구체적인 사법심사의 사유로는 판단과정에서의 절차적 하자, 사실조사의 한계, 적절하지 못한 형량, 평등원칙위반, 기타 평가원칙 위반을 들 수 있다.[53]

Ⅳ. 맺음말: 이 사건 판결에 대한 종합평가

이 사건 평석대상판결에서는 하급심에서 논란이 있었던 대통령의 서훈취소가 통치행위에 해당하는지 여부와 관련하여 통치행위로 볼 수 없다고 밝힌 것은 매우 의미 있는 결정이고 바람직한 결론이라고 사료된다.[54]

또한 서훈취소의 처분성과 관련하여, 국가보훈처장의 서훈취소의 통보를 대통령의 서훈취소로 보았는바, 그 논거로는 비록 서훈취소권자가 대통령으로 되어 있는 경우에도 서훈취소결정의 통보는 사실적 행위로서 처분으로 보지 않게 되므로 국가보훈처장이 서훈취소의 통보를 하더라고 대통령의 서훈취소결정과 그 후의 통보에 의하여 행정처분의 효력이 인정된다고 보게 된다. 그러나, 대통령의 전자결재를 처분으로 볼 수는 없을 것이다. 내부적으로 성립한 것으로 볼 수밖에 없고, 행정절차법상의 공고절차를 거칠 필요가 있다. 일반적으로 사망자에 대한 처분은 처분으로서 효력이 의미가 없고, 이 부분은 유족에 대하여 의미가 있다.

대법원 판례는 서훈취소통보서에 처분 명의인이 대통령으로 되어 있지 않았더라도 그 기재의 전반적인 취지, 헌법상 서훈의 수여, 취소권한에 관한 일반적인

---

53) 최선웅, 앞의 논문, 106면.
54) 다만 통치행위를 인정하는 판단기준과 관련하여 정책적 이유인 사법자제설적인 관점에서 파악하고 있는바, 서훈취소의 경우에는 고도의 정치작용으로 국가 지도적 작용으로 보기 어려워 개념 그 자체에서 통치행위로 파악하기 어려운 측면이 있고, 통치행위를 인정한다고 할 경우 권력분립적인 관점에서 사법심사의 한계를 설정하는 것이 타당할 것이다.

인식 등에 기초해 봤을 때 대통령이 국무회의를 거쳐 서훈을 취소한 것이 대외적으로 표시한 것으로 볼 수 있다고 판시하고 있으나, 서훈취소결재를 대통령이 하였으므로, 국가보훈처장을 통한 통보로 충족한 것인지 논란이 있다. 이러한 경우에 망인의 경우에는 상대방이 없는 처분이 되는 데 반해, 유족은 처분의 상대방이 아니라고 하면서 그에게 한 통지를 처분의 효력발생요건을 충족한 것으로 보는 논리적 오류가 없지 않다.[55]

이 사건 평석대상 판결에서는 서훈취소가 철회에 해당하는지 직권취소에 해당하는지 명확하지 않다. 공적과 공적 이후 밝혀진 사실을 전체적인 관점에서 판단한다고만 설시하고 있으나, 어느 정도가 되어야 서훈의 영예성을 훼손하는 단계에까지 이르렀는지를 특히 수익적 결정으로 신뢰보호를 받고 있는 수혜자에 대하여 친일 행적이라는 것으로는 부족하고 친일행적의 정도와 공적의 정도를 합리적으로 교량함과 아울러 그 취소를 정당화하기 위한 구체적인 척도를 제시할 필요가 있다.

아울러 이 사건 평석 대상판결은 설사 서훈취소통보를 국가보훈처장이 하였더라도 서훈취소결정을 한 대통령을 처분청으로 보아 피고적격이 있는 자로 보았다.[56] 그러나 이러한 해석은 행정청이 누구인지 고지하도록 명문화하고 있지 않은 현실에서 행정소송법 제13조에 따라 처분청을 피고로 하도록 하고 있어, 원고가 되는 당사자에게 올바른 피고를 정하여 항고소송을 제기하도록 부담을 지우는 것으로 이는 국민의 불편가중을 초래할 위험성이 높다. 우리도 독일과 일본의 경우처럼 우리도 행정소송법을 개정하여 피고적격을 처분청이 아니라 행정주체인 국가나 지방자치단체로 변경할 필요가 있다.

이 사건 평석대상판결에 있어서 서훈취소에 있어서 대통령의 권한을 인정하여 피고적격을 인정한 것이나, 한국방송공사 사장의 해임처분과 관련한 사건에서 대통령이 피고적격의 전면에 등장하고 있는 점은 대통령의 지위에 관하여 종전의

---

55) 유족이 서훈취소 처분의 이해관계인으로 원고적격이 인정되는가의 문제와 처분의 효력발생요건으로 통지의 상대방인지는 별개의 문제이다.

56) 이 사건 평석대상 판결에서 서훈취소의 근거 법률이 구 상훈법(2011. 8. 4. 법률 제10985호로 개정되기 전의 것) 제8조 제1항 제1호에서 규정하고 있는 "서훈공적이 거짓임이 판명된 경우"로 되어 있으나, 현재 시행되고 있는 상훈법 제8조에서도 "서훈 공적이 거짓으로 밝혀진 경우"로 되어 있어 표현만 일부 수정하였을 뿐 그 의미가 달라진 것은 아니므로 기본적으로 동일한 취지의 규정을 두고 있다.

국가원수로서의 지위라고 하는 헌법적 차원의 문제가 아니라 행정법 차원에서 행정조직법상의 의사결정을 내리는 행정청으로 파악할 수 있다는 점에서 긍정적인 측면이 없지 않다. 다만 행정절차법상 사전통지절차를 거치는 경우나 행정행위의 효력발생요건인 통지 등 제도에 있어서 미비점이 적지 않다.

오히려 관행이라는 관점에서 보면 서훈의 운영이 국가보훈처장에 의하여 주도적으로 이루어지고 있고, 실제로 독립유공자 서훈공적심사위원회도 국가보훈처장 밑에 두고 있는 실정에 비추어 보면 대통령은 형식적인 권한을 갖고 있을 뿐 실질적으로는 국가보훈처장에 의하여 서훈과 서훈취소의 집행행위가 이루어진다고 볼 수 있다. 서훈과 서훈취소의 통보도 국가보훈처장에 의하여 이루어짐으로써 행정행위로서의 효력을 발생한다고 볼 것이다. 다만, 서훈취소가 사실상 내부위임되었음에도 대외적으로 위임청인 대통령의 명의를 사용하고 있지 않고, 국가보훈처장의 명의를 사용하고 있다고 보는 것이 타당하고, 행정행위의 통보의 권한만 국가보훈처장에게 위임한 것으로 보는 것이 현실과 거리가 있는 해석이라고 본다. 따라서 이 사건 제1심 행정법원에서 판시한 바와 같이, 국가보훈처장을 피고로 하되, 정당한 권한이 있는지 여부는 본안의 문제로서 권한 없는 자에 의하여 이루어진 경우에는 피고 패소의 본안판결을 내리는 것이 타당할 것이다.

피고적격을 당사자에게 전가시킬 것이 아니라 일본의 경우처럼 항고소송에 있어서도 국가 또는 공공단체로 하더라도 피고적격을 구비한 것으로 보아야 할 것이다.

따라서 입법론으로는 서훈취소에 대한 행정소송에 대하여 국가공무원법의 경우처럼 대통령의 처분에 대하여 소송을 하는 경우에는 행정안전부장관을 상대로 행정소송을 제기할 수 있다고 규정하는 것이 바람직하다.[57] 이러한 관점에서 상훈법의 서훈취소와 훈장 등의 환수 등에 관한 소송은 행정소송을 제기하여 다툴 수 있다고 독일 상훈법 제4조 제1항[58]에서 정하고 있듯이 규정을 둔다면 자연

---

57) 아울러 피고적격과 관련하여서도 서훈취소를 한 연방대통령이 아닌 연방내무부장관이 피고가 된다고 규정하고 있듯이 우리 상훈법에 이와 유사한 명문의 규정을 두는 것도 하나의 방법이 될 수 있다.

58) Gesetz über Titel, Orden und Ehrenzeichen § 4 Entziehung (1) Erweist sich ein Beliehener durch sein Verhalten, insbesondere durch Begehen einer entehrenden Straftat, des verliehenen Titels oder der verliehenen Auszeichnung unwürdig oder wird ein solches Verhalten nachträglich bekannt, so kann ihm der Verleihungsberechtigte den Titel oder die Auszeichnung entziehen und die Einziehung der Verleihungsurkunde anordnen. Für Klagen gegen

스럽게 통치행위가 아니라는 것을 드러낸다고 할 것이다.

[참고문헌]

김용섭, "통치행위", 행정소송(1), 한국사법행정학회, 2008.

김용섭, "통치행위의 재검토", 고황법학, 제3권, 2001.

김용섭, "행정행위의 효력발생요건으로서의 통지", 행정법연구, 제5호, 1999.

김용섭, "기속행위, 재량행위, 기속재량", 판례연구, 제15집 하, 서울지방변호사회, 2001.

김중양·김명식, 주해국가공무원법, 1996.

김창조, "항고소송의 피고적격 — 일본법제를 중심으로", 공법연구, 제32집 제4호, 2004.

김철수, 헌법학신론, 제18전정판, 박영사, 2008.

박동열, "서훈취소를 중심으로 본 행정행위의 성립 내지 효력발생요건과 법률상 이익으로서의 인격권 — 대상판결: 대법원 2014. 9. 26. 선고 2013두2518 판결", 저스티스, 통권 148호, 2015.

우미형, "Hans J. Wolff의 행정조직법 이론에 관한 연구 — 공법상 '법인' 및 '기관'이론을 중심으로 —", 서울대 법학박사학위논문, 2016. 8.

백수원, "국가유공자제도에 대한 헌법적 고찰 — 미국, 캐나다, 호주와의 비교법적 검토를 겸하여 —", 경북대학교 법학논고, 제52집, 2015.

유진식, "대통령, 권력분립, 그리고 국가행정조직법 — 과잉권력을 창출하는 한국 대통령제의 법적 구조의 해명", 공법연구, 제31집 제2호, 2002.

이광윤, "통치행위와 정치문제", 고시연구, 제31권 제4호, 2004. 4.

die Entziehung eines Titels oder einer Auszeichnung und die Einziehung der Verleihungsurkunde ist der Verwaltungsrechtsweg gegeben. Soweit Anordnungen des Bundespräsidenten angefochten werden, ist die Klage gegen den Bundesminister des Innern zu richten.

(2) Erkennt ein Gericht 1.auf eine Freiheitsstrafe von mindestens einem Jahr wegen eines Verbrechens,

2.auf eine Freiheitsstrafe von mindestens sechs Monaten wegen einer vorsätzlichen Tat, die nach den Vorschriften über Friedensverrat, Hochverrat, Gefährdung des demokratischen Rechtsstaates, Landesverrat oder Gefährdung der äußeren Sicherheit strafbar ist, oder

3.auf Aberkennung der Fähigkeit, öffentliche Ämter zu bekleiden, und ergibt sich aus dem Strafurteil, daß der Verurteilte Inhaber von Titeln, Orden oder Ehrenzeichen ist, die nach dem 8. Mai 1945 verliehen worden sind, so teilt die Strafverfolgungs- oder Strafvollstreckungsbehörde

이영범, "국가행정조직법상의 행정기관 내부에서의 권한의 위임이 있는 소위 내부 위임의 경우에 있어서의 수임청의 처분에 대한 행정소송의 피고적격", 법조, 제30권 제7호, 1981.

이철호, "친일인사 서훈취소 소송에 관한 관견", 국가법연구 제9권 제2호, 2013.

이호용, "독립유공자 예우에 관한 법정책적 문제점과 개선방안―독립유공자 보훈 체계의 개선을 중심으로―", 한양법학 제21집, 2007.

전광석, "국가유공자보상에 대한 헌법적보호의 가능성", 헌법학연구 제6권 제4호, 2000.

정무설, "정부상훈제도의 개선방안에 관한 연구", 연세대 행정대학원 석사학위 논문, 1997.

정영철, "행정조직법과 행정소송법상 행정청으로서의 대통령의 지위―대법원 2014. 9. 26. 선고 2013두2518 판결과 2015. 4. 23. 선고 2012두26920 판결을 중심 으로―", 홍익법학 제16권 제3호, 2015.

정재환, "우리나라 서훈제도의 현황과 개선방안", 국회입법조사처 이슈와 논점, 2016. 4. 11.

정하중, "행정소송법 개정 논의경과", 행정소송법 개정공청회 자료집, 법무부, 2012.

조용호, "제13조(피고적격)", 주석 행정소송법, 박영사, 2004.

최선웅, "불확정법개념과 판단여지", 행정법연구, 제28집, 2010.

표명환, "행정법상의 불확정법개념과 판단여지의 기본권적 한계", 헌법학연구 제9권 제3호, 2003.

兼子一, 行政事件の特質, 法律タイムズ 15号

齊藤浩, 行政訴訟の實務と理論, 三省堂, 2007

Frieshelm Hufen, Verwaltungsprozeßrecht, 1994.

Friedrich Schoch, Die Bekanntgabe des Verwaltungsakts, JURA 1/2111.

Jochen Rozek, Verwirrspiel um 78 VwGO?―Richtiger Klagegegner, passive Prozessführungsbefugnis und Passivelegitimation, JuS 7/2007.

Rainer Pietzner, Michael Ronellenfitsch, Das Assessorenexamen im Öffentlichen Recht, 12. Aufl., 2010.

Rolf Schmidt, Verwaltungsprozessrecht, 17 Aufl., 2015.

Sabrina Desens, Sinn und Unsinn des 'Behördenprinzips'―§ 78 I Nr. 2 VwGO in der Rechtspraxis, NVwZ 8/2013,

W.-R Schenke, Verwaltungsprozessrecht, 2004.

7. 보조금교부결정취소를 둘러싼 법적 문제[*]
— 대상판결: 대법원 2003. 5. 16. 선고 2003두1288 판결 —

[사실관계와 판결요지]

Ⅰ. 사실관계

(1) 원고는 상시근로자 270여 명, 여성근로자 190여 명인 의료법인으로 남녀고용평등법 및 영유아보육법 소정의 직장보육시설 의무설치사업자가 아님에도 1998. 2. 7. 노동부장관에게 직장보육시설설치지원요청을 하여, 1998. 5. 29. 노동부장관으로부터 남녀고용평등법 및 영유아보육법 소정의 직장보육시설 설치지원 대상사업체로 선정된 후, 피고 청주지방노동사무소장에게 청주시 상당구 영운동 157의5 지상에 직장보육시설을 설치하겠다는 내용의 사업계획서를 제출하면서 직장보육시설 보조금 교부신청을 하였다. 이에 피고는 원고에게 노동부 예규인 직장보육시설설립운영지침(이하 '설립운영지침'이라 한다)의 규정을 준수할 것을 조건으로 원고에게 직장보육시설보조금을 교부하기로 결정한 후 공사진척단계에 맞추어 3회(1998. 9. 28. 56,442,000원, 같은 해 11월 30일 56,442,000원, 1998. 12. 29. 92,496,000원) 보조금 합계 205,380,000원을 교부하였다.

(2) 한편 설립운영지침에 의하면 "재산처분 제한 시설인 보조금으로 건립한

---

* 이 논문은 2004. 7. 16. 개최된 한국행정판례연구회 제186차 월례발표회에서 주제발표를 한 후 2004년 9월에 발간된 JURIST 제408호에 수록한 필자의 논문 일부를 수정·보완한 것입니다.

보육시설, 기타 부대시설을 준공일로부터 10년간 노동부장관의 승인없이 국고보조금 교부목적에 위배되는 용도에 사용하거나, 양도, 교환, 대여 또는 담보에 제공할 수 없다"고 규정하고 있고, "위반시 조치사항으로 국고보조금 상당액 반환조치를 한다"고 규정하고 있는바, 원고는 상기의 장소에 4층에 달하는 의료시설 및 근린생활시설을 신축하면서 그중 3층에 위 보조금교부결정에 따라 피고로부터 지급받은 보조금 합계 205,380,000원과 자기부담금 67,918,000원을 들여 직장보육시설을 설치하고, 1999. 2. 1. 건축물 사용승인을 받은 후, 같은 해 3. 2. 어린이집 형태의 보육시설 설립인가를 받아 그날부터 이를 운영하였다.

  (3) 그런데 원고가 어린이집을 운영하면서 피고로부터 그 운영비의 일부를 별도로 보조(1999년도 1분기부터 2001년도 3분기까지 11회에 걸쳐 합계 금 42,115,000원) 받았음에도, 매달 130만원의 적자가 발생하고 의약분업으로 인한 경영상의 어려움을 겪게 되자, 2000. 8. 20. 이 사건 건물을 타인에게 일방적으로 매도하고 같은 해 10. 7. 소유권이전등기를 경료해 준 다음 그로부터 이를 다시 임차하여 2001. 10. 4. 경까지 어린이집을 운영해왔다. 피고는 그 사실을 지도점검을 통하여 알게 되고 2001. 7. 13. 원고에게 같은 해 8. 31.까지 그 위법사실을 시정할 것을 지시하였으나 불응하였다.

  (4) 그러자 피고는 2001. 9. 13. 원고가 설립운영지침을 위반하여 노동부장관의 승인없이 준공일로부터 10년이 경과하지 않은 시점에 보조금으로 건립한 보육시설인 이 사건 건물을 매도하였다는 이유로 보조금의 예산 및 관리에 관한 법률 제30조(법령위반 등에 의한 교부결정의 취소), 제35조(재산처분의 제한), 동법 시행령 제16조(재산처분의 제한을 받지 아니하는 경우)에 따라 위 보조금교부결정을 취소하는 처분을 하였고, 원고는 이에 불복하여 보조금교부결정취소처분 취소청구소송을 제기하여 다툰 사안이다.

Ⅱ. 하급심 법원의 판결요지

1. 제1심법원의 판단

  제1심법원인 청주지방법원은 "설립운영지침에 의하여 국고보조금으로 설치한 보육시설에 관해 10년간의 처분제한을 둔 것은 국고보조사업의 계속성과 안정성 확보를 위한 것이라 할 것인데, 원고가 위와 같이 설립운영지침을 위반하여 국고보조금으로 설치한 보육시설을 1년 6개월여 만에 처분함으로써 국고보조사업의 계속성과 안정성을 해하였으므로 피고는 보조금의 예산 및 관리에 관한 법률 제30조 제1항에 따라 이 사건 보조금교부결정을 취소할 수 있다 할 것이나, 원고는 이 사건 보조금으로 실제로 보육시설을 설치하였고, 보육시설을 운영하면서 경영상 어려움을 겪어 이 사건 건물을 매도하기는 하였지만, 이 사건 건물 준공일로부터 2001. 10. 4.까지 약 2년 8개월여 동안 보육시설을 운영하여 온 점에 비추어 보면 처분이 제한된 10년의 기간중 원고가 보육시설을 운영한 기간에 상응한 부분의 보조금은 정당하게 실행된 것으로 봄이 상당하므로, 피고는 이 사건 보조금 중 정당하게 실행된 부분을 제외한 나머지 부분에 한하여 보조금 결정을 취소하여야 할 것이다. 따라서 이 사건 보조금교부결정 전부를 취소한 이 사건 처분은 재량권의 한계를 일탈한 것으로 위법하다"고 판시하였다.

2. 원심법원의 판단

원심법원인 대전고등법원은 "설립운영지침에 의하여 국고보조금으로 설치한 보육시설에 관하여 10년간의 처분제한을 둔 것은 국고보조사업의 계속성과 안정성 확보를 위한 것이라고 할 것인데, 원고가 위와 같이 설립운영지침을 위반하여 국고보조금으로 설치한 보육시설을 불과 1년 6개월여 만에 처분함으로써 국고보조사업의 계속성과 안정성을 해한 점, 원고는 이 사건 건물을 매도하면서 감독관청인 피고에게 사전에 아무런 통지나 상의를 하지 아니한 점, 이 사건 보조금은 보육시설의 건축자금으로 지급된 것이지 그 운영자금으로 지급된 것이 아닐 뿐만 아니라 피고는 이와는 별도로 운영을 위한 보조금도 지급하여 온 점, 원고는 보육시설을 설치·운영하는 사업자로 그 운영자금의 50%를 보조하여야 할 뿐만 아니라, 사업자가 보육시설을 설치·운영하는 경우 반드시 흑자경영을 예상하여 하는 것이 아니라는 점, 원고가 이 사건 건물을 매도하고 그 보육시설을 폐지한 이유는 천재지변 등 불가항력에 기한 것이 아니라 단지 적자가 누적되는 등의 경영상의 어려움으로 인한 점 등을 종합하면, 원고가 이 사건 보조금으로 실제로 보육시설을 설치하여 약 2년 8개월여 동안 보육시설을 운영하여 온 점을 참작한다 하더라도 위 보조금교부결정 전부를 취소한 이 사건 처분이 재량권의 한계를 일탈·남용한 것으로 위법하다고 볼 수 없다"고 판시하면서 제1심판결을 취소하고 원고의 청구를 기각하였다.

Ⅲ. 대법원판결의 요지

대법원은 "보조금의 예산 및 관리에 관한 법률 제35조, 같은 법 시행령 제16조 제2호의 규정에 의하면 보조금에 의하여 건축한 보육시설은 처분제한기간을 경과한 경우에는 그 처분에 아무런 제한을 받지 않는다는 점에 비추어 볼 때, 보조사업자가 보조금으로 건립한 보육시설, 기타 부대시설을 그 준공일로부터 일정기간 동안은 노동부장관의 승인 없이 국고보조금 교부목적에 위배되는 용도에 사용하거나 양도, 교환, 대여 또는 담보에 제공할 수 없다고 규정하고 있는 설립운영지침을 준수할 것을 조건으로 보조금을 교부받아, 여기에 자기 부담금을 보태서 보육시설을 건축하여 일정기간 보육시설을 운영하다가 임의로 이를 제3자에게 매도한 경우, 처분제한기간 중 스스로 보육시설을 운영한 기간에 상응한 부분은 직장보육시설 보조금이 그 목적대로 집행된 것이라고 볼 여지가 있으므로, 보육시설을 타에 매매함으로써 처분제한 조건을 위반하였다는 사유로 같은 법 제30조 제1항에 의하여 보조금교부결정을 취소함에 있어서는 매매에 이른 경위 등 다른 사정들과 함께 보조금이 일부 그 목적대로 집행된 사정을 감안하여 취소의 범위를 결정하여야 할 것이다(대법원 1986. 12. 9. 선고 86누276 판결[1])"고 판시하면서 "원심이 든 여러 사정들을 참작한다고 하더라도, 피고가 이 사건 보조금교부결정 전부를 취소한 것은, 원고가 교부받은 직장보육시설 보조금의 일부가 정상적으로 집행되었다고 볼 수 있는 사정 등을 제대로 감안하지 아니한 것이어서 재량권의 한계를 일탈·남용한 것으로 위법하다고 할 것이다"라고 판시하면서 원심판결을 파기하고 사건을 대전고등법원에 환송하였다.[2]

---

1) 대법원 1986. 12. 9 선고 86누276 판결: "지방자치단체로부터 국고보조조림목으로 1983년에 180,000본, 1984년에 114,000본의 보조묘목을 받아 조림작업을 실행함에 있어 1983년분 88,500본을 조림하지 않고 폐기, 미식재 등으로 훼손처분하고 1984년분 52,000본을 그 조건대로 식재 조림하지 않아 지방자치단체로부터 보조금관리법 제17조 제1항, 제19조 제1항에 의거 국고보조조림조치 모두를 취소하고 그 묘목대금 상당금원의 반환을 명받은 경우, 비록 조림계약자들이 보조묘목의 조림을 실행함에 있어 그 일부분을 보조결정 내용과 조건에 따라 조림하지 않고 폐기등 훼손처분하거나 보조조건에 위반하여 식재하였더라도 그 이외의 부분은 보조결정내용과 조건에 따라 정당하게 조림하였다고 보여지므로 이러한 사정과 국고보조조림결정의 경위 등을 고려하면 국고보조조림결정 중 정당하게 조림한 부분까지 합쳐 전체를 취소한 것은 위법하다고 보아야 할 것이다."라고 판시하였다.

2) 참고적으로 대전고등법원은 2003. 9. 19. 대법원의 판결의 취지에 따라 피고의 항소를 기각하였으며, 그 판결은 확정되었고, 이에 따라 피고가 새로이 보조금교부결정을 일부 취소하

[판례연구]

Ⅰ. 문제의 제기

현대국가에 있어서 행정법의 관심영역이 전통적인 침해행정영역으로부터 급부행정영역으로 이동하고 있음은 주지의 사실이다. 급부행정 분야는 사회행정, 생존배려행정 및 보조금행정으로 구분할 수 있다. 여기서 말하는 보조금(Subvention)[3]은 급부행정의 발달에 수반되어 매우 중요한 법적 수단으로 널리 활용되고 있다. 보조금을 통하여 국가 등 공적 주체는 경제와 시민생활의 자유영역에 개입하여 공익목적을 달성하기도 한다. 그러나 보조금이 하늘에서 떨어지는 것이 아니고 국민의 세금으로 충당되는 것이기 때문에 선물금지(Geschenkverbot)의 원칙이 적용되는바, 국가는 시민에게 공짜로 선물을 해서는 안된다(Der Staat darf nicht verschenken)는 원칙이 바로 그것이다. 한편 행정주체는 보조금의 지급을 통하여 공익목적을 달성하여야 하는 것이고 그렇기 때문에 보조금교부결정을 하면서 부관을 붙이는 것이 일반적이다.[4]

이와 같이 보조금은 자유시장질서에 있어서는 예외적 현상으로 보아야 할 것이고, 보조금 지급목적에 적합히 사용할 경우에는 공익목적을 효과적으로 달성하는 수단이 되는 데 반해 보조금이 부정한 방법으로 지급되거나 지급목적에 위반되어 사용되는 경우에는 공익목적달성은커녕 오히려 도덕적 해이를 유발하고

지 않고, 이미 원고로부터 납부받은 보조금 205,380,000원에서 정상적으로 시설을 운영한 기간에 상응하는 부분을 정산하여 원고측에 이를 환급하고 분쟁이 해결된 것으로 알고 있다.

3) 학자에 따라 보조금, 자금지원, 자금조성 등 다양한 용어를 사용하고 있으나, 보조금을 사용하더라도 최협의의 소비적 보조금에 한정하지 않고 보다 넓은 개념으로 이해하는 전제하에 이하에서는 보조금으로 통일하여 사용하기로 한다.

4) 보조금의 예산 및 관리에 관한 법률 제18조에서 보조금의 교부조건에 관한 규정을 두고 있는바, 제1항에서는 "중앙관서의 장은 보조금의 교부를 결정함에 있어서 법령과 예산이 정하는 보조금의 교부목적을 달성함에 필요한 조건을 붙일 수 있다"고 규정하고 있고, 제2항에서 "중앙관서의 장은 보조금의 교부를 결정함에 있어서 보조사업이 완료된 때에 그 보조사업자에게 상당한 수익이 발생하는 경우에는 그 보조금의 교부목적에 위배되지 아니하는 범위안에서 이미 교부한 보조금의 전부 또는 일부에 해당하는 금액을 국가에 반환하게 하는 조건을 붙일 수 있다"고 규정하고 있는바, 여기에서의 조건이라는 명칭에도 불구하고 부담 등 여러 가지 부관을 붙일 수 있다고 할 것이다.

국가재정을 어렵게 할 수 있는 야누스의 두 얼굴과 같다.[5]

여기서 다루려고 하는 보조금교부결정의 취소·철회의 문제와 그 반환의 문제는 보조금행정의 실제에 있어서 매우 중요하면서 복잡한 이론적 해결을 요하는 문제가 있다. 이 사건에서는 직장보육시설에 대한 보조금지급결정 후에 보조금지급의 조건인 10년간 노동부장관의 승인없이 직장보육시설을 타에 양도할 수 없도록 설립운영지침에 규정되어 있음에도 보조금지급결정 당시에 설립운영지침의 규정을 준수할 것은 조건으로 하여 보조금교부결정이 내려졌는데, 이에 위반하여 재산처분제한기간을 지키지 아니하고 미리 처분한 경우에 그동안 직장보육시설을 운영한 기간에 상응하는 부분까지 포함하여 전부취소하는 것이 정당화되는가 아니면 실제로 직장보육시설을 운영한 기간을 빼고 보조금교부결정의 일부를 취소하는 것이 합당한 것인지 재량권 행사의 적법성을 둘러싼 문제가 제기된다.

이와 관련하여 이 사건의 보조금지급결정취소의 법적 성질을 어떻게 파악할 것인지를 논해야 할 것인바, 과연 이를 직권취소로 볼 것인지 아니면 철회로 볼 것인지의 이를 보다 명확히 규명할 필요가 있다. 왜냐하면 통설적 입장에 의하면 철회의 경우에는 장래를 향하여 효력을 미치고 소급효가 인정되지 않는 것으로 이해하여 왔기 때문에 이 사건 보조금지급결정취소를 철회로 파악할 경우에 공적 주체가 반환을 요구하는 근거를 어디서 찾을 것인가를 규명할 필요성이 있기 때문이다.

나아가 보조금의 반환은 교부결정의 취소 또는 철회를 전제로 한다. 보조금교부결정당시에 적법하면, 그 후에 사후적으로 위법하게 되었다고 할지라도 철회를 할 수 있고, 철회의 효과는 장래에 향하여 효력이 미치기 때문에 소급적으로 효력이 미치지 아니한다고 보면 결국 공적 주체는 보조금을 전혀 반환받지 못하게 되는 불합리한 결과가 된다. 그렇게 될 경우에는 설사 보조금의 지급결정당시에 적법하게 수령한 자가 그후에 보조금교부목적에 배치되어 이를 사용하거나 부담을 이행하지 않게 되더라도 이론상으로는 보조금지급결정을 철회할 수 있을 뿐 이를 반환받지 못하게 되는 문제가 발생하게 된다. 행정행위의 철회이론을 가지고서는 행정청에서 이미 지원해준 직장보육시설의 설립을 위한 보조금을 반환할 수 없는 문제가 생기는데 이를 어떻게 이론적으로 해결할 것인가를 진지하게 모

---

5) 김용섭, "경제행정법상 보조금", 고시계, 2001. 3, 21면 이하.

색해야 한다.

이와 더불어 이 사건에 있어서처럼 보조금을 지급받은 후에 일정기간을 직장보육시설을 운영하였으나 조건으로 정한 기간의 일부만을 충족한 경우에 보조금교부결정의 전부를 취소해야 하는지 아니면 일부를 취소해야 하는지와 관련하여 일부취소(철회)의 문제를 살펴보기로 한다.

논의의 진행은 우선 보조금의 개념 및 종류(Ⅱ), 보조금의 법적 근거(Ⅲ), 보조금지급의 행위형식(Ⅳ) 등 보조금제도 전반의 기본적인 문제를 선행적으로 고찰하고, 그런 연후에 이 글에서의 중심적 고찰영역에 속하는 보조금지급결정취소의 법적 문제(Ⅴ), 이 사건 대법원판결에 대한 평석과 향후과제(Ⅵ)를 다루는 순서로 진행하기로 한다. 논의의 진행을 해 나가면서 독일에서의 보조금에 관한 판례와 학계의 논의 그리고 행정절차법 제49조 제3항의 입법화 등 우리에게 시사점을 주는 범위 내에서 간략하나마 독일에서의 논의를 소개하기로 한다.

Ⅱ. 보조금의 개념 및 종류

1. 보조금에 대한 실정법상의 개념

보조금에 대한 개념을 분명히 확정한다는 것은 매우 어려운 일에 속한다. 보조금은 경제정책의 가장 사랑받은 중요한 수단이며, 그의 고향은 경제학이다. 보조금의 법학적 이해는 경제학으로부터의 독립을 통하여 가능하게 되었고, 독일에서 1950년대 Ipsen의 2단계설[6]이 등장하기 전까지 주류적인 견해는 보조금지급관계는 사법관계로 파악하였던 것이다. 보조금 개념이 어려운 것은 보조금 형식의 다양성으로부터 비롯된다. 그럼에도 불구하고 독일에 있어서도 보조금의 개념정립을 위한 줄기찬 시도가 있어 왔다.[7] 이와 같이 보조금 내지 자금지원에 관하

---

6) Ipsen, Gutachten, v 17. 10. 1951.

7) 독일의 경우에 보조금(Subvention)의 개념정의를 독일형법 제 264조 제6항의 보조금사기죄의 규정에서 도출하기도 한다. 즉 동규정에 의하면 "보조금은 연방법, 주법 또는 유럽공동체법에 따른 적어도 부분적으로 1. 시장적합적 반대급부 없이 보장되고 2. 경제의 촉진에 기여하는 경영 또는 기업에 대한 공적자금으로 지급되는 것"이라고 개념정의되어 있다. 그러나 이와 같은 개념정의는 형사처벌을 주안점으로 두는 개념으로 경제보조금에 한정하는 단점이 있어 일반적 보조금개념으로 삼는 데에는 한계가 있다. 한편 연방행정법원의 판결 (BverwG, DÖV 1959, 706/707)은 "보조금은 특정한 공익과 연결된 목적을 달성하기 위하여 지급되어지는 국가의 공법적인 급부"라고 정의하고 있다.

여 모든 법영역에 동일하게 적용되는 통일된 법개념은 없기도 하거니와, 보조금에 대한 다양한 측면을 행정법적인 테두리 내에서 단일의 개념형상으로 포착하고 체계화하는 것이 쉬운 일은 아니다. 보조금에 관한 개념정의를 하고 있는 실정법의 규정으로는 보조금의 예산 및 관리에 관한 법률[8] 제2조 제1호를 들 수 있는바, 동 조항에서 보조금이란 "국가 외의 자가 행하는 사무 또는 사업에 대하여 국가가 이를 조성하거나 재정상의 원조를 하기 위하여 교부하는 보조금(지방자치단체에 대한 것과 기타 법인 또는 개인의 시설자금이나 운영자금에 대한 것에 한한다)·부담금(국제조약에 의한 부담금은 제외한다) 기타 상당한 반대급부를 받지 아니하고 교부하는 급부금으로서 대통령령으로 정하는 것을 말한다"고 규정하고 있다. 이와 같은 보조금에 관한 실정법상의 개념정의는 경제보조금에 한정하지 않음은 물론 학문적으로 포괄하는 보조금 내지 자금지원의 개념을 제대로 반영하지 못하는 문제가 있다.

    우선 개념이 좁거나 넓다. 좁게 보는 이유로는 국가에서 국고로 지급되는 급부금에 한정하고 기금에서 제공되는 것은 배제하는 데다가 소비적 보조금에 한정하므로 저리의 융자라든가 국·공유재산의 무상대여 등 사실적 조성이 배제된다. 반면에 넓다고 보는 이유는 국가 등 공적 주체가 사인이나 사적 주체에게 지급하는 보조금에 한정하지 아니하고 국가가 지방자치단체에게 지급하는 금원도 보조금 개념에 포함시키게 되기 때문이다. 지방자치단체도 행정주체이고 국가가 이에 대한 자금지원을 사인에 대한 지원과 동일하게 파악하여 행정내부의 예산 배정부분까지 보조금으로 취급하는 문제가 있다.[9]

2. 급부보조금(Leistungssubvention)과 감면보조금(Verschonungssubvention)

    행정법상 보조금은 넓은 의미와 좁은 의미로 구분하여 설명하는 것이 일반적이다. 광의의 보조금은 경제나 사적 가계에 대한 금전 급부 및 조세 감면을 포함하여 이해하는 데 반하여, 협의의 보조금은 조세감면을 배제하고 직접적으로 지원받는 급부지원에 한정한다. 여기에서는 협의의 개념으로 이해하는 기초 위에 행정법상의 보조금인 급부보조금에 관한 개념정립을 모색한다면, 보조금이란 국가 또는 지방자치단체 등 공적 주체가 사법상의 자연인 또는 법인에게 특정 행정

---

8) 현행 보조금 관리에 관한 법률로 법률 명칭이 2011. 7. 25 변경되었다. 이하 같다.

9) 동지: 김남진, 행정법 Ⅱ, 2000, 45면.

목적달성을 위하여 제공되는 재산적 가치가 있는 급부로서 금전급부(저리융자, 신용대출 등을 포함)와 사실적 조성을 말한다.[10)

기능적으로나 경제적 관점에서는 재정수단에 속하는 조세감면도 동일한 효과를 지니므로 넓은 의미의 보조금 내지 자금지원의 범주에 넣을 수 있겠으나, 그 적용법리를 달리하므로 급부보조금의 범위를 넘어서 간접적으로 보장하는 조세감면 등 감면보조금은 배제하는 것이 적절하다. 급부보조금은 급부행정에 속하기 때문에 엄격한 법률유보의 적용이 완화되는 반면에, 감면보조금은 전통적인 침해행정의 영역에 속하므로 조세법률주의의 예외로서 개별법의 명문의 규정을 요하는 점에서 차이가 있다. 감면보조금이 인정되기 위해서는 조세특례제한법에 규정되어야 허용된다.

3. 보조금의 종류

우선 급부보조금은 일반의 구분유형에 따라 소비적 보조금, 융자 및 보증 그리고 사실적 조성으로 구분할 수 있다. 먼저 소비적 보조금(verlorene Zuschüsse)이란 보조금 수령자의 반환의무가 없이 지원되는 것을 말한다. 보조금의 예산 및 관리에 관한 법률상의 보조금은 이와 같은 유형의 보조금을 예정하고 있다. 이러한 형태의 보조금은 보조금교부결정이라고 하는 행정행위의 형식으로 이루어지는 것이 일반적이고 부관을 붙이는 것이 통상적이다.

융자(Darlehen)는 공적 목적의 실현을 위하여 일반적인 금융시장에서 보다 유리한 조건하에 보조금 수령자에게 제공되는 자금 대여를 말한다. 이와 더불어 보증(Bügerschaften und Garantien)도 지원 받는 자의 신용을 증진하는 효과가 있어 급부보조금의 범주에 넣을 수 있다. 융자와 보증의 경우는 독일의 판례[11)에 의하면 2단계의 형식으로 이루어지는 것으로 파악하고 있다. 즉 1단계에 있어서는 보조금지급결정을 행정행위를 통하여 행하고, 다음 단계로 보조금의 지급을 사법상의

---

10) 보조금은 공적 주체로서의 보조금 지원자, 사법적인 자연인 또는 법인으로서의 보조금 수령인, 소비적 보조금 등 보조금의 급부, 공익목적 등 보조금의 목적의 4가지 구조적 요소에 대한 명확화를 통하여 개념구성을 시도하는 것이 독일의 일반적 경향이다. 가령, Achterberg/Püttner(Hrsg), Besonderes Verwaltungsrecht, Bd. Ⅱ 1990, S. 134. 이러한 관점에서 독일의 다수설은 "보조금은 국가 또는 다른 행정주체가 사인을 위해서 시장에 적합한 반대급부없이 공익적 목적의 촉진을 위해서 제공되는 재정적 지원 또는 경제적 가치있는 이익"이라고 정의한다.

11) BVerwGE 45, 13/14; BGHZ 61, 296/299.

계약형식으로 이루어지는 것으로 파악한다.[12]

사실적 조성(Realföderung)은 국·공유재산의 무상대부와 양여를 그 예로서 설명하고 있다. 국·공유재산의 무상대부의 경우에는 국공유재산에 대한 사용료의 면제효과를 가져오고, 양여의 경우에는 국·공유재산의 취득 가액에 해당하는 만큼 보조금 지급과 동일한 결과를 가져온다.

이 사건의 보조금은 소비적 보조금의 일종으로서 직장보육시설의 설립을 지원해 주기 위하여 반환의무 없이 지원되는 보조금으로 시설자금인 데 반해, 직장보육시설의 운영을 위하여 지원되는 운영보조금인 운영자금과는 구별된다.

Ⅲ. 보조금의 법적 근거

1. 문제의 제기

보조금의 법적 근거의 문제는 행정의 법률적합성의 원칙 중의 하나인 법률유보의 원칙이 급부행정의 일종인 보조금에 있어서도 적용되는가의 문제이다. 이 문제를 둘러싸고 종래의 이론은 일률적으로 예산이나 국회의 의결만으로 족한 것인지 아니면 엄격한 개별적인 법률의 근거를 필요로 하는지 논해왔으나, 보조금의 지급에 따른 상대방 및 제3자의 지위와 관련하여 차별적인 접근이 바람직하다고 본다.

이처럼 특정행정목적과 결부된 보조금은 국민이 납부한 세금에 의하여 이루어지므로 적절한 절차 내지 질서 틀에 기초하여 지원하도록 하는 것이 요망된다. 그러나 보조금이 재정상황을 감안하지 아니하고 법률로 너무 경직하게 운영되다 보면 오히려 국가의 재정위기를 초래할 수 있다. 따라서 국가의 경제사정에 즉응한 탄력적 운영이 요망된다. 그러나 법률에 의한 엄격한 정당화가 완화될 뿐 보조금의 지급을 정당화할 근거는 필요하다.

---

12) 이러한 견해에 대하여는 법적인 혼란을 야기할 수 있다고 하여 반대하는 의견이 유력하다, Vgl. Hans-Jürgen Papier, Rechtsformen der Subventionierung und deren Bedeutung für die Rückabwicklung, ZHR 1988, 493ff. 그는 오늘날 소비적 보조금에 관하여는 1단계의 공법적인 형상으로 파악되지만, 그러나 대여방식으로 지급되는 보조금에 있어서 너무 성급하게 2단계의 법률관계로 파악하여서는 안된다고 지적하고 있다. 사법상의 대여계약을 인정하는 것은 하나의 의제이고, 보조금결정이 지원, 반환, 이자 등의 모든 문제를 다층적으로 규율한다고 설명한다.

2. 보조금과 법률유보의 원칙

가. 개설

주지하는 바와 같이 법률유보라 함은 행정이 법률에 근거하여 활동하여야 한다는 원칙을 의미한다. 법치행정의 원리의 적극적 요소로서 침해행정에 관한 한 법률의 근거없이 활동하면 위법한 결과를 가져오게 된다. 여기에서 급부행정의 일종인 보조금의 지원을 위해 법률의 근거를 필요로 하는가를 둘러싸고 학설의 대립이 있다.

나. 학설의 대립

먼저 독일의 통설 및 판례는 급부행정에 속하는 보조금에 있어서 기본적으로 개별적인 법률의 근거를 필요로 하지 않지만 예산이라든가 국회의 의결만으로 가능하다는 견해가 있다.[13] 이와는 대조적으로 보조금에 있어서도 법률의 유보가 적용되어야 한다는 입장이 있다. 그 논거로는 한편으로 국가로부터 보조금의 지급거부가 보조금 수령자에게 불이익을 가져올 수 있어 침익적 성격을 지닌다는 관점에서 원칙적으로 법률의 근거가 필요하다는 입장[14]과 다른 한편으로 전부유보설의 입장에서 민주주의적 법률유보이론을 주장하면서 보조금을 포함한 모든 행정활동에 있어서는 법률의 근거가 필요하다고 보는 입장이 있다.[15] 우리의 다수설에 해당하는 절충설은 기본적으로 법률의 근거를 필요로 하지않고 예산 또는 보유자금의 범위 안에서 행할 수 있다고 보면서도 예외적으로 ㉠ 보조금의 지원이 부담과 결부된 경우, ㉡ 보조금 지급청구권을 인정할 필요가 있는 경우, ㉢ 보조금의 법형식 및 조직을 고권적으로 구성할 필요가 있는 경우, ㉣ 보조금 지급의무를 제공자에게 명할 필요가 있는 경우에 법률의 근거가 필요하다고 한다.[16]

---

13) 가령 최정일, "법률유보의 원칙과 급부행정", 고시연구, 1998. 1, 188면이 이를 지지하는 입장을 취한다.

14) 정하중, 행정법사례연구, 성민사, 1999, 27면.

15) D. Jesch, Gesetz und Verwaltung. 2 Aufl., S. 205. 이상규 변호사는 사회유보설을 취하면서 보조금에 예외없이 법률의 근거를 요한다는 견해를 지지한다.

16) 대표적으로 박윤흔, 최신행정법강의(하), 1998, 511면.

다. 검토

먼저 절충설의 견해를 검토하면, 보조금의 형식을 고권적으로 할 필요가 있다고 하여 법률의 근거를 요하는 것은 아니고, 보조금의 예산 및 관리에 관한 법률에 기초하여 행정행위 형식으로 보조금을 지급할 수 있으며, 법률의 명문의 규정이 없더라고 공법상 계약의 체결을 통하여 보조금을 지급할 수 있다고 할 것이다. 다음으로 보조금청구권을 인정할 필요가 있는 경우라든가 보조금지급의무를 명할 필요가 있는 경우에 법률의 근거를 요하고 있으나, 이는 동전의 앞뒷면의 관계로 동일한 설명이 되거니와 근본적으로 법률유보에서의 논의는 행정청의 관점에서 행정활동의 근거로서의 문제이고, 여기서 말하는 보조금청구권의 문제는 시민적 관점에서 성립요건의 문제이므로 서로 상이한 차원의 논의라고 할 것이다.

결론적으로 필자는 차별적 고찰이 필요하다고 보고, 보조금에 있어서는 정당보조금 등 기본권 관련적인 보조금의 경우에 법률의 근거를 요하며, 부담과 결부되거나 제3자의 경쟁의 자유에 중대하고 참을 수 없는 제한을 가하는 경우에는 법률의 근거를 요하지만, 행정법상의 보조금의 경우에는 원칙적으로 개별적인 법률의 근거를 필요로 하지 않는다고 본다. 왜냐하면 급부의 거절이 곧바로 침해로 인식되는 것은 인정하기 어렵고, 전부유보설은 모든 경우에 입법이 전제가 되어야 하므로 행정의 유연성과 탄력성을 해치므로 받아들이기 어려운 견해이다.

이러한 관점에서 행정법상 보조금의 경우에는 원칙적으로 형식적 법률의 존재가 반드시 필요하지 않다고 보기 때문에 법률의 수권이 있어야 보조금의 교부가 가능한 것은 아니다. 다만, 적어도 자신의 활동을 정당화할 수 있는 근거는 필요하다고 보며, 의회의 의결, 행정계약, 절차적 규제법이자 보조금에 관한 일반법인 보조금의 예산 및 관리에 관한 법률,[17] 행정규칙의 일종인 보조금규칙[18] 등을

---

17) 이 법은 보조금 예산의 편성·교부신청·교부결정 및 사후관리 등에 관하여 기본적인 사항을 규정함으로써 효율적인 보조금 예산의 편성과 그 적정한 관리를 기함을 목적으로 한다. 이 법이 보조금 지급의 수권근거로 삼을 수 있는가의 문제가 제기되는바, 침해를 위한 통상의 수권근거의 범주에 속하지 않지만 일반적인 국고보조금과 관련한 예산편성 및 관리에 관한 절차법이라고 할 것이다. 보조금의 예산항목의 설정과 보조금 통제를 위해 일반적 성격을 지니고 있는 위 법률이 보충적으로 적용된다.
18) 보조금규칙은 법률의 대용물로서 법률대위규칙이 되는바, 그 대외적 구속력이 문제될 수 있다. 예산이 마련되어 있는 한도에서 대외적 구속력이 인정될 수 있다고 본다. 법률대위규칙으로 직접적·대외적 구속력이 인정된다고 볼 여지가 있다. 설사 직접적·대외적 구속력

보조금 지원의 정당화 근거로 볼 수 있다.[19]

3. 직장보육시설에 대한 남녀고용평등법상의 보조금

(1) 우선 남녀고용평등법은 헌법의 평등이념에 따라 고용에 있어서 남녀의 평등의 기회 및 대우를 보장하는 한편 모성을 보호하고 직장과 가정생활이 양립과 여성의 직업능력개발 밑 고용촉진을 지원함으로써 남녀고용평등 실현을 목적으로 2001. 8. 14 법률 제6508호로 전문개정되었는바, 이 사건에 적용되는 구 남녀고용평등법(1995. 8. 4. 법률 제4976호)의 제12조에서는 보육시설에 관한 규정을 두면서, 동조 제1항에서 "사업주는 근로자의 취업을 지원하기 위하여 수유·탁아 등 육아에 필요한 보육시설(이하 '직장보육시설'이라 한다)을 설치하고, 이를 노동부 장관에게 신고하여야 한다"고 규정하고 있고, 동조 제2항에서는 "제1항의 규정에 의한 직장보육시설을 설치하여야 할 사업주의 범위 등 직장보육시설의 설치 및 운영에 관하여는 영유아보육법에 의한다"라고 규정하고 있고,

(2) 다음으로 영유아보육법 제6조에 의하면 보육시설을 국공립보육시설, 민간보육시설, 직장보육시설, 가정보육시설로 구분하고, 직장보육시설은 대통령령이 정하는 일정규모(상시 여성근로자 300인 이상)의 사업장의 사업주는 직장보육시설을 설치하여야 한다고 규정하고 있으며, 그와 같은 시설규모에 달하지 아니하는 경우에도 노동부 장관에게 신청하여 직장보육시설지원대상사업체로 지정되면 보조금을 지원받을 수 있으며 직장보육시설을 설치한 자는 영유아보육법 제23조의 규정에 따라 시설운영에 필요한 비용의 전부 또는 일부를 보조받을 수 있으며, 비용을 수납할 수 있고, 보육시설의 설치 운영에 소요되는 비용에 대하여는 영유아보육법 제25조에 따라 조세감면등 세제지원이 이루어지게 된다. 다만, 직장보육시설의 사업주는 그 보육시설의 운영 및 수탁보육중인 영유아의 보육에 필요한 비용의 100분의 50 이상을 보조여야 한다(영유아보육법 시행령 제25조).

(3) 한편 남녀고용평등법 제21조에서 경비보조에 관한 규정을 두고 있는바, 제1항에서 "국가·지방자치단체 및 공공단체는 여성의 취업촉진과 복지증진에 관

이 인정되지 않는다고 할지라도 보조금준칙에 의하여 지급되는 경우에 보조금의 지급관행에 어긋나게 평등의 원칙에 반하여 지급되는 경우에는 평등원칙을 매개로 하여 간접적·대외적 구속력이 생긴다고 할 것이다.

19) 김용섭, "급부행정의 법률유보에 관한 연구", 법제연구, 9호, 1995, 232면.

련되는 사업[20]에 대하여 예산의 범위 안에서 그 경비의 전부 또는 일부를 보조할 수 있다.”고 규정되어 있고, 제2항에서 “국가·지방자치단체 또는 공공단체는 제1항의 규정에 의하여 보조를 받은 자가 다음 각호의 1에 해당하는 때에는 보조금교부결정의 전부 또는 일부를 취소하고 교부된 보조금의 전부 또는 일부를 반환하도록 명할 수 있다.

1. 사업의 목적 외에 보조금을 사용한 때

2. 보조금의 교부결정의 내용(그에 조건을 붙인 경우에는 그 조건을 포함한다)을 위반한 때

3. 사위 기타 부정한 방법으로 보조금의 교부를 받은 때

4. 이 법 또는 이 법에 의한 명령에 위반한 때”로 규정하고 있다.

(4) 이와 같이 남녀고용평등법 제21조 제2항에서 4가지 사유에 해당하는 경우에 보조금 교부결정의 전부 또는 일부를 취소하고, 교부된 보조금의 전부 또는 일부를 반환하도록 명할 수 있다고 규정하고 있는바, 취소와 반환을 동시에 하도록 규정하고 있는 것이 특징이라고 할 수 있다. 그런데 남녀고용평등법 제1조 제2항의 제1호, 제2호 및 제4호의 사유는 기본적으로 철회의 사유에 해당하고, 제3호의 사유와 제4호의 사유 중 처음부터 이 법 또는 이 법에 의한 명령에 위반한 경우에는 직권취소사유에 해당한다고 보아야 할 것이다.

Ⅳ. 보조금지급의 행위형식

1. 급부행정에 있어서의 행위선택의 자유

보조금의 지급에 있어서는 법률에서와 달리 정하고 있지 아니하는 한, 행위선택의 자유가 인정된다. 이와 같은 행위형식의 선택의 자유는 두 가지 의미를 갖는데, 하나는 공법적 형식을 선택할 것인지 사법적 형식을 선택할 것인지 여부와 관련되고, 다음으로 공법적 형식을 선택한다고 할지라도 행정행위를 선택할 것인지 아니면 행정법상 계약을 선택할 것인지의 문제와 관련된다. 따라서 보조

---

20) 남녀고용평등법시행규칙(1996. 1. 25. 노동부령 제105호) 제17조(경비보조의 범위)의 규정에 의하면 법제 21조의 규정에서 “여성의 취업촉진과 복지증진에 관련되는 사업” 중에 주로 근로여성의 지위향상과 복지증진에 관한 사업을 포함하면서 제7호에서 영유아보육사업을 포함시켰다.

금의 지급에 있어서 행정청이 선택한 형식이 어떠한 것이고, 그 법적 성질은 무엇인가가 중요한 의미를 지닌다. 독일에 있어서도 보조금지급의 행위형식은 협력을 요하는 행정행위라고 파악하는 견해, 공법상 계약으로 보는 견해, 2단계설에 따라 이론구성하는 견해, 사법상 계약으로 이론 구성하는 견해로 대별할 수 있다. 그러나 보조금과 관련하여 개별적인 보조금의 양태를 고려하지 않고 일률적으로 말하기는 어려운 점이 없지 않다. 이와 같은 행위형식의 문제는 법률유보와 관련될 뿐만 아니라, 보조금지급 결정의 취소 및 반환의 문제, 소송을 통한 권리구제 문제등과 밀접한 관련이 있다.

여기에서는 보조금의 예산 및 관리에 관한 법률상의 보조금교부결정의 법적 성질에 관하여만 살펴보기로 한다. 뒤에서 살펴보는 바와 같이 보조금교부결정이 행정행위적 성질을 지닌다고 할지라도 행정계약의 방식으로 보조금을 지급하는 것이 허용되지 않는 것은 아니라고 할 것이다. 독일의 경우에는 연방행정절차법 제54조에서 제62조까지 공법상 계약에 관한 규정을 상세히 두고 있기 때문에 다른 법령의 규정에 위반되지 않는 한 행정계약 내지 공법상 계약의 형식으로 보조금의 지급에 관한 법률관계를 형성하는 것이 허용된다. 우리의 경우에도 당사자 의사의 합치에 의하여 공법상 계약이 성립하는 것이므로 법령에 반하지 않는 한 허용되는 것으로 보는 것이 통설의 입장이다.

물론 계약적 규율이 협력적 국가모델에 있어서 바람직한 행정행위 형식에 속하지만, 만약에 보조금의 급부목적에 어긋나게 사용하게 될 경우에 반환에 관한 상세한 규율을 둘 필요가 있으며, 그러한 관점에서 보조금교부결정을 취소하거나 철회하는 경우에 비하여 반환받는 절차가 소송을 거쳐야 하기 때문에 쉽지 않게 되는 문제가 있다. 행정실제에 있어서도 계약의 방식으로 보조금이 지급되는 경우는 드문 편에 속한다. 행정청의 입자에서는 행정행위의 형식을 취하여 보조금을 교부할 경우에 그 목적을 충족하지 아니할 경우에는 반환을 명하고 이를 이행하지 않을 경우에 행정상 강제집행절차를 통하여 손쉽게 반환청구권을 실현하는 장점이 있다.

2. 보조금의 예산 및 관리에 관한 법률상의 보조금교부결정의 법적 성질

보조금의 예산 및 관리에 관한 법률 제17조는 보조금 교부의 결정에 대하여 규율하고 있다. 즉, "중앙관서의 장은 제 16조의 규정에 의한 보조금의 교부신청서가 제출된 경우에는 법령 및 예산의 목적에의 적합 여부, 보조사업내용의 적정 여부, 금액산정의 착오유무, 자기자금의 부담능력유무(자금의 일부를 보조사업자가 부담하는 경우에 한한다)를 조사하여 지체없이 보조금의 교부 여부를 결정하여야 한다"고 되어 있다. 이 규정은 통설에 따르면 교부결정을 행정행위로 본다는 것을 명문화한 것이다. 이에 반해 소수설은 그 결정은 어떠한 행정행위가 아니라 공법적 증여계약의 체결과 관련된 행정주체의 내부적 의사표시로 이해하고 있다.[21]

생각건대, 동법 제 17조에서 보조금 교부에 대한 결정이 비록 행정행위적 성격을 띠고 있을지라도 행정청은 보조금의 예산 및 관리에 관한 법률의 적용영역을 벗어나서 보조금 지급을 위한 행정계약을 체결할 가능성은 열려있다고 보아야 한다. 행정계약의 체결이 보조금 지급의 행위형식으로 허용되는가의 문제는 일반적으로 인정되는데, 여기서 나아가 계약내용을 형성할 수 있는가의 문제가 제기된다. 이 문제는 특히 침해행정의 영역과 관련되는바, 이론적으로 동의는 불법을 조각한다(volenti non fit injulia)는 법정신에 기초하여 일정한 제약조건하에 침해행정영역에 있어서도 허용된다고 할 것이다. 급부행정의 일종인 보조금의 지급에 있어서도 행위선택의 자유가 인정되므로 법률에서 금지하고 있지 않는 한 행정계약 등 다양한 행위형식이 허용된다. 그러나 이처럼 행정계약의 체결가능성이 있다고 해서 보조금의 예산 및 관리에 관한 법률 제17조의 규정을 무리하게 행정계약의 일종으로 보는 것은 적절하지 않다. 동법 제16조에서 보조금의 교부신청 등 상대방의 협력의무에 관한 사항을 두고 있는 점이라든가 동법 제30조 등에서 보조금교부결정의 취소규정을 두고 있는 점에 비추어 동법상의 보조금의 지급결정은 행정행위라고 할 것이다. 왜냐하면 당사자의 공법상 계약이라면 법률에서 그와 같은 협력의무라든가 교부결정의 취소 등에 관한 규정을 명시적으로 할 필요가 없기 때문이다. 행정행위 중에서도 신청을 요하는 행정행위 내지 상대방의 협력을 요하는 행정행위라고 할 것이다.

---

21) 이상규, 신행정법론(하), 법문사, 1997, 460면. 한편 한견우 교수는 보조금의 교부결정은 가행정행위라고 보고, 보조금의 예산 및 관리에 관한 법률 제28조의 규정에 의한 보조금의 확정을 본행정행위로 보고 있으나, 동법 제28조는 보조사업을 완료한 때 등 실적보고를 하는 경우에 보조금의 금액을 확정하는 것이므로 이를 본 행정행위로 보고 보조금교부결정을 가행정행위로 보는 견해에 쉽게 수긍이 가지 않는다.

3. 남녀고용평등법상의 보조금교부결정의 법적 성질

남녀고용평등법에 있어서도 보조금지급을 행정행위의 방식으로 하도록 법률에는 명기되어 있지 않고 있으므로, 행위 선택의 자유가 인정된다고 할 것이다. 그러나 동법 제21조 제2항에서 보조금교부결정의 전부 또는 일부를 취소하고 교부된 보조금의 전부 또는 일부를 반환하도록 명할 수 있다고 규정하고 있는 점에 비추어 볼 때 간접적으로 보조금 지급을 앞서 살펴본 보조금의 예산 및 관리에 관한 법률과 마찬가지로 행정행위로 발하는 것을 예상하고 있다고 보여진다. 노동부의 직장보육시설국고보조지침(노동부예규 1997. 12)에 의하면 지방노동관서의 업무관장중에 1. 보조금 교부신청이 접수 및 교부결정, 2. 보조금교부결정의 취소를 정하고 있기 때문에 행정행위인 교부결정방식으로 보조금을 지급하는 것이 일반적인 방식이라고 할 것이다.

V. 보조금지급결정취소의 법적 문제

1. 보조금지급결정취소의 법적 성질

가. 보조금의 예산 및 관리에 관한 법률의 관련규정

먼저 보조금지급결정취소의 법적 성질을 논하기 앞서 보조금법의 제 규정을 살펴보는 것이 필요하다. 보조금의 예산 및 관리에 관한 법률 제30조(법령위반 등에 의한 교부결정의 취소) 제1항에서는 "중앙관서의 장은 보조사업자가 보조금을 다른 용도에 사용하거나 법령이 규정, 보조금의 교부결정의 내용 또는 법령에 의한 중앙관서의 장의 처분에 위반한 때 및 허위의 신청이나 기타 부정한 방법으로 보조금의 교부를 받은 때에는 보조금의 교부결정의 전부 또는 일부를 취소할 수 있다"고 규정하고 있으며, 제2항에서는 "중앙관서의 장은 간접보조사업자가 간접보조금을 다른 용도에 사용하거나 법령의 규정에 위반한 때에는 보조사업자에 대하여 그 간접보조금에 관련된 보조금에 대한 교부결정의 전부 또는 일부를 취소할 수 있다"고 규정하고 있다.

또한 동법 제35조에서는 재산처분의 제한에 관한 규정을 두고 있는바, "보조사업자는 보조금에 의하여 취득하거나 그 효용이 증가된 것으로서 대통령령이 정하는 중요한 재산은 당해 보조사업을 완료한 후에 있어서도 중앙관서의 장의 승인없이 보조금의 교부목적에 위배되는 용도에 사용하거나 양도, 교환 또는 대여하거나 담보에 제공하여서는 아니된다. 다만 대통령령으로 정하는 경우에는 예외로 한다"고 규정하고 있고, 동법 시행령 제16조 제2호에서 법 제35조 단서의 규정에 의하여 "재산처분의 제한을 받지 아니하는 경우는 보조금의 교부목적과 당해 재산의 내용연수를 참작하여 중앙관서의 장이 정하는 기간을 경과한 경우"로 하고 있기 때문에 보조금에 의하여 건축한 보육시설은 처분제한기간인 10년을 경과한 경우에는 동법의 규정에 따라 처분에 아무런 제한을 받지 않고 처분할 수 있으나, 그 전에 타에 일방적으로 처분하였을 경우에는 보조금 교부결정의 취소 또는 철회의 문제가 발생한다.

이와 관련하여 동법 제21조에서 사정변경에 의한 교부결정의 취소에 관한 규정을 마련하고 있는바, 여기서 말하는 취소는 철회의 의미로 파악된다. 동조 제1항을 보면 "중앙관서의 장은 보조금의 교부를 결정한 경우에 있어서 그후에 발생한 사정의 변경으로 특히 필요하다고 인정할 경우에는 보조금의 교부결정의 내용을 변경하거나 그 교부결정의 전부 또는 일부를 취소할 수 있다. 다만, 이미 수행된 부분의 보조사업에 대하여는 그러하지 아니하다"라고 규정하고 있어 특히 단서가 이미 수행된 부분이 있을 경우에는 그 부분을 빼고 철회하여야 하는 것을 밝히고 있는 의미 있는 규정이라고 할 것이다.

나. 직권취소인가 철회인가

행정행위의 직권취소와 철회의 상위개념으로서의 폐지(Aufhebung)를 들고 있다.[22] 이와 같은 폐지는 다음 2가지 형태로 나타난다. 하나는 시민이 이니셔티브

---

22) 홍정선, 행정법원론(상), 2003, 341면: 홍준형, 행정법총론, 2001, 327면. 그러나 우리 언어의 취소는 두 가지 의미를 내포하고 있다고 본다. 직권취소와 철회를 포함하는 의미에서 독일어의 폐지(Aufhebung)에 해당하는 것을 의미한다. 최광의로 이해하면 쟁송취소까지 포함하는 의미가 된 것이다. 따라서 독일어의 Aufhebung을 우리말로 폐지라고 번역하면 그 의미전달이 쉽지 않다. 취소라고 번역하는 것이 더 적절하지 않을까 생각한다. 실정법에도 취소라는 표현을 사용하여 좁은 의미의 취소와 철회를 포함하기도 한다. 그런데 엄밀히 하려면 취소와 철회를 구분하는 것이 필요하다. 행정행위 성립당시의 적법성과 위법성이 좁은 의미의 취소인 직권취소와 철회의 개념구분의 징표라고 할 수 있다. 그 법적효과가 과거에 소급하는가 장래를 향하여 효력을 미치는가는 양개념의 구별에 있어 본질적인 징표는 아니라고 할 것이다. 취소와 철회의 법적 효과는 입법 여하에 따라 상대적이라고 말할 수 있다.

를 쥐고 행하는 것으로 먼저 행정청에 대하여 행정심판을 제기하거나 취소, 철회의 신청을 하는 방식이 있을 수 있다. 또 하나는 법원을 통하여 취소소송을 제기하는 것이 그것이다. 다른 하나는 행정청이 이니셔티브를 쥐고 행하는 직권취소와 철회가 있다. 다만 양자는 행정행위의 효력을 상실하는 또 다른 새로운 행정행위를 발한다는 의미에서 이를 폐지 내지 취소라는 의미로 파악할 수 있다. 폐지(취소)를 다시금 수익적 행정행위의 직권취소(Rücknahme)와 철회(Widerruf)로 구분할 수 있으며, 행정행위의 성립당시에 위법적 행위의 효력을 상실하게 하는 경우는 직권취소, 행정행위의 성립당시의 적법한 행위의 폐지(취소)는 철회라는 개념으로 분류가 가능하다.23)

　　학자에 따라서는 철회와 직권취소가 행정목적실현을 위한 행정개입수단으로 비슷한 성질을 가지기 때문에 이를 구별하는 데 큰 의미가 반감되고 있다고 보는 견해24)도 있으나, 행정행위의 직권취소는 흠의 시정에, 철회는 변화된 사정에의 적합을 지향한다는 점25)뿐만 아니라 행정의 법률적합성에 기초하고 있는 행정행위의 취소와 행정의 공익실현이라는 목표를 지향하는 행정행위의 철회는 법적 효과를 달리하므로 개념상 명확히 구별할 실익이 있다고 할 것이다.26)

---

23) 취소와 철회의 법령상의 용례가 다양하다. 가령 농지법(2002. 12. 30. 법률 제 6841호)에서는 허가의 경우에는 취소를, 신고의 경우에 철회를 사용하는 방식으로 구분하기도 한다. 제41조(전용허가의 취소등) 농림부장관, 시장군수 또는 자치구구청장은 제36조 제1항의 규정에 의한 농지전용허가 또는 제38조의 규정에 의한 농지의 타용도 일시사용허가를 받았거나 제37조 또는 제45조의 규정에 의한 농지전용신고를 한 자가 다음 각호의 1에 해당하는 경우에는 농림부령이 정하는 바에 의하여 허가를 취소하거나 관계공사의 중지, 조업의 정지, 사업규모의 축소 또는 사업계획의 변경 기타 필요한 조치를 명할 수 있다. 다만, 제6호에 해당하는 경우에는 그 허가를 취소하여야 한다. 〈개정 1996. 8. 8, 2002. 1. 14〉
　1. 사위 기타 부정한 방법으로 허가를 받거나 신고를 한 것이 판명된 경우
　2. 허가의 목적 또는 조건을 위반하거나 허가 또는 신고없이 사업계획 또는 사업규모를 변경하는 경우
　3. 허가를 받거나 신고를 한 후 농지전용 목적사업과 관련된 사업계획의 변경 등 대통령령이 정하는 정당한 사유없이 2년 이상 대지의 조성, 시설물의 설치 등 농지전용목적사업에 착수하지 아니하거나 농지전용목적사업에 착수한 후 1년 이상 공사를 중단한 경우
　4. 농지조성비를 납입하지 아니한 경우
　5. 허가를 받은 자 또는 신고를 한 자가 허가의 취소를 신청하거나 신고를 철회하는 경우
　6. 허가를 받은 자가 관계공사의 중지 등 이 조 본문의 규정에 의한 조치명령을 위반한 경우
24) 서원우, 현대행정법론(상), 1993, 485면; 박윤흔, 최신행정법강의(상) 1996, 428면.
25) 김남진, 행정법 I, 1992, 339면.
26) 김용섭, 행정판례평석, 2003, 339면.

여기에서의 보조금지급결정의 취소가 직권취소에 해당하는지 아니면 철회에 해당하는지 그 법적 성질을 둘러싸고 논란이 제기될 수 있다. 양자의 구별실익은 무엇보다 소급효 여부와 관련된다.[27] 행정행위의 취소는 주로 수익적 행정행위의 직권취소가 철회와 관련하여 문제가 되는데 일단 유효하게 발령된 행정행위를 처분청이나 감독청이 행정행위의 성립당시에 위법 또는 부당한 하자가 있음을 이유로 하여 직권으로 그 효력을 소멸시키는 것을 말한다. 이에 반하여 행정행위의 철회는 적법요건을 구비하여 그 효력을 발하고 있는 행정행위를 사후적으로 그 행위의 효력의 전부 또는 일부를 장래를 향하여 효력을 소멸시키는 원래의 행정행위와 독립된 별개의 행정행위를 말한다. 따라서 수익적 행정행위의 직권취소는 성립당시에 하자가 있는 것이고, 철회 사유는 행정행위가 흠이 없이 성립된 후에 새로 발생한 것으로서 행정행위의 효력을 존속시킬 수 없는 부담의 불이행, 사정변경, 법령위반 등의 사유를 말한다.

그런데 이와 같은 준별론에 대하여 행정행위의 취소와 철회의 상대화를 주장하는 견해가 있다.[28] 논의의 출발점을 "행정행위의 취소가 상대방의 신뢰보호 등을 이유로 그 행사가 제한되는 경우에 그 취소가 불허된다면 때에 따라서는 당해 처분의 철회는 허용되지 않느냐"는 문제의식으로부터 비롯되고 있다. 그러나 물론 직권취소와 철회의 상대성이 입법과정에서 명확하게 하지 않아 발생하는 측면은 있으나, 개념상으로는 명확하게 구분될 수 있다고 할 것이며, 다만 철회의 소급효가 인정될 필요성이 있는 것이 아닌가, 그리고 당초 행정행위의 발령 당시에는 적법하였으나, 그 후에 위법하게 된 경우에 이를 어떻게 법적으로 처리할 것인가의 문제만 별개의 문제라고 할 것이다. 위법한 행위에 대하여도 신뢰보호가 인정되는데 하물며 적법한 행위에 대하여는 말할나위 없이 신뢰보호의 원칙이 더욱 보장된다고 보아야 할 것이고, 위법한 행정행위가 신뢰보호가 인정되어 취소되지 않는데도 불구하고 철회를 허용한다는 것은 쉽게 생각할 수 있는 경우가 아니라고 보여진다. 또한 위법한 행정행위에 대하여 철회를 할 수 있는가의 문제

---

27) 민법학에 있어서 취소와 철회를 개념상 구분하고 있는바, ─행정행위의 취소와 철회의 개념과는 다소 다르지만─취소는 이미 발생하고 있는 법률행위의 효력을 소급적으로 소멸케 하는 데 반하여, 철회는 법률행위의 효력이 발생하기 전에 그 발생을 저지하는 의미로 이해하고 있다.

28) 김병기, "수익적 행정행위의 철회의 법적 성질과 철회사유", 행정판례연구 Ⅸ, 2004, 86면 이하.

는 위법한 시점이 언제인가부터 논해야 할 것인바, 당초부터 행정행위의 발령시에 위법한 경우라면 취소가 허용되는 것이고, 당초에는 적법하였으나 후발적으로 위법하게 된 경우에 이를 어떻게 처리할 것인가의 문제인데, 이 경우에는 위법하게 된 시점을 중심으로 파악할 것인가 아니면 당초 행정행위의 성립당시를 중심으로 파악할 것인가에 따라 법적 접근이 달라진다고 할 것이고, 개념적으로 성립당시의 위법한 행정행위에 대하여 철회를 하는 경우는 쉽사리 상정될 수 없는 것이 아닌가 여겨진다.

또한 이론상 계속적인 법률관계에 있어서 취소의 소급효 제한의 문제[29]라든가 철회에 있어서 소급효를 인정할 것인가의 문제가 제기된다고 할지라도 직권취소, 철회의 개념상의 구분을 상대화할 것은 아니고, 그 법적 효과가 상대화되는 것에 불과하다고 볼 것이다. 즉 취소는 성립당시의 원시적 하자로 인한 것을 원칙적으로 당초의 성립시로 돌아가서 무효로 시키려는 것이고, 철회는 성립당시에는 적법하지만 그 후의 사정변경 등으로 인하여 행정행위를 계속 유지할 수 없는 경우에 장래를 향하여 효력이 발생하지 않도록 하는 독립된 행정행위로 파악하고, 법령에 규정이 있는 경우에는 예외적으로 소급효가 인정되는 제도로 이해하면 큰 문제가 없다고 보여진다.

대법원 2003. 5. 30. 선고 2003다6422 판결의 구체적 부분에 있어서는 더 논의할 부분이 있지만, 기본적으로 종래의 통설적인 직권취소와 철회의 개념구분을 충실히 따른 결정이라고 할 것이다. 즉 대법원은 행정청이 종교단체 대하여 기본재산전환인가를 함에 있어 부가한 인가조건이 취소사유인지 철회사유인지의 판단기준과 관련하여 "행정행위의 취소는 일단 유효하게 성립한 행정행위를 그 행위에 위법 또는 부당한 하자가 있음을 이유로 소급하여 그 효력을 소멸시키는 별도의 행정처분이고, 행정행위의 철회는 적법요건을 구비하여 완전히 효력을 발휘하고 있는 행정행위를 사후적으로 그 행위의 효력의 전부 또는 일부를 장래에 향해 소멸시키는 행정처분이므로, 행정행위의 취소사유는 행정행위의 성립당시에 존재하였던 하자를 말하고, 철회사유는 행정행위가 성립된 이후에 새로이 발생한

---

29) Vgl. Stelkens/Bonk/Sachs, Verwaltungsverfahrengesetz Kommentar, 6. Aufl., 2002, §48 Rn. 65: 위 코멘타르에서 행정행위가 성립 당초에는 위법하였으나, 사실적·법적 상황이 변경되어 나중에 적법하게 된 경우에는 일반적으로 수익적 행정행위의 직권취소는 비례원칙에 반하기 때문에 재량하자가 있는 것으로 파악하고 있다.

것으로서 행정행위의 효력을 존속시킬 수 없는 사유를 말한다.”고 판시한 점을
다시금 상기할 필요는 없다고 본다.

다. 행정행위의 성립당시에는 적법하지만, 후발적으로 위법하게 된 경우

이 경우에는 행정행위의 성립당시인 처분시를 중심으로 하면 적법하기 때문
에 철회의 사유가 되는 데 반하여, 그 후의 사정을 감안하여 종래의 행정행위를
유지하는 것이 위법하게 된 경우에는 새로운 처분을 하는 시점을 중심으로 파악
할 때 위법하게 된 것이기 때문에 이 경우에 과연 취소하여야 하는가 아니면 철
회하여야 하는가 논란이 제기될 수 있다. 원칙적으로 위법성의 판단시점은 원래
의 행정행위를 발하는 시점을 중심으로 판단하여야 한다. 그러나 처음에는 적법
하였는데, 사후적으로 위법하게 된 경우에 어느 시점을 위법성 판단 척도로 하는
가에 따라 취소할 것인지 아니면 철회를 할 것인지 달라진다고 볼 것인가 성립당
시를 중심으로 한다면 철회할 수밖에 없고, 후발적인 상황을 고려하여 위법하게
되었다는 시점을 기준으로 본다면 취소할 수밖에 없게 된다. 문제는 행정행위의
성립당시에 적법하기만 하면 철회가 가능한 것은 아니라 성립당시에 적법하였지
만 그대로 유지하는 것이 위법하게 되었다면 그 위법하게 된 시점 이후에는 법치
행정의 원리에 따라 취소를 할 수 있다고 보아야 하고, 그 취소의 효과는 원래 행
정행위를 발한 시점으로 돌아가는 것이 아니라 위법하게 된 시점으로 돌아가는
데 그친다고 해석하는 것이 적절하다고 할 것이다. 만약에 이 경우에 철회이론을
가지고 접근한다면 소급효를 인정하는 규정이라든가 소급효를 인정하는 이론적
토대가 마련되어야 가능할 것이다. 그렇기 때문에 이러한 경우에 비록 취소라고
보더라도 이를 처음으로 소급하는 것이 아니라는 점에서 원래의 취소와 다른 것
이고, 이 경우를 철회로 본다면 기본적으로 철회의 효력은 장래를 향하여 효력이
있으므로 철회한 시점부터 종전의 행정행위의 효력이 없게 되는 결과가 된다. 이
러한 문제를 해결하기 위하여 일률적으로 철회, 취소의 위법성 판단시점을 폐지
결정시로 하면서 이를 위법한 행정행위의 철회로 보는 관점은 문제를 더욱 복잡
하게 할 가능성이 있다고 본다.[30]

독일 만하임대학의 소수설의 대가인 Schenke[31] 교수에 의하여 촉발된 논쟁

---

30) 김병기, 앞의 논문, 86면 이하.
31) Schenke-Baumeister, Jus, 1991, 547.

은 행정절차법 제48조와 관련된 것으로 위법성의 문제의 판단을 위해서 행정행위
의 발령의 시점을 중심으로 판단할 것인가 아니면 행정절차법 제48조의 규정을
역시 결정의 유지하는 것이 위법하게 된 상황이 도래하였을 때에도 적용될 수 있
는가 하는 문제와 관련된다.[32] 그러나 이 문제에 대하여 독일에서는 이론적으로
그 해결이 된 것이 아니고, 독일의 판례[33]상으로 최근에 사후적으로 소급하여 위
법하게 된 행정행위를 행정절차법 제48조 직권취소의 규정을 적용하여 해결하고
있다,

2. 행정행위 철회의 소급효인정 문제

가. 학설 대립

국내의 이론에 의하면 철회의 효과와 관련하여 기본적으로 철회의 경우에
장래에 향하여 효력이 있는 것으로 이해한다. 여기에서 더 나아가 철회의 효과를
"항상, 언제나" 장래를 향하여 효력이 있다는 식의 예외를 인정하지 않는 극단적
표현이 국내교과서[34]에서 쉽게 발견할 수 있다. 그런가 하면 철회의 효과는 장래
에 향해서만 발생함이 원칙이나, 그 소급효를 인정하지 않으면 철회의 의의가 없
게 되는 경우에는 예외적으로 그 소급효를 인정하여야 하는 경우도 있다고 설명
하면서 가령 행정행위에 의하여 보조금이 지급된 경우에, 그 상대방의 부담 또는
법령상의 의무위반으로 인하여 그 지급결정을 취소하는 경우를 들고 있는 견해도
있다.[35] 생각하건대 철회의 법적 효과에 관하여는 기본적으로 장래에 향하여 효
력이 있는 것으로 파악하고 명시적으로 소급효를 인정하는 법령의 규정이 있는
경우라든가 해석을 통하여 소급효를 인정할 수 있는 특수한 경우에 철회의 소급
효를 인정하는 것이 바람직하다고 본다. 이와 관련하여 독일에 있어서는 입법적
으로 과거를 향하여 효력을 갖는 철회를 명문화하였다.

32) Alfred Dickersbach, Die Entwicklung des Subventionsrechts seit 1984, NVwZ 851.
33) Vgl BVerwGE 82, 98, 99; 84, 114, 113f.
34) 가령 홍정선, 행정법원론(상), 2003, 357면, "행정행위의 철회의 효과는 언제나 장래적이다"
라고 되어 있으며, 유지태, 행정법신론, 2003, 199면. "철회의 효력은 그 성질상 소급할 수
없고, 항상 장래에 향해서만 발생한다"고 되어 있는 것이 그 단적인 예이다.
35) 김동희, 행정법 I, 2001, 330면.

나. 독일에서의 논의

독일의 경우에는 철회에 관하여 연방행정절차법 제49조[36]에서 규율을 하고 있었으나, 보조금지급결정의 직권취소 및 철회의 허용성과 전제조건, 그리고 보조금지원금액의 반환과 이자와 관련하여 현존하는 의문시 되는 문제를 해결하기 위해서 독일에서는 1980. 7. 14. 연방예산법(BHO)에 보조금지급의 철회의 가능성을 보다 쉽게 하기 위하여 새로이 제44조a를 도입하였다.[37] 사실 1976. 5. 25. 시행된 독일연방행정절차법 제49조 제2항에서는 철회가 장래를 향해서만 가능하였기 때문에 보조금의 지원을 위해서 행정절차법의 적용을 배제하는 특별한 규정이 필요하였던 것이다. 그러나 그와 같은 연방예산법이 있기 전에도 연방행정법원

---

36) Vgl. Rolf Schmidt/Stephanie Seidel, Allgemeines Verwaltungsrecht, 2000, S. 134-135. 독일 연방행정절차법 제49조에 규율하고 있는 철회의 의미와 철회사유: 독일의 경우에도 철회는 적법한 행정행위의 폐지이다. 행정청은 사실적 상황과 법적 상황이 변화되어 행정행위가 현재 더 이상 발해질 수 없게 된 때에는 철회가 고려되어진다. 행정절차법 제49조는 적법한 부담적 행정행위와 적법한 수익적 행정행위로 구분하여 규율하고 있다. 적법한 부담적 행정행위(행정절차법 제49조 제1문)의 철회는 존속력이 발생한 후에 있어서도 아무런 문제 없이 가능하다. 여기에서는 행정청이 재량하자 없이 행동하기 위하여 행정행위를 취소해야만 하는 한 재량이 수축될 수 있다.

주로 여기서 논의되는 문제는 행정절차법 제49조 제2항의 규정에 의한 행정청의 재량에 속하는 적법한 수익적 행정행위의 철회에 있어 행정절차법 제49조 제2항 제1문 1호 내지 5호에서 말하는 철회근거가 필요하다. 법령에서 허용되거나 행정행위에 철회권이 유보된 경우(1호), 부담의 불이행 (2호), 이 경우는 그 밖에 행정행위와 결부된 본질적인 의무를 충족하지 아니한 경우 유추적용될 수 있다. 2호에 따른 철회는 비례의 원칙에 따라 최종적인 경우에만 허용된다. 즉 행정청은 우선 경고라든가 기한을 설정하는 등 부담의 이행을 관철하는 것을 시도하여야 한다. 새로운 사실과 법적상황의 변경(3, 4호), 공공복리에 대한 중대한 손해(5호). 이는 일반규정으로 중요한 일반적 공익의 위협뿐만 아니라 개별적인 생명과 건강의 중대한 위협 또는 침해의 경우도 해당된다. 이 경우에도 비례성의 원칙이 적용된다. 공익에 대한 침해는 철회를 통하여 효과적으로 배제되기보다는 보다 부드러운 방법으로 배제되어야 하기 때문이다. 동조 5호의 경우에도 2호의 경우와 마찬가지로 최종적일 경우에 한하여 철회가 가능하다. 행정절차법 제49조 제2항에서 말하는 철회의 효과는 장래를 향하여 효력이 있다.

37) 독일연방예산법(BHO) 제44조 a: (1) 보조금교부결정에 명확히 한 지급목적에 위반되어 사용되거나 보조금교부와 결부된 부담을 이행하지 않거나 보조금 수령자에게 설정한 기간 내에 이행하지 아니하는 경우에 보조금지급결정은 전부 또는 일부가 장래 또는 과거를 향해 철회되어질 수 있다. 목적에 합치하지 아니한 사용은 지원이 제시된 목적을 위해 사용하지 않거나 더 이상 지급된 후 그 목적을 위해서 사용되지 않았을 때에도 목적에 위반된 것으로 본다. (2) 보조금지급결정이 제1항에 따라 철회되거나 그 밖의 법규명령에 따라 과거로 소급하는 내용으로 취소, 철회, 해제조건의 성취에 따라 무효가 되면, 보조금은 반환되어야 한다. -이하 생략-

1983. 2. 11. 궤도접속 판결38)에서는 보조금지급목적에 위반되어 보조금이 사용된 경우에 보조금지급결정의 철회가 과거를 향한 철회가 허용되지 않는 것은 아니라는 취지의 판결을 내놓았다. 그 이유는 지원급부의 종국적인 유지를 위한 법적근거가 기초가 되는 교부결정에 있는 것이 아니라 목적에 적합한 보조금의 사용에서 파악하기 때문이다. 다시 말하여 연방행정재판소는 비록 철회가 일반적으로 장래를 향하여 효력이 있다고 할지라도 보조금의 특정목적을 충족하지 아니하는 것이 철회의 근거가 되고 이러한 철회는 반환청구권을 발생한다고 판시하였던 것이다. 이러한 연방행정법원의 판결은 재판적 방법으로 일반행정법의 문제를 해결하여 입법자를 통하지 않고 해결을 하여 다방면에서 좋은 반향을 불러일으켰으며, 보조금에 있어서 보조금교부목적이 대단히 중요하다는 것을 일깨워준 판결이다.39) 따라서 입법자들이 독일연방예산법을 서두를 필요가 없었던 것이고 연방행정법원의 유명한 궤도접속(Gleisanschluß) 판결40)에 의하면 독일연방예산법은 여분(überflüssig)의 것으로 파악되었다.

여기서 더 나아가서 종전의 행정절차법 제49조의 철회규정으로부터는 행정절차법 제48조 제2항 5문에서와 같은 어떠한 반환청구권이 인정되지 아니한다. 그러나 도입된 연방예산법 제44조 a가 사실관계를 배타적으로 규율하지 않기 때문에 행정절차법 제48조의 규정으로 되돌아오게 되고, 그 결과 모든 규정이 선택적 또는 병존적으로 서로 적용될 수 있게 되었다. 이것이 취소(폐지)절차의 복잡성을 초래하였다. 몇몇 주가 1988년에 연방정부에 의하여 도입된 행정절차법의 개정 초안을 고려하면서 연방예산법 제44조 a의 규정을 확장된 형태로 특히 좁은 의미의 보조금에 한정하지 아니하고 해제조건에 의하여 효력이 없게 되는 결정에 이르기까지 일반행정절차법에 떠안기로 하고, 1996년 5월 2일의 행정법적 규정의

---

38) NVwZ 1984, 36=DVBl 1983, S. 810.

39) Jürgen Gündish, Die Enrwicklung des Subventionsrechts 1980 bis 1983, S. 494.

40) BVerwG, Urteil vom 11. 2. 1983: [사실관계] 연방교통부장관은 기업에 연결교통 및 궤도접속교통의 촉진을 위하여 궤도접속시설을 위하여 반환의무없는 지원금을 교부하였다. 그런데 보조금결정후 6년이 되자 보조금을 수령한 기업이 공장가동을 중단하였다. 연방교통부장관은 보조금목적이 없어진 것으로 보고 보조금은 안분(anteilig)하여 반환을 요구하였다. [판결요지] 특정의 목적을 위한 지원조건에 따라 보조금지침에 근거한 연방보조금이 교부된 경우에는 이러한 목적을 충족하지 않기 때문에 철회되어지며, 따라서 비록 철회가 비로서 그 발령 시점부터 효력을 발하고 과거를 향하여 효력을 발생하지 않는다고 할지라도 철회를 통하여 보조금의 유지필요성(Behaltendürfen)을 위한 법적 근거가 없어졌기 때문에 반환청구권이 발생된다.

변경을 위한 법률을 통하여 연방예산법 제44조 a를 폐지하고 행정절차법 제49조
에 제3항을 보완하였다. 아무튼 연방예산법을 통하건 이를 흡수한 행정절차법에
의하든 독일에 있어서는 목적에 합치하게 보조금이 집행되지 아니하는 경우에 소
급하여서라도 이를 반환시키려는 당국의 정책적 의지를 엿볼 수 있다.

이러한 새로운 행정절차법 제49조 제3항은 일회적 또는 계속적인 금전급부
또는 가분적 급부를 허용하거나 이를 위해 특정한 요건의 존재에 있어서 행정절
차법 제49조 제2항과는 대조적으로 과거를 위해서도 적용되도록 하였기 때문에
금전급부나 물적 급부도 소급적으로 반환될 수 있도록 하였다.

이 규정을 요약하건대 급부를 보장하거나 이에 관한 요건을 갖는 행정행위
의 소급적 무효에 있어서 수익자의 반환의무 및 이자지급의무에 관한 모든 규율
을 내포하고 있다. 따라서 이제 금전 및 대물급부를 지향하면서 취소 및 철회할
수 있는 행정행위의 반환 및 이자에 대한 모든 문제를 행정절차법의 규율을 통하
여 통일적으로 다룰수 있게 되었다.

다. 실정법적 검토

이 사건에 있어서는 직장보육시설에 지급된 보조금이 보조금의 예산 및 관
리에 관한 법률 제30조 등을 근거로 하여 보조금지급결정을 취소한 사안이다. 보
조금 반환을 위한 전제로서 직권취소의 경우에는 소급효를 인정하는 데 큰 어려
움이 없는데 반해, 철회의 경우에는 일반적으로 소급효가 인정되지 아니하므로
어떤 근거로 기 지급된 보조금의 반환을 하여야 하는가의 문제를 이론적으로 먼
저 해결하여야만 한다. 철회사유가 있는 경우에도 보조금의 반환의 문제를 철회
의 일반이론으로 해소하려 했다면, 소급효가 인정되지 아니하게 되므로 법적 성
질이 서로 사뭇다른 직권취소와 철회를 한꺼번에 취소라는 카테고리 속에 일률적
으로 입법화 하지는 않았을 것이라고 사료된다. 더구나 전형적인 철회의 사유에
해당하는 사정변경을 이유로 한 취소의 경우를 동법 제21조에서 별도로 규정하고
있다는 점에 비추어 보아도 그렇다. 따라서 보조금의 예산 및 관리에 관한 법률
제30조에서 법령위반 등에 의한 교부결정의 취소의 경우에는 철회사유가 있는 경
우에도 직권취소의 경우처럼 동일하게 보려는 입법의도가 있는 것으로 보는 것이
타당할 것이다. 그렇기 때문에 보조금의 예산 및 관리에 관한 법률에 규정된 보
조금지급결정취소의 규정이 철회를 포함하는 것으로 소급효를 인정한 특별한 규

정으로 이해할 수 있다고 보여진다. 보조금의 취소의 근거 중의 하나인 보조금지급목적에 위반되어 사용된 경우라든가 보조금지급 조건을 충족하기로 하고서는 이를 이행하지 아니한 경우인데, 이러한 경우에는 보조금 지급결정의 위법성을 가져오는 것은 아니고 철회사유가 되는 데 불과하기 때문에, 엄밀히 말하여 행정법이론상으로는 철회로 해결해야 하는데, 철회는 일반적으로 소급효가 인정되지 않는 것으로 파악하기 때문에 적어도 이 사건에 있어서 직장보육시설설립을 위한 보조금의 반환을 요구하는 것이 정당화되는 것은 실정법의 규정이 있기 때문에 가능한 것으로 이해할 수밖에 없다고 본다.

3. 일부취소(철회)의 문제

일부취소(철회)의 문제가 야기되는데, 이건 사안에 있어서는 일부취소할 사안인가에 대하여는 논란의 여지가 있다. 민법학에서도 일부취소에 관한 논의가 대두되고 있으나 행정법적으로는 복수 운전면허취소에 관한 대법원판결과 부관의 취소가능성과 관련하여 일부취소의 문제가 제기되고 있다. 우리 교과서의 일부에서는 일부취소에 관하여 간단히 언급하고 있다.[41] 민법학에 있어서 법률행위의 일부를 취소하기 위해서는 첫째, 일체로서의 법률행위일 것, 둘째, 가분적일 것, 셋째, 그 법률행위의 일부에 취소사유가 존재할 것, 넷째, 나머지 부분을 유지하려는 당사자의 의사가 있어야 할 것을 드는 것이 일반적인데, 다만, 네 번째 요건에 관하여 견해의 대립이 있다.[42] 이와 관련하여 대법원 1999. 3. 26. 선고 98다56607 판결에서 "하나의 법률행위의 일부분에 취소사유가 있는 경우에 그 법률행위가 가분적이거나 그 목적물의 일부가 특정될 수 있다면 그 나머지 부분이라도 이를 유지하려는 당사자의 가정적 의사가 인정되는 경우 그 일부만의 취소가 가

---

41) 가령 박균성, 행정법론(상), 2004, 309면: 박 교수는 행정행위가 나누어질 수 있는 경우에는 일부취소가 가능하다고 하면서 건물 전체에 대한 철거명령 중 건물 일부에 대한 부분만을 취소할 수 있다는 예를 들고 있다. 그런가 하면 홍정선, 행정법원론(상), 2003, 347면: 홍 교수는 법효과가 다수이고, 행정행위의 법효과를 분리하는 것이 가능한 경우에는 침익적 부분은 침익적 행위의 취소의 원리에 따라 그리고 수익적 부분은 수익적 행위의 취소의원리에 따라 일부취소가 가능하다고 본다고 설명하고 있는바 복효적 행정행위의 경우를 예를 들어 설명하고 있다. 두 분 교수의 입장은 일부취소에 있어서 가분적일 것이라는 하나의 요건만을 들고 있다는 점에서 공통적이다.

40) 가령 지원림, 민법강의, 2002, 330면, 김용담 대법관은 긍정설, 이영준 변호사는 부정설로 소개되어 있다.

능하고, 또 그 일부의 취소는 법률행위의 일부에 관하여 효력이 생긴다고 할 것이나, 이는 어디까지나 어떤 목적 혹은 목적물에 대한 법률행위가 존재함을 전제로 한다"고 판시하고 있다.

행정법학에 있어서 일부취소의 법리가 확립된 것은 아니나, 복수운전면허취소와 관련하여 "외형상 하나의 행정행위라고 할지라도 가분성이 있거나 그 처분 대상의 일부가 특정될 수 있다면 그 일부만의 취소도 가능하고 그 일부의 취소는 당해 취소부분에 관하여 효력이 생긴다고 할 것이다"라고 판시하고 있는 대법원 1995. 11. 16. 선고 95누8850 판결[43]이 일부취소와 관련한 중요한 연결점을 제공하고 있다.

이와 같은 복수운전면허와 관련한 일부취소가능성의 문제는 가분적인 경우 뿐만 아니라 일부가 특정될 수 있는 경우에는 나머지를 유지하려는 당사자의 의사를—가정적일 수 있겠지만—따로 고려하지 않고 일부취소가 가능한 것처럼 판시하고 있다. 생각하건대, 행정행위의 가분성과 관련하여 보다 중요한 것은 취소에 의하여 영향을 받지 않고 남아있는 부분이 그 자체로 가능하고 의미있는 규율이라고 하는 것이 전제되어야 할 것이다.[44] 이것은 적어도 행정행위에 결합된 여러 가지 규율이 있을 때 논의가 되는 것이다. 예를 들면, 특히 부관부 행정행위에 있어서 문제가 된다. 일반적으로 부담의 경우에는 분리가능하지만 조건, 기한 등의 부관의 경우에는 독립성이 없기 때문에 이를 분리할 수 없다고 보여진다. 필자는 부관의 일부취소와 관련하여 다음의 세 가지 요건을 충족시켜야 하는 것으로 보았다. 즉 (1) 가분적일 것, (2) 나머지 부분이 독자적 의미를 지닐 것, (3) 문제가 되는 부관없이도 본체인 행정행위를 발령하였어야만 하였을 것을 요건으로 보았다.[45] 그러나 보조금에 관하여 일부취소(철회)를 하기 위해서는 적어도 (1) 가분적일 것, (2) 나머지 부분이 독자적 의미를 지닐 것을 요건으로 한다고 할 것

43) 그 대법원판결에서는 제1종 보통, 대형 및 특수 면허를 가지고 있는 자가 레이카크레인을 음주운전한 행위는 제1종 특수면허의 취소사유에 해당될 뿐 제1종 보통 및 대형 면허의 취소사유는 아니므로, 3종의 면허를 모두 취소한 처분 중 제1종 보통 및 대형 면허에 대한 부분은 이를 이유로 취소하면 될 것이나, 제1종 특수면허에 대한 부분은 원고가 재량권의 일탈·남용하여 위법하다는 주장을 하고 있음에도, 원심이 그 점에 대하여 심리·판단하지 아니한 채 처분 전체를 취소한 조치는 위법하다고 하여 원심판결 중 제1종 특수면허에 대한 부분을 파기환송한 바 있다

44) Richter/Schuppert, Casebook Verwaltungsrecht, 1995, S. 191.
45) 김용섭, "행정행위의 부관에 관한 법리", 행정법연구, 1998, 참조.

이다. 규율의 대상이 양적으로 확정될 경우로서 특정한 금전액수 또는 특정한 기간에 해당되므로 급부 또는 효력의 양적인 구분이 가능한 경우에는 일부취소(Teilaufhebung)를 할 수 있다고 본다.[46]

더구나 보조금의 지급결정을 3차례에 분리하여 지급한 사실은 있으나, 전체적인 금액으로 그 처분제한기간의 효력은 10년으로 한정된 점 등을 고려하면 보조금이 직장보육시설건립을 위하여 정상적으로 지급된 것으로 이미 건물을 신축하는 과정에 투입되었으며, 실제로 운영하는 가운데 지급된 운영 보조금에 대하여는 이를 취소하지 아니하였지만, 건물의 신축을 위해 지급된 금원은 노동부장관이 승인없이 10년간 처분할 수 없도록 처분제한을 둔 것은 국고보조사업의 계속성과 안정성의 확보를 위한 것인데 아무런 승인절차를 받지도 아니하고 일방적으로 경제적 사정을 이유로 들어 타에 매도하여 보조금지급조건인 부담을 이행하지 아니한 경우에 해당한다고 할지라도 이를 분리할 수 있고, 다음으로 보조금 중에 일부 실제로 집행되었다고 보는 부분은 독자적인 의미를 지니므로 일부취소하는 것이 오히려 비례원칙에도 합치된다고 할 것이다.[47]

문제는 만약에 위와 같은 사안이 가분적이라고 할 경우에 일부취소가 가능하지만, 과징금 부과처분의 경우에는 이를 대법원[48])에서 일부를 취소할 수 없다고 판시하고 있으나, 보조금의 경우에도 법원에서 일부를 취소할 수 없는 것인지 논란이 제기될 수 있다.

---

46) Richter/Schuppert, ebd.

47) 이미 지급된 보조금이 직장보육시설에 투입되었기 때문에 이를 전체적으로 위반한 것으로 보는 것이 공익유지에 적합한 측면이 없지 않기 때문에 공익적 관점을 앞세우면 원심법원에서의 결정에 찬동하는 반대론이 예상될 수 있다.

48) 대법원 1998. 4. 10. 선고 98두2270 판결. "자동차운수사업면허조건 등을 위반한 사업자에 대하여 행정청이 행정제재수단으로 사업 정지를 명할 것인지, 과징금을 부과할 것인지, 과징금을 부과키로 한다면 그 금액은 얼마로 할 것인지에 관하여 재량권이 부여되었다 할 것이므로 과징금부과처분이 법이 정한 한도액을 초과하여 위법할 경우 법원으로서는 그 전부를 취소할 수밖에 없고, 그 한도액을 초과한 부분이나 법원이 적정하다고 인정되는 부분을 초과한 부분만을 취소할 수 없다(금 1,000,000원을 부과한 당해 처분 중 금 100,000원을 초과하는 부분은 재량권 일탈·남용으로 위법하다"며 그 일부분만을 취소한 원심판결을 파기하였다.

Ⅵ. 보조금교부결정취소(철회)에 따른 보조금의 반환

1. 문제상황

보조금반환의 문제는 크게 나누어서 첫째로 보조금이 위법하게 지급된 경우, 둘째로 보조금이 그 지급목적에 위반되어 지급되거나 부담을 이행하지 아니하고 다른 용도로 사용된 경우를 들 수 있다. 이와 같이 보조금이 위법적으로 취득되었거나 목적에 위반되어 사용된 경우 등의 경우에는 먼저 보조금지급결정이 내려진 경우에는 먼저 보조금 지급결정에 대한 전부 또는 일부를 취소(철회)한 연후에 보조금의 반환을 명할 수 있다. 기본적으로 보조금지급결정에 대한 취소가 사전에 있거나 적어도 동시에 있어야 한다. 보조금 지급결정취소(철회)와 반환명령을 동시에 하나의 문서로 하는 것도 가능하다고 할 것이다. 여기에서 보조금교부결정이 급부의 지급을 위한 근거가 됨과 동시에 이를 유지할 필요성이 있는 것에 대한 근거가 있어야 하는 전제가 된다. 한편 보조금교부결정에는 일반적으로 보조금교부가 목적에 합치되지 않게 사용되거나 목적에 위반되는 경우에는 반환할 수 있다는 내용을 포함하고 있다고 해석할 여지가 있다고 본다.[49] 철회의 의사표시를 통하여 보조금교부결정의 효력은 상실된다. 보조금지급의 근거와 보조금지급을 유지할 필요성이라는 이러한 두 가지 성질을 보조금교부결정은 갖고 있다고 보는 것이 필요하다. 이러한 점을 독일의 연방행정재판소의 판례[50]는 적절히 파악한 것이다. "보조금교부결정의 발령이 우선 단지 보조금지원을 위한 근거가 된다는 것으로부터 그의 종국적인 유지가 추가적으로 보조금교부결정이 그이 근거를 위해 행하여지는 목적구속을 위하여 제시된 시간 내에서 유효하게 남아 있어야 한다는 것이 전제된다. 따라서 비록 철회가 일응 장래를 위하여 효력이 있다고 할지라도 행정청의 철회의 의사표시는 반환청구권을 발생시키게 된다." 보조금의 반환은 보조금을 지급한 후에 보조금 지급에 있어서의 하자가 있어 위법하거나, 보조금의 계속지급이 더 이상 정당화되지 않는 경우에 보조금을 지급한 국가 또는 지방자치단체 등 공공기관이 지급한 보조금을 반환하도록 한다.

---

49) Tobias Busch, Subventionsrecht in der Rechsprechung, Jus 1992, 567.
50) BVerwG, DVBl 1983, 810 (813).

2. 보조금 관련법의 규정태도

(1) 이와 관련하여 보조금의 예산 및 관리에 관한 법률 제30조 제1항을 살펴보면, "중앙관서의 장은 보조사업자가 보조금을 다른 용도에 사용하거나 법령의 규정, 보조금의 교부결정의 내용 또는 법령에 의한 중앙관서의 장의 처분에 위반한 때 및 허위의 신청이나 기타 부정한 방법으로 보조금의 교부를 받은 때에는 보조금의 교부결정의 전부 또는 일부를 취소할 수 있다"고 규정하고 있다. 동법에서 취소라고 규정하고 있음에도 불구하고 허위의 신청이나 기타 부정한 방법으로 보조금의 교부를 받은 때에는 취소의 경우이고, 보조사업자가 보조금을 다른 용도에 사용하는 경우에는 철회의 경우라고 할 것이다. 그런데 동법 제31조에서는 동법 제30조에서 법령위반 등에 의한 교부결정의 취소와는 별도로 보조금의 반환에 관한 규정을 두고 있다. 보조금법 제31조 제1항의 규정에 의하면 "중앙관서의 장은 보조금의 교부결정을 취소한 경우에 그 취소된 부분의 보조사업에 대하여 이미 보조금이 교부되어 있을 때에는 기한을 정하여 그 취소한 부분에 해당하는 보조금의 반환을 명하여야 한다"고 규정하고 있다. 즉 위 규정은 보조금의 지급이 행정행위에 의하여 이루어진 경우의 해결방법을 명문화하고 있으며, 보조금의 반환은 보조금지급결정의 취소 또는 철회를 통하여 이루어지게 된다.51)

(2) 보조금의 전부 또는 일부의 취소가 행하여지면 보조금 반환조치가 이루어지게 되는데, 보조금의 예산 및 관리에 관한 법률에 의하면 보조금의 취소의 경우에는 "할 수 있다"는 식의 재량규정을 두고 있으나, 반환조치에 대하여는 "반환하여야 한다"고 규정하여 기속규정으로 파악할 여지가 없지 않다. 그런가 하면 남녀고용평등법 제21조 제2항에서는 "보조금교부결정의 전부 또는 일부를 취소하고 교부된 보조금의 전부 또는 일부를 반환하도록 명할 수 있다"고 규정하여 보조금 교부결정의 전부 또는 일부의 취소는 해석상 기속행위로 인식될 수 있는 여지도 있으며(뒤에 할 수 있다로 연결된다고 볼 경우에는 재량행위), 반환의 경우에는 뒷부분에서 반환하도록 명할 수 있다고 규정되어 있어 재량행위적 성격으로 되어 있어 보조금의 예산 및 관리에 관한 법률의 규정과 규정방식에 있어 차이가 있는

---

51) 남녀고용평등법 제21조 제2항에서는 사업의 목적 외에 보조금을 사용한 경우 등 보조금교부결정을 취소할 사유에 해당하는 경우에는 보조금 교부결정의 전부 또는 일부를 취소함과 아울러 교부된 보조금의 전부 또는 일부를 반환하도록 명할 수 있다고 규정하고 있다.

바, 전반적인 법제정비와 더불어 어떤 형태로든 통일적인 규율이 필요하다고 할 것이다.[52] 설사 남녀고용평등법의 규정방식이 재량행위처럼 되어 있다고 할지라도 설립운영지침에서 재산제한처분기간에 위반한 경우에는 국고보조금상당액의 반한조치를 하도록 하고 있으므로 행정청이라고 해서 재량권을 행사하여 반환받을 수 있는 것이 아니라 설립운영지침에서 규정된 사항에 따라서 반환하여야 할 구속을 받는다고 볼 것이므로 보조금의 예산 및 관리에 관한 법률의 규정과 실제에 있어서는 큰 차이가 없다고 할 것이다.

3. 보조금의 반환과 행위형식과의 관계

보조금의 교부를 행정행위의 형식으로 한 경우에는 우선 위법성을 기초로 한 직권취소의 경우와 적법성을 전제로 하는 철회의 경우로 나누어 고찰할 필요가 있다. 양자의 구별은 보조금의 지급결정이 위법적인가 아니면 적법한가의 여부가 표준적이다. 보조금 지급시점을 기준으로 적법성 여부를 판단하여야 한다는 점은 앞서도 언급한 바 있다.

아울러 보조금의 예산 및 관리에 관한 법률 제21조에서 사정변경에 의한 교부결정의 취소를 정하고 있는바, 이 규정은 보조금 지급관청의 철회에 관한 내용을 규정하고 있다고 보아야 한다. 왜냐하면 철회는 장래를 향하여 효력을 발생함이 원칙이고, 취소는 행정행위의 성립 당시의 하자를 이유로 소급하여 효력이 없게 되기 때문이다. 철회는 보조금을 교부하기 전에 행정청의 관점에서 사정에 기초적인 변경이 있을 경우에 행하여진다. 동법을 근거로 하여 보조금 교부결정의 전부 또는 일부를 철회할 수 있다. 행정청의 보조금 지급결정의 취소나 철회가 보조금의 반환청구를 근거 짓는다.

동법 제31조에서는 보조금의 반환에 관한 규정을 두고 있다. 철회와 보조금 반환과의 관련이 필요하다. 철회가 장래를 향하여 효력을 발생하게 되므로 보조금의 목적에 반하여 사용된 경우에는 소급하여 효력이 없도록 할 필요성이 있게된다. 이 점을 보다 분명히 하기 위하여 철회의 소급효를 인정하는 명문의 규정을 두는 것도 한 가지 방법이 될 것이다. 일부 견해[53]에 따르면 사정변경을 이유

---

52) 두 법의 규정만 놓고 보면 보조금의 예산 및 관리에 관한 법률의 규정방식이 더 적절하다고 사료된다. 왜냐하면 보조금교부결정을 취소한 후 반환을 행정청의 재량행위로 하는 것은 적절하지 않기 때문이다.

로 한 교부결정의 철회에 있어서는 상대방은 신뢰보호원칙을 이유로 한 철회권의 제한을 주장할 수 없다고 설명하고 있으나, 이 경우에도 신뢰보호원칙이 적용되어 비교형량을 통하여 보다 큰 공익이 있을 때 철회가 가능하다고 할 것이다. 또한 보조금의 예산 및 관리에 관한 법률에 따라 반환을 명하고 이를 이행하지 않는 경우에 이미 지급받은 보조금을 국세징수의 예에 의하여 강제징수할 수 있다.

그러나 보조금의 지급이 행정계약을 통하여 이루어진 경우에는 명문의 규정이 없어 논란의 여지가 없지 않으나 계약관계의 해제조건의 유보조항이 있거나, 무효 또는 해제된 경우에 부당이득반환의 형태로 보조금 반환이 이루어지게 된다.54) 또한 2단계설의 관점에서도 보조금 지급결정의 취소는 곧바로 사법적 계약에 아무런 영향을 미치지 않고, 단지 보조금 지급결정의 상실이 사법상 계약의 해제의 사유가 되는 데 그친다.55)

Ⅶ. 맺음말: 평가 및 전망

(1) 우선 이 사건 판결의 결론에 찬동한다. 이 사건에 있어서 행정청이 이미 지급된 보조금 중 건물신축에 소요된 보조금과 운영보조금을 전부취소한 경우라면 실제로 집행된 운영보조금에 대하여까지 취소를 명한 것이 되어 재량권의 한계를 벗어나서 위법하다는 점에 이견이 없겠지만, 건물신축에 소요된 보조금을 당초의 부담을 충족하지 아니하고, 그 보조금 교부목적에 반하는 결과가 되었는바, 보조금을 지급받은 사업체가 재산처분제한기간인 10년이 도과하기 전에 약 2년 6개월 만에 일방적으로 타에 양도한 경우에도 보육시설을 운영한 기간에 상응하는 부분의 보조금을 정당하게 집행된 것으로 보아 그 부분은 제외하고 취소하여야 한다는 취지의 판결을 함으로써 오래된 종래의 대법원판결과 궤를 같이하고 있다.

(2) 그러나 이 사건 대법원판결은 판결이유에서 재량권일탈 남용이론의 어느 사유에 위반되는 것인지를 분명히 밝히지 않고 있어 다소 아쉬움이 있는 판결이

---

53) 한견우, "보조금의 예산 및 관리에 관한 법률상의 보조금행정", 법정고시, 1998. 3, 25면.
54) D. Ehlers, Rechtsprobleme der Rueckforderung von Subventionen, Gewarch, 1999. 8, S. 318.
55) Achterberg/Püttner(Hrsg), Besonderes Verwaltungsrecht, Bd. 1. 1990. S. 62.

라고 할 것이다.[56] 차라리 그 법적 논거로서 법치국가의 명확성의 요청에 따라 보조금지급당시의 보조금 수령자가 준수하기로 한 설립운영지침의 규정에서 직장보육시설의 설립을 위한 보조금의 어느 부분까지 반환하라는 것인지 명확하게 하지 않았다는 점이라든가, 반환의 범위와 금액이 기간과의 상관성에서 고려되어야 한다는 점이 헌법상의 비례원칙의 요청이라든가 하는 점을 보다 분명히 하였어야 할 사안이라고 보여진다. 더구나 재량권의 일탈이 되려면 재량권의 외적 한계를 벗어난 경우로서 법령위반이 되어야 하는데, 이 사건에 있어서는 피고가 전부 취소한 것이 선택적 재량을 부여한 것으로 볼 여지가 있기 때문에 외적인 한계를 벗어난 것으로 볼 수는 없고, 법령위반의 측면이 엿보이지 않는 반면에 비례원칙이 적용될 수 있는 사안으로 보여진다고 할 것이다.[57] 그럼에도 불구하고 명확히 비례원칙에 위반되었다고 하여 취소하라는 점을 명백히 밝히고 있지 않고 있다. 또한 대법원은 일괄적으로 재량권의 일탈 남용에 해당한다고 하여 보조금교부결정 전부를 취소한 것은 위법하다는 논리는 논증이 생략되었다고 할 것이다. 다시 말하면 재량권의 한계를 일탈한 것이라는 이유의 설시가 부족하고 어떤 근거인지 명확하지 않다는 지적을 받을 수 있다고 본다.

(3) 이 사건에 있어서는 행정행위의 부관의 일종인 부담을 이행하지 않은 것으로 철회로 볼 여지가 있는바, 그렇다면 일시적으로 3차례에 나누어서 지급한 보조금을 10년으로 나누어서 이를 부담을 이행하지 않은 부분에 해당하는 만큼은 이미 소비한 것으로 보고 나머지 기간에 상응하는 앞으로 지불할 부분을 철회한 것으로 한다면 가분적일 수 있으나, 그렇지 않다면 철회이기 때문에 이론적으로는 소급할 수 없는데, 보조금의 예산 및 관리에 관한 법률이 철회의 소급효를 인정한 것인지를 먼저 인정하여야 할 것인데 그러한 부분은 판단하지 아니하고 취소 일반으로 본 것이 아닌가 생각된다.

(4) 끝으로 각종 법령에 '취소'라는 용어를 사용하면서 직권취소와 철회를 구

---

56) 제1심법원은 재량권의 한계를 일탈한 위법이 있다고 판시한 데 반하여, 원심법원은 재량권의 한계를 일탈·남용한 위법이 없다고 판시하였는데, 대법원에서는 보조금 전부취소한 피고의 행위가 재량권의 한계를 일탈·남용한 위법이 있다고 판시하고 있으나, 구체적으로 재량하자의 어떤 사유에 해당하여 위법하게 된 것인지를 명확히 밝히고 있지 않는 문제점이 있다고 할 것이다.

57) Stelkens/Bonk/Sachs, a.a.O., §49 Rn. 101: 예컨대 부분적인 목적위반과 부담의 불이행의 경우에 있어서 전부철회는 비례성원칙의 한계 내에서 가능하다.

분하지 않고 있어 법률관계를 불명확하게 하는 측면이 있다. 따라서 입법정책적 관점에서 보조금의 예산 및 관리에 관한 법률이나 개별법에서 보조금에 관한 규정을 두는 경우에 법령에 있어서 취소와 철회를 명확히 구분하는 방향으로 법령을 정비할 필요가 있다.[58] 아울러 독일의 연방 행정절차법 제49조 제3항 등의 규정을 참조하면서 보조금의 지급목적에 반하여 사용할 경우라든가 보조금이 부담을 이행하지 아니하는 경우에 비록 철회를 하더라도 소급효를 인정하는 내용의 입법을 보다 명확히 할 필요성이 있다는 점을 밝혀두고자 한다.

[참고문헌]

김남진, 행정법 Ⅱ, 2000.

김남진, 행정법 Ⅰ, 1992.

김동희, 행정법 Ⅰ, 2001.

김병기, "수익적 행정행위의 철회의 법적 성질과 철회사유", 행정판례연구 Ⅸ, 2004.

김용섭, "경제행정법상 보조금", 고시계, 2001. 3.

김용섭, "급부행정의 법률유보에 관한 연구", 법제연구, 9호, 1995.

---

58) 가령 국유재산법에서와 마찬가지로 취소와 철회를 구분하여 명확한 규정을 두는 것이 입법적으로 바람직하다.
국유재산법 제28조(사용수익허가의 취소와 철회) ① 관리청은 행정재산 등의 사용수익허가를 받은 자가 다음 각호의 1에 해당하는 경우에는 그 허가를 취소 또는 철회할 수 있다. 〈개정 1999. 12. 31〉
1. 사용수익의 허가를 받은 재산을 제24조 제4항의 규정에 위반하여 다른 사람으로 하여금 사용수익하게 한 때
2. 당해 재산의 보관을 해태하였거나 그 사용목적에 위배한 때
3. 허위의 진술, 부실한 증빙서류의 제시 기타 부정한 방법에 의하여 당해 허가를 받은 때
4. 납부기한 내에 사용료를 납부하지 아니한 때
5. 관리청의 승인없이 사용수익허가재산의 원상을 변경한 때
② 관리청은 사용수익을 허가한 행정재산 등을 국가 또는 지방자치단체가 직접 공용 또는 공공용으로 사용하기 위하여 필요로 하게 된 때에는 그 허가를 철회할 수 있다.
③ 제2항의 경우에 그 철회로 인하여 당해 허가를 받은 자에게 손해가 발생한 때에는 그 재산을 사용할 기관은 대통령령이 정하는 바에 의하여 이를 보상한다.
④ 관리청은 제1항 또는 제2항의 규정에 의하여 사용수익허가를 취소하거나 철회한 경우 그 재산이 기부를 채납한 재산으로서 제24조 제4항 단서의 규정에 의하여 이를 사용수익하고 있는 자가 있는 때에는 그 사용수익자에게 취소 또는 철회사실을 통지하여야 한다. 〈신설 1999. 12. 31〉

김용섭, 행정판례평석, 2003.

김용섭, "행정행위의 부관에 관한 법리", 행정법연구, 1998.

박균성, 행정법론(상), 2004.

박윤흔, 최신행정법강의(하), 1998.

박윤흔, 최신행정법강의(상), 1996.

서원우, 현대행정법론(상), 1993.

유지태, 행정법신론, 2003.

이상규, 신행정법론(하), 법문사, 1997.

정하중, 행정법사례연구, 성민사, 1999.

지원림, 민법강의, 2002.

최정일, "법률유보의 원칙과 급부행정", 고시연구, 1998. 1.

한견우, "보조금의 예산 및 관리에 관한 법률상의 보조금행정", 법정고시, 1998.

홍정선, 행정법원론(상), 2003.

홍준형, 행정법원론, 2001.

Achterberg/Püttner(Hrsg), Besonderes Verwaltungsrecht, Bd. 1. 1990.

Achterberg/Püttner(Hrsg), Besonderes Verwaltungsrecht, Bd. Ⅱ 1990.

Alfred Dickersbach, Die Entwicklung des Subventionsrechts seit 1984, NVwZ 851.

D. Ehlers, Rechtsprobleme der Rueckforderung von Subventionen, Gewarch, 1999.

D. Jesch, Gesetz und Verwaltung. 2 Aufl.,

Hans-Jürgen Papier, Rechtsformen der Subventionierung und deren Bedeutung für die Rückabwicklung, ZHR 1988.

Jürgen Gündish, Die Enrwicklung des Subventionsrechts 1980 bis 1983.

Richter/Schuppert, Casebook Verwaltungsrecht, 1995.

Rolf Schmidt/Stephanie Seidel, Allgemeines Verwaltungsrecht, 2000.

Tobias Busch, Subventionsrecht in der Rechsprechung, Jus 1992.

8. 검사의 불기소사건기록에 대한 정보공개를 둘러싼 법적 쟁점[*]

— 대상판결: 대법원 2012. 6. 18. 선고 2011두2361 전원합의체 판결 —

[사실관계와 판결요지]

I. 사실관계

원고는 2010. 1. 22. 피고(서울서부지방검찰청검사장)에게 원고 자신이 고소하여 증거불충분으로 혐의 없음 처분이 확정된 피의자 A와 B에 대한 2건의 피의사건기록의 각 피의자신문조서(대질신문부분 포함), 참고인 진술조서, 기록목록, 사건송치서 중 개인의 인적사항인 주민등록번호, 직업, 주거, 본적, 전과 및 검찰처분, 상훈·연금, 병역, 교육, 경력, 가족, 재산 및 월수입, 종교, 정당·사회단체가입, 건강상태 등과 대질한 참고인의 주민등록번호, 주거, 연락처 등의 인적사항, 참고인에 대한 진술조서 중 참고인의 주민등록번호, 직업, 전화, 주소 등의 인적사항을 제외한 부분에 관하여 정보공개청구를 하였다.

그런데, 피고는 2010. 1. 28. 원고에 대하여 공개청구 정보 중 기록목록, 사건

---

* 이 논문은 2013. 1. 12. 개최된 행정법이론실무학회 제213회 학술발표회에서 주제발표를 한후 2013년 4월에 발간된 행정법연구 제35호에 수록한 필자의 논문 일부를 수정·보완한 것입니다.

송치서 부분을 공개하고, 나머지 부분(이하 '비공개정보'라고 한다)에 관하여는 검찰보존사무규칙 제20조의2 제3호, 제22조 제1항 제2호에 따라 고소인은 본인의 진술이 기재된 서류와 본인이 제출한 서류에 대하여만 열람·등사를 청구할 수 있고, 비공개정보 중 개인의 인적사항을 뺀 기록의 공개는 사건관계인의 명예나 사생활의 비밀 또는 생명·신체의 안전이나 생활의 평온을 현저히 해칠 우려가 있는 경우에 해당된다는 이유로 정보공개거부처분을 하였다.

Ⅱ. 소송의 경과

서울행정법원과 원심인 서울고등법원은 검찰보존사무규칙은 법률상의 위임 근거가 없는 행정기관 내부의 사무처리 준칙으로 이 규칙에 근거하여 원고의 정보공개청구를 거부할 수 없다고 판시하면서, 비공개로 결정한 정보 중 관련자들의 이름을 제외한 주민등록번호, 직업, 주소(주거 또는 직장주소), 본적, 전과 및 검찰 처분, 상훈·연금, 병역, 교육, 경력, 가족, 재산 및 월수입, 종교, 정당·사회단체가입, 건강상태, 연락처 등 개인에 관한 정보는 개인에 관한 사항으로서 공개되면 개인의 내밀한 비밀 등이 알려지게 되고 그 결과 인격적·정신적 내면생활에 지장을 초래하거나 자유로운 사생활을 영위할 수 없게 될 위험성이 있는 정보에 해당한다고 보아 이를 비공개대상정보에 해당한다고 보았으며, 아울러 비공개정보중 개인에 관한 정보(관련자들의 이름 제외)를 뺀 나머지 부분은 정보공개법 제9조 제1항에 의하여 공개대상이 되고, 위 법 조항에 따라 정보를 공개하는 것이 헌법상 사생활의 비밀과 자유를 침해한다고 볼 수 없다고 판시하였다. 이에 대하여 피고가 상고하였으나 대법원은 원심판결에는 정보공개법 제9조 제1항 제6호 본문 소정의 비공개대상정보에 관한 법리오해 등의 위법이 없다고 보아 전원합의체 판결로 상고를 기각하였다.

Ⅲ. 대상판결의 요지

【다수의견】공공기관의 정보공개에 관한 법률(이하 '정보공개법'이라 한다)의 개정 연혁, 내용 및 취지 등에 헌법상 보장되는 사생활의 비밀 및 자유의 내용을 보태어 보면, 정보공개법 제9조 제1항 제6호 본문의 규정에 따라 비공개대상이

되는 정보에는 구 공공기관의 정보공개에 관한 법률(2004. 1. 29. 법률 제7127호로 전부 개정되기 전의 것, 이하 같다)의 이름·주민등록번호 등 정보 형식이나 유형을 기준으로 비공개대상정보에 해당하는지를 판단하는 '개인식별정보'뿐만 아니라 그 외에 정보의 내용을 구체적으로 살펴 '개인에 관한 사항의 공개로 개인의 내밀한 내용의 비밀 등이 알려지게 되고, 그 결과 인격적·정신적 내면생활에 지장을 초래하거나 자유로운 사생활을 영위할 수 없게 될 위험성이 있는 정보'도 포함된다고 새겨야 한다. 따라서 불기소처분 기록 중 피의자신문조서 등에 기재된 피의자 등의 인적사항 이외의 진술내용 역시 개인의 사생활의 비밀 또는 자유를 침해할 우려가 인정되는 경우 정보공개법 제9조 제1항 제6호 본문 소정의 비공개대상에 해당한다.

[대법관 전수안, 대법관 이인복, 대법관 이상훈, 대법관 박보영의 별개의견]

정보공개법 제9조 제1항 제6호 본문 소정의 '당해 정보에 포함되어 있는 이름·주민등록번호 등 개인에 관한 사항으로서 공개될 경우 개인의 사생활의 비밀 또는 자유를 침해할 우려가 있다고 인정되는 정보'의 의미와 범위는, 구 공공기관의 정보공개에 관한 법률 제7조 제1항 제6호 본문 소정의 '당해 정보에 포함되어 있는 이름·주민등록번호 등에 의하여 특정인을 식별할 수 있는 개인에 관한 정보'와 다르지 않다고 새기는 것이 정보공개법의 문언뿐 아니라 개정 경위 및 취지, 종래 대법원판례가 취한 견해, 관련 법령과의 조화로운 해석에 두루 부합하면서 국민의 알권리를 두텁게 보호하는 합리적인 해석이다.

[대법관 안대희의 다수의견에 대한 보충의견]

정보공개법 제9조 제1항 제6호 본문의 문언 및 취지 등에 비추어 보면, 정보공개법 제9조 제1항 제6호 본문의 비공개 대상정보에는 종래 '개인식별형 정보'뿐만 아니라 그 외에도 해당 정보만으로는 특정 개인의 동일성을 식별할 수는 없다고 하더라도 그 정보가 공개될 경우 개인의 사생활의 비밀 또는 자유를 침해할 우려가 있는 정보까지 포함하는 것으로 해석하는 것이 합리적이다. 따라서 피의자신문조서나 진술조서의 내용 중 피의자나 참고인 등의 이름·주민등록번호·주거·연락처·직업·나이 등의 인적사항 이외의 진술내용 역시 개인에 관한 사항에 속한다면, 이러한 정보가 개인의 사생활의 비밀 또는 자유를 침해할 우려가 인정되는 경우에는 정보공개법 제9조 제1항 제6호 본문 소정의 비공개 대상정보에 해당한다고 보아야 한다.

[판례연구]

Ⅰ. 문제의 제기

정보사회에 있어 정보의 자유로운 공개와 유통이 이루어질 때 국민이 공적 정보에 접근하여 알권리를 충족함과 아울러 이성에 입각한 합리적 행위가 가능하고 개인의 권리구제도 용이하게 된다. 또한 행정기관이 직무상 작성 또는 취득하여 관리하고 있는 정보에 대한 공개제도를 통하여 공행정의 투명성이 확보되어 책임행정을 실현할 수 있고, 국정에 대한 민주적 통제가 가능하게 된다. 다른 한편 무분별한 정보의 공개와 유통으로 인하여 개인에 관한 정보가 유출되어 제3자의 명예와 인격권이 침해되고 이로 인해 사회적 해악이 초래되기도 한다. 이러한 관점에서, 정보는 '양날의 검(劍)'이라고 할 수 있다.

이 사건 평석대상 판결은 불기소처분의 수사기록인 피의자신문조서와 참고인 진술조서 중 개인의 인적사항을 제외한 부분의 정보공개가 허용될 것인지, 허용된다면 어느 범위에서 허용될 것인지의 문제뿐만 아니라 다양한 법적인 논의의 소재를 제공한다. 수사기록에 포함되어 있는 제3자의 개인정보에 관한 사항의 정보공개와 관련하여, 수사기록의 정보공개가 사건에 직접·간접으로 관계를 가지고 있는 제3자인 피고소인이나 참고인 등의 명예나 인격, 사생활의 비밀, 생명·신체의 안전과 평온과 충돌하는 경우가 비일비재하다. 이처럼 알권리와 정보공개청구권을 제도적 이념으로 하는 정보공개제도와 프라이버시권 내지 사생활의 비밀 또는 자유를 이념적 기초로 하는 개인정보보호제도 간의 긴장관계에서 발생하는 양자 간의 충돌문제를 합리적인 해석을 통하여 조화를 도모하는 것이 관건이다.[1]

---

1) 김용섭, "검사의 불기소처분기록에 대한 정보비공개의 범위", 대한변호사협회신문, 2012.

여기서는 핵심적 쟁점인 다음의 4가지 사항을 중심으로 살펴보고 그 밖에 이와 관련되는 법적 쟁점에 대하여도 검토하기로 한다.

첫째로, 새로 개정된 정보공개법 제9조 제1항 제6호2)의 규정에서 말하는 개인정보의 보호범위를 종전의 구 정보공개법 제7조 제1항 제6호의 규정과 동일하게 파악할 것인지 아니면 입법당시의 제안이유 등을 고려하거나 법문의 문구 등을 고려하여 달리 이해할 것인지 정보공개에 있어 개인정보의 보호범위와 관련하여 바람직한 법해석학의 방법론3)의 관점에서 검토가 필요하다.

둘째로, 이 사건 전원합의체 판결의 다수의견과 보충의견은 프라이버시를 우선시한 반면에 별개의견은 알권리를 두텁게 보호하려 한 것처럼 상호입장차가 첨예하게 대립하고 있는바, 불기소사건 수사기록은 정보공개법 제9조 제1항 제6호에서 말하는 개인정보에 해당하여 비공개 대상정보가 되더라도 정보공개법 제9조 제1항 제6호 (다)목과의 관계가 문제될 수 있다. 이 경우에는 형량이론으로 접근할 것인지 아니면 입증책임의 문제로 귀착할 것인지 검토할 필요가 있다.

셋째로, 불기소처분이 내려진 수사기록에 대하여도 제3자의 개인정보의 공개에 대하여는 제3자의 동의절차를 거칠 필요가 있다고 보여지는바, 이에 관하여 제3자가 동의한 경우에는 비공개 대상인 개인정보임에도 정보의 공개가 허용될 것인가의 문제가 제기된다.

넷째로, 검찰에서 불기소처분의 수사기록에 대한 정보비공개의 근거로 제시되는 법무부령인 검찰보존사무규칙의 법적 성질과 검찰보존사무규칙에 규율하고 있는 내용의 개선방향 내지 입법필요성에 대하여 검토하기로 한다.

---

10. 1.자 13면. 이 논문은 위 글의 논의를 기초로 하여 이론적으로 발전시킨 것으로 사실관계와 판결요지 및 일부내용은 위 글과 동일하나 이에 관하여는 별도의 인용표시를 하지 않기로 한다.

2) 구 공공기관의 정보공개에 관한 법률(2004. 1. 29. 법률 제7127호로 전부 개정되기 전의 것)은 이하 '구 정보공개법'이라 약칭하고, 2004. 1. 29. 법률 제7127호로 전부 개정된 공공기관의 정보공개에 관한 법률은 이하 '정보공개법'이라 약칭한다.

3) 독일의 경우에는 전통적으로 Savigny가 제시한 문법적 해석, 체계적 해석, 역사적 해석, 목적론적 해석으로 구분하는 것이 지배적이며, H. J. Wolff는 언어적 해석, 논리적 해석, 체계적 해석, 역사적 해석, 비교적 해석, 발생학적 해석, 목적론적 해석으로 구분하기도 한다.

Ⅱ. 정보공개법의 개정과 개인정보의 보호범위

1. 정보공개법 제9조 제1항 제6호의 규정과 개인정보보호의 범위

가. 정보공개법(2004. 1. 29. 법률 제7127호)의 개정

구 정보공개법 제7조 제1항 제6호 본문은 비공개대상정보의 하나로 '당해 정보에 포함되어 있는 이름·주민등록번호 등에 의하여 특정인을 식별할 수 있는 개인에 관한 정보'를 규정하고 있었으나, 2004. 1. 29. 법률 제7127호로 전부 개정된 정보공개법 제9조 제1항 제6호 본문은 위 비공개대상정보를 '당해 정보에 포함되어 있는 이름·주민등록번호 등 개인에 관한 사항으로서 공개될 경우 개인의 사생활의 비밀 또는 자유를 침해할 우려가 있다고 인정되는 정보'로 개정하였다.

개인정보의 공개제외(비공개)의 규정방식과 관련하여, 특정개인을 식별할 수 있는 정보를 비공개로 하는 개인식별형과 개인의 프라이버시에 대한 침해를 초래하는 정보를 비공개로 하는 프라이버시형으로 나누는 것이 일반적이다. 그런데, 종전의 구 정보공개법은 개인식별형을 취하고 있는 반면에 현행 정보공개법은 종전의 구 정보공개법과는 달리 프라이버시형을 취하고 있다는 견해4)가 유력시 되고 있다.

이와 같은 맥락에서 대상판결의 보충의견에서는 종래 개인의 이름·주민등록번호 등과 같이 각 정보의 형식과 유형에 따른 사항적 요소를 기준으로 공개 여부를 판단하는 방식에서 개인의 사생활의 비밀 또는 자유를 침해할 우려라고 하는 정보의 실질적 내용에 따른 정성적 요소를 기준으로 공개 여부를 판단하는 방식으로 비공개대상정보의 판단기준이 변경된 것으로 평가하고 있다.

고소인 등이 피의자 신문조서 등 수사기관의 불기소처분 수사기록에 대한 정보공개청구를 할 경우 수사기관에서 이름·주민등록번호 등 개인정보라는 이유로 정보공개를 거부하는 경우가 많은데, 과연 어느 범위에서 정보를 공개할 것인지의 문제는 지속적으로 논란이 되어왔다. 이 사건 전원합의체 판결은 2004년 정

---

4) 박균성, 행정법강의, 박영사, 2012, 474면. 그러나, 법문의 문구의 변경을 놓고 보면 기본적으로 개인식별형을 기축으로 하면서 비공개의 범위가 늘어나는 것을 감안하여 그 중에서 프라이버시 보호적 측면을 가미하여 사생활의 비밀 또는 자유를 침해할 우려가 있는 개인정보에 한정한 것으로 해석할 여지가 있다.

보공개법이 개정된 후 내려진 의미 있는 판결로서 어느 범위에서 검사작성의 불기소처분 수사기록에 대한 공개를 할 것인지와 관련하여 새로운 방향을 제시하고 있다.

나. 이 사건 대상판결의 다수의견(보충의견)과 별개의견의 비교

구 정보공개법 제7조 제1항 제6호 본문은 비공개대상정보의 하나로 '당해 정보에 포함되어 있는 이름·주민등록번호 등에 의하여 특정인을 식별할 수 있는 개인에 관한 정보'를 규정하고 있었으나, 2004. 1. 29. 법률 제7127호로 전부 개정된 현행 정보공개법 제9조 제1항 제6호 본문은 위 비공개대상정보를 '당해 정보에 포함되어 있는 이름·주민등록번호 등 개인에 관한 사항으로서 공개될 경우 개인의 사생활의 비밀 또는 자유를 침해할 우려가 있다고 인정되는 정보'로 개정하였음은 이미 설명한 바와 같다.

정보공개법 제9조 제1항 제6호 본문의 해석과 관련하여 다수의견과 보충의견5)은 '개인식별정보'뿐만 아니라 그 외에 정보의 내용을 구체적으로 살펴 '개인에 관한 사항의 공개로 개인의 내밀한 내용의 비밀 등이 알려지게 되고, 그 결과 인격적·정신적 내면생활에 지장을 초래하거나 자유로운 사생활을 영위할 수 없

---

5) 안대희 대법관의 보충의견은 다음과 같다. 구 정보공개법 제7조 제1항 제6호 본문은 비공개대상정보의 하나로 '특정인을 식별할 수 있는 개인에 관한 정보'라고 규정하고 있었으나, 정보공개법 제9조 제1항 제6호 본문은 '특정인을 식별할 수 있는'이라는 문언을 삭제하고 '개인에 관한 사항으로서 공개될 경우 개인의 사생활의 비밀 또는 자유를 침해할 우려가 있는 정보'라고 문언을 변경함으로써 그 내용과 구조를 완전히 달리 하고 있다. 이와 같은 정보공개법의 개정 내용을 보면, 종래 개인의 이름·주민등록번호·주거·연락처·직업·나이 등과 같이 각 정보의 형식과 유형에 따른 사항적 요소를 기준으로 공개 여부를 판단하는 방식에서 개인의 사생활의 비밀 또는 자유를 침해할 우려라고 하는 정보의 실질적인 내용에 따른 정성적 요소를 기준으로 공개 여부를 판단하는 방식으로 비공개대상정보의 판단 기준이 변경된 것으로 평가할 수 있다. 이러한 정보공개법 제9조 제1항 제6호 본문의 문언 및 취지 등에 비추어 보면, 정보공개법 제9조 제1항 제6호 본문의 비공개대상정보에는 종래 '개인식별정보'뿐만 아니라 그 외에도 해당 정보만으로는 특정 개인의 동일성을 식별할 수는 없다고 하더라도 그 정보가 공개될 경우 개인의 사생활의 비밀 또는 자유를 침해할 우려가 있는 정보까지 포함하는 것으로 해석하는 것이 합리적이다. 따라서 피의자신문조서나 진술조서의 내용 중 피의자나 참고인 등(이하 '피의자 등'이라 한다)의 이름·주민등록번호·주거·연락처·직업·나이 등의 인적사항 이외의 진술내용 역시 개인에 관한 사항에 속한다면, 이러한 정보가 개인의 사생활의 비밀 또는 자유를 침해할 우려가 인정되는 경우에는 정보공개법 제9조 제1항 제6호 본문 소정의 비공개대상정보에 해당한다고 보아야 한다.

게 될 위험성이 있는 정보'도 포함된다고 새겨야 한다고 파악하고 있다. 이러한 해석론에 의하면 비공개 대상이 되는 정보의 범위가 종전보다 늘어나게 된다.

그런데 별개의견은 정보공개법 제9조 제1항 제6호 본문의 문언해석의 측면에서 접근하고 있다. 즉, 구 정보공개법이 2004. 1. 29. 법률 제7127호로 전부 개정되면서 비공개대상정보의 하나인 제7조 제1항 제6호 본문의 '이름·주민등록번호 등에 의하여 특정인을 식별할 수 있는 개인에 관한 정보'가 정보공개법 제9조 제1항 제6호 본문의 '이름·주민등록번호 등 개인에 관한 사항'으로 변경되기는 하였으나, 정보공개법 제9조 제1항 제6호 본문이 여전히 이름·주민등록번호 등과 같이 특정인을 식별할 수 있는 정보를 '개인에 관한 사항'의 예시로 들고 있음에 비추어, 구 정보공개법상의 '특정인을 식별할 수 있는 개인에 관한 정보'와 정보공개법상의 '개인에 관한 사항'은 그 표현만을 달리할 뿐 그 내용은 실질적으로 같다고 해석하는 것이 문언상 자연스럽다고 보고 있다.

또한 별개의견은 다수의견이 '불기소처분 기록 중 피의자신문조서 등에 기재된 피의자 등의 인적사항 이외의 진술내용 역시 개인의 사생활의 비밀 또는 자유를 침해할 우려가 인정되는 경우 정보공개법 제9조 제1항 제6호 본문 소정의 비공개대상에 해당한다'고 보고 있는 데 대해, 그와 같이 해석하는 것은 비공개의 범위가 모호하게 된다는 점을 지적하고 있다.[6] 다수의견 대로라면 '개인에 관한 사항'이 아닌 것이 있기 어려워서 모든 사항이 전부 '개인에 관한 사항'이라고 보는 것과 마찬가지의 결과에 이를 우려가 있다고 반박하고 있다. 이처럼 별개의견은 구 정보공개법상의 '특정인을 식별할 수 있는 개인에 관한 정보'와 정보공개법상의 '개인에 관한 사항'은 그 표현만을 달리할 뿐 그 내용은 실질적으로 같다고 해석하는 것이 문언상 자연스럽다고 보고 있다. 그렇게 본다면 개인식별형과 정성적 요소를 결합한 경우에 한하여 비공개가 되는 것으로 이해하게 되어 개인정보의 보호범위가 줄어들어 비공개의 범위가 축소되는 문제가 있다.

---

6) 별개의견에 의하면 '인적사항 이외의 진술내용'은 무엇보다도 그것이 '개인에 관한 사항'임이 전제가 되어야 이 사건에서 다툼의 대상인 비공개대상정보인지를 가려볼 필요가 있게 될 터인데, 다수의견이 그렇게 이해하고 있는지 의문으로, 예를 들어 피의자신문조서에 기재된 피의자의 진술내용은 피의사실이 개인을 피해자로 하는 경우 피의자가 피해자에게 어떤 행위를 하였는지에 관한 내용이 주를 이룰 것인데, 그것까지 '개인에 관한 사항'이라고 보아 비공개대상인지를 따져보아야 한다는 것이라면 이는 '개인에 관한 사항'을 제한 없이 확장하는 셈이 된다.

나아가 별개의견의 논리를 뒷받침하는 다른 논거로는 2004. 1. 29. 법률 제7127호로 국회에서 정보공개법이 개정되는 과정에서 대안이 통과되었는바, 다음과 같은 대안의 제안이유와 주요골자의 일부를 들 수 있다. 먼저 대안의 제안이유는 "행정환경 변화와 급증하는 국민의 정보공개 요구에 능동적으로 대응하여 국민의 알권리를 신장하고 국정운영의 투명성을 강화하기 위해 현행 정보공개제도를 종전보다 개선하고, 지난 6년간 정보공개제도의 운영과정에서 드러난 미비점을 보완하기 위하여 이 법을 전문개정하려는 것임"이라고 되어 있다. 또한 대안의 주요골자로는 "대통령령 이상의 법령에 의하여만 비공개대상 정보를 적용할 수 있도록 하고, 현행 비공개대상 정보인 특정인을 식별할 수 있는 개인에 관한 정보를 개인의 사생활의 비밀 또는 자유를 침해할 우려가 있는 정보로 축소하는 등 비공개대상 정보의 요건을 강화함(법률안 제9조 제1항 제1호 및 제6호)"으로 되어 있다. 이와 더불어 2003. 12. 23. 제244회 국회 본회의에서도 위 규정에 대하여 비공개대상정보의 요건을 종전보다 강화한 것이라는 취지로 제안 설명을 하고 있으며, 2004. 1. 29.자 관보 제15606호에도 동일한 내용이 기재되어 있다.

이러한 입법과정을 참고한다면 정보비공개의 범위를 축소하기 위한 것으로 개인식별형 정보 중에서 개인의 사생활의 비밀 또는 자유를 침해할 우려가 있는 정보로 한정하려는 것이 개정 정보공개법의 입법취지라고 사료된다. 그러한 관점에서 이해한다면 다수의견의 해석이나 보충의견의 해석은 정보비공개의 범위를 당초의 입법자의 의사와는 달리 지나치게 확장하는 문제가 있다.

이와 관련하여 개인정보를 이유로 정보공개를 제한하는 입법례로. ① 미국이나 뉴질랜드와 같이 비공개의 범위를 개인식별정보 가운데 프라이버시로서 보호할 가치있는 것만을 비공개사유로 정하는 방식과 ② 오스트레일리아와 같이 개인식별형 정보를 일괄해서 비공개사유로 정하는 방식 ③ 일본과 같이 개인식별형 정보와 프라이버시 등의 권리이익침해정보를 병치하는 입법형식으로 대별될 수 있다.[7] 보충의견은 입법당시의 제안이유와는 관계없이 개인정보를 이유로 비공개하는 제도변경이 종전의 개인식별형에서 정성적 요소를 판정하는 것으로 바뀐 것이라는 점을 강조하고 있다. 이러한 관점에서 파악한다면, 우리의 정보공개법

---

7) 경건, "정보공개청구제도에 관한 연구 — 일반 행정법이론체계와의 관련에서 —", 1998, 서울대학교 법학박사학위논문, 276면; 표성수, "정보공개법 소정의 예외사유(비공개정보)에 관한 고찰", 법조, 통권 622호, 2008, 29면.

의 입법례는 처음에는 개인식별형을 채택하였으나, 2004년의 정보공개법의 개정으로 사생활의 비밀과 자유를 침해하는 정보, 즉 프라이버시 정보형으로 변경하였다고 볼 여지가 있다.8)

개인식별정보형이 프라이버시보호에 좀 더 두터운 방식이라고 말할 수 있지만, 다른 한편 프라이버시라고 말할 수 없는 정보나 프라이버시정보라고 할지라도 책임행정의 차원에서 공개되어야 할 정보까지 비공개로 되어 버릴 가능성이 크다는 것이 문제점으로 지적되기도 한다.9)

다. 정보비공개의 대상이 되는 개인정보의 보호범위를 둘러싼 해석방법론

(1) 해석방법론의 큰 줄기

비공개 대상이 되는 개인정보의 보호범위와 관련하여 해석방법으로는 문언의 텍스트에 충실하는 텍스트주의(textualism)10)에 기초하여 해석하는 입장이 있을 수 있다.

법률을 개정하면서 문구가 다소 변경된 경우에는 그 정확한 해석을 위해서는 그와 같은 입법 연혁적 이유를 감안하여 해석하기도 한다. 이는 객관적 문언에 기초하기보다는 입법자의 의도를 존중하는 원초주의(originalism)의 입장이라고 할 수 있다. 원초주의는 입법의 본래 의도나 의미를 찾으려는 것이고, 입법자의 본래의도와는 다른 새로운 의미를 부여하는 해석을 부정하며, 사법부의 역할은 법을 창조하거나 수정하는 것이 아니라 법을 지지하는 역할을 해야 한다는 사고를 기초로 한다.11) 별개의견은 이러한 원초주의적 관점에 서 있다고 할 수 있다.

정보비공개의 대상이 되는 개인정보와 관련하여, 다수의견(보충의견)은 정보공개법 제9조 제1항 제6호 본문의 문언의 취지를 '개인식별정보'뿐만 아니라 그 외에 정보의 내용을 구체적으로 살펴 '개인에 관한 사항의 공개로 개인의 내밀한

---

8) 표성수, 앞의 논문, 29면.
9) 김의환, "비공개대상정보의 범위", 행정소송(Ⅱ), 한국사법행정학회, 2008, 219면.
10) 텍스트주의는 형식주의적 법해석이며, 법해석이란 법문언의 일반적인 의미를 기초로 이루어져야 한다는 입장으로 미국연방원의 블랙 대법관이나 스칼리아 대법관 등에 의하여 지지되었다, 스칼리아 대법관을 법해석을 지배하는 것은 법문이지 입법자의 의도가 아님을 강조하였다(이에 관하여는 김종구, "미국 연방법원의 법해석과 텍스트주의", 미국헌법연구 제21권 제3호, 2010, 293면).
11) 김종구, "미국 연방법원의 법해석과 텍스트주의", 미국헌법연구, 제21권 제3호, 2010, 289면.

내용의 비밀 등이 알려지게 되고, 그 결과 인격적·정신적 내면생활에 지장을 초래하거나 자유로운 사생활을 영위할 수 없게 될 위험성이 있는 정보'도 포함시킬 수 있는 장점이 있다. 이러한 관점에서 다수의견(보충의견)은 기본적으로 텍스트주의에 서 있으면서 객관적 문언의 범위를 넘어서서 다른 헌법적 가치와의 체계성을 고려하는 등 탄력적 해석을 하고 있다고 보여진다. 결국 법해석에 있어서 입법자의 의도를 고려하는 주관적 해석에 주안점을 두기보다는 문언을 기초로 하면서 법령 전체적 맥락도 고려하는 체계정합적 해석이 바람직하다고 본다.

(2) 체계정합적 해석의 필요성

정보공개법에서는 정보의 개념에 대하여는 규정하고 있는 반면에 개인정보의 개념에 대하여는 아무런 규정을 두고 있지 않다. 개인정보의 개념에 관하여는 개인정보보호법에서 규정하고 있는데 동법 제2조 제1호에서는 "개인정보란 살아 있는 개인에 관한 정보로서 성명, 주민등록번호 및 영상 등을 통하여 개인을 알아볼 수 있는 정보(해당 정보만으로는 특정 개인을 알아볼 수 없더라도 다른 정보와 쉽게 결합하여 알아볼 수 있는 것을 포함한다)를 말한다."고 규정하고 있다. 이처럼 개인정보에 관한 직접적인 명문규정을 정보공개법에 두지 않고 있으며, 비공개에 해당하는 사유로서 개인정보와 관련되는 표현이 사용되고 있을 뿐이다. 한편, 개인정보보호법은 컴퓨터에 의하여 처리되는 정보만을 대상으로 하고 있으며, 생존하는 개인에 관한 정보에 한정할 뿐만 아니라 당해 정보만으로는 개인을 식별할 수 없더라도 다른 정보와 용이하게 결합하여 개인을 식별할 수 있는 정보도 포함하고 있다. 따라서, 양 법체계상에서 사용하는 개인정보의 개념은 서로 다르다고 볼 것인바, 입법론적으로는 개인정보의 개념정의를 통일적으로 하여 개인정보의 개념을 둘러싼 해석에 있어 체계 정합성을 확보할 필요성이 있다.[12]

(3) 법해석 방법론에 관한 판례의 입장

법해석 방법론과 관련하여 대법원판례는 일정한 기준을 제시하고 있다. 즉, 대법원 2009. 4. 23. 선고 2006다1035 판결에서 "법은 원칙적으로 불특정 다수인에 대하여 동일한 구속력을 갖는 사회의 보편타당한 규범이므로 이를 해석함에 있어서는 법의 표준적 의미를 밝혀 객관적 타당성이 있도록 하여야 하고, 가급적 모든 사람이 수긍할 수 있는 일관성을 유지함으로써 법적 안정성이 손상되지 않

---

12) 양석진, "정보공개법과 개인정보보호법의 법체계 정합성 고찰", 법학연구, 제33집, 2008, 442면.

도록 하여야 한다. 그리고 실정법이란 보편적이고 전형적인 사안을 염두에 두고 규정되기 마련이므로 사회현실에서 일어나는 다양한 사안에서 그 법을 적용함에 있어서는 구체적 사안에 맞는 가장 타당한 해결이 될 수 있도록, 즉 구체적 타당성을 가지도록 해석할 것도 요구된다. 요컨대, 법해석의 목표는 어디까지나 법적 안정성을 저해하지 않는 범위 내에서 구체적 타당성을 찾는 데 두어야 한다. 그리고 그 과정에서 가능한 한 법률에 사용된 문언의 통상적인 의미에 충실하게 해석하는 것을 원칙으로 하고, 나아가 법률의 입법 취지와 목적, 그 제·개정 연혁, 법질서 전체와의 조화, 다른 법령과의 관계 등을 고려하는 체계적·논리적 해석방법을 추가적으로 동원함으로써, 앞서 본 법해석의 요청에 부응하는 타당한 해석이 되도록 하여야 한다. 한편, 법률의 문언 자체가 비교적 명확한 개념으로 구성되어 있다면 원칙적으로 더 이상 다른 해석방법은 활용할 필요가 없거나 제한될 수밖에 없고, 어떠한 법률의 규정에서 사용된 용어에 관하여 그 법률 및 규정의 입법 취지와 목적을 중시하여 문언의 통상적 의미와 다르게 해석하려 하더라도 당해 법률 내의 다른 규정들 및 다른 법률과의 체계적 관련성 내지 전체 법체계와의 조화를 무시할 수 없으므로, 거기에는 일정한 한계가 있을 수밖에 없다."고 판시하고 있다.

(4) 소결

이상에서 논의한 것을 이 사건 대상판결 사안에서의 해석에 연결지어 살펴볼 때, 입법자가 법문에서 서로 다른 표현을 사용하여 개정하였음에도 '개인에 관한 사항'의 의미를 종전과 동일하게 '개인식별정보'에 한정하는 것으로 해석하는 별개의견은 입법자의 연혁적 이유를 고려하는 측면에서는 부합할지 몰라도 문리해석과 체계정합적 해석의 관점에서 설득력이 다소 떨어진다고 보여진다.

Ⅲ. 정보공개와 개인정보보호의 관계

1. 양 법률에서 개인정보 개념의 불일치

구 정보공개법 제7조 제1항 제6호 및 현행 정보공개법 제9조 제1항 제6호에서 보호하는 개인정보는 폐지된 바 있는 구 공공기관의 개인정보보호에 관한 법률이나 현행 개인정보보호법 제2조 제1호에서 규정하고 있는 개인정보와는 개념의 범위에 차이가 있다. 한편 '공공기관의 컴퓨터에 의하여 처리되는 정보' 가운데 '당해 정보만으로는 특정개인을 식별할 수 없더라도 다른 정보와 용이하게 결합하여 식별할 수 있는 것'을 정보공개법에 따라 정보공개 청구하였을 경우 이를 공개해야 하는지 개인정보보호법에 의하여 보호해야 하는지 논란의 여지가 있다.

우리의 경우에 개인의 자기정보를 컴퓨터 등에 의하여 처리되는 자기정보와 그렇지 아니한 자기정보로 구분하여, 컴퓨터 등에 의하여 처리되는 자기정보는 개인정보보호법을 적용하고, 그렇지 않은 정보는 정보공개법을 적용하는 것이 체계 정합적이라는 견해가 있다.[13]

이와 관련하여 일본의 정보공개법[14] 제5조 제1호의 개인정보 중 본인과 관련된 정보를 청구한 경우에 개인에 관한 정보이기 때문에 비공개하여야 하는 것인지 3가지 견해의 대립이 있다. 첫째로, 정보공개제도는 청구인이 누구인지 묻지 않고 청구인이 본인일지라도 특별취급하지 않고, 자기정보의 개시청구가 개인정보보호제도에 의하여야 한다고 보는 본인정보공개가능설[15]이 있다. 둘째로, 개인정보에 관한 비공개규정은 본인의 권리이익을 보호하기 위한 것이므로 본인으로부터의 정보공개청구에 대하여는 이를 원용할 수 없다고 보는 본인정보비공개설이 있다. 셋째로, 개인정보보호제도에 의하여 본인의 정보공개가 가능하지 않은 경우에는 정보공개제도에 의하여 본인의 정보를 청구할 수 있다는 절충적 견해가 제시되고 있다. 일본의 최고재판소의 판례[16]는 절충적 견해를 지지하고 있다.

2. 정보공개법 제9조 제1항 제6호 단서 (다)목의 해석

정보공개법 제9조 제1항 제6호 단서 (다)목에서는 비공개의 예외로서 '공익 또는 개인의 권리구제를 위하여' 필요한 경우에는 개인정보라고 할지라도 공개해

---

13) 양석진, 앞의 논문, 450면.
14) 일본은 1999. 5. "행정기관이 보유하는 정보의 공개에 관한 법률"을 제정하여, 2001. 4. 1부터 시행되고 있는바, 일본의 경우에는 원칙적으로 행정문서는 개시되지만, 사인의 권익보호나 공익의 보호를 위하여 정보가 불개시되는 것이 필요한 경우가 있다. 일본은 행정기관이 보유하는 정보의 공개에 관한 법률 제5조에서 6가지 종류의 비공개사유를 규정하고 있다. 개인정보, 법인정보 등, 국가의 안전 등에 관한 정보, 공공의 안전 등에 관한 정보, 심의, 검토 또는 협의에 관한 정보, 사무 또는 사업에 관한 정보가 이에 해당한다.
15) 宇賀克也, 行政法概說 I, 行政法總論, 有斐閣, 2006, 171面. 여기서 말하는 개인식별성이란 개시청구된 정보뿐만 아니라 다른 정보와 결합하여 비추어 봄으로써 식별되는 경우도 인정된다. 예를 들어 개시청구된 정보와 신문보도된 정보를 결합할 때 개인이 식별되는 경우에는 개시청구된 정보는 개인식별성이 있는 것으로 취급된다.
16) 最判平成 13·12·18 民集 55卷 7号 1603面.

야 한다고 규정하고 있다. 이는 비공개를 정당화하는 개인정보보호라고 하는 이익과 정보공개를 정당화하는 공익 또는 개인의 권리구제라고 하는 이익 간의 비교형량을 통하여 정보공개 여부를 결정하여야 하겠지만, 구체적인 이익의 교량을 법원에서 어떻게 하였는지 자의적인 결론은 아닌지 판결문에 적절히 제시될 필요가 있다.

대법원은 정보공개법 제9조 제1항 단서 (다)목의 '공공기관이 작성하거나 취득한 정보로서 공개하는 것이 공익 또는 개인의 권리구제를 위하여 필요하다고 인정되는 정보'는 비공개대상에서 제외된다고 규정하고 있는데, 여기에서 '공개하는 것이 개인의 권리구제를 위하여 필요하다고 인정되는 정보'에 해당하는지 여부는 비공개에 의하여 보호되는 개인의 사생활의 비밀 등의 이익과 공개에 의하여 보호되는 개인의 권리구제 등의 이익을 비교·교량하여 구체적 사안에 따라 신중히 판단하여야 한다'고 판시하고 있다. 이는 법원에서 수사기록에 대한 정보공개를 판단하는 경우에는 그 정보의 특수성에 비추어 수사상의 기밀보호 내지 제3자의 개인정보보호를 소홀히 해서는 안된다는 것을 의미한다. 한편 법원은 제반 이익을 비교·교량함에 있어서는 기록에 포함된 세부문서의 내용을 면밀하게 검토하고 사건관계인에 관한 개인적 사항인지 아니면 사건과 관계없는 일반인에 관한 사항인지 여부 등 제반 요소를 고려하여 적정한 판단을 내릴 필요가 있다.[17)]

대상판결인 대법원 전원합의체 판결이유에서 정보공개제도의 헌법적 요청에 대한 부분은 생략한 채 사생활의 비밀과 자유에 대하여만 판단하고 있는바, "일반적으로 사생활의 비밀은 국가 또는 제3자가 개인의 사생활영역을 들여다보거나 공개하는 것에 대한 보호를 제공하는 기본권이며, 사생활의 자유는 국가 또는 제3자가 개인의 사생활의 자유로운 형성을 방해하거나 금지하는 것에 대한 보호를 의미한다(헌재 2003. 10. 30. 선고 2002헌마518 전원재판부 결정 등 참조)"고 판시하고 있다.

그러나 정보공개는 알권리를 통한 정보에의 접근을 통하여 국정에 대한 민주적 통제가 실현될 수 있는 반면에, 사생활의 비밀과 자유 내지 프라이버시권도 절대적으로 보장되는 권리가 아니므로 기본권 충돌의 문제가 야기된다고 할 것이

---

17) 박재윤, "개인적 이익과 정보공개청구", 서울대 법학석사학위 논문, 2003. 2, 111면.

다. 즉, 하나의 법률관계를 둘러싸고 두 기본권이 충돌하는 경우에는 구체적인 사안에서의 사정을 종합적으로 고려한 이익형량과 함께 양 기본권 사이의 실제적인 조화를 꾀하는 해석을 통하여 이를 해결하여야 하고, 그 결과에 따라 정해지는 양 기본권 행사의 한계 등을 감안할 필요가 있다.[18]

그런데 대상판결의 판시이유를 보면, "정보공개법 제9조 제1항 제6호 단서 (다)목은 '공공기관이 작성하거나 취득한 정보로서 공개하는 것이 공익 또는 개인의 권리구제를 위하여 필요하다고 인정되는 정보'를 비공개대상정보에서 제외한다고 규정하고 있는데, 여기에서 '공개하는 것이 개인의 권리구제를 위하여 필요하다고 인정되는 정보'에 해당하는지 여부는 비공개에 의하여 보호되는 개인의 사생활의 비밀 등의 이익과 공개에 의하여 보호되는 개인의 권리구제 등의 이익을 비교·교량하여 구체적 사안에 따라 신중히 판단하여야 한다."고 판시하고 있다.[19] 이처럼 '공공기관이 작성하거나 취득한 정보로서 공개하는 것이 공익 또는 개인의 권리구제를 위하여 필요하다고 인정되는 정보에 해당하는 경우에는 비공개의 예외에 해당하므로 비교·교량을 하여 구체적 사안에 따라 신중히 판단하여야 한다'는 식의 형량판단에 있어 일반론으로 회귀할 것이 아니라 판결이유에서 구체적인 이익의 교량을 어떻게 하였는지 보다 구체적으로 판결문에 제시할 필요가 있다. 그렇지 않을 경우 법원이 형량론이라는 일반적 척도에 의존한 채 구체적인 형량의 제시 없이 무제한의 권한을 행사하는 불합리한 결과를 낳게 되기 때문이다.

3. 입증책임의 문제

공공기관이 보유·관리하는 정보에 대한 입증책임은 정보의 공개를 청구하는 원고가 부담하지만 그 입증의 정도는 그러한 정보를 공공기관이 보유·관리하고 있을 상당한 개연성이 있다는 점을 증명하는 것으로 족하다고 할 것이다.[20] 그러나 정보공개청구사건에 있어서 비공개 사유의 주장·입증책임은 피고인 행정청에 있다고 보아야 할 것이다. 대법원 2003. 12. 11. 선고 2001두8827 판결에서 "공공

---

18) 대법원 2011. 5. 24.자 2011마319 결정; 대법원 2010. 4. 22. 선고 2008다38288 전원합의체 판결.
19) 대법원 2003. 12. 26. 선고 2002두1342 판결; 대법원 2009. 10. 29. 선고 2009두14224 판결 등 참조.
20) 대법원 2007. 6. 1. 선고 2006두20587 판결.

기관의 정보공개에 관한 법률 제1조, 제3조, 제6조는 국민의 알권리를 보장하고 국정에 대한 국민의 참여와 국정운영의 투명성을 확보하기 위하여 공공기관이 보유·관리하는 정보를 모든 국민에게 원칙적으로 공개하도록 하고 있으므로 국민으로부터 보유·관리하는 정보에 대한 공개를 요구받은 공공기관으로서는 같은 법 제7조 제1항 각 호에서 정하고 있는 비공개사유에 해당하지 않는 한 이를 공개하여야 할 것이고, 만일 이를 거부하는 경우라 할지라도 대상이 된 정보의 내용을 구체적으로 확인·검토하여 어느 부분이 어떠한 법익 또는 기본권과 충돌되어 같은 법 제7조 제1항 몇 호에서 정하고 있는 비공개사유에 해당하는지를 주장·입증하여야만 할 것이며, 그에 이르지 아니한 채 개괄적인 사유만을 들어 공개를 거부하는 것은 허용되지 아니한다."고 판시하였는바, 적절한 판시태도라고 할 것이다.

이와 관련하여 일부 견해[21]는 기본권의 이중기준의 이론에 따라 내면적 정신적 기본권에 속하는 사생활의 비밀과 자유가 외면적 정신적 자유권인 알권리보다 우선하여야 한다는 관점에서 알권리와 프라이버시권이 충돌하는 경우에는, 재판규범적으로는 후자가 전자보다 우월하다고 추정되고, 그 추정을 극복할 만한 극히 강한 알권리의 공적이익의 주장·입증책임은 정보공개청구권자에게 과해지게 된다고 설명한 바 있다. 하지만, 정보공개법 제3조에 따라 공공기관이 보유·관리하는 정보는 공개하여야 함이 원칙이고, 동법 제9조 제1항의 본문에서도 공공기관이 보유·관리하는 정보는 공개대상이 된다고 규정하고 있으므로, 공공기관이 보유·관리하는 정보라는 점은 원고인 정보공개청구권자가 주장·입증하여야 하며, 단서에 해당하는 8가지 예외사유, 가령 동법 제9조 제1항 제6호에 해당하는 비공개사유는 피고 행정청에서 주장·입증하여야 하며, 동법 제9조 제1항 제6호의 개인정보는 정보공개의 대상에서 제외한다고 되어 있으므로, 그 예외에 해당하는 사항, 가령 (다)목의 '공공기관이 작성하거나 취득한 정보로서 공개하는 것이 공익 또는 개인의 권리구제를 위하여 필요하다고 인정되는 정보' 등의 경우에는 원고인 정보공개청구권자가 이에 대하여 주장·입증하여야 할 것이다.

이와 같은 주장·입증책임의 문제와 기본권 충돌의 문제는 서로 별개의 문제에 속한다. 따라서 알권리와 프라이버시권과의 우열의 문제는 기본권 충돌의 문

---

21) 경건, "정보공개청구제도에 관한 연구 — 일반 행정법이론체계와의 관련에서 —", 서울대학교 법학박사 학위논문, 1998, 276면.

제로서 양가치가 동일할 때 어느 기본권을 우선할 것인가의 문제로 이를 어떻게 입법적으로 조화롭게 규율할 것인가의 차원의 문제이지 이를 주장·입증책임의 문제와 직접 연결지어 논의할 것은 아니다.

Ⅳ. 검사의 수사기록에 대한 정보공개의 문제

1. 논의의 출발점

수사기관의 피의자신문조서 등 수사기록에 대한 정보공개와 관련하여, 다음 3가지의 관점에서 문제가 제기될 수 있다. 첫째로, 형사소송법 제266조의3 제1항의 규정에 의한 피고인 또는 변호인이 검사에게 공소제기된 사건에 관한 서류등의 열람·등사신청권의 인정여부가 문제된다.[22) 이 경우에는 검사는 국가안보, 증인보호의 필요성, 증거인멸의 염려, 관련사건의 수사에 장애를 가져올 것으로 예상되는 구체적인 사유등 열람·등사 또는 서면의 교부를 허용하지 아니할 상당한 이유가 있다고 인정하는 때에는 열람·등사 또는 서면의 교부를 거부하거나 그 범위를 제한할 수 있다. 이와 같은 수사기록의 열람·등사권은 피고인이 공정한 재판을 받을 권리가 제대로 보장되기 위한 전제로서 피고인의 소송상의 지위를 높이고 공판절차에서의 정당한 방어권을 보장하는 데 그 주된 근거가 있다고 할

---

22) 이에 관하여는 헌재 1997. 11. 27. 선고 94헌마60 결정: 수사기록에 대한 열람·등사가 허용된다고 하더라도 수사의 본질상 내재적 한계가 있다. 수사기록 중 열람·등사가 허용되는 것은 피고인에 대한 수사의 범위 내에서 수집된 것으로서 장차 법원에 증거로 제출될 서류, 증거물 등과 같은 피고인의 공격과 방어의 준비를 위하여 필요한 부분만을 의미한다고 보아야 할 것이다. 따라서 수사기록 중 증거로서 중요한 의미를 가지고 있고 증거인멸 등의 위험이 유형적으로 작은 증거들, 예컨대 압수조서, 증거물, 실황조사서, 감정서, 피고인 자신의 자술서, 피의자신문조서 등은 제한 없이 열람·등사가 허용된다고 보아야 할 것이다. 또한 참고인 진술조서도 증인에 대한 신분이 사전에 노출됨으로써 증거인멸, 증인협박 또는 사생활침해 등의 폐해를 초래할 우려가 없는 한 원칙적으로 허용되어야 할 것이다. 그러나 수사기관 내부의 의견서, 보고문서, 메모, 법률검토, 내사자료 등 피고인의 범죄사실 입증에 관련된 증거가 아닌 자료는 원칙적으로 피고인의 방어활동과 직접 관계가 없고 이는 열람·등사의 대상이 되지 않는다고 하여야 한다. 그렇지 아니하고 이를 무제한적으로 허용할 경우에는 피고인의 변호인은 피고인에게 유리한 증거가 나오면 좋고, 나오지 않아도 그만이라는 생각에서 검사가 수중에 가지고 있는 자료 일체의 열람·등사를 요구하는 소위 낚시여행(fishing expedition)을 하게 될 것이고, 이러한 경우 검사는 과연 어디까지 열람·등사를 허용하여야 할지도 모르게 되는 결과로 되고, 또한 실질적 당사자대등과 무기각자개발의 원칙을 전제로 한 당사자주의 소송구조 자체를 무너뜨리게 되며, 이는 형사피고인에게 보장된 적법절차의 원칙과 기본권을 넘어서는 것이 되기 때문이다.

것이고, 이러한 방어권의 행사를 통하여 궁극적으로는 형사재판의 최고이념인 '실체적 진실발견'을 구현한다고 할 것이다.[23]

둘째로, 형사소송법 제59조의2에서 규정하고 있는 재판확정기록의 열람·등사의 허용성 여부가 문제된다. 이러한 재판확정기록의 열람·등사신청과 관련하여, 누구든지 권리구제·학술연구 또는 공익적 목적으로 재판이 확정된 사건의 소송기록을 보관하고 있는 검찰청에 그 소송기록의 열람 또는 등사를 신청할 수 있다. 다만, 동법 제59조의2 제2항 제3호에서 소송기록의 공개로 인하여 사건관계인의 명예나 사생활의 비밀 또는 생명·신체의 안전이나 생활의 평온을 현저히 해할 우려가 있는 경우, 동조 제2항 제7호에서 소송기록의 공개에 대하여 당해 소송관계인이 동의하지 아니하는 경우에는 열람 또는 등사를 제한할 수 있다고 규정하고 있다.

셋째로, 검사가 작성하거나 보관하는 피의자신문조서 등 불기소사건기록에 대한 정보공개청구의 허용 여부가 문제된다. 즉, 정보공개법 제9조 제1항 제1호 법령비정보, 제3호 공개될 경우 국민의 생명·신체 및 재산의 보호에 현저한 지장을 초래할 우려가 있다고 인정되는 정보, 제4호 진행중인 재판에 관련된 정보와 범죄의 예방, 수사에 관한 사항으로서 공개될 경우 그 직무수행을 현저히 곤란하게 하거나 형사피고인의 공정한 재판을 받을 권리를 침해한다고 인정할 만한 상당한 이유가 있는 정보[24] 그리고 제6호의 개인의 사생활의 비밀 또는 자유를 침해할 우려가 있는 정보를 비공개대상 정보로 하고 있다. 본 논문은 정보공개법 제9조 제1항 제6호의 적용 여부와 밀접한 관련이 있다.

특히 수사기관에서 불기소처분이 내려진 경우에는 고소인은 검사가 작성한 피의자신문조서의 내용 중 일부에 대해 정보공개를 청구하는 것은 수사가 제대로 된 것인지를 확인하려고 하는 측면도 있지만, 주로 민사소송에 활용하기 위하여 정보를 공개하는 경우가 대부분이라고 할 수 있다. 그러나 고소인의 불기소수사

---

23) 장승혁, "형사소송법상 수사기록 열람·등사와 관련한 법률적 쟁점," 우리법연구회 논문집 제6집, 2010, 330면.
24) 대법원 2003. 12. 26. 선고 2002두1342 판결에서는 "'수사'에 관한 사항으로서 공개될 경우 그 직무수행을 현저히 곤란하게 한다고 인정할 만한 상당한 이유가 있는 정보를 비공개 대상정보의 하나로 규정하고 있는바, 그 취지는 수사의 방법 및 절차 등이 공개되는 것을 막고자 하는 것으로서, 수사기록 중의 의견서, 보고문서, 메모, 법률검토, 내사자료 등이 이에 해당한다고 할 것이다(헌재 1997. 11. 27. 선고 94헌마60 결정 참조)"라고 판시하고 있다.

기록의 정보공개에 대하여 자신에 관한 부분이 아닌 제3자의 개인정보와 관련될 때, 검찰에서는 법무부령인 검찰보존사무규칙을 근거로 정보공개를 거부하는 것이 일반적이다. 그런데 검찰보존사무규칙은 검찰청법 제11조에 형식적으로 근거하고는 있으나 구체적 위임이 없어 법부부령인 검찰보존사무규칙이 정보공개법 제9조 제1항 제1호에서 말하는 '법률에 위임한 명령'에 해당하는 것인지 논란이 제기된다.

2. 검찰수사기록의 정보공개거부의 근거법령으로서 검찰보존사무규칙

가. 검찰보존사무규칙 제22조 제1항의 규정 내용

검찰청법 제11조에서는 "검찰청의 사무에 관하여 필요한 사항은 법무부령으로 정한다."는 규정을 두고 있다. 위 규정에 터잡아 제정된 검찰보존사무규칙의 법형식은 법무부령으로 되어 있다. 헌재 1991. 5. 13. 선고 90헌마133 결정이 확정된 형사사건의 수사기록에 대한 열람·등사는 헌법상의 알권리로부터 도출되는 권리라고 선언하자 법무부와 검찰은 검찰보존사무규칙을 개정하여 수사기록의 열람·등사를 광범위하게 제한한 후, 이를 근거로 수사기록에 대한 열람·등사를 거부하여 왔다.25) 특히 정보공개와 관련하여, 동 규칙 제20조에서는 재판확정기록의 열람·등사 신청에 관하여 규정을 두고 있으며, "형사소송법 제59조의2 제1항26)에 따라 소송기록의 열람 또는 등사를 신청하려는 자는 소송기록을 보관하

---

25) 김천수, "제3자의 확정된 수사기록에 대한 정보공개청구", 대법원판례해설, 제47호, 2004, 495면.

26) 형사소송법 제59조의2(재판확정기록의 열람·등사) ① 누구든지 권리구제·학술연구 또는 공익적 목적으로 재판이 확정된 사건의 소송기록을 보관하고 있는 검찰청에 그 소송기록의 열람 또는 등사를 신청할 수 있다.
② 검사는 다음 각 호의 어느 하나에 해당하는 경우에는 소송기록의 전부 또는 일부의 열람 또는 등사를 제한할 수 있다. 다만, 소송관계인이나 이해관계 있는 제3자가 열람 또는 등사에 관하여 정당한 사유가 있다고 인정되는 경우에는 그러하지 아니하다.
1. 심리가 비공개로 진행된 경우
2. 소송기록의 공개로 인하여 국가의 안전보장, 선량한 풍속, 공공의 질서유지 또는 공공복리를 현저히 해할 우려가 있는 경우
3. 소송기록의 공개로 인하여 사건관계인의 명예나 사생활의 비밀 또는 생명·신체의 안전이나 생활의 평온을 현저히 해할 우려가 있는 경우
4. 소송기록의 공개로 인하여 공범관계에 있는 자 등의 증거인멸 또는 도주를 용이하게 하거나 관련 사건의 재판에 중대한 영향을 초래할 우려가 있는 경우
5. 소송기록의 공개로 인하여 피고인의 개선이나 갱생에 현저한 지장을 초래할 우려가 있

고 있는 검찰청의 검사에게 별지 제5호 서식의 사건기록열람·등사신청서를 제출
하여야 한다.”고 규정하고 있다.

나아가, 동 규칙 제20조의2에서 불기소사건기록 등의 열람·등사 신청에 관
하여 규정하고 있는바, “다음 각 호(1. 피의자이었던 자, 2. 제1호에 규정된 자의 변호
인·법정대리인·배우자·직계친족·형제자매, 3. 고소인·고발인 또는 피해자, 4. 참고인으
로 진술한 자)의 어느 하나에 해당하는 자는 별지 제5호서식에 따른 사건기록열
람·등사신청서에 따라 불기소사건기록, 진정·내사 사건기록 등 검사의 처분으
로 완결된 사건기록 중 본인의 진술이 기재된 서류(녹음물·영상녹화물을 포함한다)
와 본인이 제출한 서류(이하 ‘불기소사건기록등’이라 한다)에 대하여 열람·등사를
청구할 수 있다.”고 규정하고 있다.

검찰보존사무규칙 제21조 제1항에서는 “검사는 제20조 및 제20조의2의 규정
에 의한 청구가 있는 경우에는 신속하게 허가 여부를 결정하여야 한다.”고 규정
하고 있다.

그런데, 검찰보존사무규칙 제22조에서는 불기소사건기록 등의 열람·등사의
제한에 관한 규정을 마련하고 있는바, 동조 제1항 제2호에서는 “검사는 제20조의
2에 따른 불기소사건기록등의 열람·등사 신청에 대하여 기록의 공개로 인하여
사건관계인의 명예나 사생활의 비밀 또는 생명·신체의 안전이나 생활의 평온을
현저히 해칠 우려가 있는 경우 기록의 열람·등사를 제한할 수 있다.”고 규정하고
있으며, 동 규칙 제22조의2에서는 소송관계인의 부동의 확인 절차에 관하여 규율
하고 있는바, 동조 제1항에서 “재판확정기록의 열람·등사 신청이 있는 경우 검사
는 법 제59조의2 제2항 제7호에 따라 소송관계인을 상대로 해당 기록의 공개에
대한 동의 여부를 확인하고, 그 소송관계인이 그 소송기록의 공개에 대하여 동의
하지 아니한 때에는 기록의 전부 또는 일부의 열람·등사를 제한할 수 있다.”고
규정하고 있을 뿐 불기소사건기록의 열람·등사신청이 있는 경우 제3자를 상대로
불기소사건기록에 대한 공개에 대하여 동의 여부의 확인절차를 마련하고 있지 않
은 실정이다.

　　는 경우
　6. 소송기록의 공개로 인하여 사건관계인의 영업비밀(「부정경쟁방지 및 영업비밀보호에
　　관한 법률」 제2조 제2호의 영업비밀을 말한다)이 현저하게 침해될 우려가 있는 경우
　7. 소송기록의 공개에 대하여 당해 소송관계인이 동의하지 아니하는 경우
　③-⑦ 〈생략〉

나. 검찰보존사무규칙의 법적 성질

(1) 판례의 입장

검찰에서는 통상 피의자 신문조서등 불기소사건기록에 대하여는 검찰보존사무규칙에 의거하여 정보공개를 거부하고 있는바, 검찰보존사무규칙은 검찰청법 제11조에 근거하여 제정된 것으로 법규명령에 해당하는지, 아니면 행정규칙인지, 법규명령이라면 위임명령인지 집행명령인지 검토할 필요가 있다.[27] 이와 관련하여 대법원은 검찰보존사무규칙은 검찰청법의 위임이 없어 법규명령으로 보지 아니하고 행정규칙에 불과하다고 보고 있다.

대법원 2010. 6. 10. 선고 2010두2913 판결[28]에서 "공공기관의 정보공개에 관한 법률 제9조 제1항 본문은 '공공기관이 보유·관리하는 정보는 공개대상이 된다.'고 규정하면서 그 단서 제1호에서는 '다른 법률 또는 법률이 위임한 명령(국회규칙·대법원규칙·중앙선거관리위원회규칙·대통령령 및 조례에 한한다)에 의하여 비밀 또는 비공개 사항으로 규정된 정보'는 이를 공개하지 아니할 수 있다고 규정하고 있는바, 그 입법 취지는 비밀 또는 비공개 사항으로 다른 법률 등에 규정되어 있는 경우는 이를 존중함으로써 법률 간의 마찰을 피하기 위한 것이고, 여기에서 '법률에 의한 명령'은 정보의 공개에 관하여 법률의 구체적인 위임 아래 제정된 법규명령(위임명령)을 의미한다."고 판시한 바 있다.

한편, 대법원 2004. 9. 23. 선고 2003두1370 판결에서는 직접적으로 검찰보존사무규칙이 정보비공개를 정당화하는 정보공개법 제7조 제1항 제1호 소정의 법률에 의한 명령에 해당한다고 볼 것인지와 관련하여 내린 판시이유에서, "구 정보공개법 제7조 제1항 제1호 소정의 '법률에 의한 명령'은 법률의 위임규정에 의하여 제정된 대통령령, 총리령, 부령 전부를 의미한다기보다는 정보의 공개에 관하여 법률의 구체적인 위임 아래 제정된 법규명령(위임명령)을 의미한다고 보아야 할 것인바, 검찰보존사무규칙(1996. 5. 1. 법무부령 제425호로 개정된 것)은 비록 법무부령으로 되어 있으나, 그중 불기소사건기록 등의 열람·등사에 대하여 제한하고 있는 부분은 위임 근거가 없어 행정기관 내부의 사무처리준칙으로서 행정규칙에 불과하므로, 위 규칙에 의한 열람·등사의 제한을 구 정보공개법 제7조 제1항 제1호의 '다른 법률 또는 법률에 의한 명령에 의하여 비공개사항으로 규정된 경

---

27) 여기서는 지면관계상 상세한 논의를 생략한다.
28) 같은 취지의 판결로는 대법원 2003. 12. 11. 선고 2003두8395 판결이 있다.

우'에 해당한다고 볼 수 없다(대법원 2004. 3. 12. 선고 2003두13816 판결 참조)."고 판시한 있다.

(2) 정보공개법 제9조 제1항 제1호에서 말하는 '법률이 위임한 명령'에 해당하는지

정보공개법 제9조 제1항 제1호에서 법령비(秘)정보에 관하여 규율하고 있는바, 비공개의 대상이 되는 정보는 다른 법률 또는 법률이 위임한 명령(국회규칙·대법원규칙·헌법재판소규칙·중앙선거관리위원회규칙·대통령령 및 조례에 한한다)에 의하여 비밀로 유지되거나 비공개사항으로 규정된 정보라고 되어 있다. 여기서 말하는 '법률이 위임한 명령'에는 부령은 포함되지 않고 대통령령에 한정된다고 되어 있고, 법령개정당시의 대안의 주요골자에도 대통령령으로 승격하여 규정하고 있으므로, 법무부령인 검찰보존사무규칙에 비공개사항을 규정하고 있다고 할지라도 이를 근거로 비공개가 허용된다고 보기 어렵다.

다. 검사의 불기소사건기록에 대한 정보비공개를 정당화하기 위한 제도적 개선방안

우선, 정보공개법 제9조 제1항에서 말하는 '법률에 의한 명령'에 해당하기 위해서는 정보의 공개와 거부에 관하여 법률의 구체적인 위임 아래 제정된 명령만이 여기에 해당한다고 이해하는 것이 바람직하다.29) 불기소처분의 수사기록의 열람·등사에 관한 사항은 국민의 권리를 제한하고 의무를 부과하는 사항으로 형사소송법에 이에 관한 명문의 규정을 두거나, 적어도 검찰청법 제11조에서 보다 구체적으로 정하여 대통령령에 위임하는 방식으로 규정할 때에 가능하다고 본다. 위임을 하는 경우에 직접 대통령령에 규정하도록 하는 경우와 대통령령을 거쳐 법무부령에 재위임하는 경우를 모두 고려할 필요가 있다.

먼저 전자의 경우에는 정보공개법 제9조 제1항의 문리적 요건을 충족시키므로 이를 근거로 정보공개를 제한할 수 있다. 다음으로 대통령령을 거쳐 법무부령에 재위임을 하는 경우에는 대강의 내용이 대통령령에서 규정하고 난 후에 세부적인 사항을 법무부령에 위임하는 것은 가능하다고 본다. 따라서, 검찰보존사무규칙에서 규율하고 있는 사항을 대통령령으로 승격하면서, 검찰청법에서 구체적

---

29) 성낙인, 언론정보법, 나남출판, 1998, 388면; 한위수, "정보공개청구사건의 재판실무상 제문제", 인권과 정의, 통권 제304호, 2001, 42면.

으로 위임하여 대통령령에 규정하도록 한 후에 대통령령에서 부령으로 위임을 거쳐 정하는 경우에는 그 효력이 인정될 것인지 논란이 야기될 수 있다. 왜냐하면 다른 법령에 위임하는 경우를 대통령령에 규정하는 경우에 한정하였기 때문에 입법자는 부령등 하위법령에 재위임하는 것을 금지하는 취지라고 해석될 여지가 있기 때문이다. 설사 대통령령에 규정한 다음에 부령으로 재위임된다고 할지라도, 법률로부터 위임을 받은 사항에 대하여 대통령령에 전혀 규정하지 않은 채 모든 사항을 재위임하는 것은 '위임받은 권한을 그대로 다시 위임할 수 없다'는 복위임금지의 법리에 반할 뿐 아니라 수권법의 내용변경을 초래하는 것이 되어 허용될 수 없다.30)

생각건대, 문제는 단계적 위임을 건너뛰고 법률인 검찰청법에서 구체적으로 범위를 정하여 대통령령에 위임하지 아니하고 곧바로 법무부령인 검찰보존사무규칙에 정하도록 위임하는 데 있는 것으로 이는 정보공개법 제9조 제1항의 규정에 비추어 '법률에 의한 명령'에 해당한다고 보기 어렵다. 따라서, 수사기록에 대한 정보공개제한을 정당화하려면 검찰보존사무규칙을 법무부령으로 정하는 것으로는 한계가 있고, 이를 대통령령의 형식으로 격상하여 규정하거나 형사소송법에 불기소처분의 기록에 대한 정보공개제한에 관한 규정을 마련할 필요가 있다.

3. 불기소처분 수사기록에 대한 제3자의 동의문제

가. 기본권 포기의 법리(volenti non fit iniuria)

사생활의 비밀과 자유를 내용으로 하는 프라이버시권은 처분할 수 있는 기본권적 지위를 지니는바, '동의는 불법을 조각한다(volenti non fit iniuria)'는 기본권 포기의 법리31)에 따라 그 법익을 향유하는 자가 자신에 관한 비밀스러우면서 보

---

30) 전학선, "위임입법 일탈에 대한 통제기준 모색 연구," 국회·유럽헌법학회 공동학술대회 세미나 자료집, 2008. 4. 13, 51면.
31) 이에 관하여는 Kim Yong-Sup, Der Gesetzesvorbehalt bei der Leistungsverwaltung in Deutschland und Korea- am Beispiel der Wirtschaftssubventionen- Diss, Mannheim, 1994, S. 152; 김용섭, "정보공개와 개인정보보호의 충돌과 조화", 공법연구, 제29집 제3호, 2001, 279-280면. 기본권포기가 유효하게 성립하려면 다음의 4가지 요건이 충족되어야 한다. 첫째로, 관계인이 명확하게 인식할 수 있어야 하고 포기는 자발적이어야 하며 강요된 형태의 포기는 진정한 포기로 볼 수 없다. 둘째로, 포기되는 기본권은 처분가능한 개인적 성격을 지녀야 하며 당사자가 기본권을 행사할 수 있는 지위를 전제로 한다. 셋째로, 당사자의 합의가 부당한 반대급부와 결부하여서는 안 된다. 넷째로, 장래를 향한 포괄적인 포기는 허용되지 아니한다.

호가치 있는 정보를 공개하는 것을 동의한 경우에는 사생활의 비밀이나 자유가 침해되는 것은 아니라고 할 것이다. 물론 그 동의는 법적으로 유효하고 명시적인 자발적인 동의에 한정할 필요가 있다.32)

비록 검찰보존사무규칙에 재판확정기록에 대하여만 동의를 얻도록 하고 있을 뿐 불기소처분기록에 대하여는 별도의 제3자 동의절차에 관하여 규율이 없으나, 재판확정기록에 대한 동의절차와 마찬가지로 규정할 필요가 있다.

이와 같은 제3자의 동의를 통한 정보공개허용문제에 대하여 공공기관이 보유·관리하고 있는 정보의 공개 여부가 정보주체인 제3자의 의사에 의해 주도되는 것은 타당하지 않다는 비판적 견해33)가 제시된 바 있다. 이와 관련하여, 독일도 정보공개법을 제정하여 2006. 1. 1.부터 시행되고 있는바, 동법 제5조 제1항 제1문에서는 "개인에 관련된 자료에 대한 접근은 청구자의 정보에 대한 이익이 정보의 비공개에 관한 제3자의 보호가치 있는 법익에 우월하거나 제3자가 정보의 공개를 허용한 경우에 한하여 허용된다"고 명시적으로 규정하고 있듯이 개인정보에 대한 비공개의 원칙과 본인의 동의에 의한 예외적 허용을 입법적으로 규율하고 있는 점을 참고할 필요가 있다.34) 당사자의 동의는 원칙적으로 명시적이어야 하며, 특히 민감한 정보에 대한 공개를 위해서는 명시적인 동의가 필요한 것으로 이해된다.35)

나. 불기소수사기록에 대한 제3자의 동의규정의 흠결과 보완 필요성

수사기관에서 제3자의 사생활비밀이나 자유가 침해될 우려가 있다는 판단을 하면서 정보공개를 거부하는 경우, 그 기준이 운영하는 자에 의하여 자의적인 기준이 될 가능성이 있게 된다. 따라서 검찰보존사무규칙에 확정된 재판기록에 대한 제3자의 동의절차처럼 불기소처분 수사기록에 대하여도 제3자의 동의절차에 관한 규정을 마련하여, 제3자가 자신과 관련되는 개인정보를 자발적으로 동의한 경우에 한하여 이를 공개하도록 하는 것이 타당하다. 당사자의 권리구제를 위한 이익도 보장할 필요가 있으므로, 이 점은 개인정보에 관한 사항의 정보공개와 관

---

32) 김용섭, "정보공개와 개인정보보호의 충돌과 조화", 공법연구, 제29집 제3호, 2001, 279면.
33) 경건, "정보공개와 개인정보보호 — 정보공개법상이 개인정보보호를 중심으로—", 정보법학, 제6권 제1호, 2002, 87면.
34) 장영수, "독일의 정보공개제도", 세계의 언론법제, 한국언론재단, 2008, 196면.
35) 장영수, 앞의 논문, 198면.

련하여 형량을 함에 있어서도 중요한 고려요소가 된다고 할 것이다.

이 점은 제3자에 관한 정보는 정보공개를 하기에 앞서 제3자의 의견을 묻는 등의 제도개선의 절차를 통해서 해결할 필요가 있으며, 지나치게 제3자의 의사를 불문하고 수사기관이 제3자의 인적사항이 드러나지 않는 경우에까지 사생활의 비밀과 자유를 침해할 우려가 있다는 가정적 판단으로 정보공개를 거부하는 것을 정당화하게 되는 문제가 있기 때문이다.

다만, 대상판결의 다수의견이나 보충의견처럼 비공개의 범위를 확장하게 된다면 수사기관에서 제3자의 개인정보에 관한 부분을 임의적으로 판단하여 사생활을 침해할 우려가 있다는 이유를 들어 정보비공개를 정당화할 빌미를 줄 여지가 있게 되므로, 정보공개법 제11조 제3항에서 "공공기관은 공개청구된 공개대상 정보의 전부 또는 일부가 제3자와 관련이 있다고 인정되는 때에는 그 사실을 제3자에게 지체없이 통지하여야 하며, 필요한 경우에는 그의 의견을 청취할 수 있다."고 규정하고 있고, 정보공개법 제21조 제1항에서는 "제11조 제3항의 규정에 의하여 공개청구된 사실을 통지받은 제3자는 통지받은 날부터 3일 이내에 당해 공공기관에 대하여 자신과 관련된 정보를 공개하지 아니할 것을 요청할 수 있다"고 규정하고 있는 점에 비추어 제3자가 사생활의 비밀 또는 자유를 침해할 우려가 없다고 의견을 제시하거나, 설사 사생활의 침해가 있더라도 제3자가 개인의 권리구제를 위하여 동의한 경우라면 정보공개를 허용하는 것이 바람직하다고 할 것이다. 나아가, 수사기록중 피의자신문조서 등에 기재된 피의자 등의 인적사항 이외의 진술내용이 개인의 사생활의 비밀 또는 자유를 침해할 우려가 있는지 여부는 수사기관에서 일방적으로 판단할 것이 아니라 제3자의 의사를 고려하여 판단할 필요가 있다고 본다. 결국 제3자에 관한 정보는 정보공개를 하기에 앞서 제3자의 의견을 묻는 등의 절차를 통해서 해결할 필요가 있다.

V. 맺음말: 대상판결의 의미와 한계

앞에서 검토한 바와 같이, 이 사건 대상판결은 수사기관의 불기소사건기록에 대한 정보비공개의 허용범위와 관련하여, 비공개대상이 되는 개인정보의 보호범위를 개인식별정보에 한정하지 아니하고 그 외의 정보의 내용을 구체적으로 살펴 개인의 사생활의 비밀 또는 자유를 침해하는 정보도 포함시킴으로써 국민의 알권리보다 프라이버시권을 보다 두텁게 보호하였다고 할 것이다.

결국 대상판결은 개인정보보호를 이유로 비공개의 범위를 정함에 있어 각 정보의 형식과 유형에 따른 사항적 요소를 기준으로 공개 여부를 판단하는 방식에서 개인의 사생활의 비밀 또는 자유의 침해라고 하는 정성적 요소를 기준으로 공개여부를 판단하는 방식으로 비공개대상정보의 판단기준이 변경된 것으로 볼 수도 있다.

이러한 관점에서, 대상판결의 다수의견과 보충의견은 당해 사건에 있어서 피고가 아닌 원고의 손을 들어 주었지만 향후 수사기관의 불기소처분기록에 대한 정보공개청구가 있을 경우 사건 관계인인 피의자의 인격권 내지 프라이버시권의 보호라는 관점에서는 긍정적인 평가를 할 수 있다. 한편으로 이 사건 대상판결은 입법자의 역할에 가까운 법창조기능을 수행한 것으로 볼 수 있으며, 다른 한편으로 제3자의 개인정보보호를 이유로 검찰의 수사기록의 비공개 범위를 대폭 확장할 여지를 남겼다.

대상판결의 다수의견과 보충의견은 법의 해석과 관련하여 입법자의 의사에 구애되지 않고, 문언에 기초하면서도 탄력적인 해석론을 전개하여 불기소사건의 수사기록의 무분별한 공개를 막아 제3자의 사생활침해를 막는 긍정적 측면이 있음에도 검찰이나 경찰 등 수사기관의 정보공개가 제한되어 수사기관에 대한 책임행정의 실현과 투명성 통제가 제대로 미치지 못하는 점이 지적될 수 있다. 이러한 점을 극복하기 위해서는 정보공개법 제9조 제1항 제6호 본문의 정보비공개사유에 해당하는 개인정보라고 할지라도 정보공개법 제9조 제1항 제6호 단서 다목에서 '공공기관이 작성하거나 취득한 정보'로서 공개하는 것이 '공익 또는 개인의 권리구제를 위하여 필요하다고 인정되는 정보'에 해당하는지 여부는 개인의 사생활보호등의 이익과 공개에 의하여 보호되는 국정운영의 투명성 확보 등의 공익을 비교·교량하여 구체적 사안에 따라 신중히 판단하여야 하며, 형량을 하는 경우에도 판결문에서도 이에 관한 구체적 형량의 기준을 제시할 필요가 있다.

나아가, 앞서도 언급한 바와 같이 제3자가 자신의 정보의 공개를 동의한 경우이거나 개인적 사항이 다른 정보와 결합하여서도 개인을 식별할 수 없는 경우에는 사생활의 비밀 또는 자유의 침해여지가 없게 되므로 이러한 경우에는 불기소처분의 수사기록이라고 할지라도 개인의 권리구제를 위하여 정보공개를 적극 허용하는 쪽으로 해석하는 것이 바람직한 측면이 있다고 할 것이다.

한편, 이 사건의 사안은 검찰보존사무규칙 제20조의2, 제22조의 규정에 의하여 기록의 열람·등사의 제한의 문제가 되는 사안으로,[36) 검찰보존사무규칙은 검찰청법 제11조에 근거하여 제정하였다고는 하지만 구체적 위임이 없이 제정된 법무부령으로, 정보공개법 제9조 제1호에서 말하는 "법률이 위임한 명령"에 "국회규칙·대법원규칙·헌법재판소규칙·중앙선거관리위원회규칙·대통령령 및 조례에 한한다"고 되어 있고 부령이 빠져 있으므로, 이는 한정적 열거규정이라고 볼 여지가 있다. 따라서, 검찰청법에 근거규정을 명확히 하고 이를 대통령령으로 승격하여 규정하거나, 형사소송법에 명문의 근거규정을 마련하는 등 입법적으로 명확히 규율할 필요가 있다.[37) 그러한 입법적 개선이 없는 한 검찰보존사무규칙은 정보공개의 거부를 정당화하는 근거법령이 될 수 없다.

끝으로, 정보공개법이 정보비공개를 광범위하게 정당화하는 이른바 '정보비공개법'이라는 오명을 벗어나기 위해서는, 정보비공개사유에 해당하는 부분에 대하여 피고 행정청의 입증책임을 철저히 따질 필요가 있으며, 제3자의 의견이나 동의 절차도 생략한 채, 수사기관에서 제3자의 사생활의 비밀과 자유를 침해할 우려가 있다는 개괄적인 사유만을 들어 정보공개를 거부하는 것은 허용되지 않아야 할 것이다. 정보공개법이 개인정보의 보호와 프라이버시를 고려함과 동시에 공행정에 햇빛을 비추어 밀실행정에서 기생하는 부패균을 없애는 명실상부한 선샤인법(Sunshine Act)으로 기능할 수 있게 되기를 기대한다.[38)

---

36) 이 사건은 먼저 불기소처분으로 종결된 수사기록의 공개가 제한될 것인가의 문제로서 기본적으로 형사소송법 제59조의2 제2항의 규정에서 말하는 재판이 확정된 소송기록 중 소송기록의 공개로 인하여 사건관계인의 명예나 사생활의 비밀 또는 생명·신체의 안전이나 생활의 평온을 현저히 해할 우려가 있는 경우 등에 한하여 열람·등사를 제한할 수 있도록 한 규정의 적용이 되는 사안은 아니다.

37) 현행법의 구조하에서는 재판확정기록이나 변호인의 방어권 차원에서 수사기록의 열람·등사가 아닌 불기소처분이 내려진 검사의 수사기록에 대한 특수성을 고려하여 행정기관의 문서와 별도로 구분하기보다는 기본적으로 동일한 차원에서 접근할 수밖에 없는 한계가 있다고 할 것이다.

38) 김용섭, "검사의 불기소처분기록에 대한 정보비공개의 범위", 대한변호사협회신문, 2012. 10. 1.자, 13면.

[참고문헌]

경   건, "정보공개청구제도에 관한 연구 ― 반 행정법이론체계와의 관련에서 ― "서울대학교 법학박사학위 논문, 1998.

경   건, "정보공개와 개인정보의 보호 ― 정보공개법상의 개인정보 보호를 중심으로 ―", 정보법학 제6권 제1호, 2002.

권영법, "공소제기전 수사서류의 열람·등사권", 법조 통권 659호, 2011.

김성열, "수사기록에 대한 정보공개청구권의 행사", 재판과 판례 제14집, 2006.

김용섭, "인터넷과 행정법상의 과제", 법제연구, 제18호, 2000.

김용섭, "정보공개와 개인정보보호의 충돌과 조화", 공법연구, 제29집 제3호, 2001.

김용섭, "검사의 불기소처분기록에 대한 정보비공개의 범위", 대한변호사협회신문, 2012. 10. 1.자 13면.

김의환, "정보공개법 일반론", 행정소송(Ⅱ), 한국사법행정학회, 2008.

김의환, "비공개새상정보의 범위", 행정소송(Ⅱ), 한국사법행정학회, 2008.

김천수, "제3자의 확정된 수사기록에 대한 정보공개청구", 대법원판례해설 제47호, 2004.

박균성, 행정법강의, 박영사, 2012.

박재윤, "개인적 이익과 정보공개청구", 서울대 법학석사학위 논문, 2003.

박진우, "정보공개법상 법령에 의한 비공개정보에 관한 고찰 ― 공공기록물관리에 관한 법률과의 관계를 중심으로 ―", 동아법학 제43호, 2009.

성낙인, 언론정보법, 나남출판, 1998.

양석진, 정보공개법과 개인정보보호법의 법체계 정합성 고찰, 법학연구 제33집, 2009.

이동흡, "검사의 형사기록 열람·등사거부처분에 관하여", 행정판례연구 Ⅳ, 1999.

임규철, "개인정보의 보호범위", 한독법학 제17호, 2012.

장영수, "독일의 정보공개제도", 세계의 언론법제 제23호, 2008.

장승혁, "형사소송법상 수사기록열람·등사와 관련한 법률적 쟁점", 우리법연구회 논문집 제6집, 2010.

전학선, "위임입법 일탈에 대한 통제기준 모색 연구," 국회·유럽헌법학회 공동학술 대회 세미나 자료집, 2008.

정하명, "행정정보공개대상 정보의 적정범위: 대법원 2008. 11. 27. 선고 2005두 15694 판결을 중심으로", 부산대 법학연구, 제51권 제1호, 2010.

표성수, "정보공개법 소정의 예외사유(비공개정보)에 대한 연구", 법조, 통권 622호, 2008.

최창호, "정보공개와 개인정보보호에 관한 소고", 법학논총, 18집, 2007.

한위수, "정보공개청구사건의 재판실무상 제문제", 인권과 정의, 제304호, 2001.

宇賀克也, 行政法槪說 Ⅰ, 行政法總論, 有斐閣, 2006.

Alexander Roßnagel, Konflikt zwischen Informationsfeiheit und Datenschutz?, MMR 2007.
Fridrich Schoch, Zugang zu amtlichen Informationen nach dem Informationsfreiheits-gesetz des Bundes (IFG), JURA 3/2012.
Martin Kutscha, Mehr Datenschutz- aber wie?, ZRP 2010.

제 2 편

행정쟁송법

1. 재결의 기속력의 주관적 범위를 둘러싼 논의*

― 대상판결: 대법원 1998. 5. 8. 선고 97누15432 판결 ―

[사실관계와 판결요지]

Ⅰ. 사실관계

제주도지사가 1995. 11. 25. 제주도개발특별법 제25조 제1항에 의하여 소외 주식회사 제동흥산에 대하여 먹는샘물 제조·판매를 위한 지하수이용허가처분을 하면서 "전량 수출 또는 주한 외국인에 대한 판매에 한한다"는 부관과 "제주도 지방개발공사가 제주산 먹는샘물의 우수성을 국내 소비시장에 홍보하기 위하여 주문생산을 요청할 때에는 생산능력의 허용범위 내에서 이를 생산·공급한다"는 부관을 각 붙였는데, 위 주식회사 제동흥산이 1996. 2. 3. 위 지하수이용허가처분 중 위 각 부관의 취소를 구하는 행정심판을 제기하자 건설교통부 장관이 같은 해 9. 18. 위 각 부관을 취소한다는 재결을 내렸으며, 이에 대하여 처분청인 제주도 지사가 인용재결의 취소를 구하는 행정소송을 서울고등법원에 제기하였다. 원심법원인 위 법원은 행정심판에 대한 재결에 대하여는 행정심판청구를 한 행정처분의 상대방인 국민만이 행정소송을 제기할 수 있고, 처분청은 행정소송을 제기할 수 없다고 보아 부적법 각하결정을 내렸고, 이에 대하여 처분청인 제주

* 이 논문은 2005. 8. 19. 개최된 한국행정판례연구회 제198차 월례발표회에서 주제발표를 한 후 2006년 2월에 발간된 인권과 정의 제354호에 수록한 필자의 논문 일부를 수정·보완한 것입니다.

도 지사가 상고하였으나, 대법원에서 원심판결을 지지하고 상고기각판결이 내려 진 사안이다.

Ⅱ. 원심판결 및 대법원판결의 요지

1. 원심판결(서울고법 1997. 8. 22. 선고 96구41658 판결)의 요지

헌법 제117조 제1항은 지방자치단체는 주민의 복리에 관한 사무를 처리하고 재산을 관리하며, 법령의 범위 안에서 자치에 관한 규정을 제정할 수 있다고 규 정하고, 같은 조 제2항은 지방자치단체의 종류는 법률로 정한다고 규정하는 등 지방자치단체의 권능과 종류의 법정주의를 규정하고 있으므로, 이에 의하면 법률 은 국가가 지방자치단체를 지도, 감독할 수 있도록 규정할 수 있다 할 것이니, 행 정심판법 제37조 제1항이 재결은 피청구인인 행정청과 그 밖의 관계 행정청을 기 속한다고 규정함으로써, 상급 행정기관인 국가소속 중앙행정기관의 재결에 의하 여 하급 행정기관인 지방자치단체가 감독을 받게 된다 하여 위 규정이 지방자치 제도를 규정한 헌법에 위반된다고 할 수는 없는 것이며, 또한 국가행정사무는 통 일적이고 능률적으로 수행되어야 하는 것으로서 이를 위하여는 하급 행정기관이 상급 행정기관의 지도·감독을 받는 것은 불가피하다 할 것이고, 행정심판법은 그 와 같은 통일적이고 능률적인 행정을 위한 자율적 행정통제를 그 주요한 존재 이 유로 하는 제도이므로, 행정심판법의 위 규정이 처분청인 하급 행정기관이 상급 행정기관의 재결에 기속된다고 규정한 것은 통일적이고 능률적인 행정수행을 위 한 것이라는 합리적인 근거가 있는 것으로서, 헌법상의 재판을 받을 권리나 평등 권을 침해하는 것이라고 할 수는 없다 할 것이고, 끝으로 헌법 제107조 제3항은 행정심판의 적정한 심리절차의 확보를 위하여 관계인의 충분한 의견 및 자료제출 과 당사자 사이의 자유로운 변론의 기회가 보장될 수 있는 대심구조 등의 사법절 차가 준용되어야 한다는 취지이지 사법절차의 심급제에 따른 불복의 권리까지 준 용되어야 한다는 취지는 아니므로 행정심판법 제37조 제1항이 헌법에 위반된다 는 위 주장은 이유없다.

헌법의 규정에 의하여 법률은 국가가 지방자치단체를 지도·감독할 수 있도 록 규정할 수 있음은 앞서 본 바와 같은데, 헌법이 그와 같은 법률규정에 대하여 위임사무에 한하여 지도·감독에 대한 규정을 둘 수 있다는 등의 제한을 두고 있지 아니한 이상, 그와 같은 감독권한을 규정하였다고 볼 수 있는 행정심판법 제37조 제1항의 규정은 지방자치단체의 고유사무 및 위임사무 여부를 불문하고 적용된다 할 것이므로 제주도개발특별법에 의한 인·허가 권한은 제주도 지사가 위 법률에 의하여 위임받은 사무이지 중앙행정기관의 장 또는 대통령으로부터 위임받은 사무가 아니라 하여 제주도개발특별법에 따른 제주도지사의 인·허가처분에 대하여 위 행정심판법의 규정이 적용될 수 없다고 볼 수는 없는 것이므로 위 주장도 이유 없다.

따라서, 위 행정심판법 제37조 제1항의 규정에다가 행정소송법 제1조가 이 법은 행정소송절차를 통하여 행정청의 위법한 처분 그 밖에 공권력의 행사·불행사 등으로 인한 국민의 권리 또는 이익의 침해를 구제하고, 공법상의 권리 관계 또는 법 적용에 관한 다툼을 적정하게 해결함을 목적으로 한다고 규정하고 있고, 같은 법 제3조 제1호가 항고소송은 행정청의 처분 등이나 부작위에 대하여 제기하는 소송이라고 규정하고 있으며, 같은 법 제4조가 항고소송은 다음과 같이 구분한다고 규정하면서 그 제1호로 취소 소송은 행정청의 위법한 처분 등을 취소 또는 변경하는 소송이라고 규정하고 있고, 같은 법 제12조가 취소 소송은 처분 등의 취소를 구할 법률상의 이익이 있는 자가 제기할 수 있다고 규정하고 있는 점 등을 종합하면, 행정심판에 대한 재결에 대하여는 행정심판청구를 한 행정처분의 상대방인 국민만이 행정소송을 제기할 수 있고 처분청은 행정소송을 제기할 수 없다고 보아야 할 것이므로 이 사건 소는 부적법하다 할 것이다.

2. 대법원판결(대법원 1998. 5. 8. 선고 97누15432 판결)의 요지

대법원은 상고를 기각하면서 다음과 같이 판시하였다.

헌법 제117조 제1항은 "지방자치단체는 주민의 복리에 관한 사무를 처리하고 재산을 관리하며, 법령의 범위 안에서 자치에 관한 규정을 제정할 수 있다", 제2항은 "지방자치단체의 종류는 법률로 정한다"고 규정하는 등 지방자치의 제도적 보장, 지방자치단체의 권능과 종류의 법정주의를 규정하고 있고, 한편 지방자치제도는 국가와는 별개의 법인격을 가지는 지방자치단체를 두어 그 권한과 책임으로 지방에 관한 여러 사무를 처리시키는 것이기 때문에 지방자치단체의 자주성·자율성은 최대한 존중되어야 하므로 이에 대한 국가의 관여는 가능한 한 배제하는 것이 바람직하다 할 것이다. 그러나 지방자치제도도 헌법과 법률에 의하여 국가 법 질서의 테두리 안에서 인정된 것이고, 지방자치행정도 중앙행정과 마찬가지로 국가행정의 일부이어서 상호 완전히 독립된 것이 아니고 밀접한 관계가 있는 것이므로 지방자치단체는 지방자치의 본질에 반하고, 지방자치의 제도적 보장을 파괴하지 아니하는 범위 내에서 어느 정도 국가의 지도·감독을 받지 않을 수 없는 것이다. 그리고 국가가 행정감독적인 수단으로 통일적이고 능률적인 행정을 위하여 중앙 및 지방행정기관 내부의 의사를 자율적으로 통제하고 국민의 권리구제를 신속하게 할 목적의 일환으로 행정심판제도를 도입하였는데, 심판청구의 대상이 된 행정청에 대하여 재결에 관한 항쟁수단을 별도로 인정하는 것은 행정상의 통제를 스스로 파괴하고 국민의 신속한 권리구제를 지연시키는 작용을 하게 될 것이다. 그리하여 행정심판법 제37조 제1항은 "재결은 피청구인인 행정청과 그 밖의 관계 행정청을 기속한다"고 규정하였고, 이에 따라 처분행정청은 재결에 기속되어 재결의 취지에 따른 처분의무를 부담하게 되므로 이에 불복하여 행정소송을 제기할 수 없다 할 것이며 그렇다고 하더라도 위 법령의 규정이 지방자치의 내재적 제약의 범위를 일탈하여 헌법상의 지방자치의 제도적 보장을 침해하는 것으로 볼 수는 없다고 할 것이다.

그리고 재결의 대상인 처분이 제주도개발특별법 제25조 제1항의 규정에 따라 제주도 지사인 원고가 한 것이라고 하여 행정심판법 제37조 제1항의 규정이 배제되어야 한다고 볼 것은 아니다.

같은 취지의 원심판결은 옳다고 여겨지고, 거기에 상고이유의 주장과 같은 행정심판법 제37조 제1항의 위헌 여부, 헌법상 지방자치의 제도적 보장 및 제주도개발특별법에 관한 법리오해의 위법이 있다고 할 수 없으므로 상고이유 주장은 모두 받아들일 수 없다.

[판례연구]

I. 문제의 제기

통설과 판례에 따르면 행정심판법 제37조 제1항[1])에서 재결의 기속력에 관한 규정을 두고 있는 결과, 재결청의 인용재결이 내려진 경우에는 처분청은 비록 재결 자체에 고유한 위법이 있는 경우에도 이에 승복할 수밖에 없고 재결의 취지에 따르는 처분의무가 있을 뿐 행정소송을 제기할 수 없는 것으로 이해되고 있다.[2])

이처럼 행정심판 재결의 기속력 조항으로 인해 심지어 재결이 잘못 내려진 경우에 있어서도 이에 기속되는 것으로 해석되고 있으며, 행정심판의 재결은 대법원의 확정판결 못지않게 강력한 효력을 지니는 것으로 이해되고 있다. 그런데, 행정심판에 있어서 비록 사법절차가 준용된다고 할지라도 증거조사절차 등에 있어서 법원은 엄격한 절차를 거치는데 반하여 행정심판은 증거인정 등에 있어서 당사자가 제출한 자료를 사실인정의 자료로 삼고 있으며 구술심리의 활용도가 높지 않은 실정이다. 비록 행정심판에 있어서 대심구조를 취하고 있으나, 행정심판 절차에서 기각재결 또는 각하재결을 받은 경우에는 청구인인 국민은 불복하여 행정소송을 제기할 수 있으나, 피청구인인 행정청은 재결의 결과에 불만이 있다고 할지라도 행정심판법 제37조 제1항으로 인해 더 이상 불복할 수 없는 것으로 해석되어 왔고, 위 대상판결은 그와 같은 입장을 확인하고 있다.

그러나 지방자치단체의 업무 중에 국가 등으로부터 위임받은 사무의 경우에는 국가기관의 지도·감독에 따라야 하지만 자치사무의 경우에는 행정심판에 대한 인용재결이 있는 경우에 행정소송을 통하여 불복할 수 있는 길을 열지 않으면 자치사무에 관한 해석권을 재결청인 상급지방자치단체의 장이나 소관 중앙행정기관의 장이 최종적으로 갖는 것이 되어 지방자치의 정신이 훼손될 우려가 있으

---

1) 현행 행정심판법 제49조 제1항.
2) 교원지위향상을 위한 특별법에서 "소청심사결정은 처분권자를 기속한다"고 규정하고 있어 위 규정에서 재결의 기속력 조항을 행정심판의 재결의 기속력과 동일하게 이해하고 있는 결과 피청구인이 사립학교 법인의 경우에는 사인적 지위에 있음에도 교원소청심사위원회의 결정이 잘못 내려진 경우에 교원과 마찬가지로 행정소송을 제기하여 다툴 수 있도록 하여야 함에도 그렇지 못한 문제가 있다.

므로 법원을 통하여 자치사무에 관한 해석을 최종적으로 확정하는 것이 헌법의 이념에 합치된다고 할 것이다. 이 사건과 관련하여 제주도 지사는 지방자치단체 또는 지방자치단체의 장이 재결의 기속력에 관한 행정심판법 제37조 제1항의 규정이 헌법 제11조 제1항의 평등권, 헌법 제27조 제1항의 재판을 받을 권리, 헌법 제107조 제3항의 행정심판절차의 사법절차의 준용 및 헌법 제117조 제1항의 지방자치단체의 자치권 규정에 위반된다는 이유로 헌법재판소에 위헌확인을 구하는 헌법소원을 제기하였으나, 헌법재판소는 지방자치단체나 지방자치단체의 장은 기본권의 수범자이지 기본권의 주체가 아니고 오히려 국민의 기본권을 보호 내지 실현해야 할 책임과 의무를 지니고 있을 뿐이라고 해서 헌법소원을 각하한 바 있다.[3]

이러한 문제상황을 전제로 할 때, 과연 지방자치단체의 장의 처분에 대하여 행정심판에서 인용재결을 받은 경우에 지방자치단체의 장은 그 재결에 불복하여 항고소송을 제기할 수 없다고 보는 것이 적절한 해석인지 논란이 야기될 수 있다. 여기서는 대상판결을 소재로 하여 비판적 관점에서 재결의 기속력의 주관적 범위를 고찰하되, 예외가 인정되지 않는 절대적 효력이 있는 것으로 파악하지 않고 처분청, 재결청, 관계 행정청의 각 경우로 구분하여 기속력이 문제되는 경우와 재결청에 의한 직권취소, 철회의 가능성과 그 한계를 고찰해 보고자 한다.

이 사건의 경우와 같이 특히 처분청인 제주도지사가 지방자치단체의 장으로서 제주도개발특별법 제21조 제1항[4]에서 직접 지하수이용허가 업무의 권한을 부여받아 부관부 행정행위를 발하였으나, 이에 불복하여 부관만의 취소를 구하여

---

3) 헌재 1997. 12. 24. 선고 96헌마365 결정; 헌재 1994. 12. 29. 선고 93헌마120 결정; 헌재 1995. 2. 23. 선고 90헌마125 결정; 헌재 1995. 9. 28. 선고 92헌마23, 86(병합) 결정. 그러나 헌재 1992. 10. 1. 선고 92헌마68 결정은 서울대학교 신입생 선발입시안과 관련된 사안에서 대학이 국가에 대한 관계에서 학문의 자유라고 하는 기본권의 수범자라는 점을 인정하였다.

4) 이 사건 당시의 법률인 제주도개발특별법 제25조 제1항은 다음과 같다.
제25조 (지하수의 굴착·이용허가 등) ① 도에서 지하수를 용출시킬 목적으로 토지를 굴착하거나 지하수를 이용하고자 하는 자는 대통령령이 정하는 바에 의하여 도지사의 허가를 받아야 한다. 다만, 국가인 경우에는 사전에 도지사와 협의하여야 한다.
② 도지사는 다음 각호의 1에 해당하는 경우에는 제1항의 규정에 의한 허가를 하여서는 아니 된다.
1. 기존 지하수의 용출량에 현저한 영향을 줄 우려가 있다고 인정되는 경우
2. 환경을 오염시키거나 자연생태계를 해할 우려가 있다고 인정되는 경우
3. 지하수의 적정관리 또는 공공의 이용에 지장을 주는 등 공익을 해할 우려가 있다고 인정되는 경우

행정심판법에 따라 소관 중앙행정기관인 건설교통부 장관에 의하여 인용재결이 이루어진 경우, 어떤 범위 내에서 처분청이 인용재결의 취소를 구하는 항고소송의 제기를 할 수 있는지 그 가능성을 모색할 필요가 있다.

논의의 진행은 먼저 행정심판의 재결과 재판청구권의 침해 등의 문제를 살펴보고, 다음으로 이 글의 중심적 고찰대상인 인용재결의 기속력의 주관적 범위를 다루되, 행정심판법 제49조 제1항의 의미와 처분청, 재결청, 관계 행정청에 대한 기속력으로 구분하여 고찰하고, 재결의 기속력의 법적 효과를 살펴봄과 아울러 대상판결에 대한 평석을 하고, 끝으로 입법정책적 방향을 모색하는 순서로 이 사건 대법원 판결을 비판적 관점에서 검토하기로 한다.

II. 행정심판의 재결과 재판청구권침해 등의 문제

1. 행정심판 재결의 의의

행정심판의 재결은 판결과 유사한 기능을 하는 준사법작용이면서 동시에 행정행위로서 확인행위의 성질을 지니는 것으로 볼 수 있다.[5] 그러나 넓은 의미의 재결은 판결과 유사한 기능을 하는 재결과 행정행위의 성질을 지니는 재결로 구분이 가능하다. 양자의 구분실익은 복심적 쟁송인가 아니면 시심적 쟁송인가, 재결의 실체법적 효력 외에 쟁송절차법적 효력을 인정할 것인가, 원칙적으로 취소소송의 대상이 되는가의 문제 등과 밀접하게 관련된다.

재결의 개념과 관련하여 행정심판법 제2조 제1항 제3호에서 재결에 관한 실정법적 규정을 마련하고 있는바, "재결이란 행정심판의 청구에 대하여 제6조에 따른 행정심판위원회가 행하는 판단을 말한다"고 규정하고 있다. 물론 이와 같은 실정법상의 규정은 행정심판법에 기초한 일반 행정심판의 경우를 상정하여 개념정의를 한 것이지만, 행정심판의 재결은 행정심판법상의 일반 행정심판에 한정되지 않고, 개별법에 규정된 특별 행정심판의 경우에 행하는 재결도 포함하여 파악하는 것이 적절하다.[6] 이러한 관점에서 행정심판의 재결은 위법 또는 부당한 처

---

5) 박균성, 행정법강의, 2004, 616면.

6) 헌재 1998. 7. 16. 선고 95헌바19 결정에서 "교원지위향상을 위한 특별법 제7조 제1항, 제9조 제1항, 제10조 제2항은 교육부에 교원징계재심위원회를 설치하여 국·공립학교 교원과 마찬가지로 사립학교 교원의 경우에도 징계처분 등에 대하여 불복이 있을 때에는 동 재심위원회에 재심을 청구할 수 있도록 하고, 동 재심위원회의 결정은 처분권자를 기속하도록

분의 시정을 구하기 위하여 제기된 행정심판에 대하여 행하는 재결, 결정 기타의 판단행위를 말한다. 이와는 달리 처분으로서의 재결은 행정법관계의 형성, 존부에 관하여 다툼이 있는 경우에 당사자의 신청에 의하여 권한있는 행정기관이 이를 유권적으로 심리·판정하는 것을 말한다. 이러한 의미에서의 재결은 당사자 쟁송적 성질의 것이다. 국·공립학교 교원의 경우 소청심사결정7)은 행정심판으로서 재결로서의 성격을 지니는 반면에 사립학교 교원에 대한 소청심사결정의 경우에는 처분으로서의 재결의 성격을 띤다고 보는 것이 적절할 것이다. 그렇다면 사립학교 교원에 대하여는 소청심사위원회의 결정이 최초의 처분적 성격을 띠게 되고, 쟁송절차법적 효력인 기속력이 미치는 것은 아니라고 볼 여지가 있다.

　　행정심판의 재결의 법적 성질은 통상의 경우에는 행정심판위원회가 재결청의 지위에서 쟁송의 제기를 전제로 하여 판결에 유사한 준사법행위라는 점에서 쟁송재단적 행위이며, 주문·이유 등 소정의 양식에 따라 재결이 행하여지므로 요식적 행위로서의 성질을 지닌다. 행정심판재결의 유형은 재결의 내용에 따라 각하, 기각, 인용재결로 구분할 수 있으며, 인용재결의 효과에 따라 형성재결, 이행재결, 확인재결로 그 구분이 가능하다. 행정심판의 재결은 행정행위로서의 성격도 갖고 있어 공정력 등 실체법적 효력도 발생하지만 무엇보다 쟁송절차법적 효력인 기속력, 형성력, 확정력이 발생하며 처분으로서의 재결에 있어서는 구속력, 공정력, 집행력 등 실체법적 효력이 미친다고 볼 것이다.

　　행정심판의 재결의 기속력의 내용으로는 동일한 사정하에서는 같은 내용의

하고 있는바, 재심위원회의 재심은 사립학교 및 그 교원이나 국·공립학교 및 그 교원은 국가의 공교육을 담당한다는 점에서 본질적으로 차이가 없음을 전제로, 국가가 국·공립학교의 경우와 같이 사립학교의 징계처분 등에 대하여 균형있게 감독을 하고 교원의 신분보장을 해 주기 위하여 특별히 마련한 행정심판에 유사한 구제절차이므로 사립학교 교원에 대한 재심결정은 일반적인 행정처분이 아니라 감독자인 국가의 감독대상자인 학교법인 등에 대한 감독권 행사로서의 처분으로서 행정심판의 재결에 유사한 것이다."고 판시한 바 있다. 이에 반하여 반대의견에 의하면 "재심위원회의 구성과 재심절차에 비추어 볼 때, 국·공립학교 교원의 경우에는 징계처분 등 원래의 처분 자체가 행정처분이고 재심위원회의 결정은 행정심판의 재결에 해당되는 데 반하여, 사립학교 교원에 대한 징계처분은 성질상 민사소송의 대상이고 재심위원회의 결정은 행정심판의 재결이 아닌 행정청의 처분에 해당하므로 재심위원회의 결정 그 자체가 행정소송의 대상이 된다."고 설시하고 있다.

7) 교원지위향상을 위한 특별법이 2005. 1. 27. 개정되어 종전의 교원징계재심위원회의 명칭이 교원소청심사위원회로 변경되었다. 징계처분뿐만 아니라 교원에 대한 재임용 거부처분 등 교원의 의사에 반하는 불리한 처분을 아울러 심사하기 때문에 그와 같이 변경한 것으로 알려져 있다.

처분을 되풀이하지 못한다는 원칙인 동일처분의 반복금지효, 취소재결의 기속력으로 인해 위법한 상태를 제거하여 원래 상태로 회복하여야 할 원상회복의무,[8) 신청을 거부하거나 부작위로 방치한 경우에는 재결의 취지에 따라 처분해야 할 의무가 있는 것으로 설명하고 있다.[9)

2. 행정심판과 재판청구권침해의 문제

지금까지 학계에서는 행정소송에 앞서 행정심판을 전치하는 제도가 국민의 재판을 받을 권리 내지 재판청구권을 침해하는지를 중심으로 논의를 진행해 왔다. 행정심판전치주의는 행정청에 대하여 불복절차를 반드시 거쳐야 행정소송을 제기할 수 있는 필요적 전치주의에서 주로 논의되었다. 오늘날 임의적 전치주의를 채택하고 있어 크게 논의될 문제는 아니나, 아직도 예외적이기는 하지만 국가공무원법상의 공무원에 대한 소청제도 등 개별 법률에서 반드시 행정심판을 거쳐야 행정소송을 제기할 수 있다고 규정하고 있는 경우에는 역시 문제가 되는 것이다. 행정심판전치주의는 국민의 관점에서는 그 자체로는 헌법적으로 문제될 것이 없을 것이다. 행정심판에서 처분에 대하여 재결을 거친 후에 불복할 경우에는 행정청의 원처분을 다투지만 예외적으로 재결 그 자체의 고유한 하자가 있을 경우에 이를 행정소송으로 다툴 수 있기 때문이다.

특히 행정심판의 제기 기간이 단기일 경우에 이에 대하여 권리구제를 받을 수 있는 기회를 잃게 되는 문제가 있으나, 현재 행정심판법에서 고지제도를 두고 있기 때문에 단기라고 할지라도 고지제도에 따라 위헌성 시비는 줄어들게 된다. 이와 같이 행정법 학자들의 다수는 행정심판 그 자체가 재판청구권을 침해하지 않는 것으로 이해한다. 그 전제는 국민인 청구인의 관점에서 그렇다는 것이지 처분청의 경우에 행정소송을 제기할 수 없는 경우까지 고려하면 그렇게 단정할 문제는 아니다. 그럼에도 불구하고 일부 헌법학자[10)는 행정쟁송의 전심절차로 전치되는 행정심판은 사법절차가 준용되며, 행정소송법상 임의절차이어서 당사자가 언제든지 재판청구권을 행사할 수 있다는 점에 있어서 행정심판제도는 위헌성이

---

8) 취소판결의 기속력의 내용으로서의 원상회복은 형식적으로 원래 상태로 회복하는 것에 그치는 것이 아니라 시간의 경과에 따른 제반 사정을 고려하여 실질적 원상회복을 의미한다고 보는 것이 적절하다.

9) 박윤흔, 최신행정법 강의(상) 2002, 869면 이하.

10) 강경근, 헌법, 2004, 872면.

없다고 보면서도 법관의 재판을 배제하는 행정심판은 위헌이라고 보고 있다. 즉, 행정심판을 최종심으로 하는 것, 즉 행정심판에서 법원의 사실적·법률적 심사를 배제하고 대법원으로 하여금 최종심 및 법률심으로서 단지 법률적 측면의 심사만 할 수 있도록 한 것을 그 예로 들고 있다.

동일한 맥락에서, 인용재결에 대하여 기속력의 조항이 있기 때문에 더 이상 처분청에 대하여 행정소송을 제기할 수 없도록 한 것은 결국 위법한 재결 등 하자가 있음에도 재결에 종국적인 효력이 부여되도록 함으로써 한편으로는 재결이 행정행위의 성질을 지니고 있음에도 불구하고 그 재결을 다툴 수 없도록 하게 되는 문제가 있다고 할 것이다. 재결에 대하여 처분청이 행정소송을 제기하여 다툴 수 없도록 한 것은 단심으로 결정되는 행정심판의 인용재결이 대법원의 확정판결과 동일한 효력이 있는 결과가 되어 사법절차를 준용하도록 한 헌법의 정신에도 어긋나고, 행정심판제도가 주관적 권리구제에 1차적 목적이 있다고 할지라도 청구인인 국민은 재결내용에 불복할 경우에 행정소송으로 다툴 수 있도록 하면서 피청구인인 처분청에 대하여는 불복의 기회를 주지 않는 것은 행정심판의 대심구조에 비추어 보거나 쟁송에 있어서 당사자의 대등성의 원칙에 비추어 볼 때 문제가 있다고 할 것이다. 그러나 불복제도에 대한 해결방안으로서 재결청에 의하여 행정심판위원회에 재심의요구제도를 도입하거나 피청구인인 처분청에 의한 중앙행정심판위원회에 재심리요구제도를 도입하려는 제도설계노력[11]은 일면 현실적 필요성이 있지만, 재판을 받을 권리를 보장하기 위한 근본적인 해결방안이라고 할 수 없다.

3. 자치사무와 관련한 재결청의 최종적 법해석의 문제

현행 행정심판법은 시·도지사의 처분 등에 대한 재결청을 중앙행정심판위원회로 정하고 있고, 시장·군수·구청장의 처분 등에 대한 행정심판의 재결청은 시·도 행정심판위원회로 하고 있다. 지방자치단체의 사무는 국가로부터 위임받아 처리하는 위임사무와 당해 지방자치단체가 자신의 고유한 업무로서 자기 책임하에 그 권한 내에서 처리하는 자치사무로 그 구분이 가능하다.[12] 그런데 현행

---

11) 김기표, 신행정심판법론, 625-633면.
12) 자치사무와 기관위임사무의 구분과 관련하여 근거법령이 불명확한 경우에는 대법원 1999. 9. 17. 선고 99추30 판결에서 기준을 제시하고 있다. 즉, 법령상 지방자치단체의 장이 처리

행정심판제도는 위임사무이건 자치사무이건 구분 없이 소관행정업무를 지휘·감독하는 중앙행정기관이나 광역지방자치단체의 장이 상급 행정청으로 행정심판의 재결을 통하여 위법 또는 부당한 처분 등에 대한 통제를 행하고 있다. 재결청은 처분을 명하는 이행재결을 할 수 있을 뿐만 아니라 직접 형성적 효력이 미치는 처분재결을 할 수도 있고 의무이행재결의 불이행시에는 처분청을 대신하여 직접 처분도 행할 수 있다.[13]

　　행정심판의 경우에는 위법 또는 부당한 처분에 대하여도 재결을 할 수 있도록 되어 있다. 기관위임사무가 아닌 자치사무의 경우에는 지방자치법 제157조 제1항 단서의 규정에 비추어 위법성 여부에 대한 통제만 가능한 것이라고 해석될 수 있고, 자치사무에 관하여는 직근상급행정청이 존재할 수 없으며, 그 한도 내에서 독립된 법주체인 지방자치단체의 자치행정권이 부여되어 있다.[14] 소관중앙행정기관인 재결청에서 자치사무와 관련된 법령을 해석하여 위법 또는 부당을 이유로 통제하는 것은 종래 국가우월적 사고와 지방자치단체 또는 그 기관이 국가의 하급행정기관으로 보는 것이 당연시 되던 시대적 상황에서는 타당할 수 있었을지 몰라도 오늘날 지방분권이 논의되는 상황에서는 행정심판법이 시대상황의 변화를 제대로 반영하지 못하고 있는 데 기인하고 있는 것으로 보아야 할 것이다. 기관위임사무의 경우에는 지방자치단체의 장이 하급행정기관의 지위에 있기 때문에 소관 중앙행정기관이나 상급지방자치단체의 장이 재결청이 되는 것은 크게 문제될 것이 없다. 자치사무에 관하여는 행정심판을 통하여 권리구제가 가능하다고 할지라도 지방자치단체의 고유권한을 침해하는 것까지 허용하여서는 안 된다. 법해석을 둘러싸고 국가기관과 지방자치단체 간에 상호 다른 해석이 내려질 경우에 법원을 통하여 최종적으로 확인받을 수 있는 제도적 장치는 마련해야 한다는 점에서 재결의 기속력으로 인해 더 이상 다투지 못한다고 해석할 경우에는 지방자치단체의 자치권의 내용에 속하는 자주적 법해석권이 불합리하게 침해당하는 결

하도록 규정하고 있는 사무가 기관위임사무에 해당하는지를 판단함에 있어서는 그에 관한 법령의 규정 형식과 취지를 우선 고려하여야 할 것이지만 그 외에도 그 사무의 성질이 전국적으로 통일적인 처리가 요구되는 사무인지와 그에 관한 경비부담과 최종적인 책임귀속의 주체 등도 아울러 고려하여 판단하여야 할 것이다.

13) 김기표, 앞의 책, 292면.
14) 조성규, 지방자치단체의 공법상 지위에 관한 연구, 서울대학교 대학원 박사학위논문, 2001. 2, 348면.

과가 될 것이다. 자치사무와 관련한 처분이 있을 경우에 행정심판의 재결청이 처분의 위법성 또는 부당성의 통제를 할 것이 아니라 피청구인이 직접 항고소송을 제기하는 것을 허용하여 재결청이 과연 올바른 법해석을 한 것인지를 판단받는 것이 필요하다고 할 것이다.[15]

처분청이 지방자치단체의 장인 경우의 기속력 논의와 관련하여 독일에서의 해결방안을 참고할 필요가 있다, 독일은 자치사무의 경우에는 원칙적으로 직급상급행정청을 인정하지 않고 지방자치단체가 스스로 적법성과 합목적성을 판단하는 방향이고 다른 하나는 자치행정사건의 경우 행정심판을 인정할 경우에는 적법성 통제에 한정하고 합목적성에 대한 통제는 지방자치의 제도적 취지에 반하는 것으로 보고 있다.[16]

우리의 경우에도 자치사무에 관한 한 지방자치단체는 국가와 독립된 법주체로서 국가의 일반적인 지시나 감독관계에 놓여 있지 않다고 할 것이기 때문에 지방자치단체와 소관중앙행정기관 간의 법해석을 둘러싸고 서로 상반될 경우에 중앙행정기관의 법해석을 우선하는 것은 지방자치의 본지에 반하고 최종적인 법해석권을 법원에 두고 있는 현행 헌법이념에 반할 여지가 있다.

지방자치단체의 자치사무 중에 재량이 부여되는 경우에 단지 재량을 그르쳤다는 이유로 위법이 아닌 사안에 대하여 재결청인 소관 중앙행정기관에서 이를 시정하도록 하는 것은 지방자치단체의 본지에 반한다고 할 것이다. 지방자치단체의 자치사무에 관하여도 국가기관의 적법성 통제, 즉 법규 감독하에 놓일 수는 있으나, 합목적성 내지 타당성의 통제대상은 아니다. 다만, 자치사무에 관하여 법규 감독하에 놓이는 경우에 법원에 항고소송의 제기로 다툴 수 있어야 국가의 적법성 통제가 적절한 것인지를 가려낼 수 있게 된다. 다만, 기관위임사무의 경우에는 기관 내부의 행위이므로 항고소송으로 다툴 수 없다고 보아야 할 것이다.[17]

---

15) 문상덕, 정책중시의 행정법학과 지방자치행정의 정책법무에 관한 연구, 서울대학교 대학원 박사학위논문, 2000. 2, 195-197면.
16) 김용섭, "독일의 행정심판에 관한 연구", 법제, 1996.
17) 홍정선, 지방자치법학, 359면. 기관위임사무에 대한 감독처분은 행정행위가 아니라고 보고 수임청은 감독처분에 대하여 소송을 제기할 수 없다고 보고 있다.

Ⅲ. 재결의 기속력의 주관적 범위

1. 행정심판법 제49조 제1항 규정의 의미

행정심판법 제49조 제1항의 규정에서 "심판청구를 인용하는 재결은 피청구인과 그 밖의 관계 행정청을 기속한다"고 규정하고 있다. 명문상 재결의 기속력의 주관적 범위는 피청구인과 그 밖의 관계 행정청이 해당된다. 여기서 재결청에 대하여는 명시적 언급이 없어 행정심판법 제49조 제1항의 적용은 없다고 볼 것이다. 엄밀히 말하면 재결청에 대한 재결의 기속력의 문제는 스스로의 내린 결정에 대하여 취소, 변경할 수 없는 효력인 불가변력을 인정할 것인가의 문제로 환치될 수 있을 것이다.

재결의 기속력의 주관적 범위를 넓게 인정하는 이유는 재결의 실효성을 보장하기 위한 것이고, 인용재결에 대하여 기속력을 부여하여 피청구인인 행정청이 더 이상 불복하지 못하도록 한 취지는 국민의 신속한 권익구제를 도모하기 위한 것으로 볼 수 있다.[18]

재결의 기속력은 인용재결에만 인정되는 것으로 이해되고 있다. 즉, 기각재결이나 각하재결이 내려진 경우에는 처분청을 기속하지 않기 때문에 처분청은 재결과 무관하게 직권으로 당해 처분을 취소·변경할 수 있는 것으로 이해하고 있다.[19]

2. 인용재결의 기속력의 주관적 범위

가. 처분청에 대한 기속력

재결은 비록 그것이 옳은 결론이 아니라고 할지라도 처분청을 기속한다. 통설 및 판례는 재결이 내려지면 처분청을 기속하기 때문에 처분청은 재결의 취지에 따른 처분의무가 있고, 설사 잘못된 재결이라고 할지라도 재결에 따라 처분청은 취소를 하여야 하며, 만약에 재결의 취지에 따른 취소처분이 위법한 경우에 원고적격 있는 제3자가 이를 항고소송으로 다툴 수 있는 것으로 보고 있다.[20] 그

---

18) 김기표, 앞의 책, 589면.
19) 김남진, 행정법 I, 2000, 709면; 김철용, 행정법 I, 2005, 543면.
20) 대법원 1993. 9. 28. 선고 92누15093 판결.

러나 이와 같은 방식으로 권리구제를 하도록 하는 것은 우회적이며 처분청이 지방자치단체이며 자치사무인 경우에는 다른 주민들이 항고소송을 제기하지 않더라도 처분청이 인용재결의 위법성을 다투는 항고소송의 제기가 가능하다고 보는 견해도 제시된 바 있다.[21]

독일의 문헌은 처분청의 재결의 기속력과 관련하여 처분청이 동시에 재결청이 아니고 연방행정절차법 제48조 및 제49조의 요건을 갖추지 않은 경우에는 행정의 계층제의 관점에서 변하지 않은 사실적·법적 상황에 있어서 처분청은 재결에 기속되고, 재결에 모순되는 결정을 처분청은 내릴 수 없는 것으로 이해하고 있다. 이러한 관점에서 연방행정법원의 2002. 2. 28. 결정도 처분청이 절차 종결적인 결정에 대하여 다시금 재결을 하도록 하거나 독립하여 취소소송의 대상으로 삼거나 처분청이 임의로 변경할 수 없다는 점을 명백히 하였다.[22] 그러나 연방행정절차법 제48조(직권취소) 및 제49조(철회)의 요건에 해당하는 경우에는 이러한 취소와 철회가 처분청의 재량에 놓이게 된다. 그리고 동 판결에 의하면 처분청의 관할은 단지 행정심판의 절차가 진행되는 기간 동안에는 재결청으로 넘어가게 되지만 행정심판절차가 종결된 후에는 다시금 취소할 것인지 아니면 철회할 것인지는 처분청에 배타적으로 귀속되는 것으로 보고 있다.[23]

독일의 경우에는 재결시를 기준으로 위법성판단을 하기 때문에 생기는 문제인데, 처분청은 변하지 않는 사실적·법적 상황하에서 재결에 모순되는 처분을 발할 수 없게 된다. 독일에 있어서는 만약에 그 같은 새로운 사실적·법적 상황이 아님에도 불구하고 재결을 따르지 않고 취소나 철회를 할 경우에는 재량하자가 있는 처분이 되게 된다. 직권취소와 철회의 경우에 있어서도 수익적 결정에 대하여는 제3자의 신뢰이익의 보호를 위해 비록 사실적·법적 상황이 변하였어도 이에 따를 수밖에 없는 경우가 있다. 이와 같이 해석하는 것이 독일의 통설적 견해이다. 그러나 처분청에 대하여 기속력이 인정된다고 해서 우리의 경우처럼 어떤 경우에도 예외가 인정되지 않는 기속력으로 이해하고 있는 것은 아니다. 결국 독일의 경우에는 재결의 기속력에도 불구하고 행정행위의 취소와 철회의 요건이 갖추어진 경우에는 처분청이 재결의 기속력에 반하는 결정을 하는 것이 허용되는

21) 가령 박균성, 행정법강의, 2004, 626면.
22) Arnd Uhle, Die Bindungswirkung des Wiederspruchsbescheides, NVwZ 2003, S. 812.
23) BverwG NVwZ 2002, 1252.

것으로 해석된다.[24]

이러한 독일에서의 논의를 우리의 경우에 원용할 수 있는지에 대하여는 다수의 학자들이 침묵하고 있다. 우리의 경우에도 처분청과 재결청이 동일하지 아니한 경우로서 행정심판의 인용재결을 다툴 수 없는 경우에는 처분청이 직권취소나 철회의 요건을 충족하면 직권으로 재결을 취소하거나 철회할 수 있는 여지는 있다고 할 것이다. 그 경우에 이 부분에 대하여 불이익을 받은 상대방이 불복하여 다툼이 있을 경우 법원에서 처분청과 재결청의 법해석이 어느 쪽이 옳은 것인지를 최종적으로 판단 받을 수 있는 길을 열게 된다.

나. 재결청에 대한 기속력

행정심판법 제49조 제1항에서는 처분청과 관계 행정청에 대한 부분만 명백히 하였을 뿐, 재결청에 대한 부분은 언급이 없다. 그러면 과연 재결청에 대하여는 기속력이 미치지 않는 것인지가 문제될 수 있다.

재결은 다른 일반 행정행위와는 달리 쟁송절차에 의하여 행하여진 판단행위이므로 일단 재결을 행한 이상 재결청이라고 할지라도 임의로 취소, 변경할 수 없는 효력을 가지는 것으로 보는 것이 일반적인 설명이다.[25] 대법원도 "재결은 행정처분이나 본질상 쟁송절차를 통한 준재판이라고 할 수 있으므로 재결은 일반 행정처분과는 달리 재심 기타 특별한 규정이 없는 한 재결청이 스스로 취소·변경할 수 없다"고 보고 있다.[26]

처분청에 대한 기속력과 마찬가지로 우리의 행정법학계의 통설적 견해에 따르면 행정심판의 재결은 의심없이 당연히 불가변력이 인정되는 것으로 이해하여 왔다. 불가변력과 관련하여 일반적으로 우리의 행정법학계의 다수 견해는 행정심판의 재결과 확인적 행정행위의 경우에 한해서 불가변력이 인정되는 것으로 이해하는 데 반하여 일부 견해[27]에 의하면 불가변력은 행정행위에 일반적으로 인정되는 효력으로 이해하고 있다. 유력한 견해는 불가변력은 모든 행정행위에 인정된다기보다는 준사법적·확인판단적·분쟁해결적 행정행위인 행정심판의 재결, 국가시험합격자의 결정 등에 인정되고 수익적 행정행위에 있어서 취소권이 제한

---

24) Vgl. Redeker/von Oertzen, Verwaltungsgerichtsordnung, 2004, S. 516.
25) 이상규, 행정쟁송법, 2000, 181면.
26) 대법원 1965. 4. 22. 선고 63누200 판결.
27) 김성수, 일반행정법, 법문사, 2004.

되는 경우, 그리고 토지수용재결과 같이 법령에 의하여 특별한 규정이 있는 경우를 들고 있다.[28]

생각건대, 행정행위에 불가변력이 인정된다는 의미는 취소·철회가 제한된다는 의미로 이해되는바, 행정행위는 일반적으로 행정청이 직권으로 하자 있는 행정행위를 취소·변경하거나 성립 당시에는 적법한 행정행위였으나 후발적인 사유를 이유로 하여 철회를 하는 것이 허용되는데, 예외적으로 일정한 행정행위에 있어서는 이와 같은 취소와 철회가 제한되는 효력을 의미한다. 이러한 불가변력은 행정심판의 재결을 변경할 수 없는 효력으로 엄밀한 의미에서 처분청이나 관계 행정청에 대한 효력은 아니다. 불가변력은 모든 행정행위에 인정되는 것도 아니고 행정심판의 재결이라고 하여 절대적으로 인정되는 것은 더욱 아니며 원칙적으로 그렇다는 의미로 이해할 수 있을 뿐이다. 독일의 경우에도 분쟁해결적 행정행위의 예로서 사인 간의 분쟁을 행정청에서 재결하는 경우를 들고 있다. 재결청은 재결이 발령된 후에 있어서는 그 결정을 변경하거나 취소하는 것은 불가능하다고 보아야 한다. 왜냐하면 행정심판의 절차가 종결된 후에 있어서는 재결기관의 그러한 권능이 부여되어 있지 않기 때문이다.

이와 관련하여 재결청인 행정심판위원회가 스스로 재결을 변경하거나 재의를 요구할 수 있는지에 대하여는 논란이 야기될 수 있다. 생각건대, 행정심판법시행령 제31조 제1항에서는 재결의 경정에 관한 규정을 두고 있어 재결서에 오기·계산착오 또는 그 밖에 이와 비슷한 잘못이 있는 것이 명백한 경우에는 위원장은 직권으로 또는 당사자의 신청에 의하여 경정결정을 할 수 있기 때문에 적어도 재결청인 행정심판위원회가 스스로 의결을 변경하거나 재의를 요구하려면 법령에 명문의 규정을 두어야 할 것으로 사료된다.

다. 관계 행정청에 대한 기속력

여기에서 관계 행정청이란 처분청과 일련의 관계가 있는 행정청을 의미하는바, 관계 행정청의 의미는 처분청과 일련의 상하관계에 있는 행정청 및 당해 처분과 관계가 있는 행정청을 의미한다.[29] 즉, 처분청과 동일한 주체에 속하는 행정

---

28) 정하중, 행정법총론, 2005, 269면; 홍준형, "행정행위의 불가변력에 관한 고찰", 고시계, 2001. 8, 47면.
29) 김기표, 앞의 책, 584면.

청 또는 기관위임의 경우와 같이 동일한 행정사무계통을 이루는 상하의 행정청에 한하지 아니하고 취소된 처분에 관한 사안에 관련하여 어떠한 처분권을 가진 행정청, 즉 취소된 처분을 전제로 하여 이와 관련되는 처분 또는 부수되는 행위를 행하는 행정청을 말한다.[30] 대법원 판례[31]에 의하면 감사원도 관계 행정청에 포함시키고 있다. 이와 같이 기속력의 주관적 범위를 광범위하게 인정하고 있는바, 이는 재결의 실효성을 보장하기 위한 것이라고 할 수 있다.[32]

처분청을 제외한 다른 관계 행정청에 대하여도 효력이 미치므로 재결의 효력을 존중하여야 한다는 것을 의미한다. 여기서 문제는 관계 행정청의 개념 속에 지방자치단체를 포함시킬 것인가의 문제인데, 개념상으로는 권리·의무의 주체로서의 지방자치단체와 이와 같은 법주체를 위하여 활동하는 단위인 행정기관인 처분청과는 개념상 구분이 되므로 일응 지방자치단체는 이에 포함되지 않는다고 볼 수 있으나 처분청의 배후에 놓여 있는 지방자치단체에만 유독 기속력이 미치지 않는다는 논리는 지방자치단체에게 위 기속력규정에도 불구하고 항고소송을 제기할 수 있도록 하자는 측면에서 일면 수긍이 가기도 하지만 처분청은 기속력의 적용을 받고 처분청이 속한 지방자치단체가 기속력을 받지 않는다는 논리는 다소 기교적 해석론이라고 할 수 있다. 왜냐하면 처분청이 피청구인이 되는 것은 입법정책적 편의에 의한 것으로 일본의 경우에도 2005. 4.부터 시행되고 있는 개정행정사건소송법에서 피고적격을 종전의 행정청에서 행정청이 소속된 국가 또는 지방공공단체 등으로 변경하고 있으므로 처분청과 지방자치단체는 밀접한 관련이 있다고 할 것이다. 만약에 지방자치단체에 대하여 항고소송을 인정할 경우라면 처분청인 지방자치단체의 장에게도 원고적격을 인정하는 것도 가능하다고 할 것이다.

이와 관련하여 일설[33]에 의하면 행정심판의 피청구인은 행정청으로서 단체

---

30) 이상규, 행정쟁송법, 491-492면.
31) 대법원 1986. 5. 27. 선고 86누1276 판결에서는 "감사원이 국세청장의 국세부과처분에 관한 심사결정의무를 감사하여 부당한 사실이 발견되는 경우에도 관계 공무원에 대한 문책요구 등의 조치를 취함은 별론으로 하고 대등한 재결기관으로서 한 국세청장의 심사결정을 취소하는 결과가 되는 시정요구를 하는 것은 국세기본법 및 감사원법의 정신과 불복제고와 이에 따라 시정방법을 인정한 법취지에 어긋난다"고 판시한 바 있다.
32) 이상규, 행정쟁송법, 2000, 178면.
33) 박정훈, "지방자치단체의 자치권을 보장하기 위한 행정소송", 지방자치법연구, 제1권 제2호, 2001. 12, 31면.

장인 반면에 재결에 대하여 불복하여 항고소송을 제기하는 것은 지방자치단체이므로 재결의 기속력은 지방자치단체에는 미치지 않는 것으로 해석하고 있다. 아울러 관계 행정청의 의미를 동일한 행정주체 내의 행정기관에 한정되는 의미로 이해하고 별개의 행정주체인 지방자치단체는 제외된다고 설명하고 있다. 그러나 처분청인 지방자치단체의 장은 기속력이 미치는 데 반하여 권리와 의무의 주체인 지방자치단체는 기속력에서 벗어나서 독립하여 항고소송을 제기할 수 있다고 우회하는 것보다 정면으로 처분청인 지방자치단체의 장이 기속력의 규정에도 불구하고 지방자치단체의 자치사무와 관련한 처분과 관련하여 위법한 인용재결을 받았을 경우에 항고소송을 제기할 수 있다고 보는 것이 무리한 접근방법은 아닐 것이다. 아울러 앞서 살펴본 바와 같이 관계 행정청은 동일한 행정주체 내의 행정기관을 의미하는 데 그치는 것이 아니라 기관위임의 경우와 같이 동일한 행정사무계통을 이루는 상하의 행정청은 물론 취소된 행정처분을 기초 또는 전제로 하여 이와 관련된 처분 또는 부수행위를 할 수 있는 모든 행정청을 총칭하는 것이라고 할 것이다.[34]

한편, 지방자치단체가 사인적 지위에 놓인 경우에는 항고소송의 원고적격의 인정에 있어 큰 문제가 없다. 그런데 행정주체인 국가 또는 다른 지방자치단체가 역시 동일하게 행정주체인 당해 지방자치단체에 대하여 내리는 감독조치 등 행정조치가 처분성의 요건을 갖추는가의 문제와 관련하여 자치사무와 단체위임사무의 경우에는 감독조치가 별개의 행정주체 간의 행위이므로 행정 내부의 행위가 아니라 대외적 관계에서 법집행의 일환으로 이루어지는 공권력의 행사라고 보아 처분성을 쉽게 인정할 수 있다고 볼 것이다.[35]

3. 재결의 기속력의 법적 효과

먼저 재결의 기속력의 조항이 있음으로 인해, 일반적으로 처분청은 재결의 취지를 존중하여 소극적으로는 동일한 사정하에서 처분을 반복할 수 없으며 위법한 상태가 야기된 경우에는 적극적으로 원상회복시켜야 할 의무와 재결의 취지에 따라 신청행위에 대하여 처분을 하여야 할 의무가 발생한다. 그런데 인용재결의 결과에 불만족하더라도 통상의 경우에는 항고소송을 제기할 수 없는 것으로 이해

---

34) 법원행정처, 법원실무제요 ― 행정, 1997, 283면.
35) 박정훈, 앞의 논문, 26면.

된다. 다만, 어떠한 경우에도 예외없이 재결의 기속력이 미치는 것인지는 의문이다. 재결의 기속력의 규정에도 불구하고 지방자치단체의 장인 처분청이 재결청인 행정심판위원회를 상대로 자치단체의 자율적 법집행이 침해를 당하였다는 이유로 한 항고소송의 제기가 언제나 부인되는 것은 아니라고 보아야 할 것이며, 이러한 관점에서 사립학교 법인에 대하여도 교원소청심사위원회의 결정에 대하여 불복하여 행정소송을 제기할 수 있는 것과 같은 맥락이다.

　가령 처분청은 행정심판에서 인용재결이 내려진 후에 그 재결이 위법하다면 처분청이 직권으로 취소할 수 있는지 아니면 항고소송의 제기를 통하여 이를 취소할 수 있는지 논란이 제기될 수 있는바, 현행법 해석상 처분청에 대하여 항고소송의 원고적격을 인정하기 어려워 법원에 항고소송을 제기하여 다투는 것이 어렵다면 직권으로 이를 취소하고 철회하는 것을 허용하여 법률상 이해관계자가 행정소송을 통하여 처분의 위법 여부를 법원을 통하여 최종적으로 해석받는 것도 하나의 방법이라고 할 수 있다. 처분청은 재결이 내려진 후에 그 재결이 직권취소나 철회의 사유에 해당하는 경우라면 직권취소나 철회가 가능하다고 볼 것이다. 단지 행정심판의 재결이라는 이유만으로 불가변력을 인정할 것이 아니라 신뢰보호의 원칙이 적용되는 등 취소권이 제한되는 경우에 한하여 불가변력이 발생한다고 보는 것이 적절하다. 만약에 신뢰보호원칙이 적용됨에 따라 취소권 등의 행사가 제한되는 경우라거나 그 취소와 철회의 요건이 갖추어지지 않았음에도 새로 변경된 행정행위를 발하는 경우에는 기속력의 규정에 위반되어 무효로 볼 여지가 있다.36)

Ⅳ. 대상판결에 대한 평석

　지금까지 형성된 행정법이론과 재판실제에 비추어 원심법원과 대법원에서 결론에 이른 논리는 차치하고서라도 행정심판의 재결의 기속력의 규정을 들어 처분청이 항고소송을 제기할 수 없다고 본 것은 일면 수긍할 만하다. 대상판결은

---

36) 대법원 1990. 12. 11. 선고 90누3560 판결은 "확정판결의 당사자인 처분행정청이 그 행정소송의 사실심변론종결 이전의 사유를 내세워 다시 확정판결과 저촉되는 행정처분을 하는 것은 허용되지 않는 것으로서 이러한 행정처분은 그 하자가 중대하고 명백한 것이어서 당연무효라고 할 것이다"고 판시하고 있다.

재결에 대한 항쟁수단을 별도로 인정하면 행정상의 통제를 스스로 파괴하는 것이고 국민의 신속한 권리구제를 지연시키는 결과가 된다고 보고 있다. 그러나 자치사무에 관한 한 직근상급 기관이 있을 수 없으며 소관중앙행정기관에서 기관위임사무라면 모르되 자치사무의 위법성 또는 부당성을 심사하여 이를 취소·변경한다는 것은 지방자치의 제도보장에 역행하는 것으로 자치사무에 관한한 부당성을 이유로 한 통제는 제외되어야 할 것으로 사료된다.

지방자치단체의 자치사무와 관련하여 지방자치단체의 장의 처분에 대하여 행정심판위원회의 인용재결로 인해 비로소 지방자치단체의 자치권을 침해한 경우에는 대법원 1997. 12. 23. 선고 96누10911 판결[37)]에서 판시한 바와 같이 재결로 인하여 제3자에게 최초의 침해를 입힌 경우와 마찬가지로 다수의 제3자의 이익을 대변하는 처분청에 대하여도 행정심판의 인용재결에 대하여 취소 소송을 제기할 수 있도록 해석하는 것이 필요하다.

대상판결은 행정심판법 제37조 제1항[38)]이 국가가 지방자치단체를 지도·감독할 수 있는 규정으로 보고 상급 행정기관인 국가 소속 중앙행정기관의 재결에 의하여 하급행정기관인 지방자치단체가 감독을 받게 되는 것은 정당한 것이고 이로 인해 지방자치제도를 규정한 헌법에 위반되지 않는다고 입론하고 있으나 앞서도 여러 차례 언급하였지만 자치사무와 관련하여서는 국가기관과 지방자치단체 간에 일방적 감독관계에 놓여 있지도 상급 행정기관과 하급 행정기관의 관계에 놓이는 것도 아니라고 할 것이다. 행정심판은 권익구제와 더불어 행정의 자기통제의 기능을 수행하는 것이지만 이로 인해 자치단체의 고유한 권한을 침해하는 것도 정당화되지 않는다. 따라서 행정심판법 제49조 제1항의 규정에도 불구하고 기속력은 제한적으로 해석하는 것이 헌법에 합치된다고 본다. 원심판결에서 설시한 바와 같이 아무리 통일적이고 능률적인 행정수행을 위한다고 하지만, 지방자치단체의 고유한 권능을 침해하는 경우에까지 그와 같은 기속력을 인정할 것은 아니라고 본다. 결국 대상판결은 지방자치단체의 사무가 자치사무인지 위임사무

---

37) 동 판결문에서 "이른바 복효적 행정행위, 특히 제3자효를 수반하는 행정행위에 대한 행정심판청구에 있어서 그 청구를 인용하는 내용의 재결로 인하여 비로소 권리이익을 침해받게 되는 자는 그 인용재결에 대하여 다툴 필요가 있고, 그 인용재결은 원처분과 내용을 달리하는 것이므로 그 인용재결의 취소를 구하는 것은 원처분에는 없는 재결에 고유한 하자를 주장하는 셈이어서 당연히 항고소송의 대상이 된다"고 보고 있다.

38) 현행 행정심판법 제49조 제1항.

인지를 불문하고 행정심판의 재결의 기속력이 미친다고 보고 있으나, 독일의 경우에도 지방자치단체의 자치사무에 관하여는 감독관청이 합목적성에 대한 통제, 즉 부당에 대한 심사가 배제되는 것으로 이해하는 점에 비추어 행정심판에서 지방자치단체의 고유사무 내지 자치사무에 관하여는 위법성의 통제에 한정된다고 할 것이다. 또한 행정심판의 재결이 위법한 경우에도 처분청이나 관계행정청은 예외 없이 이에 기속되는 것인지에 대하여는 의문이 제기될 수 있다.

V. 맺음말: 입법정책적 방향

이상에서 기속력의 주관적 범위를 둘러싼 논의를 대상판결을 소재로 하여 살펴보았다. 입법정책적 논의에 앞서 해석론으로 고려할 수 있는 것은 처분청이 인용재결을 받은 경우에 항고소송을 제기할 수 있는 경우로 상정할 수 있는 경우는 처분청과 재결청이 동일하지 않아야 하며, 다른 법주체에 소속된 행정기관의 관계에 있을 경우로서 위법한 인용재결로서 지방자치단체의 고유한 권한을 침해한 경우가 이에 해당한다고 볼 수 있다. 지방자치단체의 지위와 관련하여 자치사무 내지 고유사무에 관하여 이를 행정심판제도를 통하여 통제하는 것까지 허용한다고 할지라도 이에 대하여 지방자치단체가 항고소송을 제기하여 다툴 수 있는 여지는 마련하는 것이 지방분권의 정신에도 맞고 지방자치제도의 보장에 기여한다고 볼 것이다. 행정심판의 인용재결에 대하여 처분청이 다시금 다툴 수 있도록 한다면 국민이 행정심판을 제기하는 실익이 줄어든다는 논거도 제시되지만, 당사자의 일방의 권익만을 생각하였을 뿐 처분청의 처분이 다수의 주민들의 이익을 확보하기 위해서 처분을 발하는 경우가 있음에 비추어 인용재결이 위법한 경우에까지 국민의 이익을 더 우선해야 할 이유는 없다고 볼 것이다. 더구나 행정심판의 인용재결과정에 비리가 개입되거나 잘못된 결정이 내려진 경우에도 이를 항고소송을 통하여 다툴 수 없다면 다수의 주민들의 이익이 무시될 수도 있기 때문이다. 행정심판위원회의 재결이 잘못된 경우에 재심의 절차가 법령에 제도화되어 있지 않기 때문에 재결청이 그대로 잘못된 재결을 내릴 수밖에 없는 사태를 막기 위해서라도 재결내용에 중대한 하자가 있을 때에는 행정심판위원회에 재심의를 요구하는 제도를 마련할 필요가 있다.[39]

---

39) 이에 관하여는 김기표, 앞의 책, 630면.

근본적인 문제로 돌아가는바, 지방자치단체의 자치사무와 관련하여 처분청과 상급 행정청 상호간에 분쟁의 발생가능성이 상존하고 있음에도 불구하고 항고소송으로 다툴 수 없도록 봉쇄하고 있는 현행 시스템은 분명 법치주의의 불안정한 측면을 보여줄 뿐만 아니라 지방자치단체의 독립된 법적 지위를 인정하지 않는 결과가 되어 지방분권의 정신에도 반하게 된다. 재결에 대하여 위법행위를 시정하는 시스템을 구비하고 있으면 모르되 전혀 이와 같은 시스템이 마련되어 있지 않은 현 단계에서는 처분청도 위법한 재결로 인하여 자치권이 침해되었을 때 항고소송을 제기할 수 있도록 원고적격을 넓게 인정할 필요가 있다고 할 것이다. 이와 관련하여 해석을 둘러싼 문제점을 극복하기 위하여 입법론으로는 행정심판법의 기속력을 규정한 행정심판법 제49조에 제7항을 신설하여 "피청구인인 지방자치단체의 장은 자치사무에 관한 위법한 재결에 대하여는 행정소송법에 따른 항고소송을 제기할 수 있다. 이 경우 그 판결의 확정시까지 제1항 내지 제6항의 규정을 적용하지 아니한다"고 규정하는 방안을 생각할 수 있다.[40]

이와 같은 내용의 입법이 마련되기 전까지라도 지방자치단체의 주관적·법적 지위를 인정하여 지방자치단체의 장인 처분청에 대하여 위와 같은 요건을 갖춘 경우에 항고소송을 인정하는 방향으로 해석론이 전개될 필요가 있다. 다만, 참고적으로 행정소송법 개정안과 관련하여 지방자치단체에 대하여 항고소송의 원고적격을 인정하자는 견해도 있었으나 학설상 반대견해도 적지 않고 경우에 따라서는 개정 행정소송법 제12조의 규정의 해석을 통해서 인정할 수 있는 여지도 있으므로 지방자치단체의 원고적격에 관한 규정을 따로 두지 않은 것으로 알려지고 있다.[41] 향후 재결의 기속력의 주관적 범위를 둘러싼 더욱 깊이 있는 논의와 더불어 시대에 맞는 행정심판법 및 행정소송법의 입법적 개선이 필요하다는 지적을 하면서 이 글을 끝맺기로 한다.

---

40) 이와 관련하여 1996. 11. 9. 천정배 의원 외 74인이 피청구인인 지방자치단체의 장이 재결에 대하여 불복하는 경우에는 행정소송을 제기할 수 있다는 내용의 행정심판법개정안을 발의하였으나, 법사위 법안심사소위에서 행정소송의 본질에 맞지 않고 원고적격에 문제가 있으며 행정심판의 존재이유에 반한다는 이유로 폐기된 바 있다. 당시 행정심판법 제37조 제6항 신설 조문은 다음과 같다. "지방자치단체의 장인 행정청이 재결에 대하여 행정소송법에 따른 행정소송을 제기하는 경우 그 판결의 확정시까지 제1항 내지 제5항의 규정은 적용하지 않는다."

41) 박균성, 항고소송의 원고적격 및 항고소송에 관한 기타 논점, 2004, 행정소송법 개정안 공청회 자료집, 101면.

[참고문헌]

강경근, 헌법, 법문사, 2004.

김기표, 신행정심판법론, 한국법제연구원, 2003.

김남진, 행정법 Ⅰ, 법문사, 2000.

김성수, 일반행정법, 법문사, 2004.

김용섭, "독일의 행정심판에 관한 연구", 법제, 1996.

김철용, 행정법 Ⅰ, 박영사, 2005.

문상덕, 정책중시의 행정법학과 지방자치행정의 정책법무에 관한 연구, 서울대학교 대학원 박사학위논문, 2000. 2.

박균성, 항고소송의 원고적격 및 항고소송에 관한 기타 논점, 2004, 행정소송법 개정안 공청회 자료집.

박균성, 행정법강의, 박영사, 2004.

박윤흔, 최신 행정법강의(상), 박영사, 2002.

박정훈, "지방자치단체의 자치권을 보장하기 위한 행정소송", 지방자치법연구, 제1권 제2호, 2001. 12.

이상규, 행정쟁송법, 2000.

정하중, 행정법총론, 2005.

조성규, 지방자치단체의 공법상 지위에 관한 연구, 서울대학교 대학원 박사학위논문, 2001. 2

홍정선, 지방자치법학, 법영사, 2004.

홍준형, "행정행위의 불가변력에 관한 고찰", 고시계, 2001. 8.

Arnd Uhle, Die Bindungswirkung des Wiederspruchsbescheides, NVwZ 2003.

Redeker/von Oertzen, Verwaltungsgerichtsordnung, 2004.

2. 행정심판재결에 대한 항고소송*

— 대상판결: 대법원 1997. 12. 23. 선고 96누10911 판결 —

[사실관계와 판결요지]

Ⅰ. 판례개요

1. 사실관계

(1) 경상북도 성주군은 가야산국립공원구역 및 국립공원보호구역 내 임야 등에 체육시설인 27홀 규모의 골프장을 설치하기 위하여 보호구역 중 일부를 공원구역으로 편입하는 내용의 가야산국립공원계획 변경결정고시를 건설교통부 장관으로부터 받았다. 그 후 민자유치를 위하여 1990. 12. 11. 원고 (A) 주식회사를 위 국립공원개발사업자로 지정하였다.

(2) 원고(A)는 국립공원관리대행업무를 수행하는 국립공원관리공단으로부터 1991. 6. 19. 위 국립공원 내 체육시설(골프장)공원사업의 시행허가를 받고, 1992. 12. 12. 환경부로부터 골프장조성의 환경영향평가에 대하여 협의·승인을 받았다. 1993. 1. 14. 그 사업계획승인신청서를 대중골프장 조성비 30억 원을 납부하는 조건으로 성주군을 경유하여 경상북도지사에게 제출하였는데, 원고(A)가 대중골프장 조성비 납부 대신 대중골프장(6홀)을 병설하겠다는 계획변경을 이유로 경상북

---

* 이 논문은 "행정심판의 재결에 대한 취소소송(법조 제508호, 1999년 1월호)"의 일부를 정리하여 2016년에 간행된 행정판례평선 개정판(한국행정판례연구회, 박영사)에 수록한 필자의 논문 일부를 수정·보완한 것입니다.

도지사에게 위 신청서의 반송을 요청하자 경상북도지사는 1993. 4. 15. 이를 반려하였다. 1994. 12. 5. 원고(A)가 골프장사업계획승인을 재신청하여 오자 경상북도지사는 같은 달 16. 국립공원관리공단과 위 사업계획(변경)신청에 대하여 협의한 후 같은 달 24. 위 골프장사업계획에 대한 승인을 하였다.

(3) 이 사건 사업계획승인지역 인근에 거주하는 주민들인 피고보조참가인들은 위 골프장사업계획에 대한 승인처분 절차에 중대한 하자가 있고, 자연공원법 시행령 제2조에는 공원시설의 종류로 골프장을 규정하고 있지 않음에도 골프장의 건설을 목적으로 보호구역을 공원구역으로 변경한 국립공원계획변경결정과 이에 근거한 사업계획승인은 위법하고 또한 골프장이 건설운영될 경우 토사유출로 인한 홍수피해, 자연생태계의 파괴, 농작물 및 수질의 오염, 식수 및 용수 부족 등 인근주민들의 생활환경이 크게 침해받는다는 등의 3가지 사유를 내세워 사업계획승인처분이 위법하다고 주장하면서 취소심판을 소관감독행정기관인 X행정청에게 청구하였다.

(4) 이에 X행정청은 1995. 7. 15. 위 행정심판 청구에 대하여 경상북도지사의 위 골프장 사업계획승인처분은 적법·타당한 면도 있으나, 국민정서 및 변화된 행정의 합목적성 차원에서 자연환경보호라는 공익이 현저히 크다는 이유로 주민들인 피고보조참가인들의 심판청구를 받아들여 위 사업계획승인을 취소하는 인용재결(이하 "이 사건 재결"이라 한다)을 하였다.

2. 소송경과

원고(A)는 1995. 8. 24. 재결청인 문화체육부장관을 피고로 하여 이 사건 재결 취소의 소를 서울고등법원에 제기(위 행정심판청구인인 주민들을 비롯한 인근 주민들이 행정소송에 피고보조참가인으로 참가함)하였는데, 제1심인 서울고등법원은 1996. 6. 19. 경상북도지사의 이 사건사업계획승인은 적법·타당하다고 판단하면서 국민정서와 변화된 정책의 합목적성의 차원에서 자연환경보호라는 공익이 현저히 크다는 이유로 원처분을 취소하는 이 사건 인용재결을 한 사실을 인정한 다음, 피고가 이 사건재결에서 그 원처분의 취소사유로 들고 있는 위와 같은 사유는 행정심판법이 규정하는 일반적인 처분취소사유가 아닐 뿐만 아니라, 비록 그 일반적인 처분취소사유에 해당된다고 하더라도 위와 같은 사유만으로는 이 사건 원처분이 위법 또는 부당한 처분이 된다고도 할 수 없다는 취지로 판단하고서 이 사건 재결은 위법하다고 하여 이를 취소하여 결국 원고(A)가 승소판결을 선고받았다 (서울고등법원 1996. 6. 19. 선고 95구24052 판결).

피고 문화체육부장관은 서울고등법원의 판결에 불복하여 상고하였으나, 대법원은 이를 기각하였다.

Ⅱ. 판결요지

1. 원심판결

(1) 이른바 복효적 행정행위, 특히 제3자효를 수반하는 행정행위에 대한 행정심판 청구에 있어서 그 청구를 인용하는 내용의 재결로 인하여 비로소 권리 이익을 침해받게 되는 자, 가령 제3자가 행정심판 청구인인 경우의 행정처분의 상대방은 재결의 당사자가 아니라고 하더라도 재결청을 상대로 그 인용재결의 취소를 구하는 소를 제기할 수 있고, 이 경우 그 행정심판 청구에 참가할 것을 고지받고도 그 심판절차에 참가하지 아니하였다 하여 이와 달리 볼 것은 아니다.

(2) 행정심판의 대상인 국립공원 내 골프장 건설 허가 처분 자체는 위법하거나 부당하지는 아니하다고 인정하면서도 국민정서와 변화된 정책의 합목적성의 차원에서 자연환경 보호라는 공익이 현저히 크다는 이유로 원처분을 취소하고 있다면, 이는 결국 행정심판법 소정의 처분을 취소할 사유가 처분 자체에 존재하지 아니함에도 처분 자체에 내재하지 아니하는 처분 외적 사유인 국민정서와 변화된 정책의 합목적성이라는 같은 법이 규정하지 아니하는 별개의 사유를 들어 원처분을 취소하는 것이라고 해석할 수밖에 없다는 점에서, 그 재결은 위법하다.

2. 대법원판결

(1) 이른바 복효적 행정행위, 특히 제3자효를 수반하는 행정행위에 대한 행정심판청구에 있어서 그 청구를 인용하는 내용의 재결로 인하여 비로소 권리이익을 침해받게 되는 자는 그 인용재결에 대하여 다툴 필요가 있고, 그 인용재결은 원처분과 내용을 달리하는 것이므로 그 인용재결의 취소를 구하는 것은 원처분에는 없는 재결에 고유한 하자를 주장하는 셈이어서 당연히 항고소송의 대상이 된다.

(2) 당해 재결과 같이 그 인용재결청인 문화체육부 장관 스스로가 직접 당해

사업계획승인처분을 취소하는 형성적 재결을 한 경우에는 그 재결 외에 그에 따른 행정청의 별도의 처분이 있지 않기 때문에 재결 자체를 쟁송의 대상으로 할 수밖에 없다.

[판례연구]

I. 쟁점정리

이 사건 판결에서 행정청이 제3자효가 있는 복효적 행정행위에 해당되는 골프장사업계획승인처분을 받게 되자, 처분의 상대방이 아닌 제3자(인근주민)가 행정심판을 제기하여 재결청에 의하여 원처분이 취소되는 인용재결이 있게 된 경우 그 원처분의 상대방이 인용재결의 취소를 구하는 항고소송을 제기할 수 있는지 여부가 쟁점이 된다.

먼저 행정심판의 재결이 어느 범위에서 행정소송의 대상이 될 것인가와 관련하여 행정심판의 재결의 의미와 원처분주의와 재결주의의 논의를 선행적으로 밝힐 필요가 있다.

재결을 취소소송으로 제기하는 경우 우선 "재결 자체의 고유한 위법"의 의미를 어떻게 이해할 것인지, 이와 관련하여 복효적 행정행위에 있어서 인용재결의 경우처럼 제3자라든가 처분의 상대방이 최초로 권익침해를 입게되는 경우에 재결 자체의 내용상의 위법으로 볼 것인지 처분의 일종으로 파악할 것인지 논란이 제기된다.

II. 관련판례

(1) 복효적 행정행위에 관련된 판례로는 다음의 대법원판례를 들 수 있다. 대법원은 복효적 행정행위에 있어서 인용재결로 인하여 최초로 침해를 받게 되는 경우에는 인용재결이 원처분과 다른 것으로 재결 자체의 내용상의 하자에 속한다는 것을 밝히고 있다. 대법원 1995. 6. 13. 선고 94누15592 판결에서는 "이른바 복효적 행정행위, 특히 제3자효를 수반하는 행정행위에 대한 행정심판청구에 있어

서 그 청구를 인용하는 내용의 재결로 인하여 비로소 권리이익을 침해받게 되는 자(예컨대, 제3자가 행정심판청구인인 경우의 행정처분 상대방 또는 행정처분 상대방이 행정심판청구인인 경우의 제3자)는 재결의 당사자가 아니라고 하더라도 그 인용재결의 취소를 구하는 소를 제기할 수 있으나, 그 인용재결로 인하여 새로이 어떠한 권리이익도 침해받지 아니하는 자인 경우에는 그 재결의 취소를 구할 소의 이익이 없다"고 판시하였다. 아울러 대법원 1998. 4. 24. 선고 97누17131 판결에 의하면 "원처분의 상대방이 아닌 제3자가 행정심판을 청구하여 재결청이 원처분을 취소하는 형성재결을 한 경우에 그 원처분의 상대방은 그 재결에 대하여 항고소송을 제기할 수밖에 없고, 이 경우 재결은 원처분과 내용을 달리하는 것이어서 재결의 취소를 구하는 것은 원처분에 없는 재결 고유의 위법을 주장하는 것이 된다"고 판시하였다, 한편 대법원 2001. 5. 29. 선고 99두10292 판결에서는 행정청이 골프장 사업계획승인을 얻은 자의 사업시설 착공계획서를 수리한 것에 대하여 인근 주민들이 그 수리처분의 취소를 구하는 행정심판을 청구하자 재결청이 그 청구를 인용하여 수리처분을 취소하는 형성적 재결을 한 경우, 그 수리처분 취소 심판청구는 행정심판의 대상이 되지 아니하여 부적법 각하하여야 함에도 위 재결은 그 청구를 인용하여 수리처분을 취소하였으므로 재결 자체에 고유한 하자가 있다고 보면서 "이른바 복효적 행정행위, 특히 제3자효를 수반하는 행정행위에 대한 행정심판청구에 있어서 그 청구를 인용하는 내용의 재결로 인하여 비로소 권리이익을 침해받게 되는 자는 그 인용재결에 대하여 다툴 필요가 있고, 그 인용재결은 원처분과 내용을 달리하는 것이므로 그 인용재결의 취소를 구하는 것은 원처분에는 없는 재결에 고유한 하자를 주장하는 셈이어서 당연히 항고소송의 대상이 된다"고 판시하였으며,

　(2) 재결 자체의 고유한 위법이 있는 경우의 의미와 관련하여, 판례는 재결자체의 고유한 위법'이란 재결자체의 주체, 절차, 형식 또는 내용상의 위법이 있는 경우를 의미하는 것임을 명백히 하고 있다.

　먼저 대법원 1997. 9. 12. 선고 96누14661 판결에서는 "행정소송법 제19조에서 말하는 '재결 자체에 고유한 위법'이란 원처분에는 없고 재결에만 있는 재결청의 권한 또는 구성의 위법, 재결의 절차나 형식의 위법, 내용의 위법 등을 뜻하고, 그중 내용의 위법에는 위법·부당하게 인용재결을 한 경우가 해당한다"고 판시하였다. 다음으로, 대법원 2001. 7. 27. 선고 99두2970 판결에서 "행정소송법 제19조

에 의하면 행정심판에 대한 재결에 대하여도 그 재결 자체에 고유한 위법이 있음을 이유로 하는 경우에는 항고소송을 제기하여 그 취소를 구할 수 있고, 여기에서 말하는 '재결 자체에 고유한 위법'이란 그 재결 자체에 주체, 절차, 형식 또는 내용상의 위법이 있는 경우를 의미하는데, 행정심판청구가 부적법하지 않음에도 각하한 재결은 심판청구인의 실체심리를 받을 권리를 박탈한 것으로서 원처분에 없는 고유한 하자가 있는 경우에 해당하고, 따라서 위 재결은 취소소송의 대상이 된다"고 판시하여 행정심판청구가 부적법하지 않음에도 각하한 재결은 원처분에 없는 고유한 하자가 있는 경우에 해당하고 그 재결은 취소소송의 대상이 됨을 명백히 하고 있다.

Ⅲ. 판례의 검토

1. 행정심판의 재결의 의의와 항고소송의 대상

행정심판의 재결이란 처분에 대한 불복을 전제로 행해지는 행정심판의 청구에 대한 재결, 결정 기타의 판단행위를 말한다. 행정심판법 제2조 제1항 제3호에서 재결에 관한 용어 정의 규정을 두고 있는바, 재결이라 함은 행정심판의 청구에 대하여 제6조에 따른 행정심판위원회가 행하는 판단을 말한다고 되어 있다. 행정심판법 제6조에 의하면 행정청의 처분 또는 부작위에 대한 행정심판의 청구를 심리·재결하는 기관으로 각종 행정심판위원회를 두도록 하고 있다. 2008. 2. 29. 행정심판법이 개정되어 행정심판위원회가 종전의 심리·의결기관에서 심리·재결기관으로 변경되었다.

여기서 말하는 재결에는 행정심판법의 규정에 의한 형식적 의미의 행정심판의 재결뿐만 아니라 개별법에 규정된 특별행정심판의 경우에 발하는 재결도 포함하여 파악하는 것이 적절하다.

행정심판의 재결이 취소소송의 대상이 되는 경우는 일반적으로 다음의 2가지의 경우이다. 첫째로, 본래 원처분주의로 인하여 취소소송의 대상은 원처분이나 예외적으로 재결 그 자체의 고유한 위법이 있는 경우에 그 재결이 독립하여 취소소송의 대상이 될 수 있다. 둘째로, 노동위원회의 처분에 대한 재심판정(처분)이라든가 감사원의 변상판정에 대한 재심의 판정의 경우와 같이 법률에서 재결주의를 명문화한 경우이다. 여기서 다루려고 하는 복효적 행정행위의 경우 통설 및 판례에 의하면 재결의 고유한 위법이 있는 경우에 해당한다고 보고 있으나, 복효적 행정행위에 있어 제3자의 행정심판의 청구에 따라 형성적 내용의 인용재결이 내려진 경우에 이로 인해 최초로 법익침해를 받은 당초처분의 상대방은 인용재결 그 자체를 대상으로 하여 독립하여 취소소송을 제기할 수 있는바, 이 경우는 내용상의 위법으로 보기보다는 그 자체가 처분적 성질을 지닌다고 보는 것이 적절하다고 할 것이다.

2. 원처분주의와 재결주의

행정소송법은 행정처분과 행정심판의 재결을 항고소송의 대상으로 하고 있다. 이와 같이 원처분과 이에 대한 행정심판의 재결은 모두 행정청의 공권력의 행사에 해당하는데 만약에 양자를 소송의 대상으로 삼게 될 경우에 판결의 모순 저촉 내지 소송경제에 반하는 문제가 있으므로 원처분을 소송의 대상으로 할 것인가 아니면 재결을 항고소송의 대상으로 삼을 것인가를 둘러싸고 원처분주의와 재결주의가 대립하고 있다.

원처분주의란 원처분과 재결 모두 항고소송을 제기할 수 있으나, 항고소송의 대상이 되는 것은 원처분으로 보고 원처분의 위법은 원처분의 취소소송 또는 무효확인소송에서만 주장할 수 있고, 재결을 취소하는 이른바 재결취소소송 또는 재결무효확인소송에서는 원처분의 하자를 주장할 수 없고 재결에 고유한 하자에 대하여만 주장할 수 있다는 입장이다.

이에 반하여 재결주의란 원처분에 관하여는 소송제기가 허용되지 않고 재결에 관하여만 소송제기를 허용하는 입장으로, 재결에 고유한 하자뿐만 아니라 원처분의 위법도 그 소송에서 주장할 수 있는 입장을 말한다.

어느 입장을 취할 것인가는 각국의 입법 정책에 따라 다르다. 우리 현행 행정소송법은 제19조에서 "취소소송은 처분등을 대상으로 한다. 다만, 재결취소소송의 경우에는 재결 자체에 고유한 위법이 있음을 이유로 하는 경우에 한한다"고 규정하고 있음에 비추어 원처분주의를 채택하였다고 할 것이다.

다만, 행정소송법 제2조 제1항 제1호에서 "처분등"이라 함은 행정청이 행하는 구체적 사실에 관한 법집행으로서의 공권력의 행사 또는 그 거부와 그 밖에 이에 준하는 행정작용(이하 "처분"이라 한다) 및 행정심판에 대한 재결을 말한다는 용어의 정의규정과 더불어 동법 제19조 본문에서 취소소송의 대상을 "처분등"으로 한다는 규율을 하고 있는데다가, 동법 제19조 단서가 일반적·추상적으로 행정심판에 대한 재결이 취소소송의 대상이 될 수 있다는 것을 선언하고 있기 때문에, 재결자체의 고유한 위법이 있는 경우에 한하여 재결을 다툴 수 있는 것이다. 동조 단서에서 보는 바와 같이 기본적으로 재결은 그 자체의 고유한 위법이 있을 때에 취소소송의 대상이 되는 것이다. 행정소송법 제19조 단서의 규정에 불구하고 중앙노동위원회의 재심판정(처분), 감사원의 변상판정에 대한 재심의 판정등 재결주의를 명문화한 경우 등에는 재결을 독립하여 항고소송의 대상으로 삼는 것을 방해하지는 않는다고 할 것이다.

3. 재결 자체에 대한 고유한 위법

가. 재결 자체의 고유한 위법의 의미

재결취소소송은 재결 자체에 고유한 위법이 있음을 이유로 하는 경우에 한하여 허용된다. 행정소송법 제19조 단서에서 재결취소소송의 경우에는 재결 자체에 고유한 위법이 있음을 이유로 하는 경우에 한한다고 규정하고 있다. 여기서 말하는 재결 자체에 고유한 위법이 있다는 뜻은 원처분의 하자 유무에 관계없이 재결 자체에 주체, 절차, 형식, 내용에 관한 위법이 있는 경우를 말한다. 재결취소소송은 통상 기각재결에 대하여 다투고 인용재결을 받은 경우에는 상대방은 권리보호의 필요성이 없고, 단지 그 인용재결의 경우는 복효적 행정행위의 경우에 한하여 문제가 되는데, 이때 인용재결은 형식은 재결이지만 실질에 있어서는 처분에 해당한다고 볼 것이다. 따라서 인용재결의 제3자 또는 처분의 상대방은 인용재결 그 자체를 처분으로 보아 취소소송을 허용하여도 원처분과의 판결의 모순·저촉 등 법률관계를 복잡하게 할 가능성이 없다.

나. 재결에 고유한 위법사유

(1) 주체, 절차 또는 형식의 위법

먼저 주체의 위법으로 재결권한이 없는 자가 재결을 한 경우나 재결주체의 구성 내지 절차에 하자가 있는 경우로서 재결청이 권한을 넘어 재결을 한 경우, 재결을 하여야 할 상급 행정청이 아닌데 재결을 한 경우 등이 이에 해당한다.

다음으로 절차의 위법은 재결기관의 구성상의 하자가 있는 경우라든가 행정심판법 소정의 절차와 방식을 준수하지 아니한 경우, 정해진 공개심리를 지키지 아니한 경우, 송달을 하지 아니한 경우, 법령상 요구되는 청문절차를 결여한 경우가 이에 해당된다. 그러나 행정심판법 제34조에서 정하고 있는 행정심판재결을 준수하지 않은 경우 등 단순한 훈시규정을 위반한 경우나 행정규칙에서 정하는 절차규정의 위반의 경우는 여기에 해당되지 아니한다고 본다.

나아가, 형식의 위법은 서면에 의하지 아니한 재결, 주문만 기재되어 있고 이유를 결한 경우, 재결서에 기명날인을 하지 아니한 경우가 이에 해당된다.

(2) 내용상의 위법

재결 자체에 내용상의 위법이 있다 함은 원처분이 위법하다는 사유가 아닌 재결의 내용에 있어 하자가 있는 경우로서, 재결이 주체, 절차 또는 형식의 위법이 있는 경우가 아닌 실체적 하자가 있는 경우를 말한다.

각하재결의 경우 심판청구가 부적법하지 않음에도 실체심리를 하지 아니한 채 각하한 경우에는 실체심리를 받을 기회를 박탈하게 되므로 이는 재결에 고유한 내용상의 하자가 있는 경우에 해당된다. 한편 기각재결의 경우에는 원처분을 정당하다고 유지하고 기각하는 경우에는 원처분에 대하여 바로 항고소송을 제기할 수 있으므로 기각재결을 다툴 실익이 없으나, 행정심판은 부당의 경우에도 인용재결을 할 수 있으므로 기각재결 그 자체를 원처분에 대한 항고소송과 관련청구로 병합할 수 있다. 기각재결의 경우에도 내용상 위법의 경우는 원처분보다 불이익하게 재결하여 결국 부가적·독립적 침해가 수반된 경우를 말한다. 따라서 행정심판의 결과 불고불리의 원칙과 불이익변경의 금지원칙에 반하여 당사자에게 불이익하게 결정을 한 경우가 이에 해당된다. 재결에 이유모순의 위법이 있거나, 행정심판청구가 적법함에도 실체심리를 하지 아니한 채 각하한 경우, 부당하게 사정재결한 경우도 재결 자체의 내용상 위법이 있는 경우에 해당한다.

인용재결과 관련하여서는 일반적으로 당사자는 인용재결을 받으면 권리보호의 필요성이 없으므로 항고소송의 제기는 허용되지 않는다. 인용재결로 항고소송을 제기하는 경우는 복효적 행정행위의 경우에 한정된다. 가령 골프장 착공계획서 수리가 처분성이 없어 행정심판의 대상이 되지 아니함에도 처분으로 보아 취소재결을 내린 경우에 재결자체의 내용상 하자가 있는 예가 이에 해당한다고 볼 수 있다.

복효적 행정행위에 있어서 인용재결의 항고소송의 제기가능성과 관련하여 견해의 대립이 있다. 대법원 1997. 9. 12. 선고 96누14661 판결에서 "행정소송법 제19조에서 말하는 '재결 자체에 고유한 위법'이란 원처분에는 없고 재결에만 있는 재결청의 권한 또는 구성의 위법, 재결의 절차나 형식의 위법, 내용의 위법 등을 뜻하고, 그중 내용의 위법에는 위법·부당하게 인용재결을 한 경우가 해당한다"고 판시하고 있다. 통설은 위와 같은 판례와 같은 맥락에서 복효적 행정행위의 경우 잘못된 인용재결에 의하여 제3자의 권리가 침해된 때에 당해 제3자가 인용재결의 당부를 다투는 취소소송을 재결 자체의 고유한 위법이 있는 것으로 본다. 이에 대하여 복효적 행정행위에 있어서 인용재결로 최초로 침해를 받은 경우에 이를 재결의 내용상의 하자로 보기보다는 복효적 행정행위의 경우에 재결이 처분성을 지니는 데서 비롯되는 독자적인 범주로 보아 항고소송의 대상이 되는 것으로 보는 견해(김용섭, 192면)도 있다. 이러한 견해의 대립은 복효적 행정행위에 있어서의 인용재결은 항고소송의 대상과 관련하여 행정소송법 제19조 단서의 재결에 해당하는지 아니면 동조 본문에 해당하는지 여부에 따라 결론이 달라지게 된다. 통설 및 판례에 의하면 행정소송법 제19조 단서의 적용문제로 보는 데 반하여 처분으로 보는 견해는 형식은 재결이지만 실질이 처분이라고 보기 때문에 행정소송법 제19조 본문에서 말하는 처분으로 보게 된다.

Ⅳ. 판례의 의미와 전망

이 판결에서는 이른바 복효적 행정행위, 특히 제3자효를 수반하는 행정행위에 대한 행정심판청구에 있어서 그 청구를 인용하는 내용의 재결로 인하여 비로소 권리이익을 침해받게 되는 자는 그 인용재결에 대하여 다툴 필요가 있고, 그 인용재결은 원처분과 내용을 달리하는 것이므로 그 인용재결의 취소를 구하는 것은 원처분에는 없는 재결에 고유한 하자를 주장하는 셈이어서 당연히 항고소송의 대상이 된다고 하여 복효적 행정행위에 있어서의 재결 자체에 대한 항고소송의 대상적격을 명확히 하고 있다. 이 판결의 의미를 행정소송법 제19조 단서의 '원처분에는 없는 재결 자체에 고유한 위법'의 의미를 명확히 하고, 위와 같은 인용재결에 대한 항고소송이 허용되는 데에 관하여 그 법률적 근거를 명백히 제시하고 있는 점에서 선례적 의미가 있는 판결이라 점을 강조하기도 하지만(정종식, 147면). 복효적 행정행위와 관련하여서는 대법원 1995. 6. 13. 선고 94누15592 판결이 오히려 선례적 가치가 있으므로 기존의 대법원의 입장을 확인한 측면이 있다.

복효적 행정행위의 경우 인용재결이 내려진 경우에는 종전의 통설 및 판례와 같이 재결 자체의 내용상 위법이 있는 경우로 볼 것이 아니라, 복효적 행정행위의 경우 인용재결이 갖는 특수성에 비추어 이에 대한 법원의 통제 법리를 더욱 발전시켜 나갈 필요가 있다.

[참고문헌]

김용섭, "행정심판의 재결에 대한 취소소송", 법조 제508호, 법조협회, 1999. 1.

김향기, "재결의 내용에 대한 취소소송", 행정판례연구 Ⅹ, 박영사, 2005.

이영동, "행정심판의 대상이 되지 아니하는 골프장착공계획서 수리처분을 취소한 재결을 한 경우, 재결 자체에 고유한 하자가 있다고 볼 수 있는지 여부", 대법원판례해설 제36호, 법원도서관, 2001.

이일세, "행정심판재결에 대한 행정소송", 강원법학 제44권, 2015.

정종식, "제3자효를 수반하는 행정행위에 대한 행정심판청구를 인용하는 재결에 대한 항고소송의 허부", 21세기 사법의 전개: 송민 최종영 대법원장 재임기념, 박영사, 2005.

한양석, "행정소송법 제19조 소정의 '재결 자체의 고유한 위법'의 의미 및 적법한 행정심판청구를 각하한 재결은 재결 자체에 고유한 위법이 있는 경우에 해당하는지 여부", 대법원판례해설 제38호, 법원도서관, 2002.

3. 위법한 부관에 대한 행정소송*

Ⅰ. 문제의 제기

수익적 행정행위에 붙여진 위법한 부관에 대한 행정소송법적 보호의 문제는 행정법상 중요 쟁점에 속한다.

행정청이 수익적 행정행위를 하면서 부관을 붙이는 것은 이익을 조정하고, 유연적이며 신축적 행정을 통한 공익실현을 도모하기 위해서이다.[1) 인·허가 등 수익적 행정처분에 덧붙여진 부관이 위법한 경우 이를 독립적으로 취소소송의 대상으로 삼을 수 있는지, 아니면 부관부 행정행위 전체를 취소소송의 대상으로 삼아 다투어야 하는지 논란이 야기된다. 기본적으로 수익적 행정행위의 상대방인 당사자의 입장에서는 부관이 없는 수익적 결정을 원하기 때문에 수익적 행정처분은 그대로 놓아둔 상태에서 부관만의 위법성을 다투고자 하는데 반하여, 행정청의 입장에서는 부관을 통하여 공익목적을 실현하고자 하기 때문에, 이와 상반된 입장을 취하게 된다. 따라서 행정행위의 부관에 대한 소송적 취급의 근저에는 권리구제와 공익실현이라고 하는 양 가치의 조화로운 모색이 필요하다.

행정활동에 있어 부관이라는 수단을 통하여 공익실현을 위한 이익조정이 가능하기 때문에 행정과제 실현을 위한 법기술적인 수단이 되면서, 반면에 법률에 근거하지도 않고 수익적 결정을 이유로 위법한 부관이 부가될 경우 당사자는 '울

---

* 이 논문은 2011. 6. 14. 개최된 대법원 특별소송실무연구회 제172차 학술세미나에서 주제발표를 한 후 2012년 2월에 발간된 인권과 정의 제423호에 수록한 필자의 논문 일부를 수정·보완한 것입니다.

1) 부관의 기능에 관하여는 장태주, "행정행위 부관의 기능과 한계", 법조, 2003. 5. 통권 560호, 28-60면.

며 겨자 먹기 식'으로 이를 따를 수밖에 없어 국민의 권익이 침해되고, 위법한 부관에 대한 법원을 통한 행정소송을 통한 구제의 문제가 논의된다.

행정행위의 부관을 둘러싼 법적 논의는 크게 부관의 개념과 허용성에 관한 문제와 행정소송법적 보호의 문제로 구분하여 살펴볼 수 있다. 여기서는 위법한 부관에 대한 행정소송의 문제에 중점을 두어 고찰하고자 한다. 그동안, 위법한 부관에 대한 행정소송과 관련하여서는 기본적으로 3가지 관점에서 논의가 전개되어 왔다. 첫째로, 독립하여 부관을 쟁송의 대상으로 삼을 수 있는가의 문제로, 이는 부관만의 취소소송의 허용성의 문제로 부관이 처분이 되어 항고소송의 대상에 해당하는가 여부의 문제이다. 둘째로, 쟁송제기형태를 어떻게 할 것인가의 문제를 별도로 논의할 수 있으며 특히 부진정일부취소소송의 허용 여부와 연결되며, 나아가 부관이 없는 행정행위의 발급의 신청을 하고 거부된 경우에는 이를 취소하는 형태의 소송의 제기가 허용될 것인지 함께 논의된다. 셋째로, 부진정일부취소소송의 제기를 전제로 본안에서 부관부 행정행위에 대한 일부취소가 가능한가의 문제가 이어서 논의되는바, 이는 독립취소가능성의 문제라고 할 것이다.[2]

이처럼 위법한 부관으로 인해 권익의 침해를 받은 자는 행정쟁송을 통해 구제받을 수 있는데, 우리의 경우에는 의무화소송이 인정되지 않고 취소소송에 있어 집행부정지 원칙이 적용되는 관계로 이와 관련하여 독일과는 논의의 지평이 약간 다르다고 할 것이다.[3]

이하에서는 우리의 행정행위 부관론 나아가 위법한 행정행위의 부관에 대한 행정소송에 있어서 행정행위의 부관에 대한 권리구제장치가 미흡한 부분을 어떻게 실무적으로나 이론적으로 극복해 나갈 것인가가 가장 중요한 문제라는 기본인식을 토대로 논의를 전개하고자 한다.

---

2) 김용섭, "행정법상 일부취소", 행정법연구, 제23호, 2009. 4, 21-33면.
3) 우리의 경우 행정쟁송을 통한 구제방안은 행정심판을 제기하여 구제받는 방법과 행정소송을 제기하여 구제받는 방법이 있을 수 있는데, 행정소송 중 무명항고소송인 의무화 소송은 실무상 현행법체계에 비추어 허용되지 않는 것으로 이해되고 있으므로 후자의 경우에는 다시금 무효확인소송을 제기하여 구제받는 방법과 취소소송을 제기하여 구제받는 방법이 있을 수 있다. 여기서는 행정심판의 경우와 무효확인소송의 경우를 제외하고 기본적으로 취소소송을 법원에 제기하여 구제를 받는 경우에 한정하여 논의를 진행하고자 한다.

Ⅱ. 부관의 개념과 종류

1. 부관의 개념

통설과 판례[4]에 의하면, 부관이란 행정행위의 효과를 제한하기 위하여 주된 의사표시에 부가된 종된 의사표시라고 정의하고 있다.

그러나 오늘날 다수설은 부관의 개념을 확장시켜서 행정행위의 효과를 제한하거나 요건을 보충하거나 특별한 의무를 부과하기 위해, 주된 행정행위에 부가된 종된 규율이라고 정의하는 것이 일반적이다. 다수설의 특징은 부관을 효과 제한에 그치지 아니하고 요건보충 또는 의무부과에 이르기까지 넓게 이해하며, 나아가 의사표시로 이해하는 것이 아니라 규율로 파악하게 된다.

이러한 접근 방법은 민법의 부관론을 차용하여 설명하고 있는 전통적인 통설과 판례의 접근방식에서 탈피하여 법치행정의 원칙이 지배하는 행정법의 영역에서 독자적인 법리전개를 하고 있다는 점에서 바람직한 접근이라고 본다.[5]

결국 행정행위의 부관이 본체인 행정행위에 성립과 효력이 의존되는 관계에 있는 부종성을 특징으로 하고 있으므로, 부관의 개념을 본체인 주된 행정행위에 그 성립과 효력이 의존되는 부수적인 규율이라고 이해하고자 한다.[6]

통설과 판례는 일반적으로 법정부관은 법령해석의 문제이므로 행정행위의 부관의 한계에 관한 일반원칙이 적용되지 않는다고 설명하고 있다.[7] 다시 말하여 행정행위는 일정한 규율내용이 행정청의 의욕과 밀접한 관련이 있으며, 행정행위의 부관도 결국 행정청의 의욕과 결부되어 있다. 그런데 이와 같은 행정행위의 부관과는 달리 법령에 명문의 규정을 두어 행정행위의 효력범위를 정하는 경우가 있다. 이를 법정부관이라고 하여 행정행위의 부관과는 구별하는 것이 일반적이다. 예컨대, 광업법 제28조 제1항·제2항에서 "광업출원인이 광업권 설정의 허가통지서를 받으면 허가통지를 받은 날부터 60일 이내에 대통령령으로 정하는 바에 따라 등록세를 내고 산업통상자원부장관에게 등록을 신청하여야 한다. 제1항에 따른 등록을 신청하지 아니하면 허가는 효력을 상실한다."고 규정하고 있는바, 이

---

4) 대법원 1992. 1. 21. 선고 91누1264 판결.
5) 김용섭, "행정행위의 부관에 관한 법리", 행정법연구, 1998년 상반기, 186-187면.
6) 홍정선, 행정법특강, 박영사, 2011, 295면. 홍정선 교수는 행정행위의 효력범위를 보다 자세히 정하기 위하여 주된 행정행위에 부가된 규율이라고 정의한다.
7) 대법원 1994. 3. 8. 선고 92누1728 판결.

와 같은 규정이 법정 부관에 속한다.

2. 부관의 종류

부관은 크게 나누어 조건,[8] 기한,[9] 철회권유보,[10] 부담,[11] 부담유보[12]로 구분하는 것이 독일과 우리나라에서 일반적이다. 다만, 독일의 경우에는 연방행정절차법 제36조에서 명문의 규정을 두어 부관의 종류를 명시하고 있는 반면에 우리의 경우에는 부관의 종류에 관한 규율을 두고 있지 아니하고, 부관은 강학상의 개념이고 실정법상으로는 조건으로 명시하고 있는 것이 일반적이다. 즉, 개별 법률[13]에 부관의 일종인 조건을 붙일 수 있다고 규정하여, 부관의 근거규정이 산발적으로 마련되어 있기도 하다. 이러한 규정은 법정부관은 아니고, 단지 부관에 관한 법적 근거조항이라고 할 것이다.[14] 그러나 법령상 부관의 종류를 명시하지 아니하고 조건을 붙일 수 있다고 규정되어 있더라도, 조건만 붙일 수 있다는 의미가 아니라 조건 이외에 다른 부관도 붙일 수 있는 취지로 해석하는 것이 일반적이다.

부관은 조건, 기한, 철회권유보와 같이 기본적으로 본체인 행정행위의 내용적 구성부분인 비독립적 성격의 부관과, 부담이나 부담유보와 같이 본체인 행정

---

8) 조건은 수익 또는 불이익의 발생 또는 소멸이 불확실한 장래의 사건의 등장에 의존하는 비독립적인 규율을 말한다.

9) 기한이라 함은 수익 또는 불이익이 어떤 특정의 시점에 개시, 종료 또는 특정의 기간 동안 적용되는 비독립적 규율을 말한다.

10) 철회권의 유보란 통상적으로 수익적 행정결정과 더불어 특정의 사유가 발생한 경우에 그 행정행위의 효력을 장래를 향하여 소멸하게 할 수 있는 권한을 유보한 것이다.

11) 부담이라 함은 수익자에게 작위, 수인 또는 부작위를 명하는 독립적 규율이다.

12) 부담의 유보라 함은 행정행위에 부가된 부담을 사후적으로 추가, 변경 또는 보충하는 권리를 유보하는 독립적 성격의 부관을 말한다.

13) 가령 하수도법 제45조 제5항에서 "특별자치시장·특별자치도지사·시장·군수·구청장은 관할구역 안에서 발생하는 분뇨를 효율적으로 수집·운반하기 위하여 필요한 때에는 제1항에 따른 허가를 함에 있어 대통령령이 정하는 바에 따라 영업구역을 정하거나 필요한 조건을 붙일 수 있다."고 규정하고 있고, 국토의 계획 및 이용에 관한 법률 제57조 제4항에서 "특별시장·광역시장·특별자치시장·특별자치도지사·시장 또는 군수는 개발행위허가를 하는 경우에는 대통령령으로 정하는 바에 따라 그 개발행위에 따른 기반시설의 설치 또는 그에 필요한 용지의 확보, 위해 방지, 환경오염 방지, 경관, 조경 등에 관한 조치를 할 것을 조건으로 개발행위허가를 할 수 있다."고 규정하고 있다.

14) 본체인 행정행위가 재량행위의 경우라면 판례상 법률의 근거가 없더라도 허용되기 때문에 확인적 규정의 의미를 지니는데, 만약에 본체인 행정행위가 기속행위 내지 기속재량행위의 경우라면 판례상 부관의 효력이 부여되지 아니하므로, 이 규정을 통하여 부관이 허용되는 창설적인 규정으로서의 의미를 지니게 된다.

행위와는 별도로 독자적으로 집행이 가능한 행정행위적 성질을 지니는 독립적 성격의 부관으로 구분하는 것이 바람직하다.[15]

그런데 법률효과의 일부배제는 행정청이 주된 행정행위에 부과하여 법령에서 정한 행정행위의 효과의 일부를 배제하는 부관이라고 보아 부관의 일종으로 파악하는 견해[16]도 있고, 판례[17] 역시 법률효과의 일부배제(제한)를 부관의 일종으로 파악하고 있다.

그러나 법률효과의 일부배제의 문제는 법률의 근거가 있어야 하는 것으로 설명하고 있는데다가 행정행위 자체의 내용적 제한이므로 행정행위 효력의 발생 또는 소멸과 무관하다는 점에서 이는 부관과는 다른 개념으로 보아야 할 것이다. 아울러, 이론적으로 법률효과의 일부배제를 행정행위의 부관의 범주에 넣을 수 없는 이유는 법률효과의 일부배제는 행정행위의 효과가 전부 발생하되 그 효과의 발생과 소멸에 있어 영향을 받는 부관과는 구별되기 때문이다.

Ⅲ. 부관에 대한 독립쟁송가능성(isolierte Anfechtbarkeit)

1. 개　관

부관에 대한 독립쟁송가능성의 문제는 부관에 대하여 본체인 행정행위로부터 독립하여 취소소송의 대상으로 삼을 수 있는가의 문제이다. 이 문제는 부관의 성질을 고려하여 판단할 필요가 있다. 부담과 같이 본체인 행정행위로부터 독립적 성질의 부관으로서 그 자체가 행정행위의 처분성을 지니는 경우에는 부관 그 자체만을 취소소송의 대상으로 삼을 수 있는 반면에 조건, 기한, 철회권유보와 같이 그 자체가 독립적 성격을 지니지 아니하는 부관의 경우에는 부관이 독자적인 규율성을 갖고 있지 아니하므로 처분성도 갖지 아니하여 이를 독립하여 취소소송

---

15) Vgl. H.-U. Erichsen(Hrsg.), Allgemeines Verwaltungsrecht 1994, S. 274ff. 이와 같은 구분은 처분성 여부, 사후부관의 허용성, 쟁송법적 보호와 관련하여 실익이 있다.

16) 가령 전극수, "위법한 부관과 행정소송 ― 판례와 소송실무를 중심으로 ―", 토지공법연구, 제41집, 2008. 8, 211면.

17) 대법원 1991. 12. 13. 선고 90누8503 판결에서 "행정청이 한 공유수면매립준공인가 중 매립지 일부에 대하여 한 국가귀속처분은 매립준공인가를 함에 있어서 매립의 면허를 받은 자의 매립지에 대한 소유권취득을 규정한 공유수면매립법 제14조의 효과 일부를 배제하는 부관을 붙인 것이다."라고 판시함으로써 법률효과의 일부배제를 부관의 한 형태로 인정하고 있다.

의 대상으로 삼기는 어려울 것이다. 따라서 부관에 대한 독립쟁송가능성의 문제
는 부관의 종류에 따른 접근 방법의 문제이며, 부관 중에 부담과 조건이나 기한
의 구별이 특히 문제가 될 수 있다.[18] 행정행위의 효과가 그 발생시점과는 무관
하게 처음부터 그 효과가 완전히 발생하는 부담과 그 효과의 발생이나 소멸에 있
어 제한이 있는 조건이나 기한과 구별되는 것이 특징이다.[19]

2. 학설대립

가. 부담과 기타 부관으로 구분하는 통설적 입장

종래의 통설은 부관에 대하여는 원칙적으로 독립하여 쟁송으로 다툴 수 없
으나, 부담에 대하여서는 예외적으로 독립하여 행정쟁송의 대상이 된다고 본다.
종전의 통설과 판례는 부관 중에 부담의 경우에는 독립하여 이를 취소소송의 대
상으로 삼을 수 있는 데 반하여, 조건과 기한 및 철회권 유보의 경우에는 조건과
기한이 없는 행정행위를 취소소송을 통하여 실현할 수 없다고 보았다. 그 이유는
조건과 기한의 경우에는 본체인 행정행위의 내용적 구성요소(integrierende
Bestandteil)로 보아 독립적으로 쟁송가능성이 인정되지 않았기 때문이다.

나. 전면적으로 허용하는 입장

소의 이익이 있는 한 부담이든 조건이든 구분하지 않고 모든 부관에 대하여
독립하여 취소소송을 제기할 수 있다고 파악한다.[20] 아울러 부담의 경우에는 진
정일부취소소송과 부진정일부취소소송이 가능하며, 조건 등 나머지 부관의 경우
에는 부진정일부취소소송이 허용된다는 입장이다.[21]

---

18) 대법원 2007. 10. 11. 선고 2005두12404 판결에 의하면 "일반적으로 행정처분에 효력기간
이 정하여져 있는 경우에는 그 기간의 경과로 그 행정처분의 효력은 상실되고, 다만 허가
에 붙은 기한이 그 허가된 사업의 성질상 부당하게 짧은 경우에는 이를 그 허가 자체의 존
속기간이 아니라 그 허가조건의 존속기간으로 보아 그 기한이 도래함으로써 그 조건의 개
정을 고려한다는 뜻으로 해석할 수는 있지만, 그와 같은 경우라 하더라도 그 허가기간이
연장되기 위하여는 그 종기가 도래하기 전에 그 허가기간의 연장에 관한 신청이 있어야
하며, 만일 그러한 연장신청이 없는 상태에서 허가기간이 만료하였다면 그 허가의 효력은
상실된다."고 판시하고 있다.
19) 이에 관하여는 김용섭, "행정행위의 부관에 관한 법리", 행정법연구, 1998년 상반기,
192-193면.
20) 김남진, 행정법 Ⅰ, 1995, 266면.
21) 박균성, 행정법강의, 제6판, 박영사, 2009, 274면.

다. 분리가능성을 기준으로 파악하는 입장

이 입장은 당사자가 쟁송과정에서 부관만의 위법성을 주장할 수 있는가의 문제가 독립쟁송가능성의 문제이고 어떤 형태로 소송을 제기할 것인가의 문제는 아니라는 데에서 논의를 시작하고 있으며, 하자 있는 부관만의 독립쟁송가능성 여부는 당해 부관의 취소가 인정되는 경우에 주된 행정행위가 여전히 존속될 수 있는가의 여부, 즉 분리가능성의 여부와 관련된 것으로 이해한다. 따라서 이 견해에 의하면 부관의 독자적 처분성의 인정 여부가 아닌 분리가능성 여부가 중요한 기준으로 파악되며, 주된 행정행위와의 분리가능성을 갖는 부관이라면 그 처분성의 인정 여부와는 무관하게 행정쟁송을 통하여 독자적으로 다툴 수 있고 분리가능성은 소의 이익과는 별개의 소송요건이라고 설명한다.[22]

이러한 견해에 입각할 때, 분리가능성이 없는 부관만의 독립쟁송가능성은 부인되어 전체행정행위를 대상으로 쟁송을 제기하여야 하고, 분리가능성이 인정되는 경우로서 부관이 처분성을 갖는 경우에는 진정일부취소소송을 제기하며, 처분성이 인정되지 않는 경우에는 부관부 행정행위 전체를 대상으로 소송을 제기하고 이 가운데 부관만의 취소를 구하는 형태를 취하여야 한다고 주장한다.[23]

3. 판 례

판례도 기본적으로 통설과 입장을 같이 하고 있다. 대법원 1992. 1. 21. 선고 91누1264 판결에서 "행정행위의 부관은 행정행위의 일반적인 효력이나 효과를 제한하기 위하여 의사표시의 주된 내용에 부가되는 종된 의사표시이지 그 자체로서 직접 법적 효과를 발생하는 독립된 처분이 아니므로 현행 행정쟁송제도 아래서는 부관 그 자체만을 독립된 쟁송의 대상으로 할 수 없는 것이 원칙이나 행정행위의 부관 중에서도 행정행위에 부수하여 그 행정행위의 상대방에게 일정한 의무를 부과하는 행정청의 의사표시인 부담의 경우에는 다른 부관과는 달리 행정행위의 불가분적인 요소가 아니고 그 존속이 본체인 행정행위의 존재를 전제로 하는 것일 뿐이므로 부담 그 자체로서 행정쟁송의 대상이 될 수 있다."고 판시하고 있다.

---

22) 류지태·박종수, 행정법신론, 2011, 263-285면. 분리가능성의 의미와 관련하여 독일에서의 일부학자의 견해를 토대로 논리적 분리가능성(logische Teilbarkeit)과 실질적 분리가능성(materielle Teilbarkeit)의 구별에 대하여 상세히 언급하고 있다.
23) 홍정선, 행정법(상), 2009, 442면.

나아가 대법원 1986. 8. 19. 선고 86누202 판결에 의하면, "어업면허처분을 함에 있어 그 면허의 유효기간을 1년으로 정한 경우, 위 면허의 유효기간은 행정청이 위 어업면허처분의 효력을 제한하기 위한 행정행위의 부관이라 할 것이고, 이러한 행정행위의 부관은 독립하여 행정소송의 대상이 될 수 없는 것이므로 위 어업면허처분 중 그 면허유효기간만의 취소를 구하는 청구는 허용될 수 없다"고 판시하고 있으며, 같은 맥락에서 대법원 2001. 6. 15. 선고 99두509 판결에 의하면 "행정행위의 부관은 부담인 경우를 제외하고는 독립하여 행정소송의 대상이 될 수 없는바, 이 사건 허가에서 피고가 정한 사용·수익허가의 기간은 이 사건 허가의 효력을 제한하기 위한 행정행위의 부관으로서 이러한 사용·수익허가의 기간에 대해서는 독립하여 행정소송을 제기할 수 없는 것이다."라고 판시하고 있다.

이와 같이 대법원은 행정행위의 불가분적 요소인가 아닌가라는 관점에서 부관의 성질을 고려하여 독립적 쟁송가능성을 따지고 있다. 이 부분은 우리 행정소송법이 취소소송의 대상을 처분 등에 한정하기 때문에 부관에 대한 취소소송을 구하는 것은 부담과 같이 처분적인 내용이 아닌 한 곤란하다는 이유에 기인한다. 우리나라의 판례는, 부관이 독립된 쟁송대상이 될 수 있느냐의 점에 관해서는 통설과 같이 부담 이외의 경우에는 취소소송의 대상이 되지 않는다는 점에서 부정설에 입각해 있음을 명백히 하고 있다.[24]

판례는, 행정행위의 부관 중 부담은 다른 부관과는 달리 독립하여 행정소송의 대상이 될 수 있다고 직접적으로 표시하거나,[25] 부담의 경우를 제외하고는 독립하여 행정소송의 대상이 될 수 없다고 간접적으로 표시하여[26] 결국 부담과 부담 이외의 부관을 구분하는 통설적 입장과 궤를 같이하고 있다.

그러나 판례의 태도가 부담 이외에 다른 부관의 경우 부진정일부취소소송도 허용하지 않는 입장이라면 그러한 판례의 태도는 변경되어야 할 것으로 생각된다. 당사자로서 부관에 하자가 있고 그 부관으로 인하여 상당한 고통을 받고 있다고 생각하여 이를 다투고자 함에도 불구하고 당해 행정행위의 불가분적 요소라는 이유만으로 언제까지 이를 그대로 감수해야 한다는 것은 부당하다고 하지 않

---

24) 대법원 1970. 9. 17. 선고 70누98 판결; 대법원 1985.6.25.선고 84누579 판결; 대법원 1986. 8. 19. 선고 86누202 판결; 대법원 1992. 1. 21. 선고 91누1264 판결 등.

25) 대법원 1992. 1. 21. 선고 91누1264 판결.

26) 대법원 1991. 12. 13. 선고 90누8503 판결.

을 수 없고 국민의 권리구제를 막는 결과가 되기 때문이다.

4. 검토의견

부관이 독자적 규율성을 가지고 있어서 처분성이 인정된다고 볼 것인가의 문제는 부관의 법적 성질문제와도 관련되는바, 여기에서 고찰하려고 하는 부관의 독립쟁송가능성의 문제해결에 열쇠를 제공한다.

다만, 부관의 종류를 기준으로 판단하는 전통적 통설과 판례의 입장에 의하면 부담의 경우에는 독립하여 취소소송의 대상이 될 수 있는 반면에 부담 이외의 조건, 기한 등의 경우에는 독립하여 취소소송을 제기할 수 없다고 보고 있다. 기본적으로 부담의 경우에 판례와 통설의 입장은 타당하다. 부담 이외의 부관의 경우에는 부관만의 쟁송은 허용되지 않지만 부진정일부취소소송의 형태로의 소송을 인정하여 문제를 해결할 필요성이 있다. 그 이유는 비록 조건이나 기한 등은 그 자체를 독립적으로 쟁송의 대상으로 삼을 수는 없다고 할지라도 부관부 행정행위의 전체를 취소소송의 대상으로 삼아 취소판결의 기속력에 의하여 소기의 목적을 달성할 수 있다고 본다.[27] 따라서 부담 이외의 부관에 대하여 그 일부에 대하여 취소소송을 구하는 부진정일부취소의 방식으로 소송을 제기하는 것이 허용되지 않는다고 보게 되면 결국 당사자의 권리구제를 막는 결과가 되기 때문이다.

전면적 허용성설의 입장은 이론적으로 부담 이외에 모든 부관에 대하여 독립쟁송가능성을 넓혔다는 점에서 의미를 가지지만, 실무상 소익의 문제 내지 원고적격의 문제는 처분성이 인정됨을 전제로 하므로, 처분성이 먼저 논해져야 하는 점을 간과하고 있다. 아울러 부담 이외의 부관의 경우 부진정일부취소소송의 형태로 제기할 수 있다는 관점은 소송형태의 문제이므로 독립적 쟁송가능성이 인정되지 아니하는 조건이나 기한 등의 경우에 강구될 수 있는 소송형태라고 이해한다면 이 점은 전통적인 통설과도 모순관계에 있다고 보여지지 않는다.[28]

아울러 분리가능성을 기준으로 해결하는 입장은 분리가능성의 문제는 이유유무의 문제로서 본안에서 판단하여야 할 실체적 사항임에도 불구하고 이를 독립쟁송가능성의 단계에서 처분성요건보다 앞서 고려하여야 할 사항으로 제시하고 있어 너무 성급하게 논의를 진행시킨 데 문제가 있다. 또한 조건, 기한 등과 같은

---

27) 김철용, 행정법, 박영사, 2011, 241면.
28) 김동희, 행정법요론, 박영사, 2010, 231면.

경우에는 분리하지 않은 채 전체적인 부관부행정행위를 취소소송의 대상으로 삼게 될 경우에는 특별히 문제될 것이 없다. 법원이 심리결과 행정행위의 일부에 위법성이 인정되어도 가분적이 아니라서 실질적으로 분리가능성이 인정되지 않는다면 일부취소할 수 없기 때문에 각하가 아닌 기각판결을 내려야 한다. 그러나 이 견해에 의하면 분리가능성이 없는 부담의 경우 각하판결을 내려야 한다는 결과가 되는데 이는 적절하지 않다고 판단된다.[29]

IV. 부관에 대한 소송의 형태

1. 문제의 제기

부관에 대한 소송의 형태의 문제는 독립쟁송가능성과 독립취소가능성을 연결하는 카테고리가 된다. 그 이유는 부관이 독립하여 쟁송할 수 없지만 부관이 붙여진 주된 행정행위의 취소를 구하면서 부관만의 일부취소를 구하는 형태의 부진정일부취소소송이 허용될 수 있는 것인가의 문제이기 때문에 쟁송제기형태가 선결되어야 할 필요가 있다. 가령 독립적 성격의 부관으로서의 부담과 부담유보의 경우 처분성이 인정되는 것이므로 이에 대해서만 독립하여 취소소송을 제기할 수 있는데, 이러한 소송의 형태가 진정일부취소소송이다. 이에 반해, 조건이나 기한 등 비독립적 부관의 경우에는 부관 그 자체만을 다툴 수 없으므로, 부관을 포함하여 전체 행정행위에 대한 취소소송을 제기하면서 내용적으로는 부관만의 취소를 구하는 소송형태로 부진정일부취소소송을 제기할 수 있다면 본안에서 심리하게 될 것이다. 결국 부관의 독립쟁송가능성의 문제의 연장선상에서 아울러 본안에서 일부취소가 가능한가의 논의를 이끌어 내기 위하여 부관에 대한 소송의 제기형태가 문제가 된다. 이와 관련하여 독일의 경우에는 취소소송에 의하여야 하는지 의무화소송에 의하여야 하는지가 다투어지고 있는 반면, 우리나라의 경우에는 의무화소송이 인정되지 않으므로 취소소송 등 항고소송의 형식을 취하게 된다.

조건 기한 등 부담 이외의 부관의 경우에는 그 독자적 처분성이 인정되지 않으므로 부관에 대한 취소소송을 제기하여도 그 처분성의 결여로 인하여 당해 소송은 각하될 수밖에 없을 것이며, 다만 부관을 포함한 당해 행정행위 전체에 대

---

29) 김용섭, "행정법상 일부취소", 행정법연구, 제23호, 2009, 23-24면.

한 취소소송의 형식을 취하면서도 내용적으로는 그중에서 불복대상인 부관만의 취소를 구하는 소송, 즉 부진정일부취소소송이 허용된다고 보아야 할 것이다.

2. 독일에서의 논의

가. 이론

수익적 행정행위의 불이익적 부관에 관한 법적 보호문제는 독일에서 그동안 이론과 판례에 있어 변천이 있어왔다. 행정소송법에는 이에 관한 명문의 규정을 두고 있지 아니하여 일반 규정을 통하여 해석하지 않으면 안 되었기 때문이다. 종전에 독일에 있어서는 단순공식(Faustregel)이 형성되었는데, 부담은 독립하여 쟁송가능하고 본안에서 취소될 수 있는 반면, 조건이나 기한의 제거에 대하여는 조건이 없거나 기한이 없는 행정행위의 발령이라는 의무화 소송을 통해서만 조건과 기한을 제거할 수 있다는 것이었다.[30] 그 이유로는 부담은 본체인 행정행위와 결부되어 있을 뿐 독자적인 규율인 데 반하여, 조건과 기한은 주된 행정행위의 내용적 구성부분으로 이해하였기 때문이다. 이러한 단순하면서 빈약한 체계적 이해는 지속적인 비판과 거부현상을 초래하였다.[31] 그 이유로서 부담도 본체인 행정행위와 통일적인 재량행사로서 긴밀하면서 상호보충적인 역할을 하여 부담의 부가가 없었다면 행정행위를 하지 않았을 것으로 보아 일부취소판결이 내려지지 않아야 한다는 견해도 나왔고, 아울러 조건과 기한의 경우에 있어서도 논리적인 분리가능성이 인정되어 전체적인 새로운 행정행위의 발령이라고 하는 의무화소송으로 해결하지 않아도 되는 것으로 이해되기에 이르렀다. 이러한 관점에서 문헌들에서는 대안으로 4갈래의 방향이 모색되기에 이르렀다. 첫째로, 앞에서와 같은 부관의 법적 성격에 따른 차별화로 부담에 대하여는 취소소송 그리고 무제한의 기한과 조건에 대하여는 의무화 소송을, 둘째로, 주된 행정행위의 법적 성격에 따른 차별화로 기속적 행정행위에 있어서는 취소소송을, 재량적 행정행위에 있어서는 의무화소송을, 셋째로, 모든 부관에 대하여 통일적인 취소소송을, 넷째로, 모든 부관에 대한 통일적인 의무화소송으로 크게 대별될 수 있다.[32] 이처럼 그동안 독일에서는 부관에 대한 행정소송과 관련하여 의무화 소송파와 항고소송파가

30) H. Maurer, Allgemeines Verwaltungsrecht, 16. Aufl., 2006, S. 341.
31) H. Maurer, a.a.O., S. 341.
32) H. Maurer, a.a.O., S. 342.

대립하고 있으며, 이론은 많은 변동과 복잡함 속에서 혼란을 겪어 왔는바, 부관의 종류를 중심으로 파악하는 견해와 본체인 행정행위를 중심으로 파악하는 견해로 나뉘어져 있으나, 기본적으로 부담을 포함하여 모든 부관에 대하여 취소소송을 통하여 권리구제를 강구할 수 있는 세 번째 경향이 대세라고 할 것이다. 종전에는 조건과 기한의 경우 내용적 구성부분으로 파악하였으나, 이론상으로 논리적으로 분리 가능한 것으로 이해하는 견해가 유력하게 되었으며, 이를 바탕으로 본안 전 요건에 있어서는 그 입구를 넓히고 있다고 보여진다.

또한 독일에 있어서는 분리가능성의 문제를 본안 전 요건인 논리적 분리가능성과 본안의 이유유무와 관련되는 실질적 분리가능성으로 파악하는 견해가 설득력을 얻고 있다.[33] 모든 부관은 논리적으로 분리가능하다고 보여지며, 다만 실질적인 분리가 사전에 명백히 배제되는 경우 가령 수정부담이나 내용적 확정과 같은 경우에는 독립쟁송가능성이 허용되지 않으며, 이 경우에는 의무화 소송을 통하여 다툴 수 있는 것으로 보고 있다.

나. 판례

독일에 있어서는 종래 주된 규율의 성격이 어떠한가에 따라 독립적인 일부 취소소송의 허용성이 논의되었다. 한때 연방행정법원[34]에서 기속행위와 같이 청구권이 있는가 아니면 의무에 적합한 재량에 따라서 부관이 붙여지는지에 따라 달리 보았는바, 부관만의 독립적 취소는 행정행위가 전체적으로 재량결정에 의존되어 부관만의 분리가 불가능한 경우에는 고려되지 않는다고 보았으나, 이 견해는 연방행정법원이 판례를 통하여 변경되었다.[35] 이제는 판례상 본체인 행정행위가 재량행위인 경우에는 부관이 붙여진 경우 의무화소송으로, 기속행위에 부관이 붙여진 경우에는 취소소송을 제기하는 2분법적 방식은 극복되기에 이르렀다.

독일연방행정법원[36]은 우여곡절 끝에 그동안의 입장의 변화 속에서 확립된 입장을 취하게 되었는데, 행정행위에 대한 불이익적 부관에 있어서는 부담뿐만 아니라 조건이나 기한에 대하여도 취소소송을 제기할 수 있으며, 그것이 독립하

---

33) Jan-R. Sieckmann, "Die Anfechtbarkeit von Nebenbestimmung zu begünstigenden Verwaltungsakten", DÖV, 1998, S. 525ff.
34) BVerwGE 55, 135.
35) BVerwGE 65, 139.
36) BVerwGE 112, 221, 224.

여 취소될 수 있는가의 문제는 독립적인 취소가 명백하게 사전에 배제되는 것이 아닌 한 쟁송의 허용성의 부분에서가 아니라 소송의 이유유무에서 판단되어진다고 보았다.[37] 위 확립된 판례에 의하면 이유 유무의 판단에서 부관이 위법하고, 나머지 수익적 행정행위가 부관 없이도 의미있고 적법하게 남아있으면 법원은 취소판결을 할 수 있는 것으로 보았다. 다만, 부관만의 취소판결이 사전적으로 명백하게 배제되는 경우(offenkündig von vornherein)에는 허용되지 않는 것으로 보았는바, 이 경우에는 권리보호의 필요성이 없는 것으로 파악하고 있다고 여겨진다. 부관 중에 여기에 해당하는지 여부는 판례의 형성을 통하여 밝혀질 것으로 예상되며, 부관이 아닌 수정부담이나 부관의 내용적 확정의 경우에는 취소소송이 아닌 의무화소송을 통하여 권리구제가 가능하다고 할 것이다. 독일의 경우 부관에 대한 취소소송이 의무화소송에 비하여 별도의 행정청의 조치가 없이 부관이 없는 수익을 바로 실현하기 때문에 보다 효과적이며, 실효적인 권리구제에 속한다고 보고 있다.[38] 취소소송과 의무화소송과의 관계는 독일에서는 그동안 부관에 관하여 행정소송을 통한 법적 보호에 있어서 주된 논의가 취소소송에 해당한다고 할 것인가 아니면 의무화소송으로 구제받을 것인가를 둘러싼 논의라고 할 수 있다.

다. 검토

독일에 있어서 부관에 관하여 실체법적인 관점에서는 어떠한 조건하에 행정청은 행정행위에 부관을 부가할 수 있는가에 관한 문제를 다루고, 소송법적 관점에서는 부관에 관하여 독립하여 소송을 제기할 수 있는지를 다루게 되는데, 대안으로서는 전체 행정행위에 대하여 취소소송을 제기하거나, 부관을 붙이지 아니하는 행정행위의 발령을 위한 의무화소송을 제기할 것인지 여부가 논의의 초점이다. 독일의 판례는 초기[39]에는 부관의 종류에 따른 접근방법으로 다루어 왔는바, 부담의 경우에만 취소소송이 가능하고, 부담 이외외 부관의 경우에는 취소소송을 제기할 수 없는 것으로 보았다. 그 후 부담이라고 할지라도 본체인 행정행위와 통일적이며 불가분의 재량결정에 의존하는 경우에는 부담만의 독립쟁송과 독립

---

37) H. Maurer, a.a.O., S. 345.

38) W.-R, Schenke, Verwaltungsprozessrecht, 9. Aufl., S. 96. 독일 만하임 대학의 Schenke 교수는 취소소송이 의무화소송에 비하여 특별한 소송형태라고 보고 있다.

39) BVerwGE 29, 261, 265; 36, 145, 154; 41, 78, 81.

취소를 인정하지 않았다.[40] 그러나 몇 년 후에 법원은 이러한 견해를 명시적으로 폐기하고[41] 다시금 부담은 독립하여 취소소송을 제기할 수 있는 방향으로 되돌아갔다.[42] 이제 부담에 관한한 독립쟁송가능성과 관련하여서는 독립하여 취소소송을 제기할 수 있는 것으로 보았으며, 독립취소가능성과 관련하여서는 부담 없이도 본체인 행정행위가 의미있고 적법하게 남아있을 수 있는가의 문제로, 이는 본안의 이유유무의 문제이지 취소소송의 허용성의 문제는 아니라고 보았다. 그런가 하면 조건과 기한에 있어서 의무화 소송은 관철되지 않았으며, 가령 당시에 이례적이기는 하지만 일부 판결[43]에서는 기간에 있어서도 독립하여 취소소송을 제기할 수 있는 것으로 보았을 뿐이다.

최근에는 독일의 경우에는 수정부담과 법률내용의 확정과 같이 논리적으로 분리가 안 되는 경우에는 의무화 소송을 제기하여야 하는 것으로 정리가 되었으며, 부관은 논리적으로 분리가 가능하므로 기본적으로 부관부 행정행위 전체에 대한 일부취소소송의 제기를 통하여 권리구제가 가능한 것으로 보고 있다. 이 경우, 본안에서 이유유무의 문제로서 일부취소가 가능한가의 관점에서 접근하고 있다고 할 것이며, 다만 사전적으로 명백하게 취소가 배제되는 경우에는 독립된 취소소송의 허용성이 배제된다고 할 것이다.

3. 부진정일부취소소송

우리의 판례는 부담과는 달리 조건이나 기한 등 비독립적 성격의 부관의 경우에는 진정일부취소소송은 물론, 부진정일부취소소송도 허용하지 않고 있다. 이와 같은 판례와는 달리 다수설의 입장은 부담 이외의 부관의 경우에 부진정일부취소소송의 형태로 부관부 행정행위의 전체의 취소를 구하면서 부관에 대하여만 취소판결을 구할 수 있다는 입장이다.[44] 이 문제는 행정소송법 제4조 제1호의 해석론과 관련되는바, 여기서 규정하고 있는 '변경'의 의미를 본체인 행정행위에서 부관을 취소하는 것이 소극적 변경인 일부취소라고 보게 된다면 취소소송을 제기할 수 있게 된다.

---

40) BVerwGE 55, 135, 137; 56, 254, 256.
41) BVerwGE 65, 139.
42) BVerwGE 81, 185, 186; 85, 24, 26; 88, 348, 349.
43) BVerwGE 60, 269, 275ff.
44) 다른 학자를 대표하여 김철용, 행정법, 박영사, 2011, 241면.

판례는 변경의 의미를 단지 소극적 변경의 의미로 이해하고 있으며, 부관의 취소는 적극적 변경에 해당한다고 보게 된다. 그러나 부관부 행정행위에 있어서 부관만의 취소는 적극적 변경에 해당한다고 볼 것은 아니고, 소극적 변경에 해당한다고 해석될 수 있으며, 설사 적극적 변경에 해당한다고 할지라도 위법한 부관만의 취소가 권력분립의 원칙에 어긋나는 것도 아니라고 할 것이다.45)

4. 변경신청거부처분에 대한 취소소송

부관이 위법하여 부관에 대하여 소송을 통하여 다투고자 할 경우 조건, 기한, 철회권 유보 등 비독립적 성격의 부관의 경우에는 부관만을 따로 떼어 진정일부취소소송을 제기할 수 없다. 부진정일부취소소송을 판례상 허용하고 있지 아니하므로, 다른 구제수단이 강구될 필요가 있다. 즉 부관이 없는 행정행위를 신청하고 이를 거부할 경우에 이에 대하여 취소소송을 제기하는 방법이다. 이에 대하여는 어업허가사항 변경신청 불허가처분취소사건에 관한 대법원판례가 주목할 만하다. 가령 피고는 원고에게 기선선망어업면허를 하면서 운반선, 등선 등 부속선을 사용할 수 없다는 부관을 붙인 데 대하여 원고는 부관부 면허에 따라 조업을 해오다가 등선 및 운반선을 사용할 수 있도록 하는 어업허가변경신청을 하였으나, 피고가 불허가 한 사안이다. 이 사안에 관하여 내린 대법원 판결은 다음과 같다. 즉, 대법원 1990. 4. 27. 선고 89누6808 판결에서 "수산업법 제15조에 의하여 어업의 면허 또는 허가에 붙이는 부관은 그 성질상 허가된 어업의 본질적 효력을 해하지 않는 한도의 것이어야 하고 허가된 어업의 내용 또는 효력 등에 대하여는 행정청이 임의로 제한 또는 조건을 붙일 수 없다고 보아야 할 것이다.

그런데 수산업법 시행령 제14조의4 제3항의 규정내용은 기선선망어업에는 그 어선규모의 대소를 가리지 않고 등선과 운반선을 갖출 수 있고, 또 갖추어야 하는 것이라고 해석되므로 기선선망어업의 허가를 하면서 운반선, 등선 등 부속선을 사용할 수 없도록 제한한 부관은 그 어업허가의 목적달성을 사실상 어렵게 하여 그 본질적 효력을 해하는 것일 뿐만 아니라 위 시행령의 규정에도 어긋나는 것이며, 더욱이 어업조정이나 기타 공익상 필요하다고 인정되는 사정이 없는 이상 위법한 것이다."라고 판시하고 있다. 우회적인 절차이기는 하지만 거부처분에 대한 취소소송을 통하여 권리구제를 받는 길을 열었다는 데 의미가 있다. 그러나,

---

45) 유사한 관점으로 정하중, "부관에 대한 행정소송", 저스티스, 제34권 제2호, 2001, 22면.

이 판례가 확립된 판례인지 다소 의문이고 당사자에게 신청권이 인정될 것인가 논란이 야기되며, 부관없는 행정행위의 발급을 신청하여 거부된 경우에 이에 대한 취소소송을 제기할 경우 권리구제가 우회되는 문제는 여전히 남는다.

5. 검토의견

대법원 판례에 의하면 위법한 부담 이외의 부관의 경우에는 부관부 행정행위 전체의 취소를 청구하거나 아니면 행정청에 부관이 없는 처분으로의 변경을 청구한 다음 거부된 경우 거부처분취소소송을 제기하여 권리구제를 받을 수밖에 없다. 이처럼 독립적인 의미를 갖지 아니하고 본체인 행정행위의 내용적 구성부분을 형성하는 조건, 기한, 철회권의 유보의 경우에는 독립적으로 쟁송을 제기하여도 그 처분성이 인정되지 아니하여 행정소송의 소송요건을 충족하지 못하게 되는 결과 각하판결이 내려지게 된다. 이 경우 현행법 체계 내에서 부진정일부취소소송을 제기할 수 있도록 하는 것이 바람직한 해법이 될 것이다.

V. 독립취소가능성(Teilaufhebbarkeit)

1. 논의의 출발점

부관에 대한 독립취소가능성의 문제는 본안에서 부관을 본체인 행정행위와 독립하여 취소할 수 있는가의 문제라고 할 것이다. 부관에 대한 독립취소가능성이 논의되는 경우는 부진정일부취소소송의 경우에 그 논의의 실익이 있다고 할 것이다. 만약에 부담과 같이 그 자체만을 취소소송의 대상으로 삼은 경우라면 본안에서 이를 심리하여 취소하면 되기 때문에 특별히 문제될 것이 없다. 문제는 부관부 행정행위 전체를 취소소송으로 제기하면서 일부에 대하여 취소를 구하는 부진정일부취소소송의 형태로 소송을 제기한 경우에 특히 문제가 된다.

실무상으로 행정소송법 제4조 제1호에서 규정하고 있는 취소는 적극적인 변경을 의미하는 것이 아니고 일부취소에 한하는 것으로 파악하고 있다. 그런데 부관이 붙은 행정행위에 있어 부관만을 취소하게 되면 규율내용이 달라지는 경우가 종종 발생할 수 있기 때문에 적극적 변경에 해당될 가능성이 높다. 따라서 설사 부진정일부취소소송이 허용되어 소송요건을 갖추었다고 할지라도 법원의 심리단계에서 분리가능성과 특정성, 부관이 취소되고 나머지 잔존부분의 적법성 및 행

정청의 객관적 의사 등의 구비 여부 등에 대한 개별적인 검토가 중요하다.[46]

2. 부관의 위법성

독립취소가능성의 문제는 본안의 문제이기 때문에 부관의 위법성의 문제와 밀접한 관련이 있다. 그런데 부관의 위법성은 부관의 허용성 내지 한계를 준수하였는지의 문제에 다름아니다. 따라서 행정행위의 부관은 법령에 위반되지 않아야 하며, 비례원칙, 평등원칙, 부당결부금지원칙 등 행정법의 일반원칙을 준수하여야 하며, 부관은 그 내용이 명확하고 이행가능하여야 하며, 주된 행정행위의 본질적 효력을 해하지 아니하여야 한다. 이와 같이 부관의 한계를 넘는 경우에 위법하게 된다. 물론 부관이 적법한지 위법한지를 판단함에 있어서 우선 주된 행정행위의 법적 성질이 재량행위인지 기속행위인지 선행적으로 고찰할 필요가 있다. 기속행위라면 부관을 붙이는 것이 법령상 허용되는 등 특별한 사유가 없는 한 위법하다고 할 것이다. 판례[47]는 기속행위나 기속재량행위에 붙여진 부관을 무효라고 보고 있다. 아울러 재량행위의 경우에도 부관이 허용되지만 위에서 말한 그 한계를 준수하여야 하며, 법령상의 한계나 비례원칙, 평등원칙, 부당결부금지의 원칙 등 행정법의 일반원칙에 위반되어 부가된 부관은 위법하게 된다. 또한 부관이 불명확하여 주된 행정행위의 범위나 내용이 해석을 통하여도 확정될 수 없는 경우에, 불명확한 내용의 부관은 부관뿐 아니라 경우에 따라서는 전체 행정행위 자체를 위법하게 만든다. 나아가 실현 불가능한 부관은 통상적으로 주된 행정행위를 위법하게 하지는 않으며, 부관이 없는 행정행위가 된다고 할 것이다. 부관이 부당결부금지원칙에 위반되는지 여부와 관련한 대법원 판례는 여러 판례가 있으나, 그중에서 대법원 2009. 2. 12. 선고 2005다65500 판결[48]을 들 수 있다. 이 대법원판결 이유에 의하면, "수익적 행정처분에 있어서는 법령에 특별한 근거규정이 없다고 하더라도 그 부관으로서 부담을 붙일 수 있고, 그와 같은 부담은 행정청

---

46) 법률효과의 일부배제나 수정부담과 같이 행정행위의 내용과 관련되는 분리가 불가능한 경우에는 독일에서는 의무화소송으로 해결하고 있는데, 우리의 경우에는 의무화소송이 인정되고 있지 않아 자신의 신청에 대한 거부처분 취소소송이나 부작위법확인소송을 통하여 구제받을 수 있을 뿐이다.

47) 대법원 1995. 6. 13. 선고 94다56883 판결. 다만, 판례는 기속행위나 기속재량행위의 경우 부관이 단순위법으로 취소사유가 아니고 왜 무효사유인지에 대한 설명이 부족하다.

48) 이에 관한 판례평석으로는 김용섭, "부당결부금지원칙과 부관", 행정판례연구 XV-2, 2010, 12.

이 행정처분을 하면서 일방적으로 부가할 수도 있지만 부담을 부가하기 이전에 상대방과 협의하여 부담의 내용을 협약의 형식으로 미리 정한 다음 행정처분을 하면서 이를 부가할 수도 있다."고 판시하고 있고, 나아가 부당결부금지의 원칙의 의미를 "부당결부금지의 원칙이란 행정주체가 행정작용을 함에 있어서 상대방에게 이와 실질적인 관련이 없는 의무를 부과하거나 그 이행을 강제하여서는 아니 된다는 원칙을 말한다."고 판시하고 있다.

3. 학설과 판례

가. 일부취소의 법리에 의하여 해결하는 견해

일부취소의 법리에 의하여 해결하는 견해도 여러 갈래가 있다. 우선은 행정행위의 일부분으로서 부관의 하자가 있는 경우 원칙적으로 부관부분만이 취소될 수 있지만 부관 없이는 행정청이 주된 행정행위를 발하지 않을 정도로 중요요소인 경우에는 부관만의 취소는 부정된다는 견해가 있다.[49] 한편 독립취소가능성의 문제는 법원의 본안 판단 문제로서 부관의 위법성을 검토하게 되고, 본안 심리 결과 부관의 위법성이 인정되는 경우에 일부취소의 법리에 의하여 해결하려는 견해가 바로 이에 해당한다.[50] 그러나 부담과 그 밖의 부관에 따른 구별이 어느 정도 의미가 있다고 할 것이다. 아울러 일부취소의 경우에도 그 요건을 충족하여야 하는바, 일부취소의 요건은 첫째, 부관이 가분적일 것, 둘째, 본체인 행정행위가 독자적인 의미를 지닐 것, 셋째, 문제가 되는 부관이 없어도 본체인 행정행위를 발령하였을 것이다. 모든 부관은 부진정일부취소소송의 대상이 되어 소송요건을 갖추었다고 할지라도 법원의 심리단계에서 분리가능성 여부와 부관이 취소되고 잔존 부분만으로 적법하게 존속가능한지에 대한 검토를 하여야 하므로 부관의 개별적 특성을 고려하여 일부취소 여부를 따지는 것이 바람직하다.[51]

나. 부관이 주된 행정행위의 중요요소인지를 기준으로 판단하는 견해

이 견해는 부관이 주된 행정행위의 중요요소에 해당하는지의 여부에 따라

---

49) 이일세, "행정행위의 부관과 행정쟁송", 공법학의 현대적 지평, 심천 계희열박사 화갑기념 논문집, 1995, 659면.

50) 정하중, "부관에 대한 행정소송", 저스티스, 제34권 2호, 2001, 23면. 정교수는 부관만 위법하면 본안요건을 충족하게 되므로 모든 부관에 일부취소를 하는 것이 타당하다는 입장이다.

51) 김용섭, "행정법상 일부취소", 행정법연구, 제23호, 2009, 33면.

부관의 독립취소가능성을 판단하는 견해로서, 위법한 부관이 본체인 행정행위의 중요한 요소가 되지 아니하는 것인 때에는 행정행위의 일부취소의 뜻에서의 변경을 구함으로써 위법한 부관부분의 취소를 구할 수 있고, 부관이 당해 행정행위의 중요한 요소가 되는 경우에는 그 부관이 무효라고 인정되는 때에는 당해 행정행위 전체의 무효확인을 구할 수 있다고 한다.[52]

그리하여 부관이 행정행위의 중요한 요소가 되는 경우에는 그 부관의 하자를 이유로 본체인 행정행위와 부관을 포함하여 행정행위 전체의 취소를 구할 수 있게 된다.[53]

따라서 부관의 무효가 나머지 행정행위에 어떤 효력이 미칠 것인가의 문제와 일부취소로서 잔존부분이 유효를 전제로 하는 경우와는 구분할 필요가 있다. 즉, 이 견해는 본체인 행정행위에 위법성이 침투하여 감염된 경우를 전제로 하는데, 그것이 중요한 요소인가 아닌가라는 척도를 가지고 위법성의 감염 여부를 판정하는 것은 적절하지 않다고 할 것이다.

다. 주된 행정행위가 재량행위인지 기속행위인지를 기준으로 판단하는 견해

부관의 독립취소가능성의 문제를 검토함에 있어서 당해 부관이 부담인가 또는 그 외의 다른 부관인가는 결정적인 의미를 가지지 않는다고 이해하면서 기속행위와 재량행위로 나누어 독립취소가능성문제를 살펴보아야 한다는 견해이다.[54] 즉, 기속행위의 경우에는 관계법이 정한 대로의 행위에 대한 발급청구권이 인정되므로 그 수익적 효과를 제한하는 내용의 부관은 법률이 허용하는 경우가 아니면 원칙적으로 붙일 수 없다고 이해하면서, 그 결과 기속행위에 부가된 부관은 당연히 취소될 수 있다고 설명한다. 법률요건 충족적인 부관은 위법하더라도 독립하여 취소하게 되면 위법한 행정행위가 되는 결과가 되지만 예외적으로 신뢰

---

52) 신봉기, 행정법개론, 삼영사, 2011, 216면. 신봉기 교수는 중요요소기준설을 다수설의 입장으로 보고 있다.

53) 다만, 이 경우 당사자로서는 주된 행정행위를 유지하고 싶어하기 때문에 위법한 부관이 배제된 행정행위를 원하는 것이 일반적이다. 위와 같이 행정처분 전체가 취소되어 버리면 오히려 당사자에게 불이익하게 될 수 있다. 마치 소의 혹을 떼려다 소를 죽일 수 있게 되는 것과 같다.

54) 박균성, 행정법강의, 박영사, 2011, 269-270면.

보호의 원칙이 적용될 여지가 있어 부관만의 취소도 합리적 이유가 있다고 설명하고 있다. 이에 반하여 재량행위의 경우에는 부관만 취소하는 것은 본체인 행정행위를 존속시키기 때문에 행정청이 부관 없이는 하지 않았을 행위를 강제하는 결과가 된다고 설명한다.[55] 아울러 법령상 명시적 규정이 없는 한 기속행위의 경우에는 청구권이 발생하므로 청구권의 내용을 제한하는 부관은 허용되지 않으므로, 기속행위에 부가된 부관은 위법한 것으로 당연히 취소될 수 있는 것이라고 설명하고 있다.[56]

이 견해는 기속행위와 재량행위의 구분이 부관의 허용성과 관련하여 의미가 있지만, 부관에 대한 행정쟁송법적 구제에 있어서는 본체인 행정행위가 기속행위인가 재량행위인가가 결정적인 기준이 된다고 보기 어렵다는 점에서 문제가 있다. 요컨대 부관의 취소가능성의 문제는 주로 재량행위에 있어 문제가 되기도 하거니와 재량행위에 있어 부관을 취소하여도 본체인 행정행위가 존속되는 것이 강제된다고 말하기는 어렵고, 오히려 행정청은 부관의 취소에도 불구하고 새로이 적법한 부관을 붙일 수 있음은 물론이다.

아울러, 위법하게 침해된 사인의 권리는 회복되어야 하고, 부관의 취소 후에 남는 부분이 행정청의 의사에 반하는 경우라면 행정청은 행정행위의 철회나 새로운 부관의 부가를 통하여 대응할 수 있다고 보아 부관의 독립취소가 재량행위라고 해서 문제가 되는 것은 아니라는 비판론도 있다.[57]

기속행위에 있어서의 부담의 독립적인 취소가 가능한지의 문제와 관련하여 독일연방행정법원의 판결[58]에 의하면 부담없이 행정행위가 의미있고 적법하게 존속할 수 있는지 여부에 따라 결정된다고 보고 있는 점에 비추어 볼 때 기속행위라고 해서 나머지 부분이 의미있게 적법하게 존속할 수 있는지 여부를 묻지 않고 부담에 대한 독립적 취소가 가능하다고 보는 것은 받아들이기 어렵다. 같은 맥락에서 재량행위라고 해서 일부취소가 허용되지 않는다고 보는 것도 형식 논리

---

55) 대표적인 학자로는 김동희, 행정법 Ⅰ, 2008, 306-308면.
56) 김동희, 행정법 Ⅰ, 2008, 306면. 기속행위의 경우 부관이 붙여진 경우는 무효사유가 되며, 무효인 경우에 일부 취소소송을 제기하여 다투기 보다는 무효확인소송을 통하여 다투어야 할 것이며, 무효사유가 있음에도 법원에 의하여 당연히 취소될 수 있는 것이라고 보는 것은 일부무효의 법리의 관점에서 문제가 있다. 이 경우에는 잔존부분에도 영향을 미치기 때문에 전부를 취소하여야 하는 것은 아닌가 하는 의문이 든다.
57) 홍정선, 행정법특강, 2011, 박영사, 310면.
58) BVerwG NVwZ 1984, 366, 367.

적이다. 재량행위에 대하여 일부취소가 허용되지 않는다는 것은 사법권과 행정권간의 권력분립의 문제에서 그 근거를 찾을 수 있지만, 그보다 효율적인 권리구제의 관점과 행정소송법 제4조 제1호의 해석을 통하여 본체인 행정행위가 재량행위일 경우라도 일부취소가 가능하다고 볼 여지가 있다. 참고적으로 독일 연방행정법원의 판결[59]에 의하면 비록 재량행위에 있어서의 법원이의 부담부분만의 독립취소가 가능한지는 부담에 대한 취소로 인하여 본체인 행정행위의 수익이 완전히 다른 내용으로 되는 경우에는 허용되지 않지만, 그렇지 않은 일반적인 경우에는 재량행위에 있어서도 부담의 독립취소는 허용된다는 점을 참고할 필요가 있다.[60]

라. 판례

부관 중 부담을 중심으로, 그동안 주택사업과 아무런 관련이 없는 토지를 기부채납하라는 부관은 부당결부금지원칙에 반한다는 내용의 판례[61] 등 다수의 판례가 다수 나왔으나, 부담을 제외한 부관에 있어서 그 자체가 위법하다고 보아 이를 취소하는 내용의 판결은 아직 나오고 있지 않고 있다. 그 이유는 부담 이외에 부관의 경우에는 독립쟁송가능성을 인정하고 있지 않는데다가 판례상 부진정 일부취소소송의 형태의 소송을 허용하고 있지 않은데 기인하기 때문이다. 가령 대법원 2001. 6. 15. 선고 99두509 판결에서 "행정행위의 부관은 부담인 경우를 제외하고는 독립하여 행정소송의 대상이 될 수 없는바, 기부채납받은 행정재산에 대한 사용·수익허가에서 공유재산의 관리청이 정한 사용·수익허가의 기간은 그 허가의 효력을 제한하기 위한 행정행위의 부관으로서 이러한 사용·수익허가의 기간에 대해서는 독립하여 행정소송을 제기할 수 없다."고 판시하고 있다. 또한, 대법원 1985. 7. 9. 선고 84누604 판결에서 "위 도로점용허가의 점용기간은 행정행위의 본질적인 요소에 해당한다고 볼 것이어서 부관인 점용기간을 정함에 있어서 위법사유가 있다면 이로써 도로점용허가 처분 전부가 위법하게 된다고 할 것인데, 원고가 이 사건 상가등 시설물을 기부채납함에 있어 그 무상사용을 위한 도로점용기간은 원고의 총공사비와 피고시의 징수조례에 의한 점용료가 같아지

---

59) BVerwGE 65, 139, 141f.

60) Rolf Schmidt/Stephanie Seidel, Allgemeines Verwaltungsrecht, 2000, S. 156.

61) 대법원 1997. 3. 11. 선고 96다49650 판결.

는 때까지로 정하여 줄 것을 전제조건으로 하였고 원고의 위 조건에 대하여 피고
는 아무런 이의없이 이를 수락하고 이 사건 지하상가의 건물을 기부채납받아 그
소유권을 취득한 이상 피고가 원고에 대하여 이 사건 지하상가의 사용을 위한 도
로점용허가를 함에 있어서는 그 점용기간을 수락한 조건대로 원고의 총공사비와
피고시의 징수조례에 의한 도로점용료가 같아지는 33.34년까지로 하여야 할 것임
에도 불구하고, 합리적인 근거도 없이 그 점용기간을 20년으로 정하여 이 사건
도로점용허가를 한 것은 위법한 처분이라고 판단하였다.”

4. 검토의견

그동안 부관의 종류를 토대로, 부담인가 아니면 조건이나 기한 등 비독립적
성격의 부관인가라고 하는 관점하에서 논의하거나 주된 행정행위가 재량행위인
가 기속행위인가를 중심으로 견해대립이 있어 왔다. 그러나 부담이라고 할지라도
주된 행정행위의 법적인 결함을 조정하기 위하여 발해지거나 본체인 행정행위와
함께 통일적인 재량결정을 지향하는 경우가 있기 때문에 이러한 경우에 부담에
대한 독립적인 취소를 통하여 행정청의 재량영역에서는 나머지 부분만을 존속시
키려고 하지 않았을 규율이 남게 되고, 기속행위의 영역에 있어서는 발하는 것이
허용되지 않는 규율이 남게 되는 것이다. 그런가 하면 부담 이외의 부관으로 조
건과 기한, 철회권유보, 부담유보의 경우에도 분리가 불가능한 것은 아니라고 할
것이다. 분리가 불가능한 것은 부관이 아니라 수정부담이나 법률효과의 일부배
제, 법정부관과 같은 것이 여기에 해당한다고 할 것이다.

대법원 1995. 11. 16. 선고 95누8850 판결에서 복수운전면허와 관련한 일부취
소가능성의 문제를 암시하고 있으며, 정보공개에 있어서 부분공개와 관련한 대법
원 2004. 12. 9. 선고 2003두12707 판결에서 일부취소판결의 가능성을 언급하고
있으나, 부관에 대한 독립취소가능성에 관하여는 대법원은 소극적인 입장이라고
할 것이다. 이와 같은 맥락에서 일부취소판결은 행정행위의 부관에 있어서도 원
용될 수 있다고 볼 것이다.[62]

부관의 독립취소가능성의 문제는 일부취소와 밀접한 관련이 있다. 위법한 부
관에 대한 행정상 쟁송이, ― 그것이 진정일부취소소송이든지 부진정일부취소소

---

62) 행정법상의 일부취소의 법리에 관하여는 김용섭, “행정법상 일부취소”, 행정법연구, 제23
   호, 2009. 4, 1-40면.

송이든지 간에 ―, 제기된 경우에는 법원은 본안 심리를 통하여 실체법적 문제로서 부관의 위법성과 위법한 부관을 독립하여 취소할 수 있는가 하는 이유유무의 문제인 독립취소가능성의 문제를 다루어야 할 것이다. 즉, 법원은 본안에서 부관이 위법한가, 부관부 행정행위 전체가 위법한가와 일부취소의 요건인 부관이 가분적인가, 나아가 부관이 위법으로 취소되어도 그 잔여부분만으로 존속 가능한가, 부관이 없었더라도 나머지 부분만을 발령하였는가의 문제를 심리하여야 한다.

따라서 부관에 관한 일부취소가 가능하기 위해서는 부관 그 자체가 위법할 뿐만 아니라 잔존부분인 행정행위가 위법성이 감염되어 있지 않아 적법성이 유지되고 있고, 의미가 있어야 한다(sinnvoller- und rechtsmäßigerweise). 따라서 잔존부분이 위법하거나 주된 행정행위가 행정청에 의하여 부관이 없었다면 발해지지 않았을 경우에는 이유가 없게 되어 독립하여 일부취소가 불가능하다고 본다.[63] 아울러 독일의 판례의 입장처럼 사전적으로 명백하게 본체인 행정행위로부터 부관의 취소가 배제되는 경우에는 독립하여 부관의 취소소송을 제기할 수 없다고 보는 것이 필요하다.

결국 이 문제의 해결을 위해서는 부관을 통하여 공익을 실현하려는 행정청의 입장과 당사자의 권익보호의 조화점을 찾아야 할 것이다. 그러므로 본안에 있어서 부관의 종류에 따른 접근 방법은 일부취소의 문제를 해결하는 데 결정적이지는 않다고 볼 것이다. 조건, 기한, 철회권유보의 경우에는 원칙적으로 일부취소가 이루어지기 어렵지만 실질적인 분리가 가능한 경우에는 일부취소가 가능하고, 부담의 경우라고 할지라도 전체적으로 보아 실질적인 분리가 어려울 정도로 본체인 행정행위와 결합된 경우라면 일부취소가 허용되지 않는다고 볼 것이다.

VI. 맺음말

지금까지 행정행위의 부관과 부관에 관한 소송상 취급에 관한 논의의 전개를 통하여 행정행위의 부관론이 안고 있는 문제를 다각적으로 조망할 수 있었다. 부관이 위법한 경우에 행정소송을 제기하여 다툴 수 있는가의 문제는 다툼의 대

---

63) H. Mauer, a.a.O., S. 345.

상인 처분의 개념에 부관이 포함될 수 있는가의 문제와 관련되며, 당사자가 부관부 행정행위의 전체를 소송의 대상으로 삼아 부진정일부취소소송의 형태로 행정소송을 제기할 경우 본안에서 위법한 부관에 대하여 본체인 행정행위와 분리하여 일부 취소판결을 할 수 있는가의 문제와 밀접하게 연결되어 있다. 부관에 있어 소송법적 보호와 관련하여 독일의 초기단계의 판례의 태도에서 보는 바와 같이 부담은 취소소송을 제기할 수 있는 데 반하여 부담 이외의 부관의 경우에는 행정 처분성이 없기 때문에 그 자체를 독립적으로 취소소송을 제기할 수 없고 부관부 행정행위의 전체를 취소소송의 대상으로 삼아 일부 취소를 구하는 방식으로 접근하게 되는데 만약에 전부를 취소하는 판결이 내려진다면 당사자는 부관의 위법을 다투려고 하다가 수익적 행정행위를 취소하여 다시금 부관이 없는 행정행위를 발급받아야 하는 문제가 있으며 자칫하면 '빈대를 잡으려다 초가삼간을 태우는' 엄청난 불이익이 초래될 수 있다. 항간에는 의무화소송이 입법화되면 부관에 대한 쟁송상의 보호가 확실히 될 수 있다고 하지만, 독일의 경우에는 오히려 취소소송이 특별한 소송으로 이를 통한 권리구제를 강구하고 있는 점이 주목될 만하므로, 우리의 경우에도 부관을 둘러싼 법적 구제에 있어 법원의 전향적인 입장전환이 요망된다고 할 것이다.

결국 부관에 대한 행정소송과 관련하여서는 부관의 종류에 따른 접근법과 재량행위와 기속행위에 따른 구분법인 양자의 접근법을 적절히 종합하여 한국형의 바람직한 해결방안의 제시를 강구할 필요가 있다고 본다. 하나의 해결 방안으로서 부관을 전체적으로 동일하게 다루기보다는 부담 및 부담유보와 나머지 부관으로 구분하여 1차적으로 부관 그 자체를 소송의 대상으로 삼아 다투는 것이 가능한 부담과 부담유보는 진정일부취소소송을 제기하여 다투고,[64] 나머지 부관의 경우에는 부관부 행정행위 전체를 취소소송의 대상으로 삼아 위법한 부관에 대하여만 취소판결을 받아내는 것이 당사자의 권익구제의 관점에서 최선의 방식이라고 할 것이다.

향후 대법원판례는 부관 중 부담에 대하여서만 취소소송을 허용하는 항고소송의 적법성 요건의 차원에 머물 것이 아니라 독립하여 취소소송의 제기가 인정되는 부담을 제외한 모든 부관에 부진정일부취소소송을 인정하여 본안에서 이유

---

64) 물론 부담에 대하여 부진정일부취소소송의 제기도 가능하지만, 진정일부취소소송의 제기가 보다 실효적인 구제수단이라고 할 수 있다.

유무를 판단하는 단계로 나아갈 필요가 있다. 그럴 때에만 국민은 법원에서 본안의 실체심리를 받을 수 있게 되고 법원도 행정을 적극적으로 통제할 수 있으며, 법치국가적 요청인 효율적인 법적 보호를 가능하게 할 수 있기 때문이다.

[참고문헌]

김남진, 행정법 Ⅰ, 법문사, 1995.

김동희, 행정법 Ⅰ, 박영사, 2008.

김동희, 행정법요론, 박영사, 2011.

김용섭, "부당결부금지원칙과 부관", 행정판례연구 XV - 2, 2010, 12.

김용섭, "행정법상 일부취소", 행정법연구, 제23호, 2009. 4.

김용섭, "행정행위의 부관에 관한 법리", 행정법연구, 1998년 상반기.

김철용, 행정법 Ⅰ, 박영사, 2009.

류지태·박종수, 행정법신론, 2011.

박균성, 행정법강의, 제6판, 박영사, 2009.

신봉기, 행정법개론, 삼영사, 2011.

이일세, "행정행위의 부관과 행정쟁송", 공법학의 현대적 지평, 심천 계희열박사 환갑기념논문집, 1995.

장태주, "행정행위 부관의 기능과 한계", 법조, 2003. 5.

전극수, "위법한 부관과 행정소송 — 판례와 소송실무를 중심으로 — ", 토지공법연구, 제41집, 2008. 8.

정하중, "부관에 대한 행정소송", 저스티스, 제34권 제2호, 2001.

홍정선, 행정법(상), 2009.

홍정선, 행정법특강, 박영사, 2011.

H. Maurer, Allgemeines Verwaltungsrecht, 16. Aufl., 2006.

H.-U. Erichsen(Hrsg.), Allgemeines Verwaltungsrecht, 1994.

Jan-R. Sieckmann, "Die Anfechtbarkeit von Nebenbestimmung 24 begünstigenden Verwaltungsakten", DÖV, 1998.

Rolf Schmidt/Stephanie Seidel, Allgemeines Verwaltungsrecht, 2000.

W.-R, Schenke, Verwaltungsprozessrecht, 9. Aufl.,

4. 독립유공자법적용배제결정처분취소소송에 있어 선행처분의 위법성 승계*

― 대상판결: 대법원 2013. 3. 14. 선고 2012두6964 판결 ―

[사실관계 및 판결요지]

Ⅰ. 사실관계

1. 원고는 망 소외인(이하 '망인'이라 한다)의 자녀로 2007. 1.경 독립유공자예우에 관한 법률에 의한 그 적용대상자 결정을 받고 2007. 1.경부터 독립유공자유족등록결정에 따른 보상금 등의 예우를 받고 있었다. 그러나 친일반민족행위진상규명위원회는 2009. 11. 27. 일제 강점하 반민족행위 진상규명에 관한 특별법(이하 '진상규명특별법'이라 한다) 제2조 제13호의 친일반민족행위자 1,005명을 최종발표(이하 '이 사건 선행처분'이라 한다)하였는데 그중 망인도 포함되어 있었다.

2. 진상규명특별법 제19조 제2항에 의하면, 진상규명위원회는 조사대상자, 그 배우자와 직계비속 또는 이해관계인에게 조사대상자로 선정된 사실을 통지하도록 되어 있고, 동법 제28조 제1항에 의하면 진상규명위원회는 조사보고서 또는

---

* 이 논문은 2014. 6. 20. 개최된 한국행정판례연구회 제296차 월례발표회에서 주제발표를 한 후 2014년 12월에 발간된 행정판례연구 제19권 제2호에 수록한 필자의 논문 일부를 수정·보완한 것입니다.

사료에 기재된 조사대상자의 친일반민족행위를 확정하여 그 내용을 선정된 조사대상자, 그 배우자와 직계비속 또는 이해관계인에게 통지하도록 규정되어 있는데도, 진상규명위원회는 망인이 6.25전란 당시 납북되어 생사불명이라는 이유로 망인이 납북 전 주지를 지낸 사찰인 범어사를 이해관계인으로 보아 범어사에 망인이 조사대상자로 선정된 사실 및 친일반민족행위자로 결정된 사실을 통지하였을 뿐, 망인의 직계비속인 원고에게는 이러한 내용의 통지를 하지 않았다.

3. 그런데 피고 의정부보훈지청장은 2009. 12. 8. 위와 같이 친일반민족행위자로 결정된 망인 및 원고를 포함한 망인의 유가족을 독립유공자예우에 관한 법률 제39조 제1항 제6호의 규정에 따라 독립유공자법적용배제자로 결정(이하 '이 사건 후행처분'이라 한다)하여 원고에게 통지하였다.

4. 원고는 망인이 친일반민족행위의 조사대상자로 선정된 사실 및 망인에 대한 조사결과 망인이 친일반민족행위를 한 것으로 결정되었다는 사실을 알지 못하고 있다가, 피고로부터 독립유공자법 적용배제대상자 결정문을 송달받고서야 비로소 망인이 친일반민족행위자로 결정되었고 그에 따라 독립유공자 유족인 원고에 대한 독립유공자예우에 관한 법률상의 보상과 예우가 박탈된다는 사실을 알게 되었다.

5. 원고는 이 사건 후행처분에 불복하여 2010. 2. 16. 국무총리행정심판위원회1)에 행정심판을 청구하였는데, 국무총리행정심판위원회는 2010. 5. 11. "청구인의 주장 외에 망인의 친일반민족행위에 대한 '친일반민족행위진상규명위원회'의 결정이 잘못되었다고 볼 만한 사정이 없는 점과 피청구인의 이 사건 후행처분 역시 잘못되었다고 볼 만한 사정이 없는 점 등을 종합적으로 고려해 볼 때 피청구인의 이 사건 후행처분이 위법·부당하다고 할 수 없다"는 내용의 기각재결을 하였다. 원고가 이 사건 후행처분에 대하여 행정소송을 제기하였는바, 제1심법원 및 원심법원은 원고의 청구를 기각하는 내용의 판결을 하였고, 원고가 상고하자 대법원은 아래의 판결요지에서 보는 바와 같은 이유를 들어 원심판결을 파기환송하였다.2)

---

1) 행정심판법 전부개정법률(제9968호)이 2010. 1. 25. 공포되어 2010. 7. 26.부터 시행됨에 따라 국무총리행정심판위원회는 2010. 7. 26.부터 그 명칭이 중앙행정심판위원회로 변경되었다.

2) 대법원에서 파기환송되자 환송심인 서울고등법원(2013. 10. 1. 선고 2013누9955)은 "독립유공자가 진상규명특별법에 의하여 친일반민족행위를 한 것으로 결정되면 국가보훈처장은

Ⅱ. 원심법원의 판단

원심법원[3]인 서울고등법원은 제1심법원[4]의 결론을 그대로 원용하여 원고의 항소를 기각하였다. 원심법원과 제1심법원은 "이 사건 선행처분과 후행처분은 서로 독립하여 별개의 법률효과를 목적으로 하는 것으로 보이고, 이 사건 선행처분이 당연무효로 볼 사정도 없는 이 사건에 있어서 선행처분인 위 친일반민족행위자 결정처분의 불가쟁력이나 구속력이 그로 인하여 불이익을 입게 되는 원고에게 수인한도를 넘는 가혹함을 가져오고 그 결과가 원고에게 예측가능한 것이 아닌 경우에 해당하는지 여부에 관하여 살피건대, 위에서 채택한 증거들에 의하면, 원고가 2009. 12. 8. 이 사건 선행처분의 존재를 알게 되었음에도 불구하고 이 사건 소제기 전까지 이 사건 선행처분에 대하여 이의신청절차를 밟거나 행정쟁송을 제기하지 않은 사실이 인정될 뿐이고, 위 증거들만으로는 이 사건 선행처분의 불가쟁력이나 구속력이 그로 인하여 불이익을 입게 되는 원고에게 수인한도를 넘는 가혹함을 가져오고 그 결과가 원고에게 예측할 수 없는 경우에 해당함을 인정하기에 부족하고 달리 이를 인정할 증거가 없다. 따라서 이 사건 선행처분에 어떠한 하자가 있다고 하더라도 그 하자를 이 사건 후행처분의 취소를 구하는 이 사건에서 독립된 위법사유로 주장할 수 없다"고 판단하여 원고의 이 사건 청구를 배척하였다.

Ⅲ. 대법원의 판결요지

1. 두 개 이상의 행정처분을 연속적으로 하는 경우 선행처분과 후행처분이

그 자를 법의 적용 대상에서 제외하고 독립유공자법 또는 다른 법률에 따라 독립유공자, 그 유족 또는 가족이 받을 수 있는 모든 예우를 하지 아니하도록 규정되어 있는 독립유공자법 제39조에 비추어 볼 때, 이 사건 선행처분은 이 사건 후행처분의 이유를 구성하는 확인적 처분에 불과하고 원고의 입장에서는 이 사건 후행처분이 직접적으로 중요하고 본질적인 처분이다"라고 판시하였다. 아울러 서울고등법원은 선행처분의 절차상의 하자를 인정하면서 이 사건 선행처분의 하자를 이유로 이 사건 후행처분의 효력을 다툴 수 없게 하는 것은 원고에게 수인한도를 넘는 불이익을 주고 그 결과가 원고에게 예측가능한 것이라고 할 수 없다는 취지의 판결을 내려 최종적으로 원고승소 판결이 확정되었다.

3) 서울고등법원 2012. 2. 10. 선고 2011누22664 판결[독립유공자법적용배제결정처분취소].
4) 의정부지방법원 2011. 5. 23. 선고 2010구단2010 판결[독립유공자법적용배제결정처분취소].

서로 독립하여 별개의 법률효과를 목적으로 하는 때에는 선행처분에 불가쟁력이 생겨 그 효력을 다툴 수 없게 된 경우에는 선행처분의 하자가 중대하고 명백하여 당연무효인 경우를 제외하고는 선행처분의 하자를 이유로 후행처분의 효력을 다툴 수 없는 것이 원칙이다. 그러나 선행처분과 후행처분이 서로 독립하여 별개의 효과를 목적으로 하는 경우에도 선행처분의 불가쟁력이나 구속력이 그로 인하여 불이익을 입게 되는 자에게 수인한도를 넘는 가혹함을 가져오며, 그 결과가 당사자에게 예측가능한 것이 아닌 경우에는 국민의 재판받을 권리를 보장하고 있는 헌법의 이념에 비추어 선행처분의 후행처분에 대한 구속력은 인정될 수 없다.

2. 甲을 친일반민족행위자로 결정한 친일반민족행위진상규명위원회(이하 '진상규명위원회'라 한다)의 최종발표(선행처분)에 따라 지방보훈지청장이 독립유공자 예우에 관한 법률(이하 '독립유공자법'이라 한다)적용 대상자로 보상금 등의 예우를 받던 甲의 유가족 乙 등에 대하여 독립유공자법 적용배제자 결정(후행처분)을 한 사안에서, 진상규명위원회가 甲의 친일반민족행위자 결정 사실을 통지하지 않아 乙은 후행처분이 있기 전까지 선행처분의 사실을 알지 못하였고, 후행처분인 지방보훈지청장의 독립유공자법 적용배제결정이 자신의 법률상 지위에 직접적인 영향을 미치는 행정처분이라고 생각했을 뿐, 통지를 받지도 않은 진상규명위원회의 친일반민족행위자 결정처분이 자신의 법률상 지위에 영향을 주는 독립된 행정처분이라고 생각하기는 쉽지 않았을 것으로 보여, 乙이 선행처분에 대하여 일제강점하 반민족행위 진상규명에 관한 특별법에 의한 이의신청절차를 밟거나 후행처분에 대한 것과 별개로 행정심판이나 행정소송을 제기하지 않았다고 하여 선행처분의 하자를 이유로 후행처분의 효력을 다툴 수 없게 하는 것은 乙에게 수인한도를 넘는 불이익을 주고 그 결과가 乙에게 예측가능한 것이라고 할 수 없어 선행처분의 후행처분에 대한 구속력을 인정할 수 없으므로 선행처분의 위법을 이유로 후행처분의 효력을 다툴 수 있음에도, 이와 달리 본 원심판결에 법리를 오해한 위법이 있다고 한 사례

[판례연구]

Ⅰ. 문제의 제기

1. 위법성의 승계를 실체법적 개념으로 파악하면, 위법성의 승계란 행정처분이 연속하여 행하여진 경우 선행행정처분의 위법이 후속 행정처분에 승계되어 그 위법을 이유로 후속 행정처분의 취소가 허용되는 것을 말한다.[5] 이와는 달리 위법성의 승계를 소송절차법적인 관점에서 파악하면, 위법성의 승계란 선행하는 행정활동에서 결정된 사항이 후속하는 행정처분의 적법성 요건을 구성하는 선행의 행정활동에 선결성이 있는 경우, 취소쟁송에 있어서 후속 행정처분의 위법사유로서 선행하는 행정활동에 존재하는 위법성의 주장을 허용하는 것을 말한다.[6] 여기서는 절충적인 관점에서 위법성의 승계란 행정행위가 연속하여 발해지는 경우 후속 행정처분에 선행행정처분의 하자 내지 위법성의 승계가 인정되어 당사자가 후속 행정처분에 대하여 행정소송을 제기하여 다투면서 선행행정처분의 하자를 후속 행정처분의 하자로 주장할 수 있는가의 문제로 이해하고자 한다.[7]

2. 대상판결은 불가쟁력이 발생한 이 사건 선행처분으로 볼 수 있는 직계존속인 망인을 친일반민족행위자로 결정한 친일반민족행위진상규명위원회의 최종 발표의 위법성을 그 유족이 이 사건 후행처분으로 볼 수 있는 독립유공자법적용배제결정처분의 통지를 받은 후에 이에 대하여 주장할 수 있는가의 문제와 관련된다. 특히 대상판결과 관련하여 다음 3가지 핵심적 쟁점을 염두에 두고 논의를 전개하고자 한다. 첫째로, 둘 이상의 행정행위가 연속적으로 행하여지는 경우, 선행행정처분에 하자가 있으면 후행행정처분 자체에 하자가 없어도 선행행정처분의 절차적 하자를 이유로 후행행정처분을 다툴 수 있는가. 둘째로, 선후 행정처분

---

5) 海道俊明, 違法性承繼論の再考(一), 自治研究 第90卷 第3号, 2014. 3, 97面.

6) 村上 博, 違法性の承繼-建築確認處分取消請求事件, 法學教室 判例セレクト2010, 4面; 市橋 克哉外, アクチュアル 行政法 , 2010, 118面.

7) 이와 같은 위법성의 승계 문제는 위법성 주장의 차단효의 문제와 동전의 앞뒷면의 관계이기 때문에, 그 승계를 인정할 수 있는 예외적 기준의 하나로서 연속한 일련의 절차를 구성하는 일정의 법률효과를 발생 목적으로 하는 경우와는 달리 행정과정을 통합적으로 이해하는 전제하에 후행행정처분에 비중이 놓이게 되는 경우를 염두에 두고 논의를 전개할 필요가 있다.

이 서로 독립하여 별개의 행정청에 의하여 내려지고, 선행행정처분이 후행행정처분의 구성요건이 되는 경우에도 선행행정처분의 하자를 승계시키는 것이 타당한 것인가. 셋째로, 선행행정처분이 진상규명위원회의 결정과 같이 확인행위의 성질을 띠어 불가변력이 생기는 경우에도 선행행정처분에 존재하는 절차적 하자를 후행행정처분의 하자로 보는 것이 타당한 것인가.[8]

3. 대상판결은 판결이유에서 대법원 1994. 1. 25. 선고 93누8542 판결에서 선후 행정행위가 별개목적인 경우에 종래 대법원에서 내린 양도소득세등부과처분 취소소송을 다투면서 개별공시지가의 위법성을 다투는 것이 허용되는가와 관련한 위법성의 승계의 법리를 그대로 원용하고 있다. 종전의 개별공시지가결정 관련 판결의 경우에는 당사자로 하여금 이에 대하여만 다투게 하는 것이 소송절차법적인 관점에서 문제가 있고 아울러 선행처분에 선결성이 있기 때문에 결론에 있어 위법성의 승계를 인정하는 것이 타당할 수 있으나, 대상판결의 경우에는 선행처분이 후행처분에 비해 보다 본질적인 처분이고, 이와 같은 선행처분이 있음에도 다툴 수 있는 기회를 처분의 상대방에게 제대로 부여하지 않은 경우라 할지라도 이해관계인에게 통지하였으나 후행처분 당시 상대방이 이를 알게 된 이상 선행처분에 대하여 제소기간 내에 있었기 때문에 선행처분을 다툴 기회가 봉쇄되었다고 보기 어렵다. 따라서 공정력이 인정되는 선행처분을 다투지 아니하고 행정청을 달리하는 후행행정처분의 단계에서 이를 다투는 것을 허용하는 것이 과연 적절한 것인지 의문이 든다. 대법원에서 위 판결이 나온 지 약 20여 년이 경과한 시점에서 위와 같은 법리를 그대로 답습하여 유지하는 것이 바람직한 것인지 검토하고, 나아가 선행행정행위의 하자가 후행행정행위에 승계되는 예외적인 경우를 어떤 기준으로 설정할 것인지를 규명함과 아울러 본 대상판결을 비판적으로 검토하기로 한다.

논의의 진행은 위법성 승계의 개념논의(Ⅱ)를 먼저 고찰하고, 위법성 승계에 관한 판례 및 이론(Ⅲ)을 살펴본 후, 위법성 승계의 판단기준(Ⅳ)을 모색하고, 나아가 이 사건 대상판결에 대한 종합검토(Ⅴ)를 하기로 한다.

---

8) 선행행정처분의 통지가 제대로 안 된 것으로 볼 여지가 있어 이 경우 직계비속에 대하여는 그 효력이 발생하지 않은 것으로 볼 여지가 있다. 아울러 이 사건에 있어서는 선후 행정처분의 처분청이 다른 경우이며, 선행행정처분의 절차적 하자가 있는 경우로 볼 여지가 있으므로 이러한 경우에도 후행행정처분에 위법성이 승계된다고 보는 것이 바람직한 것인지 검토가 필요하다.

II. 위법성 승계의 개념논의

1. 위법성 승계의 개념

하자승계 내지 위법성 승계의 개념과 관련하여 실체법적 개념으로 이해하는 입장과 소송절차법적 개념으로 이해하는 입장으로 대별된다. 전자의 견해에 의하면 수개의 행정행위가 연속하여 행하여진 경우에 선행행정행위의 취소원인이 되는 위법성이 후행행정행위에 승계되어 후행행정행위의 취소원인이 되는 것을 위법성의 승계로 본다. 따라서 실체법적으로는 선행행위의 위법이 후행행위에 승계되는가의 문제를 위법성의 승계[9]로 파악하게 된다. 이에 반하여 위법성의 승계문제를 소송절차법적으로 이해하는 경우에는 선행행위에 대한 제소기간이 경과한 경우에도 후행행위의 단계에서 선행행위의 위법을 주장할 수 있는가의 문제이며 이는 선결문제에 해당한다.[10]

양자는 설명방법상의 차이에 불과하지만 동전의 앞뒷면의 관계에 있다고 볼 수 있다. 위법성의 승계가 인정되어야 위법성을 주장할 수 있는 것이 되기 때문이다. 그러한 관점에서는 위법성의 승계의 개념을 종합적으로 이해할 필요가 있다. 이러한 위법성의 승계는 위법성의 주장가능성을 긍정하기 위하여 실체법적으로 하자가 승계된다는 전제하에 후행행정행위의 단계에서 과연 선행행정행위에 내재된 행정행위의 하자를 주장하여 이를 다툴 수 있는가 다시 말하여 수개의 행정행위가 연속하여 행하여진 경우, 선행행정행위에 불가쟁력이 발생하여 더 이상 다툴 수 없게 된 경우에 하자가 승계되어 후행행정행위단계에서 선행행정행위의 위법성을 주장할 수 있는가의 문제라고 할 것이다.

---

9) 학자에 따라 위법성 승계를 하자승계 또는 흠의 승계로 교과서와 논문에서 각각 달리 사용하고 있다. 그러나 기본적으로 3가지 용어사용법은 동의어라고 보아도 무방하다. 어떠한 용어를 사용하건 본질적으로 큰 차이가 없다. 다만 하자(瑕疵)라는 용어가 일반인에게 생소하며 한자 자체가 어렵고, 법제처 알기쉬운 법령만들기 사업에도 하자가 포함되어 있으며, 흠(欠)이라는 말도 순수한 우리말이라기보다 한자어에 속하므로 위법성 승계로 하는 것이 적절한 표현이 될 수 있다.

10) 신동승, "행정행위의 하자승계와 선결문제", 행정판례연구 XIV, 2009, 124면, 芝池義一, 行政救濟法講義, 第3版, 2006, 79面.

2. 선결문제와의 관계

가. 선결문제의 법적 근거

일반적으로 선결문제(Vorfrage)라 함은 어떠한 소송사건에서 본안판결을 받기에 앞서 먼저 결정하지 않으면 안 되는 전제문제를 의미한다. 이와 같은 선결문제는 민사재판과 행정재판을 분리 취급하는 이원적 재판구조에서 주로 문제가 되는 것으로 법원이 심리하는 민사사건의 선결문제로서 행정행위의 효력이나 존부가 문제가 될 때 논의되는 것이 일반적이다.

이와 같은 선결문제와 관련하여 헌법 제107조 제2항은 명령이나 규칙이 헌법이나 법률에 위반되는지 여부가 재판의 전제가 된 경우에 이에 대하여 법원에서 통제하는 경우를 규정하고 있다. 이뿐만 아니라 헌법 제107조 제2항에서는 문언상 명령·규칙뿐만 아니라 처분도 명시하고 있으므로 동 규정에 의하여 재판의 전제가 되는 경우에는 처분에 대하여 선결문제로 심리할 수 있다고 해석할 수 있다.[11] 다만, 이와 같은 선결문제의 심리는 일반적으로 인정된다기보다는 행정소송법 제11조의 해석문제라고 할 것이다. 즉, 행정소송법 제11조 제1항에서는 "처분 등의 효력유무 또는 존재 여부가 민사소송의 선결문제가 되어 당해 민사소송의 수소법원이 이를 심리·판단하는 경우에는 제17조, 제25조, 제26조 및 제33조의 규정을 준용한다"고 규정하고 있다. 따라서 일반적으로 취소사유가 되는 데 그치는 위법한 행정처분에 대해서는 민사소송의 수소법원은 선결문제로서의 판단권을 갖지 않는다고 볼 것이다. 따라서 여기서 일반적으로 민사소송에 한정하지 않고 형사소송에 있어서도 선결문제의 심리가 가능한 것으로 해석된다. 또한 공법상 당사자 소송이나 항고소송의 경우에도 선결문제의 심리는 가능하다고 해석된다.[12] 다만, 선결문제는 처분의 효력유무나 존재유무의 경우에 한하며, 국가배상사건에 있어서 처분의 단순위법 여부가 선결문제가 된 경우 처분의 위법성을 심리할 수 있는 것처럼 처분의 효력에 영향을 미치지 않는 경우에는 법원에서 선결문제로 심리가 가능하다고 본다.[13]

---

11) 서보국, "행정법상 선결문제와 헌법 제107조 제2항에서의 '처분' 및 '재판의 전제'와의 관계", 행정법연구, 제25호, 2010, 139면 이하.

12) 신동승, "행정행위의 하자승계와 선결문제", 행정판례연구 XIV, 2009, 111면. 다만, 홍정선 교수는 행정사건에 있어서는 행정법원의 관할이라 선결문제가 문제되지 않는다고 본다. (동인, 행정법원론(상), 2012, 388면).

나. 행정소송에서 선결문제 허용성

다단계 행정절차에 있어서 후행행정행위를 다투는 행정소송에 있어서 선행행정행위의 위법성을 선결문제로서 심리할 수 있는가의 문제가 제기될 수 있다. 다시 말하여 무효가 아닌 선행행정행위의 흠이 취소할 수 있는 위법인 경우에는 후행처분을 다투는 법원은 선행행정행위의 위법성을 선결문제로서 심리할 수 있는가의 문제가 해석론으로 제기될 수 있다. 이에 관하여는 선행행위의 처분성이 부정되는 경우에 한하여 선결문제로서 주장할 수 있다고 보는 견해[14]가 있으나, 선행행정행위의 위법성 주장이 차단되지 않고 하자가 승계되는 경우에는 선행행위가 처분인가 아닌가를 불문하고 당해 법원은 선결문제로서 이를 심리할 수 있다고 본다.[15]

만약에 이를 선결문제로 보아 법원에서 심사할 수 있다고 보는 경우에는 판결의 기속력이 판결이유를 통해서도 발생하므로 결과적으로 선행행정행위를 무로 돌리는 효과를 낳게 된다. 선행하는 행정행위가 있고, 그것을 전제로 하여 후행의 행정처분이 행하여진 경우에 후행행위의 취소소송에 있어서 선행행위의 위법을 이유로 인용판결을 하는 것이 허용되는가의 문제가 있지만, 일반적으로 선행행위에 공정력이 인정되지 않을 때 그것을 허용하는 데 반하여, 선행행위가 공정력을 갖는 행정처분일 때에는 그 공정력이 배제되지 않는 한 원칙적으로 선행행위의 위법성은 후행행위에 승계되지 않고, 그것이 허용되지 않는다고 해석하는 견해[16]가 있다. 그러한 입장에서도 선행의 행정처분과 후행의 행정처분이 연속하여 일련의 절차를 구성하여 일정한 법률효과의 발생을 목적으로 하는 경우에는

---

13) 학설상으로는 공정력이나 구성요건적 효력이 유효성과 관련되므로 행정행위의 효력을 부인하지 아니하는 것에 불과하고, 행정행위의 위법성을 적법성으로 전환시키는 것은 아니므로 선결문제로서 행정행위의 위법 여부를 스스로 판단할 수 있다고 보는 입장이 다수설이다.

14) 최계영, "표준지 공시지가결정과 흠의 승계", 행정판례평선, 2012, 1181면. 최 교수는 표준지 공시지가의 결정을 다투는 방법으로 3가지 방법을 제시하고 있다. 첫째로, 표준지 공시결정의 위법성은 후속처분에 대한 소송에서만 다투도록 하고, 표준지공시지가결정의 처분성을 부인하고 그 위법성을 선결문제로 주장할 수 있도록 한다. 둘째로, 표준지 공시지가결정의 위법성은 그 결정 자체에 대한 소송에서만 다투도록 하고 흠의 승계를 부정한다. 셋째로, 표준지 공시지가결정의 위법성을 그 결정자체에 대한 소송과 후속처분에 대한 소송에서 모두 다툴 수 있도록 하는 방법이 있고, 선행처분의 흠의 승계를 인정한다, 위 3가지 방법 중에 대법원판례가 세 번째 방법을 채택하고 있다고 보고 있다.

15) 신동승, "행정행위의 하자승계와 선결문제", 행정판례연구 XIV, 2009, 111면.

16) 山本隆司, 行政訴訟補遺, 法學教室 No. 340, 2009, 1, 73面.

예외적으로 하자가 승계되는 것으로 파악한다. 그런데 행정사건에서 선결문제로 선행행위를 위법하다고 판단하였다면 비록 그 행정행위를 취소하지 않았다고 할지라도 그 행정행위에 의하여 형성된 법률관계를 부정하여 그 이전의 법률관계를 회복한 것과 마찬가지로 만들 수 있게 된다.[17] 따라서 일반적으로 선행처분에 공정력이 인정된다면 선행처분 자체를 직접 공격하여 공정력을 배제하지 않는 한 후행행위단계에서 간접적인 공격수단으로 이를 무력화하는 것은 허용되지 않는다고 할 것이다.[18]

3. 위법성(하자) 승계의 기본전제론

가. 기본전제론의 내용

일부 학자[19]에 의하여 주장되는 하자승계 논의의 4가지 전제조건은 다음과 같다. ① 선행행위와 후행행위는 모두 항고소송의 대상이 되는 처분이어야 한다. ② 선행행위에는 무효사유가 아닌 취소사유에 해당하는 하자가 존재하여야 한다. ③ 후행행위 자체에는 고유한 하자가 없는 경우이어야 한다. ④ 선행행위를 제소기간 내에 다투지 않는 등 불가쟁력이 발생하여야 한다.

나. 기본전제론에 대한 비판

먼저 선행행정작용이 처분이 아닌 경우에는 공정력이 인정되지 않으므로 후행처분을 다투면서 선행행정작용의 하자를 다투는 것이 허용된다고 보기 때문에 선행행정작용이 처분이 아니면 마치 하자가 승계되지 않는 것이라는 오해를 불러일으킬 수 있다.

또한 선행행정처분이 무효인 경우에는 비록 하자승계론을 거론하지 않더라도 선행처분의 위법성의 주장의 가능성이 열려 있으므로 기본 전제로 파악하기보다는 논의의 실익차원의 문제로 파악하는 것이 적절하다.[20] 또한 하자가 후행

---

17) 신동승, 앞의 논문, 114면.
18) 선행행정행위의 하자의 주장이 차단되는 경우에도 선결문제로 심사하는 것이 일반적으로 가능하다고 파악하게 되면 선행행정행위를 발한 행정청과 후행행정행위를 발한 행정청이 서로 다른 경우에는 선행행정행위를 발한 행정청이 적극적으로 피고가 되어 방어하지 못하게 되어, 법원에서 당사자의 주장으로 선행행정행위의 위법성을 인정하는 결과가 되어 불합리한 사태를 초래할 수 있다.
19) 가령 박균성, 행정법강의, 박영사, 2013, 284면.
20) 김창종, "행정행위의 하자의 승계 — 대법원 1994. 1. 25. 선고 93누8542 판결을 중심으

행정행위에 있다고 할지라도 그 자체만 가지고 다투는 것보다 선행처분의 하자를 주장하여 다툴 수 있다면 이를 마다할 이유가 없다. 이러한 관점에서 선행행정행위가 무효인 경우라든가 후행행정행위에 하자가 있는 경우에도 이를 주장할 수 있음은 물론이다.

다음으로, 후행행정행위에 하자가 있더라도 선행행정행위의 하자를 주장할 실익은 얼마든지 있다고 본다. 왜냐하면 하자승계론은 하자가 실체적 하자인지 절차적 하자인지에 대한 아무런 구분을 가하고 있지 않기 때문이다. 물론, 후행행정행위가 하자가 있을 때에도 절차적 하자이기 때문에 그 하자만으로 후행행정행위를 근본적으로 취소하는 것이 곤란한 경우에는 선행행정행위의 실체적 위법성을 주장하여 다툴 실익이 있다고 본다.

한편 하자승계론을 불가쟁력이 있는 행정행위에 한정하는 것이 과연 적절한지에 대하여 검토해 볼 필요가 있다. 선행행정행위가 처분이 아닌 경우라면 불가쟁력 자체가 발생하지 않는 결과 하자승계론이 논의될 여지가 없다. 그러나 불가쟁력이 발생한 선행행정행위의 위법성을 주장하여 후속적인 단계에서 이를 다툴 수 있도록 하는 것은 실익이 있지만, 그렇다고 불가쟁력이 발생하여야만 하자가 승계되는 것처럼 파악하는 것은, 하자승계에 있어서 기본전제론이라는 팻말을 내걸므로 인해 하자승계론의 논의대상이 협소하게 되는 문제가 있다.

원칙적으로 각 행정행위는 그 자체의 독립성이 있기 때문에 그 행위의 고유한 하자는 제소기간 내에 그 행위를 대상으로 소송을 제기하여야 다툴 수 있다. 행정소송에서 제소기간을 둔 것은 행정법관계의 조속한 안정과 능률적인 행정목적 달성을 위한 것이다. 행정소송법은 제소기간에 관한 규정을 두고, 취소소송의 경우에는 그 기간이 경과하면 불가쟁력이 발생하여 비록 처분에 하자가 있다 하더라도 더 이상 다툴 수 없게 하고 있다. 예외적인 사유가 없음에도 불가쟁력이 발생한 선행행위의 위법성을 원용하여 후행행위를 다툴 수 있게 하면 불가쟁력을 인정하는 취지가 몰각되는 문제점이 발생하게 된다.

로―", 재판과 판례 제4집, 대구판례연구회, 1995, 571면, 후행행정행위가 선행행정행위의 효력에 의존하는 후행행정행위로서 선행처분이 이미 직권으로 취소된 경우에 후행행정행위가 무효가 된다. 또한 선행행정행위가 무효가 아닌 취소할 수 있는 행정행위인 경우로서 당사자가 이를 다투어 행정청이나 법원에 의하여 취소되었을 경우에는 무효와 마찬가지가 되어 이를 후행행정행위단계에서 이를 주장할 수 있으나 이는 후행행정행위의 취소사유에 불과하다.

Ⅲ. 위법성 승계에 관한 판례 및 이론

1. 위법성 승계에 관한 판례의 경향 및 문제점

가. 판례의 경향

위법성의 승계와 관련하여 확립된 대법원의 판례는 기본적으로 선, 후의 행정행위가 결합하여 하나의 법적 효과를 달성시키는가 아니면 선, 후의 행정행위가 서로 독립하여 별개의 법적 효과를 발생시키는가에 따라 하자의 승계 여부를 결정한다.[21]

먼저, 판례는 선후 행정행위가 하나의 효과를 목적으로 하는 경우에는 위법성의 승계를 인정하고 있다. 즉, 두 개 이상의 행정처분이 연속적으로 행하여지는 경우 선행처분과 후행처분이 서로 결합하여 1개의 법률효과를 완성하는 때에는 선행처분에 하자가 있으면 그 하자는 후행처분에 승계되므로 선행처분에 불가쟁력이 생겨 그 효력을 다툴 수 없게 된 경우에도 선행처분의 하자를 이유로 후행처분의 효력을 다툴 수 있다고 한다. 예컨대, 조세체납처분에 있어서의 일련의 절차인 독촉·압류·매각·충당의 각 행정행위 사이[22] 또는 행정대집행에 있어서의 일련의 절차인 계고·통지·대집행실행·비용납부명령의 각 행정행위 사이[23]에서는 하나의 효과를 완성하는 것으로 보아 하자의 승계를 인정한다.

선행처분과 후행처분이 서로 독립하여 별개의 목적으로 하는 때에는 선행처분의 하자가 당연무효인 경우에는 승계를 인정하고, 취소사유인 경우에는 하자의 승계를 인정하지 아니한다. 예컨대, 위법한 건축물의 철거명령과 대집행의 계고처분 사이에는 하자가 승계되지 않는다고 보고 있다. 왜냐하면 철거명령은 그 상대방에게 철거의무를 부과하여 자주적으로 이를 이행시키는 것을 목적으로 하는 데 대하여, 대집행은 행정청이 의무자에 대신하여 그 의무의 내용을 강제적으로

---

21) 이에 관하여는 김용섭, "행정행위의 하자승계론의 재검토(하)", 판례월보, 331호, 1998. 3, 33면 이하; 김병훈, "행정행위의 하자승계에 관한 학설·판례연구", 법학연구, 제17집, 2004, 30면 이하

22) 대법원 1986. 10. 28. 선고 86누147 판결에서 독촉과 가산금·중가산금 징수처분 상호간의 위법성의 승계를 인정하였다.

23) 대법원 1996. 2. 9. 선고 95누12507 판결에서 계고처분과 대집행영장발부통보처분 사이에 위법성의 승계를 인정하였다.

실현하는 것을 목적으로 하는 것으로서, 양자는 행정목적을 각각 달리하기 때문이다. 또한 과세처분과 체납처분의 경우 전자는 납세의무를 구체적으로 확정하는 것인 데 대하여, 후자는 이미 확정된 조세채무에 기한 강제집행절차로서 각각 다른 효과를 목적으로 하는 것이기 때문에, 하자의 승계가 인정되지 않는다고 본다.[24]

그러나 판례는 이 사건 대상판결과 관련판례에서 보는 바와 같이, 선행행위와 후행행위가 서로 독립하여 별개의 효과를 목적으로 하는 경우에도 선행행위의 불가쟁력이나 구속력이 그로 인해 불이익을 입게 되는 자의 수인한도를 넘는 가혹함을 가져오며, 그 결과가 당사자에게 예측 가능한 것이 아닌 경우에는 국민의 재산권과 재판받을 권리를 보장하고 있는 헌법의 이념에 비추어 선행행위의 위법을 후행행위에 대한 취소소송에서 독립된 취소사유로 주장할 수 있다고 보아 종래의 전통적인 하자승계론에 대하여 다소 수정된 기준을 제시하고 있다.

나. 판례의 문제점

판례는 선후 행정행위 간에 하나의 법적 효과를 지향하며 추구하는 바가 동일목적인가 별개목적인가를 기준으로 하며, 동일목적으로 하나의 효과를 지향하는 경우에 위법성이 승계되고, 별개목적인 경우에 원칙적으로 하자는 승계되지 않는다고 본다. 일본의 경우는 별개목적의 경우에 예외를 거의 인정하지 않는 반면에 우리의 경우에는 별개목적의 경우에 수인한도론을 통하여 예외를 인정해 오고 있는 점이 특징이다.

먼저 위법성(하자)승계론의 판별기준인 동일목적이냐 별개목적이냐는 판별은 그리 용이하지 않다고 본다.[25] 한편 판례에 의하면 동일목적인 경우에도 결합되기만 하면 예외없이 하자를 승계되도록 허용하는 것은 문제가 있을 수 있다. 즉 법령이 다르거나 행정청이 서로 다른 경우에도 하자의 승계를 인정하는 것은 타당하지 않다. 동일목적의 대표적인 경우로 대집행 절차 상호간의 위법성의 승

---

24) 헌재 2004. 1. 29. 선고 2002헌바73 결정; 대법원 1977. 7. 12. 선고 76누51 판결. 과세처분과 체납처분 간에 위법성의 승계를 부인하였다.

25) 예컨대, 김남진 교수는 과세처분과 체납처분 간의 관계를 동일목적이라고 보고 있으나, 별개목적이라고 보는 견해가 판례와 다수설의 입장이다. 한편 박균성 교수는 개별공시지가와 과세처분과의 관계를 별개의 처분이 아니라고 보고 있으나 이를 별개목적으로 파악하는 견해가 판례와 다수설의 입장이다.

계를 허용하고 있으나, 대집행절차의 신속성의 요청에 저해되거니와 선행행위인 계고처분인 하자를 대집행실행이 있을 경우에 이를 다툴 수 있는데도 집행이 완료된 후인 대집행비용징수단계에까지 그 하자를 주장할 수 있다고 하는 것은 지나치게 당사자의 권익보호에 치중한 것으로 볼 것이다.[26]

대법원은 동일목적인 경우에는 위법성의 승계를 일반적으로 허용하고, 별개목적인 경우에는 원칙적으로 위법성이 승계되지 않지만 이 경우에는 예외적으로 하자승계를 인정하는 것과 동일한 판시태도를 보이고 있다. 그러나 설사 선후행정행위의 양자가 동일목적이라고 할지라도 일반적으로 하자의 승계를 허용할 것이 아니라 권리구제를 다툴 수 있는 기회가 제대로 부여되지 않았거나 후속 행정처분에서 하자를 다투는 것이 본질적인 권리구제의 경우 등의 합리적인 기준이 제시될 필요가 있다고 본다.

오늘날 개괄주의하에서 법적으로 보호된 이익이 침해된 자가 처분의 위법성이 있다고 그 처분을 다투는 취소소송에서 이를 주장하여 심리판단을 받을 기회는 보장되고 있다. 따라서 위법성의 승계는 주로 소송의 대상을 획정하는 논의만은 아니고 어떠한 방법으로 재판상 주장하여 심리 판단을 받을 것인지에 대한 소송의 방법의 타이밍에 관한 논의에 방점이 놓여진다.

다시 말해 선행행위의 위법을 시정하는 절차를 전적으로 선행행위의 단계에서 고려하는 것이 합리성을 갖는지 아니면 선행행위의 위법을 후행행위의 단계에서 시정하는 절차를 취함으로써 선행행위와 후행행위를 통하여 행정과정 내지 행정절차의 전체에 현저한 혼란을 초래하는 것은 아닌지 여부라고 하는 관점에서 다각적으로 접근할 필요가 있다.

2. 이론대립

가. 위법성(하자) 승계론의 전개

위법성의 승계라 함은 행정이 선후 행정행위를 거쳐 행해지는 경우에 선행행정행위의 위법이 후행행정행위에 승계되어, 이를 이유로 법원에서 선결문제로서 후속적인 행정행위의 위법으로 심사할 수 있는가의 문제라고 할 수 있다.

동일목적으로 하나의 법적 효과를 지향하는 경우 선행정행위 하자가 후

---

26) 김용섭, "행정행위의 하자승계론의 재검토(하)", 판례월보, 331호, 1998. 4, 33면.

행행정행위에 승계되는 것을 허용하는 입장이 통설27)이다. 즉, 선행행위와 후행행위가 서로 결합하여 하나의 법적 효과 발생을 목적으로 하는 경우에만 승계를 인정한다. 승계 여부는 양 행정행위가 서로 결합하여 하나의 효과를 완성하는 동일목적이냐 별개의 목적이냐에 달려있다. 이들 경우에는 서로 연속하는 두 개 이상의 행위에 의하여 법률이 달성하려고 하는 목적은 최종의 행정행위에 유보되어 있다고 보기 때문이다.

한편, 양자가 서로 독립하여 각각 별개의 효과를 목적으로 하는 경우에는 선행행위가 당연무효인 경우 외에는 취소사유인 하자가 승계되지 아니한다고 본다.

그러나, 선행행위가 당연무효인 경우에는 이를 전제로 하여 행하여지는 후행행위는 정당한 처분사유가 없는 행위로서 위법한 행정행위가 되는 것이므로, 이 경우는 하자의 승계를 논할 필요도 없이 하자의 정도에 따라 그 취소 또는 무효를 주장할 수 있다.

위법성승계론의 입장을 기본적으로 유지하면서도 기존의 하자승계론이 하나의 효과를 목적으로 하는 경우에는 승계되나 별개의 효과를 목적으로 하는 경우에는 승계되지 않는다고 하는 논리는 지나치게 단순하고 형식적이라고 비판하면서, 양 행정행위가 별개 효과의 발생을 목적으로 하는 경우에도 승계를 인정할 수 있다는 견해가 있다. 즉, 둘 이상의 행위가 동일한 행정목적을 달성하기 위하여 순차적으로 행하여진다면, 각 행위가 결합하여 하나의 효과를 발생시키는 경우는 물론이고, 각각 독립하여 별개의 효과를 발생시킨다고 할지라도 연속적인 수개의 행위는 동일한 행정목적을 달성하기 위한 목적과 수단의 관계에 있기 때문이라고 한다. 그리하여 하자의 승계 여부는, 한편으로 선행행위의 불가쟁력이 가져다주는 법적 안정성 및 제3자 보호를 고려하고, 다른 한편으로 선행행위의 위법성의 승계를 인정하는 경우에 가능하여지는 국민의 권리구제를 고려하여 양자가 조화되고 구체적 타당성이 기하여지도록 결정하여야 할 문제라고 한다. 따라서 불가쟁력이 발생한 선행행위의 흠을 후행행위의 취소청구에서 주장하게 하여도 법적 안정성이나 제3자 보호에 지장이 없다면 흠의 승계를 널리 인정하여야 한다고 한다.28)

---

27) 김도창, 일반행정법론(상), 1992, 481면 이하.
28) 변재옥, 행정법강의(1), 1989, 355면.

나. 선행행정행위의 구속력이론

불가쟁력이 발생한 선행행위의 후행행위에 대한 구속력은 후행행정행위의 단계에서 후행행정행위의 전제가 되는 선행행정행위에 배치되는 주장을 하지 못하는 효력을 의미한다. 선행행정행위의 구속력이론은 선행행위의 위법을 후행행위의 취소쟁송에서 주장할 수 있는지를 하자의 승계라는 관점에서 다루어 온 전통적 하자승계론과는 달리 독일에서의 논의를 토대로 불가쟁력이 발생한 선행행위의 후행행위에 대한 구속력(규준력)의 문제로서 다루고 있는 견해라고 할 수 있다.[29]

우선, 통설적 견해가 위법성 승계 내지 하자승계의 문제로 다루는 것을 선행정행위의 후행정행위에 대한 구속력(규준력, 기결력)의 문제로서 행정행위의 효력·구속력[30]의 관점에서 이를 논하고 있는바, 구속력의 직접적 근거는 없으나 간접적 근거로서 행정행위의 불가쟁력을 뒷받침하는 행정 쟁송제기기간에 관한 규정을 들며, 그 이유는 선행행위가 불가쟁력을 발생하였는데 후행행위의 효력을 다툴 수 있게 되면 불가쟁력을 인정하는 제도의 취지가 무의미해지기 때문이라고 한다. 선행행정행위의 구속력(규준력)이 후행행정행위에 미친다고 할 때, 선행행정행위와 후행행정행위 간에는 어떤 동질성 내지 연관성이 있지 않으면 안 된다.

선행행정행위의 구속력이론은 2개 이상 행정행위가 동일한 법적 효과를 추구하는 경우에는 선행행정행위는 일정한 조건하에서 후행행정행위에 대하여 구속력을 가지게 되는 것으로서, 이러한 구속력이 미치는 한도에서는 후행행정행위에서 선행행정행위의 효과를 다툴 수 없게 된다고 한다. 이러한 구속력을 인정되기 위한 조건으로서 ① 양 행정행위가 동일한 목적을 추구하고, 그 법적 효과가 일치할 것(사물적 한계), ② 양 행위의 수범자가 일치할 것(대인적 한계), ③ 선행행위의 사실상태 및 법상태가 동일성을 유지할 것(시간적 한계), ④ 구속력의 결과에 대한 예측가능성과 수인가능성(추가적 조건)을 들고 있다.[31]

---

29) 김남진, "선행처분의 후행처분에 대한 구속력과 예외", 판례월보, 1994년 6월호; 동인, "과세처분의 선행행위인 개별공시지가의 위법성심사", 판례월보, 1996년 12월호; 신보성, "선행행위의 후행행위구속력", 고시계, 1991년 5월호; 박종국, "선행행정행위의 후행행정행위에 대한 구속력", 공법연구, 1996년 6월호 등.

30) 공정력은 행정행위가 잠정적으로 유효성을 인정받는 효력인 데 반해, 구속력이란 이러한 유효성에서 나오는 효력이라고 이해한다, 이에 관해서는 정하중, 행정법개론, 법문사, 2013, 256면.

31) 김동희, 행정법 I, 박영사, 2013, 346면.

이상과 같은 선행행정행위의 구속력이론은 한편으로는 독일에서 발전한 이론으로 종래의 전통적 견해에 비하여 새로운 관점을 제시하고 있다는 평가가 있으며, 다른 한편으로는 새로운 견해가 추가적 한계로 들고 있는 예측가능성과 수인가능성의 요구에 대하여 이 부분이 선행행위의 구속력의 주장에 특유한 논거라기보다는 당사자의 개별적인 사정에 상응한 권리보호를 위하여 실질적 법치주의 하에서 당연히 파생하는 일반적인 한계로서의 의미를 갖는다고 보아 이를 평가절하하는 주장도 있다. 그러나, 위 이론은 위법성 승계와 관련하여 별개목적의 경우에 하자 승계와 동일한 효과를 가져오는 대법원판례의 법리 형성에 적지 않은 영향을 미쳤다고 할 것이다. 다만, 선행행정행위의 구속력 이론은 수익적 행정행위와 보다 많이 관련되며, 하자가 있을 때 상대방이나 제3자가 이를 다툴 수 있는가의 문제라기보다는 행정청이 이를 변경할 수 있는가의 문제로 귀착된다.[32]

다. 위법성(하자)승계론과 선행행위의 후행행위에 대한 구속력이론과의 관계

우리의 행정법학이 특히 일본의 행정법학의 영향을 받은 것이 위법성(하자)승계론이라면, 일부 학자에 의하여 그 대안으로 등장한 선행정행위의 후행정행위에 대한 구속력이론은 독일 행정법학의 영향을 받은 것이라고 볼 수 있다. 종래의 통설 내지 판례의 입장이 하자승계론을 고수하고 있는 반면에 선행행정행위의 후행행정행위에 대한 구속력이론이 대립하고 있다. 양 이론은 서로 다른 차원의 문제이나 양 이론의 근본적인 지향점은 일치한다고 보여진다. 다시 말해 위법성의 승계는 선행행위와 후행행위가 결합하여 하나의 법적 효과를 달성하는 경우에 인정되고, 별개목적의 경우에는 위법성이 승계되지 않는데 이 경우 구속력론은 위법성의 승계를 허용하기 위한 논거로서 예측가능성과 수인가능성을 토대로 구속력을 허용하지 않으므로 위법성의 승계와 동일한 효과를 갖는 것으로 파악하고 있다.[33] 이처럼 위법성 승계(하자)승계론은 국민의 권리구제의 폭을 넓혀 주려는데 그 의의가 있는 반면에 선행행정행위의 후행행정행위에 대한 구속력이론은 당사자의 권리구제의 기회를 박탈하려는 데 본래적 의미가 있는 것이 아니라 행정청을 구속하여 선행행위와 모순되는 결정을 내리지 못하게 함으로써 상대방의 지

---

32) 김용섭, "행정행위의 하자승계론의 재검토(하)", 판례월보, 제331호, 1998. 4, 32면.
33) 김병훈, "행정행위의 하자승계에 관한 학설·판례 연구", 법학연구, 제17호, 2004, 24면.

위불안을 해소하는 데 주안점이 있다. 그러나 위법성승계론은 위법성과 관련되는 반면 선행행정행위의 후행행정행위에 대한 구속력이론은 유효성과 관련되므로 논의의 지평이 다르고, 전자는 주로 부담적 행정행위에서 논의되는 반면에 후자는 수익적 행정행위에서 논의되므로 그 적용범위가 다르다는 데 근본적인 차이점이 있다. 따라서 행정행위의 위법성승계론이 안고 있는 문제를 해결하기 위하여 독일의 이론인 선행행정행위의 후행행정행위에 대한 구속력이론은 대안이 될 수는 없다.[34]

위법성 승계론과 선행행정행위 구속력이론이 상호 배척적이 아니고 중첩적으로 적용된다고 보는 견해[35]도 있으나, 선행행정행위의 후행행정행위에 대한 구속력은 정상적인 결정으로서의 구속력을 인정하는 생리학적인 것을 말하고, 위법성의 승계론은 선행행정처분의 불가쟁력에도 불구하고 후행행정처분단계에서 위법성이 주장될 수 있는가라는 보다 병리학적 측면이 부각되므로 양자간에는 논의의 지평이 다르다고 볼 것이다.

Ⅳ. 위법성 승계의 판단기준[36]

1. 논의의 출발점

위법성의 승계와 관련하여 크게 보면 법적 안정성을 중시하는 입장과 국민의 권리구제를 중시하는 입장으로 대별될 수 있다. 절차의 신속성이 요청되는 예외적인 경우를 제외하고는 하자의 승계를 원칙적으로 인정해야 한다는 견해[37]도 있다. 그러나 법적 안정성과 국민의 권리구제의 조화의 관점에서 접근할 필요가 있으며, 기본적으로 공익실현 내지 행정목적의 효율적 달성이라고 하는 법적안정성을 중시하는 입장에서 원칙적 차단효를 인정하고 예외적으로 위법성 승계를 인정하는 접근방법[38]을 취하는 것이 바람직하다고 볼 것이다. 따라서 원칙적으로

---

34) 김용섭, "행정행위의 하자승계론의 재검토(상)", 판례월보, 제330호, 1998, 3, 53면, 정남철, "하자승계론에 관한 비판적 고찰, 청파법학 제8권, 2013, 279면 이하.
35) 박균성, 앞의 책, 288면.
36) 김용섭, "행정행위의 하자승계론의 재검토(하)", 판례월보, 330호, 43-46면을 토대로 새롭게 재구성한 것임.
37) 박정훈, "행정소송법 개정의 주요쟁점", 공법연구, 제31집 제3호, 2003, 70면.
38) 김남진 교수가 주창하는 선행행정행위의 구속력이론은 기본적으로 선행행정행위의 위법성을 차단하는 관점에 기초하고 있다고 볼 것이다. 다만 예외적인 사유인 기대가능성과

선후 행정행위 간에는 비록 동일목적을 추구하더라도 그것이 전체적인 행정과정의 일체로서 다루어지는 것이 아닌 한 각각의 처분의 하자는 각각의 단계마다 이를 다투고 주장되는 것이 바람직하다. 왜냐하면, 후속적인 처분이 중요하면서 본질적인 사항이 아닌 한 맨 나중의 단계에서 선행행정행위의 위법을 이유로 선행행정처분을 무로 돌리는 우를 범할 수 있게 되기 때문이다. 기본적으로 선행처분에 대하여 제소기간이 경과한 후에는 당사자의 권리구제의 관점에서나 선행처분이 불가결의 전제조건이 된 경우 이외에는 특별한 사유가 없는 한 선행처분의 위법성을 이유로 후행행정행위의 취소의 사유로 삼을 수 없다고 하여야 한다. 따라서 원칙적으로 위법성 승계가 되지 않음은 물론 선행행정행위의 위법성 내지 하자를 주장할 수 없다고 보아야 한다. 다만, 선행행정행위의 유효성이 아니라 적법성이 후행행정행위의 불가결의 전제가 되어 선결성을 지니게 되는 경우에는 설사 불가쟁력이 발생하였더라도 후행행정행위를 다투는 단계에서 선행행정행위의 위법성을 다툴 수 있다고 보아야 한다. 그 기준은 종래의 하자승계론과 같이 동일목적이냐 별개목적이냐가 기준이 되지 않고, 처분의 불가결의 전제가 되는가 아니면 선행행정행위를 다툴 수 있는 제도적 장치가 제대로 마련되어 있지 않거나 그러한 권리구제를 강구하는 것이 불합리한 경우에 해당하는가 여부가 중요한 기준이 된다.

앞서도 언급한 바와 같이, 종래의 하자승계론이 안고 있는 문제의 해결을 위해 독일에서 논의된 선행행정행위의 후행행정행위에 대한 구속력이론으로 대체할 수는 없다. 하자승계론의 발전방안은 정-반-합의 차원에서 위법성 주장의 차단효[39]와 그 예외의 인정 여부를 중심으로 파악할 필요가 있다.

선행행정행위의 하자는 후행행정행위의 단계에서 그 주장이 차단되는 것이 일반적이다. 그 이유는 공법관계의 안정을 위해서 제소기간 등을 통해서 불가쟁력이 인정되도록 하고 있으며, 만약에 그와 같은 불가쟁력을 인정하는 것이 불합리한 경우에는 정당한 이유가 있는 것으로 보아 제소기간을 늘리는 것도 하나의 방법이 될 수 있다.

수인한도의 관점에서 하자승계와 동일한 결과를 강조하고 있다고 할 것이다.

39) 행정법상 차단효(Präklusionswirkung)란 관계자가 절차에 참가하여 주장하는 것이 배제되는 것을 말한다. 이러한 차단효를 인정하는 이유는 절차참가에 있어서 신속성, 행정절차의 집중, 일회적인 결정을 통한 법적안정성의 확보차원에 있는바, 이는 행정절차에서는 물론 법원의 판결절차에서도 인정될 수 있다.

그때그때마다 개별적인 여러 사정을 고려하여 합리적으로 결정하여야 한다고 보는 입장이 있을 수 있으나, 기본적으로 위법성의 승계의 문제를 원칙과 예외의 문제로 단순화하여 파악하는 입장이 일본과 한국의 통설의 입장이다.

특히 단순 위법의 경우 하자의 승계를 인정하기 위한 요건인 '동일한 행정목적'이 무엇인지, 즉 선행처분과 후행처분이 동일한 목적을 달성하기 위하여 단계적인 일련의 절차로 연속하여 행해지고 양자가 서로 결합하여 하나의 법률효과를 발생시킨다고 할 수 있는 경우가 과연 객관적으로 분명하게 한정될 수 있는지가 이론적인 취약점으로 남는다.

2. 위법성 주장의 차단효와 그 예외

가. 원칙

선행행정행위의 행정청과 후행행정행위의 행정청을 달리하는 경우, 선행처분이 경미한 절차하자인 경우, 선행절차와 후행절차가 서로 다른 원리에 기반하고 있는 경우, 원칙적으로 선행처분과 후행처분이 통합적 행정과정속에서 이루어지지지 않는 경우 등의 경우에는 선행행정행위에 하자가 있다고 할지라도 후행행정행위에 승계되지 않는다고 할 것이다.

차단효는 본안의 청구·항변 또는 그 선결문제에 관하여 행정청이 이미 행정행위, 즉 확인행위에 의하거나 또는 행정행위를 하는 전제로서 인정판단을 행하는 경우에 위 행위의 취소를 하지 않고 당사자 및 법원이 그것과 다른 주장 및 판단을 할 수 있는가의 관점에서 원칙적으로 차단, 예외적 승계라는 차원에서 접근하는 방법론과 관련된다.[40]

또한 하자의 주장의 실익은 불가쟁력이 발생한 후 차단효가 인정되기까지라고 보아야 한다. 따라서 위법성 주장의 차단효가 인정되는 경우에는 하자가 승계되지 않는 것과 동일한 결과가 된다. 이 경우에는 동일한 목적을 지향한다고 하더라도 선행행정행위의 하자를 후행행정행위의 단계에서 다툴 수 없음은 물론이

---

40) 이는 일본의 小早川光郎 교수(先決問題と行政行爲, 公法の理論上, 田中 古稀論文, 有斐閣, 1977)의 설명방법을 차용한 것으로 小早川光郎 교수는 차단효과란 행정처분과 후의 소송의 당사자의 주장 사이에 실체법상의 선결관계가 있는 경우에도 불구하고 정책적 선택의 결과로서 선행행위에 차단효과가 인정되는 경우에는 그것을 취소하지 않은 이상 당사자 및 법원은 행정청이 이미 행한 인정판단, 즉 요건판단과 다른 주장이나 판단을 할 수가 없는 것이라고 설명한다.

다. 그런데 선행행정행위는 기간이 경과하였더라도 정당한 이유에 해당한다고 법
원에서 기간계산에 있어 합리적인 결정을 내리게 되어 불가쟁력이 발생하지 아니
한 경우라면 선행행정행위를 다투어 그 효력을 상실시킬 수 있으므로 논의의 실
익이 적게 된다는 점은 앞에서 살펴본 바와 같다.[41]

선후 행정행위 간에 위법성의 주장을 각 행위는 별개로 확정하여야 한다. 그
이유가 불가쟁력과 구속력이 인정되기 때문이다. 행정행위의 공정력이론은 행정
의 안정성과 실효성확보 차원에서 잠정적 유효성을 인정한 것에 불과하고 위법한
행정행위가 적법한 행정행위로 전환되는 것은 아니다. 그보다는 불가쟁력에 따르
는 행정법관계의 조기확정의 필요성의 요청, 행정쟁송법상 제소기간을 마련한 제
도의 취지를 존중한다는 차원에서 선행행정행위에 존재하고 있는 위법성 내지 하
자는 승계되지 않을 뿐만 아니라 원칙적으로 후행행정행위 단계에서 주장될 수도
없다고 본다. 물론 선행행정행위가 불가쟁력이 발생하고 실질적 존속력이 발생한
경우에는 행정청도 이를 변경할 수 없음은 물론이다. 그러나 법적 안정성만이 헌
법적 가치가 있는 것은 아니라고 할 것이다. 개별적 정의의 원칙 보장차원에서
당사자에게 위법성의 주장이 차단된다고 할 것 같으면 당사자의 권리구제에 중대
한 흠결이 있는 경우에는 예외적으로 선행행정행위의 하자를 후행행정행위단계
에서 주장할 수 있다고 보아야 한다. 다만 예외의 기준설정이 보다 합리적이며
객관적일 필요가 있다.[42]

나. 예외

예외적으로 선행행위의 하자주장이 허용되는 경우에는 하자승계론의 견지에
서 하자가 승계된다고 보는 경우와 동일하게 된다. 아울러 선행행정행위의 하자

---

[41] 선행행정행위에 대한 직권취소가 있는 경우에는 선행행정행위의 후행행정행위에 대한 구
속력이 중단될 뿐만 아니라 직권취소가 됨으로 인하여 효력이 없게 되므로 이에 기초한
후행행정행위단계에서 선행행정행위의 하자 내지 무효를 다툴 수 있게 된다.

[42] 이와 관련하여 大沼洋一, 違法性の承繼について, 判例時報 2185号, 2013, 9-13面에서는 위
법성의 승계가 인정되는 법적인 근거를 행정과정의 위법으로 파악하면서 불가결의 선결성
을 중요한 척도로 제시하고 있다. 아울러 위법성 승계의 적극적 기준으로 ① 선행행위가
후행행위를 하는 전제가 되는 행정과정일 것, ② 위법성의 승계를 인정하는 것에 의해 후
행행정처분의 단계에서 선행행위의 위법성을 주장할 필요성이 높을 것을 기준으로 제시하
고 있으며, 위법성 승계의 소극적 기준으로, ③ 선행행위와 후행처분의 취지와 목적이 달
라 양자가 독립하여 다른 제도일 것, ④ 선행행위의 조기안정화의 필요성이 있을 것을 기
준으로 제시하고 있다.

를 인정하게 되면 특히 선행행정행위에 대한 불가쟁력이 발생한 경우에 선행처분
이 승계된 것을 이유로 후행처분을 다투는 실익이 있게 된다. 개인의 권리구제를
강조하면 차단효의 예외, 즉 하자의 승계를 광범위하게 인정하는 것이 필요하겠
으나, 행정의 실효성확보와 법적 안정성의 요청도 무시할 수 없으므로 적절한 조
화점에서 그 예외의 인정가능성을 모색하는 것이 필요하다. 종래의 하자승계에
관한 판례의 법리와 같이 동일 목적인가 별개 목적인가, 법률효과의 동일성이라
는 형식적인 기준에 의하기보다는 선후 행정행위 상호간의 개별적인 관련성이
나 특성을 고려할 필요가 있으며,[43] 이를 위해서는 적절한 유형화가 필요하다고
본다.

① 법령에 명시적인 규정을 둔 경우

현행 법령 중에는 선행행정행위의 위법성을 후행행정행위를 다투는 소송에
서 주장할 수 있다고 볼 만한 규정이 아직 마련되어 있지 아니하나, 특정의 경우
선행행정행위가 불가쟁력이 발생하여도 후행행정행위를 다투는 소송단계에서 선
행행정행위의 하자를 다툴 수 있다는 규정을 법령에서 명문으로 마련한 경우에는
법치행정의 원칙에 따라 그 예외가 허용된다.

② 선행행정처분이 무효인 경우

선행행정처분에 무효사유의 하자가 존재하면 선행행정처분의 무효는 후행
행정처분에 승계되어 후행행정처분도 원칙적으로 무효가 된다고 보는 것이 판례
의 태도이다.[44] 한편, 대법원 2010. 2. 16. 선고 2010두10907 전원합의체 판결은
선행과세처분의 근거법률만 위헌으로 결정되었고, 집행단계의 후행체납처분에
관한 근거법률은 그대로 존속하고 있는 경우에도 선행행정처분의 근거법률에 대
한 위헌결정으로 인해 후속 체납처분의 효력이 어떻게 될 것인가에 관하여 종래

---

43) 류지태, "개별공시지가결정행위의 하자승계에 관한 판례- 하자승계논의에 관한 새로운 해
  결시도", 판례연구, 제7집, 1995, 136-137면.
44) 대법원 1961. 10. 19. 선고 4294행상61 판결(부과처분에 명백하고 중대한 하자가 있어 무효
  인 경우에는 그 부과처분의 집행을 위한 체납처분도 무효이다); 대법원 1987. 9. 22. 선고
  87누383 판결(조세의 부과처분과 압류 등의 체납처분은 별개의 행정처분으로서 독립성을
  가지므로 부과처분에 하자가 있더라도 그 부과처분이 취소되지 아니하는 한 그 부과처분
  에 의한 체납처분은 위법이라고 할 수는 없지만, 체납처분은 부과처분의 집행을 위한 절
  차에 불과하므로 그 부과처분에 중대하고도 명백한 하자가 있어 무효인 경우에는 그 부과
  처분의 집행을 위한 체납처분도 무효라 할 것이다); 대법원 1996. 6. 28. 선고 96누4374 판
  결 등.

직접적인 판례가 없던 차에 나온 판결로, 다수의견은 결과적으로 위헌결정의 기속력의 의미를 헌법재판소의 결정을 존중하여야 하는 결정준수의무를 전제로 집행의 근거법률에 대한 위헌결정이 없더라도 위헌결정의 기속력과 헌법의 최고규범성의 관점에서 비롯되는 법질서의 체계적 요청에 비추어 국가기관 및 지방자치단체는 위헌적인 법률관계를 생성하거나 확대하는 등 후속적인 집행처분을 할 수 없다고 판시하여, 국민의 권익구제를 고려하였다고 평가내릴 수 있다.45) 헌법재판소에서 법률에 대한 위헌판결이 내려진 경우에는 집행행위가 완료되지 않았다고 할지라도 선후 행정행위가 별개목적인 경우에도 후행행정행위도 무효가 되어 하자가 승계되는 결과와 동일하게 된다.46)

③ 선행행정처분이 후행행정처분의 불가결의 선결전제가 되는 경우

후행행정처분이 선행행정처분의 유효성과 관련되기보다는 선행행정처분의 적법성을 전제로 하는 경우에는 이를 주장할 수 있다고 본다. 선행행정행위의 유

---

45) 김용섭, "위헌법률에 근거한 과세처분의 집행 허용여부 — 대법원 2010. 2. 16. 선고 2010두10907 전원합의체 판결을 중심으로—", 대한변협신문 제441호, 2013. 4. 1, 13면.

46) 다만 대법원 전원합의체 판결의 반대의견은 이와 결론을 달리한다. [대법관 안대희, 대법관 신영철, 대법관 김용덕의 반대의견]은 "행정청이 어떠한 법률의 조항에 근거하여 행정처분을 한 후 헌법재판소가 그 조항을 위헌으로 결정하였다면 행정처분은 결과적으로 법률의 근거 없이 행하여진 것과 마찬가지로 되어 후발적으로 하자가 있게 된다고 할 것이나, 일반적으로 법률이 헌법에 위반된다는 사정은 헌법재판소의 위헌결정이 있기 전에는 객관적으로 명백한 것이라고 할 수 없으므로 특별한 사정이 없는 한 그러한 하자는 행정처분의 취소사유일 뿐 당연무효 사유라고 할 수 없고, 일정한 행정목적을 위하여 독립된 행위가 단계적으로 이루어진 경우 선행처분에 당연무효 또는 부존재인 하자가 있는 때를 제외하고 선행처분의 하자가 후속처분에 당연히 승계된다고 할 수는 없다. 과세처분과 압류처분은 별개의 행정처분이므로 선행처분인 과세처분이 당연무효인 경우를 제외하고는 과세처분의 하자를 이유로 후속 체납처분인 압류처분의 효력을 다툴 수 없다고 봄이 타당한 점, 압류처분 등 체납처분은 과세처분과는 별개의 행정처분으로서 과세처분 근거규정이 직접 적용되지 않고 체납처분 관련 규정이 적용될 뿐이므로, 과세처분 근거규정에 대한 위헌결정의 기속력은 체납처분과는 무관하고 이에 미치지 않는다고 보아야 한다는 점, 다수의견과 같이 유효한 과세처분에 대한 체납처분 절차의 진행을 금지하여 실질적으로 당해 과세처분의 효력을 부정하고 사실상 소멸시키는 데까지 위헌결정의 기속력 범위가 미친다고 새긴다면, 이는 기속력의 범위를 지나치게 확장하는 것이 되어 결과적으로 위헌결정의 소급효를 제한한 구 헌법재판소법(2011. 4. 5. 법률 제10546호로 개정되기 전의 것) 제47조 제2항 본문의 취지에 부합하지 않는다는 점 등에 비추어 보면, 선행처분에 해당하는 과세처분에 당연무효 사유가 없고, 과세처분에 따른 체납처분의 근거규정이 유효하게 존속하며, 외국의 일부 입법례와 같이 위헌법률의 집행력을 배제하는 명문의 규정이 없는 이상, 과세처분의 근거규정에 대한 헌법재판소의 위헌결정이 있었다는 이유만으로 체납처분이 위법하다고 보는 다수의견에는 찬성할 수 없다."고 밝히고 있다.

효성과 관련되기 때문에 후행행정행위를 다투는 쟁송단계에서 선행행정행위의 위법성의 주장을 할 수 없는 예로서는 과세처분과 체납처분 간의 관계가 이에 해당한다.

이에 반하여 선행행정행위의 적법성을 전제로 하는 경우에는 하자의 주장이 허용되는바, 그 예로서는 개별공시지가와 과세처분, 표준지공시지가와 개별공시지가, 표준지공시지가와 과세처분 간의 관계가 이에 해당된다.

④ 선행행정처분보다 후속적인 행정처분을 다투는 것이 본질적인 경우

선행처분을 다투는 것이 당사자에게 어떤 법적인 효과를 가져올지 모르는 경우를 위해 후속적인 행정처분을 다투는 것이 보다 본질적이고 중요한 경우에는 선행처분의 위법을 다투지 아니하고 후속적인 행정처분에서 선행처분의 위법을 다투도록 하는 것이 보다 바람직하다.[47]

⑤ 선행행정작용에 대한 쟁송수단이 없거나 제소기간 내에 다투는 것이 현실적으로 곤란한 경우

선행행정작용이 처분이 아니라면 위법성의 승계를 인정하는 것이 용이하다. 그러나 선행행정작용이 처분이고 공정력이 있다면 이러한 공정력을 배제하는 소송을 제기한 후에 승계시키는 것이 바람직하다. 그렇기 때문에 선행행정행위에 대하여 소송제기가 안되거나 소송을 제기하는 것이 용이하지 않는 사유가 있어야 한다.

하자승계의 기본전제론의 입장에 따르면 선행행정작용이 처분성이 없으면 공정력이나 불가쟁력이 발생하지 않게 되므로 하자의 승계가 논의될 여지가 없겠으나, 이 경우는 논의를 확대하여 불가쟁력이 발생하지 아니한 것이 되므로 위법성을 주장할 수 있다고 보는 것이 적절하다. 따라서 행정쟁송법의 기간제한규정의 취지를 몰각시키지 않으면서 당사자의 권익신장기회의 확대 필요성이 있는 경우 예컨대 중간행위 내지 내부행위로서 독자적 처분성이 인정되지 않는 경우에는 후행행정행위의 단계에서 이를 다툴 수 있다고 본다.

⑥ 일반적 척도로서의 수인한도와 기대가능성

대법원은 수인한도론의 관점에서 별개 목적의 선후 행정행위와의 관계에서 법원의 심리의 척도를 제시하고 있는바, 이와 같은 접근 방법이 적절한 것인지

---

47) 임영호, "하자있는 표준지 공시지가 결정과 그에 대한 쟁송방법", 인권과 정의, 통권 제378호, 2008. 2, 106면.

검토를 필요로 한다.

일반적으로 수인한도론은 판례에서 국가배상 사건이나 의료손해배상 나아가 조망권에 관한 소송 등 실체법적 영역에서 판단척도로서 기능하여 왔다. 그런데 이러한 기준이 새만금 사건을 거치면서 원고적격의 범위를 획정짓는 구분 척도로서 기능하고 있으며, 나아가 하자의 승계를 논함에 있어서 그 기준으로 기능하고 있다. 이 경우 수인한도나 기대가능성의 문제를 어떻게 평가할 것인지 일반적인 척도로 기능하게 될 경우 기존의 소송요건론에서 다루고 있는 소송요건을 확장하는 부분을 어떻게 합리적으로 해석해 나갈 것인지 의문이 든다. 대법원은 결과적으로 하자의 승계 여부를 별개목적의 경우에도 허용하는 경우 수인한도론으로 위법성의 승계를 판별하고 있는데, 당사자에게 일련의 쟁송제기의 기회가 부여된 경우에는 수인한도를 넘지 않은 것으로 파악하는 대법원판례의 태도가 적절한 것인지 의문이며, 다른 판별기준을 우선적으로 적용하고 보충적으로 일반적인 기준을 적용하는 것이 적절하다고 본다.

이러한 수인가능성이나 예측가능성의 기준을 위법성 승계론에서 배제하는 것이 바람직하다는 견해[48]도 있으나, 법치국가의 요청상 일반적 기준으로서 선행행정행위의 하자를 다투지 않고 보다 본질적이며 중요한 후속적인 행정행위를 다투면서 선행행정행위를 다투는 것이 허용되는 것은 만약에 이와 같은 소송제기는 허용되지 않고 당사자에게 선행처분을 제소기간 내에 다투도록 하는 것이 참을 수 없는 결과를 초래하는 경우에는 예외적으로 불가쟁력이 발생하였더라도 선행행정행위의 위법성을 주장할 수 있게 된다. 다만, 행정행위의 불가쟁력의 예외를 인정하는 결과를 가져오는 것인데, 국민의 재판청구권의 실질적 보장이라는 측면에서 정당성이 인정된다고 할지라도 법률의 근거없이 이와 같은 내용을 허용하여 공법관계의 불안정을 초래하는 것은 다소 비판의 여지가 있다.[49]

---

48) 정남철, "하자승계론에 관한 비판적 고찰—소위 규준력이론에 관한 평가를 겸하여—", 청파법학, 제8권, 2013, 301면.
49) 행정절차법에 위법성의 승계에 관한 규정을 두거나 행정소송법의 선결문제에 관한 부분에서 이에 관한 근거조항을 마련할 필요가 있다.

V. 이 사건 대상판결에 대한 종합검토

1. 진상규명특별법 제19조 제2항에서 "위원회는 제1항의 규정에 의하여 조사대상자가 선정된 때에는 그 선정사실을 당해 조사대상자, 그 배우자와 직계비속 또는 이해관계인에게 통지하여야 한다."고 규정하고 있는바, 선정사실의 통지대상이 조사대상자, 그 배우자와 직계비속 또는 이해관계인으로 되어 있어, 그중 어느 하나 대상에게만 통지하면 통지로서의 효력을 미치게 되는지, 아니면 그 대상자를 순차적으로 통지하여야 하는지 논란이 야기될 수 있다. 이 경우 조사대상자가 작고한 경우가 일반적이며 납북되는 등 통지하는 데 어려움이 있을 수 있으므로 직계비속에게 하지 못하고 이해관계인에게 한 것으로도 통지의 효력이 미친다고 보아야 하고, 행정절차법상 제3자의 관점에서 제소기간을 논할 필요가 있다.[50]

물론, 동조 제3항에서는 "조사대상자, 그 배우자와 직계비속 또는 이해관계인의 주소불명 등으로 제2항의 규정에 의한 통지를 할 수 없을 때에는 조사대상자의 성명, 출생지 등의 인적사항을 다음 각 호의 방법(1. 위원회 게시판 게시 2. 관보·공보 또는 일간신문 게재 3. 전자통신매체를 이용한 공시)으로 공고함으로써 제2항의 통지에 갈음할 수 있다. 이 경우 공고일로부터 14일이 경과한 때에 통지된 것으로 본다."라고 규정하고 있다. 아울러 동조 제4항에서는 "위원회는 제2항(제3항의 규정에 따라 통지에 갈음하는 경우를 포함한다)의 규정에 의한 통지를 함에 있어서 통지대상자에게 이의신청의 제기 및 그 절차와 기간 그 밖에 필요한 사항을 알려야 한다."라고 규정하여 통지와 더불어 이의신청에 대한 고지제도를 마련하고 있다.

한편, 진상규명특별법 제28조제1항에서는 "위원회는 제25조의 규정에 의한 조사보고서 또는 제26조의 규정에 의한 사료에 기재될 조사대상자의 친일반민족행위를 확정하여 그 내용을 제19조의 규정에 따라 선정된 조사대상자, 그 배우자와 직계비속 또는 이해관계인에게 통지하여야 한다."라고 규정하고 있다.

---

50) 다만, 이러한 해석론보다는 행정행위의 효력발생요건인 통지가 직계비속에게는 미치지 않았다고 보게 되면 처분이 발해진 것이 아니어서 사후적으로 후행행위단계에서 선행행정활동의 위법성을 주장할 수 있게 된다. 이러한 경우에는 하자승계의 문제가 크게 논의될 여지가 없게 된다.

2. 대상판결에서 이 사건 선행처분은 진상규명위원회의 친일민족행위자 최종발표인데, 이와 같은 발표가 처분에 해당하는지 문제된다. 이와 관련하여 진상규명특별법에 의하면 이러한 친일민족행위자로 확정하면 조사보고서를 작성하여 매년 대통령과 정기국회기간 중 국회에 보고하며(동법 제25조) 아울러 친일반민족행위에 관한 사료를 편찬(동법 제26조)하도록 규정되어 있는바, 이는 조사대상자의 인격권에 손상을 초래하고, 친일 반민족 행위자의 재산의 국가귀속에 관한 특별법에 따라 재산권에도 영향을 줄 수 있고, 조사대상자의 직계비속도 친일반민족행위자의 후손이라는 평가를 받게 되어 명예감정을 해칠 뿐만 아니라 재산권의 제약 및 독립유공자적용대상에서 배제되는 등 법적인 불이익이 초래될 수 있는 법적용행위에 속하므로 행정소송의 대상이 되는 처분에 속한다고 볼 것이다.[51] 아울러 이와 같은 진상위원회의 조사발표는 전문적인 진상규명위원회의 조사활동을 통해서 내려지는 확인적 행위로서 실질적 존속력[52]을 갖게 될 뿐만 아니라 위법적 행정행위도 일정한 결정의 구성요건으로 기능하기 때문에 국가기관, 즉 행정청, 행정심판위원회나 법원 등에서도 이를 존중하여야 하는 구성요건적 효력[53]이 있으므로 후행행위처분의 단계에서 제소기간이 도과한 선행행위의 위법성을 주장하여 다투는 것이 허용된다고 보기 어렵다.

또한 이 사건 대상판결 사안에서는 선행처분에 절차상의 하자[54]가 문제가 되고 있는 사안이다. 그런데 이 사건에서는 선행처분이 2009. 11. 27. 내려졌고, 후행처분이 2009. 12. 8. 내려졌으며, 후행처분을 통해서 선행처분이 내려진 것을 당사자가 안 시점에서 불가쟁력이 발생하였다고는 하지만, 유족은 선행처분을 다

---

51) 대법원 2012. 2. 9. 선고 2011두22006 판결; 서울행정법원 2010. 12. 24. 선고 2009구합 38787 판결; 서울행정법원 2010. 10. 28. 선고 2009구합49732 판결.

52) 위원회의 결정은 확인적 처분의 성질을 지니므로 행정청의 취소권 내지 철회권이 제한된다.

53) Bader/Ronellenfitsch, Becke'scher Online-Kommentar VwVfG, 구성요건적 효력은 처분의 적법성여부 불가쟁력의 여부와 무관하고 행정행위의 성립으로 발생하며 행정행위의 구성요건적 효력의 존중에 있어서 어떠한 법률의 근거가 필요한 것은 아니다(BVerwGE 60, 111, 117).

54) 선행행정행위의 절차적 위법사유도 하자승계의 사유가 되는가의 문제와 관련하여 선행행정행위의 절차형성에 본질적이고 중요한 절차인 경우에는 하자승계가 인정되지만, 본질적이지 않은 형식과 절차의 경우에는 신속하게 법질서를 형성할 필요가 크므로 하자의 승계 사유에서 제외하는 것이 타당하다는 주장이 제시된 바 있다(이에 관하여는 선정원, "하자승계론의 몇 가지 쟁점에 관한 검토", 행정판례연구 X, 2005, 2003면).

투는 길이 완전히 봉쇄된 것이 아니고 유족은 2010. 2. 16. 선행처분에 대해 행정심판을 제기할 수 있음에도 불구하고 후행처분만을 따로 떼어 국무총리행정심판위원회에 행정심판을 제기한 바 있다. 따라서 이와 같은 선행처분의 절차상의 하자를 선행처분단계에서 다툴 수 없는 것은 아니라고 할 것이다.[55] 다만, 이 사건 대상판결과 같은 사안은 선행처분에 구성요건적 효력이 인정되어 그 처분의 효력을 존중하여 후행처분에서 다툴 수 없도록 하는 것이 합당한 점에 비추어 법원에서 후행처분에 대한 선결문제로서 다룰 사안은 아니라고 할 것이다. 대상판결은 종전의 개별공시지가와 양도소득세등 부과처분취소사건에 관한 대법원 1994. 1. 25. 선고 93누8542 판결[56]과도 다른 차원의 문제로서 구속력이론에 기초한 수인한도론의 관점에서 접근하여 해결하는 것이 논리적으로 타당한지 의문이다.

　　3. 따라서 행정청에서 일부 절차상의 하자가 있다고 할지라도 이와 같이 위원회에 의하여 결정된 확인적 의미의 결정은 이를 전제로 행정청이나 법원이 존중하여야 하므로, 이러한 처분에는 구성요건적 효력이 미친다고 볼 것이다. 또한 선결문제로 이를 심사하여 선행처분의 위법성을 후행처분단계에서 다툴 수 있도록 한다는 점에 대해서는 공정력과 불가쟁력을 인정하고 있는 행정행위의 특수성에 비추어 1심법원과 원심법원의 결론이 타당해 보인다. 이 사건에서 진상규명위원회의 대상자 선정결정을 하고 공표를 하는 것은 진상규명위원회라고 하는 전문적 심사기관이 맡고 있는데, 이와 같은 기관에서 내려진 전문적 결정을 직접 다투는 것이 아니라 이러한 위원회의 결정에 대하여 위법성을 간접적인 공격수단으로 하여 선결문제의 방식으로 제기하는 것은 적절하지 않다.

　　이 사건 대상판결은 종래의 하자승계론의 입장에서 양 행위가 별개의 법률효과를 목적으로 하는 경우에는 선행행위의 하자를 후행행위에서 다툴 수 없게

---

55) 오히려 이 사건 판결의 경우처럼 승소하더라도 다시금 절차를 거쳐 친일반민족행위자로 다시금 선정될 가능성이 높지만 유족으로서의 일종의 혜택을 일정기간 보게 되는 실익이 있으나 그러한 이유로 선행행정행위의 위법성의 승계를 인정하는 것이 적절한 것인지 의문이다.

56) 조용호, "조세소송에서 개별공시지가의 위법성을 다툴 수 있는지 여부", 조세판례백선, 2005, 159면. 조용호헌법재판관은 이 사건 판결의 의의를 "기본적으로 종래의 통설·판례와 같이 하자승계이론을 취하면서도 이 사건 쟁점에 관하여는 예외적으로 선행정행위의 구속력이론에 의거하여 조세소송 등에서 그 과세처분의 근거가 되는 개별공시지가의 위법성을 다툴 수 있음을 긍정한 최초의 판례로서 커다란 의의가 있다"고 밝히고 있다.

됨으로써 구체적 해결이 어려운 불합리가 존재하였는데 이를 해결하기 위해 하자
승계론을 원칙으로 하면서 '구속력이론'을 부분적으로 수용하여 판결을 내린 것
으로 보인다.

이러한 문제를 해결하기 위하여 선행행위의 하자가 후행행위에 승계된다는
방식의 편법을 사용하는 것은 적절하지 않다고 보는 견해가 있다.57) 이러한 편법
은 행정행위에 제소기간을 둔 취지를 근본적으로 형해화시킬 우려가 있기 때문이
다. 그리고 선행행위의 하자가 후행행위에 승계된다는 이론구성은 필연적으로 선
행행위를 취소하지 아니하고 후행행위를 취소할 수 있다는 논리구조를 취하게 되
어 당사자 사이에 이중적인 법률관계가 존재할 위험성이 있게 된다.58)

즉, 구속력이론을 취하는 입장에서 지적하듯이 더욱 논리일관하자면 진상규
명특별법 제2조 제13호의 친일반민족행위자결정과 독립유공자법적용배제자결정
이 선행처분과 후행처분의 관계에 있음을 전제로 수인한도를 이유로 한 예외를
인정하는 것보다는 친일반민족행위자결정의 구성요건적 효력을 인정하여 1심 및
원심법원에서처럼 위법성의 승계를 허용하지 않는 것이 타당하다고 본다.

대상판결에서는 이 사건 선행처분인 진상규명위원회의 친일반민족행위자 결
정처분이 자신의 법률상 지위에 영향을 주는 독립된 행정처분이라고는 생각하기
는 쉽지 않았을 것으로 보인다고 설명하고 있으나, 오히려 후행처분보다는 선행
처분이 더 본질적인 처분에 해당한다고 볼 여지가 있다고 할 것이다. 이러한 선
행처분에 대하여 진상규명특별법에 의한 이의신청절차를 밟거나 이 사건 후행처
분에 대한 것과 별개로 행정심판 내지 행정소송을 제기하지 않아 제소기간이 도
과한 경우라면 비록 절차상의 하자가 있다고 하더라도 이를 후행행위단계에서 다
투는 것이 차단된다고 보는 것이 법률관계의 조속한 안정을 위하여 합당하다고
볼 것이다.

이 사건 대상판결은 선행행정행위의 구속력이론의 영향을 받아 내려진
판결로서, 선행처분과 후행처분이 서로 독립하여 별개의 효과를 목적으로 하
는 경우에도 선행처분의 불가쟁력이나 구속력이 그로 인하여 불이익을 입게
되는 자에게 수인한도를 넘는 가혹함을 가져오며, 그 결과가 당사자에게 예

---

57) 신동승, "행정행위 하자승계와 선결문제", 행정판례연구 XIV, 2009, 127면.
58) 개별공시지가결정에 하자가 있는 경우, 당사자가 과세처분에 대해서는 다투고 보상처분에
   대해서는 다투지 않은 사례.

측가능한 것이 아닌 경우에는 국민의 재산권과 재판받을 권리를 보장하고 있는 헌법의 이념에 비추어 선행행정행위의 위법을 후행행위에 대한 취소소송에서 독립된 취소사유로 주장할 수 있다고 전제하고, 선행처분의 위법을 이유로 후행처분의 효력을 다툴 수 있음에도, 이와 달리 본 원심판결에 법리를 오해한 위법이 있다고 판시한 것이다. 그러나 하자승계의 논의에 있어서 선후 행정행위가 각각 별개목적인 경우에 하자승계를 인정하기 위해서 굳이 선행행정행위의 구속력 이론을 가지고 오지 않고도 이론적으로 해결할 수 있음에도 이와 같은 행정행위 구속력이론을 접목하여 해결하는 단계를 극복할 필요가 있다.

수인한도론의 관점에서 선행행정행위의 구속력이 인정되지 않는다고 하여, 그것이 곧바로 위법성의 승계와 동일한 결과를 가져오는 것은 아니라고 볼 것이다. 선행처분의 구속력이 후행처분에 인정되지 않는다고 하여 선행처분의 위법을 후행처분에 대한 소송에서 원용할 수 있는지는 별개의 문제이기 때문이다.[59] 특히 이 사건 대상판결은 '위법성의 승계'에 관한 이론과 판례를 향도하려는 고민의 흔적이 없이 대법원의 주류적 판례의 태도와는 다른 약 20여 년 전에 선고된 대법원 1994. 1. 25. 선고 93누8542 판결의 법리를 답습하는 데 그치고, 보다 합리적인 판단척도를 제시하지 못하였다는 점에서 비판을 면하기 어렵다고 본다.

VI. 맺 음 말

이상에서 대상판결에 대한 비판적 분석을 겸하여 위법성 승계의 개념논의와 판례 및 이론의 문제점을 검토하면서 위법성 승계의 판단기준을 제시하고자 시도하였다. 향후 위법성 승계론은 보다 객관적이고 명료한 기준을 설정한 후 다단계 행정절차 내지 동일한 행정절차 내의 단계적 행정결정에 있어서의 당사자의 위법성의 주장차단과 그 예외의 문제로 발전시켜 나갈 필요가 있다. 이러한 문제해결방식이 대법원의 판례에서 동원하고 있는 동일목적인가 별개목적인가 나아가 별개목적인 경우 수인한도론이라고 하는 다소 불명확한 단순도식적인 해결보다 바람직하다고 보기 때문이다.

---

59) 신동승, 앞의 논문, 129면.

선행행정행위에 대하여 불가쟁력이 발생하였음에도 후행처분을 다투면서 선행처분의 위법성을 심리할 수 있다고 보아 법원의 심사대상으로 삼는다면 선행처분의 위법성 여부를 조기에 확정하여 법적 안정성을 확보하려는 시도를 무너뜨려 선행조치를 무력화할 수 있게 된다. 이렇게 될 경우에는 행정의 효율적 수행이 어렵게 된다. 그러나 앞서 살펴본 바와 같이 예외적인 경우에 위법성의 승계를 허용함으로써 후행처분단계에서 선행처분의 위법성을 심리할 수 있도록 하여 개별적인 정의와 국민의 권리구제에 기여할 수 있게 된다.

이 사건 대상판결에 대해서는 선행행정행위 구속력이론과 전통적인 하자승계론 간에 해석이 엇갈릴 수 있다. 대법원 1994. 1. 25. 선고 93누8542 판결의 의미와 관련하여 선행행정행위 구속력을 지지하는 관점에서 위 판례가 수인한도, 예측가능성을 척도로 하고 용어 자체도 구속력이라는 표현을 사용하여 구속력을 부인한 것을 대단히 고무적으로 받아들이면서 대법원이 구속력 이론을 부분적으로나마 수용·반영한 것[60]으로 보는 반면, 전통적 입장인 하자승계론에서는 위 판례가 새로운 용어를 사용하고 있으나 이는 개별적인 사정에 상응하는 합리적 타당성을 이끌어 내기 위한 추가적 요건일 뿐 기존 대법원의 하자승계론에 관한 판례를 변경하는 것은 아니라고 보았다.[61]

결국 이 사건 대상판결은 전통적인 하자승계론과 선행행정행위의 구속력론 사이에 갈피를 못 잡고 엉거주춤한 태도를 보이고 있는 판결로서, 하자승계론과 선행행정행위 구속력론이 서로 다른 지평에서 공존될 수 있다는 점을 간과하였고 서로 다른 적용영역에서 논의될 수 있는 두 이론을 접목한 것으로 볼 것이다.[62]

---

60) 김남진, "행정행위의 하자승계론과 규준력이론", 행정법연구, 제2호, 1998, 134면.
61) 또한 수인한도론으로 문제를 해결하는 영역의 경우 주로 국가배상이나 손해배상의 실체법적인 영역과 환경분쟁에 있어 원고적격을 정함에 있어 활용되고 있으나, 위법성의 승계 여부와 관련하여 별개목적의 경우에 승계를 허용하는 척도로서 수인한도론이 역할을 하는 것이 적절한 것인지 의문이다.
62) 김용섭, "2013년 행정법 중요판례", 인권과 정의, 통권 440호, 2014. 3, 107-109면.

[참고문헌]

김남진, "행정행위의 하자승계론과 규준력이론", 행정법연구, 제2호, 1998.

김남진, "하자승계론에 대한 비판", 감정평가논집, 제8호, 1998.

김동희, 행정법 Ⅰ, 박영사, 2014.

김병훈, "행정행위의 하자승계에 관한 학설·판례 연구", 법학연구, 제17집, 2004.

김용섭, "행정행위의 하자승계론의 재검토(상)", 판례월보, 제330호, 1998. 3.

김용섭, "행정행위의 하자승계론의 재검토(하)", 판례월보, 제331호, 1998. 4.

김용섭, "2013년도 행정법 중요 판례", 인권과 정의, 통권 420호, 2014.

김용섭, "위헌법률에 근거한 과세처분의 집행 허용여부 — 대법원 2010. 2. 16. 선고 2010두10907 전원합의체 판결을 중심으로 —", 대한변협신문, 제441호, 2013. 4. 1, 13면.

김중권, "행정행위의 효력과 구속효의 체계에 관한 소고", 공법학연구, 제13권 제2호, 2012.

김창종, "행정행위의 하자의 승계", 재판과 판례, 제4집, 대구판례연구회, 1995.

김철용, 행정법, 고시계사, 2013.

김형석, "병역처분에 있어서의 하자승계논의", 재판과 판례, 제12집, 대구판례연구회, 2002.

류지태, "행정행위의 효력으로서의 존속력", 저스티스, 제32권 제3호, 한국법학원, 1999.

류지태, "개별공시지가결정행위의 하자의 승계에 관한 판례 — 하자승계논의에 관한 새로운 해결시도", 판례연구, 제7집, 고려대학교 법학연구소, 1995.

박규하, "행정행위의 흠의 승계", 고시연구, 1997. 9.

박균성, 행정법론(상), 박영사, 2014.

박균성, 행정법강의, 박영사, 2013.

박종국, "선행 행정행위의 후행 행정행위에 대한 구속력", 공법연구, 제24집 제2호, 1996.

박해식, "하자의 승계", 대법원판례해설 제43호, 법원도서관, 2003.

서보국, "행정법상 선결문제와 헌법 제107조 제2항에서의 '처분' 및 '재판의 전제'와의 관계", 행정법연구, 제25호, 2010.

서정욱, "공시지가와 하자의 승계", 저스티스, 통권 93호, 2006.

선정원, "하자승계론의 몇 가지 쟁점에 관한 검토", 행정판례연구 Ⅹ, 2005.

선정원, "행정행위의 흠의 승계", 행정판례평선, 박영사, 2011.

신동승, "행정행위 하자승계와 선결문제", 행정판례연구 ⅩⅣ, 2009.

이경운, "행정행위의 하자의 승계", 행정작용법, 박영사, 2005.

임영호, "하자있는 표준지 공시지가 결정과 그에 대한 쟁송방법", 인권과 정의 통권 378호, 2008.

정남철, "하자승계론에 관한 비판적 고찰 — 소위 "규준력이론"에 관한 평가를 겸하여", 청파법학 제8권, 2013.

정하중, 행정법개론, 법문사, 2013.

조용호, "조세소송에서 개별공시지가의 위법성을 다툴 수 있는지 여부", 조세판례백선, 박영사, 2005.

최계영, "표준지공시지가결정과 흠의 승계", 행정판례평선, 박영사, 2011.

홍정선, 행정법원론(상), 박영사, 2012.

홍정선, "행정행위의 하자의 승계론의 논리구조", 고시계, 1995. 5.

村上 博, 違法性の承繼-建築確認處分取消請求事件, 法學敎室 判例セレクト, 2010.

市橋克哉外, アクチュアル 行政法, 2010.

岡田春男, 行政行爲における違法性の承繼, 民商法雜誌 第111卷 第1号, 1994. 10.

大沼洋一, 違法性の承繼について, 判例時報 2185号, 2013.

海道俊明, 違法性承繼論の再考(一)(二)(三), 自治硏究 第90卷 第3号, 第4号, 2014.

小早川光郎, 先決問題と行政行爲, 公法の理論(上) 田中 古稀論文, 1977.

山本隆司, 行政訴訟補遺, 法學敎室 No. 340, 2009, 1.

Hans-Uwe Erichsen/Ulrich Knoke, Bestandkraft von verwaltungsakten, NVwZ 1983. 185f.

5. 행정조사 및 행정절차의 법적 문제*
— 대상판결: 대법원 2016. 10. 27. 선고 2016두41811 판결 —

[사실관계와 판결요지]

Ⅰ. 사실관계

주식회사 송도(이하 '송도'라 한다)는 교육시설 운영업 등을 목적으로 하는 법인이다. 원고는 송도의 대표이사이고, 피고는 가평군수이다. 송도의 주주는 원고 등 5명이고, 원고가 61.6%, 원고의 여동생이 30%, 원고의 자녀 2인이 각 3%, 자녀 1인이 2.4%의 지분을 소유하고 있다.

그런데, 송도는 2007. 9. 3. 원고로부터 경기 가평군 상면 행현리 914, 같은 리 918-1, 같은 리 918-5, 같은 리 918-6의 각 토지를 매수하여 그 지상에 교육연구시설(연수원) 2동을 신축한 후 2008. 7. 28. 피고로부터 사용승인을 받았다. 송도는 2007. 9. 3.경 원고로부터 같은 리 918, 같은 리 918-3 토지 지상의 단독주택을 매수하여 같은 달 18일 그 명의로 소유권이전등기를 마쳤는데, 위 단독주택은 원고가 건축주로서 2007. 7. 13. 사용승인을 받았다(이하 위 교육연구시설 2동과 단독주택을 합쳐 '이 사건 각 건물'이라 한다).

한편 가평소방서장은 관내 특정소방대상물에 대한 소방특별조사를 하여 이 사건 각 건물의 무단 용도변경사실을 적발하고, 2014. 4. 25. 피고에게 이를 통보

---

* 이 논문은 2017. 4. 21. 개최된 한국행정판례연구회 제327차 월례발표회에서 발표한 후 2017년 6월에 발간된 행정판례연구 제22권 제1호에 수록한 필자의 논문 일부를 수정·보완한 것입니다.

하였다.

피고 소속 공무원인 소외인은 전화로 원고에게 이 사건 각 건물에 대한 현장 조사가 필요하다는 사실을 알리고 현장조사 일시를 약속한 다음, 2014. 5. 14. 오 후 원고가 참석한 가운데 이 사건 각 건물에 대한 현장조사를 실시하였다.

현장조사 과정에서 소외인은 무단증축면적과 무단용도변경 사실을 확인하고 이를 확인서 양식에 기재한 후, 원고에게 위 각 행위는 건축법 제14조 또는 제19 조를 위반한 것이어서 시정명령이 나갈 것이고 이를 이행하지 않으면 이행강제금 이 부과될 것이라고 설명하고, 위반경위를 질문하여 답변을 들은 다음 원고로부 터 확인서명을 받았는데, 위 확인서 양식에는 "상기 본인은 관계 법령에 의한 제 반허가를 득하지 아니하고 아래와 같이 불법건축(증축, 용도변경)행위를 하였음을 확인합니다."라고 기재되어 있다.

이에 피고는 별도의 사전통지나 의견진술기회 부여 절차를 거치지 아니한 채, 현장조사 다음 날인 2014. 5. 15. 원고가 건축법상 위반행위를 함으로써 건축 법 제14조 및 제19조를 위반하였다는 것을 이유로 원고에 대하여 건축법 제79조 에 따라 원상복구를 명하는 시정명령(이하 '이 사건 처분'이라 한다)을 내렸다.

Ⅱ. 이 사건 소송의 경과

1. 제1심(의정부지방법원)판결[1]

송도와 송도의 대표이사인 원고가 피고 가평군수와 경기도지사를 상대로 제 기한 시정명령처분취소 등 청구소송에서 제1심법원인 의정부지방법원은 송도의 이 사건 소를 각하하고, 피고 가평군수가 2014. 5. 15. 원고에 대하여 한 시정명령 을 취소한다는 청구부분과 경기도지사가 별지목록기재 각 부동산에 관하여 2010. 11. 19. 경기도 제2청 고시 제2010-5213호로 한 가평군관리계획(용도지역변경)결정 은 무효임을 확인한다는 청구부분에 대하여 기각판결을 내렸다.

송도가 경기도지사를 상대로 제기한 위 무효확인 청구는 법률관계의 확인을 구할 이익이 없다고 보아 소각하 판결을 내렸다.

참고적으로 원고의 청구에 대하여 제1심법원은 절차적 하자와 관련하여 다

---

[1] 의정부지방법원 2015. 6. 16. 선고 2014구합8204 판결[시정명령처분취소등].

음과 같이 판단하였다. ① 이 사건 처분을 함에 있어 처분의 당사자에 처분사유에 관한 의견진술의 기회가 충분히 보장되고, 실제로 의견진술이 이루어졌다면 행정절차법 제21조 제1항, 제3항에 따른 적법한 사전통지절차가 있었다고 보아야 한다. ② 행정절차법 제26조의 불복 고지절차를 하였다는 증거는 없으나, 원고가 제소기간 내에 이 사건 소를 제기하여 이 사건 처분의 적법 여부를 다투고 있는 이상 피고 가평군수가 위와 같은 내용의 고지를 하지 않았다는 사정만으로 이 사건 처분까지 취소해야 할 정도의 절차상 하자가 수반된다고 보기 어렵다.

2. 원심(서울고등법원)판결[2)]

제1심판결에 불복하여 송도의 대표이사인 원고(항소인)는 피고(피항소인)를 상대로 항소하였다.[3)]

원심법원은 다음과 같은 이유를 제시하면서 원고의 항소를 기각하였다.

첫째로, 사전통지 및 의견청취절차의 하자 존부와 관련하여, 행정조사과정에서 확인서의 교부와 담당공무원의 안내는 행정절차법 제21조 제1항에 규정된 처분의 사전통지의 실질을 갖는 것으로서 이 사건 처분의 사전통지에 해당하고, 설사 그렇지 않다고 할지라도 행정절차법 제21조 제4항 제3호에 규정된 '해당 처분의 성질상 의견청취가 현저히 곤란하거나 명백히 불필요하다고 인정될 만한 상당한 이유가 있는 경우'에 해당한다고 봄이 타당하다.

둘째로, 행정절차법 제26조 불복고지 등의 위법 여부와 관련하여, 불복고지를 하였다는 증거는 없으나, 원고가 제소기간 내에 이 사건 소를 제기하여 이 사건 처분의 적법 여부를 다투고 있는 이상 피고가 위와 같은 내용을 고지하지 아니하였다는 사정만으로 이 사건 처분을 취소해야 할 정도의 절차상 하자가 있다고 보기 어렵다.

셋째로, 행정조사기본법 위반 여부와 관련하여, 행정조사기본법 제17조 제1항에 의하면 행정조사를 실시하고자 하는 행정기관의 장은 제9조에 따른 출석요

---

2) 서울고등법원 2016. 5. 11. 선고 2015누49728 판결[시정명령처분취소등].

3) 이에 대하여 원심법원에서는 절차하자에 대한 판단과 더불어 건축법 제79조 제1항에 따른 시정명령의 상대방은 건축물의 소유자뿐만 아니라 건축물의 위법상태를 직접 초래하거나 또는 그에 관여한 바 있는 건축주 등도 시정명령의 대상자로 한다고 보아 원고가 시정명령처분의 상대방이라고 보았다. 건축법위반의 주장과 관련하여 제1심 판결의 이유를 그대로 원용하면서 원고의 주장을 일축하고 있다.

구서, 제10조에 따른 보고요구서·자료제출요구서 및 제11조에 따른 현장출입조
사서(이하 "출석요구서 등"이라 한다)를 조사개시 7일 전까지 조사대상자에게 서면
으로 통지하여야 하되, 그 예외사유로 제3호에서 '제5조 단서에 따라 조사대상자
의 자발적인 협조를 얻어 실시하는 행정조사의 경우에는 행정조사의 목적 등을
조사대상자에게 구두로 통지할 수 있다'고 규정하고 있다. 위 인정 사실에 의하면
소외인 등은 현장조사에 앞서 원고에게 조사의 목적 등을 알리면서 조사일정을
조율하였는바, 소외인 등의 현장조사는 원고의 자발적인 협조를 얻어 실시한 경
우라고 할 것이므로, 이 사건 처분에 앞서 이루어진 행정조사에 행정조사기본법
을 위반한 위법이 있다고 할 수 없다.

　　이에 불복하여 원고는 상고를 하였고, 대법원은 아래에서 보는 바와 같은 이
유로 원심판결을 파기하고, 이 사건을 서울고등법원에 환송하였다.[4]

Ⅲ. 대법원 판결의 요지

　　1. 행정조사기본법 제5조에 의하면 행정기관은 법령 등에서 행정조사를 규정
하고 있는 경우에 한하여 행정조사를 실시할 수 있으나(본문), 한편 '조사대상자
의 자발적인 협조를 얻어 실시하는 행정조사'의 경우에는 그러한 제한이 없이 실
시가 허용된다(단서). 행정조사기본법 제5조는 행정기관이 정책을 결정하거나 직
무를 수행하는 데에 필요한 정보나 자료를 수집하기 위하여 행정조사를 실시할
수 있는 근거에 관하여 정한 것으로서, 이러한 규정의 취지와 아울러 문언에 비
추어 보면, 단서에서 정한 '조사대상자의 자발적인 협조를 얻어 실시하는 행정조
사'는 개별 법령 등에서 행정조사를 규정하고 있는 경우에도 실시할 수 있다.

---

4) 환송법원인 서울고등법원 2017. 1. 10. 선고 2016누71159 판결에서 "제1심판결을 취소하고,
　피고가 2014. 5. 15. 원고에 대하여 한 시정명령을 취소한다. 소송비용은 피고가 부담한다"
　라는 판결이 내려졌고, 동 판결은 확정되었다. 이 판결문상의 이유의 구조는 1. 처분의 경
　위, 2. 이 사건 처분이 적법 여부, 가. 원고의 주장, 나. 관계법령, 다. 판단, 3. 결론의 순으
　로 되어 있고, 특히 2. 다. 판단 부분에서 실체법적 위법성 판단을 먼저하고 절차적 하자는
　나중에 판단하였다. 즉 1) 원고가 시정명령처분의 적법한 상대방인지 여부, 2) 건축법위반
　사항이 있는지 여부, 3) 이 사건 처분에 절차적 하자가 있는지 여부, 가) 행정조사기본법
　위반 여부, 나) 사전통지 및 의견청취절차의 하자 존부의 순으로 판단하였다. 다만, 원고가
　주장한 바 있는 행정절차법 제26조 불복고지를 하지 않은 부분에 대하여는 제1심법원과
　원심법원의 판결문과는 달리 이에 관하여 별도로 판단하지 않고 있는 점이 특징이다.

2. 행정절차법 제21조 제1항, 제3항, 제4항, 제22조에 의하면, 행정청이 당사자에게 의무를 부과하거나 권익을 제한하는 처분을 하는 경우에는 미리 '처분의 제목', '처분하려는 원인이 되는 사실과 처분의 내용 및 법적 근거', '이에 대하여 의견을 제출할 수 있다는 뜻과 의견을 제출하지 아니하는 경우의 처리방법', '의견제출기관의 명칭과 주소', '의견제출기한' 등의 사항을 당사자 등에게 통지하여야 하고, 의견제출기한은 의견제출에 필요한 상당한 기간을 고려하여 정하여야 하며, 다른 법령 등에서 필수적으로 청문을 하거나 공청회를 개최하도록 규정하고 있지 아니한 경우에도 당사자 등에게 의견제출의 기회를 주어야 하며, 다만 '해당 처분의 성질상 의견청취가 현저히 곤란하거나 명백히 불필요하다고 인정될 만한 상당한 이유가 있는 경우' 등에 한하여 처분의 사전통지나 의견청취를 하지 아니할 수 있다. 따라서 행정청이 침해적 행정처분을 하면서 당사자에게 사전통지를 하거나 의견제출의 기회를 주지 아니하였다면, 사전통지나 의견제출의 예외적인 경우에 해당하지 아니하는 한, 처분은 위법하여 취소를 면할 수 없다.

그리고 여기에서 '의견청취가 현저히 곤란하거나 명백히 불필요하다고 인정될 만한 상당한 이유가 있는 경우'에 해당하는지는 해당 행정처분의 성질에 비추어 판단하여야 하며, 처분상대방이 이미 행정청에 위반사실을 시인하였다거나 처분의 사전통지 이전에 의견을 진술할 기회가 있었다는 사정을 고려하여 판단할 것은 아니다.

Ⅳ. 관련 판례

1. 대법원 2016. 12. 15. 선고 2016두47659 판결
   [증여세등부과처분취소]

국세기본법은 제81조의4 제1항에서 "세무공무원은 적정하고 공평한 과세를 실현하기 위하여 필요한 최소한의 범위에서 세무조사를 하여야 하며, 다른 목적 등을 위하여 조사권을 남용해서는 아니 된다."라고 규정하고 있다. 이 조항은 세무조사의 적법 요건으로 객관적 필요성, 최소성, 권한 남용의 금지 등을 규정하고 있는데, 이는 법치국가원리를 조세절차법의 영역에서도 관철하기 위한 것으로서 그 자체로서 구체적인 법규적 효력을 가진다. 따라서 세무조사가 과세자료의 수집 또는 신고내용의 정확성 검증이라는 본연의 목적이 아니라 부정한 목적을 위하여 행하여진 것이라면 이는 세무조사에 중대한 위법사유가 있는 경우에 해당하고 이러한 세무조사에 의하여 수집된 과세자료를 기초로 한 과세처분 역시 위법하다. 세무조사가 국가의 과세권을 실현하기 위한 행정조사의 일종으로서 과세자료의 수집 또는 신고내용의 정확성 검증 등을 위하여 필요불가결하며, 종국적으로는 조세의 탈루를 막고 납세자의 성실한 신고를 담보하는 중요한 기능을 수행하더라도 만약 남용이나 오용을 막지 못한다면 납세자의 영업활동 및 사생활의 평온이나 재산권을 침해하고 나아가 과세권의 중립성과 공공성 및 윤리성을 의심받는 결과가 발생할 것이기 때문이다.

2-1. 대법원 1987. 11. 24. 선고 87누529 판결
[차량면허취소처분취소]

자동차운수사업법 제31조 등의 규정에 의한 사업면허의 취소 등의 처분에 관한 규칙(교통부령) 제7조 제3항의 고지절차에 관한 규정은 행정처분의 상대방이 그 처분에 대한 행정심판의 절차를 밟는 데 있어 편의를 제공하려는 데 있으며 처분청이 위 규정에 따른 고지의무를 이행하지 아니하였다고 하더라도 경우에 따라서는 행정심판의 제기기간이 연장될 수 있는 것에 그치고 이로 인하여 심판의 대상이 되는 행정처분에 어떤 하자가 수반된다고 할 수 없다.

2-2. 대법원 2008. 6. 12. 선고 2007두16875 판결
[건축허가취소처분취소]

피고가 이 사건 처분시에 행정심판의 제기절차 등을 고지하지 않은 것이 구 행정절차법 제26조에 위반된다고 하더라도, 같은 법에 그 위반의 효과에 관하여 규정하고 있지 아니하고, 행정소송법은 행정심판법 제18조 제6항과는 달리 제소기간의 불고지로 인한 효과에 관한 규정을 두고 있지 아니한 점에 비추어 보면, 그 위반의 효과로써 원고가 이 사건 처분이 있은 날부터 1년 이내에 행정소송을 제기할 수 있게 된다고 볼 수 없다는 이유로, '이 사건 처분이 있은 날부터 1년 이내에 제기된 이 사건 소가 행정소송법 제20조 제2항에 따라 적법하다'는 취지의 원고 주장을 배척하였다.

[판례연구]

Ⅰ. 쟁점의 소재

1. 적법절차원칙은 입법·행정·사법 등 모든 국가 공권력에 의한 국민의 생명·자유·재산의 침해가 반드시 합리적이고 정당한 법률을 근거로 하고 정당한 절차에 따른 경우에만 유효하다는 원리를 의미한다. 이러한 적법절차원칙은 실질적 법치주의와 맥을 같이하며 그 이념적 뿌리가 대륙법계통의 법치주의라기보다는 영미법의 법의 지배로부터 비롯되었다고 볼 것이다.5) 미국에서 적법절차원칙은 행정절차에서도 공정한 통지 및 청문절차(notice and fair hearing)가 반드시 보장되어야 하는 것으로 이해된다. 아울러 1946년에 제정된 미국의 행정절차법(APA)에서는 실체적 하자와 더불어 절차적 하자를 독자적인 처분의 취소사유로 명기하고 있다.6)

헌법재판소7)는 "헌법 제12조 제3항 본문은 동조 제1항과 함께 적법절차원리의 일반조항에 해당하는 것으로서, 형사절차상의 영역에 한정하지 않고 입법·행정 등 국가의 모든 공권력의 작용에는 절차상의 적법성뿐만 아니라 법률의 실체적 내용도 합리성과 정당성을 갖춘 실체적인 적법성이 있어야 한다는 적법절차의 원칙을 헌법의 기본원리로 명시한 것이다"라고 판시하고 있다. 이처럼 헌법재판소는 헌법 제12조의 적법절차조항을 신체의 자유에 국한시키어 판단하지 않고 그와 같은 규정양식이나 위치에 관계없이 신체의 자유뿐만 아니라 모든 기본권에 적용하였고, 형사절차를 포함하여 입법작용과 행정작용 등 모든 국가의 공권력 작용에 까지 그 적용범위를 확장하면서 모든 국가작용을 지배하는 헌법의 독자적

---

5) 허영, 헌법이론과 헌법, 박영사, 2006, 480면. 한편, 헌재 1994. 6. 30. 선고 93헌바9 결정에서 "오늘날의 법치주의는 국민의 권리·의무에 관한 사항을 법률로써 정해야 한다는 형식적 법치주의에 그치는 것이 아니라 그 법률의 목적과 내용 또한 기본권보장의 헌법이념에 부합되어야 한다는 실질적 적법절차를 요구하는 법치주의를 의미하며, 헌법 제38조, 제59조가 선언하는 조세법률주의도 이러한 실질적 적법절차가 지배하는 법치주의를 뜻하므로, 비록 과세요건이 법률로 명확히 정해진 것일지라도 그것만으로 충분한 것은 아니고 조세법의 목적이나 내용이 기본권 보장의 헌법이념과 이를 뒷받침하는 헌법상 요구되는 제 원칙에 합치되어야 한다"고 판시하여 조세법률주의의 적용과 관련하여 적법절차를 내포하는 실질적 법치주의를 표방하고 있다.
6) 박정훈, "행정소송과 행정절차(1)", 행정소송의 구조와 기능, 박영사, 2006, 563면.
7) 헌재 1992. 12. 24. 선고 92헌가8 결정.

인 기본원리로 보았다.[8] 한편, 대법원[9]은 "헌법 제12조 제1항에서 규정하고 있
는 적법절차의 원칙은 형사소송절차에 국한되지 아니하고 모든 국가작용 전반
에 적용된다. 세무조사는 국가의 과세권을 실현하기 위한 행정조사의 일종으로
서 과세자료의 수집 또는 신고 내용의 정확성 검증 등을 위하여 불요불가결하
며, 종국적으로는 조세의 탈루를 막고 납세자의 성실한 신고를 담보하는 중요한
기능을 수행한다. 이러한 세무공무원의 세무조사권의 행사에서도 적법절차의 원
칙은 마땅히 준수되어야 한다."고 판시한 바 있다. 이처럼 적법절차 원칙은 일반
적으로 형사절차상의 영역에 한정되지 않고 행정조사와 행정절차에 있어서도
그 적용이 있다.

　　2. 기본권 보장을 이념으로 하는 현대의 실질적 법치국가에 있어서 행정의
공정성과 적정성을 기하고 민주적 행정을 실현하기 위한 제도로서 행정절차가 가
지는 의미는 매우 크다.[10] 절차를 통한 공행정의 정당성의 확보는 오늘날 복잡한
사회에 있어서 결정을 합리적으로 받아들이기 위해 필요 불가결하다. 실질적 법
치주의가 강조됨에 따라 결과 그 자체도 중요하지만 결과에 이르는 과정 내지 절
차의 정당성이 중시되고 있다.

　　행정조사는 행정청의 일상적인 활동에 속한다. 행정청은 법치국가 내에서 각
각의 행정결정을 하기에 앞서 사실관계를 충분히 조사하여야 하는 과제와 의무를
동시에 갖는다. 그 이유는 법을 적용하기에 앞서 사실관계의 확정에 있어 담당
공무원이 실체적 진실을 인식하고 있다는 전제위에서 행정결정이 이루어져야 하
기 때문이다.[11] 이처럼 행정조사는 행정의 활동을 위한 정보의 획득 수단이면서
올바른 행정정책의 수립과 행정결정 및 집행을 위한 전제가 되는 행정의 작용형
식이다. 우리의 다수의 개별 법률[12]에서 행정조사에 관하여 명문의 규정을 두고

　8) 정영철, "행정법의 일반원칙으로서의 적법절차원칙", 공법연구, 제42집 제1호, 2013, 592면
　9) 대법원 2014. 6. 26. 선고 2012두911 판결.
10) 최송화, "절차상 흠 있는 행정행위의 법적 효과—청문을 중심으로—", 고시계, 95/9, 340면.
11) Bettina Spilker, Behördliche Amtsermittlung, Mohr Siebeck, 2015, Vorwort.
12) 일반적으로 행정조사의 실정법적 근거의 예로서 제시하는 통계법 제7조, 식품위생법 제17
　　조의 경우는 직접 범죄 혹은 범칙행위와의 관련을 맺고 있지 않은 일상적인 행정조사를
　　의미한다고 할 수 있다. 그러나, 경찰관직무집행법 제3조, 풍속영업의 규제에 관한 법률
　　제9조, 총포·도검·화약류등 단속법 제44조, 국세징수법 제25조 내지 제27조, 독점규제 및
　　공정거래에 관한 법률 제49조 제1항, 제50조 제5항의 경우에는 이미 실정법상으로도 일상
　　적인 행정조사로 파악할 수 있는 범위를 넘어서 광범위한 수권이 행하여지고 있다.

있으며 아울러 일반법으로서 행정조사기본법이 제정되어 시행중에 있다.

행정조사는 법치국가의 관점에서 문제점의 하나로서 그것이 개인의 기본권에 대한 침해를 수반하는 것임에도 불구하고 형사절차가 아니라는 이유로 각 개별법령상의 근거만 있으면 언제든지 발동할 수 있는 것으로 인식되고 있다. 넓은 의미의 행정절차의 성격을 띠는 행정조사는 형사소송절차와 구별되는 점을 부정할 수 없지만, 개인에게 발생하는 침해의 성격이 동일함에도 행정조사라는 이유만으로 헌법상의 기본권 제한의 일반 원리를 무시할 수는 없을 것이기 때문이다.

종래 행정조사는 실무상 중요한 의의를 가짐에도 불구하고 그것이 법적 행위가 아니고 그 준비단계인 사실행위로 파악되었고, 행정조사의 방법·대상 등이 다종다양함으로 인해 그것을 통일적인 법적 도구개념으로 구성하는 데 어려움이 적지 않았다. 행정조사의 문제는 행정법학과 형사소송법학의 접경영역에 속하는 문제라고 할 것이다. 사실상 수사로서 기능하는 행정조사는 순수한 행정조사로 접근할 것이 아니라 형사소송법적인 수사로 취급하여 변호인의 조력권, 진술거부권, 영장주의 원칙 관철 등으로 대처해 나갈 필요가 있다.13) 행정조사는 예방작용, 관리·감독 작용을 근간으로 하는 행정작용의 성격으로 파악된다면 행정절차의 일반 원칙을 준수하는 것으로 족할 수 있으나, 사실상 수사의 기능을 하는 조사의 경우 형사소송절차의 원칙을 지킬 필요가 있다. 오늘날 행정 조사활동의 중요성에 대한 인식이 높아지고 있으며, 순수한 임의적 조사활동의 측면보다는 강제조사 내지 간접적 강제력을 갖는 경우에 그에 대한 법적 통제를 어떻게 확보할 것인가의 문제가 중요한 문제라고 할 것이다. 이 사건 대상판결에 있어서는 개별법상의 법적 근거가 있음에도 행정조사를 자발적 협조의 방식으로 한 경우 행정조사기본법의 적용과 관련하여 엄격한 조사절차의 규율을 회피할 수 있는지 여부

---

13) 이와 관련하여 사실상 수사로서 기능하는 행정조사에 대하여 형사소송법 원칙의적용을 부정하는 듯한 판례로는 대법원 2013. 9. 26. 선고 2013도7718 판결[마약류관리에 관한 법률위반(향정)]을 들 수 있다. 즉, 대법원은 "관세법 제246조 제1항, 제2항, 제257조, '국제우편물 수입통관 사무처리'(2011. 9. 30. 관세청고시 제2011-40호) 제1-2조 제2항, 제1-3조, 제3-6조, 구 '수출입물품 등의 분석사무 처리에 관한 시행세칙'(2013. 1. 4. 관세훈령 제1507호로 개정되기 전의 것) 등과 관세법이 관세의 부과·징수와 아울러 수출입물품의 통관을 적정하게 함을 목적으로 한다는 점(관세법 제1조)에 비추어 보면, 우편물 통관검사절차에서 이루어지는 우편물의 개봉, 시료채취, 성분분석 등의 검사는 수출입물품에 대한 적정한 통관 등을 목적으로 한 행정조사의 성격을 가지는 것으로서 수사기관의 강제처분이라고 할 수 없으므로, 압수·수색영장 없이 우편물의 개봉, 시료채취, 성분분석 등 검사가 진행되었다 하더라도 특별한 사정이 없는 한 위법하다고 볼 수 없다."고 판시한 바 있다.

가 문제된다.

행정절차와 관련하여, 대법원 판례는 절차위반이 언제나 그 자체로서 처분의 무효나 취소할 수 있는 사유가 되는 것이 아니라는 입장이다. 중요한 절차위반일 경우에는 실체에 영향을 미치는지 여부와는 무관하게 처분의 위법성을 주장할 수 있으며, 아울러 경미한 절차하자라 할지라도 실체에 영향을 미치는 경우에는 그 자체로 처분의 취소사유가 되고 있다. 행정절차법 제26조상 불복고지절차를 제대로 이행하지 않은 경우에 그 절차하자는 처분의 위법에 영향이 없다고 보는 입장이 법원의 주류적인 태도라서 이 부분에 대한 법원의 행정통제는 미약한 실정이다.

개별 법률이나 행정절차법에서 규정하고 있는 절차를 지키지 않은 경우에는 비록 실체에 영향이 없더라도 절차적 위법을 이유로 법원이 위법한 처분에 대한 취소판결을 내릴 경우에 국민의 권익보호와 더불어 행정에 대한 적법성 통제를 강화하는 것이 된다. 우리와 같이 그동안 결과지향적 급속한 성장일변도의 정책을 실현하는 과정에서 민주적인 절차를 경시하였던 타성적 행정의 업무처리의 측면에 비추어 보거나 절차의 잘못으로 인해 다시금 제대로 된 절차를 거치는 과정에서 오히려 행정업무의 비효율적인 측면을 감안할 때, 개별 법률이나 행정절차법에서 정한 절차를 제대로 준수하지 아니한 경우 법원은 실체적 위법성이 없더라도 적극적으로 처분의 위법성을 인정하여 행정을 통제할 필요가 있다.14)

Ⅱ. 행정조사의 법적 문제

1. 행정조사의 의의와 체계적 지위

행정조사는 일반적으로 "행정기관이 사인으로부터 행정상 필요한 자료나 정보를 수집하기 위하여 행하는 일체의 행정작용"이라 정의한다. 이와는 달리 행정조사를 좁게 "행정기관이 궁극적으로 행정작용을 적정하게 실행함에 있어서 필요로 하는 자료·정보 등을 수집하기 위하여 행하는 권력적 조사활동"이라고 정의

---

14) 그렇다고 우리가 미국보다 더 절차를 강조하는 입장이라고 단정할 것은 아니다. 일반적으로 미국은 절차적 사고를 중시하고, 독일 등 대륙법 계통의 국가는 실체법적 사고를 중시한다고 말해져 왔다. 그러나 오늘날 독일도 유럽화의 영향으로 인해 실체 위주의 사고에서 전환이 일어나고 있어 접근해 가는 경향에 있다. 우리가 독일과 문화와 법체계가 다르기 때문에 독일 연방행정절차법에서와 마찬가지로 절차하자의 효과를 소극적으로 해석할 것은 아니다.

하는 견해[15]가 있다. 행정조사를 권력적 조사활동이라고 한정할 경우 행정조사의 법률적 근거의 필요성이 드러나고 그 한계의 설정이 가능해지는 등 행정법학적으로 논리체계를 구성함에 있어 장점이 있다. 그러나 행정조사는 그 본질이 자료나 정보를 수집하는 활동이므로 비권력 작용을 포함한다고 볼 것이다.[16]

행정조사기본법 제2조 제1호에서 실정법상의 개념정의를 하고 있는바, "행정조사란 행정기관이 정책을 결정하거나 직무를 수행하는 데 필요한 정보나 자료를 수집하기 위하여 현장조사·문서열람·시료채취 등을 하거나 조사대상자에게 보고요구·자료제출요구 및 출석·진술요구를 행하는 활동을 말한다"고 하고 있다.

정보화 사회의 진전에 따른 행정조사를 정보의 조사, 수집, 처리, 보존과정에서의 개인 또는 사생활의 보호라는 관점에서 접근하고 있을 뿐만 아니라, 즉시강제로부터 분리하는 데 그치지 아니하고 독자적인 행정의 행위형식으로 파악하는 등 다양한 논의가 전개되고 있다.

일본의 경우 행정조사를 행정기관이 행하는 정보수집활동을 행정조사의 항목에서 설명하는 것이 일반적이다. 그럼에도 불구하고 학자에 따라서는 행정조사를 전통적인 즉시강제로부터 분리하여 4가지 관점에서 새롭게 체계화하고 있다. 즉, ① 행정기관의 행위유형의 하나로서 간접강제를 특징으로 하는 행위유형으로 설명하는 견해, ② 행정상의 제도로서 설명하는 견해, ③ 행정절차의 하나의 단계로서 위치설정하는 견해, ④ 다양한 관점으로부터 검토하면서 사인의 권리·이익의 시각에서 행정조사를 파악하는 견해가 바로 그것이다.[17]

여기서는 행정조사를 넓은 의미에서 행정절차의 일종으로 행정청이 올바른 결정을 위하여 정보를 수집하고 확보하는 행정의 행위형식의 일종이며, 당사자의 절차참여 등의 권리 보장적 측면에서 파악할 수 있다.[18] 또한, 행정조사는 법치국가의 실현을 위해 행정청의 사실인정의 정확성 요청에 부응하는 행정제도이면서 다른 한편으로 사실적 수사로서 기능하는 경우에는 형사소송절차적 권익보장의

---

15) 다른 학자를 대표하여, 김동희, 행정법 Ⅰ, 박영사, 2015, 500면.

16) 김용섭·이경구·이광수, 행정조사의 사법적 통제방안 연구, 박영사, 2016, 10-11면.

17) 須藤陽子, 行政强制と行政調査, 法律文化社, 2014, 65-66面.

18) 다만 행정조사는 조사의 태양에 따라 처분적 성격과 사실행위의 성격을 갖는 경우가 있는바, 처분적 성격을 띠는 경우에는 개별법, 행정조사기본법과 더불어 행정절차법의 적용이 있게 된다.

관점에서 파악할 필요가 있으며, 행정조사는 그 자체로서 행정의 작용형식의 하나로서 행정처분을 하기에 앞서 정보를 수집하는 광의의 행정절차의 일종으로 이해하고자 한다.[19]

2. 행정조사의 법적 성질

가. 종래 행정조사 그 자체를 일률적으로 비권력적 사실행위나 권력적 사실행위로 파악하는 견해가 적지 않았으나, 오늘날 유력설은 행정조사의 유형에 따라 달리 접근하여 사실행위로서의 행정조사와 처분적 내용의 행정조사로 구분하고 있다.

가령 출석명령이나 보고서제출명령의 경우는 처분적 성질을 지니고 있는 반면에 현장조사나 입회검사의 경우 등은 사실행위의 성격을 지닌다고 보게 된다.[20]

이론상으로는 일부 행정조사에 대하여 "처분성"을 인정함이 다수설이다. 행정조사가 서류제출명령 등과 같은 행정행위의 형식으로 이루어지는 경우 그 처분성이 인정된다. 현장조사가 예고된 경우 그 법적 성격이 기본적으로 사실행위라 판단되지만 이 경우 행정조사가 권력적 조사일 경우에는 행정소송법 제2조가 규정하는 "처분"에 해당할 여지가 있으므로 취소소송을 제기할 수 있다.

나. 일반적으로 행정조사에 대하여 판례는 처분성을 인정하고 있지 않다. 다만, 세무조사와 관련하여 처분성을 최초로 인정한 대법원 2011. 3. 10. 선고 2009두23617,23624 판결이 있다. 이 판결에 의하면, "부과처분을 위한 과세관청의 질문조사권이 행해지는 세무조사결정이 있는 경우 납세의무자는 세무공무원의 과세자료 수집을 위한 질문에 대답하고 검사를 수인하여야 할 법적 의무를 부담하게 되는 점, 세무조사는 기본적으로 적정하고 공평한 과세의 실현을 위하여 필요한 최소한의 범위 안에서 행하여져야 하고, 더욱이 동일한 세목 및 과세기간에

---

19) 이러한 관점에서 행정조사에서 권력적 조사와 함께 임의적 조사도 함께 다루어 나가는 것이 바람직하다. 비록 강력력을 갖는 조사가 아니라 임의적 조사일지라도 조사에 불응하는 경우에 형벌이나 과태료의 제재를 가하는 것을 전제로 행정기관의 조사에 응하도록 강제하는 간접강제력을 갖는 행정조사를 어떤 관점에서 법적 통제를 할 것인지의 문제가 중요하고, 특히 위법사실의 조사와 같이 형사소송법상의 수사와 접촉하는 영역의 문제로서 고발 등의 절차를 거쳐 수사절차로 이행되는 경우에 증거능력의 문제 등에 대하여도 폭넓게 논의할 필요가 있다.

20) 박균성, 행정법강의, 박영사, 2017, 358면.

대한 재조사는 납세자의 영업의 자유 등 권익을 심각하게 침해할 뿐만 아니라 과세관청에 의한 자의적인 세무조사의 위험마저 있으므로 조세공평의 원칙에 현저히 반하는 예외적인 경우를 제외하고는 금지될 필요가 있는 점, 납세의무자로 하여금 개개의 과태료 처분에 대하여 불복하거나 조사 종료 후의 과세처분에 대하여만 다툴 수 있도록 하는 것보다는 그에 앞서 세무조사결정에 대하여 다툼으로써 분쟁을 조기에 근본적으로 해결할 수 있는 점 등을 종합하면, 세무조사결정은 납세의무자의 권리·의무에 직접 영향을 미치는 공권력의 행사에 따른 행정작용으로서 항고소송의 대상이 된다."고 보았다.

다. 위법한 행정조사행위가 진행되고 있는 경우 조사행위 그 자체에 대해 취소소송을 제기할 수 있는가의 문제가 제기된다. 이에 대해서는 단순한 물리력행사로서 처분성을 인정할 수 없다는 견해도 있을 수 있으나, 우리 행정소송법이 처분을 광의로 이해하고 있으므로 사실행위인 행정조사에 있어서 처분성을 인정할 수 있다.[21] 위법한 권력적 조사가 계속되고 있다면 그 행위를 중지시킬 필요성이 있으므로 처분성을 인정할 필요가 있다. 그러나 비권력 사실행위일 경우에는 행정쟁송뿐만 아니라 헌법소원이 허용되지 않는다.

3. 행정조사절차의 하자와 처분의 효력과의 관계

(1) 행정조사절차의 하자와 처분의 효력논의는 행정절차의 하자의 차원의 문제로 환원할 것인지 아니면 행정조사의 특유한 절차하자의 문제로 볼 것인지 논란이 있다. 적극설에 의하면 행정조사가 행정과정 전체에서 수행하는 기능의 측면에서 행정조사상의 하자는 절차하자의 문제로 파악할 수 있다고 본다.[22] 이에 반하여 행정조사는 행정결정에 선행하여 이루어지는 행정절차와는 달리 법령에 특별한 규정이 없는 한 행정조사와 행정결정은 상호 별개의 독자적 제도이지 양자가 하나의 절차를 구성하고 있다고 볼 수 없다고 보는 견해[23]도 있다.

---

21) 행정상 사실행위에 대한 처분성에 관하여는 김용섭, "행정상 사실행위의 법적 문제", 인권과 정의, 통권 208호, 2000, 148면 이하, 최근의 대법원 2014. 2. 13. 선고 2013두20899 판결에서 교도소장의 접견내용 녹음·녹화 및 접견시 교도관 참여대상자 지정행위에 대하여 이를 항고소송의 대상이 되는 처분이라고 판시하였다. 이는 권력적 사실행위에 대하여 항고소송의 대상성을 인정한 의미 있는 판결이라고 할 것이다.

22) 박균성, 행정법강의, 박영사, 2017, 366면; 김중권, 김중권의 행정법, 법문사, 2013, 414면. 김중권 교수는 세무조사결정의 처분성을 인정한 판례가 나온 점을 계기로 세무조사결정과 그것의 실행행위인 세무조사행위는 구별하여야 한다는 입장이다.

다만, 행정조사는 매우 복잡한 유형과 양상으로 나타나기 때문에 절차하자의 측면으로 완전히 해소할 수 없는 측면이 있다. 이러한 관점에서 절충설이 제기되고 있다. 행정조사에 중대한 위법사유가 있거나 행정조사로 보기 어려울 정도로 요건을 결한 경우에 한하여 처분에 하자가 있는 것으로 보는 견해이다. 관련판례 1.에서 세무조사에 중대한 위법사유가 있는 경우에는 과세처분이 위법하다고 본 판례가 이러한 절충설의 관점에 서 있다고 보여진다.

생각건대, 행정조사는 침익행정과 급부행정뿐만 아니라 인프라 행정 등 모든 행정활동을 위해 사전 준비적 활동으로 이루어진다. 위법한 행정조사의 결과로 획득한 자료를 바탕으로 행정행위가 행하여진 경우에 위법한 행정조사가 행정행위에 어떤 법적 효력이 미치는지가 문제된다. 행정행위를 하기 위한 예비적 활동에 불과하다고 보게 되면 설사 행정조사절차를 위반하였다고 할지라도 그로 인해 후속적인 처분이 위법하게 되는 것은 아니라고 보게 된다. 반면에 행정조사 역시 광의의 행정절차의 일종이라고 보게 되면 절차하자의 효과의 법리가 행정조사에도 그대로 적용될 여지가 있다.[24]

(2) 세무조사 절차에 위법이 있는 경우 그에 따라 이루어진 과세처분의 효력이 문제된다.[25] 이에 대해서는 위법성 인정설은 헌법상의 적법절차에 관한 원칙과 아울러 질문검사에 법원이 개입하는 사전의 사법적 억제제도가 없는 현행 세법 규정상, 그러한 과세처분의 효력을 인정한다면 위법한 조사에 대한 사후구제도 사실상 없게 되는 결과를 가져올 위험이 내포되어 있다는 점을 강조하여 납세자 보호에 주안점을 두게 된다. 위법성 부정설은 세무조사의 절차는 과세관청이 과세요건의 내용이 되는 구체적 사실의 존부를 조사하기 위한 절차로서 그 조사절차에 위법이 있어도 그 위법이 지극히 중대하여 처분의 내용에 영향을 미칠 정도의 경우가 아닌 한 그 자료에 기한 과세처분은 객관적인 소득에 합치하는 한에 있어서 적법하다고 보게 되어 조세행정의 공익성을 강조한다.

판례[26]는 위법한 세무조사에 의한 과세처분의 효력과 관련하여 무효로 본

---

23) 박윤흔, 최신행정법 강의, 634면; 김남철, 행정법강론, 박영사, 2016, 465면.
24) 행정조사 그 자체를 위법하게 행한 경우에 이에 근거하여 내려진 처분이 위법하게 되는가의 문제는 행정조사가 처분적 성격을 띠고 있는가 아닌가에 따라 설명방법이 달라진다고 볼 것이다.
25) 김용섭·이경구·이광수, 행정조사의 사법적 통제방안 연구, 박영사, 2016, 74-75면.
26) 대법원 2006. 6. 2. 선고 2004두12070 판결.

판례[27]로 있고, 중복조사는 중대한 하자에 해당한다고 보고, 이를 기반으로 이루어진 부과처분은 위법하여 취소되어야 한다고 보고 있다. 같은 맥락에서 세무조사대상선정을 그르쳐 과세자료를 수집한 후 과세처분을 하는 것은 단순위법으로 취소할 수 있는 경우에 해당한다고 본 판례[28]도 있다.

4. 자발적 협조를 받아 실시하는 현장조사의 경우 행정 조사기본법의 해석 · 적용

가. 문제의 제기

이 사건 대상판결에서 "행정조사기본법 제5조에 의하면 행정기관은 법령 등에서 행정조사를 규정하고 있는 경우에 한하여 행정조사를 실시할 수 있으나(본문), 한편 '조사대상자의 자발적인 협조를 얻어 실시하는 행정조사'의 경우에는 그러한 제한이 없이 실시가 허용된다(단서). 행정조사기본법 제5조는 행정기관이 정책을 결정하거나 직무를 수행하는 데에 필요한 정보나 자료를 수집하기 위하여 행정조사를 실시할 수 있는 근거에 관하여 정한 것으로서, 이러한 규정의 취지와 아울러 문언에 비추어 보면, 단서에서 정한 '조사대상자의 자발적인 협조를 얻어 실시하는 행정조사'는 개별 법령 등에서 행정조사를 규정하고 있는 경우에도 실시할 수 있다."고 판시하고 있다.

이와 관련하여, 행정조사기본법 제5조(행정조사의 근거)에서는 "행정기관은 법령등에서 행정조사를 규정하고 있는 경우에 한하여 행정조사를 실시할 수 있다. 다만, 조사대상자의 자발적인 협조를 얻어 실시하는 행정조사의 경우에는 그러하지 아니하다."고 되어 있고, 행정조사기본법 제17조 제1항 단서[29]에서 사전

---

27) 대법원 1992. 3. 31. 선고 91다32053 판결.
28) 대법원 2014. 6. 26. 선고 2012두911 판결에서 "세무조사대상의 기준과 선정방식에 관한 구 국세기본법(2006. 12. 30. 법률 제8139호로 개정되기 전의 것, 이하 '구 국세기본법'이라 한다) 제81조의5가 도입된 배경과 취지, 구 국세기본법 제81조의5가 포함된 제7장의2에 관한 구 국세기본법과 개별 세법의 관계 등을 종합하여 보면, 구 국세기본법 제81조의5가 마련된 이후에는 개별 세법이 정한 질문·조사권은 구 국세기본법 제81조의5가 정한 요건과 한계 내에서만 허용된다. 또한 구 국세기본법 제81조의5가 정한 세무조사대상 선정사유가 없음에도 세무조사대상으로 선정하여 과세자료를 수집하고 그에 기하여 과세처분을 하는 것은 적법절차의 원칙을 어기고 구 국세기본법 제81조의5와 제81조의3 제1항을 위반한 것으로서 특별한 사정이 없는 한 과세처분은 위법하다."고 판시한 바 있다.
29) 행정조사기본법 제17조(조사의 사전통지) ① 행정조사를 실시하고자 하는 행정기관의 장은 제9조에 따른 출석요구서, 제10조에 따른 보고요구서·자료제출요구서 및 제11조에 따른 현장출입조사서(이하 "출석요구서등"이라 한다)를 조사개시 7일 전까지 조사대상자에게 서면으로 통지하여야 한다. 다만, 다음 각 호의 어느 하나에 해당하는 경우에는 행정조

통지의 예외에 관한 규정을 두고 있다. 과연 대법원판례가 적절한 법해석을 한 것인지 법령과 기본권포기법리에 비추어 종합적으로 살펴보기로 한다.

나. 행정조사기본법과 행정절차법과의 관계

행정조사기본법은 2007. 5. 17. 법률 제8482호로 제정·공포되어, 2007. 8. 17. 부터 시행하고 있다. 행정조사에 관한 일반법이면서 기본법의 성격을 아울러 띠고 있다.

행정조사기본법과 행정절차법과의 관계에 관하여는 양 법률에서 아무런 연결점을 제공하고 있지 않다. 기본적으로 행정절차법이 정보를 획득하는 것을 목표로 한다는 점에서 행정조사기본법과 맥을 같이하며, 행정조사와 행정절차 이후에 처분이 발해지는 경우를 염두에 둔다면 양자 모두 절차법적 성격을 함께 한다고 볼 것이다. 다만 행정조사 중에는 그 자체가 처분적인 내용도 있으므로 그와 같은 경우에는 별도의 행정절차가 적용된다고 할 것이다. 또한 행정조사기본법에서는 개별법률에서 정한 일부 행정조사의 경우에는 그 적용의 일부가 배제되고 있다.

행정조사기본법은 그 목적에서 밝히고 있는 바와 같이 행정조사로 인한 국민의 불편을 해소하기 위한 법으로 기본적으로 조사활동을 행하는 행정청을 구속하는 내용의 절차법이라고 할 것이다. 아울러 개별 법률에 근거한 행정조사와는 별도로 행정조사기본법에 규정된 조사원칙에 따라 행하여져야 한다.

다. 행정조사기본법의 관련규정

행정조사기본법은 이 법률 제1조의 목적에서 밝히고 있는 바와 같이, "행정조사의 기본원칙, 행정조사의 방법 및 절차 등에 관한 공통적인 사항을 규정함으로써 행정의 공공성, 투명성 및 효율성을 높이고 국민의 권익을 보호함을 목적으로 한다"고 되어 있다. 그러나, 이 법률은 종래 우리의 행정조사제도를 둘러싸고

사의 개시와 동시에 출석요구서등을 조사대상자에게 제시하거나 행정조사의 목적 등을 조사대상자에게 구두로 통지할 수 있다.
1. 행정조사를 실시하기 전에 관련 사항을 미리 통지하는 때에는 증거인멸 등으로 행정조사의 목적을 달성할 수 없다고 판단되는 경우
2. 「통계법」 제3조 제2호에 따른 지정통계의 작성을 위하여 조사하는 경우
3. 제5조 단서에 따라 조사대상자의 자발적인 협조를 얻어 실시하는 행정조사의 경우

제기되었던 문제점을 종합적으로 해결하는 법률은 아니다. 이 법률의 제정을 통하여 행정조사에 관하여 종래 국민이 가졌던 불편을 다소간 해소하는 한편, 행정청에게도 행정조사의 효율성을 제고할 수 있는 기회를 제공하는 두 마리의 토끼를 쫓는다고 할 수 있다.

행정조사기본법 제7조 제1항에서 "행정조사를 실시하고자 하는 행정기관의 장은 제9조에 따른 출석요구서, 제10조에 따른 보고요구서·자료제출요구서 및 제11조에 따른 현장출입조사서(이하 "출석요구서등"이라 한다)를 조사개시 7일 전까지 조사대상자에게 서면으로 통지하여야 한다"고 규정하고 있다. 이처럼 행정절차법에서와 유사한 사전통지에 관한 조항을 두고 있다.

행정조사의 사전 통지를 받은 조사대상자에게 의견제출권 및 조사원 교체신청권을 부여하고, 조사를 행하는 행정기관에 대하여는 조사권 남용을 방지하기 위한 조사권 행사의 제한장치를 설정하며, 조사결과를 사후에 통지하도록 하는 등 조사대상자의 권익보장을 위한 법적 장치를 명문으로 도입한 것은 매우 긍정적으로 평가할 수 있다. 행정조사기본법에서는 사전통지만을 명문화하고 있고, 이유제시에 대하여는 아무런 규정을 두고 있지 않으나, 이유제시는 상대방의 임의적 협력을 통해 조사를 원활히 운영되는 데도 기여하고, 행정기관의 부당한 조사권의 행사를 방지하여 피조사자의 정당한 권리를 보장하기 위해 시급히 도입되어야 할 제도라고 본다.[30]

또한, 행정조사기본법 제11조에서는 현장조사에 대하여 상세한 규율을 두고 있다. 즉, 조사원이 가택·사무실 또는 사업장 등에 출입하여 현장조사를 실시하는 경우에는 행정기관의 장은 조사목적, 조사기관과 장소, 조사원의 성명과 직위, 조사범위와 내용, 제출자료, 조사거부에 대한 제재(근거법령 및 조항 포함), 그 밖에 당해 행정조사와 관련하여 필요한 사항이 기재된 현장출입조사서 또는 법령등에서 현장조사시 제시하도록 규정하고 있는 문서를 조사대상자에게 발송하여야 한다.

무엇보다 행정청은 출석·진술 요구를 하고자 할 경우 출석요구서 보고를 요구하고자 할 경우에는 보고요구서, 자료제출을 요구하고자 할 경우에는 자료제출요구서를 사전에 발송할 의무를 진다. 조사원이 가택·사무실 또는 사업장

30) 김영조, "행정조사에 관한 연구—특히 세무조사의 법적 문제를 중심으로—", 경희대 법학박사학위 논문, 1998 참조. 早坂禧子, "行政調査- 强制の視點を中心にして", 公法研究, 201面.

등에 출입하여 현장조사를 실시하는 경우에는 현장출입조사서 또는 법령 등에서 현장조사시 제시하도록 규정하고 있는 문서를 조사 대상자에게 발송하여야 한다. 아울러 현장조사는 시간적 제약이 있는바, 해가 뜨기 전이나 해가 진 뒤에는 할 수 없는 야간조사 금지원칙이 적용된다.[31] 현장조사를 하는 조사원은 그 권한을 나타내는 증표를 지니고 이를 조사대상자에게 내보여야 하는 증표제시원칙이 적용된다.

나아가 행정조사기본법 제20조(자발적인 협조에 따라 실시하는 행정조사)에서 당사자가 언제든지 조사대상자는 문서·전화·구두 등의 방법으로 당해 행정조사를 거부할 수 있으며, 행정조사에 대하여 조사대상자가 조사에 응할 것인지에 대한 응답을 하지 아니하는 경우에는 법령 등에 특별한 규정이 없는 한 그 조사를 거부한 것으로 보도록 규정하고 있다.

아울러 행정조사기본법 제21조(의견제출) 제1항에서 "조사대상자는 제17조에 따른 사전통지의 내용에 대하여 행정기관의 장에게 의견을 제출할 수 있다.", 제2항에서 "행정기관의 장은 제1항에 따라 조사대상자가 제출한 의견이 상당한 이유가 있다고 인정하는 경우에는 이를 행정조사에 반영하여야 한다."고 되어 있는바, 이 사건 대상판결 사안의 경우에는 당사자가 자발적 협조를 하였을 뿐 의견제출의 기회를 제대로 주지 않았다고 보여진다.

라. 기본권포기에서의 동의의 의미

기본권의 포기란 기본권의 주체가 국가나 다른 기본권주체가 행하는 구체적 기본권제약행위에 대하여 사전에 동의하는 것을 말한다.[32] 이와 관련하여 기본권 침해의 법적 근거가 없더라도 당사자의 동의만으로 그 근거를 충족한다고 볼 것인지 논란이 있다. 이는 헌법적으로 기본권 포기[33]의 문제로서 다루어지는 문제

---

31) 야간조사의 예외는 1. 조사대상자(대리인 및 관리책임이 있는 자를 포함한다)가 동의한 경우
2. 사무실 또는 사업장 등의 업무시간에 행정조사를 실시하는 경우
3. 해가 뜬 후부터 해가 지기 전까지 행정조사를 실시하는 경우에는 조사목적의 달성이 불가능하거나 증거인멸로 인하여 조사대상자의 법령등의 위반 여부를 확인할 수 없는 경우의 3가지 경우이다.
32) 허완중, "기본권포기", 헌법학연구, 제15권 제1호, 2009, 520면.
33) 여기에서 기본권의 포기와 구별하여야 할 것으로서 기본권의 불행사가 있다. 기본권의 불행사란 기본권능력을 가진 자가 사실상 기본권을 행사하지 아니하는 경우, 즉 집회에 참여하지 아니하였거나 어떤 단체에 가입하지 아니한 경우를 말한다.

라고 볼 수 있다.

기본권의 포기에서 결정적으로 중요한 문제는 개개인이 특정의 기본권에서 보장되는 지위를 유효하게 포기할 수 있는가의 문제이다. 따라서 여기서 말하는 기본권의 포기라 함은 기본권적 지위에 있어서의 개인적 처분가능성의 문제와 기본권의 보호영역에서 당사자의 동의에 따라 법률적 근거없이 어떤 국가적인 침해가 허용되는지의 문제를 말한다. 이는 동의는 불법을 조각한다(volenti non fit iniuria)는 법리와 밀접한 연관이 있다. 예컨대 어떤 사람이 법관의 영장없이도 경찰이 자신의 집을 수색하는 것을 허용하거나 어떠한 법률적인 근거도 존재하지 아니함에도 경찰의 보호에 스스로 맡기는 경우, 어떤 사람이 법률적으로 규정되지 아니함에도 우체국에 도청을 하도록 허용하는 경우, 또는 영화의 사전검열이 불필요한 경우에도 사전검열을 스스로 받는 경우 등을 예시할 수 있다.

기본권 포기의 경우 동의의 의미와 관련하여 관계자가 명확하게 인식할 수 있어야 하며 자발적이어야 한다. 자기 행위의 결과나 그 위험 등을 명확하게 인식할 수 있어야 한다.[34] 강요된 상태라든가 기망에 의한 경우에는 기본권 포기가 유효하게 성립될 수 없다. 그런 경우에도 포기를 허용한다면 개인의 기본권의 자유보호가 위험에 놓이게 되기 때문이다. 또한 당사자가 포기의 의미를 분명하게 인식가능하여야 한다. 기본권의 포기 그 자체가 개인의 자유로운 인격발현에 있음에 비추어 보아도 알 수 있다. 따라서 구조적으로 불평등한 국가와 개인의 관계에서 동의의 결과 기본권의 포기의 결과가 이로 인하여 얻는 동의자의 이익에 비하여 과도하게 부담이 되는 경우에는 동의에 있어 임의성 내지 자발성이 있다고 볼 것이 아니라 사실상 강제로서 이루어진 것으로 보아야 한다.[35]

마. 행정조사의 경우 법적 근거의 요부

행정조사에 있어서 법률의 근거가 필요한가의 문제는 우선 조직법적 근거를 넘어서서 작용법적인 근거를 갖추어야 하는가의 문제라고 할 것이다. 적어도 조직법적인 근거는 권력적 행정조사의 경우이건 비권력적 행정조사이건 구비해야 한다.

이와 관련하여 법적 근거의 필요성이 인정되는 강제조사에 대한 법적 근거

---

34) 허완중, 앞의 논문, 531면.
35) 강태수, "기본권포기론", 공법연구, 제29집 제2호, 2001, 138-140면.

의 설정은 조직법적 근거에 의한 포괄적인 근거설정만으로는 부족하고 구체적인
작용법적 근거가 추가로 필요하다고 본다. 이와 관련하여 강제조사뿐만 아니라
임의조사의 경우에도 행정기관이 국민의 자유와 권리에 본질적인 영향을 미칠
수 있는 조사작용의 경우 구체적인 작용법적 근거가 추가적으로 필요한지 문제
가 된다.

생각건대, 권력적 행정조사의 경우 법률유보의 필요성은 당연히 인정되는 것
이고, 상대방이 임의적으로 협력한다고 하더라도 자료제출명령 등 행정행위에 의
한 명령을 수단적 기초로 하는 경우에는 법적 근거가 있어야 하며, 사실행위 방
식에 의한 행정조사의 경우에도 수색이나, 압수와 같이 강제적 수단을 사용하는
경우에는 법령의 근거가 요구된다. 그리고 비권력적 행정조사의 경우에도 당해
행정조사의 목적에 따라 단순한 실태조사만이 목적인 경우에는 법령의 근거의 필
요성이 부인될 수도 있을 것이나, 그 이외의 경우로서 기본권 침해의 위험성이
있고 일종의 간접적 강제가 수반되는 경우에는 침해의 확장으로 파악될 수 있어
법률의 근거가 필요하다.[36] 특히 국민의 자유와 권리에 본질적인 영향을 미치게
되는 사항에 대한 법적 근거의 설정은 조직법적 근거만으로는 부족하고, 구체적
인 작용법적 근거가 추가적으로 필요하다.[37] 일반적으로 행정조사의 법적근거의
필요성을 권력적 행정조사와 비권력적 행정조사로 나누어 검토한다. 모든 권력적
행정조사의 경우 이에 대한 법적 근거의 필요성을 인정한다. 다만, "동의는 불법
을 조각한다(volenti non fit iniuria)"는 법원칙에 따라 동의가 있는 경우에는 법적
근거가 없어도 무방하다.[38]

바. 현장조사시 당사자의 동의만으로 법적 절차를 생략할 수 있는가

상대방의 동의를 전제로 하는 임의조사의 경우에도 단순히 동의가 있다는
이유만으로 법적 근거가 없어도 무방하지만, 그렇다고 법령에 규정되어 있는 행

---

36) 김용섭, "법치행정원리에 대한 재검토", 경희법학, 제33권 제1호, 1998, 217면.
37) 이러한 작용법적 근거로서는 행정조사에 관한 근거조항만으로는 부족하고, 개별 법률이나
　　행정조사기본법에서 ① 행정조사의 목적에 대한 구체적인 제시, ② 행정조사의 대상의 확
　　정, ③ 행정조사의 수단에 대한 개별적·구체적 제시, ④ 행정조사의 방식에 대한 구체적
　　제시, ⑤ 행정조사의 절차에 대한 구체적 제시, ⑥ 행정조사를 상대방이 거부하는 경우 강
　　제수단의 필요성 및 그 구체적인 수단 등이 명시되는 것이 바람직하다.
38) 개인정보보호법상의 동의, 의료법상의 informed consens의 의미 동의, 사후부관의 허용성
　　과 관련하여 동의 등의 문제가 고려될 수 있다.

정조사의 방법을 회피하는 수단으로 임의적 협력을 얻는 것은 바람직하지 않다. 그 이유는 당사자가 동의를 받기 전에 명확히 조사절차의 자발적 협력을 요구한 것이 아니라 당사자의 입장에서는 동의를 받지 않을 경우에 더 큰 불이익이 생기는 경우를 미연에 방지하기 위하여 동의를 한 경우일 수 있으므로, 동의는 법률에 의하여 거쳐야 할 제약을 회피하는 탈법을 정당화해 주는 수단으로 전락하지 않아야 한다.

대법원판례[39]에서 청문절차를 협약을 통하여 배제하는 것이 허용되지 않는 것과 마찬가지로 이 사건 평석대상판결 사안의 경우에는 사전통지 절차를 거쳐야 하는 것으로 보는 것이 합리적 해석이라고 볼 것이다. 행정조사기본법은 기본적으로 조사절차에 있어서 규제완화적 차원에서 기업을 옥죄는 행정조사는 그 법적한계를 준수하도록 행정조사의 기본원칙을 정한 것이므로 그 예외를 적용하려면 자발적 협조의 과정에 있어서 조사의 범위와 내용 등에 대하여 충분히 설명하여야 하고, 아울러 이러한 조사는 위법사실에 대한 조사로서 당사자에게 변호사 등의 조력자의 참여를 보장할 필요가 있기 때문이다.

사. 소결

당사자의 자발적 협조가 의미를 갖는 것은 법적인 근거가 없이 행정조사를 하는 경우를 말하고, 이미 개별법의 법적인 근거가 있어 행정조사를 하는 경우에는 행정조사기본법 제5조 단서에 의한 자발적 협의의 방식으로 돌아가 행정조사의 엄격한 절차를 회피하지 않도록 할 필요가 있다. 자발적 협조를 얻어 행정조사를 하는 경우에도 행정조사의 개시와 동시에 출석요구서등을 조사대상자에게 제시하거나 행정조사의 목적 등을 조사대상자에게 구두로 통지할 수 있다고 되어 있으므로 조사목적만 알려서는 곤란하고 행정조사기본법 제11조 제1항 제1호 내

---

39) 대법원 2004. 7. 8. 선고 2002두8350 판결에서 "행정청이 당사자와 사이에 도시계획사업의 시행과 관련한 협약을 체결하면서 관계 법령 및 행정절차법에 규정된 청문의 실시 등 의견청취절차를 배제하는 조항을 두었다고 하더라도, 국민의 행정참여를 도모함으로써 행정의 공정성·투명성 및 신뢰성을 확보하고 국민의 권익을 보호한다는 행정절차법의 목적 및 청문제도의 취지 등에 비추어 볼 때, 위와 같은 협약의 체결로 청문의 실시에 관한 규정의 적용을 배제할 수 있다고 볼 만한 법령상의 규정이 없는 한, 이러한 협약이 체결되었다고 하여 청문의 실시에 관한 규정의 적용이 배제된다거나 청문을 실시하지 않아도 되는 예외적인 경우에 해당한다고 할 수 없다."고 판시한 것과 같이 청문을 실시하지 않기로 하는 협약만으로 그 정당성이 인정될 수 없다고 보아야 한다.

지 제7호에 기재된 사항에 대하여 상세히 알려야 한다. 일부 사항에 대하여만 알
리는 것으로 충분히 방어권을 보장하는 데 무리가 있고 과연 그와 같은 경우에도
자발적 협조를 얻어 동의를 한 것으로 볼 것인지 의문이기 때문이다.

　　이 사건 대상 판결에서는 행정조사와 관련하여 개별 법률의 법적 절차를 밟
도록 되어 있는 경우에도 행정조사기본법상의 자발적 협조에 의한 경우로 보아
법규정의 잠탈을 용인해 주는 듯한 판시태도는 문제가 있다고 본다.

Ⅲ. 행정절차의 법적 문제

1. 행정절차의 기능

　　행정절차는 가장 좁은 의미에서는 행정처분을 내리기 전 단계에 법령상 거
치도록 되어 있는 일련의 과정을 말한다. 그런데 이와 같은 행정절차의 기능과
관련하여 행정절차는 그 자체가 목적이 아니며 행정결정의 법률적합성·합목적성
의 보장을 확보하고 행정절차에 관계하는 자들의 권리를 보장하는 등 실체적 결
정을 정당화하기 위한 수단으로 봉사적 기능을 수행한다고 보는 입장[40]과 행정
절차 그 자체가 하나의 독자적 의미를 갖는 자체목적적 기능을 수행한다는 입장
으로 구분된다.

　　행정절차를 봉사적 기능의 관점에서 파악하면, 절차가 비록 하자가 있더라도
후속되는 행정처분의 실제적 결정에 아무런 영향을 미치지 않아 그 절차하자만으
로 처분의 실체적 효력에 영향이 없다고 보게 된다. 이에 반해 행정절차 그 자체
를 자기목적적인 작용으로 보게 되면 행정절차의 하자 그 자체만으로도 행정처분
의 실체적 효력에 영향을 미치게 된다고 볼 여지가 많아진다.

2. 행정절차법상 청문실시의 예외적 사유

가. 청문절차의 구조와 종류

(1) 청문의 의의와 구조

　　청문제도란 행정청이 행정결정이나 처분을 하기에 앞서 당사자 또는 이
해관계인에게 변명과 유리한 자료를 제출하여 행정의 의사결정과정에 당사

---

40) 홍정선, 행정법원론(상), 박영사, 2015, 585면.

자로 하여금 참여할 기회를 보장하여 스스로 방어할 기회를 제공하는 것으로 사전적 권리구제장치이자 행정절차의 핵심적 요소이다.

청문제도는 침익적 행정처분을 하기에 앞서 당사자에게 진술권을 법적으로 보장하여 행정의 민주화 요청을 충족하고 실질적 법치주의 이념을 실현하는 데 이바지한다. 그러나 행정절차법은 그 적용의 예외사유를 마련하여 모든 경우에 청문을 해야 하는 것은 아니다.[41]

이와 같은 청문제도는 국민에게 불이익한 행정처분을 하면서 행정청의 주관적인 의사나 독단과 편견에 의한 결정을 방지하고 객관적이며 공정한 결과를 이끌어내고, 행정결정의 적정성을 확보하기 위한 것으로 청문주재자를 누구로 할 것인지, 청문결과의 구속력을 인정할 것인지, 청문절차를 어떤 구조로 할 것인지가 매우 중요하다.

청문의 구조와 관련하여 영미식의 당사자주의와 대륙식의 직권주의 방식이 대립되고 있으나 양 제도는 서로 접근하여 수렴되는 추세이다.

우리나라의 청문제도는 당사자주의 요소와 직권주의 요소가 혼합되어 있다. 우선 청문주재자가 중립적 제3자의 지위에서 당사자의 주장과 증거를 판단하는 당사자주의적 요소로는 청문대상의 확정, 청문대상자의 출석진술권(행정절차법 제31조 제2항), 증거제출 및 참고인·감정인에 대한 질문 등(행정절차법 제31조 제2항, 제33조 제1항)을 들 수 있다. 한편 직권주의적 요소로는 처분청의 출석 및 의견진술권(행정절차법 제33조 제3항), 직권에 의한 증거조사(행정절차법 제33조 제1항)를 들 수 있다.

---

41) 먼저 대법원 2013. 1. 16. 선고 2011두30687 판결[직권면직처분취소]에서는 별정직공무원의 직권면직처분에 대하여 행정절차법의 적용예외에 해당하는지 여부가 쟁점이 된 사안에서 대법원은 다음과 같이 판시하고 있다. "구 행정절차법(2012. 10. 22. 법률 제11498호로 개정되기 전의 것) 제21조 제1항, 제4항, 제22조에 의하면, 행정청이 당사자에게 의무를 과하거나 권익을 제한하는 처분을 하는 경우에는 미리 처분하고자 하는 원인이 되는 사실과 처분의 내용 및 법적 근거, 이에 대하여 의견을 제출할 수 있다는 뜻과 의견을 제출하지 아니하는 경우의 처리방법 등의 사항을 당사자 등에게 통지해야 하고, 다른 법령 등에서 필수적으로 청문을 실시하거나 공청회를 개최하도록 규정하고 있지 아니한 경우에도 당사자 등에게 의견제출의 기회를 주어야 하되, '당해 처분의 성질상 의견청취가 현저히 곤란하거나 명백히 불필요하다고 인정될 만한 상당한 이유가 있는 경우' 등에는 처분의 사전통지나 의견청취를 아니 할 수 있도록 규정하고 있다. 따라서 행정청이 침해적 행정처분을 하면서 당사자에게 위와 같은 사전통지를 하거나 의견제출의 기회를 주지 않았다면, 사전통지를 하지 않거나 의견제출의 기회를 주지 않아도 되는 예외적인 경우에 해당하지 않는 한, 그 처분은 위법하여 취소를 면할 수 없다."

우리 행정절차법상 청문의 기본구조는 순수한 영미식도 순수한 대륙식도 아닌 영미식 당사자주의에 대륙식 직권주의가 가미된 형태의 혼합적 구조라고 볼 것이다. 우리의 경우에는 대륙법계통의 국가이면서 영미법적인 절차적 사고를 가미하고 있다. 우리의 경우 판례[42]는 청문절차를 결여한 경우에 법률에 특별한 규정이 없는 한 취소사유에 해당하는 것으로 보고 있다.

(2) 청문의 종류

행정절차법 제22조에서 넓은 의미의 청문을 의견청취라 부르고, 그 안에 청문, 공청회 및 의견제출을 포함시키고 있다.

의견청취절차는 국민에게 불이익을 주는 처분을 하거나 다수의 국민의 이해관계가 대립하는 처분을 하는 경우 의견제출, 청문, 공청회 등 행정과정에 국민이 참여할 기회를 제공하여 국민의 권익침해를 미연에 방지하기 위한 사전권익구제절차의 일종이라고 할 것이다.

그러나, 행정절차법 제2조 제5호의 규정에 따라, 좁은 의미의 청문은 행정청이 어떠한 처분을 하기 전에 당사자등의 의견을 직접 듣고 증거를 조사하는 절차를 말한다. 행정절차법 제22조 제1항에서 청문을 하여야 할 경우를 3가지 경우로 나누어 규율하고 있다. 즉, 제1호에서는 "다른 법령등에서 청문을 하도록 규정하고 있는 경우"로 규정하고 있고, 제2호에서는 "행정청이 필요하다고 인정하는 경우"로 규정하고 있으며, 제3호에서는 "인허가등의 취소, 신분·자격의 박탈, 법인이나 조합 등의 설립허가의 취소시에 행정절차법 제21조 제1항 제6호에 따른 의견제출기한 내에 당사자등의 신청이 있는 경우"로 규정하고 있다. 이처럼 협의의 청문은 제1호의 의무적 청문, 제2호의 임의적 청문 그리고 제3호의 신청에 의한 청문의 3가지로 구분된다.[43]

---

42) 대법원 2001. 4. 13. 선고 2000두3337 판결; 대법원 2007. 11. 16. 선고 2005두15700 판결.
43) 2010년 행정안전부 조사결과 개별 법령에서 청문을 실시하도록 규정함에 따라 의무적으로 실시한 경우 32,819건(81.5%), 행정청이 필요하다고 인정하여 임의적으로 실시한 경우 7,476건(18.6%)으로 나타났으며, 인허가의 취소 등 당사자 등이 신청이 있는 경우에 청문을 하도록 되어 있는 경우는 2014. 1. 28 개정되어 2014. 3. 1.부터 시행되고 있는 사항으로 당시로서는 통계가 파악되지 않고 있다.

나. 청문실시의 예외사유

(1) 행정절차법 제21조 제4항

행정절차법 제21조 제4항에서 청문실시 3가지의 예외사유를 마련하고 있다. 특히 동조 제4항 제3호에서는 "당해 처분의 성질상 의견청취가 현저히 곤란하거나 명백히 불필요하다고 인정될 만한 상당한 이유가 있는 경우"에 사전통지를 거치지 않아도 되도록 하였다. 이와 같은 사전통지의 예외와 같은 행정절차법의 적용이 배제되는 경우에 법원은 이하의 판례에서 보는 바와 같이 그 문구의 해석을 엄격하게 하여 행정절차법의 적용의 배제를 제한적으로 인정하여 왔다.

(2) 청문실시의 예외에 관한 판례의 입장

이 사건 평석대상 판결이 내려지기 전까지 청문실시의 예외사유 중에서 행정절차법 제21조 제4항 제3호에 해당하는지 여부와 관련하여 다음과 같은 판례가 있었으며, 이 사건 판결에서 그대로 원용하고 있다.

먼저 대법원 2001. 4. 13. 선고 2000두3337 판결[44]을 들 수 있다. 이 판결은 구 공중위생법(1999. 2. 8. 법률 제5839호 공중위생관리법 부칙 제2조로 폐지)상 유기장업허가취소처분을 함에 있어서 두 차례에 걸쳐 발송한 청문통지서가 모두 반송되어 온 경우, 행정절차법 제21조 제4항 제3호에 정한 청문을 실시하지 않아도 되는 예외 사유에 해당한다고 단정하여 당사자가 청문일시에 불출석하였다는 이유로 청문을 거치지 않고 이루어진 위 처분이 위법하지 않다고 판단한 원심판결을 파기한 사례로, 행정절차법 제21조 제4항 제3호와 관련하여 내린 리딩케이스와 같은 판결이다.[45]

---

44) 행정절차법 제21조 제4항 제3호는 침해적 행정처분을 할 경우 청문을 실시하지 않을 수 있는 사유로서 "당해 처분의 성질상 의견청취가 현저히 곤란하거나 명백히 불필요하다고 인정될 만한 상당한 이유가 있는 경우"를 규정하고 있으나, 여기에서 말하는 '의견청취가 현저히 곤란하거나 명백히 불필요하다고 인정될 만한 상당한 이유가 있는지 여부'는 당해 행정처분의 성질에 비추어 판단하여야 하는 것이지, 청문통지서의 반송 여부, 청문통지의 방법 등에 의하여 판단할 것은 아니며, 또한 행정처분의 상대방이 통지된 청문일시에 불출석하였다는 이유만으로 행정청이 관계 법령상 그 실시가 요구되는 청문을 실시하지 아니한 채 침해적 행정처분을 할 수는 없을 것이므로, 행정처분의 상대방에 대한 청문통지서가 반송되었다거나, 행정처분의 상대방이 청문일시에 불출석하였다는 이유로 청문을 실시하지 아니하고 한 침해적 행정처분은 위법하다.

45) 이와 관련하여 상반된 내용의 평석이 있다. 먼저 김춘환, "청문절차를 결여한 침해적 행정처분의 위법성: 대법원 2001. 4. 13. 선고 2000두3337 판례를 중심으로", 연세법학연구, 제8권 제1호, 2001. 김 교수는 2차례 반송되어 왔음에도 청문을 거치도록 하는 부분에 대하여 비판적 관점에서 평석을 하고 있으며 법원은 처분의 성질을 중심으로 판단하라고 하지만

한편, 대법원 2000. 11. 14. 선고 99두5870 판결[지하수개발이용수리취소 및 원상복구명령취소]에서는 "행정청이 온천지구임을 간과하여 지하수개발·이용신고를 수리하였다가 행정절차법상의 사전통지를 하거나 의견제출의 기회를 주지 아니한 채 그 신고수리처분을 취소하고 원상복구명령의 처분을 한 경우, 행정지도방식에 의한 사전고지나 그에 따른 당사자의 자진 폐공의 약속 등의 사유만으로는 사전통지 등을 하지 않아도 되는 행정절차법 소정의 예외의 경우에 해당한다고 볼 수 없다는 이유로 그 처분은 위법하다"는 취지로 판시한 바 있다. 전체적으로 살펴볼 때 이 사건 평석대상 판결을 비롯하여 사전통지와 청문실시의 예외의 인정을 엄격하게 해석하여 제한적으로 받아들이고 있는 대법원판례의 태도는 타당하다고 볼 것이다.

3. 행정절차법 제26조 불복고지절차위반의 효과

가. 문제의 제기

행정절차법 제26조에서 고지제도를 명문화하고 있다. 즉, 행정청이 처분을 할 때에는 당사자에게 그 처분에 관하여 행정심판 및 행정소송을 제기할 수 있는지 여부, 그 밖에 불복을 할 수 있는지 여부, 청구절차 및 청구기간, 그 밖에 필요한 사항을 알려야 한다. 행정심판법 제58조에서 행정청이 처분을 할 때에는 처분의 상대방에게 해당 처분에 대하여 행정심판을 청구할 수 있는지, 행정심판을 청구하는 경우의 심판청구 절차 및 심판청구 기간을 알리도록 명문의 규정을 두고 있다. 또한 행정청은 이해관계인이 요구하면 다음 각 호의 사항(1. 해당 처분이 행정심판의 대상이 되는 처분인지, 2. 행정심판의 대상이 되는 경우 소관 위원회 및 심판청구 기간)을 지체 없이 알려 주어야 한다. 이 경우 서면으로 알려 줄 것을 요구받으면 서면으로 알려 주어야 한다.

한편, 행정심판법 제23조 제2항에서 행정청이 같은 법 제58조에 의한 행정심판청구절차를 고지하지 않거나 잘못 고지하여 심판청구서를 다른 기관에 제출한 경우에는 그 다른 행정기관은 정당한 권한이 있는 행정기관으로 청구서를 이첩할

구체적인 기준제시가 미흡하다고 비판하고 있다. 한편 실무적 관점에서 엄격하게 해석하여 청문절차의 예외를 인정하지 않았다는 점을 긍정적으로 평가하는 견해로는 김용찬, "행정절차법에 의한 청문을 실시하지 않고 행한 침해적 행정처분의 효력(행정절차법 제21조 제4항 제3호의 의미)", 대법원판례해설, 2002를 들 수 있다.

의무가 있음을 규정하고 있다. 행정심판법 제27조 제6항에 의하면 행정청이 심판청구기간을 알리지 않는 경우에는 처분이 있음을 알았다고 하더라도 심판청구기간이 처분이 있은 날을 기준으로 기산하여 180일까지 연장되는 등 불고지의 경우 법적 효과를 마련하고 있다.

이와 같은 행정절차법상 고지절차를 제대로 이행하지 않은 경우에 절차하자가 중대한 것인지 아니면 실체에 아무런 영향을 미치지 않는 것인지 문제이다. 실체에 영향을 미쳐야만 절차하자가 처분의 위법사유가 되는 것은 아니므로 행정심판법상의 불고지와 오고지의 효과가 있다고 할지라도 그것만으로 처분의 효력에 아무런 영향을 미치지 않는다고 해석하는 것은 행정절차법을 마련하여 불복고지제도를 두고 있는 취지를 몰각하게 된다. 이와 관련하여 행정절차법 제26조에 따른 불복고지를 하지 않은 경우 절차하자로 볼 것인지 아니면 절차하자가 아니라고 볼 것인지, 절차하자라고 할지라도 처분에 아무런 영향이 없다고 볼 것인지, 절차하자에 해당하지만 소송이나 행정심판을 제기하면 하자가 치유된다고 볼 것인지 아니면 이유제시 등 다른 절차하자의 경우와 마찬가지로 처분의 하자가 된다고 볼 것인지 논란이 야기된다.

행정절차법은 1998. 1. 1.부터 시행되고 있는바, 행정절차법이 시행되기 10년 전에 나온 1987년도 대법원판례는 리딩케이스가 될 수 없다. 행정절차법 제26조에서 불복고지제도에 관하여 명문의 규정을 두고 있는 마당에 법원에서 이를 훈시규정으로 보아 행정청이 그 절차를 지키지 않아도 무방하다면 절차중시의 행정문화의 확립은 요원하다고 할 것이다.

나. 고지절차의무 위반에 대한 대법원판례의 태도

(1) 앞에서 소개한 바 있는 관련판례 2-1. 대법원 1987. 11. 24. 선고 87누529 판결에서 판시한 바와 같이 당시 개별법령인 교통부령[46)에 따라 고지의무가 있

---

46) 자동차운수사업법 제31조 등의 규정에 의한 사업면허의 취소 등의 처분에 관한 규칙([시행 1985. 4. 1.] [교통부령 제811호, 1985. 3. 11., 일부개정] 제7조(처분의 통지) ① 처분관할관청이 처분을 행한 때에는 지체없이 관할경찰서장 및 자동차 사용자에게 이를 서면으로 통지하여야 한다. 〈개정 1985. 3. 11.〉
② 제1항의 규정에 의하여 관할경찰서장에게 사업정지 또는 운행정지의 처분을 행하였음을 통지하는 때에는 별지 제2호서식의 처분장을 첨부하여야 한다.
③ 처분 관할관청이 제1항의 규정에 의하여 자동차사용자에게 처분을 통지하는 경우에는 소원을 제기할 수 있다는 뜻과 제기하는 경우의 재결정, 경유절차 및 제기기간을 알려야

음에도 불고지하였다 하여 처분의 위법이 되지 않는다고 판시한 대법원판례는 행정절차법이 제정되기 전의 판례이므로 행정절차법 제26조가 제정되고 난 이후에도 그대로 유지하는 것이 적절한 것인지 의문이다. 대법원은 당시 위 교통부령에서 정한 고지절차를 위반한 것과 관련하여 처분청이 고지의무를 이행하지 않았다고 하더라도 행정심판의 청구기간이 연장될 수 있는 것에 그치고 이로 인하여 심판의 대상이 되는 행정처분에 어떤 하자가 수반된다고 할 수 없다고 판시하였으나, 행정절차법에 명문의 규정을 두고 있지 않고 행정심판법에만 규정을 두고 있어 오늘날에도 이러한 해석을 그대로 유지될 것인지 논란이 있을 수 있다.

관련판례 2-2. 대법원 2008. 6. 12. 선고 2007두16875 판결에서는 행정절차법 제26조 위반이 있다고 하면서도 행정절차법에 절차하자의 효과에 관한 규정을 두고 있지 않다고만 말하고 있을 뿐 이에 관하여 본안에서 그 위법성 여부를 전혀 판단하지 아니하고 취소소송의 제기요건 중의 하나인 제소기간의 도과 여부만을 판단하고 있다. 행정소송법에서는 행정심판법과는 달리 불고지와 오고지의 효과에 대하여 아무런 명문을 규정을 두고 있지 않으므로 제소기간에 영향이 없다는 해석의 타당 여부는 별론으로 하고, 행정소송에 있어서 고지절차를 이행하지 않은 절차하자가 있음에도 처분을 취소할 수 없다는 것은 납득이 되지 않는다. 행정절차법 제26조에 고지절차가 명문화되었음에도 이를 준수하지 않아 하자가 있음에도 다른 절차위반의 경우와 달리 처분의 효력에 아무런 영향을 미치지 않는다면 납득할 수 있는 논거와 설명이 뒤따라야 할 것이다.

다. 하급심 판결례

(1) 행정절차법 제26조에 따른 고지의무를 불이행한 경우에 처분의 위법으로 보아 취소할 수 있다는 적극적 입장

- 인천지방법원 2006. 11. 2. 선고 2006가합3895 판결
  : 항소[손해배상등]

"행정심판 등 불복절차를 고지하지 않았거나 잘못 고지한 절차상의 하자가 있다 하더라도 이러한 불복절차 고지규정은 행정처분의 상대방이 그 처분에 대한 행정심판 등 불복절차를 밟는 데 있어 편의를 제공하기 위한 것인 점, 행정심판

한다. 〈신설 1985. 3. 11.〉

등 불복절차에 관한 불고지 또는 오고지에 관하여 행정심판법과 행정소송법에서 행정심판과 행정소송의 제기기간에 관한 연장규정을 두고 있고 있는 점 등에 비추어 이러한 불복절차 고지규정 위반은 행정처분의 당연무효사유가 아니라 단지 취소 사유에 불과하다."

(2) 행정절차법 제26조에 따른 고지의무를 불이행한 경우에 처분을 취소해야 할 정도의 절차상 하자로 보기 어렵다는 소극적 입장

- 서울고등법원 2016. 5. 11. 선고 2015누49728 판결
  [시정명령처분취소등]

"피고가 이 사건 처분을 하면서 원고에게 행정절차법 제26조에서 정한 바에 따라 행정심판 및 행정소송을 제기할 수 있는지 여부, 청구절차 및 청구기간 등을 알렸음을 인정할 증거는 없다. 그러나 원고가 제소기간 내에 이 사건 소를 제기하여 이 사건 처분의 적법 여부를 다투고 있는 이상 피고가 위와 같은 내용을 고지하지 아니하였다는 사정만으로는 이 사건 처분을 취소해야 할 정도의 절차상 하자가 있다고 보기 어렵다. 원고의 이 부분 주장도 이유 없다."

(3) 행정절차법 제26조에 따른 고지의무를 불이행한 경우 제소기간 내에 이 사건 소를 제기한 이상 처분이 위법하다고 볼 수 없다는 입장

- 서울행정법원 2014. 1. 23. 선고 2012구합41585 판결
  : 항소[교육프로그램폐쇄명령취소]

"행정절차법 제26조는 처분상대방에게 행정처분에 대한 불복절차를 고지하도록 규정하고 있는바, 위 고지절차에 관한 규정은 행정처분의 상대방이 그 처분에 대한 행정심판 등의 불복 절차를 밟는 데 있어 편의를 제공하려는 데 있으므로, 처분청이 위 규정에 따른 고지의무를 이행하지 아니하였다고 하더라도 경우에 따라서는 행정심판의 제기기간이 연장될 수 있는 것에 그치고 그러한 사정만으로 심판의 대상이 되는 행정처분에 어떤 하자가 수반된다고 할 수 없다(대법원 1987. 11. 24. 선고 87누529 판결 취지 참조). 나아가 원고는 행정소송법이 정한 제소기간 내에 이 사건 소를 제기하였으므로 피고가 이 사건 처분 당시 불복방법을 고지하지 아니하였다는 사정만으로 이 사건 처분이 위법하다고 보기 어렵다. 원고의 이 부분 주장은 이유 없다."

(4) 처분에 절차하자가 있다고 하더라도 제소기간 내에 소를 제기한 경우 하
자치유가 되었다는 입장

- 서울행정법원 2012. 7. 13. 선고 2012구합6216 판결
  [별도보상적용제외처분무효확인등]

"행정절차법 제26조에 의하면, 행정청은 처분 당시에 불복절차 및 청구기간
등을 고지할 의무가 있고, 행정심판법 제58조 제1항에서도 행정청은 해당 처분에
대하여 행정심판을 청구할 수 있는지 여부 및 그 절차와 청구기간을 고지할 의무
를 규정하고 있다. 한편, 행정심판법 제23조 제2항에서는 행정청이 같은 법 제58
조에 의한 행정심판청구절차를 고지하지 않거나 잘못 고지하여 심판청구서를 다
른 기관에 제출한 경우에는 그 다른 행정기관은 정당한 권한이 있는 행정기관으
로 청구서를 이첩할 의무가 있음을 규정하고 있고, 행정심판법 제27조 제6항에
의하면 행정청이 심판청구 기간을 알리지 않는 경우에는 심판청구기간을 연장하
도록 하는 등 행정청의 잘못된 고지나 고지의무 해태에 대한 구제수단을 마련하
고 있는 점에 비추어, 피고가 이 사건 환류처분을 하면서 불복절차에 대한 고지
의무를 해태한 것만으로 위법하다고까지 보기는 어렵다. 설령, 이 사건 환류처분
에 그와 같은 절차적 하자가 있다고 하더라도, 원고들이 위 처분에 대하여 소정
기간 내에 국민건강보험법 제76조 제1항에 의한 이의신청절차를 경유한 후, 제소
기간 내에 이 사건 소를 제기하였던 사정에 비추어, 그러한 하자는 치유되었다고
볼 것이다. 따라서 원고들의 이 부분 주장은 이유 없다."

라. 종합검토

행정절차법 제26조의 불복고지 절차를 거치지 아니한 경우일지라도 처분의
효력에 영향을 미치지 않는다면 행정절차법의 규정에도 불구하고 담당공무원이
이를 준수하지 않을 수 있다. 불복 고지절차는 이유부기 못지않게 절차적 프로세
스에 관한 정보를 마련해 주는 것으로 정보를 제대로 안주어 행정심판을 거치지
않거나 필요적 행정심판전치주의가 적용되는 사안인지 일반국민이 이를 잘 모르
고 곧바로 행정소송을 제기하는 수가 있으므로 행정청의 담당공무원이 이 부분을
반드시 처분서에 기재하여 고지하도록 할 필요가 있다고 본다. 이와 같이 처분을
함에 있어서 고지를 하지 않은 담당 공무원에 대한 적절한 징계 등의 조치와는

별개로 행정처분의 효력에 영향을 미치도록 할 필요가 있다고 보여진다. 청문의 경우에 청문주재도 대부분 해당 부처 소속 공무원이 수행하고, 그 결과의 반영 여부도 의무적이 아닌 실정에서 이를 거치지 않았다고 하여 처분이 위법하게 되는 것으로 보는 것과 비교해 볼 때 행정절차법상 불복고지를 하지 않은 경우에도 절차가 적법하게 된다고 보는 것은 납득하기 어렵다.

불복고지절차를 행정절차법 제26조에 규정하였음에도 불구하고 이러한 조항을 무시하고 고지를 하지 않은 경우에도 처분의 효력에 아무런 영향을 미치지 않는다고 본 하급심의 판례는 문제가 있다고 할 것이다.

이와 관련하여, 이 사건 평석대상 1심판결에서는 정면으로 고지절차위반이 위법하지 않다고 보았고, 원심판결도 이 부분이 특히 문제되지 않는다고 보았다. 그런데 서울행정법원의 다수 판결이 이를 절차하자가 아니라고 보고 있으나, 인천지방법원의 판결은 절차하자의 문제로 보아 처분의 취소사유가 된다고 적절히 파악하고 있다. 행정절차법상의 규정 중 일부는 훈시규정이고, 일부는 강행규정으로 보는 것은 적절하지 않다. 만약에 고지절차가 중요하지 않은 절차라고 한다면, 중요한 절차와 중요하지 않은 부수적 절차를 구분하는 기준은 무엇인지 설명할 필요가 있다. 일부 견해[47]는 절차적 권리가 인정된 경우에 중요한 절차로 파악하고 있다. 그렇다면 당사자가 변호사 등의 법률전문가의 조력을 받지 아니하고 행정소송 등을 제기할 수 있는 불복고지를 요청할 수 있는 절차적 권리를 인정할 수 있기 때문에 이는 중요한 절차로 볼 여지가 있다. 또한 절차하자가 치유되었다는 식의 일부 하급심판결의 논리 역시 행정청의 일정한 하자치유 노력이 없음에도 불구하고 당사자가 취소소송을 그 기간 내에 제기한 것만으로 하자가 치유된다는 논리는 설득력이 떨어진다.

4. 절차하자와 법원의 절차적 위법성의 심사문제

가. 행정소송의 주된 기능

행정절차하자의 효과를 행정절차와 행정실체 및 행정소송과의 연결적 입체적인 관점에서 종합적 고찰이 필요하다.[48]

47) 김유환, "행정절차하자의 법적 효과 — 절차 및 하자의 유형론과 당사자의 절차적 권리의 관점에서의 검토 —", 법학논집, 제8집 제1호, 2003, 137면.
48) 아울러 행정소송의 기능을 어떻게 이해할 것인가의 문제와 관련이 있는 문제이다. 가령 행

행정소송의 기능과 제도적 목적은 일반적으로 권리구제와 행정통제의 2가지를 든다.[49] 행정소송이 2가지 기능 중 통설의 입장은 권리구제를 주된 기능으로 이해하고, 행정통제를 부수적 기능으로 이해하는 데 반해서, 행정재판은 헌법상으로 행정작용의 적법성을 통제하는 객관소송의 성격에 비추어 행정통제가 주된 기능이라는 견해[50]가 대립하고 있다.

우리의 행정소송법 제1조에서는 "이 법은 행정소송절차를 통하여 행정청의 위법한 처분 그 밖에 공권력의 행사·불행사 등으로 인한 국민의 권리 또는 이익의 침해를 구제하고, 공법상의 권리관계 또는 법적용에 관한 다툼을 적정하게 해결함을 목적으로 한다"라고 하여 법문만 놓고 보면 권리구제를 도모하면서 행정통제를 동시에 달성하는 것과 같은 문구로 되어 있다. 행정소송법 목적(제1조)와 법률상 이익이 있는 자에 한하는 취소소송의 원고적격(제12조), 무효확인소송에서 사정판결(28조)의 적용배제 등을 종합적으로 살펴볼 때, 주관적 권리구제와 법원을 통한 위법한 행정활동에 대한 통제를 동시에 도모한다고 볼 것이다. 이처럼 양기능의 조화적 관점에서 당사자의 절차하자의 주장은 보충적 예비적으로 주장한 것으로 선해하여 실체적 판단을 먼저하고 절차적 하자의 판단을 후속적으로 하는 것이 필요하다고 볼 것이다.

나. 절차하자에 대한 통제와 권리구제

우리의 판례에 비추어 볼 때 절차적 하자가 있는 처분의 효력을 언제나 일의적으로 판단하여 위법하다고 할 수 없고, 차별적 고찰이 필요하다고 보여진다. 절차하자가 언제나 처분에 효력을 미치는 것은 아니라고 보아야 하며, 어떤 경우에는 무효[51]로 어떤 경우에는 적법[52]한 것으로 보고 있으며, 단

정소송의 기능을 권익구제에 초점을 맞출 것인지 아니면 행정통제에도 주안점을 맞출 것인지의 문제인데, 기본적으로 행정소송은 1차적으로 권익구제장치라고 할 것이다. 이 점에 대하여는 학설상의 다툼은 없다고 보여진다. 이는 행정소송법 제1조를 통해서도 쉽게 알 수 있다. 이와 관련하여 행정소송의 주된 기능을 행정통제에 두는 견해는 행정소송법 제1조, 제12조 등에 반한다고 보여진다. 이러한 행정소송의 기능논의와 행정절차의 하자의 효과문제는 뒤에서 살펴보는 바와 같이 상호연관성이 있다고 보여진다.

49) 김철용, 행정법, 고시계, 2016, 424면.
50) 박정훈, "행정소송법 개정의 주요쟁점", 공법연구, 제31집 제3호, 2003, 41면 이하.
51) 절차하자를 처분의 무효사유로 본 판결의 예로는, 대법원 2006. 6. 30. 선고 2005두14363 판결; 대법원 2007. 4. 12. 선고 2006두20150 판결; 대법원 2016. 12. 27. 선고 2016두49228 판결 등을 들 수 있다.

순 위법으로 취소[53]로 보는 것이 일반적이다. 물론, 절차하자가 있거나 절차상의 흠결이 있는 경우 올바른 절차를 준수하도록 할 수 있는 가장 효과적인 수단은 행정소송을 통한 사법적 통제라고 할 것이다.[54] 이와 관련하여, 대법원[55]이 그 환경영향평가의 내용이 다소 부실하다 하더라도, 그 부실의 정도가 환경영향평가제도를 둔 입법 취지를 달성할 수 없을 정도이어서 환경영향평가를 하지 아니한 것과 다를 바 없는 정도의 것이 아닌 이상 그 부실은 당해 승인 등 처분에 재량권 일탈·남용의 위법이 있는지 여부를 판단하는 하나의 요소로 됨에 그칠 뿐, 그 부실로 인하여 당연히 당해 승인 등 처분이 위법하게 되는 것이 아니라고 판시하고 있는 바와 같이 절차하자의 문제를 곧바로 실체하자로 전환하여 파악하는 판례를 살펴보면 다음과 같다.

- 대법원 2004. 5. 28. 선고 2004두961 판결

[폐기물처리사업계획서신청서류반려처분취소]

"폐기물처리업 허가와 관련된 법령들의 체제 또는 문언을 살펴보면 이들 규정들은 폐기물처리업 허가를 받기 위한 최소한도의 요건을 규정해 두고는 있으

---

52) 절차하자를 처분이 적법하다고 본 판결의 예로는, 대법원 1994. 3. 22. 선고93누18969 판결; 대법원 2015. 8. 27. 선고 2013두1560 판결; 대법원 2007. 4. 12. 선고 2005두2544 판결; 대법원 2015. 10. 29. 선고 2012두28728 판결; 대법원 2014. 2. 27. 선고 2011두7489 판결; 대법원 2015. 12. 10. 선고 2012두6322 판결; 대법원 2001. 6. 29. 선고 99두9902 판결 등을 들 수 있다.

53) 절차하자를 처분의 취소사유로 본 판결의 예로는, 대법원 2012. 2. 23. 선고 2011두5001 판결; 대법원 2001. 4. 13. 선고 2000두3337 판결; 대법원 2015. 11. 26. 선고 2013두765 판결; 대법원 20078. 3. 15. 선고 2006두15906 판결 등을 들 수 있다.

54) 김태오, "행정절차 하자의 독자적 취소사유에 대한 기능론적 재검토 — 시청자 의견청취절차의 부실이행을 이유로 한 방송사업 재허가 거부처분취소소송을 중심으로 —", 행정법연구, 제42호, 2015. 7, 27면.

55) 대법원 2004. 12. 9. 선고 2003두12073 판결: "구 환경영향평가법 제4조에서 환경영향평가를 실시하여야 할 사업을 정하고, 그 제16조 내지 제19조에서 대상사업에 대하여 반드시 환경영향평가를 거치도록 한 취지 등에 비추어 보면, 같은 법에서 정한 환경영향평가를 거쳐야 할 대상사업에 대하여 그러한 환경영향평가를 거치지 아니하였음에도 승인 등 처분을 하였다면 그 처분은 위법하다 할 것이나, 그러한 절차를 거쳤다면, 비록 그 환경영향평가의 내용이 다소 부실하다 하더라도, 그 부실의 정도가 환경영향평가제도를 둔 입법 취지를 달성할 수 없을 정도이어서 환경영향평가를 하지 아니한 것과 다를 바 없는 정도의 것이 아닌 이상 그 부실은 당해 승인 등 처분에 재량권 일탈·남용의 위법이 있는지 여부를 판단하는 하나의 요소로 됨에 그칠 뿐, 그 부실로 인하여 당연히 당해 승인 등 처분이 위법하게 되는 것이 아니다(대법원 2001. 6. 29. 선고 99두9902 판결 참조)."

나, 사업계획 적정 여부에 대하여는 일률적으로 확정하여 규정하는 형식을 취하지 아니하여 그 사업의 적정 여부에 대하여 재량의 여지를 남겨 두고 있다 할 것이고, 이러한 경우 사업계획 적정 여부 통보를 위하여 필요한 기준을 정하는 것도 역시 행정청의 재량에 속하는 것이므로, 그 설정된 기준이 객관적으로 합리적이 아니라거나 타당하지 않다고 볼 만한 다른 특별한 사정이 없는 이상 행정청의 의사는 가능한 한 존중되어야 할 것이나, 그 설정된 기준이 객관적으로 합리적이 아니라거나 타당하지 않다고 보이는 경우 또는 그러한 기준을 설정하지 않은 채 구체적이고 합리적인 이유의 제시 없이 사업계획의 부적정 통보를 하거나 사업계획서를 반려하는 경우에까지 단지 행정청의 재량에 속하는 사항이라는 이유만으로 그 행정청의 의사를 존중하여야 하는 것은 아니고, 이러한 경우의 처분은 재량권을 남용하거나 그 범위를 일탈한 조치로서 위법하다."

▪ 대법원 2015.8.27. 선고 2013두1560 판결
【건축신고반려처분취소】

"민원사무를 처리하는 행정기관이 민원 1회방문 처리제를 시행하는 절차의 일환으로 민원사항의 심의·조정 등을 위한 민원조정위원회를 개최하면서 민원인에게 회의일정 등을 사전에 통지하지 아니하였다 하더라도, 이러한 사정만으로 곧바로 민원사항에 대한 행정기관의 장의 거부처분에 취소사유에 이를 정도의 흠이 존재한다고 보기는 어렵다. 다만 행정기관의 장의 거부처분이 재량행위인 경우에, 위와 같은 사전통지의 흠결로 민원인에게 의견진술의 기회를 주지 아니한 결과 민원조정위원회의 심의과정에서 고려대상에 마땅히 포함시켜야 할 사항을 누락하는 등 재량권의 불행사 또는 해태로 볼 수 있는 구체적 사정이 있다면, 거부처분은 재량권을 일탈·남용한 것으로서 위법하다."

다. 법원의 당사자의 주장과 그 판단방법

비록 당사자가 절차하자를 주장하였다고 할지라도 법원은 행정소송에서 당사자가 실체하자에 주안점을 두는 것인지 아니면 절차하자를 통해 행정공무원의 법적용의 잘못을 탓하는 데 있는 것인지, 당사자의 주된 관심사를 석명권을 행사하여 살펴볼 필요가 있다. 하급심의 판결문의 이유를 보면 그 설시방식이 법원마다 법관마다 구구각색이지만, 법원은 판결이유에서 당사자가 실체하자와 절차하

자를 주장한 경우에 손쉽게 절차하자를 먼저 판단하여 사건을 종결지을 것이 아니라, 실효적인 권리구제와 법원의 신뢰를 위해 특별한 사정이 없는 한 실체하자를 먼저 판단하고 그 다음에 절차하자를 판단하는 것이 보다 올바른 순서라고 볼 것이다.

문제는 당사자가 실체적 하자와 더불어 절차적 하자를 주장하였을 경우에 법원이 그중에서 사건판단을 용이하게 하기 위해 적절한 순서에 따라 위법을 판단하면 족한 것으로 보는 법원의 실무적 관행에 따를 경우 당사자는 소송을 제기하고서도 실효적인 권리구제를 받지 못하는 경우가 비일비재하게 된다.

법원은 당사자가 일차적으로 실체적 위법을 주장하고, 이차적으로 절차적 위법을 주장하는 것으로 보아 순차적으로 판단하는 것이 정도이며, 당사자가 비록 실체적 위법성 주장과 더불어 절차적 위법성 주장을 한 경우에는 절차적 하자는 부차적인 위법성의 주장임에도 실체적 위법에 대한 판단을 생략한 채 절차하자로 손쉽게 판단을 하게 되는 결과 승소판결 후에 있어서 행정청에서 다시금 행정절차를 거치는 등 이를 보완한 후에 동일한 내용의 처분이 내려지게 될 가능성이 있게 되어 당사자의 권리구제의 불만족으로 인해 사법에 대한 불신과 신뢰손상이 야기될 수 있다.

일부 견해56)에 의하면, 절차하자를 독자적인 취소사유로 인정하게 되면 그로 인하여 원고가 불리한 판결을 받을 수도 있다는 점을 지적하면서, 법원은 실체적인 판단이 어려운 경우에 절차를 이유로 판결을 하면서 사건을 빨리 마무리 지으려는 유혹을 받을 수 있고 그렇게 되면 원고로서는 실체적 판단을 받을 수 있는 기회를 잃게 된다고 지적하고 있다. 일견 타당한 지적이라고 사료된다. 다만, 실체적 하자가 없는 경우라면 절차하자를 이유로 승소판결을 받게 될 수 있으므로 당사자의 법적 이익이 전혀 없지 않다. 소송비용의 부담에서 벗어날 수 있고, 상대방에게 소송비용을 물릴 수 있으며, 절차하자로 인해 공무원에 대한 징계절차를 밟을 수 있고, 손해배상을 청구하는 등 책임을 물을 수 있기 때문이다.

그럼에도 불구하고 당사자가 절차하자의 주장을 한 경우 법원은 사려 깊게 판단할 필요가 있다. 먼저 절차하자를 실체적 하자와의 연관성 속에서 그 주장에도 불구하고 법원에서 선해하여 판단할 수 있다. 가령 이유제시의무를 제대로 하

---

56) 김광수, "절차하자의 법적 효과 — 의견청취절차를 중심으로 —", 행정작용법, 박영사, 2005, 884면.

지 않거나 행정조사를 게을리 한 경우에는 사실오인이나 재량권 행사의 형량을 제대로 하지 않은 위법으로 판단하는 방법이 있다. 다음으로 절차하자와 실체하자를 함께 주장하는 경우에는 특별한 사정이 없는 한 실체하자를 먼저 판단한 후에 절차하자를 판단하고, 실체적 하자를 판단하지 않은 단계에서 절차하자만으로 취소판결을 내리지 않도록 하는 것이 중요하다.

Ⅳ. 맺 음 말

이상에서 고찰한 바와 같이 행정조사를 둘러싸고, 자발적 협조에 기초하여 행정조사를 한 경우 그 법적 근거를 충족하는 차원을 넘어서서 이미 개별법령 등에서 법적 근거를 확보한 경우에도 행정조사기본법의 절차규정을 잠탈하는 수단으로 활용되는 점을 경계할 필요가 있다. 기본적으로 행정조사기본법의 제정이유가 행정조사로부터 권익이 침해되는 기업이나 개인의 사전적인 권익보호를 지향하기 위해서 제정된 것이지, 행정청이 개별 법률에 따른 엄격한 행정조사절차를 완화시켜 주는 창구로서 기능하기 위해서 그와 같이 제정된 것이 아니므로 그 입법취지를 감안할 때 그 예외의 가능성은 엄격하게 제한적으로 받아들이는 것이 필요하다.

따라서, 개별 법률의 법적근거가 없는 경우에는 당사자의 동의로 행정조사의 정당성의 근거를 확보될 수 있으나, 개별 법률이나 행정조사기본법에 명확하게 행정조사절차규정을 두고 있는 경우에는 자발적 협조라는 동의의 방식을 통하여 그 예외를 넓히는 것은 행정조사절차의 예외를 엄격하게 해석하여야 한다는 관점에서 문제가 있다.

법원에서 국민의 입장을 헤아리고 내린 훌륭한 내용의 판결도 있지만 일반적으로 절차적 하자를 먼저 판단하고 실체적 하자를 나중에 판단하는 실무관행이 지속되어 왔다. 그러나 이와 같은 법원의 판단순서는 절차하자가 위법하지 않은 경우라면 모르되, 절차하자와 실체하자가 동시에 인정되는 경우에는 그 순서는 실체하자를 먼저 판단하는 것이 바람직하다고 할 것이다. 그 이유는 당사자가 일반적으로 실체적 위법성을 판결이유에 설시 받아 판결의 기속력이 미치도록 하고자 하기 때문이며, 법원에서 실체적 위법이 있음에도 이 부분에 대한 판단을 하기에 앞서 미리 절차하자를 내세워 취소판결을 내리게 될 경우에 당사자의 입장에서는 근본적인 권리구제가 되지 않기 때문이다. 당사자가 법원에 소송을 제기하여 절차하자의 위법을 이유로 승소판결이 확정된 후에도 처분청이 다시금 절차만을 거쳐 동일한 처분을 하게 되면 다시금 소송을 제기하여 다투어야 하므로 불합리한 문제가 있다.

행정절차의 하자와 관련하여 당사자가 행정소송에서 실체적 하자와 절차적 하자를 모두 주장한 경우에 우선적으로 실체적 하자를 먼저 판단하려는 것이라고 보아 실체적 하자의 판단을 건너뛰고 절차하자를 이유로 취소판결을 내리는 것은 바람직하지 않다.[57] 법원은 실체적 하자가 있는 경우라면 당사자가 절차하자의 주장을 하더라도 다소 수고스럽더라도 실체적 판단을 모두 한 다음에 절차하자를 판단하는 것이 정도(正道)라고 할 것이다.[58]

따라서 당사자가 절차하자를 주장하였음에도 실체적 하자로 연결시킬 수 있다면 법원은 더 이상 절차하자를 문제 삼지 않고 실체하자의 판단요소로 파악할 수 있는지를 우선 검토하고, 나아가 절차하자를 당사자의 예비적 주장으로 보아야 할 것이므로 실체적 하자에 대한 판단을 먼저 한 후 행정에 대한 통제의 측면에서 절차하자에 대하여도 함께 판단할 필요가 있다.[59]

---

57) 박정훈, "행정소송과 행정절차(1)", 행정소송의 구조와 기능, 박영사, 2016, 575면. 박정훈 교수는 법원은 원고가 명백히 요구하는 경우에는 실체적 위법성 여부를 먼저 판단할 것이 요청되며, 원고가 주장하지 않거나 아니면 예비적으로 주장한 절차적 하자를 이유로 처분을 취소하여 사건을 행정청에 되돌려 보내서는 안된다고 적절히 지적하고 있다.

58) 물론 경우에 따라서는 당사자의 입장에서 절차하자를 우선적으로 다루는 경우도 있을 수 있다, 그러한 경우를 제외하고는 보충적으로 절차하자를 다루는 것으로 이해하는 것이 타당하다.

59) 그것은 행정소송이 국민에 대한 주관적 권리구제장치이면서 객관적으로 행정활동에 대한 통제적 의미가 있기 때문이다. 일반적으로 법원에서 절차적 하자를 먼저 판단하여 이를 이유로 처분을 취소하고 있으나, 이러한 판시태도는 문제가 있다고 볼 것이다. 우선 법원에서 실체적 하자에 대하여 판단하고 아울러 실체적 하자부분과 더불어 절차적 하자도 판시하는 것이 바람직하고, 실체적 하자의 판단을 하지 않고 절차적 하자만을 판단하게 될 경우에는 행정청에서 다시금 행정절차를 새롭게 할 가능성이 있기 때문이다.

[참고문헌]

강태수, "기본권포기론", 공법연구, 제29집 제2호, 2001.

김광수, "절차하자의 법적 효과 — 의견청취절차를 중심으로 — ", 행정작용법, 박영사, 2005.

김남진, "부령이 정한 청문을 결한 처분의 효력 — 대법원 1987. 2. 10. 선고 84누350 사건 — ", 행정판례연구 제1집, 1992.

김남철, 행정법강론, 박영사, 2016.

김동희, 행정법 Ⅰ, 박영사, 2015.

김영조, "행정조사에 관한 연구 — 특히 세무조사를 중심으로 — ", 경희대 박사학위 논문, 1998.

김영조, "행정조사기본법의 문제점과 개선방안", 공법학연구, 제8권 게3호, 2007.

김용섭, "법치행정원리에 관한 재검토", 경희법학, 제33권 제1호, 1998.

김용섭, "행정상 사실행위의 법적 문제", 인권과 정의, 통권 208호, 2000.

김용섭, 이경구, 이광수, 행정조사의 사법적 통제방안, 박영사, 2016.

김용찬, "행정절차법에 의한 청문을 실시하지 않고 행한 침해적 행정처분의 효력(행 정절차법 제21조 제4항 제3호의 의미)", 대법원판례해설, 2002.

김유환, "행정절차하자의 법적효과 — 절차 및 하자의 유형론과 당사자의 절차적 권 리의 관점에서의 검토 — ", 법학논집 제8집 제1호, 2003.

김의환, "실무가 본 행정절차법 제정의 의의 — 대법원 판례분석을 중심으로 — , 행정절차와 행정소송, 피앤씨미디어, 2017.

김중권, 김중권의 행정법, 법문사, 2013.

김철용, 행정법, 고시계, 2016.

김춘환, "청문절차를 결여한 침해적 행정처분의 위법성: 대법원 2001. 4. 13. 선고 2000두 3337 판례를 중심으로", 연세법학연구, 제8권 제1호, 2001.

김태오, "행정절차 하자의 독자적 취소사유에 대한 기능론적 재검토 — 시청자 의견 청취절차의 부실이행을 이유로 한 방송사업 재허가 거부처분취소소송을 중심으로 — ", 행정법연구, 제42호, 2015. 7.

박정훈 "행정소송과 행정절차(1) — 비교법적 고찰 및 네 개의 접점문제 — ", 행정소 송의 체계와 구조, 박영사, 2007.

박정훈, "행정소송법 개정의 주요쟁점", 공법연구, 제31집 제3호, 2003.

박윤흔, "이유부기의 하자와 행정행위의 효력", 고시계, 95/5, 1995.

서원우, "행정상의 절차적하자의 법적 효과", 서울대학교 법학, 제27권 2·3호, 1986.

선정원, "행정조사의 법적 구조와 과제", 행정소송(1), 한국사법행정학회, 2008.

송진경, "압수, 수색으로서 실질적 의미를 가지는 행정조사에 있어서 영장주의의 준

수필요성에 대한 소고", 법과 정책, 제20집 제3호, 2014

오준근, "행정절차법 시행 이후의 행정절차관련 행정판례의 동향에 관한 몇 가지 분석", 행정판례연구, 제7집, 2002.

오준근, "행정조사제도의 법리적 논의·입법동향의 평가와 개선방안에 관한 연구", 토지공법연구, 제45집, 2009.

이희정, "사실조사행위의 적법성과 행정처분의 효력 — 의를 결한 채혈에 기한 운전면허취소처분의 허용성 —", 공법연구 제45집 제2호, 2016.

이희정, "위법한 행정조사에 근거한 처분의 흠 — 대법원 1985. 11. 12. 선고 84누250 판결 —", 행정판례평선 개정판, 2016.

정영철, "행정행위하자론에서의 환경영향평가의 하자와 행정행위의 효력", 홍익법학, 제14권 제3호, 2013.

정영철, "행정법의 일반원칙으로서의 적법절차원칙", 공법연구, 제42집, 2013. 10.

정하중, 행정법개론, 법문사, 2017.

정효현, "흠 있는 행정절차와 법적 효력에 관한 연구", 아태 공법연구, 제10집, 2002.

조해현, "행정처분의 근거 및 이유제시의 정도", 행정판례연구 8집, 2003.

최계영, "항고소송에서 본안판단의 범위 — 원고의 권리침해가 포함되는지 또는 원고의 법률상 이익과 관계없는 사유의 주장이 제한되는지의 문제를 중심으로 —", 행정법연구 제42호, 2015.

최송화, "절차상 흠있는 행정행위의 법적효과 — 청문을 중심으로 —", 고시계, 95/5, 1995.

허 영, 헌법이론과 헌법, 박영사, 2006.

허완중, "기본권포기", 헌법학연구, 제15권 제1호, 2009.

홍정선, 행정법원론(상), 박영사, 2015.

須藤陽子, 行政强制と行政調査, 法律文化社, 2014.

須藤陽子, "行政調査に關する一考察 — 警察權の分散と規制的豫防的行政活動の導入 —", 立命館法學 320号, 2008. 4.

伊藤鐵男·荒井喜美, "行政調査における事情聽取の抱える問題點 — 犯罪捜査における取調べの現實的課題を踏まえて", NBL, No. 998, 2013.

Bettina Spiker, Behördliche Amtsermittlung, Mohr Siebeck, 2015.

Hermann Pünder, "Die Folgen von Fehlern im Verwaltungsverfahren", JA 2015.

6. 행정법상 일부취소[*]

Ⅰ. 머 리 말

행정법상 일부취소는 그동안 행정법의 영역에서 단편적으로 다루어져 왔고, 이론적 관점에서 체계적으로 논의되지 않은 주제에 속한다.

행정법상의 일부취소의 개념도 아직 정립된 것은 아니다. 다만, 복수운전면허취소와 관련하여 "외형상 하나의 행정행위라고 할지라도 가분성이 있거나 그 처분대상의 일부가 특정될 수 있다면 그 일부만의 취소도 가능하고 그 일부의 취소는 당해 취소부분에 관하여 효력이 생긴다고 할 것이다"라고 판시하고 있는 대법원 1995. 11. 16. 선고 95누8850 전원합의체 판결[1]이 일부취소와 관련한 중요한 연결점을 제공하고 있다. 이와 같은 복수운전면허와 관련된 일부취소가능성의 문제는 가분적인 경우뿐만 아니라 일부가 특정될 수 있는 경우에는 나머지를 유지하려는 당사자의 의사를 ─ 가정적일 수 있겠지만 ─ 따로 고려하지 않고 일부취

---

* 이 논문은 2009. 3. 14. 개최된 행정법이론실무학회 제190회 학술발표회에서 주제발표를 한 후 2009년 4월에 발간된 행정법연구 제23호에 수록한 필자의 논문 일부를 수정·보완한 것입니다.

1) 이 전원합의체판결의 사실관계는 원고가 제1종 대형, 보통, 특수면허를 소지하면서 혈중알콜농도 0.12퍼센트의 주취상태로 중형 특수차인 레이카크레인(레커)을 운전하다가 신호대기 중이던 승용차 2대를 연쇄 추돌하는 교통사고를 일으켰다. 피고는 원고가 갖고 있는 모든 운전면허를 취소한 데 대하여 원심에서는 제1종 대형면허나 제1종 보통면허로는 레이카크레인을 운전할 수 없으므로 3종의 운전면허를 모두 취소한 이 사건 처분은 위법하다고 판시하면서 운전면허 취소처분 전체를 취소하였는바, 대법원은 당사자의 주장이 있었음에도 원심에서는 특수면허의 적법 여부를 판단하지 아니하고 처분 전체를 취소한 조치는 위법하다고 하여 원심판결 중 제1종 특수면허에 관한 부분을 파기환송한 사안이다.

소가 가능한 것처럼 판시하고 있다. 그런데 행정행위의 일부취소에 있어서 가분성 및 특정성 못지 않게 중요한 것은 취소에 의하여 영향을 받지 않고 남아있는 부분이 그 자체로 의미 있는 적법한 처분으로 존속하는 것이 전제되어야 할 것이다.2)

이와 더불어 과징금부과처분과 같은 재량처분에 있어서 재량권의 한계를 넘어선 경우에 한계를 넘는 부분의 일부에 대한 취소판결이 가능한지 아니면, 일부취소판결은 가능하지 않고 과징금부과처분 전체에 대한 취소판결이 타당한 것인지에 대하여 논란이 제기될 수 있다. 행정소송법 제27조에서는 "행정청의 재량에 속하는 처분이라도 재량권의 한계를 넘거나 그 남용이 있는 때에는 법원은 이를 취소할 수 있다"고 규정하고 있다. 이 규정은 재량권의 한계를 넘는 경우에 사법적 통제가 가능하다는 것을 나타내지만, 그러나 행정소송법 제27조는 재량권의 한계를 넘거나 그 남용이 있는 때에 재량의 통일성의 관점에서 법원이 전부 취소해야 하는 것이 원칙이겠으나, 당사자간의 분쟁의 합리적이고 조속한 해결 필요성과 비례원칙의 적용이라는 관점에서는 일부취소판결을 내리는 것이 바람직한 측면이 있다.

이와 같은 행정법상의 일부취소의 문제는 행정행위의 일부취소의 문제라고 할 수 있는 실체법상의 문제, 행정쟁송법적으로 취소소송의 대상적격의 문제와 본안에서의 취소판결이 가능한가의 문제와 밀접하게 관련되어 있다. 특히 그동안 부관을 중심으로 일부취소의 문제가 첨예하게 논의되어 왔다. 부관의 일부취소의 문제뿐만 아니라 다양한 판례를 통하여 나타난 일부취소에 관한 문제점을 종합적으로 검토하고자 한다.

여기에서의 논의의 진행은 행정법상의 일부취소의 개념과 성립요건, 행정행위의 일부취소, 일부취소판결의 허용성, 행정법상 일부취소의 적용영역 등의 순서로 고찰하기로 한다. 그 과정에서 행정법상의 일부취소는 무엇을 말하는지, 어떤 요건하에 성립될 수 있는지, 민법상의 일부취소와 어떤 차이가 있는지, 아울러 실체법상의 일부취소의 개념과 행정쟁송법적인 일부취소의 개념은 어떤 상관관계가 있는지에 대하여 검토하게 된다. 한편 논의 과정에서 복수운전면허의 취소·정지, 보조금의 일부취소(철회), 행정행위의 부관, 정보공개소송에 있어서의

---

2) Richter/Schuppert, Casebook Verwaltungsrecht, 1995, S. 191.

부분공개 등 행정법의 제반 영역에서의 일부취소의 적용문제를 판례 등을 소재로 하여 비판적 관점에서 종합적으로 고찰하기로 한다.

Ⅱ. 행정법상 일부취소의 개념과 성립요건

1. 행정법상의 일부취소의 개념

행정행위의 일부취소라 함은 행정행위의 일부가 분리가능하고 나머지 잔존 부분이 독립적인 규율로서 남아 있을 경우에 일부분에 대하여 취소할 수 있는 경우를 말한다. 행정행위의 일부철회의 경우도 기본적으로 같은 구조의 문제라고 할 것이다. 행정행위의 일부취소는 좁은 의미로는 행정행위의 직권취소 내지 철회에 있어서 행정청이 행정행위의 일부에 대하여 취소할 수 있는가의 문제로서 실체법상의 문제에 속한다. 그런데 광의로는 이와 같은 실체법상의 일부취소와 일부철회를 포함하는 개념을 말하고, 최광의로는 광의의 일부취소에 쟁송법상의 일부취소 내지 일부취소판결의 가능성의 문제까지 포함하는 개념이라고 할 것이다. 여기서는 최광의로 이해하되, 광의의 행정행위의 일부취소의 문제와 쟁송법상의 일부취소 개념과 관련되는 일부취소판결의 허용성의 문제를 분리하여 고찰하되, 일부취소판결의 문제는 실체법상의 좁은 의미의 행정행위의 일부취소를 전제로 한다고 할 것이다.

쟁송법상의 일부취소의 문제는 독립하여 취소소송의 대상이 될 것인가의 문제인 일부취소가능성(Teilanfechtbarkeit)와 본안에서 일부취소판결이 내려질 것인가의 문제인 일부취소판결가능성(Teilaufhebbarkeit)으로 구분이 가능하다. 일부취소판결은 취소소송에서 취소하려는 부분이 위법한 경우에 가능하며, 일부취소판결은 소송의 대상이 기본적으로 가분적인 것을 전제로 하며 일부취소의 기본적인 요건을 갖출 필요가 있다. 이것은 소송법상이 본안의 문제이기도 하지만, 실체법으로부터 비롯되는 것이기도 하다.[3]

---

3) Bader/Funke-Kaiser/Kuntze/von Albedyll, Verwaltungsgerichtsordnung, 2007, S. 1067f.

2. 행정법상 일부취소의 성립요건

가. 가분성: 분리가능성

일차적으로 처분에 대한 일부취소(판결)의 가능성은 일부취소의 대상이 되는 분리취소가능성에 따라 결정된다고 보고 있다.[4]

일부취소가 논의되기 위해서는 대상이 되는 처분이 분리가능하여야 한다. 양자가 서로 내적으로 결합되어 있는 경우에는 일부취소가 가능하지 않다. 가령 해당 부관이 조건, 기한, 철회권의 유보와 같은 본체인 행정행위의 구성요소인 경우에는 부관만의 취소가 가능하지 않은 반면에, 부담의 경우에는 부담본체인 행정행위와 분리가능하다.

분리가능성과 관련하여 대법원 2004. 12. 9. 선고 2003두12707 판결에서 "법원이 행정기관의 정보공개거부처분의 위법 여부를 심리한 결과 공개를 거부한 정보에 비공개대상 정보에 해당하는 부분과 공개가 가능한 부분이 혼합되어 있고 공개청구의 취지에 어긋나지 아니하는 범위 안에서 두 부분을 분리할 수 있음을 인정할 수 있을 때에는 청구취지의 변경이 없더라도 공개가 가능한 정보에 관한 부분만의 일부취소를 명할 수 있다 할 것이고, 공개청구의 취지에 어긋나지 아니하는 범위 안에서 비공개대상 정보에 해당하는 부분과 공개가 가능한 부분을 분리할 수 있다고 함은, 이 두 부분이 물리적으로 분리가능한 경우를 의미하는 것이 아니고 당해 정보의 공개방법 및 절차에 비추어 당해 정보에서 비공개대상 정보에 관련된 기술 등을 제외 내지 삭제하고 그 나머지 정보만을 공개하는 것이 가능하고 나머지 부분의 정보만으로도 공개의 가치가 있는 경우를 의미한다고 해석하여야 한다." 판시하고 있는 점도 하나의 척도를 제시하고 있다고 할 것이다.

나. 잔존부분의 특정성

대법원판례[5]에 의하면 외형상 하나의 행정처분이라고 하더라도 가분성이

---

4) 박균성, 행정법강의, 2009, 858면. 박 교수는 일부취소판결부분에서 분리취소가능성만을 언급하고 있고, 다른 요건에 대하여는 언급이 없는 반면에, 일부철회 부분(행정법강의, 2009, 333면)에서 가분성과 특정성을 토대로 외형상 하나의 행정처분이라 하더라도 가분성이 있거나 그 처분대상의 일부가 특정될 수 있다면 그 일부만의 철회도 가능하고 그 일부의 철회는 당해 철회부분에 관하여 효력이 생긴다고 설명하고 있다.

있거나 그 처분대상의 일부가 특정될 수 있다면 그 일부만의 취소가 가능하다 할 것이라고 보고 있다(대법원 1995. 11. 16. 선고 95누8850 전원합의체 판결 참조). 여기서 일부취소가 성립하려면 잔존부분이 특정될 수 있어야 한다. 위 판결이유를 보면 "이 사건 상가동 등의 구분소유자들인 원고들을 포함한 나머지 주택동 구분소유 자들 전체가 이 사건 처분의 대상인 이 사건 대지(단일 필지임)의 공유자들로서, 그들 사이에 공유물분할의 합의가 이루어졌다는 등의 특단의 사정이 없는 한 피 고의 재건축에 반대하는 상가소유자들의 공유지분에 상응하는 대지의 면적과 위치를 특정하기가 매우 곤란하다고 보여지고, 따라서 이 사건 대지 전체를 사 업지구로 지정한 이 사건 처분 중 이 사건 상가동 및 그 대지에 대한 부분만을 특정·분리하여 취소할 수는 없다고 할 것이다"라고 하고 있는 점에 비추어 특정 성을 요하는 것은 당연한 요청이라고 할 것이다. 이와 관련하여 시정명령 등 취 소6)에 관한 사건에 있어서 가분성과 특정성을 요건으로 하고 있다.

외형상 하나의 행정처분이라 하더라도 가분성이 있거나 그 처분대상의 일부 가 특정될 수 있다면 일부만의 취소도 가능하고 그 일부의 취소는 당해 취소부분 에 관하여만 효력이 생기는 것인바(대법원 1995. 11. 16. 선고 95누8850 전원합의체 판 결 참조), 이 사건에서 피고가 위 원고에 대하여 행한 법위반사실공표명령은 비록 하나의 조항으로 이루어진 것이라고 하여도 이 사건 광고행위와 표시행위로 인한 각 법위반사실은 별개로 특정될 수 있어 위 각 법위반사실에 대한 독립적인 공표 명령이 경합된 것으로 보아야 할 것이므로, 이 중 이 사건 표시행위에 대한 법위 반사실이 인정되지 아니하는 경우에 그 부분에 대한 공표명령의 효력만을 취소할 수 있을 뿐, 공표명령 전부를 취소할 수 있는 것은 아니라고 할 것이다.7)

다. 잔존부분의 의미있는 적법한 존속성

판례에 의하면 일부취소의 요건으로서 가분성과 잔존부분의 특정성을 밝히 고 있지만 잔존부분이 의미있는 적법한 규율인지에 대하여 언급이 없다.

---

5) 대법원 2000. 2. 11. 선고 99두7210 판결[민영주택건설사업계획승인처분취소].
6) 대법원 2000. 12. 12. 선고 99두12243 판결.
7) 수개의 법위반사실 중 일부 법위반사실이 인정되지 아니하는 경우 공표명령의 발령 여부 와 공표기준의 내용이 피고에게 주어진 재량 범위 내에서 달라질 수 있다는 점은 나머지 법위반사실에 대한 공표명령 부분이 그 처분기준에 적합한 것인지, 즉 재량권 일탈, 남용 에 해당하는지 여부에 관한 것으로서 별도로 판단하여야 할 문제이다.

그러나, 일부취소에도 불구하고 잔존 부분이 그 내용의 변경없이도 의미있고, 적법하게(sinnvoller- und rechtsmassigerweise) 존속할 수 있어야 한다. 왜냐하면 위법한 부분을 일부취소하더라도 나머지 유효하고 적법한 처분이 독자성을 띠고 행정행위의 본질적 규율적 특성을 잃지 않아야 하기 때문이다.

이 부분에 관하여 금전상의 급부의무를 부과한 경우에는 특별히 문제될 것은 없으나, 부관의 일부취소와 관련하여 가분성과 잔존부분의 특정성 외에 추가적으로 잔존부분의 의미있는 적법한 존속성을 요한다고 할 것이다. 따라서 부관의 일부취소와 관련하여 소송의 대상이 부관이므로 부관의 위법성만 있으면 족하다는 견해[8]는 잔존 부분을 고려하지 않기 때문에 타당하지 않다. 부관의 하자가 본체인 행정행위에 어떠한 영향을 미치는지에 대하여 고려해야 한다.

라. 행정청의 의사

민법상의 일부취소의 경우에는 당사자의 의사가 중요하다. 일부취소는 나머지 부분이라도 그 효력을 유지하려는 당사자의 의사가 있어야 하며, 그와 같은 당사자의 의사는 법률행위 당시의 현실적인 의사가 확인 가능하다면 그 의사를 기준으로 하여야 하고, 만일 당사자의 현실적 의사가 확인되지 않는 경우에는 당사자의 가정적인 의사를 기준으로 판단하는 것으로 보는 것이 일반적이다.[9] 그런데 행정행위의 일부취소의 경우에도 행정청의 의사를 성립의 요소로 볼 것인지가 문제될 수 있다. 특히 부관의 일부취소와 관련하여 주로 논의된다.

부관부 행정행위에 있어서 부관을 붙이지 않았더라면 행정행위를 발하지 않았을 것이라는 행정청의 의사가 고려요소가 된다. 그러나 이와 같은 의사는 민법상의 가정적 의사와는 달리 파악하여야 한다. 왜냐하면 민법의 법률행위의 일부취소의 경우에는 사적자치의 원칙이 지배되는 데 반하여 행정법영역에 있어서는 법률에 의한 행정의 원칙이 적용되기 때문에 행정청의 의사에 맡겨두는 것은 적절하지 않고 객관적인 기준에 따라서 판단하여야 할 것이다. 그 이유는 행정행위의 발령 당시의 행정청의 주관적 의사를 토대로 하기보다는 객관적 의사를 토대로 판단하는 것이 바람직하기 때문이다. 그럼에도 불구하고 부관의 일부취소가 가능하려면 문제가 되는 부관 없이도 본체인 행정행위를 발령하였어야만 하였을

---

8) 정하중, 부관에 대한 행정소송, 고시계, 2001, 5, 37면.
9) 대법원 1998. 2. 10. 선고 97다44737 판결.

것이라는 요건을 구비하여야 할 것으로 본다.[10)

Ⅲ. 행정행위의 일부취소(철회)

1. 개 념

행정행위의 일부취소는 행정청이 상대방에 대하여 금전상의 급부의무를 명하는 경우에 그 일부분은 가분적이며 나머지 부분이 특정될 수 있는 경우이거나, 건축물에 대한 철거명령의 경우 건축물의 일부분이 가분적이고 나머지 부분이 특정될 수 있는 경우에 용이하게 인정될 수 있다. 일부취소의 개념 이해와 관련하여 앞서 살펴본 바와 같은 복수운전면허에 대한 대법원 1995. 11. 1. 선고 95누8850 판결에서는 "외형상 하나의 행정처분이라고 할지라도 가분성이 있거나 그 처분대상의 일부가 특정될 수 있다면 그 일부분만의 취소(철회)가 가능하고 그 일부의 취소는 당해 취소부분에 관하여 효력이 미친다"고 보고 있다.

이와 같이 행정행위의 일부취소는 실체법상의 개념에 속한다. 일부취소 중에는 일부철회를 포함하여 다루어지기도 한다. 일부 학자의 견해에 의하면 일부철회에 관하여 법효과가 다수이고, 행정행위의 법효과를 분리하는 것이 가능한 경우에는 침익적 부분은 침익적 행위의 철회의 원리에 따라 그리고 수익적 부분은 수익적 행위의 철회의 원리에 따라 일부철회가 가능하다고 보면서 그러나 법효과가 분리불가능하도록 결합되어 있다면 전체 행정행위를 철회하여야 한다고 설명한다.[11)

독일의 경우에 있어서도 행정법상 일부취소의 문제가 다루어진다. 가령 금전급부가 어느 특정한 부분을 넘어서서거나 건축허가가 일정한 위법적 부분을 내포하거나 경찰처분이 부분적으로 가능하고 부분적으로 불가능한 것을 요구할 때 위법성과 무효는 행정행위의 일부분에만 해당될 수 있다고 본다. 그러한 상황에서 위법성 또는 전체 행정행의의 부분의 위법성 또는 무효로 인하여 나머지 잔존부분이 위법에 감염되었거나 아니면 나머지 잔존부분이 적법하게 존속할 수 있는가에 달려있는 문제이다.

---

10) 김용섭, "행정행위의 부관에 관한 법리", 행정법연구, 1998, 185-207면 참조.
11) 홍정선, 행정법원론(상), 2009, 421면.

2. 다른 유사개념과의 구별

가. 민법상 의사표시의 일부취소와의 구별

우리 행정법학의 영역에서 일부취소에 관하여 간단히 언급하고 있다.[12] 그러나 민법학에 있어서 일부취소라는 용어는, 의사표시 또는 법률행위의 취소사유가 있는 일부분의 효력만을 소급적으로 상실시키고 잔여부분의 효력은 존속시키겠다는 의사가 표현된 개념으로 사용되기도 하고, 잔여부분의 효력 여하에 관계없이 그 일부분의 취소만을 의미하는 개념으로 사용하기도 한다.[13] 후자의 경우에, 일부취소의 의사표시는 단지 그 일부의 소급적 무효라는 효과를 가져오는 데그치고 잔여부분의 효력 존속 여부는 일부무효의 법리에 맡기는 것이 타당하다는 견해가 실무가 취하고 있는 견해이기도 하다.[14]

민법상의 일부취소란 의사표시 또는 법률행위의 일부에만 취소사유가 있는 경우 그 일부만에 한하여 그 효력을 소급적으로 상실하게 되고, 나머지 부분의 효력은 그대로 유지하고자 하는 의사표시라고 할 수 있다. 따라서 각 부분이 독립적 법률효과가 발생할 수 있음을 전제로 한다. 그러나 법률행위의 일부가 취소된 경우에 그 취소부분은 소급적으로 소멸하여 무효가 되고, 법률행위의 나머지 부분이 유효한가 여부에 관하여 일부무효의 법리에 맡겨야 한다는 견해도 있지만, 원칙적으로 잔존부분의 효력을 존속시키려는 것이 일부취소의 관념에 타당하다고 할 것이다. 따라서 일부취소의 경우에는 기본적으로 객관적 요소로서의 분리가능성과 주관적 요소로서 당사자의 의사라고 하는 측면을 고려하면서 일부취소의 효력은 당해 부분에 미침과 아울러 나머지 잔존부분의 유효성(잔부효력유지의 원칙)을 인정하는 것이 바람직하다고 본다.[15]

---

12) 가령 박균성, 행정법론(상), 2004, 309면에서 박 교수는 행정행위가 나누어질 수 있는 경우에는 일부취소가 가능하다고 하면서 건물 전체에 대한 철거명령 중 건물 일부에 대한 부분만을 취소할 수 있는 예를 들고 있었다. 그러나 최근의 행정법론(상), 2009, 405면에서는 일부철회에 관하여 외형상 하나의 행정처분이라 하더라도 가분성이 있거나 그 처분대상의 일부가 특정될 수 있다면 그 일부만의 철회도 가능하고 그 일부의 철회는 당해 철회부분에 관하여 효력이 미친다고 설명하고 있다.

13) 소재선, 법률행위의 일부취소, Jurist, 409호, 1998, 481면 이하.

14) 대법원 1994. 9. 9. 선고 93다31191 판결이 이러한 개념을 전제로 한 것으로 보인다.

15) 이영준, 민법총칙, 1995, 664면; 김천수, "의사표시의 일부취소", 저스티스 제31권 제4호, 23면.

이와 같이 민법상의 법률행위의 일부취소에 있어서 일부무효에 관한 민법 제137조가 유추적용되는지 문제가 있지만, 이론적인 차원에서 일부취소의 성립을 위하여는 다음의 요건을 갖출 필요가 있다. 첫째로, 일체로서의 법률행위일 것이 필요하다. 여기서 일체성의 판단은 당사자가 일체로서 하고자 하겠다는 의사와 법률행위의 객관적인 의미로서 하게 되는데, 복수의 법률행위도 일체로서 행하여졌다면 일체성의 요건을 갖춘 것으로 본다, 둘째로, 가분적일 것, 다시 말하면 분할가능성이 있어야 한다. 일부를 분할하더라도 잔존부분이 독립적인 법률행위로서 존재할 수 있어야 한다. 셋째로, 그 법률행위의 일부에 취소사유가 존재할 것이 필요하다. 즉 행위무능력자의 행위 또는 착오로 인한 의사표시나 사기·강박에 의한 의사표시를 한 경우를 말한다. 넷째로, 나머지 부분을 유지하려는 당사자의 의사가 있어야 한다. 이와 같은 당사자의 의사는 가정적인 의사를 말하는데 취소하여 효력이 소멸되는 법률행위의 일부가 없었더라도 법률행위를 하였을 것이라는 의사가 바로 그것이다.[16] 네 번째 요건인 가정적인 의사는 사적 자치의 원칙을 보호하는 역할을 하는 것으로 이 요건이 과연 필요한 것인가에 관하여 긍정설과 부정설의 견해의 대립이 있다.[17] 판례는 긍정설의 입장에 있다고 보여지는바, 대법원 1999. 3. 26. 선고 98다56607 판결에서 "하나의 법률행위의 일부분에 취소사유가 있는 경우에 그 법률행위가 가분적이거나 그 목적물의 일부가 특정될 수 있다면 그 나머지 부분이라도 이를 유지하려는 당사자의 가정적 의사가 인정되는 경우 그 일부만의 취소가 가능하고, 또 그 일부의 취소는 법률행위의 일부에 관하여 효력이 생긴다고 할 것이나, 이는 어디까지나 어떤 목적 혹은 목적물에 대한 법률행위가 존재함을 전제로 한다"고 판시하고 있다. 판례에 의할 경우에 일부취소에 있어서 가분성과 특정성을 요하며 아울러 잔존 부분의 효력은 기본적으로 당사자의 가정적인 의사에 의하여 판단하고 있다고 할 것이다.

나. 일부무효와의 구별

위법한 행정행위는 원칙적으로 취소할 수 있고, 무효와 취소의 구별에 관한 통설인 중대명백설에 의하면 하자가 중대하고 외관상 일견 명백한 하자가 있을

---

16) 지원림, 민법강의, 제6판, 2006, 339-340면.
17) 가령 지원림, 앞의 책, 340면. 김용담 대법관은 긍정설, 이영준 변호사는 부정설로 소개되어 있다.

경우 무효가 된다.

일부 무효란 하나의 행정행위가 독자적으로 서로 존속할 수 있는 다수의 개별적인 규율을 포함하고 있는 경우 또는 부담이 부가된 부관이 독립하여 취소될 수 있을 때 발생한다. 행정법상의 일부취소에 관하여 우리나라와 독일에 있어서 별도의 실정법의 규정은 없는 데 반하여, 우리 민법 제137조에서는 법률행위의 일부무효에 관한 규정을 두고 있다. 동 조항에 의하면 "법률행위의 일부분이 무효인 때에는 그 전부를 무효로 한다. 그러나 그 무효부분이 없더라도 법률행위를 하였을 것이라고 인정될 때에는 나머지 부분은 무효가 되지 않는다"고 규정하고 있다.[18] 독일 연방행정행정절차법 제44조 제4항[19]에서는 행정행위 일부무효에 관한 규정을 두고 있다.

이 조항은 행정행위의 일부분만 무효로 된다면 무효인 부분이 본질적이어서 행정청이 무효로 된 부분이 없이는 행정행위를 발하지 않았을 때에 전체가 무효로 된다고 규정하고 있다. 이는 우리 민법 제137조 및 독일 민법(BGB) 제139조의 규정과는 달리 원칙적 일부무효, 예외적 전체무효의 구조를 띠고 있는 점이 특징이다. 따라서 거기에 포함된 규율은 행정행위의 일부위법성, 다시 말하여 일부취소에 유추하여 확장될 수 있다.[20] 결과적으로 전체적인 위법인 전부무효가 예외이고, 일부무효 내지 일부위법이 원칙이 된다.[21] 일부위법의 문제는 특히 본체인 수익적 행정행위에 부가된 부관에 대한 법적 보호의 문제에서 깊이 논의된다. 부관의 일부취소판결에 있어서 특히 행정행위의 가분성을 전제로 하며 존속하고 있는 부분이 가능하고 독자적이며 의미 있는 규율내용을 갖게 될 때 긍정될 수 있다. 무효이면서 위법적인 부관이 본질적인지가 결정적인 의미를 갖는 것은 행정청이 행정행위를 부관 없이는 발하지 않았을 경우이다. 가정적 의사와 관련하여

---

18) 독일 민법(BGB) 제139조에서도 이와 유사한 규정을 두고 있다. "법률행위의 일부가 무효인 경우에는 무효의 부분이 없어도 그 법률행위가 행하여졌으리라고 인정되지 아니한 때에는 법률행위 전부가 무효이다."

19) (4) Betrifft die Nichtigkeit nur einen Teil des Verwaltungsaktes, so ist er im ganzen nichtig, wenn der nichtige Teil so wesentlich ist, dass die Behoerde den Verwaltungsakt ohne den nichtigen Teil nicht erlassen haette.

20) 행정행위의 부분적 내용에 있어 이익상황은 위법성과 무효에 있어도 동일하다. 왜냐하면 위법성과 무효는 전제조건의 단계적인 것으로 구별되고 카테고리적으로 사전적으로 구분되는 것이 아니기 때문에 유추적인 연결이 가능하기 때문이다.

21) Hans-Uwe Erichsen/Dirk Ehlers(Hrsg.), Allgemeines Verwaltungsrecht, 2006, S. 633f.

특히 기속행위인지 재량행위인지에 따라 달리 대답된다. 기속행위의 경우에는 행정청은 내용적 부분이 무효 또는 위법적이지 않고 발해져야만 한다. 이른바 기속행위의 경우에는 당사자의 주관적 의사가 아니라 객관적인 행정청의 의사와 관련되기 때문이다. 이에 대하여 재량결정에 있어서 나머지 행위가 존속하는지 전체적인 무효 내지 전체적 위법을 이끄는 것은 아닌지에 대한 판단은 행정청의 재량에 속한다.[22]

3. 판례상 행정행위의 일부취소(철회)의 적용영역

가. 복수운전면허의 일부취소(철회)

(1) 논의상황

도로교통법상의 복수의 운전면허취득이 허용된다.[23] 이와 같은 복수의 운전면허를 취득하고 있는 자가 음주운전이나 벌점초과 등 법규위반이 있을 경우에 면허취소(철회)를 하는 경우에 행정청은 운전면허를 취소할 경우에 전부 취소하여야 하는지 이를 가분적으로 보고 일부에 대하여만 취소할 수 있는 것인지 논란이 제기된다. 대법원은 기본적으로 개별취소의 원칙을 취하여 일부에 대하여 취소하여야 한다는 입장을 견지하면서도 운전면허의 취소나 정지의 사유가 특정의

---

22) Hans-Uwe Erichsen/Dirk Ehlers(Hrsg.), a.a.O., S. 633f.

23) 도로교통법 제80조, 동법시행규칙 제53조 및 [별표 18]에 의하면 운전면허는 제1종 운전면허와 제2종 운전면허 및 연습운전면허로 나누어진다. 제1종 운전면허에는 대형면허·보통면허·소형면허 및 특수면허로 나뉘고, 제2종 면허에는 보통면허·소형면허·원동기장치자전거면허로 구분된다. 연습운전면허에는 제1종 보통연습면허와 제2종 보통연습면허로 구분된다. 한편 제1종 대형면허로 운전할 수 있는 차량은 승용자동차·승합자동차·화물자동차·긴급자동차·건설기계와 특수자동자(트레일러 및 레카를 제외한다) 및 원동기장치자전거이다. 제1종 보통면허로 운전할 수 있는 차량은 승용자동차·승차정원 15인 이하의 승합자동차·승차정원 12인 이하의 긴급자동차(승용 및 승합자동차에 한한다)·적재중량 12톤 미만의 화물자동차·건설기계 및 원동기장치자전거이며, 제1종 소형면허로 운전할 수 있는 차량은 3륜화물자동차·3륜승용자동차 및 원동기장치자전거이고, 특수면허로 운전할 수 있는 차량은 트레일러·레커 및 제2종 보통운전면허로 운전할 수 있는 차량을 말한다. 제2종 보통면허로 운전할 수 있는 차량은 승용자동차·승차정원 10인 이하 승합자동차·적재중량 4톤 이하 화물자동차 및 원동기장치자전거이고, 제2종 소형면허로 운전할 수 있는 차량은 2륜자동차(측차부를 포함한다)와 원동기장치자전거이며, 원동기장치자전거면허는 원동기장치자전거만을 운전할 수 있도록 규정하고 있다. 연습면허[1] 제1종 보통으로 운전할 수 있는 차량은 승용자동차·승차정원 15인 이하의 승합자동차 및 적재중량 12톤 미만의 화물자동차를 운전할 수 있고, 연습면허 제2종 보통으로 운전할 수 있는 차량은 승용자동차·승차정원 10인 이하의 승합자동차 및 적재중량 4톤 이하의 화물자동차를 말한다.

면허에 관한 것이 아니고 다른 면허와 공통되거나, 운전면허를 받은 사람에 관한 경우에는 예외적으로 전부취소할 수 있는 것으로 법리구성하고 있다.[24]

(2) 판례

1) 대법원 1995. 11. 16. 선고 95누8850 전원합의체 판결[자동차운전면허취소처분취소]

- 한 사람이 여러 종류의 자동차 운전면허를 취득하는 경우뿐 아니라 이를 취소 또는 정지함에 있어서도 서로 별개의 것으로 취급하는 것이 원칙이고, 한 사람이 여러 종류의 자동차 운전면허를 취득하는 경우 1개의 운전면허증을 발급하고 그 운전면허증의 면허번호는 최초로 부여한 면허번호로 하여 이를 통합관리하고 있다고 하더라도, 이는 자동차 운전면허증 및 그 면허번호 관리상의 편의를 위한 것에 불과할 뿐 그렇다고 하여 여러 종류의 면허를 서로 별개의 것으로 취급할 수 없다거나 각 면허의 개별적인 취소 또는 정지를 분리하여 집행할 수 없는 것은 아니다.

- 외형상 하나의 행정처분이라 하더라도 가분성이 있거나 그 처분대상의 일부가 특정될 수 있다면 그 일부만의 취소도 가능하고 그 일부의 취소는 당해 취소부분에 관하여 효력이 생긴다고 할 것인바, 이는 한 사람이 여러 종류의 자동차 운전면허를 취득한 경우 그 각 운전면허를 취소하거나 그 운전면허의 효력을 정지함에 있어서도 마찬가지이다.

- 제1종 보통, 대형 및 특수 면허를 가지고 있는 자가 레이카크레인을 음주운전한 행위는 제1종 특수면허의 취소사유에 해당될 뿐 제1종 보통 및 대형 면허의 취소사유는 아니므로, 3종의 면허를 모두 취소한 처분 중 제1종 보통 및 대형 면허에 대한 부분은 이를 이유로 취소하면 될 것이나, 제1종 특수면허에 대한 부분은 원고가 재량권의 일탈·남용하여 위법하다는 주장을 하고 있음에도, 원심이 그 점에 대하여 심리·판단하지 아니한 채 처분 전체를 취소한 조치는 위법하다고 하여 원심판결 중 제1종 특수면허에 대한 부분을 파기환송한 사례.

2) 대법원 1997. 3. 11. 선고 96누15176 판결[자동차운전면허취소처분취소]

제1종 보통 운전면허와 제1종 대형 운전면허의 소지자가 제1종 보통 운전면허로 운전할 수 있는 승합차를 음주운전하다가 적발되어 두 종류의 운전면허를

---

24) 김용섭, "운전면허취소·정지처분의 법적 성질 및 그 한계", 행정판례연구 Ⅳ, 1999, 60면.

모두 취소당한 사안에서, 그 취소처분으로 생업에 막대한 지장을 초래하게 되어 가족의 생계조차도 어려워질 수 있다는 당사자의 불이익보다는 교통법규의 준수 또는 주취운전으로 인한 사고의 예방이라는 공익목적 실현의 필요성이 더욱 크고, 당해 처분 중 제1종 대형 운전면허의 취소가 재량권을 일탈한 것으로 본다면 상대방은 그 운전면허로 다시 승용 및 승합자동차를 운전할 수 있게 되어 주취운전에도 불구하고 아무런 불이익을 받지 않게 되어 현저히 형평을 잃은 결과가 초래된다는 이유로, 이와 달리 제1종 대형 운전면허 부분에 대한 운전면허취소처분이 재량권의 한계를 넘는 위법한 처분이라고 본 원심판결을 파기한 사례.

(3) 검토의견

먼저, 위 대법원 전원합의체 판결을 검토하면, 한 사람이 취득한 여러 종류의 자동차운전면허(1종 보통면허, 대형면허, 특수면허)는 가분성이 있으므로 한 사람이 여러 종류의 운전면허를 취득하는 경우뿐 아니라 이를 취소 또는 정지함에 있어서도 서로 별개의 것으로 취급하는 것이 원칙이다. 제1종 보통, 대형 및 특수면허를 가지고 있는 자가 레이카크레인을 음주운전한 행위는 제1종 특수면허의 취소사유에 해당할 뿐 제1종 보통, 대형면허의 취소사유는 될 수 없다. 따라서 3종의 면허를 모두 취소한 처분은 제1종 보통, 대형면허에 대한 부분에 있어 위법하므로 이를 이유로 분리하여 취소하면 될 것이며, 제1종 특수면허 부분은 재량권의 일탈·남용이 있는 경우에 한하여 취소될 수 있다.

다음으로 두 번째 대법원판결을 검토하기로 한다. 승용차를 음주 운전한 경우에 제1종 보통면허와 함께 대형면허를 취소한 것은 적법하다. 왜냐하면 제1종 보통면허의 경우만 취소하면 대형면허로 승용차를 운전할 수 있으므로 음주운전에 대한 제재로서 운전면허를 취소한 효과가 없기 때문이다. 또한, 음주운전에 대한 면허 취소처분은 음주운전을 막아 교통상 위해를 방지한다는 목적을 갖는 경찰조치의 성격도 가지므로 음주운전을 한 자가 보유하는 다른 운전면허도 취소할 필요가 있다. 판례도 이러한 입장을 취하고 있다.

결국 행정행위의 일부위법성을 이유로 한 일부취소가능성의 문제는 행정행위의 분리가능성이 있어야 하며 나머지 부분이 특정되어야 하며, 잔존 부분이 의미 있고 적법하게 존속하여야 한다.

그런데 도로교통법 제93조 제1항은 일정한 사유가 있는 경우에 운전면허를 취소하거나 1년 이내의 범위에서 면허의 효력을 정지할 수 있다고 규정하고 있는 바, 이와 같은 규정만으로 복수의 운전면허를 취득하고 있는 사람이 위반행위 등 일정한 사유가 있을 경우에 운전면허를 취소하거나 정지시킬 경우에 일부에 대하여만 가능한지 아니면 전부를 취소하여야 하는지 그 범위를 둘러싸고 논란이 있다. 다시 말하여 운전면허를 취득할 경우에 각각 별개로 취득되고 있는데, 단일의 운전면허증에 번호를 통합하여 관리하고 있으나, 앞서 본 바와 같이 면허의 종류가 다르고 운행이 가능한 차량, 면허취득자격 요건이나 시험의 내용 등도 다르기 때문에 각 면허마다 별개의 처분으로 보는 것이 타당하다.[25]

같은 맥락에서 대법원 1995. 11. 16. 선고 95누8850 전원합의체 판결에서는 일부취소가능성과 관련하여 다음과 같이 판시하고 있다. "외형상 하나의 행정처분이라고 하더라도 가분성이 있거나 그 처분대상의 일부가 특정될 수 있다면 그 일부만의 취소도 가능하고 그 일부의 취소는 당해 취소부분에 관하여 효력이 생긴다고 할 것인바, 이는 한 사람이 여러 종류의 자동차운전면허를 취득한 경우 그 각 운전면허를 취소하거나 그 효력을 정지함에 있어서도 마찬가지이다." 이와 같은 전원합의체 판결은 타당한 것으로 평가된다.[26] 다만, 대법원은 일부취소원칙의 2가지 사유를 통한 예외가능성을 열어 복수운전면허의 전부취소를 하고 있다. 첫째로, 취소나 정지의 사유가 특정의 면허에 관한 것이 아니고 다른 면허와 공통된 경우를 들 수 있다. 이러한 경우로는 취소하여야 할 운전면허를 가지고 운전할 수 있는 차량의 범위가 넓어서 다른 운전면허를 가지고 운전할 수 있는 차량이 완전히 포함되는 경우에는 다른 운전면허도 취소할 수 있다. 둘째로, 취소나 정지의 사유가 운전면허를 받은 사람에 관한 것일 경우가 바로 그것이다. 이 부분은 해석상 애매한데, 음주운전과 같은 사유가 여기에 해당할 것이다. 같은 맥락에서 독일의 경우에는 운전면허의 "결함이 있는 적성"이 성격적인 결함에 의할 경우에는 운전면허를 일부취소(철회)할 수 없고 전부취소하여야 한다는 원칙에 입각한 판례가 있다.[27] 그 이유는 운전면허의 취소에 관한 규정이 경찰적 성격을 띠고 있으며 면허취소가 부적합한 운전자로부터 일반의 공중의 안전에 기여하는

---

25) 정경근, "복수운전면허 소지자에 대한 벌점초과로 인한 운전면허취소처분에 대하여", 재판실무연구, 광주지방법원, 2005, 149-150면.
26) 김용섭, "운전면허취소·정지처분의 법적 성질 및 그 한계", 행정판례연구 Ⅳ, 1999, 55면 이하.
27) BverwGE 13, 288, 289: 51, 359: 80, 43ff.

안전조치(Sicherungsmassnahme)[28]라고 보기 때문이다. 우리의 대법원 1997. 3. 11. 선고 96누15176 판결도 "오늘날 자동차가 급증하고 이에 따른 도로사정의 개선도 쉽사리 이루어지지 아니하여 교통상황이 날로 혼잡하여 감에 따라 교통법규를 엄격히 지켜야 할 필요성은 더욱 커지고, 주취운전으로 인한 교통사고가 빈번하고 그 결과 참혹한 경우가 많아 주취운전을 엄격하게 단속하여야 할 필요가 절실하다는 점을 들고 있으나, 기본적으로 동시의 운전면허를 동시에 취소하는 것은 단속편의를 강조한 것일 뿐 분리하여 취소할 수 있음에도 불구하고 일괄적인 전부취소는 무리한 접근법이라고 할 것이다.

다만, 독일의 연방행정재판소의 판결에서 성격적인 적성결함을 이유로 하는 경우에도 특별한 사정하에서는 운전면허의 취소(철회)를 특정의 면허등급에 한정할 수 있다고 보았는바, 일부취소가 불가능하다는 원칙은 고수하면서 예외적인 상황 하에서 특별한 경우에 가능하다고 보았다.[29] 우리의 경우에도 음주운전의 경우에도 운전부적격성의 문제로서 행위자의 적격 여부와 관련된다면 일괄적인 전부취소가 정당화되겠으나, 특정운전면허에 관한 것일 경우에는 개별적인 일부취소를 하는 것이 바람직하므로 그 예외의 가능성이 문제시 된다. 그런데 벌점초과의 경우에 있어서는 복수운전면허에 대한 전부취소하는 것은 일부취소에 비하여 국민에게 불리하며, 면허취소처분이 침익적 행정처분이기 때문에 법치행정의 원칙상 명확한 법률의 근거를 필요로 하므로 전부취소는 가급적 제한적으로 인정하는 것이 바람직하다고 할 것이다.[30] 특히 벌점부과로 인한 면허의 취소 또는 정지는 운전면허별로 개별적으로 하여 운전면허의 취소·정지처분을 일부에 한하여 하는 것이 타당하고 일괄적으로 전부취소하는 것은 법치행정의 원칙이나 비례원칙에 반한다고 볼 여지가 있다.[31]

나. 보조금교부결정 일부취소(철회)

(1) 보조금 교부결정과 일부취소

급부행정의 중요한 형식인 보조금의 지급과 관련하여 사위의 방법으로 보조

---

28) Vgl. BverwGE 2. 259.
29) Vgl. NVZ 1996. S. 127(BVerwG. Besch. v. 8. 11. 1995).
30) 정경근, 앞의 논문, 160면.
31) 김채해, "복수운전면허 소지자의 음주운전으로 인한 운전면허 취소의 범위", 재판과 판례 제12집, 대구판례연구회, 886면.

금을 지급받는 경우도 있지만 보조금의 지급목적 외의 용도로 사용하는 경우 등 공적 자금이라고 할 수 있는 보조금의 잘못된 사용과 이를 둘러싼 행정청의 직권취소 또는 철회의 문제가 야기된다. 보조금도 금전급부이기 때문에 가분적 성질을 띠고 있어 일부 취소가 가능한 것인지 아니면 전부취소를 하여야 하는지 문제가 된다.

(2) 대법원판례

1) 대법원 2003. 5. 16. 선고 2003두1288 판결[보조금교부결정취소처분취소]

보조금의 예산 및 관리에 관한 법률 제35조, 같은 법 시행령 제16조 제2호의 규정에 의하면 보조금에 의하여 건축한 보육시설은 처분제한기간을 경과한 경우에는 그 처분에 아무런 제한을 받지 않는다는 점에 비추어 볼 때, 보조사업자가 보조금으로 건립한 보육시설, 기타 부대시설을 그 준공일로부터 일정기간 동안은 노동부장관의 승인 없이 국고보조금 교부목적에 위배되는 용도에 사용하거나 양도, 교환, 대여 또는 담보에 제공할 수 없다고 규정하고 있는 직장보육시설설립운영지침을 준수할 것을 조건으로 보조금을 교부받아, 여기에 자기 부담금을 보태서 보육시설을 건축하여 일정기간 보육시설을 운영하다가 임의로 이를 제3자에게 매도한 경우, 처분제한기간 중 스스로 보육시설을 운영한 기간에 상응한 부분은 직장보육시설 보조금이 그 목적대로 집행된 것이라고 볼 여지가 있으므로, 보육시설을 타에 매매함으로써 처분제한 조건을 위반하였다는 사유로 같은 법 제30조 제1항에 의하여 보조금교부결정을 취소함에 있어서는 매매에 이른 경위 등 다른 사정들과 함께 보조금이 일부 그 목적대로 집행된 사정을 감안하여 취소의 범위를 결정하여야 한다.

2) 대법원 1986. 12. 9. 선고 86누276 판결[보조금취소처분의취소]

지방자치단체로부터 국고보조조림목으로 1983년에 180,000본, 1984년에 114,000본의 보조묘목을 받아 조림작업을 실행함에 있어 1983년분 88,500본을 조림하지 않고 폐기, 미식재 등으로 훼손처분하고 1984년분 52,000본을 그 조건대로 식재조림하지 않아 지방자치단체로부터 보조금관리법 제17조 제1항, 제19조 제1항에 의거 국고보조조림조치 모두를 취소하고 그 묘목대금 상당금원의 반환을 명받은 경우, 비록 조림계약자들이 보조묘목의 조림을 실행함에 있어 그 일부분을 보조결정 내용과 조건에 따라 조림하지 않고 폐기 등 훼손처분하거나 보조조건에 위반하여 식재하였더라도 그 이외의 부분은 보조결정내용과 조건에 따라 정당하게 조림하였다고 보여지므로 이러한 사정과 국고보조조림결정의 경위 등을 고려하면 국고보조조림결정중 정당하게 조림한 부분까지 합쳐 전체를 취소한 것은 위법하다고 보아야 할 것이다.

3) 대법원 2005. 1. 28. 선고 2002두11165 판결[보조금교부결정취소처분등]

보조금의 예산 및 관리에 관한 법률 제30조 제1항은 중앙관서의 장은 보조사업자가 보조금을 다른 용도에 사용하거나 법령의 규정, 보조금의 교부결정의 내용 또는 법령에 의한 중앙관서의 장의 처분에 위반한 때 및 허위의 신청이나 기타 부정한 방법으로 보조금의 교부를 받은 때에는 보조금의 교부결정의 전부 또는 일부를 취소할 수 있다고 규정하고 있는바, 보조사업자가 허위의 신청이나 기타 부정한 방법으로 보조금의 교부를 받았음을 이유로 보조금의 교부결정을 취소함에 있어서 전부를 취소할 것인지 일부를 취소할 것인지 여부와 일부를 취소하는 경우 그 범위는 보조사업의 목적과 내용, 보조금을 교부받음에 있어서 부정한 방법을 취하게 된 동기, 보조금의 전체액수 중 부정한 방법으로 교부받은 보조금의 비율과 교부받은 보조금을 그 조건과 내용에 따라 사용한 비율 등을 종합하여 개별적으로 결정하여야 한다.

(3) 검토의견

우선 위 첫 번째 판결의 사안에서는 직장보육시설과 관련하여 보조금을 교부받은 후 그 일부가 정상적으로 집행되었다고 볼 수 있는데, 그럼에도 행정청에서 보조금교부결정을 전부취소한 것은 비례원칙의 위반에 반하여 재량권의 한계를 일탈·남용하였다고 보는 것이 적절하였다고 본다. 다음으로 두 번째 판결의 경우에는 앞의 판결과 마찬가지로 국고보조조림결정에서 정한 조건에 일부만 위반했음에도 그 조림결정 전부를 취소한 것이 위법하다고 판단하였는바, 그 판단척도를 비례원칙인지 또는 구체적으로 어떤 사유인지를 밝히지 않고 있다. 그러나 일본의 하급심 판결 중에는 하수도요금의 면세에 관한 과료처분에 관하여 비례원칙위반을 이유로 그 일부를 취소한 사례가 있음에 비추어 직접적으로 비례원칙에 입각하여 논리전개를 하는 것이 적절하지 않았나 여겨본다.[32] 나아가 세 번째 판결의 경우 보조사업자가 허위의 신청이나 기타 부정한 방법으로 보조금의 교부를 받았음을 이유로 보조금의 교부결정을 취소하는 경우, 그 취소 범위에 관

---

32) 名古屋地裁 平15(行ウ) 第58号, 判例 タイムズ, 2006. 5, 111-154面.

한 판단 기준을 제시하였으나 종합적으로 검토하도록 하였을 뿐 구체적인 기준제시가 미흡하다.

위 판결의 사안에서는 기본적으로 규율의 대상이 양적인 금전으로 되어 있기 때문에 특정한 금전의 액수나 특정한 기간에 해당한다면 급부 또는 그 효력의 양적인 구분이 가능하고 가분적이기 때문에 행정청은 일부취소가 가능하고 비례원칙의 관점에서 일부취소만이 허용되는데 전부 취소한 것이어서 보조금교부결정의 전부취소가 재량권의 일탈·남용하여 위법이라고 보고 있는 것이다.

특히 첫 번째 사건에 있어서는 보조금의 지급결정을 3차례에 걸쳐서 분리하여 지급한 사실은 있으나, 전체적인 금액으로 그 처분제한 기간의 효력은 10년으로 한정된 점 등을 고려하면 직장보육시설건립을 위하여 정상적으로 지급된 것으로 이미 건물을 신축하는 과정에 투입되었으며, 실제로 직장보육시설을 운영하는 가운데 지급된 운영보조금에 대하여는 이를 취소하지 아니하였지만 건물의 신축을 위해 지급된 금원은 노동부장관의 승인 없이 10년간 처분할 수 없도록 처분제한을 둔 것은 국고보조사업의 계속성과 안정성의 확보를 위한 것인데, 노동부장관의 아무런 승인절차를 받지도 아니하고 일방적으로 경제적 사정을 이유로 타에 매도하여 보조금 지급조건인 부담을 이행하지 아니한 경우에 해당하지만, 이는 금전급부로서 분리할 수 있고 다음으로 보조금 중에 일부분이 실제로 집행되었다고 보는 부분을 감안한다면 일부에 대하여만 취소(철회)하는 것이 비례원칙에 합치된다고 볼 것이다.

Ⅳ. 행정쟁송법상의 일부취소: 일부취소판결의 허용성

1. 문제의 제기

취소소송의 판결은 소송요건의 결여를 이유로 하는 각하판결, 본안심리의 결과 청구가 이유가 없다고 내리는 기각판결, 그리고 원고의 청구가 이유가 있다고 판단되어 내리는 인용판결로 구분가능하다. 이와 같이 원고의 청구가 이유 있음을 인정하여 처분 등의 취소·변경을 행하는 판결인 인용판결의 경우에도 전부취소판결과 일부취소판결로 나누어진다.

여기에서 제기되는 문제는 취소소송을 제기한 경우에 청구의 일부에만 위법이 있는 경우에 그 일부취소를 할 수 있는지 반드시 전부취소를 하여야만 하는지,

만일 전부취소를 하는 경우에도 판결이유에서 그 범위를 특정할 수 있는지 여부가 문제가 된다. 주로 재량행위에서 논의되며 재량권의 일탈·남용이 있다고 판단하는 경우에 문제가 된다.

원칙적으로 일부취소판결이 허용되는지 여부에 관하여 행정소송법 제4조 제1호에서 규정하고 있는 "변경"이 소극적 변경에 그치는지 아니면 적극적 변경이 가능한지의 문제와 관련되는데 판례와 통설은 적극적 변경은 어렵고, 일부취소를 의미하는 소극적 변경만 가능한 것으로 보고 있다. 행정소송법 제4조 제1호에 의하여 기본적으로 일부취소판결이 가능하다고 할지라도 구체적 법률관계에 따라 그 허용성이 논의될 수 있는바, 기본적으로 일부취소의 대상이 되는 처분이 가분적이어야 하며, 과징금부과처분과 같은 재량영역에 있어서는 일부취소판결이 허용되지 않고 전부취소판결을 내려야 하는 것으로 보고 있다.

2. 행정소송법 제4조 제1호의 해석을 둘러싼 학설대립

위법한 행정행위로 인하여 원고의 권리가 침해되는 한, 행정법원은 그 원인이 된 행정행위를 취소할 수 있다. 우리 행정소송법 제4조 제1호는 취소소송에 관하여 "1. 취소소송: 행정청의 위법한 처분 등을 취소 또는 변경하는 소송"으로 규정하고 있다. 여기서 말하는 취소에 관하여는 특별히 문제가 되지 않는다. 즉 행정사건을 심리하는 법원은 행정처분의 전부 또는 일부의 취소나 변경을 구하는 원고의 청구에 대하여, 심리 후 청구의 전부 또는 일부를 인용하거나 기각하는 내용의 본안 판결을 할 수 있다. 왜냐하면 행정소송법 제8조 제2항은 행정소송에 관하여 이 법에 특별히 규정이 없는 경우에는 민사소송법을 준용한다고 되어 있기 때문에 민사소송에 있어서는 종국판결로서 일부판결이 허용되기 때문이다.

행정소송법 제4조 제1호에서 규정하고 있는 '변경'이 행정처분의 일부취소를 구할 수 있는 근거조항이라는 데는 이론의 여지가 없고, 다만 이러한 '변경'이 처분을 적극적으로 변경하도록 하는 것도 가능한 적극적인 변경의 의미인지, 단순한 소극적 변경(일부 취소)에 그치는 것을 의미하는지에 대한 논의가 있다.

이에 대한 판례[33])와 다수설[34])의 입장은 이 '변경'을 단지 소극적 변경으로 보는 것이 옳다고 보고 있다. 그 근거는 다음과 같다. 첫째로, 현행 행정소송법이

---

33) 대법원 1964. 5. 19. 선고 63누177 판결.
34) 가령 김동희, 행정법 Ⅰ, 2008, 749면.

의무이행소송 등의 적극적 구제절차를 규정하고 있지 않다. 둘째로, 적극적 변경이 가능하다면 법원이 위법한 처분을 취소하고 새로운 처분을 주요내용으로 하는 판결을 하는 것이 가능하고 이는 삼권분립의 원칙에 반한다.

이와 같은 다수설의 입장은 행정소송법은 행정심판법과 달리 의무이행소송을 명문화하지 않고 단지 부작위위법확인소송만을 규정한 관계로 행정소송법상 변경이란 소극적 의미로의 일부취소만을 의미한다고 본다.[35] 아울러 법원은 처분청의 상급기관은 아니므로 원처분에 갈음하여 새로운 처분은 할 수 없다고 할 것이고, 따라서 여기서의 "변경"은 일부취소의 의미로 해석하여야 한다는 것이다.[36]

이에 대하여 소수설[37]은 권력분립원칙을 기능적 실질적으로 이해하고 행정소송법상 변경이란 적극적 의미의 변경으로서 적극적 형성판결 내지 이행판결을 의미하는 것이라 한다. 이 견해에 의하면 행정소송법상의 항고소송의 종류에 관한 행정소송법 제4조를 예시규정이라고 새기고 무명항고소송의 일종으로서 이행소송을 인정 못할 바 없다고 주장하고 있다.

생각건대, 의무이행소송의 허용여부는 입법정책의 문제이고, 현행법의 해석론으로는 한계가 있기 때문에, 급부행정영역에 있어서 국민의 권리구제의 실질화를 도모하기 위하여는 행정소송법을 개정하여 조속히 의무이행소송제도를 도입할 필요가 있다.

그러나 행정심판에 있어서는 행정심판위원회가 재결청이 되었고 행정내부적 통제에 속하므로, 행정심판법 제4조 제1호에서 규정하고 있는 바와 같이 "1. 취소심판: 행정청이 위법 또는 부당한 처분의 취소 또는 변경을 하는 심판"에서 말하는 "변경"은 소극적인 일부취소만을 의미하는 것이 아니라, 원처분에 갈음하여 새로운 처분으로 대체한다는 적극적 의미를 포함 하는 것으로 해석할 수 있을 것이다.

이와 같이 행정심판[38]의 경우에는 양적인 일부취소뿐만 아니라 영업취소를 영업정지로 변경하는 질적인 일부취소가 가능한데, 행정소송의 경우에는 불가능

---

35) 김도창, 일반행정법론(상), 841면; 박윤흔, 최신행정법강의(상), 962면.
36) 대법원 1664. 5. 19. 선고 63누177 판결.
37) 홍정선, 행정법원론(상), 2009, 954면.
38) 피청구인(서울특별시장)이 1987년 2월 4일 청구인에 대하여 한 건설업면허 취소처분은 이를 4월간의 영업정지처분으로 변경한다(國行審 87-154, 건설업면허 취소처분 취소청구에 대한 1988. 4. 27. 국무총리재결).

하다고 볼 것이다.

3. 일부취소판결의 허용성 여부

가. 일부취소판결이 허용되지 않는 경우: 영업정지처분과 과징금부과처분

종전의 대법원판례에 의하면 "행정청이 영업정지 처분을 함에 있어 그 정지기간을 어느 정도로 정할 것인지는 행정청의 재량권에 속하는 사항인 것이며, 다만 그것이 공익의 원칙이나 평등의 원칙 또는 비례의 원칙 등에 위반하여 재량권의 한계를 벗어난 재량권 남용에 해당하는 경우에만 위법한 처분으로서 사법심사의 대상이 되는 것이다"라고 전제한 다음 법원으로서는 영업정지처분이 재량권남용에 해당한다고 판단될 때에는 위법한 처분으로서 그 처분의 취소를 명할 수있을 따름이고 재량권의 한계 내에서 어느 정도가 적정한 영업정지기간인가를 가리는 일은 사법심사의 범위를 벗어나는 것이며 그 권한 밖의 일이라고 하겠으니이 사건 영업정지처분 중 적정한 영업정지기간을 초과하는 부분만 취소하지 아니하고 전부를 취소한 것은 이유의 모순이라는 논지도 받아들일 수 없다"라고 판시한 바 있다.[39]

이와 더불어 과징금부과처분의 경우에는 과세처분과는 달리 일부취소판결이허용되지 않은 것으로 보고 있다. 이하에서는 대법원 1998. 4. 10. 선고 98두2270 판결을 중심으로 고찰하기로 한다.

(1) 사실관계

원고 갑은 개인택시운송사업면허를 얻어 서울에서 개인택시를 운전하는 자이다. 그런데 피고 을(서울특별시 노원구청장)은 갑에 대하여 차고지를 확보하여 이를 신고하라고 지시하였음에도 이를 이행하지 않았다. 을이 자동차운수사업법시행령 제3조 제1항 [별표1]의 제5호를 적용하여 갑에 대하여 금 1,000,000원의 과징금을 부과하는 처분을 하자, 이에 대하여 갑은 금 1,000,000원의 과징금부과처분을 취소한다는 청구취지로 원심법원에 과징금부과처분취소소송을 제기하였다.

이에 대하여 원심법원은 갑이 차고지 없이 개인택시운송사업을 한 것은 위시행령 제3조 제1항 [별표1]의 5호 마목에 해당하므로 과징금의 액수는 100,000원으로 정하는 것이 상당하다고 할 것이고, 따라서 이 사건 처분 중 금 100,000원을

---

39) 대법원 1982. 6. 22. 선고 81누375 판결[행정처분취소].

초과하는 부분은 재량권을 일탈 남용한 것으로 위법하다고 판시하면서, "피고가 원고에게 1996. 12. 9. 한 과징금 금 1,000,000원의 부과처분 중 금 100,000원을 넘는 부분을 취소한다"는 주문으로 일부취소판결을 내렸다. 이에 대하여 갑이 상고하자, 대법원은 원심법원이 과징금의 일부분만을 취소한 조치가 과징금부과처분 취소에 관한 법리를 오해하여 판결에 영향을 미친 위법을 저질렀다고 하여, 원심 판결을 파기하고 사건을 다시 심리판단하게 하기 위하여 원심법원에 환송한 사안이다.

(2) 판결요지

"자동차운수사업면허조건 등을 위반한 사업자에 대하여 행정청이 행정제재 수단으로 사업 정지를 명할 것인지, 과징금을 부과할 것인지, 과징금을 부과키로 한다면 그 금액은 얼마로 할 것인지에 관하여 재량권이 부여되었다 할 것이므로 과징금부과처분이 법이 정한 한도액을 초과하여 위법할 경우 법원으로서는 그 전부를 취소할 수밖에 없고, 그 한도액을 초과한 부분이나 법원이 적정하다고 인정되는 부분을 초과한 부분만을 취소할 수 없다(금 1,000,000원을 부과한 당해 처분 중 금 100,000원을 초과하는 부분은 재량권 일탈·남용으로 위법하다며 그 일부분만을 취소한 원심판결을 파기한 사례)."

나. 일부취소판결이 허용되는 경우: 과세처분 및 개발부담금부과처분
(1) 대법원 2000. 6. 13. 선고 98두5811 판결[양도소득세부과처분취소]

과세처분취소소송의 처분의 적법 여부는 과세액이 정당한 세액을 초과하느냐의 여부에 따라 판단되는 것으로서 당사자는 사실심 변론종결시까지 객관적인 조세채무액을 뒷받침하는 주장과 자료를 제출할 수 있고 이러한 자료에 의하여 적법하게 부과될 정당한 세액이 산출되는 때에는 그 정당한 세액을 초과하는 부분만 취소하여야 할 것이고 전부를 취소할 것이 아니다.

(2) 대법원 2004. 7. 22. 선고 2002두868 판결[개발부담금부과처분취소]

"개발부담금부과처분 취소소송에 있어 당사자가 제출한 자료에 의하여 적법하게 부과될 정당한 부과금액이 산출할 수 없을 경우에는 부과처분 전부를 취소할 수밖에 없으나, 그렇지 않은 경우에는 그 정당한 금액을 초과하는 부분만 취소하여야 한다."

다. 검토

과징금부과처분이 상한액을 초과하여 잘못 부과된 경우에 재량권이 있는 행정청의 의사를 무시하고 법원에서 일부취소판결을 내릴 수 있는가 논란이 제기된다. 판례는 조세부과처분이나 개발부담금부과처분의 경우에는 납세자가 취소를 구하는 부과처분 중 정당한 세액을 초과하는 위법의 부과부분이 있는 경우에는 일부취소판결이 가능하다고 보면서도 과징금의 경우에는 전부취소를 하여야 한다고 보고 있다. 그 논거를 개발부담금부과처분 등에 있어서는 기속행위에 해당되면 전부취소판결이 내려지더라도 행정청은 동일한 금액을 부과하게 된다는 데에서 찾고 있다. 기본적으로 과징금 부과처분의 경우에는 재량행위이기 때문에 재량권의 범위 내에서 어느 범위가 적정한 것인지는 행정청이 결정하는 것이 합목적적이고 법원이 그 범위를 정하는 것은 사법심사의 범위를 벗어나는 것이라는 전제에서 출발하고 있다. 판례의 태도와 같이 처분이 과징금의 부과처분과 같은 재량행위인가 아니면 조세부과와 같은 기속행위인가의 여부에 따라 일부취소판결의 허용성을 파악할 것이 아니라, 법원이 만일 당사자가 제출한 자료를 토대로 금액산정을 할 수 있는 경우라면 그 법적 성질이 재량행위인가 기속행위인가를 불문하고 초과되는 금액에 한정하여서만 일부취소판결을 허용하는 것이 분쟁의 조기 해결의 필요성에 비추어 바람직하다고 할 것이다.

판례는 과징금 부과처분의 경우에는 재량행위에 해당하므로, 권력분립의 원칙과 행정의 1차적 처분권 보장 차원에서 일부취소를 부인하고 전부취소하고 있다. 그러나 비례원칙은 재량행위를 제약하는 행정법의 기본원리인 점에 비추어 법원이 전부취소판결을 내리는 것이 행정법상의 비례원칙에 반할 수 있다고 본다. 따라서 조세부과처분이나 개발부담금부과처분에 있어 기본적으로 정당한 세액을 산출하여 그 금액이 넘는 부분만 취소하는 것과 마찬가지로 과징금부과처분의 경우에도 정당한 금액을 산정할 수 있는 경우에는 법원에서 일부취소판결을 하는 것이 비례원칙에 합치되고 당사자의 권익구제에도 바람직하다고 볼 것이다. 다만, 당사자가 제출한 자료에 의하여 적법하게 부과될 금액을 법원에서 산출할 수 없는 경우에는 일부취소는 허용되지 않고, 전부취소판결을 내려야 할 것이다.

한편, 과세처분에 대하여 취소소송이 제기된 경우에는 법원에서 정당한 세액

을 확정하고 이를 초과하는 부분에 대하여는 일부만의 취소가 가능하다고 보고
있다. 이와 같은 관점은 과세처분취소소송에서의 소송물의 범위에 관하여 총액주
의를 취하고 있고 과체처분에 대하여는 재량행위가 아니고 기속행위라는 점을 논
거로 하고 있다고 보여진다. 다만, 과세처분이라고 할지라도 언제나 일부취소를
하는 것은 아니고 정당한 세액을 뒷받침할 수 있는 자료가 있는 경우에 한한다.

　　이와 같이 판례에 의하면 영업정지처분과 과징금부과처분 등의 경우에는 조
세부과처분과는 달리 행정청의 처분 유무나 처분의 정도에 대한 재량이 인정되고
있기 때문에 법원은 재량의 일탈·남용 여부만을 판단할 수 있을 뿐이고 재량권
의 범위 내에서 어느 범위가 적정한 것인지는 사법심사의 한계를 벗어나는 것이
라고 보고 있다. 그러나 과징금 부과처분과 같이 금액을 적정하게 평가할 수 있
는 경우라면 과징금이라고 해서 과세처분과 달리 볼 이유가 없으며, 단지 재량행
위라는 이유만으로 법원이 행정청의 의사를 존중하여야만 하는 것은 아니므로,
재량권의 한계를 벗어난 경우에 있어서는 법원은 적정하다고 생각되는 금액을 판
결이유에서 밝힐 수 있다고 할 것이다.[40] 이 점은 재량권이 행정청에 부여되어
있다고 보고 있는데 행정소송법 제27조에서도 행정청의 재량에 속하는 처분이라
도 재량권의 한계를 넘거나 그 남용이 있을 때에는 법원은 이를 취소할 수 있다
고 규정하고 있을 뿐 전부취소하여야 한다거나 일부취소는 안된다는 명문의 규정
은 없기 때문에 현행 행정소송법의 해석에 비추어 보아도 무리가 따르는 것은 아
닐 것이다. 금전급부청구소송에 있어서의 재량행위인가 기속행위인가라고 하는
기준을 적용하여 판단하는 이른바 재량행위의 일체성의 관점보다 우선되어야 할
것이 효과적인 권리구제와 비례원칙이라고 할 것이다. 따라서 법원에서 금액을
적절하다고 생각하는 금액을 정하여 일부취소판결을 하는 것이 바람직하다. 그
이유는 판결 후에 행정청에서 다시금 금액을 산정하는 것이 오히려 무용의 절차
를 반복하게 될 가능성이 있으므로, 일정금액을 넘는 부분을 법원에서 취소하거
나 판결이유에서 이를 밝히는 것이 권력분립의 원칙에도 반하지 않고 비례원칙에
도 합치되는 바람직한 결과를 가져온다고 할 것이다.

---

40) 만일 일부취소판결이 허용되지 않을 경우에는 행정청에서 적정하다고 판단되는 금액을 다
　 시 산정하게 되고, 이에 불복하는 국민은 다시금 소송을 제기할 수 있어 분쟁이 계속 지속
　 될 가능성이 높기 때문이다.

V. 행정법상 일부취소법리의 적용영역

1. 행정행위의 부관과 일부취소

가. 문제의 제기

행정청은 부관을 통하여 공익을 실현하게 되는 반면에 수익적 행정결정과 결부하여 부가된 부관에 대하여 당사자는 본체인 행정행위는 그대로 둔 채, 부관만의 취소를 구하고자 한다. 이러한 수익적 행정행위의 불이익적 부관에 대한 쟁송법적 보호문제는 지금껏 독일에 있어서건 우리나라에 있어서건 결말을 보고 있지 못하고 있다. 그만큼 학설대립도 치열하다. 여기에서 부관의 부가가 위법한 경우에 이를 쟁송을 통하여 다툴 수 있는가의 문제는 다툼의 대상인 처분에 부관이 포함되는가와 그 처분성이 인정된다고 할 때 항고소송의 제기를 통하여 독립적으로 취소판결을 받을 수 있는가의 문제가 대두된다. 예컨대 주택건설사업계획승인처분이라는 수익적 행정결정에 덧붙여진 기부채납이 위법하다고 주장하면서 기부채납만을 독립쟁송의 대상으로 삼을 수 있는가, 만약 그것이 긍정된다면 법원에서는 심리 후 일부취소로서 부관만의 취소가 가능한가의 문제가 제기된다. 이 문제는 부관의 독립쟁송가능성과 쟁송취소가능성의 문제로서 이를 둘러싸고 학설상의 대립이 있다.

이 문제의 해결의 근저에는 국민과 행정청간의 이해관계의 대립이 존재한다. 국민의 입장에서는 부담 내지 부관이 없는 수익적 결정을 원하는 데 반하여 행정청의 입장에서는 부관을 통하여 행정목적의 달성을 도모하게 된다. 따라서 국민의 입장에서는 부관을 붙인 행정행위가 대개는 수익적 행정행위이기 때문에 부관 자체에 하자가 있으면 부관만을 다투고 본체인 행정행위는 그대로 유지하고 싶은 반면에, 행정청은 수익적인 행정행위에 부관을 결부하였기 때문에 부관만이 쟁송취소의 대상이 되지 않는다는 입장을 견지하려고 한다. 이 문제의 해결을 위해서는 여러 가지 관점을 종합적으로 고려하여 합리적인 해결점을 모색하여야 할 것인바, 부관의 일부취소와 관련하여서는 부관의 성질이 어떠한가(독립적인가 비독립적인가)와 취소소송의 형태(진정일부취소소송과 부진정일부취소소송)가 어떠한가, 일부취소의 요건을 갖추었는가를 종합적으로 고려하여 해결하는 것이 필요하다.

부관에 있어서의 일부취소의 문제는 3가지 관점에서 논의된다. 첫째로, 독립하여 부관을 쟁송의 대상으로 삼을 수 있는가의 문제(독립쟁송가능성의 문제) 이 문제는 소송의 허용성의 문제로 소송요건에 해당하는지 여부의 문제이다. 둘째로, 쟁송제기형태를 어떻게 할 것인가의 문제(쟁송형태의 문제) 셋째로, 부관부 행정행위에 대한 일부취소가 가능한가의 문제(독립취소가능성)가 바로 그것이다.

위법한 부관으로 인해 권익의 침해를 받은 자는 행정쟁송을 통해 구제받을 수 있는데, 행정심판을 제기하여 구제받는 방법과 행정소송을 제기하여 구제받는 방법이 있을 수 있고, 무효확인소송을 제기하여 구제받는 방법과 취소소송을 제기하여 구제받는 방법이 있을 수 있다. 여기서는 행정심판의 경우와 무효확인소송의 경우를 제외하고 기본적으로 취소소송을 법원에 제기하여 구제를 받는 경우에 한정하여 논의를 진행하고자 한다.

나. 독립쟁송가능성의 문제(isolierte Anfechtbarkeit)
(1) 독립쟁송가능성의 의미

독립쟁송가능성의 문제는 취소소송 내지 취소심판의 대상인 처분에 부관이 포함되는가의 문제로 볼 수 있다. 따라서 취소소송 내지 취소심판의 형식적 요건 내지 허용요건에 관한 문제에 속한다. 이하에서는 논의의 편의상 취소소송을 중심으로 고찰하기로 한다.

주로 부담의 경우에는 특별히 문제가 없으나, 부담을 제외한 조건, 기한, 철회권유보의 경우에 특히 문제가 된다. 이것이 독립된 쟁송의 대상이 될 수 있는지 여부에 대해서는 다음과 같은 견해의 대립이 있다.

(2) 학설대립
1) 기본적으로 부정, 부담의 경우에만 예외를 두는 견해

먼저 전면적 부정설이 있다. 이 견해에 의하면 부관은 행정행위의 주된 의사표시에 종속된 의사표시로서, 양자는 각각 별개의 행정 행위를 이루는 것이 아니라 양자가 합하여 하나의 행정행위를 이루는 것이므로, 부관만을 떼어 독립적인 쟁송의 대상으로 삼을 수는 없다고 한다.[41] 이 견해에 의하면 부관의 위법을 이유로 하는 경우에도 당해 부관부행정행위를 전체로서 한 개의 행정행위로 보아 쟁송대상으로 할 수밖에 없다고 한다.

---

41) 김도창, 일반행정법론(상), 395면; 박윤흔, 최신행정법강의(상), 268면.

이에 반하여 종래의 통설은 부관에 대하여는 원칙적으로 독립하여 쟁송으로 다툴 수 없으나, 부담에 대하여서는 예외적으로 독립하여 행정쟁송의 대상이 된다고 본다.

독립적 성격의 부관인 부담과 비독립적 성격의 부관인 조건, 기한, 철회권유보를 구분하여 독자적 쟁송가능성을 달리 취급하고 있다.

그러나, 부관에 관하여 독립적으로 쟁송을 제기하지 못한다고 할지라도 부담이나 부담이 아닌 부관에 대하여 부진정일부취소의 형태로 부관부 행정행위 전체를 취소소송의 대상으로 삼아 다툴 수 있고, 아울러 부관없는 행정행위를 신청한 후에 거부하면 거부처분취소소송의 형태로 항고소송을 제기하는 것이 가능하다는 판례도 있다.

2) 모든 부관에 대하여 허용하는 견해

이 견해에 따르면 소의 이익이 있는 한 부담이든 조건이든 구분하지 않고 모든 부관에 대하여 독립하여 취소소송을 제기할 수 있다고 파악한다. 위법한 부관을 독립하여 취소할 수 있는가의 문제는 본안에서의 이유 유무의 문제라 할 것이어서 소송요건인 독립쟁송가능성의 문제와는 관계가 없다고 하여 소의 이익이 있는 한 모든 부관을 그 자체로서 독립된 행정쟁송의 대상으로 인정하여야 한다고 한다.[42]

이 설은 이론적으로 부담 이외에 모든 부관에 대하여 독립쟁송가능성을 넓혔다는 점에서 의미는 있으나, 실무상 소익의 문제 내지 원고적격의 문제는 처분성이 인정될 때에 이를 고려하기 때문에, 처분성이 먼저 논해져야 한다. 실무상 소의 이익을 논하기 전에 처분성이 없다는 이유만으로 부적법 각하판결을 내리는 것을 간과하지 않았나 여겨진다. 즉 처분성이 없어 취소소송의 대상이 되지 아니한 경우에는 그 소익을 논할 필요가 없다. 부담 이외의 부관의 경우에는 그 자체로 독자적인 처분성이 인정되지 아니하므로 소의 이익이 논의될 여지는 없다.

3) 분리가능성을 기준으로 해결하는 입장

이 입장은 당사자가 쟁송의 제기를 통하여 쟁송과정에서 부관만의 위법성을 주장할 수 있는가의 문제가 독립쟁송가능성의 문제이고 어떤 형태로 소송을 제기할 것인가의 문제는 아니라는 데에서 출발하고 있으며, 하자 있는 부관만을 독립

---

42) 김남진, 행정법 1, 282면.

하여 다툴 수 있는가의 여부는 당해 부관의 취소가 인정되는 경우에 주된 행정행위가 여전히 존속될 수 있는가의 여부, 즉 분리가능성의 여부와 관련된 것으로 이해한다. 따라서 이 견해에 의하면 부관은 독자적 처분성의 인정 여부가 아닌 분리가능성을 가지고 있는가 하는 것을 중요한 기준으로 파악하면서 주된 행정행위와의 분리가능성을 갖는 부관이라면 그 처분성의 인정 여부와는 무관하게 행정쟁송을 통하여 독자적으로 다툴 수 있다고 본다.[43]

이러한 견해에 입각하여 분리가능성이 없는 부관만의 독립쟁송가능성은 부인되어 전체행정행위를 대상으로 쟁송을 제기하여야 하고, 분리가능성이 인정되는 경우에는 처분성을 갖는 경우에는 진정일부취소소송을 제기하며, 처분성이 인정되지 않는 경우에는 부관부 행정행위 전체를 대상으로 소송을 제기하고 이 가운데 부관만의 취소를 구하는 형태를 취하여야 한다고 주장한다.[44]

이 견해는 분리가능성을 준거점으로 파악하고 있는데 문제는 분리가능성이 개념이 매우 모호하다는 것이다. 부관의 분리가능성은 독립적인가 아닌가의 문제가 아니라 본체인 행정행위에서 독립할 수 있는가 여부의 문제라고 할 것이다. 부관 중에서도 해제조건의 경우에는 분리가 가능하지만 정지조건의 경우에는 분리되는 순간에 본체인 행정행위의 효력은 발생조차 하지 않게 된다.[45] 또한 조건, 기한 등과 같은 경우에는 분리하지 않은 채 전체적인 부관부 행정행위를 취소소송의 대상으로 삼게 되기 때문에 특별히 문제될 것이 없다. 결국 독립쟁송가능성의 문제는 소송의 허용성 문제로 본안전 판단사항인 반면 독립취소가능성은 본안판단사항으로, 본안전 판단사항으로서는 처분성 여부 문제가 되고, 소송의 제기형태도 아울러 고려된다. 그러한 반면에 분리가능성의 문제는 이유유무의 문제로서 본안에서 판단하여야 할 실체적 사항임에도 불구하고 이를 독립쟁송가능성의 단계에서 처분성요건보다 앞서 고려하여야 할 사항으로 제시하고 있어 너무 성급하게 논의를 진행시킨 데 문제가 있다. 처분성과 소의 이익이 인정되어 독립쟁송가능성이 있을 경우에 비로소 본안심리가 진행되고, 그 경우에 비로소 법원이 행정행위의 일부에 위법성이 인정되어도 분리가능성이 인정되지 않는다면 일부취

43) 김철용, 행정법 Ⅰ, 2009, 253면.
44) 홍정선, 행정법(상), 2009, 442면.
45) 그러나 정하중 교수는 모든 부관은 부가적인 규율에 해당하기 때문에 주된 행정행위로부터 분리가 가능하다고 주장하고 있다(정하중, 부관에 대한 행정소송, 고시계, 2001. 5, 37면). 그러나 쉽게 수긍이 가지 않는다.

소할 수 없기 때문에 각하가 아닌 기각판결을 내려야 한다. 그러나 이 견해에 의하면 분리가능성이 없는 부담의 경우 각하판결을 내려야 한다는 결과가 되는데 이는 적절하지 않다고 판단된다.

(3) 대법원판례의 입장

대법원 2001. 6. 15. 선고 99두509 판결에 의하면 "행정행위의 부관은 부담인 경우를 제외하고는 독립하여 행정소송의 대상이 될 수 없는바(대법원 1986. 8. 19. 선고 86누202 판결; 1991. 12. 13. 선고 90누8503 판결; 1993. 10. 8. 선고 93누2032 판결 등 참조), 이 사건 허가에서 피고가 정한 사용·수익허가의 기간은 이 사건 허가의 효력을 제한하기 위한 행정행위의 부관으로서 이러한 사용·수익허가의 기간에 대해서는 독립하여 행정소송을 제기할 수 없는 것이다."라고 판시하고 있다. 한편 종전의 대법원판결46)은 상세하게 부담만 취소소송의 대상이 되는 이유를 밝히고 있다. 즉, "행정행위의 부관은 그 자체로서 직접 법적 효과를 발생하는 독립적 처분이 아니므로 현행 행정쟁송제도 아래서는 부과 그 자체만을 독립된 쟁송의 대상으로 할 수 없는 것이 원칙이나, 행정행위의 부관 중에서도 행정행위에 부수하여 그 행정행위의 상대방에게 일정한 의무를 부과하는 행정청의 의사표시인 부담의 경우에는 다른 부관과는 달리 행정행위의 불가분적인 요소가 아니고 그 존속이 본체인 행정행위의 존재를 전제로 하는 것일 뿐이므로 부담 그 자체로서 행정쟁송의 대상이 된다고 할 것이다."

이와 같은 판례에 있어서 행정행위의 불가분적 요소인가 아닌가라는 관점에서 부관의 성질을 고려하여 독립적 쟁송가능성을 따지고 있다. 이 부분은 우리 행정소송법이 취소소송의 대상을 처분 등에 한정하기 때문에 부관에 대한 취소소송을 구하는 것은 부담과 같이 처분적인 내용이 아닌 한 곤란하다고 할 것이다. 우리나라의 판례는, 부관이 독립된 쟁송대상이 될 수 있느냐의 점에 관해서는 통설과 같이 부정설에 입각해 있음을 명백히 하고 있다.47) 따라서 부관이 행정행위의 중요한 요소이건 중요한 요소가 아니건 언제나 부관 자체를 쟁송대상으로 삼을 수 없다고 한다.

또한 대법원 1986. 8. 19. 선고 86누202 판결에서 어업면허처분 중 그 면허

---

46) 대법원 1992. 2. 21. 선고 91누1264 판결(대법원 1985. 6. 25. 선고 84누579 판결).
47) 대법원 1970. 9. 17. 선고 70누98 판결; 대법원 1985. 6. 25. 선고 84누579 판결; 대법원 1986. 8. 19. 선고 86누202 판결; 대법원 1992. 1. 21. 선고 91누1264 판결 등.

유효기간만의 취소를 구한 것을 부적법하다 하여 각하하였고, 대법원 1985. 6. 25. 선고 84누579 판결, 대법원 1991. 12. 13. 선고 90누8503 판결, 대법원 1993. 10. 8. 선고 93누2032 판결 등에서 공유수면매립준공인가 중 매립지 일부에 대해 국가귀속하는 처분(법률효과의 일부배제 부관임)의 취소를 구한 것을 부적법하다 하여 각하함으로써 일부취소의 형식으로 부관의 위법을 다투는 것을 인정하지 않는 듯한 태도를 취하고 있다.

만약 판례의 태도가 그와 같이 일부취소의 형식으로 부관만의 취소를 구하는 것이 허용되지 않는다는 취지라면 그러한 판례의 태도는 변경되어야 할 것으로 생각된다. 당사자로서 부관에 하자가 있고 그 부관으로 인하여 상당한 고통을 받고 있다고 생각하여 이를 다투고자 함에도 불구하고 당해 행정행위의 중요한 요소가 아니라는 이유만으로 언제까지 이를 그대로 감수해야 한다는 것은 부당하다고 하지 않을 수 없고 국민의 권리실현에도 소홀해질 수밖에 없다고 할 것이기 때문이다.

외국의 예를 보더라도, 일본은 적어도 일부취소의 형식으로 부관만의 취소를 구하는 것이 허용된다고 하고, 또 독일 연방행정재판소도 종래 부담에 대해서만 독립된 쟁송대상성을 인정하는 태도를 취하다가 최근에 와서 조건·기한 등에 대해서도 독립된 취소소송대상성을 인정하는 태도로 바뀌고 있는바,[48] 이러한 점에 비추어 보아도 위와 같은 우리 판례의 태도는 재검토를 요한다고 할 것이다.

위에서 본 부담 이외의 부관의 경우에 있어서의 긍정설에 의하면 모든 부관은 행정소송의 대상이 될 수 있다고 하는 관계로 부담인 부관도 당연히 행정소송의 대상이 될 수 있다고 한다. 한편 부정설을 취하는 경우에도 부담은 다른 부관과 달라서 본체인 행정행위와 불가분적 관계에 있는 것이 아니고 그 존속이 본체인 행정행위의 존재를 전제로 하는 것일 뿐 그 자체로서 독립한 하나의 행정행위가 되는 것이기 때문에 부담 그 자체로서 직접 행정소송의 대상이 된다고 한다. 따라서 어느 견해에 서든 모두 부담이 독립된 행정소송의 대상이 된다는 데에는 견해가 일치한다. 판례는, 행정행위의 부관 중 부담은 다른 부관과는 달리 독립하여 행정소송의 대상이 될 수 있다고 직접적으로 표시하거나,[49] 부담의 경우를 제외하고는 독립하여 행정소송의 대상이 될 수 없다고 간접적으로 표시하여[50] 결

48) 김철용, 위법한 부관에 대한 쟁송, 고시연구, 1987. 3월호, 65면.
49) 대법원 1992. 1. 21. 선고 91누1264 판결.

국 부담의 독립쟁송성을 인정함으로써 역시 같은 견해를 취하고 있는 것으로 보여진다.

부담에 대해서는 다른 부관에서처럼 그것이 본체인 행정행위의 중요한 요소가 되는 경우와 그렇지 아니하는 경우를 나누어 이를 달리 설명하여야 할 필요성은 없다 할 것이다. 부담이라는 것은 그 자체의 성질이 원래 본체인 행정행위의 내용을 이루는 것이 아니어서 그것이 본체인 행정행위의 불가분적 요소가 될 수 없는 것이라 할 것이므로, 다른 부관처럼 중요한 요소를 이루는 경우를 별도로 취급하여 그 경우에는 부관만의 취소를 구할 수는 없고 행정행위 전체의 취소를 구하여야 한다고 할 필요는 없을 것으로 보여진다.

(4) 검토

부관의 종류를 기준으로 판단하는 견해는 부담의 경우에는 독립하여 취소쟁송의 대상이 될 수 있는 반면에 부담이외의 조건, 기한 등의 경우에는 독립하여 취소소송을 제기할 수 없다고 보고 있다. 그러나 부진정일부취소의 방식으로 소송을 제기한다면 소송의 대상적격은 구비하게 된다고 할 것이다. 독일에 있어서는 주된 규율의 성격이 어떤가에 따라 독립적인 일부취소소송의 허용성이 논의되었다. 한때 연방행정법원[51]에서 기속행위와 같이 청구권이 있는가 아니면 의무에 적합한 재량에 따라서 부관이 붙여지는지에 따라 달리 보았는바, 독립적 취소는 행정행위가 분리 불가능하게 전체적으로 재량결정에 의존되는 경우에는 고려되지 않는다고 보았으나, 이 견해는 연방행정법원이 나중의 판례를 통하여 변경하였다.[52]

독일연방행정법원[53]은 확립된 입장을 취하게 되었는데, 행정행위에 대한 불이익적 부관에 있어서는 부담이건 조건이나 기한에 대하여도 취소소송이 주어지고 그것이 독립하여 취소할 수 있는가의 문제는 독립적인 취소가 명백하게 사전에 배제되는 것이 아닌 한 쟁송의 허용성의 부분에서가 아니라 소송의 이유유무에서 판단되어진다고 보았다.[54]

부관 그 자체가 문제되는 경우보다는 부관으로 인해 본체인 행정행위에 영

---

50) 대법원 1991. 12. 13. 선고 90누8503 판결.
51) BVerwGE 55, 135.
52) BVerwGE 65, 139.
53) BVerwGE 112, 221, 224.
54) H. Maurer, Allgemeines Verwaltungsrecht, 16. Aufl., 2006, S. 345.

향을 미쳤기 때문에 불이익적인 행정행위가 취소소송의 대상이 되는 것이 이론적
으로 타당하다. 그러나 부관이 독자적 규율을 가지고 있어서 처분성이 인정된다
고 볼 것인가의 문제는 부관의 성질 문제와도 관련되는바, 부담 내지 부담유보는
행정행위로서의 성질을 갖고 있어 그 처분성이 인정된다. 행정소송법상 소송대상
으로서의 처분성 여부는 원고적격 내지 소의 이익보다 앞서 논의된다. 따라서 처
분성이 인정되지 않는 부관만의 취소소송의 제기는 행정소송의 형식적 요건을 충
족하지 못한 것이 된다. 여기서는 독립하여 부관만의 취소소송을 제기할 수 있는
가의 문제가 아니라 부관부 행정행위 그 자체를 취소소송의 대상으로 삼아 다툴
수 있는가라는 관점에서 접근하게 된다면 큰 차이는 없다고 볼 것이다.

다. 쟁송제기형태
(1) 소의 형태 및 논의의 실익

독립쟁송가능성과 관련하여 쟁송제기형태가 문제되는데, 부관 그 자체만을
독립적으로 취소할 수 있는지의 문제가 진정일부취소소송의 문제이고, 부관을 포
함하여 전체 행정행위에 대한 취소소송을 제기하면서 내용적으로는 부관만의 취
소를 구하는 소송형태가 부진정일부취소소송의 문제이다. 학설의 일반적 견해에
의하면 진정일부취소소송은 부담에 한하여 인정되고, 그 밖의 부관에 있어서는
부진정일부취소소송만이 허용된다고 설명하고 있다.

그러나, 부담과 부담유보는 진정일부취소소송이든 부진정일부취소소송이든
어느 쪽으로도 선택하여 소송을 제기할 수 있는 반면에 그 밖의 부관에 있어서는
진정일부취소소송의 제기가 허용되지 않고 부진정일부취소소송만 가능하다고 할
것이다. 왜냐하면 의무화소송이 도입되어 부관부 행정행위를 부관 없는 행정행위
로 의무를 명하는 것은 몰라도 정지조건부 행정행위에 있어 정지조건만의 취소가
허용된다면 본체인 행정행위는 정지조건이 취소되었을 경우에 그 효력을 발생하
지 못하는 결과가 되기 때문이다.[55]

부관의 독립쟁송가능성의 문제의 연장선상에서 또는 이와는 별개로 쟁송의
제기형태가 문제되는데, 독일의 경우에는 취소쟁송에 의하여야 하는지 의무화소
송에 의하여야 하는지가 다투어지고 있는 반면, 우리나라의 경우에는 의무화소송

---

55) 김용섭, "행정행위의 부관에 관한 법리", 행정법연구, 제2호, 1998년 상반기, 201면.

이 인정되지 않으므로 취소소송의 형식을 취해야 하고 행정심판의 경우에는 의무
이행심판이 허용된다. 다만 거부처분 또는 부작위를 전제로 한다.

(2) 학설대립

학설을 살펴보면 독립적 부관으로서의 부담만이 처분성이 인정되는 것이므
로 부담에 대해서만 독립적 취소소송, 즉 진정일부취소소송이 인정되고, 그 밖의
부관의 경우에는 그 독자적 처분성이 인정되지 않으므로 부관에 대한 취소소송을
제기하여도 그 처분성의 결여로 인하여 당해 소송은 각하될 수밖에 없을 것이며,
다만 부관을 포함한 당해 행정행위 전체에 대한 취소소송의 형식을 취하면서도
내용적으로는 그중에서 불복처분인 부관만의 취소를 구하는 소송, 즉 부진정일부
취소소송이 허용된다고 설명한다. 이 견해가 통설적 입장이다.

이에 대하여 모든 위법한 부관은 일응 독립하여 취소소송의 대상이 될 수 있
다고 보면서 그러나 위법한 부관에 대한 취소소송의 형태와 관련하여서는 우리
행정소송법은 부관만을 분리하여 취소소송의 대상으로 하는 진정일부취소소송은
인정하지 아니하므로 부관이 붙은 행정행위 전체를 대상으로 하여 소를 제기하여
부관만의 취소를 구하는 부진정일부취소소송 형태를 취하여야 한다고 하는 주장
이 제기된다.

(3) 판례

판례는 부담의 경우에는 진정일부취소소송을 인정하지만, 기타의 부관에 대
하여는 진정일부취소소송과 부진정일부취소소송을 인정하지 않고 있다. 가령 대
법원 1985. 7. 9. 선고 84누604 판결에 의하면 "위 도로점용허가의 점용기간은 행
정행위의 본질적인 요소에 해당한다고 볼 것이어서 부관인 점용기간을 정함에 있
어서 위법사유가 있다면 이로써 도로점용허가 처분 전부가 위법하게 된다고 할
것인데, 원고가 이 사건 상가 등 시설물을 기부채납함에 있어 그 무상사용을 위
한 도로점용기간은 원고의 총공사비와 피고시의 징수조례에 의한 점용료가 같아
지는 때까지로 정하여 줄 것을 전제조건으로 하였고 원고의 위 조건에 대하여 피
고는 아무런 이의 없이 이를 수락하고 이 사건 지하상가의 건물을 기부채납받아
그 소유권을 취득한 이상 피고가 원고에 대하여 이 사건 지하상가의 사용을 위한
도로점용허가를 함에 있어서는 그 점용기간을 수락한 조건대로 원고의 총공사비
와 피고시의 징수조례에 의한 도로점용료가 같아지는 33.34년까지로 하여야 할
것임에도 불구하고, 합리적인 근거도 없이 그 점용기간을 20년으로 정하여 이 사

건 도로점용허가를 한 것은 위법한 처분이라고 판단하였다". 따라서 위법한 부담 이외의 부관으로 권리를 침해 받은 자는 부관부 행정행위 전부의 취소를 청구하여야 한다.56)

(4) 검토

생각건대, 독립적인 의미를 지니는 부관인 부담 또는 부담유보에 대해서는 독립적으로 취소소송을 제기하면 된다. 그러나 독립적인 의미를 갖지 아니하고 본체인 행정행위에 결부되어 그 구성부분을 형성하는 조건, 기한, 철회권의 유보 등의 경우에는 독립적으로 쟁송을 제기하여도 그 처분성이 인정되지 아니하여 행정소송의 소송요건을 충족하지 못하게 되는 결과 각하 사유가 된다고 본다. 그러나 여기에서 부진정일부취소소송을 제기할 수 있는지 여부에 대하여 다수설과 같이 부관부 행정행위의 전체를 대상으로 하여 일부취소하는 소송을 제기할 수는 있다고 본다. 다만 본안에서 가분성이 인정되지 않아 기각되는 경우가 있을 수 있음은 별론으로 한다.

여기에서 학설상 논의되고 있는 부진정일부취소에 대하여 살펴보면, 부담 및 부담유보의 경우에는 진정일부취소소송이 허용되는 반면에 조건, 기한, 철회권유보의 경우에는 부진정일부취소소송만이 허용된다고 설명한다. 실무상으로 행정소송법 제1조상의 "변경"을 적극적인 변경을 의미하는 것은 아니고 일부취소에 한하는 것으로 보고 있다. 그러나 부관이 붙은 행정행위에 있어 부관을 취소하게 되면 규율내용이 달라지는 경우가 종종 발생하기 때문에 적극적 변경에 해당될 가능성이 높다. 설사 부진정일부취소소송이 허용되어 소송요건을 갖추었다고 할지라도 법원의 심리단계에서 분리가능성과 특정성, 부관이 취소되고 나머지 잔존부분의 적법성 및 행정청의 객관적 의사 등의 구비 여부 등에 대한 개별적인 검토를 필요로 한다.57)

---

56) 한편 대법원 1990. 4. 27. 선고 89누6808 판결은 어업허가에 일체의 부속선을 사용할 수 없다는 부관이 붙여진 경우, 그 상대방은 직접 부관의 취소를 구하는 대신에 행정청에 부관이 없도록 어업허가 허업허가사항변경신청을 한 후 불허가 되자 어업허가사항변경신청불허가처분취소소송을 제기한 사건과 관련된다. 따라서 부진정일부취소소송이 인정 안 되므로, 미리 부관이 없는 영업허가를 신청한 후에 이를 거부할 경우 거부처분 취소소송을 제기하는 것도 하나의 방법이다.

57) 필자는 종전에 부담을 제외한 조건, 기한, 철회권유보의 경우에는 법원에 의하여 일부취소가 이루어지기 어렵다고 보아야 한다고 주장하였으나, 국민의 권리구제적 관점에서 부관에 대하여 일률적으로 말하기보다는 개별적으로 검토하는 것이 필요하다고 할 것이다. 따

라. 독립취소가능성(isolierte Aufhebbarkeit)

(1) 논의 상황

쟁송취소가능성의 문제를 종래 부관의 독립취소가능성의 문제로 다루고 있는 바, 이는 쟁송의 대상이 된 부관에 대하여 본체인 행정행위와 독립하여 부관만을 취소할 수 있는가의 문제로 파악한다. 일설에 의하면 법원은 본안심리를 통하여 우선 부관에 관하여 위법성이 있는가를 검토하고 위법성이 인정되는 경우에는 부관만을 취소할 수 있다고 설명한다. 그러나, 그와 같은 입장은 위법성이 인정된다고 하여 부관만의 취소를 일반적으로 허용될 수는 없고 일부취소의 법리에 따라 그 요건을 갖추었을 때 법원이 부관을 취소할 수 있다는 것을 간과하였다고 보여진다. 그 이유는 앞서도 지적한 바와 같이 분리가능성의 문제를 본안전에서 다루었기 때문에 생기는 문제이다.

부관의 독립취소가능성의 문제는 일부취소와 밀접한 관련이 있다. 위법한 부관에 대한 행정상 쟁송이, 그것이 진정일부취소소송이든지 부진정일부취소소송이든지 간에, 제기된 경우에는 법원은 본안심리를 통하여 실체법적 문제로서 부관의 위법성과 위법한 부관을 독립하여 취소할 수 있는가 하는 이유유무의 문제인 독립취소가능성의 문제를 다루어야 할 것이다. 즉, 법원은 본안에서 부관이 위법한가, 부관부행정행위 전체가 위법한가와 일부취소의 요건인 부관이 가분적인가, 나아가 부관이 위법으로 취소되어도 그 잔여부분만으로 존속 가능한가, 부관이 없었더라도 나머지 부분만을 발령하였는가의 문제를 고찰해야 한다.

행정행위의 부관의 부가는 행정작용의 한 유형으로서 법치행정의 원칙에 위배되어서는 안 되며, 부관이 행정작용으로서 효력을 갖기 위하여는 다른 일반적인 경우와 마찬가지로 그 적법성의 요건을 갖추어야 한다. 따라서 부관의 내용이 법령에 위배되거나, 부관을 붙이는 것이 법령상 허용되지 않는 경우에 위법한 부관이 된다. 부관의 불명확성으로 인하여 주된 행정행위의 범위나 내용이 해석을 통하여도 확정될 수 없는 경우에, 불명확한 내용의 부관은 부관뿐 아니라 경우에 따라서는 전체 행정행위 자체를 위법하게 만든다. 불가능한 부관은 통상적으로 주된 행정행위를 위법하게 하지는 않으며, 부관이 없는 행정행위로서의 의미를

라서 부담이라고 하여 항상 일부취소가 가능한 것은 아니고, 조건 중에서 정지조건은 곤란하지만 해제조건이나 기한의 경우에는 분리가 가능하므로 일부취소가 가능하다고 할 것이다.

갖게 한다. 그러나 부담인 부관이 불가능한 경우에는 전체 행정행위를 위법한 것으로 만들게 된다. 부관은 헌법의 내용에 반하여서는 안 된다. 이는 특히 부관의 내용이 행정행위의 상대방의 기본권을 침해하거나, 헌법상의 원칙을 위반하는 경우로서 평등의 원칙과 비례성의 원칙 그리고 부당결부금지의 원칙에 위반하는 경우를 그 예로 들 수 있다.

(2) 일부취소가능성

1) 문제의 제기

일부취소가능성의 문제는 통상 부관의 독립취소가능성의 문제로 다루고 있으나 이는 법원의 본안판단의 문제이므로 부관에만 국한되는 문제는 아니고 행정행위와도 관련되므로 부관의 독립취소가능성의 문제로 축소하여 파악하기보다는 보다 넓게 어느 범위에서 행정행위라든가 부관만이 취소될 것인가의 문제라고 본다. 따라서 법원은 본안심리를 통하여 우선 부관에 위법성이 존재하는가를 검토하게 되고, 부관의 위법성이 인정되는 경우에 당해 부관만이 본체인 행정행위와는 독립적으로 취소될 수 있는가와 부관부행정행위의 전체를 대상으로 하여 일부취소할 수 있는가의 문제를 고찰해야 한다.

2) 학설의 내용

본안심리의 결과 부관의 위법성이 인정되는 경우에 법원은 부관만을 독립하여 취소할 수 있는지 아니면 전부를 취소하여야 하는지 구분이 문제된다.

① 부관이 주된 행정행위의 중요요소에 해당하는지 여부에 따라 판단하는 견해

부관이 주된 행정행위의 중요요소에 해당하는지의 여부에 따라 구분하는 견해로서, 위법한 부관이 본체인 행정행위의 중요한 요소가 되지 아니하는 것인 때에는 행정행위의 일부취소의 뜻에서의 변경을 구함으로써 위법한 부관부분의 취소를 구할 수 있고, 부관이 당해 행정행위의 중요한 요소가 되는 경우에는 그 부관이 무효라고 인정되는 때에는 당해 행정행위 전체의 무효확인을 구할 수 있다고 한다.

그리하여 부관이 행정행위의 중요한 요소가 되는 경우에는 그 부관의 하자를 이유로 본체인 행정행위와 부관을 포함하여 행정행위 전체의 취소를 구할 수 있을 것이어서,[58] 별다른 문제가 발생할 여지가 없다. 다만 이 경우 당사자로서는

58) 그 판결도 당연히 전부취소의 판결이 될 것이다.

그 행정행위가 완전히 없어지는 것을 원하는 것이 아니라 위법한 부관이 배제 또는 변경된 행정행위를 원하는 것임에도 불구하고 위와 같이 행정처분 전체가 취소되어 버리면 오히려 당사자에게 불이익하게 되는 것은 아닌가 하는 의문이 생긴다.

이와 같은 견해는 부관의 무효가 나머지 행정행위에 어떤 효력이 미칠 것인가의 문제와 일부취소로서 잔존부분이 유효를 전제로 하는 경우와는 구분할 필요가 있다. 이와 같은 견해는 위법성이 침투하여 감염된 경우를 전제로 하는데, 그것이 중요한 요소인가 아닌가라는 척도를 가지고 위법성의 감염 여부로 판정하는 것은 적절하지 않다고 할 것이다.

이에 대해서는 그와 같이 일부취소의 형식으로 부관만을 취소할 경우 당초의 행정행위와는 전혀 다른 행정행위가 되는 경우에는 행정권과 사법권간의 권력분립의 문제로 사법심사의 한계문제로 보게 된다. 의무화소송이 인정되지 않는 현행 행정소송법 체계 내에 권력분립주의의 원칙에 반한다는 이유를 들어 반대하는 견해도 있다.[59]

앞서도 살펴본 바와 같이 현행 행정소송법 제4조 제1호에서는 행정처분의 취소뿐만 아니라 변경을 구할 수도 있다고 규정하고 있는데 위의 변경은 소극적 변경으로서의 일부취소를 의미하는 것으로 해석하고 있어 일부취소는 현행법상으로 인정된 제도이며, 일부취소를 하기 위해서는 물론 잔존부분에 위법성이 인정되지 않아야 하며, 만약에 잔존부분인 본체인 행정행위까지 위법성이 인정되면 부관만의 일부취소는 어렵고 부관부 행정행위의 전부를 취소하여야 할 것이다.

② 주된 행정행위가 기속행위인지 재량행위를 구별하여 달리 파악하는 견해

한편 김동희 교수는 부관의 독립취소가능성의 문제의 검토에 있어서 당해 부관이 부담인가 또는 그 외의 다른 부관인가는 결정적인 의미를 가지지 않는다고 이해하면서 기속행위와 재량행위로 나누어 독립취소가능성 문제를 살펴보아야 한다고 설명한다. 즉, 기속행위의 경우에는 관계법이 정한 대로의 행위의 발급청구권이 인정되므로 그 수익적 효과를 제한하는 내용의 부관은 법률이 허용하는 경우가 아니면 원칙적으로 부관을 붙일 수 없다고 이해하면서, 기속행위에 부가된 부관은 당연히 취소될 수 있다고 설명한다. 법률요건 충족적인 부관은 위법하더라도 독립하여 취소하게 되면 위법한 행정행위가 되는 결과가 되지만 예외적으

59) 김진권, "위법한 부관에 대한 쟁송", 특별법연구, 4권, 특별소송실무연구회편, 305면.

로 신뢰보호의 원칙이 적용될 여지가 있어 부관만의 취소도 합리적 이유가 있다고 설명하고 있다. 이에 반하여 재량행위의 경우에는 부관만 취소하는 것은 본체인 행정행위를 존속시키기 때문에 행정청이 부관 없이는 하지 않았을 행위를 행정청에 강제로 부가하는 결과가 된다고 설명한다.[60] 아울러 법령상 명시적 규정이 없는 한 기속행위의 경우에는 청구권이 발생하므로 청구권의 내용을 제한하는 것으로서 부관은 허용되지 않고, 기속행위에 부가된 부관은 위법한 것으로 당연히 취소될 수 있는 것이라고 설명하고 있다.[61]

이러한 견해는 기속행위와 재량행위의 구분이 부관의 허용성과 관련하여 의미가 있지만, 행정쟁송법적 구제에 있어서는 본체인 행정행위의 구속성 여부가 한계적 역할을 수행한다고 할 것이다. 기속행위의 경우에는 부관을 붙일 수 없고, 붙였다 하더라도 무효라고 보는 것이 판례의 입장이고, 학설상으로도 기속행위에 있어서 법령에서 부관을 붙일 수 있다고 허용되는 경우와 요건충족적인 경우에만 부관이 허용되고 있으나, 기속행위에 부가된 부관이 무효가 되므로 일부취소의 문제와는 다르고, 나머지 본체인 행정행위의 효력에 위법의 효과를 가져오게 될 가능성이 있어 일부취소하는 것이 적절한 것인지 의문이다.

설사 취소가 가능하다고 할지라도 부담 이외의 부관의 경우에는 본체인 행정행위가 기속행위라고 해서 분리가능성이 없기 때문에 취소될 수는 없다고 본다. 요컨대 부관의 취소가능성의 문제는 주로 재량행위에 있어 문제가 되기도 하거니와 재량행위에 있어 부관을 취소하여도 본체인 행정행위가 존속되는 것이 강제된다고 말하기는 어렵고, 오히려 행정청은 부관의 취소에도 불구하고 새로이 적법한 부관을 붙일 수 있음은 물론이다.

기속행위에 있어서의 부담의 독립적인 취소가 가능한지의 문제와 관련하여 독일연방행정법원의 판결[62]에 의하면 부담 없이 행정행위가 의미 있고 적법하게 존속할 수 있는지 여부에 따라 결정된다고 보고 있는 점에 비추어 볼 때 기속행

---

60) 대표적인 학자로는 김동희, 행정법 I, 2008, 306-308면.

61) 김동희, 행정법 I, 2008, 306면. 기속행위의 경우 부관이 붙여진 경우는 무효사유가 되며, 무효인 경우에 일부 취소소송을 제기하여 다투기보다는 무효확인소송을 통하여 다투어야 할 것이며, 무효사유가 있음에도 법원에 의하여 당연히 취소될 수 있는 것이라고 보는 것은 일부무효의 법리의 관점에서 문제가 있다. 잔존부분에도 영향을 미치기 때문에 전부를 취소하여야 하는 것은 아닌가 하는 의문이 든다.

62) BVerwG NVwZ 1984, 366, 367.

위라고 해서 나머지 부분이 의미 있게 적법하게 존속할 수 있는지 여부를 묻지 않고 부담에 대한 독립적 취소가 가능하다고 보는 것은 받아들이기 어렵다. 같은 맥락에서 재량행위라고 해서 일부취소가 허용되지 않는다고 보는 것도 형식논리적이다. 재량행위에 대하여 일부취소가 허용되지 안 된다는 것은 사법권과 행정권의 권력분립의 문제의 성격도 갖지만, 효율적인 권리구제의 관점과 비례원칙의 관점에서 접근할 필요가 있다. 한편 독일 연방행정법원의 판결63)에 의하면 비록 재량행위에 있어서의 법원이 부담부분만의 독립취소가 가능한지는 부담에 대한 취소로 인하여 본체인 행정행위의 수익이 완전히 다른 내용으로 되는 경우에는 허용되지 않지만, 그렇지 않은 일반적인 경우에는 재량행위에 있어서도 부담의 독립취소는 허용된다는 점을 참고할 필요가 있다.64)

마. 검토의견

종전의 통설과 판례는 부관 중에 부담의 경우에는 독립하여 이를 취소소송의 대상으로 삼을 수 있었으며, 조건과 기한 및 철회권 유보의 경우에는 조건과 기한이 없는 행정행위를 취소소송을 통하여 실현할 수 없다고 보았다. 그 이유는 조건과 기한의 경우에는 본체인 행정행위의 통합적인 구성요소(integrierende Bestandteil)로 보아 독립적으로 쟁송가능성이 인정되지 않았다. 이와 같이 독립적 성격의 부관인가 아니면 비독립적 성격의 부관인가라고 하는 관점에서 구분하였다. 그러나 부담이라고 할지라도 주된 행정행위의 법적인 결함을 조정하기 위하여 발해지거나 본체인 행정행위와 통일적인 재량결정을 지향하는 경우가 있기 때문에 이러한 경우에 부담에 대한 독립적인 취소를 통하여 행정청의 재량영역에서는 나머지 부분만을 존속시키려고 하지 않았을 규율이 남게 되고, 기속행위의 영역에 있어서는 발하는 것이 허용되지 않는 규율이 남게 되는 것이다. 그런가 하면 부담 이외의 부관으로 해제조건과 기한의 경우에는 분리가 불가능한 것은 아니라고 할 것이다. 따라서 부관에 관한 일부취소가 가능하기 위해서는 부관 그 자체가 위법할 뿐만 아니라 잔존부분인 행정행위가 위법성이 감염되어 있지 않아 적법성이 유지되고 있고, 의미가 있어야 한다. 따라서 잔존부분이 위법하거나 행정청에 의하여 부관이 없었다면 발해지지 않았을 경우에는 이유가 없게 되

---

63) BVerwGE 65, 139, 141f.

64) Rolf Schmidt/Stephanie Seidel, Allgemeines Verwaltungsrecht, 2000, S. 156.

어 독립하여 일부취소가 불가능하다고 본다.[65]

　부관을 통하여 공익을 실현하려는 행정청의 입장과 당사자의 권익보호의 조화점을 찾아야 할 것이다. 위법한 부관에 대한 취소소송이, 그것이 진정일부취소소송이든지 부진정일부취소소송이든지 간에, 허용되는 경우에는 법원은 본안판단 문제로서 부관의 위법성을 검토하게 되고, 본안심리 결과 부관의 위법성이 인정되는 경우에 일부취소의 요건을 갖추었을 때 법원에 의한 일부취소가 가능하다. 일부취소의 요건은 첫째, 부관이 가분적일 것, 둘째, 본체인 행정행위가 독자적인 의미를 지닐 것, 셋째, 문제가 되는 부관이 없어도 본체인 행정행위를 발령하였을 것이다. 비독립적 성격의 부관의 경우 의무화소송이 인정되고 있지 않은 우리나라에서는 부진정일부취소소송만이 가능하다. 그러나 부진정일부취소소송의 대상이 되어 소송요건을 갖추었다고 할지라도 법원의 심리단계에서 분리가능성 여부와 부관이 취소되고 잔존 부분만으로 적법하게 존속가능한지에 대한 검토를 하여야 하므로 부관의 개별적 특성을 고려하여 일부취소 여부를 따지는 것이 바람직하다고 할 것이다.

2. 정보공개소송에 있어 부분공개제도와 일부취소

가. 부분공개제도의 취지

　공공기관의 정보공개에 관한 법률 제14조에서 부분공개제도를 두고 있다. 이와 같은 부분공개제도는 일부취소판결과 밀접한 관련이 있는바, 공개정보와 비공개정보를 분리할 수 있는 경우에는 분리되는 공개정보에 대응하여 일부취소판결을 내려야 한다.[66]

　부분공개란 공개청구한 정보가 비공개대상으로 되어 있는 부분과 공개가 가능한 부분이 혼합되어 있는 경우로서 공개청구의 취지에 어긋나지 아니하는 범위 안에서 두 부분을 분리할 수 있는 때에는 비공개대상정보에 해당하는 부분을 제외하고 공개하여야 하는 제도를 말한다. 따라서 공개청구의 대상이 된 정보는 그 일부에 설사 비공개정보가 포함되어 있다고 할지라도 이것을 이유로 전부를 비공개해서도 안 되고 공개가 가능한 부분에 한하여 분리하여 공개하도록 하는 제도를 말한다. 만약에 비공개대상정보와 공개가 가능한 정보가 분리하기 어려운 경

---

65) H. Mauer, a.a.O., S. 345.

66) 박균성, 행정법강의, 2009, 486면.

우에는 부분공개를 할 필요가 없다.[67] 비공개되는 개인의 인적사항을 삭제하거나 그 부분을 가리고 복사하여 그 사본을 열람하게 하는 등의 방법으로 공개할 수 있으므로 부분 공개를 하되, 개인에 관한 부분이 전체문서의 중요한 부분으로 이 부분을 제외하고 공개하기가 곤란할 정도로 불가분적이면 문서 전체를 비공개하도록 하여야 할 것이다.

나. 일부취소판결의 허용성

비공개 대상정보에 해당하는 부분과 공개가 가능한 부분이 구별되고 이를 분리할 수 있는 경우에는 일부취소판결이 허용되는바, 대법원 2004. 12. 9. 선고 2003두12707 판결에서 "법원이 행정기관의 정보공개거부처분의 위법 여부를 심리한 결과 공개를 거부한 정보에 비공개대상 정보에 해당하는 부분과 공개가 가능한 부분이 혼합되어 있고 공개청구의 취지에 어긋나지 아니하는 범위 안에서 두 부분을 분리할 수 있음을 인정할 수 있을 때에는 청구취지의 변경이 없더라도 공개가 가능한 정보에 관한 부분만의 일부취소를 명할 수 있다 할 것이고, 공개청구의 취지에 어긋나지 아니하는 범위 안에서 비공개대상 정보에 해당하는 부분과 공개가 가능한 부분을 분리할 수 있다고 함은, 이 두 부분이 물리적으로 분리 가능한 경우를 의미하는 것이 아니고 당해 정보의 공개방법 및 절차에 비추어 당해 정보에서 비공개대상 정보에 관련된 기술 등을 제외 내지 삭제하고 그 나머지 정보만을 공개하는 것이 가능하고 나머지 부분의 정보만으로도 공개의 가치가 있는 경우를 의미한다고 해석하여야 한다"고 판시하면서 사본출력물의 공개방법과 절차에 비추어 정보공개처리대장에서 청구인에 관한 사항을 제외하고 그 나머지 정보만을 공개하는 것이 가능할 뿐 아니라 나머지 부분의 정보만으로도 공개의 가치가 있다고 볼 여지가 있다고 하였다.

이 판결과 관련하여 원심법원에서 '당해 정보에 포함되어 있는 이름 주민등록번호 등에 의하여 특정인을 식별할 수 있는 개인에 관한 정보'에 해당한다고 하여 이를 비공개하기로 한 피고의 처분은 적법하다고 판단한 데 반해 대법원은 정보 중 일부만이 '특정인을 식별할 수 있는 개인에 관한 정보'에 해당하는 반면 나머지 사항은 '특정인을 식별할 수 있는 개인에 관한 정보'에 해당한다고 보기

---

67) 김의환, "정보공개법일반론", 행정소송(Ⅱ), 한국사법행정학회, 2008, 176면.

어렵고, 원고가 청구하는 사본출력물의 공개방법과 절차에 비추어 정보공개 처리대장에서 청구인에 관한 사항을 제외하고 그 나머지 정보만을 부분공개하는 것이 가능할 뿐 아니라 부분 공개된 정보만으로도 공개의 가치가 있다고 볼 여지가 있다고 판시하였다. 이 판결의 의미는 청구취지의 변경이 없더라도 정보공개거부처분의 일부취소를 명할 수 있는 경우 및 '공개청구의 취지에 어긋나지 아니하는 범위 안에서 비공개대상 정보에 해당하는 부분과 공개가 가능한 부분을 분리할 수 있다'는 요건의 의미를 명확히 하였다는 점이고, 사본출력물의 공개방법과 절차에 비추어 정보공개처리대장에서 청구인에 관한 사항을 제외하고 그 나머지 정보만을 공개하는 것이 가능할 뿐 아니라 나머지 부분의 정보만으로도 공개의 가치가 있다고 볼 여지가 있다고 보았는바, 나머지 부분이 정보만으로 정보의 가치가 없는 경우에는 일부취소판결이 허용되지 않는다고 보아야 할 것이다.

다. 부분공개와 판결주문의 기재방법

부분공개를 할 경우에 판결의 주문을 어떻게 작성할 것인지를 둘러싸고 과거에 행정법원 내부에서 논란이 되어 왔다.[68]

그런데 이와 관련하여 비공개결정에 해당하는 거부처분에 가분성이 있다고 전제하고 공개할 부분과 비공개할 부분을 구체적으로 구별하여 전자에 대하여만 인용하고, 후자에 대하여는 기각하는 주문을 내야 한다는 제1설과 공개할 부분과 비공개할 부분을 구별하는 기준을 판결이유에서 표시하고 판결의 주문에서는 당해 정보에 대한 공개거부처분전부를 취소한다는 표시만 하여야 한다는 제2설이 대립되어 있었다.[69] 전자는 일부취소의 관점에서 내리는 주문형식이라고 한다면, 후자의 경우에는 전부취소의 관점에서 내리는 주문 형식인데, 대법원은 전자의 견해가 타당하다고 보았다.

즉, 대법원 2003. 3. 11. 선고 2001두6425 판결에서 "법원이 행정청의 정보공개거부처분의 위법 여부를 심리한 결과 공개를 거부한 정보에 비공개대상정보에 해당하는 부분과 공개가 가능한 부분이 혼합되어 있고 공개청구의 취지에 어긋나

---

[68] 서울행정법원(刊), 정보공개사건에서 한 문서 중 인적사항을 제외한 나머지만을 공개하도록 할 수 있는가의 여부 및 위 일부 공개시의 주문과 이유설시 방법, 행정재판실무편람-자료집, 2001, 292면 이하.

[69] 제1설의 타당성에 관하여는 김의환, 앞의 논문, 177-178면.

지 아니하는 범위 안에서 두 부분을 분리할 수 있음을 인정할 수 있을 때에는, 위 정보 중 공개가 가능한 부분을 특정하고 판결의 주문에 행정청의 위 거부처분 중 공개가 가능한 정보에 관한 부분만을 취소한다고 표시하여야 한다."라고 판시하 였다.

라. 검토

일반적으로 부분공개제도가 갖는 의미는 정보 중에 일부분은 비공개대상 정 보인 데 반하여 나머지 부분은 공개대상 정보가 함께 들어 있는 경우로서 일부분 만의 공개가 분리되어 가능함에도 불구하고 행정청에서 전체를 비공개결정한 경 우에 이에 대하여 법원에 일부취소판결이 가능한가의 문제이다. 만약에 비공개사 유가 존재하는 정보가 독립된 일체의 정보라면 설사 이를 행정청에서 세분화하여 공개를 하여야 할 의무는 없고, 법원에서도 이러한 이유로 일부취소판결을 하는 것은 허용되지 않는다고 할 것이다.[70]

기본적으로 공공기관의 정보공개에 관한 법률 제14조에서 마련하고 있는 부 분공개제도는 그 입법취지가 익명성이 보장을 통한 정보공개의 활성화를 도모하 는 데 있고 정보공개와 개인정보보호 간의 조화를 도모하는 제도라고 할 수 있 다. 부분공개와 관련하여서도 일부취소의 법리가 적용되고 있는데, 객관적이고 구체적인 기준의 제시를 통하여 이를 보다 발전시켜 나갈 필요가 있다.

Ⅵ. 맺 음 말

이상에서 행정법상 일부취소에 관하여 판례 등을 중심으로 종합적으로 분 석·검토하였다. 행정법상의 일부취소는 부분적으로는 민법상의 의사표시의 일 부취소법리의 영향을 받기도 하고, 독일의 행정법이론 및 제도의 영향을 받기도 하였다. 특히 판례의 경우에는 일부취소의 인정요건을 가분성과 특정성의 관점 에서 내리고 있으나, 사적 자치가 지배하는 민법과 법치행정의 원리가 지배하는

---

70) 일본의 최고재판소 판례(平成 13. 3. 27最高三小判) 중에는 지사의 교제비와 관련된 공문 서공개청구에 대하여 실시기관이 부분공개의무의 유무와 재판소에 의한 전부비공개결정 의 일부취소의 가부와 관련하여, 실시기관은 비공개사유가 존재하는 독립한 일체적인 정 보를 다시금 세분화하여 부분공개를 할 의무는 없고, 재판소도 마찬가지 이유로 일부취소 판결을 할 수 없다고 판시하였다. 이에 관하여는 判例タイムズ, 2002, 9, 254-255面.

행정법의 영역에 있어서 잔존 부분의 효력에 관하여는 무효의 법리를 준용하는데 다소 무리가 따른다고 할 것이다. 그럼에도 불구하고 복수운전면허의 취소와 관련하여 대법원전원합의체 판결에서 판시한 것과 같이, "외형상 하나의 행정처분이라 하더라도 가분성이 있거나 그 처분대상의 일부가 특정될 수 있다면 그 일부만의 취소도 가능하고 그 일부의 취소는 당해 취소부분에 관하여만 그 효력이 생긴다고 본 것"은 잔존부분의 효력을 인정하고 있다고 보여진다. 실체법상의 일부취소의 문제가 행정소송에서 구현되는 형태는 본안에서 취소 여부를 판단하는 과정이다. 법원의 심리를 통하여 취소소송에서 원고가 전부 또는 일부 승소한 경우에는 처분의 전부 또는 일부를 취소하는 판결을 내리게 된다. 문제는 행정소송법 제4조 제1호 소정의 "변경"의 의미는 위에서 언급하였듯이 "일부취소"의 뜻이고, 일부 취소 이외의 적극적 변경을 명하는 판결은 허용되지 않음이 판례의 확고한 태도임을 보았다. 법원은 청구의 일부가 이유 있는 경우에는 일부 취소의 판결을 하여야 한다. 그러나 일부 취소는 잔존부분이 독자적 규율로서 의미 있고 적법하여야 하고, 일부분의 위법성이 잔존부분에도 감염되어 잔존부분이 위법하게 되었다면 전부를 취소하여야 할 것이다.

그동안, 판례는 조세부과처분, 개발부담금부과처분 등과 같이 납부하여야 할 액수가 법령에 의하여 추상적으로 정하여지고 행정청에 재량의 여지가 없는 처분에 대하여는, 기록상 정당한 액수를 산정할 수 있는 경우, 이를 초과하는 부분만을 취소하여야 하고, 그 처분 전부를 취소하여서는 안 된다고 판시하여왔다.[71] 물론, 이러한 처분도 절차상 위법을 이유로 하는 경우 또는 실체상 위법을 이유로 하지만 기록상 정당한 세액 등의 산정이 불가능한 경우[72]에는 처분 전부를 취소하여야 한다고 판시한 것도 사실이다. 그러나, 징계처분이나 영업정지처분, 과징금 부과처분 등의 재량처분에 있어서는 행정청에게 일정 범위 내의 재량이 부여되어 있다고는 하지만, 그동안의 판례는 일부취소판결은 허용되지 않고, 전부취소판결을 내려야 하는 것으로 보아왔음은 앞에서 본 바와 같다. 그러나 설사 재량권의 일탈·남용으로 처분에 대한 전부취소를 명한다고 할지라도 판결이유에서 어느 범위에서 재량권을 일탈 남용하였다는 점을 명확히 할 필요가 있고 그 범위

---

71) 대법원 1991. 4. 12. 선고 90누8459 판결; 대법원 2006. 6. 13. 선고 98두5811 판결; 대법원 2000. 9. 29. 선고 97누19496 판결 등.

72) 대법원 1992. 7. 24. 선고 92누4840 판결.

에서 행정청을 통제할 필요가 있다. 그렇지 않을 경우 다시금 행정청에서 새롭게 처분을 내리게 되고 이에 불복하면 다시 소송을 제기하여야 하는 등 당사자의 무용의 절차반복을 피하도록 하는 게 바람직하다. 따라서 재량영역에 있어서 법원으로서는 그 처분 전부를 취소하여 행정청으로 하여금 다시 재량권 범위 내의 적정한 처분을 할 수 있도록 하여야 한다는 대법원의 판례는 전향적인 관점에서 재검토가 필요하다고 할 것이다.

끝으로 정보공개소송에 있어서 부분공개에 관한 문제와 복수운전면허의 일부취소, 부관의 일부취소 등의 영역에 있어서 행정법상의 일부취소의 공통적인 법리를 발전시켜 나갈 필요가 있고, 행정소송법을 개정하여 일부취소판결의 허용성의 기준에 관한 규정을 마련할 필요가 있다는 점을 밝혀두기로 한다.

[참고문헌]

김동희, 행정법 Ⅰ, 박영사, 2008.

김용섭, "행정행위의 부관에 관한 법리", 행정법연구, 제2호, 1998.

김용섭, 운전면허취소·정지처분의 법적 성질 및 그 한계, 행정판례연구 Ⅳ, 1999.

김용섭, "보조금교부결정취소를 둘러싼 법적 문제", Jurist, 408호, 2004.

김진권, "위법한 부관에 대한 쟁송", 특별법연구, 제4권, 특별소송실무연구회편, 1994.

김의환, "정보공개법일반론", 행정소송(Ⅱ), 한국사법행정학회, 2008.

김철용, 행정법 Ⅰ, 박영사, 2009.

김철용, "위법한 부관에 대한 쟁송", 고시연구, 1987. 3.

김채해, "복수운전면허 소지자의 음주운전으로 인한 운전면허 취소의 범위", 재판과 판례, 제12집, 2004.

박정훈, "행정소송법개정의 주요쟁점", 공법연구, 제31집 제3호, 2003.

박균성, 행정법강의, 박영사, 2009.

소재선, "법률행위의 일부취소", Jurist, 409호, 1998.

정경근, 복수운전면허 소지자에 대한 벌점초과로 인한 운전면허취소처분에 대하여, 재판실무연구, 광주지방법원, 2006.

정하중, "부관에 대한 행정소송", 고시계, 2001. 5.

홍정선, 행정법원론(상) 박영사, 2009.

행정재판실무편람 ── 자료집 ──, 일부취소와 재량권의 일탈 또는 남용, 서울행정법
    원, 2001.

Bader/Funke-Kaiser/Kuntze/von Albedyll, Verwaltungsgerichtsordnung, 2007.

Hans-Uwe Erichsen/Dirk Ehlers(Hrsg.), Allgemeines Verwaltungsrecht, 2006.

Richter/Schuppert, Casebook Verwaltungsrecht, 1995.

Rolf Schmidt/Stephanie Seidel, Allgemeines Verwaltungsrecht, 2000.

7. 거부처분취소판결의 기속력[*]

— 대상판결: 대법원 1998. 1. 7.자 97두22 결정 —

[사실관계와 판결요지]	[판례연구]
Ⅰ. 판례개요	Ⅰ. 쟁점정리
Ⅱ. 결정요지	Ⅱ. 관련판례
	Ⅲ. 판례의 검토
	Ⅳ. 판례의 의미와 전망

[사실관계와 판결요지]

Ⅰ. 판례개요

1. 사실관계

신청인(A)은 1995. 9. 14. X행정청(장성군수)에게 준농림지역인 토지상에 숙박시설 용도의 건축물을 신축하고자 건축허가 신청을 하였으나, X행정청은 같은 달 21일 위 토지상의 숙박시설을 건축할 경우 마을 전체의 경관, 조망 및 주민정서를 해친다는 등의 이유로 신청을 거부하는 처분(제1차 거부처분)을 하였다.

그런데, 1995. 10. 19. 국토이용관리법시행령이 개정되면서 준농림지역 안에서의 행위제한에 관하여 지방자치단체의 조례로써 일정 지역에서 숙박업을 영위하기 위한 시설의 설치를 제한할 수 있도록 하는 내용이 새로이 규정되었는데, 그 부칙에서 위 시행령은 공포일부터 시행한다고 규정하고 있을 뿐 위 규정의 변경에 따른 경과조치는 두지 아니하였으며, X행정청은 해당 군의회를 설득하여 1996. 2. 16. 위 시행령 개정에 따라 취락의 중심이나 기존 주택의 조망권 및 일조권과 주민정서를 침해할 수 있는 지역 등에서의 숙박시설 설치의 제한 등을 내용

---

[*] 이 논문은 "취소판결의 기속력(법조 제553호, 2002년 10월호)"의 일부를 정리하여 2016년에 간행된 행정판례평선 개정판(한국행정판례연구회, 박영사)에 수록한 필자의 논문 일부를 수정·보완한 것입니다.

으로 하는 '준농림지역 안에서의 행위제한에 관한 조례'를 제정하고 같은 날 이를 공포하였다.

X행정청은 광주고등법원의 거부처분취소판결이 확정된 후인 1996. 7. 16. 이 사건 토지가 '준농림지역 안에서의 행위제한에 관한 조례' 제4조 제1항 제6호에서 정한 "취락의 중심이나 기존 주택의 조망권 및 일조권과 주민정서를 침해할 수 있는 지역" 및 같은 조 제2항 제1호 소정의 "고속도, 국도, 철로 변에 위치한 500m 이내의 가시권 지역으로서 숙박업소 등의 설치로 인하여 주변의 환경, 풍치, 미관 등이 크게 손상될 우려가 있는 구역"에 해당하여 숙박업소의 시설행위가 불가능하다는 이유로 다시 건축불허가처분(제2차 거부처분)을 하고 이를 신청인(A)에게 통지하였다.

그러자 신청인(A)은 1997. 1. 15. 위 확정판결의 취지에 따른 집행을 위해 X행정청에 대하여 간접강제신청을 하였다.

2. 소송경과

신청인(A)은 X행정청을 상대로 하여 제1차 거부처분에 대하여 행정심판을 거쳐 광주고등법원에 건축불허가처분의 취소를 구하는 소송을 제기하였다. 위 법원은 1996. 5. 16. 위 불허가처분의 사유는 그 당시 시행 중이던 건축법, 국토이용관리법, 도시계획법 등 관계 법규에서 정하는 어떠한 건축제한 사유에도 해당하지 아니하므로, 이러한 이유를 들어 X행정청이 위 건축허가 신청을 불허가한 처분은 위법하다고 판단하면서 X행정청의 불허가처분을 취소하는 판결을 선고하였고, 위 판결은 같은 해 6. 13. 확정되었다.

X행정청이 취소판결이 확정된 후 제2차 거부처분(건축불허가처분)을 통지하자 신청인(A)은 1997. 1. 15. 기 확정판결의 취지에 따른 집행을 위해 X행정청에 대하여 간접강제신청을 하였고 원심법원인 광주고등법원은 제1차 거부처분을 한 후에 개정된 국토이용관리법시행령 및 장성군 조례에 따라 다시금 불허가 처분을 한 것은 확정판결에 배치되지 아니하고 재처분의무를 이행한 것이라는 취지로 신청인(A)의 간접강제신청을 기각하였다.

이에 대해 신청인(A)은 X행정청이 사실심변론종결전의 사유를 내세워 다시 불허가처분하는 것은 확정판결의 기속력의 법리에 반하고 심리미진 및 판단유탈의 잘못이 있다는 취지의 이유를 들어 대법원에 재항고하였고, 대법원은 재항고를 기각하고 원심의 판단이 옳다는 내용의 결정을 내렸다.

II 결정요지

1. 원심결정의 요지

행정소송법 제30조 제2항에 의하여 행정청의 거부처분을 취소하는 판결이 확정된 경우에는 당해 행정청이 판결의 취지에 따라 이전의 신청에 대하여 재처분을 하여야 할 의무가 있으나, 이때 당해 행정청은 확정판결에 저촉되지 아니하는 범위 내에서 확정판결에서 적시된 위법사유를 보완하여 새로운 처분을 하거나 새로운 사유에 의하여 당사자의 신청에 대하여 거부처분을 하는 것도 가능하고 그러한 처분도 같은 조항에 따른 재처분에 해당하며, 거부처분 후에 법령이 개정·시행된 경우에는 확정판결의 기속력의 내용은 원처분시의 법령을 기준으로 그 처분이 위법하다는 것이고 행정처분을 함에 있어서는 처분당시의 법령에 따라야 함이 원칙이므로 신법령 부칙에서 신법령 시행 전에 이미 허가신청이 있는 때에는 종전의 규정에 의한다는 취지의 경과규정을 두지 아니한 이상 개정된 법령 및 허가기준을 새로운 사유로 들어 다시 거부처분을 함에 있어서는 그 기속력이 미치지 아니한다는 전제하에, 1차 불허가처분 후에 국토관리법시행령이 개정되어 준농림지역 안에서의 행위제한에 대하여 지방자치단체의 조례로써 일정 지역에서 숙박업을 영위하기 위한 시설의 설치를 제한할 수 있도록 되었고, 이에 따라 이 사건 건축허가 신청 지역이 장성군 조례에서 정한 "기존 주택의 조망권 및 일조권과 주민정서를 침해할 수 있는 지역 등"에 해당한다는 이유로 다시 불허가처분을 한 것은 확정판결에 저촉되지 않는다.

2. 대법원결정의 요지

(1) 행정소송법 제30조 제2항의 규정에 의하면 행정청의 거부처분을 취소하는 판결이 확정된 때에는 그 처분을 행한 행정청이 판결의 취지에 따라 이전의 신청에 대하여 재처분할 의무가 있으나, 이때 확정판결의 당사자인 처분 행정청은 그 확정판결에서 적시된 위법사유를 보완하여 새로운 처분을 할 수 있다.

(2) 행정처분의 적법 여부는 그 행정처분이 행하여진 때의 법령과 사실을 기

준으로 하여 판단하는 것이므로 거부처분 후에 법령이 개정·시행된 경우에는 개정된 법령 및 허가기준을 새로운 사유로 들어 다시 이전의 신청에 대한 거부처분을 할 수 있으며 그러한 처분도 행정소송법 제30조 제2항에 규정된 재처분에 해당된다.

(3) 건축불허가처분을 취소하는 판결이 확정된 후 국토이용관리법시행령이 준농림지역 안에서의 행위제한에 관하여 지방자치단체의 조례로써 일정 지역에서 숙박업을 영위하기 위한 시설의 설치를 제한할 수 있도록 개정된 경우, 당해 지방자치단체장이 위 처분 후에 개정된 신법령에서 정한 사유를 들어 새로운 거부처분을 한 것은 행정소송법 제30조 제2항 소정의 확정판결의 취지에 따라 이전의 신청에 대한 처분을 한 경우에 해당한다.

[판례연구]

Ⅰ. 쟁점정리

이 사건 결정과 관련하여 건축불허가처분을 취소하는 인용판결이 확정된 후 개정된 법령에서 정한 사유를 들어 한 새로운 거부처분이 재처분의무를 충족하는 적법한 재처분인지, 아니면 취소판결의 기속력에 반하는 것인지 여부가 쟁점이 된다.

거부처분취소판결은 비록 확정되었다 할지라도 거부처분만 없어지고 당사자가 신청한 것은 그대로 존속하고 있으므로 행정청의 새로운 조치가 없는 한 어떠한 만족을 얻을 수 없다. 이러한 경우에 행정청이 소극적으로 나올 경우에는 속수무책이므로 행정청에 일정한 행위의무를 부과해야 할 필요가 있다.

이 사건 결정과 관련하여서 첫째로, 거부처분취소판결의 기속력을 어떻게 이해할 것인가, 둘째로, 기속력의 내용으로서의 재처분의 의무의 충족을 어떻게 파악할 것인가, 셋째로, 취소판결의 기속력의 범위, 특히 시적 범위와 관련하여 어느 시점을 기준으로 기속력을 판단할 것인가의 문제가 중요한 쟁점이라고 할 수 있다.

II. 관련판례

1. 재처분의무를 충족한 것으로 보는 판례

대법원 2005. 1. 14. 선고 2003두13045 판결에서 "행정소송법 제30조 제2항의 규정에 의하면 행정청의 거부처분을 취소하는 판결이 확정된 경우에는 그 처분을 행한 행정청이 판결의 취지에 따라 이전의 신청에 대하여 재처분할 의무가 있다고 할 것이나, 그 취소사유가 행정처분의 절차, 방법의 위법으로 인한 것이라면 그 처분 행정청은 그 확정판결의 취지에 따라 그 위법사유를 보완하여 다시 종전의 신청에 대한 거부처분을 할 수 있고, 그러한 처분도 위 조항에 규정된 재처분에 해당한다"고 판시하였고, 대법원 2002. 7. 23. 선고 2000두6237 판결에서 "과세처분을 취소하는 확정판결의 기판력은 확정판결에 나온 위법사유에 대하여만 미치므로 과세처분권자가 확정판결에 나온 위법사유를 보완하여 한 새로운 과세처분은 확정판결에 의하여 취소된 종전의 과세처분과는 별개의 처분으로서 확정판결의 기판력에 저촉되지 아니한다"고 판시하고 있다.

이러한 판례의 태도는 행정소송법 제30조 제2항의 규정에 의하면 행정청의 거부처분을 취소하는 판결이 확정된 때에는 그 처분을 행한 행정청이 판결의 취지에 따라 이전의 신청에 대하여 재처분할 의무가 있으나, 이때 확정판결의 당사자인 처분 행정청은 그 확정판결에서 적시된 위법사유를 보완하여 새로운 처분을 할 수 있다. 또한 판례에 의하면 행정처분의 적법 여부는 그 행정처분이 행하여진 때의 법령과 사실을 기준으로 하여 판단하는 것이므로 거부처분 후에 법령이 개정·시행된 경우에는 개정된 법령 및 허가기준을 새로운 사유로 들어 다시 이전의 신청에 대한 거부처분을 할 수 있으며 그러한 처분도 행정소송법 제30조 제2항에 규정된 재처분에 해당되고, 행정소송법 제34조에서 말하는 처분을 하지 아니하는 때에 해당하지 아니하므로, 간접강제를 신청할 수 없게 된다고 보고 있다.

2. 재처분의무를 충족하지 못한 것으로 보는 판례

대법원 2002. 12. 11.자 2002무22 결정에서 "거부처분에 대한 취소의 확정판결이 있음에도 행정청이 아무런 재처분을 하지 아니하거나, 재처분을 하였다 하더라도 그것이 종전 거부처분에 대한 취소의 확정판결의 기속력에 반하는 등으로 당연무효라면 이는 아무런 재처분을 하지 아니한 때와 마찬가지라 할 것이므로 이러한 경우에는 행정소송법 제30조 제2항, 제34조 제1항 등에 의한 간접강제신청에 필요한 요건을 갖춘 것으로 보아야 한다"고 판시하고 있는바, 이 결정은 비록 거부처분에 대한 취소의 확정판결이 있은 후 재처분을 하였다고 할지라도 그것이 종전 거부처분에 대한 취소의 확정판결의 기속력에 반하여 당연무효로 보아 간접강제신청에 필요한 요건을 갖춘 것으로 보고 있다.

또한 대법원 2001. 3. 23. 선고 99두5238 판결에서 "행정소송법 제30조 제1항에 의하여 인정되는 취소소송에서 처분 등을 취소하는 확정판결의 기속력은 주로 판결의 실효성 확보를 위하여 인정되는 효력으로서 판결의 주문뿐만 아니라 그 전제가 되는 처분 등의 구체적 위법사유에 관한 이유 중의 판단에 대하여도 인정되고, 같은 조 제2항의 규정상 특히 거부처분에 대한 취소판결이 확정된 경우에는 그 처분을 행한 행정청은 판결의 취지에 따라 다시 처분을 하여야 할 의무를 부담하게 되므로, 취소소송에서 소송의 대상이 된 거부처분을 실체법상의 위법사유에 기하여 취소하는 판결이 확정된 경우에는 당해 거부처분을 한 행정청은 원칙적으로 신청을 인용하는 처분을 하여야 하고, 사실심 변론종결 이전의 사유를 내세워 다시 거부처분을 하는 것은 확정판결의 기속력에 저촉되어 허용되지 아니한다"고 판시하여 취소소송에서 소송의 대상이 된 거부처분을 실체법상의 위법사유에 기하여 취소하는 판결이 확정된 경우에는 당해 거부처분을 한 행정청은 원칙적으로 신청을 인용하는 처분을 하여야 하고, 사실심 변론종결 이전의 사유를 내세워 다시 거부처분을 하는 것은 확정판결의 기속력에 저촉되어 허용되지 아니한다고 보았다. 이는 전향적인 해석을 통해서 의무이행소송을 인정하고 있지 아니하는 현행법제상의 권리구제의 공백을 적극적으로 메워 나간다는 점에서뿐만 아니라 행정통제의 관점에서도 바람직한 방향의 판시태도라고 할 것이다.

Ⅲ. 판례의 검토

1. 거부처분취소판결의 기속력의 의의

취소판결의 기속력이란 소송당사자인 행정청과 관계행정청이 확정판결의 내용에 따라 행동할 실체법적 의무를 지는 효력을 말한다. 이는 행정소송의 특수성에 착안하여 국민이 아닌 행정청에 대하여 법적 의무를 부과하는 것으로, 거부처분의 경우에 취소판결이 확정되었다는 것만으로 국민의 실효적인 권리구제가 보장되는 것은 아니기 때문에 판결의 취지에 따라 일정한 조치를 취하도록 의무를 지우는 데 그 의의가 있다. 취소판결의 기속력에 관하여는 행정소송법 제30조에서 명문의 규정을 두고 있는바, 동조 제1항에서 "처분등을 취소하는 확정판결은 그 사건에 관하여 당사자인 행정청과 그 밖의 관계행정청을 구속한다"고 규정하고 있어 기속력의 주관적 범위에 관하여 명문의 규정을 두고 있다. 동조 제2항에서 "판결에 의하여 취소되는 처분이 당사자의 신청을 거부하는 것을 내용으로 하는 경우에는 그 처분을 행한 행정청은 판결의 취지에 따라 다시 이전의 신청에 대한 처분을 하여야 한다"고 규정하고 있고 이 규정이 바로 거부처분취소판결의 기속력에 관한 규정으로, 재처분의무와 관련한 기속력의 내용을 규정한 것으로 이해되고 있다. 동조 제3항에서 "제2항의 규정은 신청에 따른 처분이 절차의 위법을 이유로 취소되는 경우에 준용한다"고 규정하고 있는데, 일견 절차상 위법과 실체상 위법을 이유로 취소되는 경우를 동일하게 취급하는 것을 전제로 하는 규정처럼 보이나, 이 규정이 실체법상 위법과 다른 절차상의 위법을 이유로 취소되는 경우에 기속력의 정도를 달리 취급하는 것을 방해하는 것은 아니다. 이와 같은 취소판결의 기속력에 관한 규정은 무효등확인소송과 부작위위법확인소송 및 당사자소송에 준용되고 있다(행정소송법 제38조 제1항, 제2항 및 제44조 제1항).

　아울러 행정소송법 제34조에서는 거부처분취소판결의 간접강제제도를 명문화하고 있다. 즉 판결에 의하여 취소되는 행정청의 처분이 당사자의 신청을 거부하는 것을 내용으로 하는 경우에는 그 처분을 행한 행정청은 판결의 취지에 따라 다시 이전의 신청에 대한 처분을 하여야 하는데, 이 같은 처분을 하지 않은 경우에는 제1심 수소법원은 당사자의 신청에 의하여 결정으로써 상당한 기간을 정하고 행정청이 그 기간 내에 이행하지 아니하는 때에는 그 지연기간에 따라 일정한 배상을 할 것을 명하거나 즉시 손해배상을 할 것을 명할 수 있는 제도를 말한다.

　취소판결의 기속력의 법적 성질은 기판력과 동일하다고 보는 견해도 있으나, 이와는 달리 취소판결의 실효성을 확보하기 위하여 행정소송법이 특별히 인정하는 효력으로 보는 특수효력설이 통설적 입장이다.

　기속력의 내용은 소극적으로는 반복금지효와 적극적인 재처분의무로 나누어져 설명하고 있는바, 여기서는 재처분의무를 중심으로 고찰하고자 한다.

2. 거부처분취소판결의 기속력의 내용: 재처분의무

일반적으로 취소판결의 기속력의 내용으로 소극적 효력으로서 반복금지효, 적극적 효력으로서 원상회복의무와 재처분의무를 들고 있다. 그러나 주로 일본에서의 논의이긴 하지만, 취소판결의 기속력의 구체적 내용으로 동일과오 반복금지, 위법상태의 시정, 부정합처분의 취소, 관련 행정처분에의 영향, 재심사의무의 발생 등을 들기도 한다(김창조, 230면 이하).

이와 같은 취소판결의 기속력이란 행정청에 대하여 취소판결의 판단내용을 존중하고 그 취지에 따라 행동하여야 할 구속을 발생시키는 것을 말한다. 만약 취소판결에 의해서 법적으로 처분의 효력이 배제되더라도 행정청이 판결의 의도를 무시하고 동일한 잘못을 반복한다면 당사자는 승소하여도 현실적으로 권리구제를 받지 못하는 결과가 야기된다. 따라서 취소판결이 내려진 경우에 법률에 의하여 행정청에 취소판결의 취지를 존중하여 행동할 의무를 부과하고 이를 통한 판결의 존중의무가 바로 취소판결의 기속력이라고 할 것이다.

사실심변론종결 이후라고 할지라도 재처분 의무를 충족하였다고 보기 어려운 경우는 첫째로, 기속력회피를 위한 처리지연의 경우, 둘째로, 행정청이 스스로 새로운 거부사유를 작출한 경우, 셋째로, 취소판결 후 실질적으로 동일한 처분을 한 경우를 들 수 있다.

신청인에게 불이익을 과하는 위법한 거부처분이 내려진 경우에 취소판결로서 그 행정처분의 효력을 제거하는 것만으로는 신청인의 권리가 회복되는 것은 아니며 판결의 취지에 따른 구체적인 실체적 조치가 있어야 권리구제가 가능하게 된다. 그런데 취소판결이 내려져서 거부처분이 효력이 없어지더라도 행정청에서 판결의 의도를 무시하고 사실심변론종결 이후에 생긴 새로운 이유를 들거나 아니면 새로운 법령의 변경사유 등을 내세워 재차 거듭 취소판결을 내린다면 당사자는 막대한 시간, 비용, 노력에도 불구하고 무용의 절차를 거친 것에 불과하고 이로써 실질적 권리구제가 되지 아니하는 결과가 된다고 할 것이다. 따라서 당사자의 신청은 거부한 경우 실체법적으로 위법한 경우에는 설사 취소판결확정 후에 법령의 변경이 이루어졌다는 것을 이유로 이에 기초하여 새롭게 거부처분하더라도 행정소송법 제30조의 규정에 의한 '판결의 취지에 따라 다시 이전의 신청에 따른 처분'이라고 해석할 것은 아니라고 본다.

3. 취소판결의 기속력의 범위

가. 주관적 범위

행정소송법 제30조 제1항에서 "처분등을 취소하는 확정판결은 그 사건에 관하여 당사자인 행정청과 그 밖의 관계행정청을 기속한다"고 규정하고 있는바, 이는 기속력의 주관적 범위에 관한 규율을 하고 있다고 할 것이다. 이 점과 관련하여, 기판력이 원고와 피고 양당사자와 동일시 할 수 있는 승계인에 한정하여 미치는 데 반하여, 기속력은 특히 행정청에 대한 효력이라고 말할 수 있다.

나. 객관적 범위

기속력에 있어서는 취소판결의 실효성을 확보하기 위한 것이므로 판결주문 및 이유부분 중에서 요건사실의 인정과 판단에까지 미치고, 결론과 직접 관련이 없는 방론이나 간접사실의 판단에는 미치지 아니한다.

일부 견해는 기속력은 위법성 일반에 대하여 생기는 것이 아니라 판결에서 위법한 것으로 판단된 개개의 처분이유에 대하여만 생긴다고 설명하면서 종전 처분시와 다른 이유를 들어서 동일한 처분을 하는 것은 무방하다고 설명한다(김의환, 433-434면). 그러나 이러한 해석은 당사자의 법적인 지위를 불안정하게 할 우려가 있다. 다른 일부 견해에 의하면 처분사유의 추가·변경과 기속력의 표리관계라고 보면서 기본적 사실관계의 동일성이 없는 경우에 처분사유의 추가·변경이 허용되지 않으므로 기본적 사실관계의 동일성이 없는 사유를 들어 거부처분을 하여도 재처분의무를 충족한 것이라고 보고 있다(석호철, 279면). 그러나, 처분사유의 추가·변경과 기속력과의 논리필연적인 관계가 있는 것인지 의문이다.

이와 관련하여 대법원 2001. 3. 23. 선고 99두5238 판결에서는 "행정소송법 제30조 제1항에 의하여 인정되는 취소소송에서 처분 등을 취소하는 확정판결의 기속력은 주로 판결의 실효성 확보를 위하여 인정되는 효력으로서 판결의 주문뿐만 아니라 그 전제가 되는 처분 등의 구체적 위법사유에 관한 이유 중의 판단에 대하여도 인정되고, 같은 조 제2항의 규정상 특히 거부처분에 대한 취소판결이 확정된 경우에는 그 처분을 행한 행정청은 판결의 취지에 따라 다시 처분을 하여야 할 의무를 부담하게 되므로, 취소소송에서 소송의 대상이 된 거부처분을 실체법상의 위법사유에 기하여 취소하는 판결이 확정된 경우에는 당해 거부처분을 한 행정청은 원칙적으로 신청을 인용하는 처분을 하여야 하고, 사실심 변론종결 이전의 사유를 내세워 다시 거부처분을 하는 것은 확정판결의 기속력에 저촉되어 허용되지 아니한다"고 판시하여 판결의 취지에 따른 재처분의 의무를 명확히 하였다.

다. 시간적 범위

기판력은 사실심변론종결시를 기점으로 발생한다. 따라서 법원의 판결이 있으면 당사자나 법원은 사실심변론종결시 이전에 생긴 이유를 내세워 당해 처분이 위법하다는 주장을 할 수 없게 된다. 그러나 사실심변론종결 이후에 생긴 사유가 고려요소가 되는 것은 아니다.

그러나 기속력의 시간적 범위에 관한 논의는 활발하지 못하다. 일부 견해에 의하면 기속력의 시간적 범위를 처분시로 보면서, 처분시 이후에 생긴 새로운 이유나 사실관계를 들어 동일한 내용의 처분을 하는 것은 무방하다고 보고 있다. 이러한 입장에서는 당초의 처분이 있은 다음에 사실상태나 사유가 변동된 경우에는 그것이 변론종결시 이전의 일이더라도 취소판결의 기속력을 받지 아니하고 동일한 내용의 처분을 새로이 할 수 있다고 본다(석호철, 277면). 그러나 처분시는 위법성 판단의 기준시가 될지언정 기속력의 시간적 범위로 보기는 어렵다고 할 것이다. 오히려 기속력의 시간적 범위는 기판력과 동일하게 사실심변론종결시를 기준으로 하는 것이 바람직하다. 만약에 처분시를 기속력의 시간적 범위로 한정한다면 가령 건축허가거부처분의 취소판결이 확정된 후 행정청에서 스스로 건축제한 공고를 내고 이에 따라 거부하는 결정을 내렸을 경우에도 재처분시의 법령을 기준으로 하게 되므로 이러한 처분도 정당화시켜주는 결과가 된다. 이에 대하여 법원의 심리권한을 형해화 하고 사법권에 대한 국민의 신뢰의 실추를 막을 수 있다고 보는 관점에서 거부처분 취소소송의 위법판단의 기준시를 처분시가 아닌 사실심 변론종결시로 보는 것이 타당하다는 견해도 있다(박정훈, 122면). 기속행위의 경우 거부처분이 실체법상의 위법으로 취소된 경우에는 판결의 취지가 행정청이 신청을 인용하지 않는 것이 위법이라는 것이므로 신청된 대로 처분을 하여야 한다. 다만, 거부처분취소의 확정판결을 받은 행정청은 사실심변론종결 이후 발생한 새로운 사유를 내세워 다시 거부처분을 할 수도 있다고 해석되므로, 재처분의무를 회피하기 위하여 처리지연이나 거부사유를 작출한 것이 아닌지를 검토할 필요가 있다.

Ⅳ. 판례의 의미와 전망

이 사건 대법원 결정은 행정처분의 적법 여부를 그 행정처분이 행하여진 때의 법령과 사실을 기준으로 하여 판단하는 것이라고 전제하였음에도, 거부처분 후에 법령이 개정·시행된 경우에는 개정된 법령 및 허가기준을 새로운 사유로 들어 다시 이전의 신청에 대한 거부처분을 할 수 있으며, 그러한 처분도 행정소송법 제30조 제2항에 규정된 재처분에 해당된다고 보고 있다. 이 결정이 종전에 불명확하고 개념적으로 혼란을 일으켰던 부분을 명쾌하게 정리하였다는 점에서 긍정적인 평가를 내리는 관점도 있다(석호철, 284면). 그러나, 새로운 사유를 들어 다시금 거부하는 것이 정당화되는 경우는 절차위반의 경우나 신청에 따라 발하려는 처분이 재량행위에 한정되는 것이고, 기속행위에 있어서는 아무리 새로운 법령을 개정하였다고 할지라도, 관계법에서 명시적으로 이를 배제하는 것이 아닌 한 판결의 기속력에 따라 행정청은 일정한 행동을 해야 할 의무를 지니게 된다고 할 것이다. 그러함에도 이 사건 대법원 결정에서는 이러한 점을 판결이유에 반영하고 있지 않아 아쉬움이 남는다.

행정청이 거부처분 후에 법령이 개정 및 시행되어 새로운 법령에 기초하여 내려진 재처분은 언제나 새로운 처분이므로 처분당시의 법령에 의하여 위법 여부가 판단되어야 한다면 행정청에게 일방적으로 유리한 결정이 되며, 당사자가 그동안 비용과 노력을 들여 위법한 거부처분에 대하여 취소소송에서 승소하고도 행정청이 간단히 이를 무색하게 할 수 있다. 이러한 경우에도 재처분의무를 충족한 것이라고 보게 된다면, 실질적 법치주의 내지 신뢰보호의 원칙에 반하여 위법할 뿐만 아니라 행정청의 사후적인 보완을 광범위하게 정당화하게 해주어 국민의 권익구제에 미흡하고 사법불신을 야기할 수 있다고 할 것이다.

결국 이와 같은 문제는 현행 행정소송법상 행정청의 위법한 거부처분에 대한 권익구제가 실효적이지 못하기 때문에 발생하는 것이므로, 위법한 거부처분과 부작위에 대하여는 의무이행소송제도를 도입하여 입법적으로 해결할 필요가 있다.

[참고문헌]

김용섭, "취소판결의 기속력", 법조, 제553호, 법조협회, 2002. 10.

김의환, "거부처분취소확정판결의 기속력과 간접강제의 요건", 경기법조, 제11호, 2004.

김창조, "취소판결의 기속력", 법학논고, 제13집, 경북대학교 법학연구소, 1997.

박균성, "거부처분취소판결의 기속력과 간접강제", 행정판례연구 Ⅸ, 박영사, 2004.

박정훈, "취소판결의 기판력과 기속력 — 취소소송의 관통개념으로서 소송물", 행정판례연구 Ⅸ, 박영사, 2004.

석호철, "기속력의 범위로서의 처분사유의 동일", 행정판례연구 Ⅴ, 서울대학교 출판부, 2000.

성백현, "취소판결의 기속력", 대법원판례해설 제30호, 법원도서관, 1998.

이경운, "거부처분취소판결의 기속력과 위법판단의 기준시", 공법논총, 제1호, 2005.

장경원, "거부처분취소판결의 기속력", 행정판례연구 ⅩⅧ-1, 2013.

8. 환경행정소송의 원고적격에 관한 논의[*]

Ⅰ. 머 리 말

오늘날 환경에 대한 국민의 권리의식의 증대와 더불어 환경행정상 분쟁이 점차 늘어나고 있다. 환경행정상의 법률관계는 행정청, 사업주체, 인근주민의 3각 관계의 특징을 지니고 있으며, 환경상의 법률관계를 둘러싼 법적 분쟁은 사법(私法)적인 분쟁도 있지만, 상당부분 공익적 분쟁으로 행정소송을 제기하여 권리구제를 강구하는 측면이 강하다.[1]

이처럼 환경행정의 법률관계는 한편으로는 행정청과 처분의 상대방인 사업주체의 법률관계와 다른 한편으로는 행정청과 제3자인 인근주민과의 법률관계로 구분할 수 있다. 전자의 예로는 환경배출시설의 허가를 받지 못한 상대방이 취소소송을 제기하는 경우인데, 이 경우 취소소송의 원고적격은 상대방이론에 따라 특별히 문제가 되지 않는다. 환경행정소송의 원고적격은 주로 후자의 경우에 문제가 되는데, 행정청이 사업주체에 대한 환경오염 배출 시설 등의 허가 처분에 대하여 환경상의 이익을 침해받게 되는 제3자의 원고적격을 어느 범위에서 허용할 것인가의 문제라고 할 것이다. 아울러 행정청이 사업주체에 대하여 발한 행정

---

[*] 이 논문은 2012. 7. 10. 개최된 전북대 동북아법연구소 공동학술대회에서 발표한 후 2012년 11월에 발간된 환경법연구 제34권 제3호에 수록한 필자의 논문 일부를 수정·보완한 것입니다.

1) 김용섭, "환경행정소송에 있어서의 원고적격", 고시연구, 1999. 5, 126-128면. 필자가 당시 작성한 이 글의 기본적 시각이 이 논문의 기초를 형성하고 있지만, 이 글을 이 논문에 일부 인용하는 경우에는 따로 각주 표기를 하지 않기로 한다.

처분에 의하여 인근주민의 환경상의 이익이 침해되는 경우가 적지 않게 발생하는데, 이를 사인 간의 민사상의 분쟁해결에 맡기는 것보다 행정청을 상대로 처분에 대한 취소소송을 통하여 환경침해의 원인을 원천적으로 봉쇄하는 것이 보다 효과적이다.

다만, 환경행정 분쟁시 피해의 광역성과 공통성 및 집단성이 있음에도 취소소송의 원고적격의 범위에 관하여 환경 관련 법률에서 별도의 규정을 마련하고 있지 아니한 경우에는 행정소송법 제12조의 원고적격에 관한 규정이 일반적으로 적용된다. 아울러 환경행정소송의 원고적격도 기본적으로 취소소송의 원고적격에 관한 통설과 판례의 입장인 법률상 이익구제설의 입장에서 크게 벗어나 있지 않다고 할 것이다. 더구나, 판례상으로도 헌법상의 기본권으로서의 환경권에 관한 헌법 제35조 제1항의 규정만으로는 그 보호대상인 환경권의 내용과 범위, 권리의 주체가 되는 권리자의 범위 등이 명확하지 못하여 이러한 헌법규정이 개개의 국민에게 직접적이며 구체적인 사법상의 권리를 부여한 것으로 보기 어렵다는 관점을 취하고 있는 실정이다. 다만, 대법원판례의 흐름을 고찰하면 환경영향평가대상 지역 밖의 주민의 경우에도 수인할 수 없는 환경상의 이익의 침해를 입었거나 입을 우려가 있다는 점을 입증하면 환경행정소송의 원고적격을 인정하는 방향으로 제3자의 원고적격의 범위를 넓힌 새만금사건에 관한 대법원 전원합의체 판결 이후에 환경행정영역에 있어서 제3자의 원고적격을 해석을 통해서나마 점진적으로 확장하려는 움직임을 알 수 있다.

결국 환경행정소송의 원고적격 문제는 구체적 소송에 있어서 정당한 원고로서 소송을 수행하여 본안판결을 받기에 적합한 자격을 의미하는데, 원고적격이 있는 자를 어느 범위까지 확장할 수 있는가의 문제라고 할 것이다. 원고적격을 인정하는 범위가 지나치게 협소하여도 곤란하지만 그 범위가 넓어 남소로 이어져 사건의 폭증에 따라 신속한 재판이 어렵게 되는 점도 극복하여야 할 과제라고 할 것이다. 따라서, 원고적격의 범위설정에 있어 적절한 조화점이 필요하다. 가령 헌법상의 환경권이 부여되었다는 것을 이유로 누구나 취소소송을 제기하여 다툴 수 있다고 하면 남소의 폐단이 있어 법원의 부담이 가중될 것이다. 그러나 원고적격의 범위를 지나치게 좁게 잡을 경우에는 헌법상 보장된 재판청구권이 유명무실하게 될 수 있다. 이러한 관점에서 환경행정소송의 원고적격의 범위를 정함에 있어 환경 관련 법률에 규정이 없는 한 행정소송법 제12조의 합리적 해석을 통하여 적절한 판단기준을 제시할 필요가 있다.

본고에서는 환경행정소송의 원고적격에 관한 논의를 비판적 관점에서 살펴보면서 원고적격에 관한 기존이론에 대한 검토, 환경행정소송의 원고적격에 관한 판례의 비판적 분석, 그리고 환경행정소송의 원고적격의 확대를 위한 입법정책적 대응방안을 모색하는 복안적이면서 종합적인 분석을 하기로 한다.

논의의 진행은 먼저 취소소송의 원고적격에 관한 기본적 고찰(Ⅱ)을 선행하기로 한다. 취소소송의 원고적격에 관한 행정소송법 제12조의 "법률상 이익"의 개념을 둘러싼 권리구제설, 법률상 이익구제설, 보호가치있는 이익구제설, 적법성 보장설 등 기존의 학설에 대하여 비판적으로 검토하고 법률상 이익구제설에 입각한 판례의 태도를 다각적으로 분석하기로 한다.

다음으로는 본고의 핵심적 부분이라고 할 수 있는 환경행정소송의 원고적격에 관한 판례의 동향(Ⅲ)을 고찰하기로 한다. 새만금 사건에 관한 대법원 2006. 3. 16. 선고 2006두330 전원합의체 판결 이후 환경영향평가대상지역의 안과 밖의 주민으로 구분하여 분석하던 방식에서, 점차 영향권의 범위를 확장하여 나아가려는 판례의 경향과 추세를 알 수 있다. 다만, 우리 판례의 입장이 기본적으로 주관적 공권과 보호규범론에 입각하고 있는 법률상 이익구제설의 입장에 서 있다고 볼 수 있다. 따라서 행정소송법 제12조의 "법률상 이익"에 관한 해석으로는 한계가 있기 때문에 입법론적인 대응이 필요하다고 할 것이다.

이러한 맥락에서 환경행정소송의 원고적격을 확장하기 위한 입법 정책적 대응방안(Ⅳ)을 모색하기로 한다. 기본적인 방향으로는 행정소송법의 원고적격에 관한 부분을 확장하여 대처하는 방향과 환경관련 법률을 개정하여 대처하는 방향성을 함께 고려할 수 있다. 미래세대나 환경단체에 대한 원고적격의 확대 문제와 자연의 권리를 보장하기 위한 소송법적 대응노력을 검토하고, 향후 과제와 전망을 살펴보는 순으로 논의를 진행하기로 한다.

Ⅱ. 취소소송에 있어서의 원고적격

1. 원고적격에의 개념과 체계적 지위

가. 원고적격의 개념

원고적격이란 구체적 소송에 있어서 정당한 원고로서 소송을 수행하여 본안

판결을 받기에 적합한 자격을 말한다.[2] 취소소송에 있어서 원고적격은 민사소송의 당사자적격에 대응하는 개념으로 당사자적격이란 특정한 소송사건에서 당사자로서 소송을 수행하고 본안판결을 받기에 적합한 자격을 말한다. 원고적격은 적극적인 소제기자인 원고가 될 수 있는 자격이라는 점에서 소극적인 응소자인 피고가 될 수 있는 자격인 피고적격과 구별된다.

이처럼, 취소소송의 대상이 되는 처분이 있다고 하여 누구나 소를 제기할 수 있는 것은 아니고 원고적격이 있는 일정한 자에 한하여 소를 제기할 수 있을 뿐이다. 원고적격의 구비 여부는 소송의 요건에 해당하므로, 법원이 당사자의 주장에 구애됨 없이 법원의 직권조사사항으로 이를 심리 판단하며, 아울러 원고적격은 소송요건의 하나이므로 사실심 변론종결시는 물론 상고심에서도 존속하여야 하고 이를 흠결하면 부적법한 소가 된다.[3]

취소소송의 원고적격에 관하여 행정소송법 제12조에서 명문의 규정을 두고 있는바, "취소소송은 처분등의 취소를 구할 법률상 이익이 있는 자가 제기할 수 있다. 처분등의 효과가 기간의 경과, 처분등의 집행 그 밖의 사유로 인하여 소멸된 뒤에도 그 처분등의 취소로 인하여 회복되는 법률상 이익이 있는 자의 경우에는 또한 같다."고 규정하고 있다. 통설의 입장에 의하면 제12조 전문은 원고적격에 관한 규정으로 파악하는 데 반하여, 후문은 권리보호의 필요성 내지 협의의 소의 이익으로 파악하고 있다.[4] 아울러 무효등확인소송의 원고적격에 관하여는 행정소송법 제35조에서 "무효등 확인소송은 처분등의 효력유무 또는 존재 여부의 확인을 구할 법률상 이익이 있는 자가 제기할 수 있다."고 규정하고 있고, 아울러

---

2) 김용섭, 신봉기, 김광수, 이희정, 법학전문대학원 판례교재 행정법, 제2판, 법문사, 2011, 507면.

3) 대법원 2000. 11. 10. 선고 2000두7155 판결; 대법원 2006. 7. 28. 선고 2004두6716 판결; 대법원 2007. 4. 2. 선고 2004두7924 판결 등 참조.

4) 당사자적격은 본안판단을 구하는 것을 정당화시킬 수 있는 이익 내지 필요, 즉 넓은 의미에서의 소의 이익 개념에 포함되는 것으로, 당사자의 측면에서 본 주관적 이익이라는 점에서 좁은 의미의 소의 이익인 권리보호의 자격 내지 권리보호의 필요성과 관념상 구별된다. 그러나 양자는 서로 밀접하게 관계되어 있어 그 한계가 분명하지 아니하고, 특히 확인의 소에 있어서는 당사자적격과 권리보호의 이익이 불가분의 관계에 있다. 소의 이익에 관한 기준과 관련되는 대법원 1993. 1. 15. 선고 92누4956 판결에서는 "위법한 행정처분의 취소를 구하는 소는 위법 처분에 의하여 발생한 위법상태를 배제하여 원상으로 회복시키고 그 처분으로 침해되거나 방해받은 권리와 이익을 보호하고자 하는 소송이므로 그 위법한 처분을 취소하더라도 원상회복이 불가능한 경우에는 그 취소를 구할 이익이 없다."고 판시한 바 있다.

부작위위법확인소송의 원고적격에 관해서는 행정소송법 제36조에서 "부작위위법
확인소송은 처분의 신청을 한 자로서 부작위의 위법의 확인을 구할 법률상 이익
이 있는 자만이 제기할 수 있다"고 규정하고 있어, 행정소송법은 항고소송의 경
우에 있어 원고적격을 갖는 자를 법률상 이익이 있는 자로 통일을 하고 있음을
알 수 있다. 이처럼 행정소송에 있어서 원고적격의 범위를 한정하는 이유는 법원
의 재판에 적합한 자와 적합하지 않은 자를 구별하여 법률상 보호이익이 없는 자
를 배제하여 주관소송으로서의 위치를 확보하고 만민소송이 되지 않도록 하는 데
있다고 할 수 있다.

나. 원고적격의 체계적 지위

먼저, 행정소송법은 제12조 전문에서 "취소소송은 처분 등의 취소를 구할 법
률상 이익이 있는 자가 제기할 수 있다"고 규정하고 있는바, 여기에서의 법률상
이익의 개념문제는 행정법의 도그마틱에 속하는 실체법적 개념인 개인적 공권과
의 연관성 속에서 발전해 왔다고 볼 수 있다. 개인적 공권의 확대에 수반하여 종
래의 반사적 이익에 속하는 것을 공권으로 파악하는 확대된 공권개념에 의하면
행정소송법 제12조에서 말하는 법률상 이익의 개념을 공권과 마찬가지로 이해할
여지가 없지 않다.[5] 그러나 개인적 공권은 원고적격과의 연결을 넘어서서 행정절
차, 국가보상, 법률유보 및 계획적 형량결정 내지 재량결정과 관련된다.[6] 이러한
관점에서 법률상 이익개념은 실체법적 개념인 개인적 공권에 관한 논의가 행정쟁
송법에 부분적으로 체화된 것으로 이해할 수 있다.

개인적 공권[7]은 시민적 관점에서 공법의 규정에 의하여 시민이 자신의 이익
추구를 위하여 국가로부터 일정한 행위를 요구할 수 있는 법적인 힘을 말한다.[8]
따라서 자유권적 기본권이 공권에 속하는 것은 틀림없으나,[9] 원고적격에서의 논

---

5) 석종현, "광의의 공권으로서의 보호이익", 고시연구, 1992. 10. 127면 이하.

6) Jost Piezcker, "Grundrechtsbetroffenheit in der verwaltungsrechtlichen Dogmatik", Festschrift
für Otto Bachof zum 70, Geburstag, 1984, S. 139.

7) 주관적 공권은 사권과 마찬가지로 지배권, 형성권, 청구권으로 분류할 수 있다. 지배권의
형태의 공권은 기본권을 들 수 있고, 형성권은 체결된 행정법상 계약의 해제권 및 취소권
이 이에 해당하고, 청구권은 사회부조청구권과 같은 상대방에 대하여 일정한 작위, 부작위
수인의무를 과하는 실체적 청구권과 무하자재량행사청구권과 같은 형식적 청구권으로 구
분할 수 있다.

8) H. Maurer, Allgemeines Verwaltungsrecht, 2009, S. 164.

의는 곧바로 기본권을 적용하는 것이 아니라 개별법령의 적용우위에 따라 먼저 공권의 2대 성립요건 — 행정청의 행위의무와 사익보호성 — 을 검토하고 나서 사익보호를 도모하는 근거법률 내지 관계법률이 없는 경우에 보충적으로 원고적격의 판정기준으로서 기본권을 원용하여야 한다.[10] 기본권은 그 성질에 따라 여러 가지로 구분이 가능하나 원고적격의 범위와 관련되는 기본권은 방어권으로서의 자유권에 한정되어 이해하는 것이 적절하다. 이와 관련하여 헌법재판소[11]는 처분의 근거법률상으로는 법률상 이익의 해당 여부가 불분명한 경우에도 헌법상 기본권인 경쟁의 자유에 기하여 행정처분을 취소를 구할 법률상 이익이 인정된다고 판시한 있다. 다만, 환경권 등 사회적 기본권의 경우에는 이를 구체화하는 법률이 마련되어 구체적인 권리의 성격을 띠게 될 경우에 비로소 환경권을 근거로 원고적격을 논의할 수 있다고 본다.

2. 원고적격의 범위에 관한 학설

행정소송법 제12조 전문에서 말하는 "법률상 이익"이라고 하는 개념은 불확정개념으로 그 의미를 둘러싸고 학설의 대립이 있어 왔다. 다만, 불이익한 처분의 상대방은 행정처분의 취소를 구할 수 있는 원고적격이 인정되는 독일에서 발전한 상대방 이론(Adressatentheorie)에 의하여 자기관련성을 인정할 수 있게 되므로 법률상 이익이 인정되는 점에 관하여 특별히 문제가 될 것이 없다.[12] 원고적격에 관한 학설대립은 주로 제3자의 원고적격과 관련하여 그 범위의 판정을 둘러싸고 4가지 학설이 주로 논의되어 왔다.

가. 권리구제설

권리구제설은 취소소송의 목적과 기능이 위법한 처분으로 인하여 권리가 침해된 경우에 처분의 효력을 소멸시켜 권리를 회복시키는 데 있다고 보아 권리를

---

9) 개인적 공권과 기본권과의 관계에 관하여는 석종현, "행정법상 개인적 공권론에 관한 비판적 검토", 심천 계희열박사 회갑기념논문, 공법학의 현대적 지평, 1995, 601면 이하.

10) H. Maurer, a.a.O., S. 170-173.

11) 헌재 1998. 4. 30. 선고 97헌마141 결정.

12) 불이익처분은 포괄적 기본권인 행복추구권과 관련되기 때문이다. 이와는 달리, 거부처분이나 부작위의 상대방은 급부권의 침해문제이므로 상대방에게 원고적격을 일반적으로 인정하기는 어렵다고 본다. 따라서 대법원 판례도 거부처분이나 부작위의 경우 법규상, 조리상 신청권이 있는 자에 한하여 취소소송의 원고적격이 인정되는 것으로 이해한다.

침해받은 자만이 원고가 될 수 있다는 설이다.

　　법률상 이익을 권리로 보는 견해[13]에 의하면 권리구제설과 법률상 이익구제설의 구분상의 실익이 희박하게 된다. 다만, 여기에서의 권리는 공법상 권리에 한정된 것이 아니라 사법상 권리도 포함된다.[14]

나. 법률상 이익구제설

　　법률상 이익구제설은 취소소송의 목적과 기능을 위법한 처분으로 인하여 개별 법률에 의하여 보호되고 있는 이익이 침해된 경우에 이를 구제하기 위한 수단으로 이해한다. 따라서 위법한 처분에 의하여 권리는 물론 법률에 의하여 보호되고 있는 이익을 침해받은 자도 원고가 될 수 있다는 입장이다.

　　이 견해는 조금 더 세부적으로 들어가면 당해 처분의 근거가 되는 법률에 의하여 보호되는 이익에 한정하는 입장과 당해 처분의 근거법률을 넘어 관계법률에 의하여 보호되는 이익도 포함시키는 견해로 나누어진다. 전자의 경우에는 다시금 실체법규에 한정하는 경우와 절차법규를 포함하는 견해로, 후자의 경우는 관계법률에 한정하는 견해와 기본권까지 포함하는 견해로 다시 세분된다.[15] 통설과 판례는 기본적으로 법률상 보호되는 이익은 당해처분의 근거법규 및 관련 법규에 의하여 보호되는 개별적·직접적·구체적 이익이 있는 경우에 한정한다.

다. 보호 가치있는 이익구제설

　　보호가치 있는 이익구제설은 원고적격의 판정기준을 실정법규의 해석으로부터 벗어나 실체법상 보호되고 있지 않더라도 보호가치 있는 이익이 침해된 경우에는 원고적격이 있다고 설명한다. 법률상 이익을 법원이 재판을 통하여 보호할 만한 가치가 있는 소송법상의 이익으로 넓혀 파악하고 있다. 따라서 이 견해에 의할 경우 사실상 불이익을 받은 자도 경우에 따라 본안판결을 받을 가능성이 생긴다.

---

13) 김남진, 앞의 책, 754면.

14) Vgl. Kuhla Hüttenbrink, Der Verwaltungsprozeß, 1995. S. 55.

15) 상세한 사항은 김치중, "상수원보호구역변경 및 도시계획시설(화장장)결정처분의 취소를 구하는 소송에 있어서의 부근주민의 원고적격", 대법원판례해설 제24호, 1996, 341면 이하.

라. 적법성보장설

적법성보장설은 취소소송의 기능을 주관적 권리구제로 파악하는 것이 아니라 행정처분의 적법성을 보장하기 위한 객관소송으로 파악하는 견해이다. 이 입장에 의하면, 개인의 법적 이익 침해 여부와는 관계없이 취소소송을 통하여 처분의 위법성을 다툼에 있어 가장 적합한 이해관계를 갖는 자에게 원고적격을 인정하고 있다.

3. 대법원판례의 입장

(1) 대법원[16]은 일관되게 "행정처분의 상대방이 아닌 제3자도 그 처분으로 인하여 법률상 보호되는 이익을 침해당한 경우에는 그 처분의 취소 또는 변경을 구하는 행정소송을 제기하여 그 당부의 판단을 받을 법률상 자격이 있다"고 판시하면서, 나아가 대법원[17]은 법률상 보호되는 이익의 개념과 관련하여 "당해 처분의 근거법규 및 관련법규에 의하여 보호되는 직접적이고 구체적인 이익이 있는 경우를 말하고, 다만 공익보호의 결과로 국민 일반이 공통적으로 가지는 추상적·평균적·일반적인 이익과 같이 간접적이거나 사실적·경제적 이해관계를 가지는 데 불과한 경우는 여기에 포함되지 않는다"고 판시하고 있다.

(2) 대법원[18]은 세부적으로 당해 처분의 근거법규 및 관련법규에 의하여 보호되는 이익이라 함은 당해 처분의 근거법규(근거법규가 다른 법규를 인용함으로 인하여 근거법규가 된 경우를 아울러 포함한다)의 명문규정에 의하여 보호받는 법률상 이익, 당해 처분의 근거법규에 의하여 보호되지는 아니하나 당해 처분의 행정목적을 달성하기 위한 일련의 단계적인 관련 처분들의 근거법규에 의하여 명시적으로 보호받는 법률상 이익, 당해 처분의 근거법규 또는 관련법규에서 명시적으로 당해 이익을 보호하는 명문의 규정이 없더라도 근거법규 및 관련법규의 합리적 해석상 그 법규에서 행정청을 제약하는 이유가 순수한 공익의 보호만이 아닌 개별적·직접적·구체적 이익을 보호하는 취지가 포함되어 있다고 해석되는 경우까지를 말한다.

(3) 경원자 소송의 원고적격과 관련하여 대법원 1992. 5. 8. 선고 91누13274

---

16) 대법원 1992. 12. 8. 선고 91누13700 판결 외 다수.
17) 대법원 2007. 12. 27. 선고 2005두9651 판결.
18) 대법원 2004. 8. 16. 선고 2003두2175 판결.

판결이 리딩케이스가 되는데, 그 판결요지를 보면 "행정소송법 제12조는 취소소송은 처분등의 취소를 구할 법률상 이익이 있는 자가 제기할 수 있다고 규정하고 있는바, 인·허가 등의 수익적 행정처분을 신청한 수인이 서로 경쟁관계에 있어서 일방에 대한 허가 등의 처분이 타당에 대한 불허가 등으로 귀결될 수밖에 없는 때 허가 등의 처분을 받지 못한 자는 비록 경원자에 대하여 이루어진 허가 등 처분의 상대방이 아니라 하더라도 당해 처분의 취소를 구할 당사자적격이 있다 할 것이고, 다만 구체적인 경우에 있어서 그 처분이 취소된다 하더라도 허가 등의 처분을 받지 못한 불이익이 회복된다고 볼 수 없을 때에는 당해 처분의 취소를 구할 정당한 이익이 없다고 할 것이다"라고 판시한 바 있다. 한편 경업자 소송은 이미 영업허가를 받고 있는 기존업자가 경쟁업자를 상대로 신규영업허가를 취소해 달라고 청구하는 소송인데, 판례는 공유수면매립면허나 도로점용허가의 경우처럼 특허적 성질을 지니는 영업의 경우에는 기존업자에 대하여 원고적격을 인정하고 있으며, 허가영업이지만 법령에서 거리제한규정을 둔 경우이거나 업자들 사이에 과당경쟁으로 인한 경영의 불합리의 방지를 목적으로 하는 경우는 기존의 허가영업자에게 원고적격을 인정하고 있다.[19]

(4) 이웃소송 내지 인인소송에 관하여 대법원[20]은 일찍이 도시계획구역 안의 주거지역에서 연탄공장허가처분의 취소를 구하는 소송에서, 도시계획법과 건축법이 추구하는 이익이 공공복리의 증진을 도모함과 아울러 주거지역 내에 거주하는 사람의 주거의 안녕과 생활환경의 보호에도 그 목적이 있다고 보면서 이와 같은 이익은 법률에 의하여 보호되는 이익으로 보아 인근 주민의 원고적격을 인정한 이래 대법원 1998. 4. 24. 선고 97누3286 판결은 자연공원법령뿐만 아니라 환경영향평가법령도 환경영향평가대상사업에 해당하는 국립공원집단시설지구개발사업에 관한 기본설계변경승인 및 공원사업시행허가처분의 근거법률이 된다고 보아 근거법률에서 원고적격을 찾는 기존의 입장을 유지하면서 절차법의 일종인 환경영향평가법령도 근거법령에 포함시켰다.

새만금 사건에 관한 대법원 2006. 3. 16. 선고 2006두330 전원합의체 판결은 "환경영향평가대상지역안의 주민들이 전과 비교하여 수인한도를 넘는 환경침해를 받지 아니하고 쾌적한 환경에서 생활할 수 있는 개별적 이익까지도 이를 보

---

19) 김용섭, 신봉기, 김광수, 이희정, 앞의 책, 514면.
20) 대법원 1975. 5. 13. 선고 73누96·97 판결.

호하려는 데 있다 할 것이므로 위 주민들이 공유수면매립면허처분 등과 관련하여 갖고 있는 위와 같은 환경상의 이익은 주민 개개인에 대하여 개별적으로 보호되는 직접적 구체적인 이익으로서 그들에 대하여는 특단의 사정이 없는 한 환경상의 이익에 대한 침해 또는 침해우려가 있는 것으로 사실상 추정되어 공유수면매립면허처분 등의 무효확인을 구할 원고적격이 인정된다. 한편, 환경영향평가 대상지역 밖의 주민이라 할지라도 공유수면매립면허처분 등으로 인하여 그 처분전과 비교하여 수인한도를 넘는 환경피해를 받거나 받을 우려가 있는 경우에는, 공유수면매립면허처분 등으로 인하여 환경상 이익에 대한 침해 또는 침해우려가 있다는 것을 입증함으로써 그 처분등의 무효확인을 구할 원고적격을 인정받을 수 있다"고 판시하여 환경영향평가대상지역 밖의 주민이라고 할지라도 수인한도를 넘는 환경피해를 받거나 받을 우려가 있다는 것을 입증하는 방식으로 원고적격을 확대하려고 시도한 점은 높이 평가할 수 있다.

4. 검 토

가. 학설에 대한 검토

기존의 4가지 학설 중 권리구제설은 권리의 목록에 포함되지 않으면 원고적격이 인정되지 않으므로 원고적격이 인정되는 범위가 지나치게 협소한 문제가 있다. 또한 권리구제설은 어디까지나 원고적격에 관한 연혁적 의미밖에 갖지 못한다.[21] 현행 행정소송법이나 행정심판법에서 법률상 이익이라는 표현을 사용하고 있음에 비추어 행정소송법 제12조의 규정에도 일치하고 있지 않아 이를 택하기 어렵다.

적법성보장설은 가장 원고적격을 인정하는 범위가 넓게 되는 장점이 있으나, 취소소송이 객관적 소송의 성격을 띠게 되고, 행정소송법 제12조의 규정에 의하여 민중소송을 방지하려는 입법자의 의도가 몰각되므로 이를 채택하기는 곤란하다.

또한 보호가치 있는 이익구제설은 보호할 가치 있는 이익의 판단척도를 실체법에서 구하지 않고 법원이 개별적·구체적으로 정하므로 자칫 법적안정성이 손상 될 여지가 있다. 또한 실체법의 규정과는 무관하게 법원의 잣대에 의하여

---

21) 예를 들면, 함인선, "취소소송에 있어서의 제3자의 원고적격", 판례월보, 1999, 4월호, 40면. 함인선 교수는 일본에서의 논의를 토대로 원고적격에 관한 4가지 학설이 역사적 시대적 배경을 달리하여 전개되었다는 점을 강조한다.

원고적격을 정하는 것은 기준이 불명확하다는 비판에 직면한다.

따라서 실정법만능주의에 빠질 염려가 있다는 지적이 있음에도 법률에 의한 재판이라는 관점에서 통설과 판례의 입장인 법률상 이익구제설이 타당하다고 할 것이다.

법률상 이익구제설에 의할 경우, 처분 등으로 권리뿐만 아니라 이익을 침해받은 자도 그 처분 등의 취소를 구할 원고적격을 갖게 되나, 그 이익은 법에 의하여 보호되고 있는 직접적·구체적·개별적인 이익이어야 하고 공익 보호의 결과로 국민 일반이 공통적으로 가지는 추상적·평균적·일반적 이익이나 반사적 이익과 같이 간접적이거나 사실적·경제적 이익까지 포함하는 것은 아니다.

법률상 이익구제설은 독일에서 발전한 보호규범이론에 기초하고 있는바, 그 판단척도를 실체적인 법률의 규정에서 찾는다. 따라서 원고적격의 문제는 실정법 해석의 문제가 되는바, 법률의 규정이 제대로 마련되지 않은 경우에는 원고적격이 없다고 단정을 내릴 것이 아니라 관계법령을 찾아 나서야 한다고 본다. 그러나 기본권의 경우는 모르되, 관습법이나 법의 일반원칙에서도 법률상 이익을 찾는 것은 행정소송법 제12조상의 법률상 이익 개념의 지나친 확장이라고 본다. 결국은 단계적인 접근을 하되, 제1단계로 실체법상 근거법률을 매개로 하여 근거법률로부터 공익 이외에 개인적 이익을 보호하고 있는지를 보아 원고적격을 도출하고, 제2단계로 근거법률에서 이를 찾기 어려운 경우에 관계 법률이 당사자의 개인적 이익을 보호하고 있는지를 검토하고, 마지막으로 개인적 이익을 보호하고 있는 근거규정이나 관계규정이 없는 경우에 자유권적 기본권을 매개로 원고적격의 인정 여부를 도출하되, 환경권과 같은 사회적 기본권은 법률에 의하여 구체화되어야 취소소송의 원고적격의 범위를 획정하는 데 고려요소로 작용할 수 있다고 할 것이다. 원고적격의 문제는 행정부와 행정법원과의 관계를 반영하는바, 원고적격을 지나치게 확장하면 법원을 통한 광범위한 행정통제를 가져오므로 그 범위를 적정히 하지 않으면 안된다.

나. 대법원 판례에 대한 검토

대법원 판례는 초기에 기본적으로 당해처분의 근거법률을 기본으로 하되, 근거법률에 직접 개인의 이익을 보호하는 명문의 규정이 없더라도 근거법률의 합리적 해석상 근거법률이 행정청을 제약하거나 의무를 부과하는 이유가 순수하게 공익보호에만 있는 것이 아니라 개인적, 구체적 이익을 보호하려는 취지까지 포함되어 있으면 법률상 보호이익이 있는 것으로 이해한다.

이처럼 대법원은 기본적으로 취소소송에 있어 제3자의 원고적격과 관련된 대법원 판례의 기본 입장은 법률상 이익구제설을 채택하면서 처분의 근거법률에 의하여 보호되는 이익으로 보고 있다. 또한 간접적 관련성으로는 부족하고 자신의 권리 내지 법적 이익의 침해를 요구하고 있다. 가령 대법원 1995. 9. 29. 선고 94누14544 판결은 "행정처분의 직접 상대방이 아닌 제3자라도 당해 행정처분의 취소를 구할 법률상의 이익이 있는 경우에는 원고적격이 인정되는데, 여기서 말하는 법률상의 이익은 당해 처분의 근거법률에 의하여 보호되는 직접적이고 구체적인 이익이 있는 경우를 말하고, 다만 공익보호의 결과로 국민 일반이 공통적으로 가지는 추상적, 평균적, 일반적인 이익과 같이 간접적이나 사실적, 경제적 이해관계를 가지는데 불과한 경우는 여기에 포함되지 않는다."고 판시한 바 있다.

점차 대법원 판례는 법률상 이익이 인정되는 경우를 근거법률에서 보호되는 이익에 한정되지 않고, 근거법규 및 관련법규에까지 넓게 해석하는 경향에 있다. 즉, 대법원 2004. 8. 16. 선고 2003두2175 판결에서 "원고적격의 요건으로서 법률상 보호되는 이익이라 함은 당해 처분의 근거법규 및 관련법규에 의하여 보호되는 개별적·직접적·구체적 이익이 있는 경우를 말하고, 공익보호의 결과로 일반국민이 일반적·간접적·추상적 이익과 같이 사실적·경제적 이해관계를 가지는데 불과한 경우는 여기에 포함되지 아니한다."고 판시한 이래 판례의 기본입장을 유지하고 있다.

대법원판례에 의하면 취소소송의 원고적격에 관하여 법률상 이익구제설에 입각하고 있다. 법에 의하여 보호되는 이익을 침해받은 자가 원고적격을 갖기 때문에, 그 법이 당해 처분의 근거법규에 한정하기보다는 관련 법규까지 포함하고 있다. 따라서 판례는 당해 처분의 근거법규 및 관련법규를 기본으로 하되, 직접 개인의 이익을 보호하는 명문의 규정이 없더라도 법규의 합리적 해석상, 근거법규 및 관련법규가 행정청을 제약하거나 의무를 부과하는 이유가 순수하게 공익을 보호하려는 데만 있는 것이 아니라, 개인적·구체적 이익을 보호하는 취지까지 포함되어 있다고 해석되는 경우에는 법률상 보호되는 이익으로 취급하는 단계로 발전하였다.

그런데 순수 공익만을 위한 행정법규나 관계자의 사익만을 위한 행정법규는 오히려 드물고 행정법규는 대부분 공익 및 사익을 함께 보호하기 위한 것이어서, 행정법규가 행정권 행사에 일정한 법적 제한을 가하는 경우, 그것이 관계자의 개인적 이익을 보장하기 위한 것인지, 직접적 목적은 공익 보호를 위한 것이고 그로 인한 관계자의 이익은 공익보호로 인한 반사적 이익에 불과한지 여부의 판단 자체도 쉽지 아니할 뿐만 아니라, 양자의 구별은 상대적이며 유동적이기까지 하여 실제에 있어서 법에 의하여 보호되는 이익을 침해받았는지 여부는 일률적으로 말할 수 없고, 당해 행정법규의 취지·목적, 그 처분으로 침해되는 이익의 내용·성질·태양 등을 종합하여 개별법규의 해석에 의하여 구체적으로 판단할 수밖에 없다 할 것이다.

오늘날에 있어서는 환경권과 소비자권리, 문화적 생활을 누릴 권리 등의 중요성이 커짐으로써 과거 공익 내지 단순한 반사적 이익에 불과한 것으로 여겨졌던 것들이 법에 의하여 보호되는 이익으로 해석되는 등 법적 이익의 개념이 확대되고 당사자 적격을 인정하는 범위가 넓어져 가고 있는 추세이다.

다만, 환경행정소송과 관련하여서는 기본적으로 환경영향평가를 한 경우에는 환경영향평가대상지역의 안과 밖을 기준으로, 사전환경성검토의 경우에는 영향권의 범위 안과 밖으로 구분하는 방식을 채택하고 있는바, 피해의 광역성이나 회복곤란성의 관점에 비추어 원고적격의 인정을 환경영향평가법령이라고 하는 절차적 규정에 근거하기보다는 헌법상의 기본권 규정을 토대로 원고적격의 범위를 확대해 나갈 필요가 있다.

Ⅲ. 환경행정소송의 원고적격에 관한 판례의 동향

1. 논의의 출발

환경행정소송은 이웃소송 내지 인인소송의 형태로 제3자가 제기하는 경우가 일반적이다. 이웃소송은 주로 건축분쟁과 환경분쟁이 여기에 해당한다. 이웃소송에 있어서 일반적으로 원고적격이 인정되는 자는 근거법률 등에 의하여 보호되는 쾌적한 생활환경 등을 침해받는 주민을 말한다.

원고적격이란 구체적으로 소송에서 원고로서 소송을 수행하여 본안판결을 받을 수 있는 자격을 의미하므로, 취소소송에서 원고적격은 만인에게 인정되는 것이 아니고 미래세대의 경우에는 사건의 성숙성의 관점에서 받아들이기 어려울 뿐만 아니라 특정된 사람으로 볼 수 없어 원고적격의 인정이 쉽지 않고, 아울러 도롱뇽이나 수목에게도 인정되지 않으며, 행정소송법 제12조 전문에서 취소소송의 원고적격을 처분등의 취소를 구할 법률상 이익이 있는 자에 한정한다고 규정하고 있다. 여기서 말하는 법률상 이익의 해석과 관련하여 앞서 살펴본 바와 같이 통설과 판례는 처분의 근거법령 내지 관계법령에서 공익뿐만 아니라 개인의 이익도 보호하고 있는 경우에 항고소송의 원고적격이 인정되는 것으로 보았다. 판례에서 환경행정소송의 원고적격을 판단하는 기준으로 환경영향평가법을 원용하고 있는 것과 관련하여, 취소소송에 있어서 환경상 이익 등 개별적 이익을 도출함에 있어 법률의 규정에 따라 처분과정에 보장되어 있는 절차에 참여하는 이해당사자들의 이익을 법적으로 평가함에 있어 판례가 소극적이라는 평가를 내리는 견해도 있다.[22]

2. 환경영향평가대상지역과 원고적격

가. 도구개념으로서의 환경영향평가대상지역

앞에서 살펴본 바와 같이 대법원은 환경행정소송과 관련하여 당해 처분의 근거가 되는 실체요건법규뿐만 아니라 절차요건을 규정한 환경영향평가법령의 규정도 원고적격을 인정하는 근거로 삼으면서 환경영향평가 대상지역 내에 있어서는 원고적격을 손쉽게 인정하고 있으며, 환경영향 평가대상지역 밖의 주민, 일반국민, 산악인, 사진가, 학자, 환경보호단체에 대하여는 원칙적으로 원고적격이 없다고 하였다.

문제는 환경행정소송에 있어서의 원고적격이 누구에게 인정되는 여부는 원칙적으로 환경영향평가 대상지역 안의 주민인지 환경영향평가대상 지역 밖의 주민인지 여부에 의하여 그 입증의 정도를 달리하여 원고적격이 범위가 결정되므로, 환경영향평가대상지역 안의 주민인지 여부를 어떻게 판별할 것인가의 문제가 제기된다.

여기서 환경영향평가는 환경에 대한 중대한 영향을 미칠 가능성이 있는 사업을 시행하기에 앞서 환경에 대한 영향을 조사하여 환경에 대한 영향을 최소화

---

22) 유진식, "취소소송에 있어서 원고적격의 구조적 분석", 법학연구, 통권 제30집, 2010, 6, 149-170면.

하는 방안으로 사업을 실시하도록 하고 환경에 대한 영향이 심히 중대한 경우에는 환경의 보호를 위하여 사업을 실시하지 않도록 하는 제도로서 이는 환경친화적 개발을 유도하는 제도적 장치라고 할 수 있다.

나. 환경영향평가대상지역을 판단하는 주체

원고적격의 유무를 판단하는 도구개념이라고 할 수 있는 환경영향평가대상지역은 엄밀하게 말하여 대상사업의 시행으로 인하여 영향을 받게 되는 지역을 의미한다.

이와 관련하여 사업자 또는 환경영향평가대행자가 환경영향평가서나 그 초안을 작성함에 있어서 환경영향을 받게 되는 것으로 예측 분석한 지역을 말한다는 사업자 주체설의 입장도 있으나, 판례는 환경영향평가대상지역이라는 도구개념은 '대상사업의 시행으로 인하여 영향을 받게 되는 지역을 의미할 뿐 사업자 등이 환경영향평가서나 그 초안을 작성함에 있어서 임의로 환경영향평가대상지역이라고 설정한 지역을 의미하는 것'은 아니라고 본다.[23]

환경영향평가서의 작성현실에서 사업자 등은 환경영향평가대상지역을 가능한 한 좁게 설정할 가능성이 높으므로 사업자에 의하여 좌우되는 것은 바람직하지 않다. 환경영향평가대상지역 내의 주민인지 여부는 원고적격을 정함에 영향을 주기 때문에 사업자 등의 환경영향평가서의 내용에 법원이 구속되는 것은 아니고, 소송자료와 증거자료 등을 토대로 원고가 대상사업의 시행으로 인하여 영향을 받게 되는 지역 안의 주민인지 여부를 판단하므로 사업자가 정한 환경영향평가대상지역에 한정되지 않는다는 점에서 법원주체설이 타당하다. 다만, 이러한 관점에 입각하고 있다고 할지라도 실제에 있어서는 사업자가 설정한 환경영향평가 대상지역 안의 주민은 특별한 사정이 없는 한, 환경상의 이익침해 또는 이익침해의 우려가 있는 것으로 사실상 추정되며, 사업자가 설정한 환경영향평가대상지역 밖의 주민인 경우에는 과학적으로 예측, 분석한 객관적인 자료에 의하여 당해 사업의 시행으로 인하여 환경에 해로운 영향을 받거나 받을 우려가 있다는 사실을 입증함으로써 원고적격을 인정받을 수 있을 수 있게 된다.

---

23) 환경영향평가는 사업자가 작성하는데, 대체적으로 그 대상지역을 좁게 설정하는 경향이 있다. 법원의 적극적인 의지가 없으면 사업자가 작성한 영향을 받게 되는 지역에 한정되는 문제점이 있다.

다. 대상지역에 거주하지 않고 그곳에 토지를 소유하고 있는 자

환경영향평가법에서 대상사업의 시행으로 인하여 영향을 받게 되는 지역 안의 주민이라고 되어 있어, 처분의 근거가 되는 절차규정이 보호하려고 하는 이익은 대상주민의 환경사익일 뿐 그곳에 토지를 소유하고 있는 자의 재산상 이익(환경영향을 받아 토지의 생산력이 저하되어 그 재산가치가 하락하는 등)은 이에 포함되지 않는다고 본다면, 대상지역에 거주하지 않고 그곳에 토지를 소유하고 있는 자는 행정처분을 구할 원고적격이 없다고 볼 여지가 있다. 그러나, 대법원 2008. 9. 11. 선고 2006두757 판결과 대법원 2009. 4. 14. 선고 2009두638 판결에서 보는 바와 같이 광업권설정허가 처분과 그에 따른 광산개발과 관련한 후속절차로 인하여 직접적이고 중대한 재산상, 환경상 피해가 예상되는 토지나 건축물의 소유자나 점유자 또는 이해관계인 및 주민들은 전과 비교하여 수인한도를 넘는 재산상, 환경상의 피해를 받지 아니한 채 토지나 건축물을 보유하며 쾌적하게 생활할 수 있는 개별적 이익도 보호하여 원고적격을 인정하였는바, 이처럼 재산상 피해도 포함하였다는 점에서 의미 있다고 할 것이다.

3. 헌법 제35조 제1항 소정의 환경권에 근거한 원고적격 인정 여부

대법원은 기본적으로 처분의 근거법률의 해석을 함에 있어 관련성이 없는 법률의 조항이나 헌법상 기본권 조항은 법률상 이익의 판단대상에서 제외하고 있다. 그러나, 헌법재판소[24]는 "일반법규에서 경쟁자를 보호하는 규정을 별도로 두고 있지 않은 경우에도 기본권인 경쟁의 자유가 바로 행정청의 지정행위의 취소를 구할 법률상 이익이 된다."고 판시하여 헌법상의 기본권 조항을 보충적으로 법률상 이익의 개념 속에 포함시키고 있다.

취소소송의 원고적격의 인정의 준거점인 법률상 이익의 해석과 관련하여 헌법상의 환경권이 사법상의 권리로서 환경권을 인정한 것인가에 대한 논란과 맞닿아 있는 문제이다. 대법원 1995. 5. 31.자 94마2218 결정은 "헌법상의 기본권으로서 환경권에 관한 헌법 제35조 제1항만으로서는 그 보호대상인 환경권의 내용과 범위, 권리의 주체가 되는 권리자의 범위 등이 명확하지 못하여 이 규정이 개개의 국민에게 직접으로 구체적인 사법상의 권리를 부여한 것으로 보기 어렵다"고

---

24) 헌재 1998. 4. 30. 선고 97헌마141 결정.

판시하였다. 대법원 1997. 7. 22. 선고 96다56153 판결에서 "환경권은 명문의 법률 규정이나 관계법령의 규정취지 및 조리에 비추어 권리의 주체, 대상, 내용, 행사 방법 등이 구체적으로 정립될 수 있어야만 인정되는 것이므로 사법상의 권리로서 의 환경권을 인정하는 명문의 규정이 없는데도 환경권에 기하여 직접 방해배제청 구권을 인정할 수 없다"고 판시하였는바, 새만금 사건에 관한 대법원 전원합의체 판결은 같은 맥락에서 "헌법 제35조 제1항에서 정하고 있는 환경권에 관한 규정 만으로는 그 권리의 주체, 대상, 내용, 행사방법 등이 구체적으로 정립되어 있다 고 볼 수 없다는 이유로 환경영향평가대상지역 밖에 거주하는 주민에게 헌법상의 환경권 또는 환경정책기본법에 근거하여 공유수면매립면허처분과 농지개량사업 시행인가처분의 무효확인을 구할 원고적격이 없다"고 판시하였다.

헌법상의 환경권을 구체화한 개별법률의 규정을 근거로 하지 않고 일반인이 추상적 권리인 환경권의 침해가능성을 이유로 원고적격을 인정하기는 곤란하다. 물론 환경권은 국가권력에 의하여 오염되거나 불결한 환경의 제거라고 하는 관점 에서 소극적 방어권으로서의 성격을 지니는 측면도 있으나, 기본적으로는 청정한 환경을 보전하고 조성하여 줄 것을 국가에 대하여 요구하는 사회적 기본권으로서 이해하는 것이 적절할 것이다.

이와 관련하여 법률상 이익의 판단기준을 당해 처분의 근거가 되는 법률이 보호하는 이익에 한정하는 것은 적절하지 않고 법률상 이익에 헌법상의 기본권도 포함시켜야만 실질적 법치주의하에서의 행정법의 기본원리와 취소소송제도의 주 관적 쟁송성을 일치시킬 수 있고, 원고적격의 확대필요성에 부응할 수 있다는 견 해[25]도 제시된 바 있다.

그러나, 환경권은 추상적 기본권으로서 법률에 의하여 구체화될 때에만 기본 권 향유주체와 그 범위가 특정되므로 개별법령을 떠나서 곧바로 헌법의 규정을 근거로 하여 원고적격을 인정하는 것은 우리 행정소송법이 민중소송을 금지하는 취지에 반하므로 이를 받아들이기는 어렵다. 다만, 법률상 이익의 해석상 근거법 령 내지 관계법령의 적용우위에 따라 보충적으로 자유권적인 성질을 지닌 환경 권[26]에 한하여 그리고 자기관련성이 있을 때에 원고적격을 인정하는 방향을 생

---

25) 우성기, "취소소송의 보호대상으로서 법률상 보호이익의 판단기준", 고시연구, 1998. 8. 25 면 이하.
26) 김동희 교수는 헌법상 기본권과 원고적격과의 관계 문제를 논함에 있어, 이 문제는 일률

각해 볼 수 있다.

4. 환경행정소송의 원고적격에 관한 판례의 흐름

가. 연탄공장건축허가처분취소소송: 대법원 1975. 5. 13. 선고 73 누96 판결

이 사건은 주거지역에 제한면적을 초과한 연탄공장건축허가 처분이 내려지자 이로 인해 불편을 겪고 있는 인근 주민이 그 취소소송을 제기한 사안이다.

이 사건에서 대법원은 "주거지역 안에서는 도시계획법 제19조 제1항과 개정전 건축법 제32조 제1항에 의하여 공익상 부득이 하다고 인정될 경우를 제외하고는 거주의 안녕과 건전한 생활환경의 보호를 해치는 모든 건축이 금지되고 있을 뿐 아니라 주거지역 내에 거주하는 사람이 받는 위와 같은 보호이익은 법률에 의하여 보호되는 이익이라고 할 것이므로 주거지역 내에 위 법조 소정 제한면적을 초과한 연탄공장 건축허가처분으로 불이익을 받고 있는 제3거주자는 비록 당해 행정처분의 상대자가 아니라 하더라도 그 행정처분으로 말미암아 위와 같은 법률에 의하여 보호되는 이익을 침해받고 있다면 당해 행정처분의 취소를 소구하여 그 당부의 판단을 받을 법률상의 자격이 있다"고 판시하였다.[27]

나. 공설화장장설치를 위한 도시계획결정처분취소소송: 대법원 1995. 9. 26. 선고 94누14544 판결

이 사건은 부산광역시장이 일부주민들의 반대를 무릅쓰고 강행한 부산시립화장장건립을 위한 도시계획결정을 하였는데 부산광역시 금정구 청룡동 등 부산시립 영락공원 인근주민이 부산광역시장을 상대로 제기한 도시계획결정취소소송 사건이다.

이 사건에서 대법원[28]은 공설화장장 설치를 위한 도시계획결정처분의 취소소송에서 도시계획결정의 근거법령은 도시계획법 제12조뿐만 아니라 매장 및 묘

적으로 판단될 수 있는 것이 아니라, 관련 기본권의 성격, 내용, 그에 관한 헌법의 규정방식 등에 따라 긍정적 또는 부정적인 결론이 도출될 것이라고 설명하고 있다(김동희, 행정법 Ⅰ, 2012, 729면).

27) 이 판결은 법령에 명시적으로 주민의 이익이 규정되어 있지 않은 경우에도 관계규정의 해석을 통하여 법률상 이익을 인정한 것으로 당시로서는 획기적인 판결로 소개되었다.

28) 이에 관한 평석으로는 김치중, 앞의 논문, 341면 이하.

지 등에 관한 법률 및 동법 시행령도 근거 법령이 된다고 보아, 매장 및 묘지 등에 관한 법률 시행령에서 공설화장장은 20호 이상의 인가가 밀집한 지역, 학교 또는 공중이 수시로 집합하는 시설 또는 장소로부터 1,000미터 이상 떨어진 곳에 설치하도록 제한을 가함과 아울러 국민보건상 위해를 끼칠 우려가 있는 지역, 주거지역, 상업지역, 공업지역 및 녹지지역 안의 풍치지구 등에서의 공설화장장의 설치를 금지함에 의하여 보호되는 부근 주민들의 이익은 위 도시계획 결정처분의 근거법률에 의하여 보호되는 이익으로 보았다.

다. 영광원자력 발전소 부지사전승인처분취소소송: 대법원 1998. 9. 4. 선고 97누19588 판결

이 사건은 영광원자력 5. 6호기의 부지사전승인처분에 대하여 원자로 등 건설사업 부지 인근주민인 원고들이 제기한 소송 사건으로, 원심법원에서는 "이 사건 '원자로 등 건설사업' 부지 인근의 주민인 원고들이 방사성물질에 의한 재해를 받지 아니할 이익은 이 사건 부지사전승인처분의 근거 법률인 원자력법의 건설허가 및 부지사전승인의 기준에 관한 규정들이 보호하고자 하는 구체적·직접적 이익이라고 할 수 있지만, 원고들이 원전냉각수 순환시 발생되는 온배수로 인한 해양환경침해를 받지 아니할 이익은 이 사건 부지사전승인처분의 근거법률인 원자력법의 건설허가 및 부지사전승인의 기준에 관한 규정과 환경영향평가법의 환경영향평가에 관한 규정들이 보호하고자 하는 직접적·구체적 이익이라고 할 수 없으므로, 원고들이 온배수로 인한 해양환경침해를 이유로 이 사건 부지사전승인처분의 취소를 구할 원고적격이 없다"고 판시하였다.

이에 대하여 대법원은 "원자력법 제12조 제2호(발전용 원자로 및 관계 시설의 위치·구조 및 설비가 대통령령이 정하는 기술수준에 적합하여 방사성물질 등에 의한 인체·물체·공공의 재해방지에 지장이 없을 것)의 취지는 원자로 등 건설사업이 방사성물질 및 그에 의하여 오염된 물질에 의한 인체·물체·공공의 재해를 발생시키지 아니하는 방법으로 시행되도록 함으로써 방사성물질 등에 의한 생명·건강상의 위해를 받지 아니할 이익을 일반적 공익으로서 보호하려는 데 그치는 것이 아니라 방사성물질에 의하여 보다 직접적이고 중대한 피해를 입으리라고 예상되는 지역 내의 주민들의 위와 같은 이익을 직접적·구체적 이익으로서도 보호하려는 데에 있다 할 것이므로, 위와 같은 지역 내의 주민들에게는 방사성물질 등에

의한 생명·신체의 안전침해를 이유로 부지사전승인처분의 취소를 구할 원고적격
이 있다"고 판시하였으며, "원자력법 제12조 제3호(발전용 원자로 및 관계시설의 건
설이 국민의 건강·환경상의 위해방지에 지장이 없을 것)의 취지와 원자력법 제11조의
규정에 의한 원자로 및 관계 시설의 건설사업을 환경영향평가대상사업으로 규정
하고 있는 구 환경영향평가법(1997. 3. 7. 법률 제5302호로 개정되기 전의 것) 제4조,
구 환경영향평가법 시행령(1993. 12. 11. 대통령령 제14018호로 제정되어 1997. 9. 8. 대
통령령 제15475호로 개정되기 전의 것) 제2조 제2항 [별표 1]의 다의 (4) 규정 및 환경
영향평가서의 작성, 주민의 의견 수렴, 평가서 작성에 관한 관계 기관과의 협의,
협의내용을 사업계획에 반영한 여부에 대한 확인·통보 등을 규정하고 있는 위
법 제8조, 제9조 제1항, 제16조 제1항, 제19조 제1항 규정의 내용을 종합하여 보
면, 위 환경영향평가법 제7조에 정한 환경영향평가대상지역 안의 주민들이 방사
성물질 이외의 원인에 의한 환경침해를 받지 아니하고 생활할 수 있는 이익도 직
접적·구체적 이익으로서 그 보호대상으로 삼고 있다고 보이므로, 위 환경영향평
가대상지역 안의 주민에게는 방사성물질 이외에 원전냉각수 순환시 발생되는 온
배수로 인한 환경침해를 이유로 부지사전승인처분의 취소를 구할 원고적격도 있
다."고 판시하여 원고적격의 인정 범위를 다소 확대한 것으로 볼 수 있다.

라. 발전소건설사업승인처분취소소송: 대법원 1998. 9. 22. 선고 97누19571 판결

이 사건은 한국전력공사가 강원도 인제군 기린면 진동리 방대천 최상류 해
발 920미터 지점의 상부댐과 강원도 양양군 서면 영덕리 남대천 안쪽 지류 지점
의 하부댐으로 구성되는 777미터의 낙차를 갖는 양수발전소 1 내지 4호기 건설과
관련된다.

한국전력공사가 환경영향평가를 마친 후 피고에게 전원개발사업실시계획승
인신청을 하여 구 전원개발사업에 관한 특례법 제5조의 규정에 따른 승인처분이
내려지자, 양수발전소 사업구역 내에 토지와 주택을 소유한 자들(원고 1 내지 5),
남대천에서 연어 등을 포획하는 자들(원고 6 내지 21), 양수발전소건설사업에 관한
환경영향평가대상지역 내의 주민(원고 22 내지 68), 송이를 채취하는 주민원고(원고
69 내지 127), 자연을 찾아 즐기거나 연구, 보전하려는 산악인, 생물학자, 생태연구
가, 사진가, 일반시민, 환경보호단체 등 원고 127이 피고를 상대로 전원개발실시

계획승인처분의 취소를 구하는 행정소송을 제기한 사안이다.

이에 대하여 대법원은 양수발전소사업구역내 토지와 주택을 소유한 자들로 환경영향평가대상지역 안의 주민이나 양수발전소건설사업에 관한 환경영향평가 대상지역 안의 주민에 대하여는 원고적격을 인정한 데 반하여, 상부댐과 하부댐 소재지 산에서 송이를 채취하는 주민 또는 자연을 찾아 즐기거나 연구, 보전하려는 산악인, 생물학자, 생태연구가, 사진가, 일반시민, 환경보호단체 등에 대하여 원고적격을 인정하지 아니하였고, 아울러 남대천에서 연어를 포획하는 자, 환경영향평가대상지역 밖의 주민, 일반국민, 산악인, 사진가, 학자, 환경보호단체 등에 대하여 원고적격을 인정하지 않았는바, 이 사건 판결은 환경단체에 대한 원고적격의 인정 여부와 관련하여 관심을 끌었으나, 명시적으로 환경보호단체에 대하여 원고적격을 인정하지 않은 최초의 대법원 판결이라는 점에 의의가 있다.[29]

마. 폐기물 처리시설(소각장)설치관련 무효확인소송: 대법원 2005. 3. 11. 선고 2003두13489 판결

이 사건은 안성시에서 발생하는 생활쓰레기를 처리하기 위한 폐기물 처리시설(소각장) 설치사업과 관련하여 구 폐기물처리시설설치촉진 및 주변지역지원 등에 관한 법률(2002. 2. 4. 법률 제6656호로 개정되기 전의 것, 이하 '법'이라 한다) 제9조에 따라 쓰레기소각장 입지선정계획 공고 당시 인근 주민이 입지선정기준 등의 하자를 근거로 무효임을 확인하는 소송 사건이다.

이 사건에서 대법원은 "구 폐기물처리시설설치촉진 및 주변지역지원 등에 관한 법률(2002. 2. 4. 법률 제6656호로 개정되기 전의 것) 및 같은 법 시행령의 관계 규정의 취지는 처리능력이 1일 50t인 소각시설을 설치하는 사업으로 인하여 직접적이고 중대한 환경상의 침해를 받으리라고 예상되는 직접영향권 내에 있는 주민들이나 폐기물소각시설의 부지경계선으로부터 300m 이내의 간접영향권 내에 있는 주민들이 사업 시행 전과 비교하여 수인한도를 넘는 환경피해를 받지 아니하고 쾌적한 환경에서 생활할 수 있는 개별적인 이익까지도 이를 보호하려는 데에 있다 할 것이므로, 위 주민들이 소각시설 입지지역 결정·고시와 관련하여 갖는 위와 같은 환경상의 이익은 주민 개개인에 대하여 개별적으로 보호되는 직접적·

---

29) 이은기, "환경단체의 원고적격 부여문제", 서강법학, 제11권 제1호, 2009, 455면.

구체적 이익으로서 그들에 대하여는 특단의 사정이 없는 한 환경상의 이익에 대한 침해 또는 침해우려가 있는 것으로 사실상 추정되어 폐기물 소각시설의 입지지역을 결정·고시한 처분의 무효확인을 구할 원고적격이 인정된다고 할 것이고, 한편 폐기물소각시설의 부지경계선으로부터 300m 밖에 거주하는 주민들도 위와 같은 소각시설 설치사업으로 인하여 사업 시행 전과 비교하여 수인한도를 넘는 환경피해를 받거나 받을 우려가 있음에도 폐기물처리시설 설치기관이 주변영향지역으로 지정·고시하지 않는 경우 같은 법 제17조 제3항 제2호 단서 규정에 따라 당해 폐기물처리시설의 설치·운영으로 인하여 환경상 이익에 대한 침해 또는 침해우려가 있다는 것을 입증함으로써 그 처분의 무효확인을 구할 원고적격을 인정받을 수 있다"고 판시하였다.

이 사건 판결은 폐기물 처리시설 설치기관이 주변영향지역으로 지정, 고시하지 아니한 경우 폐기물 소각시설의 부지경계선으로부터 300미터 밖에 거주하는 주민들도 당해 폐기물처리시설의 설치, 운영으로 인하여 환경상 이익에 대한 침해 또는 침해 우려가 있다는 것을 입증함으로써 폐기물 소각시설의 입지지역을 결정·고시한 처분의 무효확인을 구할 원고적격을 인정받을 수 있다고 판시한 획기적인 내용의 판결로서,[30] 새만금 사건에 관한 대법원 전원합의체 판결을 이끌어 내는 데 견인차 역할을 하였다고 볼 수 있다.

바. 새만금사건소송: 대법원 2006. 3. 16. 선고 2006두330 전원합의체 판결

이 사건은 새만금 사업에 대한 사업목적, 환경영향평가, 경제성 분석 등에 있어서 감사원 특별감사에서 지적된 문제점을 근거로 공유수면매립법, 농어촌정비법 소정의 취소사유가 발생하였음을 들어 피고에게 공유수면매립면허 및 시행인가처분을 취소하여 줄 것을 신청하였는데, 이에 대하여 피고가 거부하는 회신을 하게 되자, 공유수면매립면허처분 및 새만금 사업 시행인가처분이 무효임을 확인하고, 선택적으로 공유수면 매립면허 및 새만금사업시행인가 처분 취소취소신청 거부처분의 취소소송을 제기하여 다툰 사건으로, 일명 새만금 사건이다.

---

30) 임영호, "폐기물처리시설의 주변영향지역 밖에 거주하는 주민들이 소각장 입지지역결정·고시처분의 무효확인을 구할 원고적격이 있는지 여부", 대법원판례해설, 통권 55호, 2005. 191-203면.

이 사건에 대하여 대법원은 "공유수면매립면허처분과 농지개량사업 시행인 가처분의 근거법규 및 관계법규가 되는 구 공유수면매립법, 구 농촌근대화촉진법, 구 환경보전법, 동법시행령, 구 환경정책기본법 및 동법시행령의 각 관련규정의 취지는, 공유수면매립과 농지개량사업시행으로 인하여 직접적이고 중대한 환경피해를 입으리라고 예상되는 환경영향평가대상지역안의 주민들과 전과 비교하여 수인한도를 넘는 환경침해를 받지 아니하고 쾌적한 환경에서 생활할 수 있는 개별적 이익까지도 이를 보호하려는 데 있다고 보고, 환경영향평가대상지역 안의 주민이라면 특단의 사정이 없는 한 환경상의 이익침해 또는 이익침해의 우려가 있는 것으로 사실상 추정되고, 환경영향평가대상지역 밖의 주민은 공유수면매립면허처분 등으로 인하여 그 처분전과 비교하여 수인한도를 넘는 환경피해를 받거나 받을 우려가 있는 경우에는 이를 입증함으로써 그 처분등의 무효확인을 구할 원고적격을 인정할 수 있다"고 판시하였다. 이 판결은 환경영향평가대상지역 밖의 주민이라고 할지라도 과학적으로 예측, 분석한 객관적 자료에 의하여 당해 사업의 시행으로 인하여 환경에 해로운 영향을 받거나 받을 우려가 있다는 점을 입증함으로써 원고적격을 인정받을 수 있어, 환경영향평가대상지역 밖의 주민에게 원고적격이 인정될 수 있는 가능성을 열었다는 점에서 권리구제의 확대에 기여하였다.

사. 개발사업시행승인처분취소소송: 대법원 2009. 9. 24. 선고 2009두2825 판결

이 사건은 제주난산 풍력발전소 개발사업시행 승인과 관련되어,[31] 사전환경성검토협의 대상지역내 거주하거나 비거주자로서 토지소유자의 경우 이 사건 처분으로 인하여 풍력발전기가 설치될 경우 경주마 사육, 무, 더덕 등의 재배에 피해를 입을 우려가 있는 자가 제기한 소송사건이다.

여기서 문제가 되는 것은 사전환경성 검토의 문제로서, 환경정책기본법 제25조의2에서는 환경영향평가대상 사업을 내용으로 하는 행정계획과 보전이 필요한 지역에서 시행하는 개발사업의 경우에는 사전환경성 검토의 대상이 된다고 규정하고 있다.[32]

---

31) 이에 관한 판례평석으로 조용현, "환경상 이익 침해 소송의 원고적격", 대법원판례해설 제81호, 2009, 727-738면.

32) 이처럼 사전환경성 검토는 환경에 영향을 미치는 행정계획의 수립 또는 개발사업의 허가,

이 사건에 대하여 대법원은 "환경상 이익에 대한 침해 또는 침해우려가 있는 것으로 사실상 추정되어 원고적격이 인정되는 사람에는 환경상 침해를 받으리라고 예상되는 영향권 내의 주민들을 비롯하여 그 영향권 내에서 농작물을 경작하는 등 현실적으로 환경상 이익을 향유하는 사람도 포함된다. 그러나 단지 그 영향권 내의 건물·토지를 소유하거나 환경상 이익을 일시적으로 향유하는 데 그치는 사람은 포함되지 않는다고 판시하였다.33) 아울러 대법원은 "행정처분의 직접 상대방이 아닌 자로서 그 처분에 의하여 자신의 환경상 이익이 침해받거나 침해받을 우려가 있다는 이유로 취소나 무효확인을 구하는 제3자는, 자신의 환경상 이익이 그 처분의 근거 법규 또는 관련 법규에 의하여 개별적·직접적·구체적으로 보호되는 이익, 즉 법률상 보호되는 이익임을 입증하여야 원고적격이 인정된다. 다만, 그 행정처분의 근거 법규 또는 관련 법규에 그 처분으로써 이루어지는 행위 등 사업으로 인하여 환경상 침해를 받으리라고 예상되는 영향권의 범위가 구체적으로 규정되어 있는 경우에는, 그 영향권 내의 주민들에 대하여는 당해 처분으로 인하여 직접적이고 중대한 환경피해를 입으리라고 예상할 수 있고, 이와 같은 환경상의 이익은 주민 개개인에 대하여 개별적으로 보호되는 직접적·구체적 이익으로서 그들에 대하여는 특단의 사정이 없는 한 환경상 이익에 대한 침해 또는 침해 우려가 있는 것으로 사실상 추정되어 법률상 보호되는 이익으로 인정됨으로써 원고적격이 인정되며, 그 영향권 밖의 주민들은 당해 처분으로 인하여 그 처분 전과 비교하여 수인한도를 넘는 환경피해를 받거나 받을 우려가 있다는 자신의 환경상 이익에 대한 침해 또는 침해 우려가 있음을 입증하여야만 법률상 보호되는 이익으로 인정되어 원고적격이 인정된다."고 판시하였다. 나아가, "환경상 이익에 대한 침해 또는 침해 우려가 있는 것으로 사실상 추정되어 원고적격이 인정되는 사람에는 환경상 침해를 받으리라고 예상되는 영향권 내의 주민들을 비

인가, 승인, 면허, 결정, 지정 등을 함에 있어 해당 행정계획 또는 개발사업에 대한 대안의 설정, 분석 등 평가를 통하여 미리 환경측면의 적정성 및 입지의 타당성 등을 검토하는 것을 말한다. 다만, 환경영향평가법 제4조 및 제5조에 따른 환경영향평가의 대상이 되는 개발사업, 사업계획면적이 1만제곱미터 미만인 행정계획은 사전환경성검토대상에서 제외된다(환경정책기본법시행령 제7조 제3항).

33) 아울러, 이 사건 판결에서 "행정청이 사전환경성검토협의를 거쳐야 할 대상사업에 관하여 법의 해석을 잘못한 나머지 세부용도지역이 지정되지 않은 개발사업 부지에 대하여 사전환경성검토협의를 할지 여부를 결정하는 절차를 생략한 채 승인 등의 처분을 한 사안에서, 그 하자가 객관적으로 명백하다고 할 수 없다"고 판시한 바 있다.

롯하여 그 영향권 내에서 농작물을 경작하는 등 현실적으로 환경상 이익을 향유하는 사람도 포함된다. 그러나 단지 그 영향권 내의 건물·토지를 소유하거나 환경상 이익을 일시적으로 향유하는 데 그치는 사람은 포함되지 않는다."고 판시한바 있다.

이 판결은 새만금 사건에 관한 대법원 전원합의체 판결과 같은 맥락에서 환경상 침해를 받으리라고 예상되는 영향권 내의 주민과 영향권 밖의 주민으로 나누어 전자의 경우에는 환경상 이익에 대한 침해 또는 침해우려가 사실상 추정되어 원고적격이 인정되고, 그 영향권 밖의 주민들은 당해 처분전과 비교하여 수인한도를 넘는 환경피해를 받거나 받을 우려가 있는 경우에는 자신의 환경상 이익에 대한 침해 또는 침해우려가 있음을 입증하여 원고적격을 인정하고 있다.

아. 낙동강 취수장 부근 공장설립승인처분취소소송: 대법원 2010. 4. 15. 선고 2007두16127 판결

이 사건은 김해시장이 낙동강에 합류하는 하천수 주변의 토지에 구 산업집적활성화 및 공장설립에 관한 법률 제13조에 따라 공장설립을 승인하는 처분에 대하여 공장설립으로 수질오염 등이 발생할 우려가 있는 취수장에서 물을 공급받는 부산광역시 또는 양산시에 거주하는 주민이 제기한 소송사건이다. 이 사건에 대하여 대법원은 "행정처분의 근거 법규 또는 관련 법규에 그 처분으로써 이루어지는 행위 등 사업으로 인하여 환경상 침해를 받으리라고 예상되는 영향권의 범위가 구체적으로 규정되어 있는 경우에는, 그 영향권 내의 주민들에 대하여는 당해 처분으로 인하여 직접적이고 중대한 환경피해를 입으리라고 예상할 수 있고, 이와 같은 환경상의 이익은 주민 개개인에 대하여 개별적으로 보호되는 직접적·구체적 이익으로서 그들에 대하여는 특단의 사정이 없는 한 환경상 이익에 대한 침해 또는 침해 우려가 있는 것으로 사실상 추정되어 법률상 보호되는 이익으로 인정됨으로써 원고적격이 인정되며, 그 영향권 밖의 주민들은 당해 처분으로 인하여 그 처분 전과 비교하여 수인한도를 넘는 환경피해를 받거나 받을 우려가 있다는 자신의 환경상 이익에 대한 침해 또는 침해 우려가 있음을 증명하여야만 법률상 보호되는 이익으로 인정되어 원고적격이 인정된다."고 판시하였다.

아울러 대법원은 "공장설립승인처분의 근거 법규 및 관련 법규인 구 산업집적활성화 및 공장설립에 관한 법률(2006. 3. 3. 법률 제7861호로 개정되기 전의 것) 제

8조 제4호가 산업자원부장관으로 하여금 관계 중앙행정기관의 장과 협의하여 '환경오염을 일으킬 수 있는 공장의 입지제한에 관한 사항'을 정하여 고시하도록 규정하고 있고, 이에 따른 산업자원부 장관의 공장입지기준고시(제2004-98호) 제5조 제1호가 '상수원 등 용수이용에 현저한 영향을 미치는 지역의 상류'를 환경오염을 일으킬 수 있는 공장의 입지제한지역으로 정할 수 있다고 규정하고, 국토의 계획 및 이용에 관한 법률 제58조 제3항의 위임에 따른 구 국토의 계획 및 이용에 관한 법률 시행령(2006. 8. 17. 대통령령 제19647호로 개정되기 전의 것) 제56조 제1항 [별표 1] 제1호 (라)목 (2)가 '개발행위로 인하여 당해 지역 및 그 주변 지역에 수질오염에 의한 환경오염이 발생할 우려가 없을 것'을 개발사업의 허가기준으로 규정하고 있는 취지는, 공장설립승인처분과 그 후속절차에 따라 공장이 설립되어 가동됨으로써 그 배출수 등으로 인한 수질오염 등으로 직접적이고도 중대한 환경상 피해를 입을 것으로 예상되는 주민들이 환경상 침해를 받지 아니한 채 물을 마시거나 용수를 이용하며 쾌적하고 안전하게 생활할 수 있는 개별적 이익까지도 구체적·직접적으로 보호하려는 데 있다. 따라서 수돗물을 공급받아 이를 마시거나 이용하는 주민들로서는 위 근거 법규 및 관련 법규가 환경상 이익의 침해를 받지 않은 채 깨끗한 수돗물을 마시거나 이용할 수 있는 자신들의 생활환경상의 개별적 이익을 직접적·구체적으로 보호하고 있음을 증명하여 원고적격을 인정받을 수 있다."고 판시하였다.

이 사건 판결34)은 새만금 판결보다 한걸음 더 나아가 "수돗물은 수도관 등 급수시설에 의해 공급되는 것이어서 거주지역이 물금취수장으로부터 다소 떨어진 곳이라고 하더라도 수돗물의 수질악화 등으로 주민들이 갖게 되는 환경상 이익의 침해나 그 우려는 그 수돗물을 공급하는 취수시설이 입게 되는 수질오염 등의 피해나 그 우려와 동일하게 평가될 수 있는 점 등에 비추어, 공장설립으로 수질오염 등이 발생할 우려가 있는 물금취수장에서 취수된 물을 공급받는 부산광역시 또는 양산시에 거주하는 주민들도 위 처분의 근거 법규 및 관련 법규에 의하

---

34) 이 사건 판결에 대한 평석으로는 이준서, "낙동강 취수장 판결로 살펴본 환경행정소송상의 원고적격 확대의 문제", 한양법학, 제21권 제3호, 2010, 8, 61-81면; 장경원, "환경행정소송과 제3자의 원고적격", 환경법연구, 제33권 제2호, 359-380면; 박태현, "영향권 내 '주민'에서 영향권내 '사람'으로; 환경행정소송에서 원고적격에 관한 판례이론의 종합적 이해", 강원법학, 제32권, 2011, 2, 287-316면; 김국현, "공장허가와 수돗물 급수주민의 원고적격", 특별법연구, 제10권, 2012 등이 있다.

여 개별적·구체적·직접적으로 보호되는 환경상 이익, 즉 법률상 보호되는 이익이 침해되거나 침해될 우려가 있는 주민으로서 원고적격이 인정된다고 하여 원고적격의 지역적 범위를 확장하였는바, 환경이라는 분야의 특성이 갖는 피해의 광역성, 누적성, 잠복성 등을 고려하여 환경오염과 그에 따른 피해의 관계를 특정지역에 한정시키지 않고 환경피해의 영향권을 보다 폭넓게 인정하여 다른 유사 환경피해에 확산될 수 있는 계기를 마련하였다는 점에서 매우 의미있는 판결이라고 할 것이다.35)

IV. 환경행정소송의 원고적격 확대를 위한 입법정책적 방향

1. 기본적 방향

지금까지 환경행정소송은 주로 환경행정활동의 일환으로 행해지는 처분등에 대한 취소소송 형태로 사법적 통제가 이루어져 왔다. 따라서 환경문제에 대한 공법적 대응이 비록 환경침해의 위법적 공행정 활동임에도 주관적 침해가 없으면 취소소송을 제기할 수 없는 구조로 되어 있어 한편으로는 주관적 소송인 취소소송에서의 원고적격의 범위를 점진적으로 확대하려는 노력과 더불어 환경행정에 대한 사법적 통제를 객관적 소송형태의 공익소송제도를 도입하는 방향성을 적극적으로 모색할 단계에 이르렀다고 할 것이다. 다만 환경공익소송 형태의 도입논의는 환경에 대한 중요성과 더불어 이미 훼손된 환경은 복원될 수 없다는 점에 비추어 볼 때 당연한 요청인 것이다. 특히 환경문제는 현세대의 문제일 뿐만 아니라 한번 파괴되면 되돌릴 수 없으며, 환경의 보존과 보호는 미래세대의 이익과도 직결되는 문제이다. 그동안 친환경개발 내지 지속가능한 개발이 중요한 화두가 되어 오고 있으며, 오늘날 동식물 등 자연의 권리가 논의되고 있다. 이는 동식물, 나무, 강, 자연자원 그 자체에 원고적격이 인정될 수 있는가의 문제인데, 인간을 중심으로 하는 현행법 해석론(lege lata)으로는 불가하고, 입법론(lege ferenda)으로 다루어질 수 있는 문제이다.

---

35) 장경원, 앞의 논문, 383면. 장 교수는 이 판결이 피해관계를 특정지역에 한정된다는 관념을 전제로 하고 있어 문제가 있다고 보고 있으나, 원거지 지역주민의 경우에 어느 범위에서 인정할 것인가의 문제른 논함에 있어 지역적 판단척도를 허물기 보다는 탄력적으로 적용한다면 이는 나름대로 객관성을 지니는 판단척도라고 볼 것이다.

환경행정소송의 원고적격을 확대하기 위하여, 행정소송법을 개정하여 대응하는 방향과, 환경 관련법률에 명문의 규정을 두어 해결하는 방향이 모색될 수 있다.

2. 행정소송법의 원고적격에 관한 개정방향에 대한 검토

원고적격의 인정 여부와 관련하여 처분의 상대방은 상대방이론(Adressatentheorie)에 의하여 일반적으로 원고적격이 인정되나, 제3자에 있어서는 어느 범위에서 원고적격을 인정할 것인가가 주로 문제된다.

2012년도 법무부 행정소송법 개정시안에 의하면 취소소송에서 원고적격을 현행 "처분등의 취소를 구할 법률상 이익이 있는 자"에서 "처분등의 취소를 구할 법적 이익이 있는 자"로 법률상 이익을 "법적 이익"으로 변경하는 방향으로 개정안을 담고 있다.[36] 이러한 행정소송법 개정이 실현되더라도 원고적격에 관한 종래의 법원의 해석이 근본적으로 달라지기 어렵다고 보여진다. 그 이유는 지금까지 판례상 인정되어 오고 있는 제3자의 원고적격의 범위가 근거법률에서 보호하는 직접적이고 구체적인 이익에 한정된다기보다는 근거법률과 관계법률에서 넘어서서 근거법규와 관계법규로 파악하고 있으며, 기본권을 고려하는 측면이 있어 큰 차이가 없다고 볼 것이다.[37] 현행 행정소송법에서 법문상의 표현으로는 '법률상 이익'으로 되어 있지만, 실제로 좁게 법률만을 기초로 제3자의 원고적격을 판정하지 않는다는 점을 보아도 쉽게 알 수 있는바, 2012년 법무부 개정시안처럼 법적 이익으로 하여 다소 넓게 인정하더라도 법관의 법과 법률에의 기속으로 인해 보호가치 있는 이익구제설과 같이 실체법령의 틀을 벗어나서 원고적격을 인정하기는 어렵다고 본다.

오히려 이러한 접근 방법보다는 취소소송의 경우에는 처분 등의 공권력의 행사로 자기의 권리와 법적 이익이 침해되었거나 침해가능성이 있다고 주장하는 자가 취소소송을 제기할 수 있다고 하여 현실적 침해된 자뿐만 아니라 침해가능성이 있는 자도 원고적격을 인정하는 방향으로 전환하는 것이 타당한 측면이 있

---

36) 정하중, "행정소송법 개정 논의경과", 법무부 행정소송법 개정공청회 자료집(2012. 5. 24), 7면.
37) 김용섭, "행정소송법 개정 공청회 토론문", 법무부 행정소송법 개정공청회 자료집(2012. 5. 24), 74면.

다고 본다. 아울러 원고적격의 인정에 있어 권리가 침해되었다고 주장하는 경우에 원고적격을 인정하는 입법례를 참고하여 개정안을 모색하는 것도 검토할 필요가 있다.38)

　　우리 대법원 판례 중에는 침해의 우려 내지 침해의 가능성만으로 원고적격을 인정한 예가 있는바, 대법원 1986. 7. 22. 선고 86누97 판결에서 "행정처분의 법적 효과로서 권리 또는 법률상 이익이 침해되거나 침해될 우려가 있으면 처분의 명의자 아닌 제3자라도 그 처분의 취소를 청구할 수 있다"고 판시한 바 있으며, 대법원 2009. 9. 24. 선고 2009두2825 판결에서는 자신의 환경상 이익이 침해받거나 침해 받을 우려가 있다는 점을 명기하고 있는 점도 고려할 필요가 있다.39)

3. 환경관련 법률을 개정하여 대처하는 방향

가. 단체소송의 도입 여부

　　환경관련분쟁에 있어서 집단소송의 형태와 단체소송의 형태가 있을 수 있다. 피해의 관점으로 본다면 다수인이 환경피해를 입을 수 있으므로 집단소송의 형식

---

38) 헌법재판소법 제68조 제1항에서 "공권력의 행사 또는 불행사로 인하여 기본권을 침해받은 자는 법원의 재판을 제외하고는 헌법재판소에 헌법소원심판을 청구할 수 있다"고 규정하고 있는 점이라든가 독일 연방행정법원법 제42조 제2항에서 행정행위, 거부, 부작위를 통하여 자신의 권리가 침해되었다고 주장하는 경우에 취소소송과 의무이행소송의 원고적격을 인정하는 점을 참고할 필요가 있다.

39) 대법원 2009. 9. 24. 선고 2009두2825 판결에서 "행정처분의 직접 상대방이 아닌 자로서 그 처분에 의하여 자신의 환경상 이익이 침해받거나 침해받을 우려가 있다는 이유로 취소나 무효확인을 구하는 제3자는, 자신의 환경상 이익이 그 처분의 근거 법규 또는 관련 법규에 의하여 개별적·직접적·구체적으로 보호되는 이익, 즉 법률상 보호되는 이익임을 입증하여야 원고적격이 인정된다. 다만, 그 행정처분의 근거 법규 또는 관련 법규에 그 처분으로써 이루어지는 행위 등 사업으로 인하여 환경상 침해를 받으리라고 예상되는 영향권의 범위가 구체적으로 규정되어 있는 경우에는, 그 영향권 내의 주민들에 대하여는 당해 처분으로 인하여 직접적이고 중대한 환경피해를 입으리라고 예상할 수 있고, 이와 같은 환경상의 이익은 주민 개개인에 대하여 개별적으로 보호되는 직접적·구체적 이익으로서 그들에 대하여는 특단의 사정이 없는 한 환경상 이익에 대한 침해 또는 침해 우려가 있는 것으로 사실상 추정되어 법률상 보호되는 이익으로 인정됨으로써 원고적격이 인정되며, 그 영향권 밖의 주민들은 당해 처분으로 인하여 그 처분 전과 비교하여 수인한도를 넘는 환경피해를 받거나 받을 우려가 있다는 자신의 환경상 이익에 대한 침해 또는 침해 우려가 있음을 입증하여야만 법률상 보호되는 이익으로 인정되어 원고적격이 인정된다." 판시한 바 있다.

이 고려될 수 있고, 환경보호를 위한 공익적 소송의 형태가 된다면 독일식의 이타적 단체소송의 형태가 바람직하다고 할 수 있다. 이처럼 환경단체에 대한 원고적격을 인정할 것인가의 문제 역시 현행법의 해석론으로는 한계가 있고 입법론(lege ferenda)의 문제에 속한다.

우리의 현행법 체계상으로는 집단소송을 도입하는 입법례와 단체소송을 도입한 입법례가 있다. 집단소송은 2004. 1. 증권관련집단소송법에서 채택하고 있는 방식으로 증권매매 그 밖의 거래과정에서 다수인에게 피해가 발생한 경우 그중의 1인 또는 수인(대표당사자)가 제기하는 소송으로 소송허가의 요건을 갖추어 제기한 경우 판결의 효력이 소송당사자로 참여하지 않는 일반피해자에게까지 미치며, 이는 미국의 클래스 액션제도를 벤치마킹한 것이라고 할 수 있다.

아울러 단체소송의 예로서는 소비자기본법 제70조에서 76조에서 규정하고 있는 다수 소비자의 권익보호 및 피해예방을 위한 공익상의 필요가 있는 경우에 제기하는 법정의 요건을 갖춘 소비자단체, 대한상공회의소, 중소기업협동조합중앙회와 전국단위의 경제단체에 대하여 소송주체를 인정하는 방식이다. 아울러 개인정보보호법에서도 단체소송제도를 도입하고 있다. 이처럼 단체소송제도는 독일의 단체소송의 영향을 받았다고 볼 수 있다.

나. 자연의 권리에 대한 공익환경소송제도

자연의 권리소송의 문제는 미국의 크리스토퍼 스톤 교수가 1972년에 발표한 "Should tree have standing?"(나무도 당사자 적격을 가져야 하는가)라는 논문을 통해서 촉발되었으며, 미국의 경우에는 강이나 새 등이 자기의 이름으로 자연보호단체를 대변자로 하여 제기한 소송이 법원에서 받아들여진 사례가 적지 않다. 우리의 경우 도롱뇽 사건에서 법원이 판시하고 있는 바와 같이, 자연의 생물 그 자체는 권리의 주체가 아니라 객체의 지위에 있고, 소송상의 당사자능력은 자연인과 법인 및 권리능력없는 사단 등에 인정되고 있으므로, 자연 그 자체를 소송의 주체로서 지위를 인정하는 것은 현행법의 체계상으로 일반적으로 허용되기 어렵다.

다만, 이론적으로 자연의 권리에 대한 소송을 정당화하기 위하여 공공신탁이론(Public Trust Doctrin)이 논의되고 있다. 가령 문화재나 중요한 자연자원에 대하여는 일반 국민의 공적 이익을 위하여 그 소유자에게 신탁되어 있고, 그 소유자는 공공수탁자(trustee)로서 이를 보전, 보호하여야 할 의무를 부담한다는 이론으로, 갯벌의 소유자인 국가가 생태계파괴를 방지하여야 할 의무를 인정하는 등 공공신탁이론이 허용될 때, 일반국민이나 환경단체에게 자연의 권리를 위한 원고적격이 인정될 여지가 있다.[40)

아울러 자신의 권익의 침해를 전제로 하는 항고소송 형태의 소송이 아니라 순수하게 환경을 보호하기 위한 공익환경소송을 위한 제도를 마련할 필요가 있다. 이를 위해서는 우리 행정소송법상 민중소송의 형태가 될 것이며, 개별법률의 근거규정이 있을 때 허용될 수 있다. 이와 관련하여 문화재의 보호와 관련하여 문화재보호법에 공익적 소송을 제기할 수 있는 규정을 마련할 수 있으며, 공익환경소송의 극단적인 형태는 자연의 권리소송의 허용이라고 할 수 있다.[41)

자연의 권리의 인정과 관련하여, 동물과 식물을 구별하는 방식이 있을 수 있고, 동식물을 생물로 묶어서 인정하는 방법도 있다. 이를 입법화하는 경우에도 도롱뇽과 같은 특정 동물을 내세워서 소송하기에 앞서,[42) 우선적으로 멸종위기에 처해있는 동식물을 우선적으로 보호하는 내용의 공익환경소송의 방식이 고려될 수 있다. 미국의 경우에도 자연의 권리이론이 1960년대 후반부터 멸종위기보호법(Endangered Species Act)상의 휘귀종으로 지정된 동물을 원고로 한 소송을 중심으로 논의된 점을 고려할 필요가 있다.[43) 따라서 우리의 경우에도, 멸종위기에 처한 야생동식물은 야생생물보호 및 관리에 관한 법률에서 이를 보호하기 위한 소송형태를 마련하여 규율하고, 나아가 일반적인 동물의 보호와 관련하여서 동물보호법 등에서 동물이 소송의 주체가 될 수는 없고, 동물의 보호단체 등에 대하여 공익소송을 제기할 수 있는 길을 여는 방법이 모색될 수 있으며, 오래된 나무와 같은 경우에는 경관법[44) 등에서 이를 보호하기 위한 규율을 마련하는 방식이 검토될

---

40) 이은기, 앞의 논문, 456면. 이 교수는 우리의 경우 2009. 1. 1부터 시행되고 있는 문화유산과 자연환경자산에 관한 국민신탁법이 공공신탁이론에 입각한 법이라고 말하고 있다.

41) 김현준, "환경권, 환경행정소송 그리고 사법접근성", 사법, 2011, 58면. 자연의 권리소송의 경우 도롱뇽 소송(대법원 2006. 6. 2.자 2004마1148·1149 결정)의 경우는 민사소송의 형태로, 황금박쥐소송(청주지법 2008. 11. 13. 선고 2007구합1212 판결), 검은 머리물떼새 소송(서울행정법원 2010. 4. 23. 선고 2008구합29038 판결)은 행정소송형태로 제기된 바 있다.

42) 도롱뇽 소송에 관하여는, 강재규, "환경법의 성격과 환경쟁정소송제도 — 도롱뇽소송을 중심으로", 환경법연구, 제27권 1호, 1-45면. 도롱뇽 사건은 대법원 2006. 6. 2. 선고 2004마1148·1149 결정으로, 우리나라 최초의 사법적 구제절차에서 '자연의 권리'를 인정할 것인지 여부를 다룬 소송사건이다.

43) 설계경, 정회근, "자연의 원고적격에 관한 소고", 토지공법연구, 제44집, 2009, 165면; 박지원, "환경소송에 있어서 원고적격의 문제점과 해결방안", 동아법학, 제46호, 137면.

수 있다.

다. 미래세대의 원고적격의 문제

미래세대 내지 차세대 주민의 환경권의 침해를 이유로 행정처분 당시의 미성년자이거나 아직 태어나지 아니한 자가 소송을 제기할 수 있는지의 문제를 원고적격의 확대문제로서 거론하고 있는 견해가 있다.[45] 미래세대 내지 차세대 주민의 원고적격의 문제는 사건의 성숙성의 측면에서나 잠재적 주민이 되기 때문에 일반적으로 원고적격을 인정하는 것은 다소 문제가 있다.[46] 더구나 아직 태어나지 않은 사람을 미래세대라는 이유로 소송을 제기할 수 있는 원고적격을 인정하는 것은 별도의 개별 법률에서 이를 허용하는 명문의 규정이 없는 한, 아직 태어나지 아니한 미래세대라는 관점에서 원고적격을 인정하기 어렵다고 할 것이다. 새만금사건에 관한 전원합의체 판결에서도 이른바 미래세대는 처분당시에 제정되어 있지 않은 법령을 근거법령으로 들거나 헌법상의 환경권이나 국제기구선언이나 협약은 처분의 근거법규나 관련법규에 해당되지 않는다는 이유로 미래세대의 원고적격의 인정을 일축하고 있다. 현행법의 해석론으로는 무리가 따르며, 미래세대의 원고적격은 결국 환경 관련 법률에서 명문의 규정을 두거나 환경공익소송의 형태로 객관소송의 일종인 민중소송의 방식으로 제기할 수 있도록 하는 제도마련이 선행될 필요가 있다.

V. 맺 음 말

이상에서 환경행정소송의 원고적격을 둘러싼 이론, 대법원판례의 동향 및 입법정책적 방향을 검토하였다. 종래 취소소송의 원고적격에 관한 통설과 판례는 '법률상 이익'의 개념을 비교적 좁게 사용하고 있어 본안에서 승소요건이라고 할 수 있는 현실적 침해가 있는 경우에 원고적격을 인정하는 듯한 입장을 취하여 왔

---

44) 일본의 경관법에서는 경관 중요 수목의 지정제도를 마련하고 있는 점을 벤치마킹하면서, 중요수목에 대한 보호장치를 법제화할 필요성이 있다.
45) 김홍균, "환경행정소송과 공법상 구제의 확대", 인권과 정의, 통권 321호, 2003, 139-141면; 백종민, 유종민, "환경행정소송에 있어서 원고적격확대가능성 — 한국과 일본의 논의를 중심으로", 법학연구, 통권 제32집, 2011. 5, 294-295면.
46) 김동건, "환경소송에서의 주민의 원고적격", 환경법연구, 제28권 제3호, 123면.

다. 환경행정소송의 원고적격에 있어서도 기본적으로 취소소송의 원고적격의 기본틀을 벗어날 수 없기 때문에 소송의 입구인 원고적격의 인정범위가 협소하게 된다면 본안판결을 받을 기회를 사실상 봉쇄하게 된다. 따라서, 환경행정 분쟁시 환경침해의 광역성, 피해의 심각성, 피해자 구제의 현실적 필요성의 관점에서 환경행정소송의 원고적격의 확대를 위해서는 법원의 적극적인 해석을 통한 논리개발과 궁극적으로는 입법을 통한 원고적격 확대방안 모색이 요청된다.[47]

향후 과제로는 환경행정소송은 일반행정소송과 다른 특성이 있기 때문에 환경행정소송에서 원고적격의 점진적 확대에 초점을 맞추어 논의하기보다는, 주관적 권익침해를 전제로 하지 않는 공익소송의 형태로서 환경행정소송시스템을 구축해 나갈 필요가 있다는 점을 지적하면서 이 글을 맺기로 한다.

[참고문헌]

강재규, "환경법의 성격과 환경행정소송제도 ─ 도롱뇽소송을 중심으로", 환경법연구, 제27권 1호, 2005.

강현호, "새만금사업과 환경법적 제문제", 환경법연구, 28권 1호, 2006.

구형근, "환경행정소송에 관한 소고", 법학연구, 제28집, 2007.

김국현, "공장허가와 수돗물 급수주민의 원고적격", 특별법연구, 제10권, 2012.

김동건, "환경소송에서의 주민의 원고적격", 환경법연구, 제28권 3호, 2006.

김병기, "독일 행정소송에서의 원고적격", 중앙법학, 제13집 제4호, 2011.

김연태, "환경행정소송상 소송요건의 문제점과 한계 ─ 원고적격을 중심으로 ─", 안암법학, 제35권, 2011.

김용섭, "환경행정소송에 있어서의 원고적격", 고시연구, 1999. 5.

김용섭, "행정소송법 개정 공청회 토론문", 법무부 행정소송법 개정 공청회 자료집, 2012. 5. 24.

김용섭, 신봉기, 김광수, 이희정, 법학전문대학원 판례교재 행정법, 제2판, 2011.

김치중, "상수원보호구역변경 및 도시계획시설(화장장) 결정처분의 취소를 구하는 소송에 있어서의 부근주민의 원고적격", 대법원판례해설 제24호, 1996.

김홍균, "환경행정소송과 공법상 구제의 확대", 인권과 정의 통권 321호, 2003.

---

47) 장경원, "환경행정소송과 제3자의 원고적격", 환경법연구, 제33권 제2호, 375면.

김향기, "행정소송의 원고적격에 관한 연구 — 환경행정소송에서 제3자의 원고적격을 중심으로 — ", 환경법연구, 제31권 2호, 2009.

김현준, "환경권, 환경행정소송 그리고 사법접근성", 사법, 제17호, 2011.

박수혁, "환경보전을 위한 집단소송제도 도입에 관한 연구", 저스티스, 통권 94호, 2006. 10.

박정훈, "환경위해시설의 설치·가동 허가처분을 다투는 취소소송에서 인근주민의 원고적격", 판례연구실무, 제4집, 2000.

박지원, "환경소송에 있어서 원고적격의 문제점과 해결방안", 동아법학, 제46호, 2010.

백종인, 유종민, "환경행정소송에 있어서 원고적격확대 가능성 — 한국과 일본의 논의를 중심으로 — ", 법학연구, 통권 제32집, 2011.

박태현, "영향권 내 '주민'에서 영향권 내 '사람'으로: 환경행정소송에서 원고적격에 관한 판례이론의 종합적 이해 — 대법원 2010. 4. 15. 선고 2007두16127 판결 논리에 대한 새로운 접근법 — ", 강원법학, 제32권, 2011.

석종현, "광의의 공권으로서의 보호이익", 고시연구, 1992. 10.

설계경, 정회근, "자연의 권고적격에 관한 소고", 토지공법연구, 제44집, 2009.

설계경, "환경행정소송의 원고적격에 관한 소고", 환경법연구, 제27권 제4호, 2005.

우성기, "취소소송의 보호대상으로서 법률상 보호이익의 판단기준", 고시연구, 1998. 8.

유진식, "취소소송에 있어서 원고적격의 구조적 분석", 법학연구, 제30집, 2010.

이은기, "환경단체의 원고적격 부여문제", 서강법학, 제11권 1호, 2009.

이준서, "'낙동강 취수장 판결'로 살펴본 환경행정소송상의 원고적격 확대의 문제 — 대법원 2010. 4. 15. 선고 2007두 16127 판결에 대한 평석 — ", 한양법학, 제21권 제3호, 2010.

이창환, "행정쟁송법상 원고적격의 획정기준 — 법률상 이익론을 중심으로", 법조, 569호, 2004. 2.

임영호, "폐기물처리시설의 주변영향지역 밖에 거주하는 주민들이 소각장입지지역 결정·고시처분의 무효확인을 구할 원고적격이 있는지 여부", 대법원판례해설 통권 55호, 2005.

장경원, 환경행정소송과 제3자의 원고적격(대법원 2010. 4. 15. 선고 2007두16127판결을 중심으로), 환경법연구, 33권 2호, 2011.

전현철, "항고소송에 있어서 인근주민의 원고적격", 서울법학 제19권 제1호, 2011.

정남철, "환경소송과 인인보호-소위 새만금 사건과 관련하여 — ", 환경법연구, 제28권 1호, 2006.

정하중, "행정소송법 개정 논의경과", 법무부 행정소송법 개정 공청회 자료집, 2012.
　　　5. 24.
조만형, "환경행정 구제제도", 환경법연구, 제26권 4호, 2004.
조용현, "환경상 이익침해 소송의 원고적격", 대법원판례해설 제81호, 2009.
채우석, "환경행정소송의 전개와 법리변화" 환경법연구, 제28권 3호, 2006.
최선웅, "환경행정소송에서의 원고적격", 행정법연구, 제30호, 2011.
한삼인, 강홍균, "자연의 권리소송에 관한 고찰", 법학연구, 24집, 2006.
함인선, "취소소송에 있어서의 제3자의 원고적격", 판례월보, 1999. 4.
함태성, "행정소송상 원고적격과 최근의 경향", 가톨릭법학, 창간호, 2002.
함태성, "사전환경성검토제도에 관한 공법적 검토", 환경법연구, 제28권 1호, 2006.

H. Maurer, Allgemeines Verwaltungsrecht, 17 Aufl. 2009.
Mathias Hong, Subjektive Rechte und schutznormentheorie im europäischen Ver-
　　　waltungsrechtsraum, JZ 8/2012.
Jost Piezcker, "Grundrechtsbetroffenheit in der verwaltungsrechtlichen Dogmatik",
　　　Festschrift für Otto Bachof xum 70, Geburstag, 1984.
Kuhla Hüttenbrink, Der Verwaltungsprozeß, 1995.

찾아보기

저자약력

김용섭(金容燮) 1959. 8. 24. 서울 출생

[학력]
독일 만하임대학교 대학원 법학부 (법학박사)
서울대학교 대학원 법학과 박사과정 수료
서울대학교 대학원 법학과 (법학석사)
경희대학교 법과대학 법학과 (법학사)

[경력]
제26회 사법시험 합격
제16기 사법연수원 수료
육군 2군사령부 수사장교
법제처 행정심판담당관
경희대 법과대학 부교수
법무법인 아람 변호사
행정법이론실무학회 회장
한국법제연구원 감사(비상임)
전북대 법과대학 교수
전북대 법학연구소장
전라북도 교육소청심사위원회 위원장
국무총리실 정부업무평가위원회 실무위원
과천시 규제개혁위원회 위원
법제처 법령해석심의위원회 위원
한국공법학회 부회장, 한국행정법학회 부회장
한국환경법학회 부회장, 유럽헌법학회 부회장
한국토지보상법연구회 부회장, 한국행정판례연구회 연구이사
사단법인 한국국가법학회 회장
변호사시험, 사법시험, 행정고시, 입법고시, 감정평가사, 공인노무사, 세무사 및 행정사
    등 각종 자격시험위원, 국가·지방 공무원(5급, 7급, 9급), 군무원, 소방공무원, 대검찰
    청 전직시험 등 각종 공무원 시험위원
(現) 전북대 법학전문대학원 교수, 국회입법지원위원(제1기-제9기), 헌법재판소 헌법 및
    헌법재판제도연구위원회 위원, 인사혁신처 중앙징계위원회 위원, 대한변호사협회
    법제위원회 위원, 인권과 정의 편집위원, 대한변호사협회 전문분야 등록변호사(행
    정법, 스포츠법), 과천시 정보공개심의위원회 위원, 과천미래비전자문위원회 위원,
    한국법학교수회 부회장, 한국스포츠엔터테인먼트법학회 부회장, 한국조정학회 부회
    장, 동아시아 행정법학회 이사

[주요저서]
김용섭, 행정판례평석, 한국사법행정학회, 2003.
김용섭·이경구·이광수 공저, 행정조사의 사법적 통제방안 연구, 박영사, 2016.
김용섭·신봉기·김광수·이희정 공저, 법학전문대학원 판례교재 행정법 제4판, 법문사,
    2018.
손경한·김용섭 공역, 문답스포츠법, 법영사, 2002.
장재옥·김용섭·김은경·윤석찬·윤태영 공저, 스포츠엔터테인먼트법, 법문사, 2010.

行政法理論과 判例評釋

초판발행	2020년 2월 15일
지은이	김용섭
펴낸이	안종만·안상준
편 집	심성보
기획/마케팅	이영조
표지디자인	박현정
제 작	우인도·고철민
펴낸곳	(주) **박영사**
	서울특별시 종로구 새문안로3길 36, 1601
	등록 1959. 3. 11. 제300-1959-1호(倫)
전 화	02)733-6771
f a x	02)736-4818
e-mail	pys@pybook.co.kr
homepage	www.pybook.co.kr
ISBN	979-11-303-3536-0 93360

정 가   32,000원